走遍全球
TRAVEL GUIDEBOOK

韩　国

日本大宝石出版社 编著

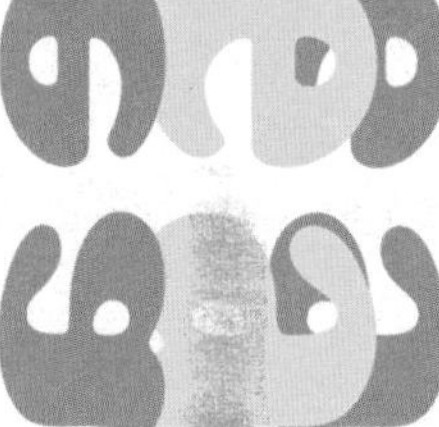

中国旅游出版社

韩 国
施工中 高速公路
国道・地方道
铁路
KTX(韩国高速铁路)
换入KTX的路线
道界
广域市界
国立公园
市区
特别市、广域市、道厅所在地
市、郡厅所在地
山
温泉
世界遗产
机场
p.360~361
p.68~69
p.326~327
p.390~391
黄海道
京畿道
江原道
忠清北道
忠清南道
庆尚北道
京畿湾
黄海
日本海
江华支石墓群
昌德宫
宗庙
朝鲜王陵
水原华城
安东
(大韩民国历史村落 河回)
良洞
首尔特别市
仁川广域市
大田广域市
金浦机场
仁川国际机场
清州国际机场
金刚山
雪岳山
五台山
太白山
俗离山
鸡龙山
五色温泉
利川温泉
水安堡温泉
温阳温泉
道高温泉
白岩温泉
郁陵
郁陵岛
白翎岛
大青岛
海州
延安
开城
金川
平康
铁原
新炭里
新铁原
涟川
东豆川
抱川
都罗山
坡州
议政府
高阳
金浦
乔桐岛
江华
江华岛
席毛岛
永宗岛
富川
光明
安养
军浦
果川
义王
始兴
安山
九里
南杨州
河南
城南
广州
杨平
骊州
利川
龙仁
水原
乌山
平泽
安城
天安
天安牙山
牙山
礼山
唐津
瑞山
泰安
洪城
安眠岛
青阳
公州
乌致院
保宁
元山岛
扶余
沃川
报恩
清州
镇川
阴城
槐山
忠州
堤川
丹阳
宁越
平昌
旌善
原州
横城
洪川
春川
加平
华川
杨口
麟蹄
南面(新南)
束草
襄阳
杆城
江陵
东海
三陟
道溪
太白
奉化
荣州
醴泉
闻庆
尚州
义城
青松
英阳
盈德
厚浦
蔚珍
军威
大阜岛
德积岛
济扶岛
A
B
1
2

p.192~193
p.194~195
p.392~393
p.186~187
全罗北道
庆尚南道
全罗南道
济州特别自治道
庆州的历史地域
佛国寺及石窟庵
海印寺的八万大藏经
高敞支石墓群
和顺支石墓群
拒文冰窟的熔岩洞窟系
城山日出峰的火山灰丘
汉拿山自然保护区
对马海峡
济州海峡
浦项
庆州
永川
大邱广域市
庆山
蔚山广域市
釜山广域市
金海国际机场
巨加大桥
光州广域市
全州
群山
益山
长项
咸悦
金堤
扶安
井邑
高敞
灵光
咸平
罗州
务安
木浦
灵岩
康津
海南
长兴
宝城
高兴
顺天
光阳
丽川
丽水
南海
泗川
晋州
固城
统营
巨济
马山
镇海
昌原
金海
梁山
密阳
昌宁
陕川
居昌
咸阳
山清
南原
谷城
求礼
淳昌
潭阳
长城
任实
长水
镇安
锦山
茂朱
金泉
倭馆
高灵
华阳
新庆州
宜宁
伽倻
伽倻山
马耳山
智异山
无等山
汉拿山
智异山温泉
和颜温泉
釜谷温泉
马金山温泉
东莱温泉
海云台温泉
济州国际机场
济州
朝天
旧左
牛岛
城山
济州岛
南元
西归浦
大静
加波岛
涯月
翰林
大黑山岛
小黑山岛
大阜岛
荏子岛
智岛
曾岛
慈恩岛
押海岛
飞禽岛
箕佐岛
都草岛
长山岛
牛耳岛
上台岛
珍岛
上乌岛
下乌岛
古今岛
莞岛
助药岛
薪智岛
平日岛
芦花岛
甫吉岛
所安岛
青山岛
居金岛
内罗老岛
外罗老岛
突山岛
金鳌岛
南海岛
蛇梁岛
欲知岛
闲山岛
巨济岛
加德岛
草岛
大三夫岛
巨文岛
楸子岛
A
B
C
3
4
0
50
50km
N

首尔市区
N
0
1
2km
A
B
绘山 617
323 碌磻
首尔西部总站
弘恩洞 Hong-un-dong
首尔希尔顿大酒店
324 弘济
弘济洞 Hongje-dong
弘智洞 Hongji-dong
付岩洞 Buam-dong
北岳山
三清隧道
三清洞 Samcheong-dong
三清公园
城北洞 Seongbuk-dong
敦岩洞 Donam-dong
城北洞路
惠化洞 Hyehwa-dong
汉城大入口
明伦洞 Myeongnyun-dong
惠化
清云洞 Cheong-un-dong
仁旺山
礼仁客房旅馆
孝子洞 Hyoja-dong
景福宫
三清洞Sujebi
p.100
昌庆宫
昌德宫
p.72~73
社稷洞 Sajik-dong
钟路区 JONGNO-GU
宗庙
西大门区 SEODAEMUN-GU
奉元洞 Bongwon-dong
鞍山
社稷公园
社稷路
景福宫 327
安国
328
p.99
DMC
水色路
南加佐洞 Namgajwa-dong
独立门
西大门独立公园
(独立门、刑务所历史馆)
光化门
仁寺洞 Insa-dong
钟路3街
钟路5街
钟路
619 世界杯体育场
加佐
中洞 Jung-dong
K315
延禧洞 Yeonhui-dong
新村洞 Sinchon-dong
金华隧道
冷泉洞 Yongcheon-dong
城山洞 Seongsan-dong
城山路
620 麻浦区政府
麻浦区 MAPO-GU
p.132~133
p.112
西大门 532
贞洞 Jeong-dong
市厅
乙支路入口
明洞 Myeong-dong
乙支路4街
乙支路3街
明洞圣堂
明洞
p.131
弘大入口
仓川洞 Changchon-dong
西桥洞 Seogyo-dong
望远洞 Mangwon-dong
望远 621
东桥路
东桥洞 Donggyo-dong
新村
大岘洞 Daehyeon-dong
新村路
梨大
北阿岘洞 Bukahyeon-dong
阿岘洞 Ahyeon-dong
阿岘
忠正路
会贤
p.98
忠武路
东大入口
南山谷韩屋村
首尔站
首尔站前的
巴士总站
3000路开往江华岛
3001路开往摩仁山
首尔站
中区 JUNG-GU
南山洞 Namsan-dong
葛月洞 Garwol-dong
厚岩洞 Huam-dong
青坡洞 Cheongpa-dong
孔德洞 Gongdeok-dong
麻浦乐天城市酒店
孝昌公园
合井
大兴路
合井洞 Hapcheong-dong
上水
下水洞 Hasu-dong
广兴仓
新水洞 Sinsu-dong
大兴
西江路
孔德
孝昌公园前
叔大入口
N首尔塔
唐人洞 Dang-in-dong
玄石洞 Hyeonseok-dong
大兴洞 Daeheung-dong
江边北路
金浦国际机场
仁川国际机场
杨坪洞 Yangpyeong-dong
汉江
龙江洞 Yonggang-dong
麻浦
最佳西方首尔花园酒店
LEEUM三星美术馆
汉南洞 Hannam-dong
首尔君悦大酒店
汉江镇
南营洞 Namyeong-dong
南营
三角地
战争纪念馆
梨泰院
p.124~125
堂山
国会议事堂
汝矣西路
列克星敦酒店
汉江市民公园
麻浦洞 Mapo-dong
龙门洞 Yongmun-dong
新桂洞 Singye-dong
梨泰院路
绿莎坪
皇冠酒店
易买得龙山站店
龙山
梨泰院洞 Itaewon-dong
首都酒店
普光洞 Bogwang-dong
汉南 K113
堂山洞 Dangsan-dong
国会议事堂 914
汝矣岛公园
527 汝矣渡口
429 新龙山
龙山洞 Yongsan-dong
龙山家族公园
龙山区 YONGSAN-GU
东冰库洞 Dongbinggo-dong
永登浦区政府
KBS
汉江游览船
二村
国立中央博物馆
西冰库路
西冰库
524 永登浦市场
汝矣岛
汝矣岛洞 Yeouido-dong
大韩生命63大厦
汉江市民公园
二村洞 Ichon-dong
西冰库洞 Seobinggo-dong
江边北路
p.136
永登浦洞 Yeongdeungpo-dong
235 文来
新吉
汝矣东路
916 汉谊
鹭梁津水产市场
139 永登浦
首尔时代广场
TIMES SQUARE
137
大方
鹭梁津
鹭梁津路
918
鹭得
本洞 Bon-dong
黑石 919
奥林匹克大路
汉江市民公园（盘浦）
蚕院洞 Jamwon-dong
首尔高速巴士总站
高速总
永登浦区 YEONGDEUNGPO-GU
信吉洞 Sin-gil-dong
大方洞 Daebang-dong
740 长承百
739 上道
鹭梁津洞 Noryanjin-dong
黑石洞 Huseok-dong
铜雀
旧盘浦
921
新盘浦路
922 新盘浦
盘浦洞 Banpo-dong
首尔宫廷酒店
砂平路
道林洞 Dorim-dong
上道洞 Sangdo-dong
铜雀区 DONGJAK-GU
大林洞 Daerim-dong
743 新丰
742 青梅鹿
741 新大方三岔路口
738 崇实大入口
铜雀洞 Dongjak-dong
新大方洞 Sindaebang-dong
新林路
大林
3
新大方
231
新大方路
内方 735
九龙数码园区
232
新林 230
奉天 229
奉天洞 Bongcheon-dong
总神大入口
737
南城
方背洞 Bangbae-dong
方背 225
九老洞 Guro-dong
南部循环路
首尔大入口 228
舍堂洞 Sadang-dong
文成路
秃山洞 Deoksan-dong
冠岳区 GWANAK-GU
227 落星岱
舍堂
南岘洞 Namhyeon-dong
南泰岭 434
南部循环路
诺伯特尔国宾秃山酒店
新林洞 Sillim-dong

主要景点
商店
餐厅
咖啡馆和酒吧
娱乐设施
酒店
巴士总站
地铁站
换乘站
KORAIL线
KORAIL机场铁路线 (A'REX)
高速公路
游船航线
地铁
1号线
2号线
3号线
4号线
5号线
6号线
7号线
8号线
9号线
盆唐线
中央线·京春线
京义线
请注意：新盆唐线从江南一亭子间的路线开通后，江南站的出口号要发生改变
东大门区
DONGDAEMUN-GU
中浪区
JUNGNANG-GU
广津区
GWANGJIN-GU
城东区
SEONGDONG-GU
江东区
GANGDONG-GU
江南区
GANGNAM-GU
松坡区
SONGPA-GU
洪陵（世宗大王陵）
首尔药令市韩医药博物馆
贞显王妃陵
宣陵
靖陵
首尔东部综合巴士总站
市内巴士总站
上凤总站
城北假日酒店
布朗观光酒店
贵族酒店
东首尔酒店
首尔华克山庄喜来登
华克山庄免税店
Paradise Walker-hill赌场
华克山庄
首尔W华克山庄
乐天百货商店蚕室店
乐天免税店世界店
乐天世界酒店
儿童大公园
汉江市民公园（圣水）
汉江市民公园（纛岛）
汉江市民公园（蚕室）
纛岛游乐园
奥林匹克公园
汉江
石村湖
罗迪奥科里
p.114~115
p.138~139
盘浦I.C
瑞草I.C
新盆唐线

标题

显示城市位置的小型地图、城市的中文名字、韩语（朝鲜字）的表示方法，以及城市电话区号等。

交通方式

显示该城市的火车站、巴士站在地图中的位置。从由首尔、釜山到这个城市的推荐线路和由这个城市到其他城市的线路中，选取具有代表性的线路进行说明。

栏外部分

记录各城市的人口、面积、旅游咨询中心、交通机构等资料。栏外主要景观项目是地图位置、地址、营业时间、交通线路等资料。

概要与导览

对该城市的创立、结构或具有特色的繁华街道、住宿注意事项等进行说明。

主要景观

★表示主要景观的推荐程度。

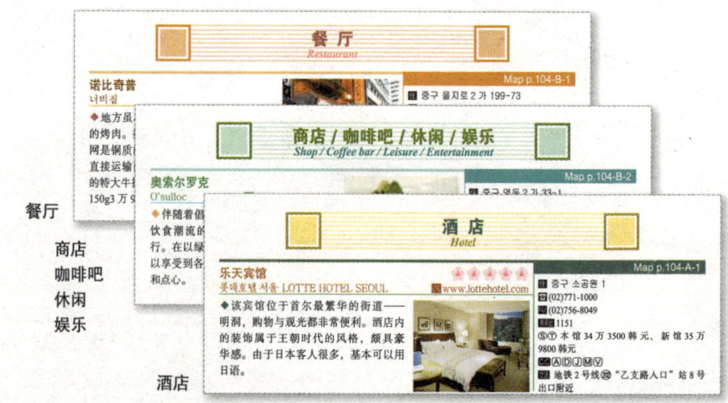

餐厅

商店
咖啡吧
休闲
娱乐

酒店

本书中所使用的主要图标

Map
地图位置

住
地址

☎
电话

FAX
传真

营
营业时间

休
休息日

C/C
可使用的信用卡

费
收费

预
（餐厅的）预计消费

交通
交通方式

URL
网址

E-mail
电子邮箱

ⓘ
旅游咨询处

信用卡

- Ⓐ= 美国运通卡
- Ⓓ= 大莱卡
- Ⓙ=JCB 卡
- Ⓜ= 万事达卡
- Ⓥ=VISA 卡

住宿相关图标

❀
酒店等级

房间数
房间数

Ⓢ
单人间的收费

Ⓣ
双人间的收费

Ⓞ
火炕间的收费

关于书内信息的使用

编辑部尽可能地刊登最新、最准确的信息资料，但由于当地的规则或手续等经常发生变更，或对某些条款的具体解释有认识上的分歧，因此，若非本社出现的重大过失，因使用本书而产生的损失或不便，本社将概不承担责任，敬请谅解。另外，使用本书之前，对于书中所刊登的信息或建议是否符合自身的情况或立场，请读者根据切身情况自己做出正确的判断。

关于本书的信息搜集

本书始终以“尽可能搜集详细的、最新的信息”为原则。但是，记述内容越详细，与现状存在误差的概率就越大。在韩国，餐厅或商店的关闭和搬迁、交通机构的线路变更、收费标准的调整非常频繁，因此读者在实地旅行时，这些信息很有可能会发生变化，请一定在当地再次确认。

请使用本书的最新版

在重新修订时，出版社尽量会提供最新的信息资料，因此在旅行之前，请确认是否有最新版的图书。

本书的特征

本书为去韩国旅游的游客而编写。为使旅行者能够在当地顺利旅行，本书提供了丰富的关于各城市的交通线路、酒店、餐厅等信息。即使是参加旅行团，旅行者在开始韩国之旅时，查阅本书同样也可获得有用资讯。

关于酒店的收费

在本书中所提供的，是酒店公布的针对散客的一般收费标准。由于韩国的酒店随季节以及特殊情况的变化，收费会出现一些变动，因此在住宿之前请务必进行确认。本书中所示的费用仅为房间费。因为观光酒店，大都需要交纳税金以及服务费，所以本书中记录的房间费均是包含税金以及服务费（实际应交纳的费用）的。

关于住址表示

2013 年开始，韩国全部使用新地址。新旧地址的更改状况，请通过韩国行政自治部的“新地址指南系统”（韩国）进行确认。

URL www.juso.go.kr/

关于投稿

虽然投稿人多少会有主观色彩，但编辑部在编辑时还是尽量忠实于原文。对于相关的数据，编辑部会进行跟踪调查。

走遍全球 最新版

韩 国

Contents

12 韩国 最新消息

14 韩国 最新话题

16 去江原道欣赏韩国的山岳之美

特辑 1

30 韩国三十三观音圣地的魅力

特辑 2

38 渗透进生活中的传统韩方

特辑 3

44 充满美食诱惑的巷路食铺

特辑 4

综合信息

小 特 辑

首尔、仁川和京畿道

釜山、蔚山、大邱和庆尚南道、庆尚北道

济州特别自治道

大田和忠清北道、忠清南道

江原道

光州和全罗北道、全罗南道

韩国
Korea

全罗北道的内藏寺

国旗

太极旗。旗的中央为由红蓝两色构成的太极图案。蓝色表示阴，红色表示阳。它象征着宇宙万物均由阴阳构成并且相克相生。图案周围有四卦，分别表示天、地、水、火。

正式国名

大韩民国 Republic of Korea 대한민국

国歌

《爱国歌》
词作者不详，曲作者为安益泰

面积

9.96 万平方公里

人口

约 5000 万人

首都

首尔 Seoul 서울

国家元首

朴槿惠总统

国家政体、民族构成

总统共和制。由朝鲜族组成的单一民族国家。

宗教

宗教信仰自由。基督教信徒约占 27%，佛教信徒约为 24%。另外，还有一些其他的宗教信仰。

语言

公用语为韩语。在机场、豪华观光酒店及大百货公司等场所可使用英文，最近一些公共设施和大百货公司增设了中文解说广播。文字主要是 15 世纪创造的表音文字“朝鲜文字”，但也混用了一部分汉字。

→旅游韩语速成 p.489

货币与汇率

货币单位是韩元，符号为 ₩。

1 元人民币大约相当于 175 韩元（2012 年 10 月）。纸币有 5 万韩元、1 万韩元、5000 韩元、1000 韩元共 4 种，硬币有 500 韩元、100 韩元、50 韩元、10 韩元（新旧）、5 韩元、1 韩元共 6 种。但 5 韩元和 1 韩元现在基本不再流通。

→货币·兑换·信用卡 p.438

出入境

【签证】

韩国对部分中国公民实行限制性无签证入国许可制。主要包括以下三种情况：

1. 持中国大陆护照的游客可申请免签进入韩国济州岛停留 30 天（对于申请人资格，韩国领事馆作有具体规定，详情请咨询当地领事馆。也出现过中国公民在免签进入济州岛时遭到拒绝入境的情况，敬请注意）。

2. 过境旅客。持有美国、日本、加拿大、澳大利亚、新西兰五国以及 30 个欧洲国家（希腊、荷兰、挪威、丹麦、德国、拉托维亚、罗马尼亚、卢森堡、立陶宛、列支敦士登、马耳他、比利时、瑞典、瑞士、西班牙、斯洛伐克、冰岛、爱尔兰、爱沙尼亚、英国、奥地利、意大利、捷克、塞浦路斯、葡萄牙、波兰、法国、芬兰、匈牙利、斯洛文尼亚）中任何一国入境签证的中国旅客，欲经过韩国去以上国家，或由上述国家出发经由韩国回国时，通过入境审查后可免签，在韩国停留 30 天以内。

敬请注意的是，必须通过入境审查才可以免签，最后的结果取决于入境审查时签证官的

电话的拨打方法

从中国往韩国拨打电话的方法

国际长途接入码 00 + 韩国的国家代码 82 + 区号（去掉前面第一个 0）×× + 对方的电话号码 ××××××

从韩国往中国拨打电话的方法

国际长途接入码 001,002,008 + 中国的国家代码 86 + 区号（去掉前面第一个 0）×× + 对方的电话号码 ××××××

判断。同时韩方规定，此类免签入境人员，必须持有 30 天内的出国机票，并在以上国家没有非法滞留等违法行为，停留期满后必须前往第三国，不允许返回原出发地。有中国公民持美国、日本等第三国签证从中国经韩逗留，因中途行程有变，欲直接返回中国，但在出境时受阻情况发生。中国驻韩国使馆提醒中国公民，赴韩前请规划好行程，避免因考虑不周给旅行带来不便。

3. 青少年修学旅行团。对搭乘同一航班或船舶进入韩国的中国小学、初中、高中学生修学旅行团及带队者免签，可在韩停留 30 天以内，但需要领队教师、主办团体或指定旅行社职员申请，由驻华各韩国使领馆领事确认，给旅行社职员签发签证。

其他情况，则需向韩国驻华大使馆或领事馆申请赴韩签证。

→护照和签证 p.436
→进入韩国 p.452

气候

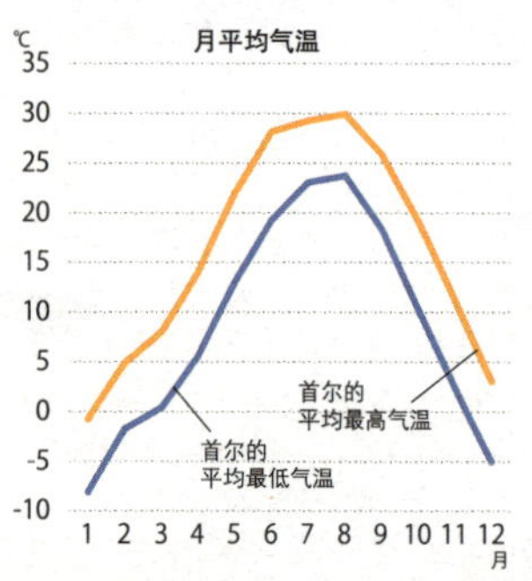

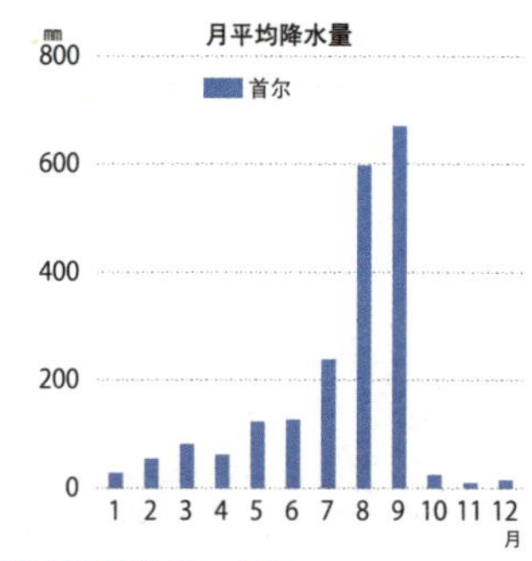

→服装与携带物品 p.441
→气候 · 节假日· 服装· 物价 p.442

航班和时差

从中国飞往韩国所需的时间

韩国的首尔、仁川、釜山、济州、大邱、务安、清州、襄阳等多个城市与中国有直航班机，可以抵达中国北京、上海、天津、广州等多个城市。从北京飞往首尔最快需要约 1 小时 45 分钟，从上海飞往首尔最快需要约 1 小时 35 分钟。

时差

韩国时间比中国时间早 1 小时，即北京时间 8:00 时，韩国时间已经 9:00 了。

营业时间

【银行】

周一～周五 9:00~16:00，周六、周日、节日休息。营业时间可进行兑换。

【邮局】

周一～周五 9:00~18:00，周六、周日、节日休息。部分邮局的营业时间周一～周五至20:00，周六至13:00。

【商店】

一般为10:00~20:00。时尚大楼通常通宵营业。

【餐厅】

一般为10:00~23:00。大部分餐厅在农历正月与中秋节休息。

【便利店】

多数为24小时营业。

主要节假日

韩国的节日包括农历的节日和新历的节日。农历的节日有春节（旧正月）、佛诞日、中秋节3个，每年的日期都会发生变化。7月17日的制宪节自2008年起不再放假。

节日名称	时间
元旦	1月1日
春节（2013年为2月9日～11日，2014年为1月30日～2月1日）	农历除夕～正月初二
三一节（独立运动纪念日）	3月1日
儿童节	5月5日
佛诞节（2013年为5月17日，2014年为5月6日）	农历四月初八
显忠日（忠灵纪念日）	6月6日
光复节（独立纪念日）	8月15日
中秋节（2013年为9月18日～20日，2014年为9月7日～9日）	农历八月十四～十六
开天节（建国纪念日）	10月3日
圣诞节	12月25日

电压与插座

220V 插座

电压与中国相同，通常为220V，电流频率为60Hz。也有110V的情况，变压器通常可以在酒店前台租借到。需要注意的是韩国的插座与中国不同，为两相圆插头。从中国购置的电器带到韩国使用，需配电源转换插头。

视频制式

【视频与DVD制式】

电视、视频为NTSC制式。购买的视频光盘在中国PAL制式的播放器上不能直接播放。

DVD光盘可在大型唱片店购买。电影光盘约2万韩元，音乐光盘略便宜些。韩国的区域代码为3，中国为6。在购买时请确认为无区域限制的光盘（全区域）。如果区域代码不同，市场上所出售的DVD就不能直接播放。同时，购买之前确定自己的DVD是否能播放NTSC制式的视频。

小费

不需要支付。高档餐厅的餐饮费、酒店的住宿费等，已经附加有服务费用。接受特别服务或有求于别人时也可以支付小费（标准：5000~10000韩元）

饮用水

自来水管里的水是硬水，最好不要直接饮用。矿泉水可以在便利店或者道路两旁的零售亭购买。餐厅的饮用水已经过煮沸之后冷却或消毒加工，可以放心饮用。即使不是饮用，但由于硬水容易损伤女性的头发，因此保养必不可少。

生鲜食品

海鲜类的食品需进行加热后方能食用。生鱼片、河豚等要选择在信誉度较高、相对高档的餐厅食用，最好不要在露天小摊儿、大众餐厅食用。夏天食物中毒的事件时有发生。生吃的肉类也尽量在信誉度较高的商店购买。最好不要在市场内的专卖店购买。另外，虽然用生吃的淡水鱼和淡水蟹做成的蟹酱很少见到，但里面很可能会有寄生虫，因此请尽量不要食用。

→旅行的安全保障 p.467

邮政

在城市里，到处都设置有这样的邮筒。左侧投递口为寄往本市（本地区），右侧投递口为寄往外埠

邮筒为亮红色。

邮票除了邮局以外，也可以在杂货店购买。如果在大型酒店，也可以委托前台投递邮件。最好到大型邮局投递包裹。

如果购买的自用的食材与化妆品较重，可以另外通过EMS（国际邮政速递）寄至自己的住处，这样较为便利。部分邮局可以提供免费的箱子，需事先询问。另外，在法律上，每种化妆品的携带数量有着严格的规定，这一点请务必注意。

→邮政 p.468

税金

10% 的附加价值税（VAT）是针对所有的消费行为收取的。通常为内税，但个别情况也有外税。如果是外国人，可以在标记有“TAX FREE SHOPPING”的加盟店购买 3 万韩元以上的商品（每家店支付费用合计在 3 万韩元以上）。如果已办理过手续，按规定可以返还一部分 VAT。

→退税 p.467

治安与麻烦

韩国的治安状况总体来说较好。不过，近一时期，韩国济州岛连续发生数起中国游客因欠赌金护照被扣的情况和因欲非法离岛打工被当地警方拘留的案件。对此，中国驻光州总领馆于 2012 年 2 月 9 日和 3 月 13 日分别发布了特别提醒，请赴济州岛旅游的中国公民选择具有正规资质的旅行社了解信息，安排行程。自由行时，不要轻信所谓“免费食宿”等不实信息，避免上当受骗。务必增强法律意识，认识到以游客身份赴济州打工属违法行为，通过合法渠道申请赴韩务工，切勿轻信不法中介的宣传和诱惑，谨防上当受骗。妥善保管好自己的护照，以免丢失或被非法扣押、盗用，给旅行带来麻烦。中国游客在自身权益受到侵害时，应及时报警并与中国驻韩国大使馆、领事馆联系。

出发前请对最新治安状况进行了解：

●报警电话

☎ 112（平时 7:00~22:00，周六、周日、节假日 8:00~ 18:00）

●火警、急救电话

☎ 119（仅讲韩语）

●韩国旅游投诉中心

☎ (02)735-0101

年龄限制

烟酒类商品禁止向未满 19 岁的未成年人出售。

度量衡

通常情况下，全部采用米的方式进行表示。而传统单位中，用“幅、码（约 91cm）”来表示长度，用“斤（600g）”来表示重量。但是除了在传统的市场，基本上已不再使用。

中国驻韩国大使馆、领事馆

●中国驻韩国大使馆

住 首尔特别市钟路区孝子洞 54 番地

☎ 02-738-1038

FAX 02-738-1077

URL www.chinaemb.or.kr

E-mail chinaemb_kr@mfa.gov.cn

工作时间：星期一～星期五，上午：09:00-12:00，下午：13:30-17:30

使馆领事部

住 首尔特别市中区南山洞 2 街 50-7

邮编：100-042

（地铁 4 号线明洞站 3 号出口向南山方向走 400 米左右，南山缆车站附近）

☎ 02-756-7300

证件咨询电话：060-704-5004

FAX 02-755-0469

URL www.chinaemb.or.kr/chn/lsqz/

E-mail consulate_korea@mfa.gov.cn

办理证件时间：

受理时间：周一～周五 上午 9:00 ～ 11:30

周一～周四 下午 1:30 ～ 3:30

发证时间：周一～周五 上午 9:00 ～ 11:30

周五下午不对外办公。

侨务、领事保护工作时间：

周一～周五 上午 9:00 ～ 12:00，下午 1:30 ～ 5:30

周六、周日及节假日值班电话 010-9724-9110

更多领保电话详见：http://www.chinaemb.or.kr/chn/lsqz/ls_bh/t795020.htm

●中国驻釜山总领事馆

住 釜山广域市海云台区海边路 47

☎ 051-7437990

FAX 051-7437987

领事保护电话：051-7437989

URL busan.china-consulate.org

E-mail chinaconsul_bu_kr@mfa.gov.cn

●中国驻光州总领事馆

住 光州广域市南区月山洞 919-6 番地

☎ 062-385-8873-4

FAX 062-3858880

领事保护电话：062-385-8872、010-2351-2110

证件咨询电话：060-704-3004

URL gwangju.china-consulate.org

E-mail consulate_gwangju@mfa.gov.cn

Reader contribution

读者来信

●在旌善体验有轨脚踏车

今天我去体验了韩国特别流行的“旌善铁路”。骑着外形像卡丁车那样的小车行驶在废弃的铁路上。也有人叫它“轨道自行车”，以前是检查线路的人所骑的车，现在包括铁路爱好者在内的很多人都可以享受这个乐趣。骑着这种脚踏车可以一边悠闲地观赏田间的自然风景，一边通过铁桥、隧道、无人车站等。在中途还会遇到公路和铁路的交叉口，当铁道警示杆放下等待车通过时，心情是很激动的。只有在这里才能体验到行驶在很高的轨道上的感觉。轨道大约长 7.2 公里，共需要 50 分钟的轨道之旅实在是很有乐趣的。真的是远离城市的喧嚣、呼吸新鲜空气、大汗淋漓的一天。

铁路脚踏车位于江原道旌善的山中。因为一个人一直骑的话会很累，而且票很难买。所以可以参加首尔的旅行团（包括火车、巴士、中途市场的参观）。只要说着只言片语的韩语跟着他们就行。导游、司机和其他成员都很亲切。申请的地方是在离首尔的新村车站不远的地方。

●旌善的魅力

旌善有阿里郎的发祥地阿乌拉吉，阿乌拉吉是由两条河流汇聚而成的。在阿乌拉吉有个很小的六角亭，在这个亭子前面有座阿里郎的少女像。据说在数十年前发生了一起事故。婚礼的当天，船沉了，新娘死亡。从那以后也发生过事故，但是少女像建成以后就没再发生过任何事故。可以乘坐小舟（免费）欣赏周围的美景，春天有白玉兰、连翘、梅花等，简直美不胜收。这里还是个散步休息的好去处。

旌善传统的五日集市非常有名，现在已经被开发成了一个乡村市场生活文化体验观光商品。不仅可以买到各种土特产品，广场上还有唱阿里郎歌和现代歌的文娱活动，我当时还参加过。有时，还会举行“音乐阿里郎”（免费、约 40 分钟），是用电影和音乐来表现的。所以即使不懂韩语也能乐在其中。另外，文化馆还会播放被日本侵占时期和朝鲜战争时期的悲剧节目，都是非常值得一看的。

●欣赏江原道的魅力

我和家人 3 人想去看韩国东海港的游艇、欣赏雪岳山的红叶，于是开始了韩国自助游。观光时并不是乘坐巴士，而是乘坐专门的带有导游的观光车。东海港入港是 8:30、出港是 17:00。从东海港到雪岳山大约有 110 公里，是一个非常累人的旅程。所以，我参考了《走遍全球—韩国》，安排了观光日程。

因为事前得知去赏红叶的人很多，很难按照自己的计划旅行，所以我们从东海港下船，乘车到达了雪岳山，但是去束草市的车非常拥挤。我们到达雪岳山时已经 10:30 了，而乘坐缆车的话必须在 16:30 之前，所以我们就放弃去束草市了。参观完新兴寺之后便到了吃午饭的时间，我们和导游、司机一起吃了豆腐料理和 6 种小菜。我们吃得非常高兴，但是不得不感叹当地实在是太拥挤了。

●交通方便的春川

KORAIL 中央线建了新的上凰车站，去春川的交通变得更方便了。京春线经过电化、复线化成为首都圈电车，可以在地铁站买票。列车的类型是和地铁、KORAIL 一样的。京春线的列车从上凰车站出发，从首尔到春川大约花 1 小时。

平日里在早晨 9:00 之前有的车不到春川，所以一定要确认目的地。

●春川最新信息

在春川还是不要对电视剧《冬日恋歌》的拍摄地抱有太多期待。下了电车、出了检票口首先映入眼帘的就是春川车站。它已经是一个非常崭新的现代化的车站了，所以你完全看不到在《冬日恋歌》里看到的春川车站了。徒步去春川湖，经过湖畔便到了《冬日恋歌》的拍摄场。哎！栅栏也是新的了，和《冬日恋歌》里的栅栏完全不同。我们去的那天（5 月 2 日）可能因为黄沙的影响，湖水非常浑浊。春川高中的墙也变了样子。

●江华岛的江华和平瞭望台

我去了位于江华岛北部和两寺面的江华和平瞭望台。周边的海岸围着铁丝网，隔海能看到朝鲜的山。瞭望台在一座小山上，用肉眼就能看到北方的建筑物。还有设有高倍望远镜的展望台、电影馆、展示馆、小卖部和餐厅等。通过这个展望台可以很清楚地看到朝鲜，还可以在这里参加江华岛观光。我建议大家乘巴士去，如果想看朝鲜的话，我建议使用这个展望台。虽然这里有来郊游的学生，但是没看到外国人。

从江华公交车站乘车要花 30 分钟。去时乘 1 号线，回来时乘 2 号线。营业时间是 9:00~18:00（冬季是 9:00~17:00）、无休。费用成人：2500 韩元、儿童：1000 韩元。

图解韩国

韩国最大的城市所在地

首尔、仁川和京畿道

p. 65

特产 宫廷菜肴、烤肉、高级韩式套餐、先农汤

韩国山岳观光胜地

江原道

p. 357

特产 烧鸡肉、荞麦冷面“马库斯”、纯豆腐

拥有百济之都的温泉胜地

大田和忠清北道、忠清南道

p. 325

特产 山菜、河鱼菜肴、野鸡、野兔

DMZ 江陵 首尔 仁川机场 大田 安东 庆州 大邱 釜山 光州

拥有众多新罗遗迹

釜山、蔚山、大邱和庆尚南道、庆尚北道

p. 191

特产 生鱼片、烧内脏串、烧盲鳗、解酒汤、煮鸡、蔬菜包饭、泥鳅汤、安东黄牛

韩国饮食文化的中心地

光州和全罗北道、全罗南道

p. 387

特产 韩国牛肉、石锅拌饭、泥鳅汤、豆芽汤泡饭、山芋、鳗鱼、覆盆子、桑葚

家庭娱乐岛

济州特别自治道

p. 285

特产 鲍鱼、刀鱼、方头鱼、雀鲷、鲐鱼、黑猪、野鸡、柑橘

●●韩国旅行的各种妙招●●

住所的选择方法

在地方城市，如果想找一个比较便宜的住所，可以在旅馆或汽车旅馆住宿。这样的旅馆在巴士总站或车站附近有很多。较挑剔的人可选择汽车旅馆，那里的外观及内装等比较精致。另外，部分汽车旅馆即便是单身入住也可享受到联网电脑、大屏幕电视等设施，比旅馆要更加便捷舒适。想要知道某家汽车旅馆是情人旅馆风格还是商务宾馆风格只要看下周围氛围和店面海报就可以啦。

工作日期间请在午饭前入住旅馆。如果晚了，有可能会没有房间。周末最好再早点。

先打听一下

韩国人热情好客。有不明白的地方就积极地向当地人或者去旅游咨询中心问问吧。韩国人也都是这么做的。不过，他们不能保证所回答的都是正确的，所以不要忘了多问几个人确认一下。

乘坐长途巴士的方法

巴士由地方往返市内，行程数十公里。线路多连接都市与近邻郡，沿线往往有观光景点。韩国巴士站上很少有时刻表，糟糕的是甚至连是几路车都没有标记。光州的巴士站虽有标注是几路车，但周边郡的乘车线路却只字未提，这让人不知所措，若是遇到这类情况，就只能询问当地人了。乘坐长途巴士前大多是先提出要去的目的地，然后交纳车费，因此乘车前最好事先告诉司机要去哪里。在巴士少的地方，要想知道那里的巴士时刻表，可以去寺院等旅游景点的售票点看看，有时那里会有提示牌。

巴士广播及乘坐方法小窍门

不同的城市，巴士广播的方式略有不同。广播经常会按顺序播报“本站”和“下一站”这两个站名。所以即便是能听懂韩语，稍不注意，也有可能会在听到播报“下一站”的站名时就摁铃下车。

乘坐韩国巴士有时之所以会坐反，是因为目的地方向的提示板是固定的，不是可变式的。虽说写有两端终点的站名，而且标注着大大的号码，可如果对当地不够熟悉的话，就会不知道该坐哪个方向的车了。在这种情况下可以看一看车窗下方的韩语，那里可能会另外标注有“××方向”等主要经由地。另外，尽量在乘车前向司机确认一下乘车方向。同时也要注意，即便是同一个巴士站，往返时的站名也有不一样的情况。

地方巴士会在车头的空白处注明公司的名称（照片中为“江原旅客”）。终点与经由地在车窗下面

标注有“影岛大桥”“太宗台温泉”等重要的经由地（釜山的巴士）

有关卫生间

韩国公共卫生间，是可以免费使用的。在大都市，地铁站及主要景点的重要地方也设置了公共卫生间，非常方便。至于卫生间里是否备有厕纸，每个城市不一样，所以最好在包里备一些卫生纸。店铺里的卫生间一般都有卫生纸，但卫生纸并不是放在每个隔间里面，而是在卫生间入口处附近设置了大大的卷型纸筒，进入隔间前需自己抽取适量的卫生纸。

方便学几句韩语

日常生活中常见的场景，如果语言不通，有时也会让你感到不便吧，我们为你整理了如下会话。

出租车、巴士

出租车

- 我要去这个地方

이 주소로 가 주세요

- 请在这里停车

여기서 내려 주세요

- 给您钱

티머니 카드로 결제할게요

巴士

- 这辆巴士是去哪呢?

이 버스는 × –까지 가요 ?

- 我想去 ××

×× 에 가고 싶어요

- 我想去 ××，请问该怎么去呢?

×× 까지 오면 알려 주세요

旅游韩语速成 p.489

咖啡和快餐、回转寿司店等

● 您要在这里用餐吗?

여기서 드시겠습니까 ?

● 我要在这里吃饭(喝水)

여기서 먹을게요(마실게요)

● 我要带回去

가져 갈게요

● 请给我 × 个 ××

×× 를 (을) × 개 주세요

● 要加点鲜奶油吗?

생크림 올려도 될까요 ?

● 好的，可以

네、올려 주세요

● 不，不用

아니요、됐어요

购物

● 这个多少钱?

이거 얼마예요 ?

● 有 ×× 颜色的吗?

×× 색이 있어요 ?

● 请分开包装

따로따로 싸주세요

● 请分开计算

따로따로 계산해 주세요

● 这个款式的有 ×× 号的吗?

이 디자인으로 ×× 사이즈 있어요 ?

餐厅

● 请给我 ××

××를（을）주세요

● 请不要加紫苏叶

깻잎은 빼 주세요

● ×× 不要太辣

××는（은）안맵게 해 주세요

● 这是辣的吗？

이게 매워요？

● 请不要往豆腐汤里加胡椒

순두부찌개는 고추를 빼 주세요

● 我要白豆腐汤

하얀순두부찌개 주세요

● ×× 和 ×× 各一半

××하고 ××를（을）반반씩 해 주세요

● 剩下的东西我要带走（请给我打包）

남긴 건 포장 해 주세요

● 请让我看一下菜单

메뉴판 좀 보여 주세요

● 有中文菜单吗？

중국어 메뉴판 있어요？

● 一个人也可以吗?

혼자인데 괜찮을까요 ?

● × 人

× 명이에요

● 非常可口

아주 맛있었어요

● 请问卫生间在哪?

화장실은 어디예요 ?

住宿

● 有 × 晚 × 天的房间吗?

× 박 × 일 묵을 방 있을까요 ?

● 卫生纸没有了

화장지가 떨어졌어요

● 电视屏幕不清晰

TV 가 잘 안나와요

● 好像收不到有线电视

케이블 TV 가 안나오는 것 같아요

● 淋浴不出热水

샤워기에서 뜨거운 물이 안나와요

● 没有热水

뜨거운 물이 안나와요

● ×× 请借给我 ××

×× 를 (을) 빌려 주세요

● 请帮我把行李存到 × 点

× 시까지 짐을 맡아 주세요

● 我想要间无烟房 / 可吸烟的房间

금연실 / 흡연실로 부탁합니다

NEWS&TOPICS

韩国 最新消息

2018 年冬奥会将在江原道的平昌举行!

建设中的会场模拟图。江原道为在冬奥会中盈利，正进行各种规划。并且期待冬奥会会使他们的信息检索变得更好。

2018 年冬奥会将在江原道的平昌举行。

※ 相关栏目→ p.373

首尔站登机系统开始运行

伴随着 A'REX 的全线开通，如果从仁川国际机场出境的话，就可以在首尔站登机。办理登机手续是在搭乘飞机前 3 小时。不允许将液体物质带入飞机内，所以您在购物的时候一定要注意了。

世界田径锦标赛在大邱举行

第 13 届世界田径锦标赛在大邱举行。大邱是继日本以来第二个该赛事的亚洲举办地。从 2011 年 8 月 27 日到 9 月 4 日这里进行了为期 9 天的激战。

机场铁路 A'REX 全线开通

仁川国际机场的车站是在地下

机场铁路 A'REX 线连接了仁川国际机场和首尔车站。（以前只开通了仁川国际机场和金浦国际机场之间的线路）从仁川国际机场到首尔车站只需 43 分钟。

直达列车全部是对号入座

釜山国际电影节新会场完工

位于釜山的釜山国际电影节的新会场、电影的殿堂已经完成建设。电影节以外的时间，它将被作为一般的电影院或公开演出的场所。

新会场模拟图　　图片提供：釜山电影节

位于全罗南道灵岩的 F1 赛道完工

F1 赛道被认为是韩国的国际赛道（通称灵岩赛道，Map 392-B-3），在 2010 年 10 月 24 日韩国举行了首次大奖赛。2012 年 10 月 12 日～14 日 F1 韩国站的比赛再次在灵岩举行。住宿设施和班车大幅增加。F1 赛道正在成为全罗南道的一个新的看点。（照片为 2010 年韩国大奖赛）

2010 年韩国 GP　　图片提供：F1 韩国大会组织委员会

釜山—金海轻轨开始运营

经过长期安全检测的釜山—金海轻轨已经投入运营。它不仅缩短了从机场到韩国西部的时间，还可以乘坐它去首露王陵。

从釜山的中心部，可以在地铁 2 号线“沙上”站、地铁 3 号线“大渚”站换乘。

可以很方便地到达首露王陵

NEWS&TOPICS

韩国 最新话题

华丽咖啡迅速增加

首尔咖啡店云集，其中最有名的是孝子洞的咖啡店。在釜山的南浦洞又出现了新的咖啡店。现在，不管是都市还是乡村都掀起了一股咖啡热潮。像非常重视传统文化的全罗北道的全州韩屋村也出现了非常华丽的咖啡，赢得了当地年轻人的喜爱。

传统“韩方”引人注目

既能减缓压力又能美容，很多韩国的医院、美容店、化妆品店以及韩国料理店都在使用传统的韩方。相关韩剧的播出也增加了韩方的人气。

照片为韩国一家整形医院（Map p.98-B-4，“米绿韩医院”）。

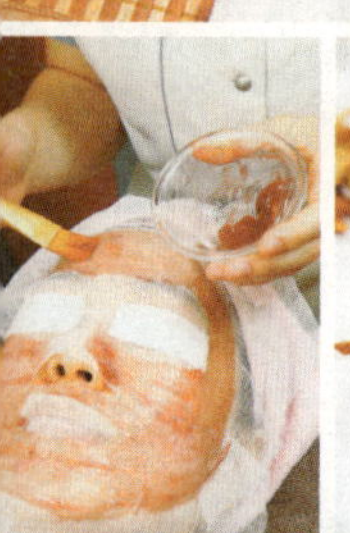

不仅韩国的医院使用韩方，美容店、料理店也使用韩方。在《东医宝鉴》里有相关记载

一个人也能吃烤肉的首尔

在首尔绝对不能错过烤肉。现在随着散客的增加，在首尔能吃到一人份儿的烤肉了。游客一个人就可以去订购，即使一个人旅行也不要错过哦。照片为p.104“青园”。

多样化的地方旅行方式

济州岛的三姓穴（→ p.306）

春川的春川玉矿山（→ p.28）

全罗北道的塔寺（→ p.398、401）

去小地方旅行的人增多了。以前有很多人去电影或电视剧的外景拍摄地，现在有不少人去体验韩国的传统文化或者选择在大自然中漫步、拜访寺院等。除此之外，让人身心放松的灵地也非常受欢迎。

甜点大受欢迎

2011 年以后，甜点的质量提高了。现在在城市可以吃到很好的蛋糕。夏天的甜点类食品多种多样。游客可以在便利店买一些小饼干作为礼物带回家。

在韩国，奶酪蛋糕和提拉米苏很有人气，现在巧克力味的东西也备受欢迎。巧克力味的咖啡、巧克力味的小饼干随处可见。这些都可以作为不错的小礼物带回家

济州岛的户外漫步人气难挡

现在有许多不同年龄层的人爱上了环山旅游或爬山，甚至还出现了不少喜欢登山的年轻女孩子。有一些热爱自然的游客选择在济州岛的自然中漫步，在那里不仅能观赏到美丽的自然景观，呼吸到新鲜的空气还可以锻炼身体。这成为一种新的旅游方式。

“巡礼之旅”掀热潮

有很多人通过去三十三所观音圣地旅游来净化心灵。虽然不可能一次游完这三十三个地方，但是在游览的过程中既可以愉悦心情，又可以观赏到周边的景色，还可以品尝到特色小吃。所以“巡礼之旅”现在也成了热潮。

特辑 1

去江原道欣赏韩国的山岳之美

位于韩国北部的江原道山脉相连，雪岳山国立公园不仅有韩国屈指可数的壮美山岳，在 1982 年，它还被联合国教科文组织指定为韩国的生物圈保护地区。

1 雪岳山的麟蹄郡一侧称为内雪岳，日本海一侧称为外雪岳，位于襄阳郡的五色一带称为南雪岳。从不同的角度可以看到不同的景色，真的是“横看成岭侧成峰，远近高低各不同”

2 雪岳山位于韩国的中心地区，太白山脉的顶峰是大青峰，高 1708 米，冬天有很多人去爬山 3 秋天的红叶很漂亮 4 初秋的雪岳山令人心旷神怡

5 深秋时节高峰上会覆盖厚雪　6 赏红叶的时节道路会非常拥挤　7 前方是雪岳山的售票处，从那里购买入场券　8 从入口进来后，左手边是雪岳山探访支援中心，游客可以去咨询登山线路和行进方法　9 在雪岳山可以看到黑熊

在进山之前可以顺道去趟自然探访咨询所，在那里可以学到一些关于栖息在雪岳山的动植物的相关知识。专业导游会在每天 10:00 和 14:00 为大家播放游览雪岳山的解说节目。线路是新兴寺入口～飞仙台（3 公里、1 小时 30 分钟）、新兴寺入口～飞龙瀑（2.4 公里、2 小时）

前往雪岳山的方法

雪岳山非常广阔。这次为大家介绍一下从束草出发的简单的前往方法。从束草市内出发乘坐 7 号公交车到达雪岳洞。每隔 10~15 分钟就有一辆公交车，大约需 30 分钟。

○ 从束草的公共汽车站出发的前往方法

在束草的高速公交车站下车后，乘坐对面方向的前往雪岳山入口的车（7、7-1 路），大约需要花费 1000 韩元、25 分钟。

如果是从束草市外的公共汽车站乘车的话，就不需要过马路，在位于右方约 50 米处的公交车站可以乘坐前往雪岳山的公交车，大约需要花费 1000 韩元、30 分钟。

回来的话，可以从雪岳山乘坐前往束草市的 7 号公交车，在“斯波塔”下车，下车后前面的十字路口左转，再走 200 米左右。

可以事先向司机咨询一下市外的汽车站。

去束草的方法请参考 p.379 页

如果登山的话请去韩国旅游发展局的网页检索相关信息。冬季登山意外多，敬请注意。

网 www.visitkorea.or.kr（韩国旅游发展局）

图片提供：江原道观光事务所

乘坐缆车去权金城

目的地不同，登山线路也不同，去雪岳山共有 16 条线路，每条线路所看到的景色和所要花的时间不同。既有仅花费 1 小时的线路，也有 1 晚 2 天的线路。如果想用最少的时间欣赏更多的景色的话，建议你乘坐缆车。从小公园到权金城往返时间大约为 1 小时，在 1500 米高的地方可以看到外雪岳的绝美之景。

※ 韩国人把索道叫作缆车。

1 赏红叶的时节需要排队，有时要排 2 小时　2 一次乘坐 50 人，每隔 5 分钟就有一辆车。请您确认一下车票上所写的时间和 LED 告示板上所写的乘车时间。缆车的乘车时间约为 5 分钟。沿着高低相差 150 米的山脉前行，不仅可以体验到惊险刺激的感觉，还可以近距离地欣赏到雪岳山的美景　3 4 夏山的雄伟壮丽也是很有魅力的

去江原道欣赏韩国的山岳之美

5 权金城是在高丽朝高祖四十年（1253年）为了抵御蒙古的入侵而建造的。据说当时权氏和金氏两名将军率人花了一晚上修建了这座城池，所以命名为权金城　6 从权金城看到的景色　7 位于高680米的权金城顶上的烽火台。从这里能够眺望到东海、万物相、恐龙山脊等外雪岳的美景　8 天气晴朗时可以望到束草市内和日本海　9 权金城入口

以雪岳山的寒溪岭和弥失岭为界，位于东海一侧的称为外雪岳。外雪岳有千佛洞溪谷、蔚山岩、权金城、金刚窟、鬼面岩、飞龙瀑布等奇石绝壁，除此之外还有很多壮观的瀑布。因为景色秀丽，所以一年四季游客不断。乘坐缆车向下行10分钟（100米）左右，能看到象岩、800年树龄的舞鹤松、土旺城瀑布和安乐庵。

前往权金城的方法

从雪岳山小公园入口大约步行5分钟就到达了缆车售票口。买完票以后要在检票口等5分钟。大约5分钟后便到达了权金城的公交车站。登山去权金城大约要花15分钟。

去权金城的缆车（索道）

住 강원도 속초시 설악동 146-2　☎ (033)636-4300

营 11月中旬~2月8:30~17:00（下行线的停运时间为17:30）、3月~6月8:30~1:00、7月~8月7:30~18:30、9月8:30~18:00、10月~11月上旬7:30~17:20

费 往返：成人8500韩元、儿童5500韩元

在襄阳观海景

从束草南下便可到达襄阳，从洛山寺能看到美丽的海景。

1 那个蓝色的屋顶是红莲庵，它建在海边的石窟上　2 被认定为第1362号宝物的圆通宝殿

3 位于圆通宝殿前面的朝鲜时代的石塔　4 洛山寺乾漆观音菩萨坐像坐落于圆通宝殿。在发生火灾时它平安无事地保存了下来　5 洛山寺海水观音像正是宝蛇殿的墙壁上所写的那个传说中的观音菩萨像　6 义湘台是为了纪念义湘大师而建造的。它位于沿海岸的小山上，从那里能够眺望到东海和矗立在洛山上的红莲庵，另外日出也是非常值得一看的

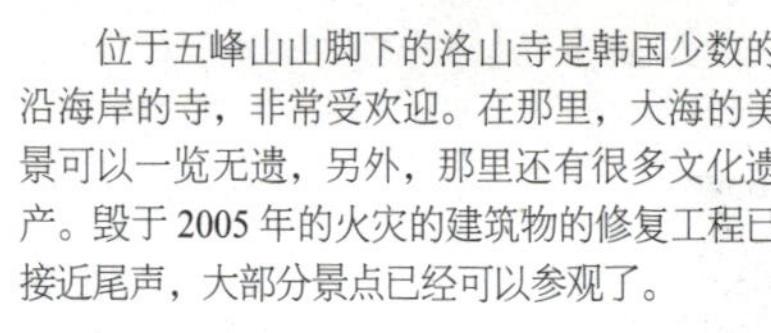

位于五峰山山脚下的洛山寺是韩国少数的沿海岸的寺，非常受欢迎。在那里，大海的美景可以一览无遗，另外，那里还有很多文化遗产。毁于2005年的火灾的建筑物的修复工程已接近尾声，大部分景点已经可以参观了。

7 游客可以从位于大海一侧的后门进入，实际上，洛山寺的入口是这个虹霓门，因形似彩虹而得名。它被认定为江原道的有形文物　8 从山上眺望海景，美不胜收

前往襄阳的方法

○ 飞机

金浦到襄阳（周二、四、五、六、七）1班/1天

○ 巴士

首尔东公交车站→束草（还有襄阳）

在襄阳公交车站下车（12.75万韩元、1小时1~3班、所用时间：2小时40分钟~3小时20分钟）

首尔高速公交车站（岭东）→襄阳　在襄阳公交车站下车（一般是1.84万韩元、深夜是2.2万韩元。每隔30~90分钟运行一班，需2小时55分钟）

前往洛山的方法

从襄阳公交车站出发乘坐前往束草方向的公交车在洛山下车。需约5分钟、1000韩元。从公交车站步行经过旅游咨询所到达洛山海滨宾馆需要花15分钟。

生松茸必须在9~10月的生产季预约

襄阳特产——松茸

襄阳举办松茸节

任何时候都能尝到的美味——松茸料理

松茸锅 송이골

松茸石锅拌饭共搭配了15种配菜。两人份的套餐和松茸烤肉非常受欢迎。

DATA

Map p.361-D-4
住 강원도 양양군 손양면 송현리 234-1
☎ (033)672-8040 营 9:00～21:00
休 中秋节的前一天和当天、春节
C/C A D J M V
交通 从襄阳公共汽车站乘出租车约5分钟，约花费3000韩元

在雪岳山，花岗岩遍布，有生长了数十年的松树。在这些松树的周围生长着襄阳的特产——松茸。从1997年开始襄阳每年9～10月都会举办松茸节，吸引了来自国内外的很多游客。

URL song-i.yangyang.go.kr/site/songi_festival/

平昌的奥运冰上比赛在江陵举办

江陵综合运动场内的冰上竞技场

位于江陵市内的竞技场集群主要举行室内冰上比赛。竞技场共有5个，除了位于江陵综合运动场的冰上竞技场外，其余4个竞技场都是新设的。

计划在科学产业园区将新建速滑竞技场，在综合运动场新建花样滑冰、速滑竞技场和冰球竞技场，在江陵岭东大学新建冰球场。乘车在竞技场间移动只需花5~10分钟，将来道路整修以后，将大大缩短移动时间。

在5个竞技场中，花样滑冰和速滑竞技场已经完成了基本设计，共花费了942.3亿韩元，预计在2015年9月完工。

江原道以外的景点

昆虫标本展示厅

襄阳昆虫生态馆

在洛山海滨的入口有观光咨询所兼昆虫博物馆，那里展示着大型的独角仙和锹形甲虫的模型，很受孩子们的喜爱。

Map p.361-D-4
☎ (033)670-2329 营 9:00~18:00
休 无 费 成人1000韩元、儿童700韩元

当地的约会地点

太阳海滨散步道

Map p.361-D-4

太阳海滨酒店度假村位于洛山海滨，其喷水广场成了当地人约会的好去处。在海滨游玩以后想休息一下的话，可以去能望到大海的咖啡店或者草木茂盛的庭院。

西班牙风格的花园

1 从ALPENSIA塔可以俯瞰露天体育场 2 在冬奥会举办之前，ALPENSIA塔的观景台是对外开放的。可以乘坐扶梯到达ALPENSIA塔的入口，然后乘坐电梯到达4层的旋转瞭望室

在平昌冬奥会中备受瞩目的阿尔卑希亚度假村

阿尔卑希亚度假村可以分为平昌冬奥会体育村、集中了住宿和休闲设施的阿尔卑希亚村和乡村俱乐部3个地方。在冬奥会举行之前，总面积达150万平方米的巨大度假村将建成。今后随着交通网络的齐备，将会有更多游客来度假。

3 假日酒店区有餐厅、便利店和土特产店等 4 宾馆、公寓群 5 会馆。这里常举行爵士音乐等音乐表演

前往阿尔卑希亚度假村的方法

从首尔东站乘坐前往江陵、束草、注文津的巴士，在横溪市外的公交车站下车，需要花费2小时30分钟、1.38万韩元。这里到度假村要花费约10分钟、8000韩元。

2018 年平昌冬奥会雪上竞技项目在 Alpensia 地区举行

Alpensia 地区将举行阿尔卑斯滑雪比赛、北欧滑雪综合赛等雪上竞技。开幕式将在设有跳台的主会场举行，其计划今后增加座位。

6

7

8

9

6 主会场入口　7 ALPENSIA 塔的观景台是对外开放的（收费），可以乘坐电梯到达滑雪跳台和观景台。那里还有咖啡店，在滑雪竞技场可以一边眺望阿尔卑希亚的景色，一边休息。二、三层是选手专用的，禁止一般人进入
8 冬季两项开始地点　9 越野使用高尔夫手推车专用道

环球阿尔卑斯平昌度假村

这个度假村与首尔市中心的环球宾馆不同，它像一个高级山庄。除了用于商业的设施外，还有供旅客使用的家用设施。每间客房都能看到冬奥会的 ALPENSIA 塔和滑雪斜坡等。露天体育馆是 24 小时对外开放的。度假村内的水上公园、大型桑拿等对宾客打折（6000 韩元）。

DATA

Map p.361-C-5
住 강원도 평창군 대관령면 용산리 225-3
☎ (033)330-0000
网 www.alpensiaresort.co.kr

朴素的山间美景和阿里郎的故乡——旌善

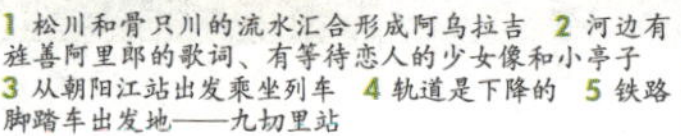

1 松川和骨只川的流水汇合形成阿乌拉吉 2 河边有旌善阿里郎的歌词、有等待恋人的少女像和小亭子 3 从朝阳江站出发乘坐列车 4 轨道是下降的 5 铁路脚踏车出发地——九切里站

旌善的铁路脚踏车——有趣！

深受各地游客欢迎的铁路脚踏车在旺季预约非常满。沿着旌善的峡谷铁路，从九切里站到阿乌拉吉站，骑铁路脚踏车去，乘风景列车回，往返约 14 公里。游客可以一边欣赏旌善的大自然美景，一边享受铁路脚踏车带来的激情。2 人车需 2.2 万韩元、4 人车需 2.3 万韩元。

去江原道欣赏韩国的山岳之美

6 沿着铁路线以每小时 15~20 千米的速度行驶，旌善的秘境渐渐展现在眼前 7 目的地是位于阿乌拉吉站前的咖啡馆“吉无垒（被认定为天然纪念物的鲤鱼科淡水鱼）的诱惑” 8 休息 10 分钟，乘坐风景列车返回

住 1544-9053（旌善郡旅游咨询中心）、（033）563-8787（旌善铁路脚踏车）
URL www.ariaritour.com（旌善旅游文化官方网站）
URL www.railbike.co.kr（旌善铁路脚踏车官方网站）

从首尔到旌善

从首尔东部巴士总部乘坐前往旌善方向的巴士，在旌善市外的巴士客运站下车（1.82 万韩元、每天 11 班、需要花 3 个小时 30 分钟）。

从旌善到铁路脚踏车乘车处

○市内巴士

从旌善市外的客运站乘坐前往阿乌拉吉站的市内巴士，在阿乌拉吉站下车。费用为 1000 韩元、花费时间约 20 分钟。

○市外巴士

从旌善市外的巴士客运站乘坐前往江陵方向的市外巴士。（7:10~19:10 1 小时 1 辆 其中 13:10~17:10 无车）在阿乌拉吉站下车。需花费 2500 韩元、25 分钟。从阿乌拉吉站乘坐巴士到达九切里（铁路脚踏车乘车处），需花费 1000 韩元、20 分钟。

※ 旌善市外巴士客运站 Map p.361-C-5、阿乌拉吉 Map p.361-C-5

夏天的味道　蝌蚪冷面

沿着旌善市场的拱廊向前走，“美食一条街”的条幅便映入眼帘。据当地报纸《受欢迎的店》的介绍，“佩劳瓦店”的店长和店员很亲切。旌善著名小吃“蝌蚪冷面”是一种在韩国泡菜上加有海苔和芝麻的面。它不像一般的面有嚼劲和弹性，也没有冷面那样凉，但是加入了特殊的泡菜后，变得非常美味。当夏天没有食欲时，这可是个不错的选择噢。

“佩劳瓦店” 회동집

美食一条街上有很多这个店，菜单和价格都是一样的。可以选自己觉得不错的店去尝尝美味

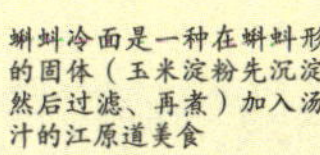

蝌蚪冷面是一种在蝌蚪形的固体（玉米淀粉先沉淀然后过滤、再煮）加入汤汁的江原道美食

DATA

Map p.361-C-5
住 강원도 정선군 5 일장길 33-13
☎ (033) 562-2634　开 8:00 ~ 19:00
休 每月 15 日、春节、中秋节
C/C 不可
交通 从旌善市外的客运站乘坐出租车的话约 5 分钟（徒步约 15 分钟）。旌善五日集市拱廊内

江原道美食

大关岭韩牛城 대관령한우타운

● 韩牛 ●

在江原道有 6 种品牌韩牛，其中有大家熟知的横城韩牛，实际上最有名的是大关岭韩牛。它是由平昌、宁越和旌善 3 个地方的品牌合起来的一个品牌。

大关岭韩牛城里的牛是由农户直接运送过来的，所以价格便宜，吸引了来自各地的游客，吃饭时常常要排队。如在一楼的市场买包好的肉，每包 4000 韩元。如果再加一份儿面的话，花 2.5 万～3 万韩元。二楼一般是烤肉店。因为这里只有最高级的韩牛，所以价格是一般牛肉的 2 倍，但是比在首尔便宜多了。

极品牛肉——大关岭韩牛

大关岭韩牛城外观

在市场选牛肉

Map p.361-C-5
住 대관령면 횡계리 376-46
☎ (033) 332-0001
营 11:30–20:30（点餐时间截止到 19:00）
休 春节、中秋节的前一天和当天
C/C Ⓐ Ⓓ Ⓙ Ⓜ Ⓥ
交通 从横溪客运站出发步行 8 分钟左右（背向车站朝左前行，在宾馆处左拐。到达车辆大街后右拐，大街对面就是了。）

看到后就忍不住想吃，魅力指数为B的美食

● 绿豆年糕 ●

有很多年糕的馅是用红豆做的，而它的馅是用绿豆做的。"讨厌红豆的人会喜欢上它吧"。这种年糕很有弹性，绿豆馅也不是太甜，可以当作点心吃。

● 荞麦饼 ●

加入了轻微腌制的白菜和韭菜的荞麦粉。味道略甜的荞麦粉和略带咸味的脆白菜配合得相得益彰。

● 荞麦皮泡菜卷 ●

用荞麦粉皮包裹泡菜。略发黏的荞麦粉皮加上辣味调料，就很像泡菜饺子了。这是道不错的下酒菜噢。

束草

● 鱿鱼粉肠 ●

朝鲜战争时从咸镜道（现在的朝鲜）逃亡到束草的难民，用鱿鱼代替明太鱼制作出了这种米肠。它用的都是束草非常新鲜的鱿鱼，味道非常可口。现在已成为阿拜村的特色料理了。

● 阿拜米肠 ●

阿拜米肠是咸镜道式的，它不同于加入粉丝的米肠。它的馅由猪的内脏中的猪血、黏米、白菜叶、豆芽等混合而成。味道独特，香气扑鼻，吃起来黏黏的。

江原道其他景点

海列车

Map p.361-D-5~D-6

从江陵到三陟有 58 公里，需要乘坐沿东海行驶的观光特别列车。这辆车共有 3 个车厢，特点是有很大很大的窗户。途中，在正东津和三陟各休息 10 分钟，另外在东海站、锹岩站、三陟海边站都可以下车。在观光地只要出示这辆车的车票就可以打折。来回线路是一样的，所以单程便可体会到足够乐趣。

乘坐海列车欣赏绝妙之景

☎ (033) 573-5474
费 特殊车厢：成人 1.5 万韩元、儿童 1.35 万韩元、一般车厢：成人 1.2 万韩元、儿童 1.08 万韩元、求婚席：5 万韩元（2 人座、提供红酒、拍摄纪念照）
网 www.seatrain.co.kr
营 从江陵出发：10:20（到三陟 11:40）、13:55（到三陟 15:14）
※ 只有在 5~8 月是 17:30 出发
从三陟出发：11:50（到江陵 13:13）、15:50（到江陵 17:11）
※ 只有在 5~8 月 8:40 出发
※ 既可以在网上预约，也可以直接去江陵、三陟车站购买

很受当地人的欢迎

安木咖啡店一条街

Map p.369-C-2

从镜浦海滨乘车，沿海岸经过江门、松亭，大约 10 分钟就到了安木咖啡店一条街。生鱼片店中遍布着大约 30 家咖啡店。江陵种有咖啡豆，每年都有咖啡祭典活动。

江原道的咖啡馆

鼠池草家庭 서지초가뜰

这里有凉拌青菜、韩国泡菜等一般的家庭菜。这个店里使用的山菜都是从附近的农户买的，有 100 多种手制调料，家庭菜的味道非常浓厚。店里张贴着裴勇俊的画像，吸引了很多外国游客。

品尝一般的家庭菜

Map p.369-A-1
住 강원도 강릉시 난곡동 259 ☎ (033)646-4430
营 11:30~21:00（点餐时间截止到 19:30）
休 春节、中秋节
C/C Ⓐ Ⓓ Ⓙ Ⓜ Ⓥ ※ 要预约

李氏王朝时期的女诗人许兰雪轩

许钧、许兰雪轩诗碑公园

这里是首篇韩语小说、现已拍成电影和电视剧的《洪吉童传》的作者许钧和他的姐姐许兰雪轩的纪念公园。这里有许兰雪轩的家世介绍和展览馆。

Map p.369-B-1
住 강원도 강릉시 초당동 475-3 ☎ (033)640-4798
营 9:30~18:00 休 周一、春节、中秋节
交通 从江陵客运站乘坐前往江门的 230 或 230-1 号巴士，在草堂豆腐村下车，步行约 12 分钟。

春川的魅力——不仅是《冬日恋歌》

1 表面被打磨过的大玉石　2 这种能参观的软玉（白玉）矿山是一处有益身心的疗养景点。据说软玉有益于身体健康，所以常用于制作首饰等　3 呈 45 度角倾斜的春山玉　4 非常轻便受欢迎的手镯　5 穿过隧道就可看到约 100 平方米的休息地，在一角约地下 420 米处有"玉净水"喷出来，可以免费试饮　6 玉制品商店

江原道备受瞩目的景点——玉川家

玉川家 옥천가（玉矿山）

能参观"灵地——春川玉"矿山的设施

DATA

Map p.360-B-3
住 강원도 춘천시 동면 월곡리 241 번지
☎ (033)242-1042
营 玉展示售票时间 10.00~18:30
休 春节、中秋节
费 蒸浴房（包含体验）成人 8000 韩元，儿童（13 岁以下）4000 韩元

前往玉川家的方法

经过京春线春川站前的人行横道，从公交站乘坐 150 号公交在玉矿山下车。大约花 40 分钟、1000 韩元。公交是 1 小时 1 辆，很费时间，如果时间不充裕的话建议乘坐出租车，大约花 20 分钟、1.2 万韩元。

经济实惠的手机挂饰

玉制品特产

手机挂链的价格非常合理。据说春川玉能放出负离子和远红外线，常用于制作戒指（4.5 万 ~ 27 万韩元）、手镯（8 万 ~ 60 万韩元）、项链（16 万 ~ 40 万韩元）等饰品，除此之外茶碗（5000 韩元 ~ ）和卵形玉也备受欢迎。据说卵形玉放入水中以后会形成对身体有好处的玉水。

最受欢迎的马库斯

春川面 별당막국수

这家店一直保持着以前的制法和味道，当地的常客很多。

DATA

Map p.364-C-4
住 강원도 춘천시 효자 1 동 490 — 7
☎ (033)254－9603
营 10 :40~21 :00
休 春节两天、中秋节两天
C/C Ⓐ Ⓓ Ⓙ Ⓜ Ⓥ

春川的特产马库斯在市内有 400 多家店

春川特产——玉和荞麦面

春川也有马库斯体验博物馆

这里有展示荞麦历史和文化的展览馆和制作马库斯的体验馆。在入口处提出申请体验，拿着荞麦面去二楼。先反复擀面，面下锅后，就可以闻到扑鼻的香气了。

马库斯体验博物馆 막국수체험박물관

Map p.360-B-3
住 강원도 춘천시 신북읍 산천리 342-1
☎ (033)250－4134~5
营 9:00~18:00（体验时间：10:00~17:00）
休 周一、公休日的第二天
费 入场费：成人 1000 韩元、青年 700 韩元、儿童 500 韩元
体验费：1 组（最多 4 人）3000 韩元
交通 从春川站乘出租车，大约 15 分钟。或者从春川站前的公交车站乘 150 号公交车，在世界温泉前下车，大约 20 分钟。步行从公交车站到博物馆大约要 5 分钟。

放入热汤中煮

特辑 2

韩国三十三观音圣地的魅力

佛教从天竺经中国传到朝鲜半岛和日本列岛，在韩国三十三观音圣地，你可以紧闭双目，双手合十进行超越时空的寂静之旅。

2

4

当今的社会越来越浮躁，所以有不少人选择去寺庙寻求心灵的安静。韩国的巡礼文化也越来越受欢迎，韩国旅游发展局和韩国佛教文化事业团创设了“三十三观音圣地”。体验与中国不同的佛教氛围，观赏名寺古刹，与佛进行心灵的沟通。

不可能一次就游完三十三所，按照自己的速度游览，可以分成两三次或者一次游览一个地方。再加上能欣赏

1 供奉毗卢遮那三身佛和观世音菩萨像的海印寺的大寂光殿讲经的情景
2 身穿写有“南无大师遍照金刚”白衣的巡礼人
3 佛国寺的国宝、毗卢遮那坐像
4 在三十三观音圣地有这样的标志
5 三十三观音圣地第 11 号大兴寺
6 三十三观音圣地第 13 号松广寺的国宝、木造的三尊佛
7 三十三观音圣地第 25 号梵鱼寺

周边的景点，品尝特产小吃，自己的旅程就更加有趣了。当人数够的话，有的寺院还提供住宿。

※ 关于三十三观音圣地以外的寺院的住宿问题请咨询韩国旅游发展局。三十三观音圣地的寺院表和联系地点请参考 p.459 页。能住宿的寺院一览表请参考 p.461 页。

照片提供：韩国三十三观音圣地日本事务局

三十三观音圣地第 8 号 来苏寺

背靠大山的名刹——来苏寺，它曾是韩剧《大长今》的拍摄地

与民间信仰共存的珍奇古寺

来苏寺建于百济武王三十四年（633 年）。韩国很多寺庙都绘有图案，但是来苏寺是一个很古朴的木结构建筑，这很符合人们的心灵需求，让人的心安静下来。

来苏寺在佛教传来以前就存在民间信仰，这在韩国的寺庙中是很少见的。在参道前和寺院内有非常珍贵的榉树，被尊为"神木"。每年的阴历正月十三都会举行参道前神木的祭祀活动，会聚集很多来自韩国各地的信徒。这个风俗已经延续了 1000 多年。

寺内的千年老树

雕刻也是一大看点

建于新罗时代的高丽样式的三层石塔

大雄宝殿中供奉的本尊

《大长今》的外景拍摄地

有关来苏寺的传说

来苏寺的大雄宝殿是由一个叫作惠丘的工匠建造的。住持看到惠丘每天制作支撑屋顶的“枕”，一天，他偷偷藏起来一根。结果，惠丘宣布自己不用那根“枕”也能建造寺庙。所以来苏寺少了一根支撑屋顶的“枕”。

寺院建成以后，惠丘为了在墙上绘画，要在主殿住100天。可是在第99天，住持朝主殿看了一眼，看到惠丘正在绘画。这时，不可思议的事情发生了，惠丘突然不见了，留下了一幅没有画完的画。

住持真学师

寺院的背面是如诗如画的山

建筑、风景、传说、（电影、电视剧的）外景拍摄地共同构成了来苏寺的独特魅力。访问来苏寺时一定要记得去探寻一下那个传说。

DATA

来苏寺 내소사

Map p.390-B-3
住 전라북도 부안군 진서면 석포리 268
☎(063)583-7281
营 9:00~18:00（入场时间截止到 17:00）
费 成人 2000 韩元
交通 从扶安客运站乘坐市内巴士到达来苏寺（每 20~30 分钟一趟车，需花费 3400 韩元、50 分钟）。从首尔的高速客运站乘坐前往扶安的巴士，在扶安客运站下车（6:50~19:30、每隔 50~60 分钟一趟车，需花费 1.37 万韩元、3 小时 10 分钟）
网 www.naesosa.org

三十三观音圣地第 23 号

吐含山 佛国寺和石窟庵

世界遗产佛国寺

1 新罗时代的三层石塔——释迦塔 2 有很高台阶的紫霞门 3 形状稀奇的多宝塔 4 新罗佛教雕刻的最高水平——本尊释迦牟尼佛

佛国寺建于三国统一、文明发展的新罗时代。很长一段时间它都是一座废弃的寺庙，从 20 世纪 70 年代开始整修，现在已经被收入《世界遗产名录》。一定不要错过有很高台阶的紫霞门、位于大雄殿前的三层石塔释迦塔以及多宝塔。在释迦塔可以看到世界最古老的印刷经。

DATA 佛国寺 불국사

Map p.249-A-2
住 경산북도 경주시 진현동 ☎ (054)746-9913
营 1~10 月 7:30~17:30、11~12 月 7:30~17:00
休 无 费 4000 韩元 交通 从市内乘坐 10、11 号巴士到达佛国寺 URL www.bulguksa.or.kr
※ 寺内禁止拍照

石窟庵

位于距离佛国寺山门旁的登山口 3 公里的地方。石窟庵非常精美，可以说代表了新罗佛教美术的最高水平。

DATA 石窟庵 석굴암

Map p.249-B-1
住 경주시 진현동 ☎ (054)746-9933
营 7:30~17:30 休 无 费 4000 韩元
交通 从佛国寺旅游咨询中心前的停车场乘坐班车大约 15 分钟
※ 石窟内禁止拍照。本书登载的照片由韩国旅游发展局提供。

三十三观音圣地第 25 号

金井山 梵鱼寺

说起釜山的寺庙，首先想到的就是梵鱼寺。建于金井山山脚下的这座寺庙是韩国禅宗的总寺院。同时若安排去金井山城的北门之旅将非常有趣。可以供奉瓦、米、蜡烛等。在小饰品店里可以买只手镯作为护身符和旅行纪念品。

1 壮观宏伟的大门　2 3 首先经过的是四天王门。韩国的寺庙是四天王守护着入口。遗憾的是 2010 年 12 月的一场大火烧毁了四天王门和四天王像　4 石塔也是一景　5 春天的樱花、秋天的红叶，美不胜收

DATA

梵鱼寺 범어사

Map p.209-D-1

住 부산시 금정구 청룡동 546

☎ (051)508-3122

开 9:00~18:00

休 无　费 免费

交通 从釜山地铁 1 号线⑬³“梵鱼寺”车站 7 号出口出来，然后沿山步行 3 分钟到达公交车站，再乘坐 90 号公交车到达“梵鱼寺入口”

URL www.beomeosa.co.kr

三十三观音圣地第 24 号 灵鹫山 通度寺

1

从釜山乘坐巴士就可以到达通度寺。这里有广阔的停车场，寺内环境很好，非常适合散步。在去通度寺的途中会遇到许多特产专卖店、精进料理和野草料理店，还有很多与茶有关的书籍。当然也并不缺乏休憩的地方。

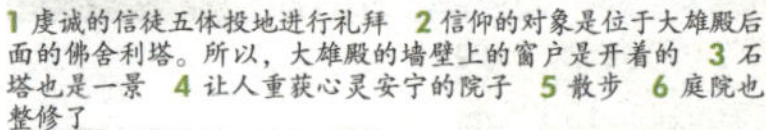

1 虔诚的信徒五体投地进行礼拜 2 信仰的对象是位于大雄殿后面的佛舍利塔。所以，大雄殿的墙壁上的窗户是开着的 3 石塔也是一景 4 让人重获心灵安宁的院子 5 散步 6 庭院也整修了

DATA

通度寺 통도사

Map p.193-E-2

住 경상남도 양산시 하북면 지산리 583

☎ (055)382-7182 开 8:30~18:00 休 无

费 成人 2500 韩元、儿童 1500 韩元、幼儿 1000 韩元

交通 从釜山综合巴士总站（地铁1号线、临近⑬④“老圃”）乘车到达通度寺。下车后，往南步行约 80 米，在第一个十字路口右拐，再步行约 10 分钟 ※ 釜山综合巴士总站的市外巴士乘车点是始发处。需 40 分钟。

URL www.tongdosa.or.kr

韩国　三十三观音圣地巡拜略图

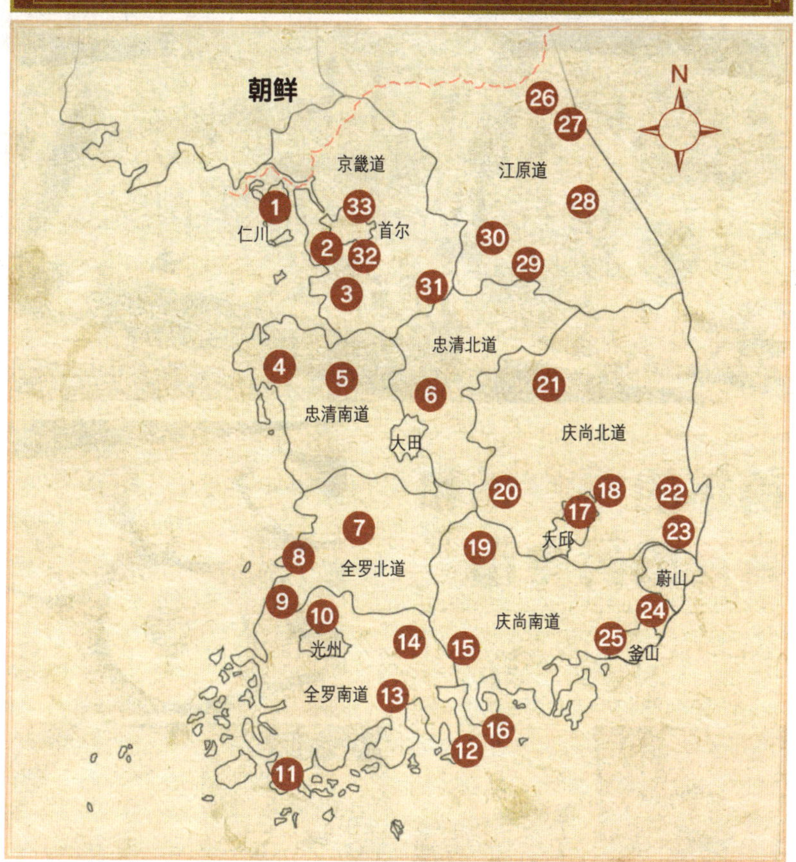

编号	寺院名	编号	寺院名	编号	寺院名	编号	寺院名
1	普门寺	10	白羊寺	19	海印寺	28	月精寺
2	曹溪寺	11	大兴寺	20	直指寺	29	法兴寺
3	龙珠寺	12	向日庵	21	孤云寺	30	龟龙寺
4	修德寺	13	松广寺	22	祇林寺	31	神勒寺
5	麻谷寺	14	华严寺	23	佛国寺	32	奉恩寺
6	法住寺	15	双磎寺	24	通度寺	33	道诜寺
7	金山寺	16	菩提庵	25	梵鱼寺		
8	来苏寺	17	桐华寺	26	新兴寺		
9	禅云寺	18	银海寺	27	洛山寺		

※ 三十三观音圣地的寺院详细情况请参考 P459

URL www.korea33kannon.com

特辑 3

渗透进生活中的传统韩方

首尔的博物馆和各地的药令市※

1 关于韩方和药材的各种展示。这里展示的是用于韩国式菜膳的药材的介绍和解说 2 多是药材本身的展示 3 按类展示药材。这是来自生物的药材 4 各种药膳料理 5 韩方处方中的药材展示 6 体验柜台 7 人体经络图 8 9 许多相关古书的展示

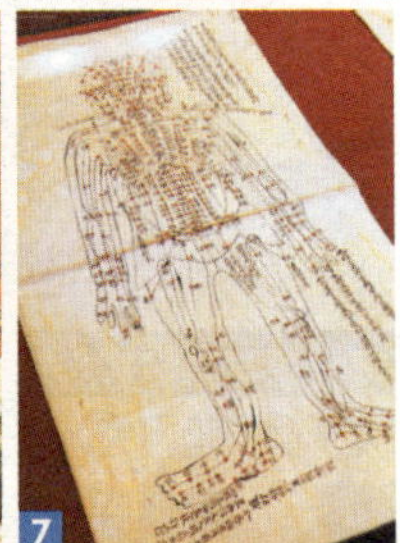

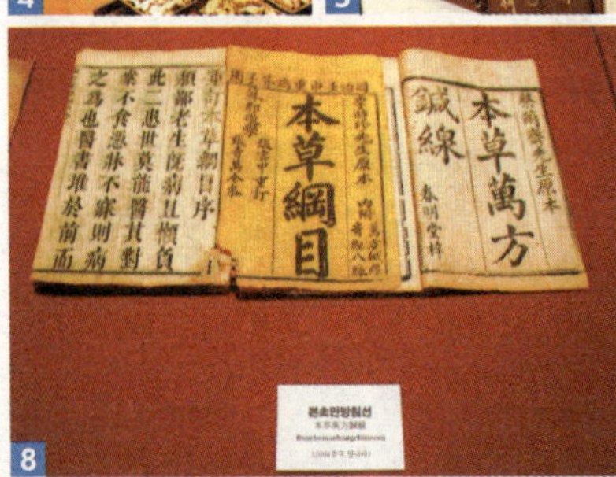

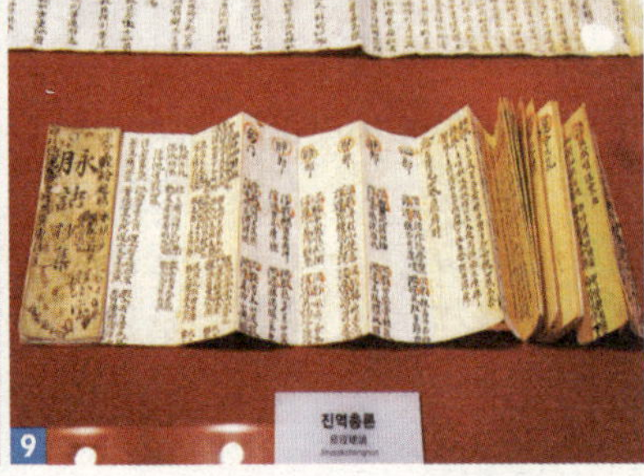

※ 编者注：即药材市场。

10 韩国博物馆里销售的药材和用米酒制作的肥皂 11 药材店的店头摆满了店里所有的药材 12 13 销售各种药材的药令市。韩方博物馆就在药令市中

首尔药令市韩医药博物馆

museum.ddm.go.kr

서울약령시한의약박물관

新技术的展示

韩医药博物馆位于京东市场（首尔药令市）一角的东医宝鉴塔的地下。虽然并不宽阔，但是设施很齐全。韩国的韩医学和药市已经有很悠久的历史了，解说非常简单易懂。

Map 首尔市区地图-C-1
住 동대문구 용두동787 동의보감타워 지하2층
☎（02）3293-4900~4903
营 3~10月10:00~18:00
11月~次年2月10:00~17:00
※入场截止到闭馆前1个小时
休 周一、元旦、春节、中秋节
费 免费
交通 地铁1号线⑫⑤“祭基洞”站3号口出，步行3分钟

2011年世界田径锦标赛的举办地——大邱的药令市！

从李氏王朝时期就开始的药令市（韩方药材市场）也成了大邱的一个景点。（Map p.280-A-2~B-2）

药材市场上有很多卖生药的店

忠清南道的锦山是高丽参的产地

在每月2日和7日开放的市场上不仅可以买到高丽人参，还可以买到各种韩方药材。请参考p.347

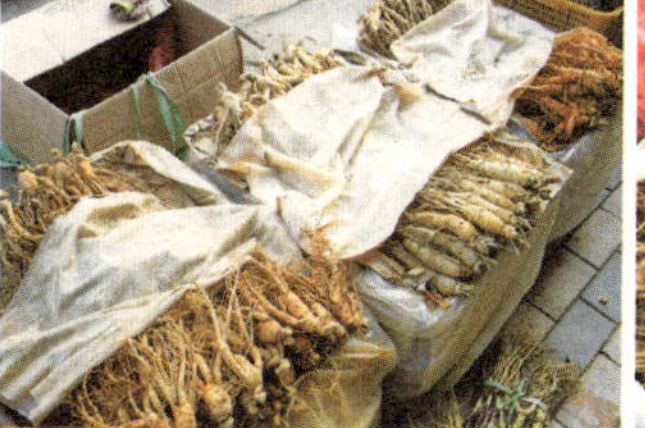

左／以高丽参为主题的非常形象的纪念碑　中、右／韩国80%的高丽参是在锦山销售。锦山盛产高丽参，且质量非常高

“茶疗法”中的韩国传统茶的新用法

1 在咖啡店可以泡脚，还可以免费喝咖啡 2 它泡茶的专家。namanetya是由茶专家专门泡制的 3 天然的咖啡 4 泡脚 5 为每个人调制的namanetya茶都不同 6 茶专家

TEA THERAPY

namanetya是由茶专家开处方

在这个咖啡店里能喝到韩方医院所经营的、符合人的体质的韩方茶。除了能选择茶之外，还可以与茶专家聊天。

Map p.136-B-1

住 강남구 신사동 616-6 아고빌딩1층
☎ (02)518-7506
营 10:00～23:00 休 春节、中秋节
CC Ⓐ Ⓓ Ⓙ Ⓜ Ⓥ
交通 地铁3号线㉟“狎鸥亭”站2号出口出，步行3分钟
预 5000韩元～
※3万韩元以上的namanetya要预约

한방, 피부와 어우러지다

清洁环境中制作出来的有机韩方化妆品

1 在平常，1次最多可以4人来体验韩方肥皂的手工制作 2 这里有韩方肥皂、不会引起过敏反应的面霜。在旅行时可以方便使用的试用品组合

哈努屋

하늘호수

URL wwww.skylake.kr

化妆品店在首尔的任寺洞中

通过蒸馏了18种药材而制成的天然化妆品。在乐天的有机化妆品店也有一部分这样的化妆品。

Map p.99-B-2

住 종로구 관훈동 38 쌈지길 두오름길

☎ (053)857-2380

营 周一～周五10:30~20:30
周六、周日10:30~21:00

休 春节、中秋节

C/C Ⓐ Ⓓ Ⓙ Ⓜ Ⓥ

交通 地铁3号线㉘"安国"站6号出口出，步行3分钟

明洞庆熙韩医院

院长一直在守护的正宗韩医院

1

医院卖的茶，很好喝

1 院长知识渊博、经验丰富，很受信赖。也有很多外国的患者前来拜访 2 医院入口 3 室内的药柜 4 药每次都用纸包上 5 药剂师先生 6 脉搏是重要的判断依据

2

3

4

5

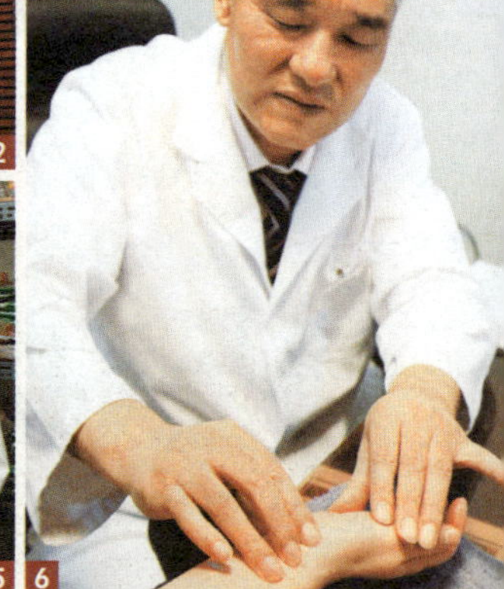

6

明洞庆熙韩医院

명동경희한의원

院长一直在守护的正宗韩医院。知识渊博、经验丰富的院长看诊非常敏锐，通过把脉就能知道许多信息。但是，因为如果不花时间观察问诊的话就难以做出正确判断，所以他都尽可能诊断 1~2 小时。

Map p.98-C-4

住 중구 충무로2가 11-1 선샤인 빌딩9층 ☎ (02)777-3348
营 9:00~21:00 休 周日、春节、中秋节 费 诊疗5万韩元~、药1个月30万韩元~(具体信息请现场咨询确认) C/C Ⓐ Ⓓ Ⓙ Ⓜ Ⓥ
交通 地铁4号线㉔ “明洞” 站9号出口出，步行3分钟
※海外旅行保险不能用

自生韩方医院

在治疗关节痛方面很专业的韩医院

1 自生韩方医院有专门对外国人开放的挂号处 2 分为好几栋楼的大医院 3 用于治疗的韩方药 4 首位成为韩方医生的西方人 5 该医院有很多韩方医生 6 使用MRI等设备来进行更正确的诊断 7 尹医生表示“一般的治疗会很痛苦而且对肌肉也有刺激”

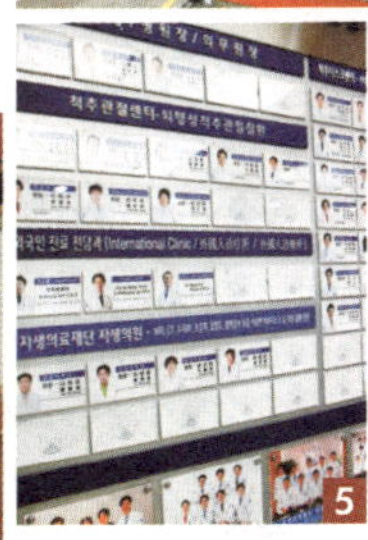

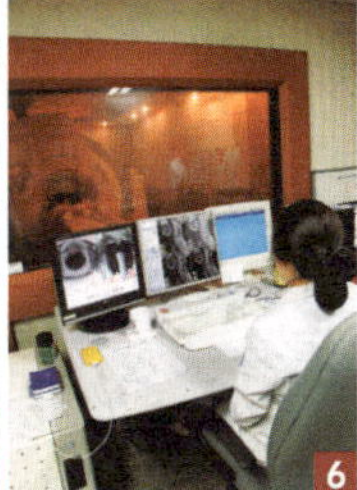

自生韩方医院

자생한방병원

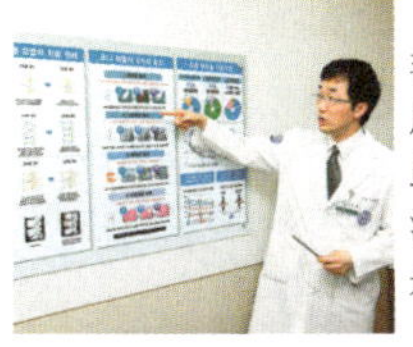

该医院在关节痛诊断方面和整形外科方面非常专业。医院设有外国人专用的挂号处，使用西方医学的诊查中心来进行更正确的判断。虽然CT、MRI等设备的使用推进了诊疗，但是治疗本身是使用韩医疗法。当然，MRI诊查也是很必要的。

Map p.138-A-2

住 강남구 신사동 635
☎ (02)3218-2169、2106
营 周一~周五9:00~19:00 周六、周日、节日9:00~18:00
休 春节、中秋节
费 95万韩元(诊断、治疗、包括一个月的药。具体信息请现场咨询确认)
C/C Ⓐ Ⓓ Ⓙ Ⓜ Ⓥ 交通 地铁3号线，从㊱“狎鸥亭”站4号出口出，步行约15分钟
※要预约 ※海外旅行保险不能用

特辑 4

充满美食诱惑的巷路食铺

都很好吃噢！

柳真食堂

放有猪头肉和猪脸肉的汤泡饭、冷面等都很实惠

1 放有猪头肉、猪脸肉和猪耳朵的汤泡饭 2 带有猪皮的猪头肉的薄切片，美味难以抵挡 3 绿豆除去了烤猪肉的油腻 4 绿豆烧 5 厨房 6 边喝烧酒边享用美味 7 这个食铺就在他浦口如公园的附近，很受当地人的喜爱

DATA

柳真食堂

Map p.99-C-3
住 종로구 낙원동 221-101
☎(02)764-2835
营 10:00~22:00
休 春节、中秋节
C/C ⒶⒹⒿⓂⓋ
交通 地铁1号、5号线⑬⓪㉙⑮㉞“钟路3街”站的5号出口出来，步行3分钟
预 3000韩元～

元祖一只鸡

东大门有一条街称为“炖鸡一条街”，有许多能吃到炖鸡的店。炖鸡使用的是一整只鸡，加入味道鲜美的汤炖制而成，非常不错。

这里有不少炖鸡的老店，如果想尝一尝炖鸡的话，向您强烈推荐元祖一只鸡。这是加入了新鲜的特制调料的炖鸡，非常注重汤料，味道格外诱人。

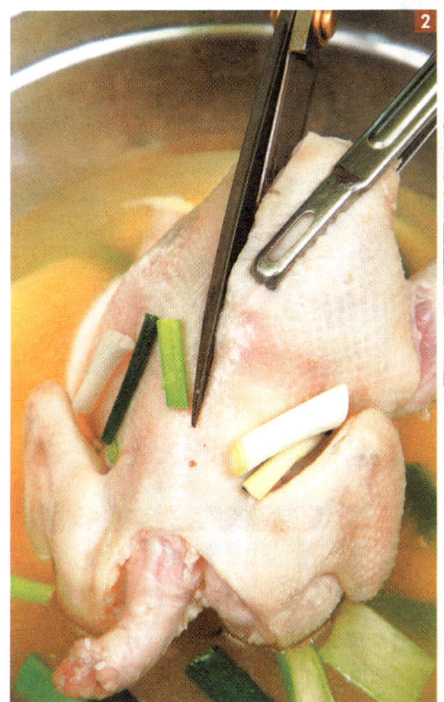

1 这是炖鸡 2 从中间剪开 3 炖鸡一条街

DATA

元祖一只鸡

Map p.115-C-1
住 종로구 종로 5 가 265-5
☎ (02)2272-8249
营 9:30~24:00 休 春节、中秋节
C/C Ⓐ Ⓓ Ⓙ Ⓜ Ⓥ
交通 地铁 1 号线⑫⑨“钟楼 5 街”站 5 号出口出，步行 5 分钟。
预 1.6 万韩元（一整只鸡）

▲在年轻人中也很有人气

◀用辣椒酱炒制而成

◀店里有名吃——哈尔莫尼

富平洞的猪蹄一条街上的 沃勇·哈尔梅科普强

◀美味的猪蹄

◀是这条街上最好吃的猪蹄

釜山的名吃之一——猪蹄。富平洞的猪蹄一条街的许多店里都能吃到地道猪蹄。便宜又美味，有时间的话一定要去尝尝。

◀任何时候客人都很多

▲韩剧的外景拍摄地就在店铺的正对面

这条街上猪蹄最好吃的店沃勇·哈尔梅科普强的猪蹄大约有5种，而其他店只有2种。釜山的牛蹄里主要加入的是盐，而这里的猪蹄则是用辣椒酱炒制而成的。

◀当场炒猪蹄

▲加有辣酱的、非常可口的水辣白菜

DATA

沃勇·哈尔梅科普强

Map p.46

住 남구 문현 4 동 859-36 ☎ (051)646-0726

营 12:00~次日 3:00 休 春节、中秋节

C/C Ⓐ Ⓓ Ⓙ Ⓜ Ⓥ

交通 地铁2号线㉑⑥"门岘"站2号出口，步行7分钟

预 牛内脏 7000 韩元、米饭 1000 韩元、烧酒和啤酒各 3000 韩元、饮料 1000 韩元

这条街是电影《朋友》的外景拍摄地。这里的店经常是人满为患，店家对游客是"来者不拒"。

韩式美食介绍

正宗的美味韩国料理。除特色菜肴外，其他的美食也值得一试。

…微辣
…中辣
…很辣

一定很乐于了解!

首屈一指的地方美食介绍

雪浓汤 설농탕

用牛肉和牛内脏等长时间熬制，使其中的味道渗出，并将汤熬制成乳白色。汤浓而口味清爽。根据个人喜好，可以加桌上的盐调味。

春川铁板鸡 닭갈비

将鸡肉和蔬菜、年糕等一起炒成甜辣口味的一道菜。便宜且分量十足，很受年轻人欢迎。做成炒饭味道也不错。

五花肉 오겹살

带皮五花肉，如果是特产黑猪肉，其味道会更加鲜美。与三层肉一样，切片烤制出香味后食用。肥瘦绝妙的搭配是其一大特点。

豆浆冷面 콩국수

5~9月份食用的夏季招牌面。煮面不用汤，而是把面条放入调好味的豆浆中，全州式的冷面用的是荞麦面，而且在豆浆中加入了砂糖，这一做法非常少见。

鲍鱼 전복

济州岛的特产之一是产量丰富的鲍鱼。用黄油烧烤、石锅饭和营养丰富的鲍鱼粥等深受中国人喜爱。

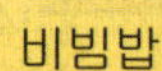

石锅拌饭

在米饭上放上焯拌菜等各种配菜的美味料理。用勺子将菜和米饭充分搅拌均匀后食用。

豆芽汤饭

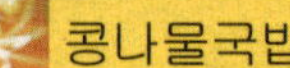

在豆芽汤中加入米饭的汤饭。口味清淡，最适合于宿醉时解酒。

烤咸青花鱼

안동국시

据说加入盐再适度加热的烤咸青花鱼是内陆安东最好吃的美食。

安东面

간고등어

加入大豆制成的面条上浇上了用小香鱼做成的酱汁，是安东特有的面食。最近，小香鱼酱汁变得越来越少了。

“空”祭祀餐

헛제사밥

也就是“假的祭祀料理”的意思。有一种说法是因为一般普通市民举办不了祭祀，但是又很想吃到祭祀美食，所以就做了祭祀餐来品尝。

安东鸡

찜닭

安东鸡是将鸡肉切块后和蔬菜一起炒后炖煮而成的一道菜。味道甜鲜微辣，香味浓郁而口感绵软。关于其起源有人说是改良版的鸡肉锅，也有人说原来是农家菜的一种。

东莱葱饼

동래파전

葱饼是在鲜葱上放上牡蛎、鱿鱼、蛤蜊等海鲜，再倒入面糊煎制而成。外焦里嫩，佐以马格利酒堪称绝配。是东莱的名吃。

釜山冷面

밀면

将用小麦粉制成的面条放入冷汤中制成。属于混合型冷面。根据个人爱好，食用时可以在甜汤中加入芥末或醋。

韩式美食介绍

肉类

牛

药念烤牛肉 양념갈비

事先用调料腌制的烤牛肉

肉脍 육회

将新鲜牛肉切成细丝后的生拌牛肉

牛肉刺身 육사시미

新鲜的牛肉刺身。肉的部位及切法因店铺而异

原味牛肉 생갈비

不加调味的牛肉。烤制时加入盐

炭烤牛里脊肉 주물럭

将事先用调料腌制入味的牛里脊肉用炭火烧烤

牛膈膜肉 안창살

牛的横膈膜部分的肉

牛舌卷 우설

牛舌。在韩国不太普及

霜降里脊肉 살치살

位于牛里脊下部的肉

牛肋骨肉 토시살

长在牛的脾脏和胰脏附近的肋骨肉

高级牛里脊肉 등심

牛里脊肉。一般不用调料腌制，直接烧烤

五花里脊肉 꽃등심

有着漂亮的霜降花纹的风味独特的上乘牛里脊肉

雪花牛肉 차돌박이

肉质紧密的牛肋条部分的肉切成薄片

牛肚子肉 치마살

所谓的牛横膈膜肉。用药念腌渍后烧烤

炖牛肉 갈비찜

炖煮带骨牛肉，味道甜辣

极品肩胛骨肉 부챗살

上乘的霜降肉。切成厚片后烧烤

极品霜降肉 꽃살

味道最为鲜美的霜降肉

铁板烤肉 불고기

将用调料腌渍过的牛肉放在专用的铁板上烧烤

炭烤牛肉丸 떡갈비

将剁碎的牛肉入味后，团成圆形，用炭火烤制而成

前腿肩胛骨肉 낙엽살

牛前大腿部分的肉

羊肉

烤山羊肉 염소불고기

用调料腌制过的山羊肉放在炭火上烧烤。是釜山金井山的名吃

你喜欢哪一种? VS

五花三层肉

삼겹살

将猪五花肉切片，烧烤后食用

浓香烤肉

돼지갈비

将猪肉用甜味调料腌渍后，烧烤食用

猪

五花肉

오겹살

烧烤猪五花肉（带皮五花肉）

猪头肉

항정살

靠近猪头附近的肉，非常鲜美

猪背肉

가브리살

猪背上的肉，肥瘦搭配，味道鲜美

猪肩部里脊肉

목심

头部后面的肉。脂肪适中，味道鲜美

猪肉多用于烧烤，而鸡肉和鸭肉则有多种烹饪方法。在主营参鸡汤的店里也有整只烧鸡出售。

鸡

烧鸡

통닭

将整鸡炖煮或烧烤制成。多为烧鸡

清炖鸡汤

닭곰탕

味道鲜美的鸡汤

辣酱鸡

양념치킨

将鸡肉炸制后与辣酱汁混合而成

参鸡汤

삼계탕

将药材、糯米等填入鸡内，整鸡炖煮成汤

清炖鸡

닭한마리

整鸡炖汤。最后可以做锅底涮菜食用也不错

烤鸭肉

오리구이

将鸭肉切成合适大小，烤制而成

辣炒鸡

닭갈비

将鸡肉和蔬菜用辛辣的酱汁炒制而成

"火"鸡

불닭

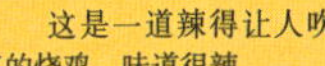

这是一道辣得让人吹气的烧鸡。味道很辣

鸭

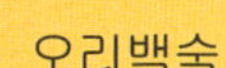

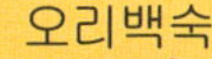

滋补鸭煲 美肌系

오리백숙

将药材填入整只鸭后炖煮成汤

鸡肉蔬菜面

찜닭

将鸡和蔬菜一起炖煮的一道菜。是安东名吃

其他肉（杂碎等）

곱창
烤小肠

천엽、간
百叶、牛肝
生百叶和生牛肝。常作为下酒菜

양지머리
牛肚
牛胃上部非常美味的部分

美肌系

牛骨髓
둔골
牛头部分的骨髓。生吃

牛杂拼盘
모둠곱창구이
烤牛杂拼盘

※生食的食物请慎用。虽然味道不错，但并不推荐。

돼지곱창구이
炒猪杂
猪内脏。用苦椒酱炒制而成

美肌系

酱猪脚
족발
猪蹄。韩国的猪脚不仅包括脚尖部分，还包括上面粗的部分

烤猪皮
껍데기(껍질)
将煮过的猪皮放在炭火上烧烤。猪皮富含胶原蛋白

美肌系

猪大肠
막창
猪的大肠。味道鲜美

美肌系

牛皱胃
홍창(막창、밥창)
牛的第四个胃。各地叫法不一

关于"盲肠"

韩国对于动物各个内脏的叫法各地都不一样。其中有代表性的例子就是"盲肠"。字典上汉字写作"盲肠"，但作为猪的内脏指的是猪大肠，而对于牛来说则指牛的第四个胃。一般来说，指猪的直肠。

热气腾腾的豆腐砂锅

奥斯餐厅（→P.106）的黑豆豆腐煲。里面的煮猪肉也很软嫩鲜美

经营豆腐砂锅配石锅拌饭的餐馆很受欢迎

看，红红的颜色让人垂涎欲滴。在首尔，经常在豆腐砂锅中放入生鸡蛋，而在釜山则不放

豆腐

韩国的豆腐也很美味

美肌系

水豆腐

순두부

嫩豆腐。在当地，做这种豆腐时用的是海水而不是卤水

豆渣火锅

비지찌개(콩비지)

做豆腐时剩下的豆渣。含有丰富的食物纤维

美肌系

生豆腐

생두부

和木棉豆腐很相近的生豆腐。佐以酱汁或泡菜食用

水豆腐是将泡发的国产大豆研磨后制成的

松茸豆腐火锅

송이순두부전골

加入松茸的豆腐火锅。很受欢迎

豆腐火锅

순두부찌개

将水豆腐放入加了辣椒的辣汤锅中烹饪而成

清汤豆腐火锅

순두부찌개

有些餐厅也经营不放辣椒的清汤豆腐火锅。点菜时可以告诉老板“森豆腐其凯、哈呀凯就赛姚”

豆腐火锅的风格因店铺而各异。你可以去寻找自己喜欢的口味

在豆汁中加入海水，充分混合后使之凝固制成的手工豆腐味道鲜美

海鲜

刺身 회

韩国的刺身多为没有成熟的白肉鱼，很有嚼劲

韩国的贝类也很好吃!

辣炒章鱼 낙지볶음

将章鱼用辣酱炒制而成。照片中为锅仔，是釜山风格

釜山式的火锅

海鲜锅 해물전골、해물탕

海鲜锅，辣的东西不少

汤汁丰富很好吃

首先放到米饭上吃

也可以煮入拉面

韩国的刺身以白肉鱼为主，因重视鲜度，弹性十足。各种贝类、海鞘、章鱼等也非常鲜美。首尔风味的辣炒章鱼多为辛辣口味。左侧照片为用酱汁炖煮的釜山风味

蚬贝拼盘 재첩회

和蔬菜一起食用的蚬贝。多为煮制

烧河豚 복불고기

将河豚与酱汁混合，快速烧制后食用

油炸河豚 복튀김

炸河豚。分为干炸、勾芡炸、腌渍后炸制等

玄蛤粥 바지락죽

软糯的玄蛤粥。分量十足，堪称绝品

河豚汤 복국

用河豚炖汤，味道鲜美

美肌系

辣蒸河豚 복찜

用河豚和蔬菜制成的辣味蒸菜

河豚也很合算!

※即使见到了淡水鱼的生鱼片也最好别吃。有存在寄生虫的风险。

还有许多熟悉的鱼肉料理！

鮟鱇鱼炖菜 아구찜

将鮟鱇鱼和蔬菜一起炖煮。超辣

韩式烤鳗鱼 뱀장어구이

烤鳗鱼。开膛后不用蒸，直接在烧烤网上烤

炖斑鰶 전어조림

炖煮斑鰶。在韩国，秋季人们就开始吃斑鰶鱼了

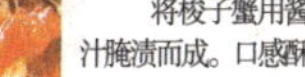

酱梭子蟹 간장게장

将梭子蟹用酱油汁腌渍而成。口感酥软

清蒸帝王蟹 대게

在韩国，不是煮而是清蒸，因此肉质甜美

烤咸青花鱼 간고등어

咸青花鱼。烤制后食用。安东的烤咸青花鱼非常有名

烧盲鳗 곰장어구이

分为红烧和烧烤两种

韩式烤鱼 생선구이

分为铁板烧和烧烤网烤制两种，味道都不错

酱烤干鳕鱼 북어구이

将干鳕鱼用辣酱调味后烤制而成，是下酒的好菜

辣煮带鱼 갈치조림

将带鱼用辣酱炖煮，口味辛辣

韩式鳗鱼也很美味！

在韩国，多用辣酱、酱油、盐三种调味料

1 将两种蔬菜叶子重叠，放上烤鳗鱼

2 在鳗鱼上放上姜丝、大蒜等配菜

3 卷起来后食用

韩式美食介绍

饭

石锅拌饭

비빔밥

在米饭上添加焯拌菜，拌匀后食用

菜包饭

쌈밥 美肌系

用蔬菜叶卷着配菜食用

大碗盖饭

덮밥

带有配菜的大碗盖饭的总称

韩式套餐

한정식

套餐包括米饭、小菜、砂锅等

韩式紫菜卷

김밥

韩式紫菜卷。不使用醋拌饭

韩式御膳

궁중음식

被称为宫廷料理的高级韩式套餐。菜品多使用高级食材

韩式炒饭

볶음밥

炒饭。也可在吃完砂锅、猪杂、牛杂后就着锅制作

粥

죽

品种繁多，味道鲜美

面食、年糕

绿豆饼

빈대떡

在磨碎的绿豆面中加入切碎的蔬菜等配料，烤制而成

油煎蔬菜

전

将食材用淀粉勾薄芡后煎炸而成

韩式饺子

만두

分为蒸饺和煎饺两种

煎蔬菜饼

부침개

将蔬菜与面粉等混合后煎炸而成。外焦里嫩

韩式炒年糕

떡볶이

用辣酱炒韩式年糕

掺入大枣、板栗和众多蔬菜等的炒年糕，不放辣椒

궁중떡볶음

宫廷炒年糕

파전

葱饼

加入葱的烤饼，多加有鱼类、贝类等海鲜

面
平壤冷面
평양냉면
用荞麦粉和淀粉为原料制成面条，煮好后放入冷汤中
马库斯
막국수
春川的名吃。用荞麦面制成的冷面
咸兴冷面
함흥냉면
用红薯粉制成的冷面
谈到韩国面食，首先联想到的就是冷面，但也有经营温面的饭馆。咸兴冷面本来是没有汤汁的辣拌面。也有配以鳐鱼刺身的海鲜面。现在也推出海鲜冷面。
釜山冷面
밀면
小麦粉制成的冷面。汤味偏甜。釜山的名吃
朝鲜干面
쫄면
这种面以淀粉为原料，面条比一般的略粗。用甜酸且带有辣味的酱汁拌后食用
炸酱面
자장면
韩式的炸酱面。釜山式的偏甜，还放一个煎鸡蛋
韩式宽面
수제비
将面做成短宽形的韩式温面。也有时做成面团
韩式苏子宽面
美肌系
들깨수제비
加入研磨后的苏子的带汤的韩式宽面
韩式中国面
짬뽕
超辣的韩式中国面。与本土中国面不论是面还是汤都不一样
韩式煮面
칼국수
手工制成的、柔软得像馄饨一样的面食。汤不辣。店铺不同所用的汤也不同，有海参汤、鸡汤、牛骨汤等
잔치국수
韩式喜面
酱油煮挂面。原来是在有喜事的时候吃的
煮好后放在豆浆中的冷面
美肌系
콩국수
豆浆冷面
韩式拌面
비빔국수
拌面的一种

汤菜、锅仔

韩国是品尝美味靓汤的国度，到韩国一定要去尝一尝。用牛骨和牛杂一起炖煮的汤含有丰富的胶原蛋白，对于美容和关节健康都有帮助，值得推荐。

美肌系 干鳕鱼汤 북어국

用风干的鳕鱼熬成的汤。其底汤为牛骨汤

泡菜锅

김치찌개

用泡菜制成的火锅（汤汁浓厚）

清曲酱锅

청국장

用清曲酱制成的汤锅。味道浓郁

韩国大酱汤锅

된장찌개 用韩国大酱调味的汤锅

牛杂汤

해장국

用蔬菜和牛杂熬制而成。能解宿醉

蚬贝汤

재첩국

用蚬贝制成的高汤。加入大蒜，味咸

美肌系

설렁탕 雪浓汤

将牛骨和牛杂长时间炖煮而成的、汤色乳白的浓汤。汤浓而口味清爽，没有调味，可根据个人喜好，加入桌上的盐、胡椒粉、泡菜等调味品食用

猪骨土豆火锅

감자탕

将带肉的猪骨与土豆一同煮成的火锅

韩式部队火锅

부대찌개

以香肠和午餐肉为主料的拉面火锅

骨汤

갈비탕

用带骨肉块熬成的汤

美肌系

추어탕

用泥鳅制成的汤。是全罗北道南原的名吃

泥鳅火锅

美肌系

牛尾汤

꼬리곰탕

用牛尾熬煮而成的汤。与雪浓汤一样，可根据个人喜好调味

美肌系

排档小吃目录

韩国是可以尽情享受大排档的点心和小吃的国度。根据商品的不同，只需花 3000~8000 韩元，就能轻松享用美味食品。

韩式煎饺
부꾸미

两种颜色。中间有馅

韩式炒年糕
떡볶이

是大排档小吃的名品，不甜，深受韩国高中女生的喜爱

油炸海鲜蔬菜
튀김

类似于天妇罗的油炸食品。属于大排档经典小吃之一

好炖
오뎅

扦子和食物都细细小小的

韩式饺子
만두

类似于中国的饺子。分为蒸饺和煎饺两种

紫菜包饭
김밥

紫菜包饭中卷的食材各种各样。也有不填食材的紫菜包饭

韩式馅饼
호떡

排档点心中经典的一款。釜山风格的是煎炸后裹上果仁食用

鱼形面包
붕어빵

外形像鱼的一种面食，皮很光滑，有淡淡的甜味

炸面饼
도넛

类似于甜甜圈。购买后最好尽早食用

华夫饼
와플

内加奶油。因馅料不同价钱各异

核桃小蛋糕
호두과자

加入核桃的带馅小蛋糕。蛋糕的种类很多

甜红豆粥
단팥죽

年糕红豆粥。也有不甜的红豆粥

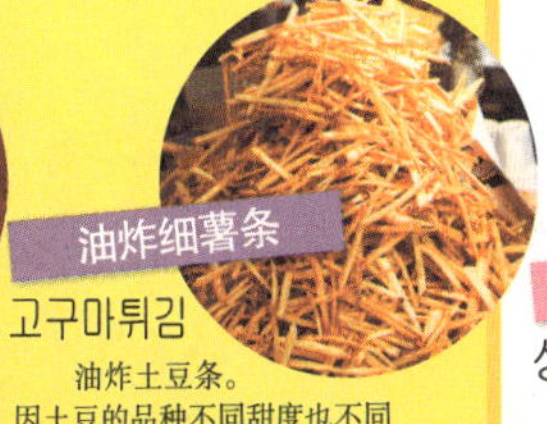

油炸细薯条
고구마튀김

油炸土豆条。因土豆的品种不同甜度也不同

鲜榨果汁
생주스

用新鲜水果当场榨成的水果汁

※注1　点心的名字“호도과자”在韩国国内一般统一成“호두과자”。但很多店都还使用旧词（前者）

泡菜·腌菜·酱类

白菜泡菜　배추김치

用白菜制作的泡菜。最大众化的泡菜

泡菜之王　보쌈김치

白菜包裹的食材非常丰富

腌萝卜块　깍두기

将萝卜切成小块腌渍成的泡菜

腌小萝卜　총각김치

将整个小萝卜腌渍而成的泡菜

腌黄瓜　오이소박이

在黄瓜上切上口子，中间放入调料制成的泡菜

腌葱　파김치

青葱制成的泡菜

萝卜水泡菜　동치미

将小萝卜整个浸泡制成的水泡菜。该泡菜是为了饮用发酵成的汁水

蔬菜水泡菜　나박김치

将蔬菜切成薄片制成的水泡菜

什锦泡菜　겉절이

将白菜和“药念”混合腌制而成的即食泡菜

酱油腌菜　장아찌

将蔬菜等用味噌酱和酱油腌渍而成的腌菜

郁陵岛的特产、用酱腌山蒜叶子卷烤肉食用，在高档饭店里非常流行

做辣酱用的酵母一定要做成圆饼形

辣酱 고추장

将小麦、米和辣椒用酵母发酵而成的酱，是韩国料理必不可少的调料。用于发酵的菌是纳豆菌的一种，用来做味噌很独特

使韩式大酱汤锅味道鲜美的大酱

做韩式大酱用的酵母菌是像砖块一样的四方体

韩式大酱（韩式味噌）된장

韩国固有的大酱汤，比起味噌更有特点。是韩式大酱汤锅必不可少的材料

韩国餐桌上必不可少的韩式大酱

清曲酱（韩国纳豆）청국장

主要用于各式汤锅，也可用真空冷冻技术将其粉末化，是一种健康食品。

韩国酱油 간장

和中国的酱油略有差异

有盐的结晶漂浮在上面。据说天气好的时候漂浮得更多

使用辣酱的各种腌菜 장아찌

各种腌菜。有柿子、梅子等，非常美味。中间是大豆叶

有在辣酱腌菜中腌入柿子的，不过比较少见。制作起来稍微有些费事，首先将食材用酱油腌渍，然后腌在辣酱里，是一种奢侈的满足个人嗜好的食品。使用身边常见的食材的话，可以用制作梅子精后剩下的梅子，去掉核后腌入辣酱中，这样比较方便。中间是韩式大酱腌的大豆叶腌菜

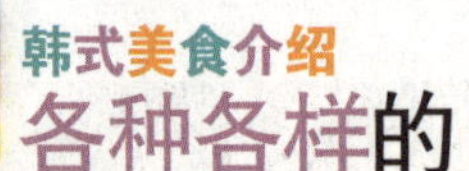

韩式美食介绍

各种各样的马格利

鲍石亭（→ Map p.132-A-1）。可以自己从桌上斟取流动的马格利饮用

传统的方式是从铜壶中倒酒，给人一种怀旧的感觉（谭玛鲁奇普→ Map p.106）

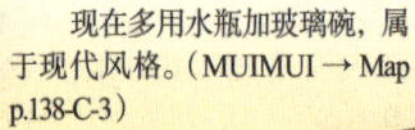

现在多用水瓶加玻璃碗，属于现代风格。（MUIMUI → Map p.138-C-3）

不仅在小酒馆，在咖啡馆也有用马格利制成的饮品。照片中是街路树街的 w.e.（→ p.141）中的薄荷马格利

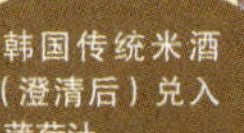

根据作为人类文化遗产的古法酿造的珍贵酒品，口味干醇，很受男性喜爱（"Duk Tak" → Map p.132-B-2）

用水果制成的马格利鸡尾酒以其绝佳的口感深受女性喜爱（"Duk Tak"）

在民俗酒馆店中的校洞法酒也同样属于浊酒，比马格利酒精度数高。从瓶子里打出来饮用非常有风情（东莱帕将 → p.135）

几种传统茶和饮品

在韩国，被称为传统茶的饮品有许多种。基本上水果系的茶比较好喝。有许多是用砂糖、蜂蜜等溶于水中制成的，被称为“清”。除了水果系列之外，还有使用植物的叶、根、树皮等的草本植物、香料系列的和使用谷物类的茶。草本植物、香料系列的都很有特点。

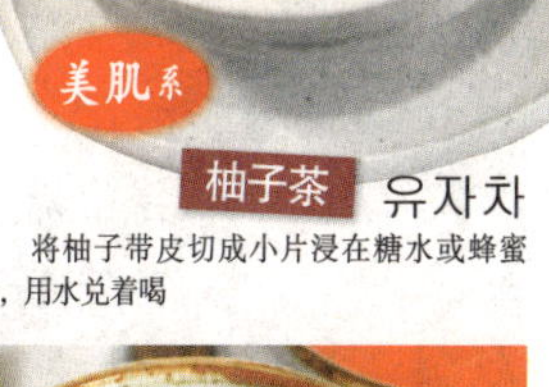

美肌系

柚子茶 유자차

将柚子带皮切成小片浸在糖水或蜂蜜中，用水兑着喝

五味子茶 오미자차

将风干的五味子放入水中煮开后，浸泡一夜，过滤后饮用。味道甘美

枣茶 대추차

将晒干的枣子煮好后，加入糖水和蜂蜜调味饮用

肉桂茶 계피차

将肉桂煮出浓汁，加在糖水或蜂蜜中饮用。带有浓郁的肉桂香味和辣味

米酒 식혜

将熟米经过麦芽发酵后得到的一种类似甜酒的饮品，微甜

木瓜茶 모과차

将切片或切丝的木瓜用砂糖和蜂蜜腌渍，用水兑着喝

梅实茶 매실차

将熟透的梅子浸在糖水和蜂蜜中制成果酱，用水兑着喝

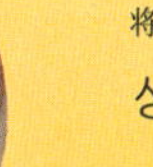

将生姜煮水后，放入砂糖或蜂蜜。味道微辣

生姜茶 생강차

菊花茶 국화차

用干燥的菊花冲泡的茶。芳香宜人

水正果 수정과

在生姜、桂皮煮的水中放入砂糖或蜂蜜煮开，冷却后，放入松子做成的饮料。香味浓郁，甜而微辣。原本是放入柿饼的，但现在很多店里已经不放了

在韩国，由于气候关系，没有种植甘蔗，因此为了得到甜水，多使用麦芽糖、蜂蜜、水果的自然甜味和柿饼等。韩国人喜爱微甜口味可能也是基于这个原因。饮用绿茶的习惯被废止是因为在李氏王朝时期，排斥佛教的同时，和佛教有关的茶也不能饮用了。

注：微辣的饮品用辣椒符号标示。

挑战制作传统茶

想在回国后也能享用韩国传统茶，只要有材料就非常简单。大家都认为最好做的是只需将材料浸在蜂蜜中就可以制成的柚子茶、木瓜茶、梅实茶等，其实除此之外还有其他简单的茶品。

如果想在回国后也能享受传统茶的乐趣，可以在首尔到京东市场 Map 首尔市区地图 -C-1 看看。这里不仅材料丰富，价格也很合理。

初级篇　制作五味子茶

材料

五味子：满满 2 杯

水：200cc

五味子先浸泡一夜后茶色和口感更佳。五味子的量可以根据个人喜好适当增减，饮用时可加入适量蜂蜜。

中级篇　制作水正果

材料

肉桂：20g　生姜：20g　红枣：3 颗　水：1 升　砂糖：适量

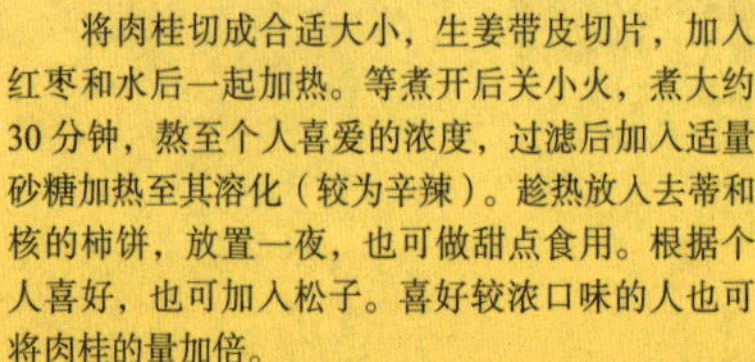

将肉桂切成合适大小，生姜带皮切片，加入红枣和水后一起加热。等煮开后关小火，煮大约 30 分钟，熬至个人喜爱的浓度，过滤后加入适量砂糖加热至其溶化（较为辛辣）。趁热放入去蒂和核的柿饼，放置一夜，也可做甜点食用。根据个人喜好，也可加入松子。喜好较浓口味的人也可将肉桂的量加倍。

材料要用水去污洗净。红枣仅为辅料，如果没有，不加也可。肉桂比桂皮更厚、味道更浓。生姜性温，与桂皮一样含有香豆素，可能个别人不太适合食用。不能食用桂皮的人最好不要饮用。

※ 五味子放置一晚上涩味会更浓，因此只能在水里浸泡一晚。肉桂肉厚味辛，没有时可以用桂皮代替。

首尔、仁川和京畿道

首尔及其周边

韩国观光公社举行的传统服装的介绍

1 可以拍摄像剧照一般的照片 2 少年也可以变身
3 身着喜爱的服装拍摄全家福 4~7 可以挑选自己喜爱的服装和背景拍照

小特辑

在CAFE DRAMA，你也可以华美变身

在位于梨大的CAFE DRAMA，顾客可以穿着韩剧中演员穿过的服饰拍摄各种变身写真，因此，此地人气很高。宽敞的摄影棚中布置着各种场景，让顾客可以全情体验各种韩剧造型，这是只有在首尔才能有的享受。

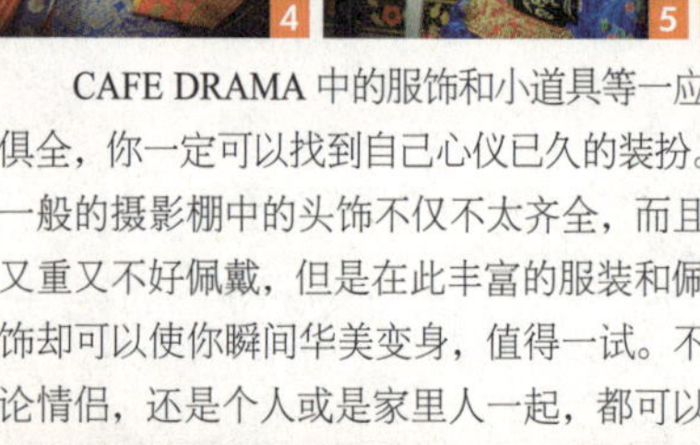

CAFE DRAMA中的服饰和小道具等一应俱全，你一定可以找到自己心仪已久的装扮。一般的摄影棚中的头饰不仅不太齐全，而且又重又不好佩戴，但是在此丰富的服装和佩饰却可以使你瞬间华美变身，值得一试。不论情侣，还是个人或是家里人一起，都可以来此寻找非同寻常的体验。

CAFE DRAMA

Map p.133-D-2

住 대문구 대현동 27-20 효자가이아빌딩 지하1층
☎ (02)312-7748
营 11:30~21:00 休 春节、中秋节
C/C Ⓐ Ⓓ Ⓙ Ⓜ Ⓥ
交通 地铁2号线㉔"梨大"站1号出口出，步行3分钟。

8~13 在实际的韩剧拍摄中使用过的服饰质地优良，漂亮华丽。戴上大髻头饰虽然确实很重，但还是可以忍受的。所以，拍照时流露出的微笑都是发自内心的。在国内这样装扮一番拍照可能会不好意思，但是在国外，完全不用害羞，既可以当成纪念，又可以展现完全不同的自己。不论男女老少，去的所有人都可以尽情享受

在 CAFE DRAMA，可以携带个人的相机入内，拍摄一些摄影花絮，作为旅行的美好纪念。现在，因为这里已经成为非常热门的旅游目的地，因此如果是周末或节假日前往时一定别忘了预约。可以先设想一下，自己希望拍摄什么样的照片呢？

14~16 有趣的是，可以自己扮演韩剧中的主角。《朱蒙》中的服饰也很受欢迎，据说许多女性选择穿着这些服饰。还有人专门为拍摄照片为目的前往首尔旅行

首尔、仁川和京畿道
0 10 20km
主要景点
高速公路
KTX
KTX延长线
普通铁路
道界
机场
板门店
江华支石墓
江华山城
草芝镇
摩尼山
传灯寺
警头山统一瞭望台
MBC杨州文化村(大长今主题公园)
富川幻想工作室
水原华城
铁道博物馆
韩国民俗村
济扶岛
温阳温泉
利川陶艺村
南杨州综合拍摄场
首尔特别市 SEOUL
仁川广域市 INCHEON
仁川国际机场
金浦国际机场 Gimpo
京畿湾 Gyeonggiman
黄海 HWANGHAE
牙山湾 Asanman
南阳湾 Namyang man
开城 GAESEONG
坡州市 PAJU-SI
高阳市 GOYANG-SI
金浦市 GIMPO-SI
江华郡 GANGHWA-GUN
瓮津郡 ONGJIN-GUN
杨州郡 YANGJU-GUN
议政府市 UIJONGBU-SHI
南杨州市 NAMYANGJU-SI
涟川郡 YEONCHON-GUN
抱川郡 POCHEON-GUN
长湍郡 JANGDAN-GUN
开丰郡 GAEPUNG-GUN
富川市 BUCHEON-SI
光明市 GWANGMYONG-SI
始兴市 SIHEUNG-SI
安山市 ANSAN-SI
安养市 ANYANG-SI
军浦市 GUNPO-SI
义王市 UIWANG-SI
果川市 GWACHON-SI
城南市 SEONGNAM-SI
河南市 HANAM-SI
广州市 GWANGJU-SI
水原市 SUWON-SI
华城市 HWASEONG-SI
龙仁市 YONG-IN-SI
乌山市 OSAN-SI
松炭市 SONGTAN-SI
平泽市 PYONGTAEK-SI
安城市 ANSEONG-SI
天安市 CHEONAN-SI
牙山市 ASAN-SI
唐津郡 DANGJIN-GUN
礼山郡 YESAN-GUN
泰安郡 TAEAN-GUN
瑞山市 SEOSAN-SI
北汉山国立公园
南汉山城道立公园
德山道立公园
西海岸高速国道
京釜高速国道
KTX (韩国高速铁道)

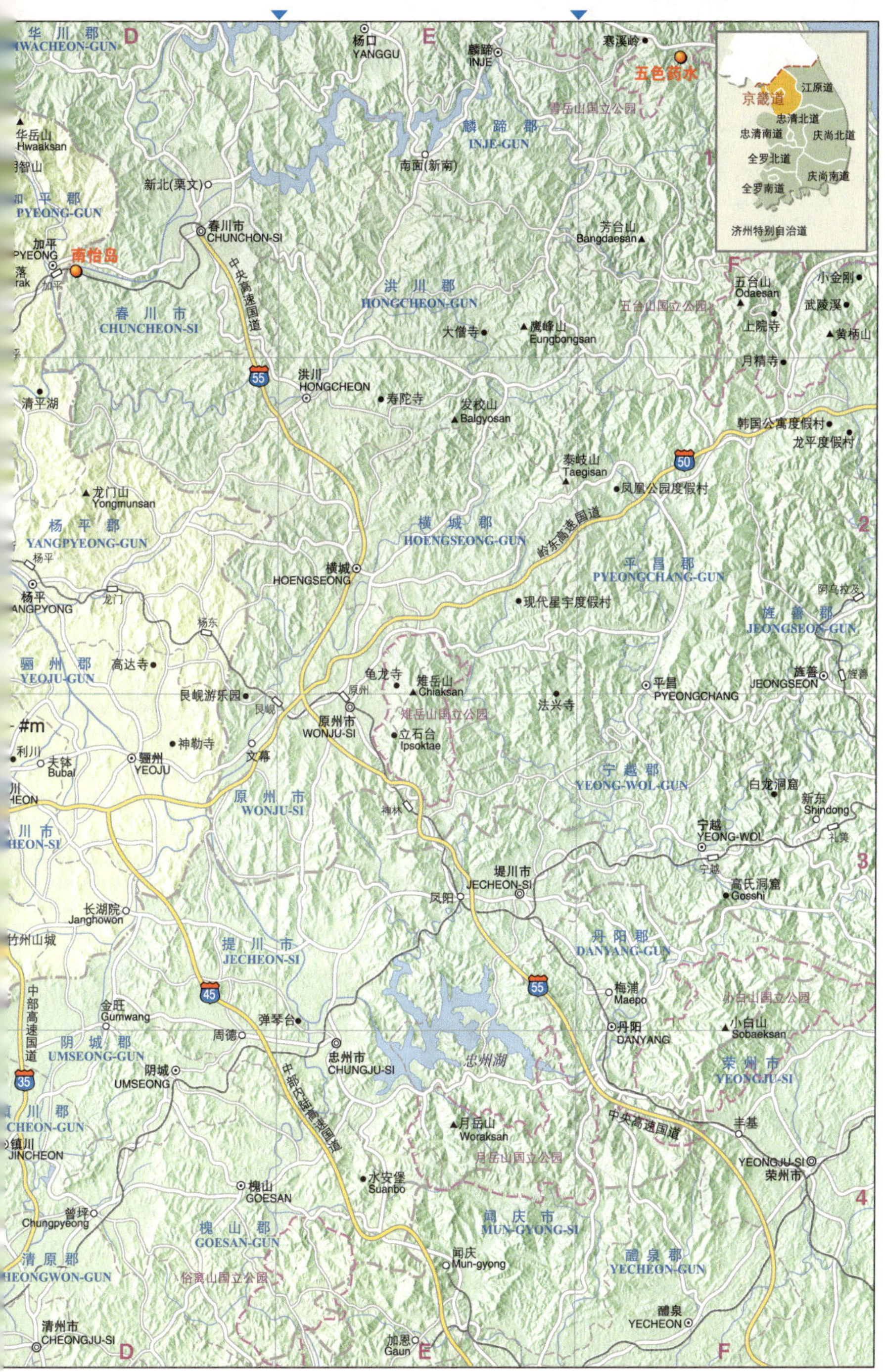

春川市
CHUNCHEON-SI
洪川郡
HONGCHEON-GUN
麟蹄郡
INJE-GUN
横城郡
HOENGSEONG-GUN
平昌郡
PYEONGCHANG-GUN
旌善郡
JEONGSEON-GUN
原州市
WONJU-SI
宁越郡
YEONG-WOL-GUN
堤川市
JECHEON-SI
丹阳郡
DANYANG-GUN
忠州市
CHUNGJU-SI
阴城郡
UMSEONG-GUN
槐山郡
GOESAN-GUN
闻庆市
MUN-GYONG-SI
醴泉郡
YECHEON-GUN
荣州市
YEONGJU-SI
杨平郡
YANGPYEONG-GUN
骊州郡
YEOJU-GUN
清原郡
南怡岛
五色药水
京畿道
江原道
忠清北道
忠清南道
庆尚北道
全罗北道
庆尚南道
全罗南道
济州特别自治道
中央高速国道
岭东高速国道
中部内陆高速国道
中部高速国道
雪岳山国立公园
五台山国立公园
雉岳山国立公园
小白山国立公园
月岳山国立公园
俗离山国立公园
忠州湖

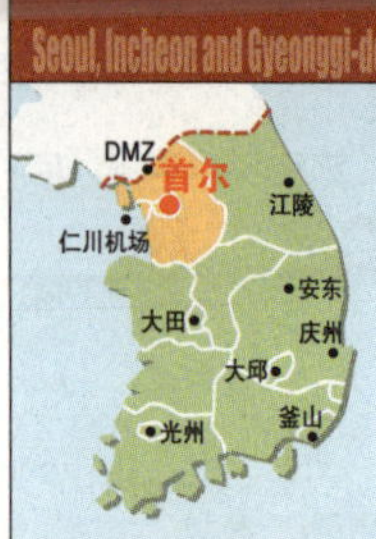

首尔 서울

不断扩大的大都市

长途电话区号 02

首尔特别市居民登记人口（2009 年）
10200830 人

首尔特别市面积（2007 年）
605.25 平方公里

首尔特别市主页
URL chinese.seoul.go.kr

Seoui Culture & Tourism（首尔特别市文化局）
URL www.visitseoul.net

旅游咨询处（韩国旅游发展局总部内）

Map p.72-C-2

住 중구 다동 10
☎ (02)1330
(02)319-0086
营 24 小时
休 无

可以在此商谈旅游事宜，可涉及多个领域。也有时下流行的韩流专卖店。

另外，在首尔市内的主要游览地、繁华街道上设置了许多岗亭式旅游咨询处。关于其详细情况，可参照各地区的网页。

遍布各处的岗亭式旅游咨询处

首尔 概要与导览

“首尔”在韩语中是“都”的意思。1394 年，建立李氏王朝的李成桂迁都于此，此后的 600 年中虽先后经历了汉阳、汉城、京城、首尔等名称的变更，但这里一直是韩国的都城。如今首尔的人口已逾 1020 万，包括周边都市的首都圈集中着韩国总人口的 1/4 左右。

首尔三面环山，因汉江流经而成为风水宝地。自古以来一直在不断发展的地区是以王宫为中心的、指汉江北侧的江北区域（明洞、钟路等）。到 20 世纪 70 年代，出现经济的高速发展之后，发展的中心才开始向汉江南侧的江南区域（狎鸥亭·清潭洞等）转移。最近，随着经济的繁荣，江北区域也在积极推进再度开发，随着城市的绿化、公园化计划的推进，涌现出清溪川等新的名胜。

首尔的新能量观光地——光化门广场

对于旅游者来说，首尔是极具魅力的大都市。这里汇聚了“观光、购物、美食”三大要素，地铁线路交错发达，前往市内每个角落都非常方便。从首尔到其他城市或地区也有多条直达线路。

	1月	2月	3月	4月	5月	6月	7月	8月	9月	10月	11月	12月
平均最高气温（℃）	-1	5	8	14	22	28	29	30	26	19	11	3
平均最低气温（℃）	-8	-2	1	6	13	19	23	24	19	10	3	-5
平均降水量（mm）	29.3	55.3	82.5	62.8	124	127.6	239.2	598.7	671.5	25.6	10.9	16.1

首尔 江北区域轮廓图

●**明洞**……………………了解首尔时尚的最繁华街道。傍晚或周末，这里就成为化妆与时尚的激战区。

●**钟路·仁寺洞**……………自李氏王朝时期延续至今的繁华街道。仁寺洞作为能够感受到地道韩国氛围的大街而深受好评。

●**三清洞**……………………最近备受瞩目的非常恬静的区域。这里有诸多小型长廊。邻近的北村区域作为散步场所，人气也不断飙升。

●**首尔站·南大门市场**……首尔站是由京釜线 KTX 发抵首尔的大门。在一如往昔的南大门市场散步也极富乐趣。

●**东大门市场**………………排列着几栋销售衣料的时尚大楼。休闲装、皮革制品非常受人欢迎。

●**梨泰院·龙山**……………最受欧美客人欢迎的梨泰院。西式风味的餐馆、皮革制品和皮包定制也很受欢迎。

●**新村·弘大·梨大**…………均为设有大学的学院路。弘大酒吧极具个性、风格独特，如今是最受欢迎的场所。而处于再度开发中的梨大则拥有许多女大学生所喜爱的时尚装饰品店。

●**大学路**……………………拥有诸多戏剧、音乐表演场所的艺术之街，也有许多爵士乐的现场演奏厅等。

首尔 江南区域轮廓图

●**汝矣岛·麻浦**……………拥有国会大厦的汝矣岛是汉江游览船的发抵地点。对岸的麻浦（江北）是平民的美食广场。

●**狎鸥亭**……………………首尔上流社会之街——狎鸥亭（包括清潭洞）。这里拥有诸多文化公司，在此或许会碰到一些知名艺人呢。

在狎鸥亭有许多名牌服饰专卖店

很有人气的街道

若想了解首尔的流行，就到明洞去

连锁店在首尔有许多店铺

主要景点 商店 餐厅 咖啡馆和酒吧 娱乐设施 酒店 银行 旅游咨询处 学校 邮局 医院

地铁1号线
地铁2号线
地铁3号线
地铁4号线
地铁5号线
地铁6号线
KORAIL
昌德宫
昌庆宫
宗庙
南山谷韩屋村
中区
钟路3街
钟路5街
乙支路3街
乙支路4街
东大门
东大门历史文化公园
忠武路
东大入口
药水
青丘
国立首尔科学馆
阿尔科艺术剧场
首尔大学附属医院
东大门市场
广藏市场
清溪市场
和平市场
东大门设计市场
国立医疗院
东国大学
奖忠体育馆
南山公园
N首尔塔
国立中央剧场
首尔新罗
新罗免税店
YOUG BIN HOTEL
p.99
p.98
p.113
p.114~115
0
250
500m

首尔的市内交通

Public Transportation

首尔地铁（1~4 号线）
☎(02)520-5000 或 1577-1234
URL www.seoulmetro.co.kr

首尔特别市都市铁路公司（5~8 号线）
☎(02)6211-2200 或 1577-5678
URL www.smrt.co.kr

首尔 9 号线运营股份公司（9 号线）
☎(02)2656-0009
URL www.metro9.co.kr

KORAIL（1、3、4 号线的郊外部分及盆唐线、中央线、京义线）
☎1544-7788
URL www.korail.co.kr

※ 地铁的运行时间是 5:30 左右 ~24:00 左右。

来自编辑部

●注意不同方向的检票口

诸如 1、2 号线等建造年代久远的线路，根据不同的方向，设置了许多检票口。如果搞错方向，从相反方向的检票口进去的话，在大厅内是没有前往另一方向的连接通道的。

●地铁运营公司

1~4 号线是首尔地铁，5~8 号线是首尔特别市都市铁路公司，9 号线是首尔 9 号线运营（股份公司），而 1、3、4 号线的郊外部分和盆唐线、中央线、京义线是由 KORAIL 运营的。

●注意靠右行驶

2~9 号线中，除 4 号线的部分区间外，一律为靠右行驶。因容易搞错前往方向，需要特别注意。KORAIL 线自日本侵占时期起一直延续靠左行驶，因此 1 号线、4 号线的一部分、盆唐线、中央线、京义线均为靠左行驶。

地铁和广域地铁

●便利可靠的地铁

正在进行新车型的引进

地铁线路有 1~9 号线以及盆唐线、中央线、京义线，使用专用的颜色进行区分（2009 年开通 9 号线）。站名除使用韩语外，也有字母及汉字标识，并附有 3 位数字的车站编号。百位数字基本上与线路编号相挂钩，如 1 号线为 100 以上的编号，2 号线为 200 以上的编号。

2009 年 5 月开始引入“一次性 T-money”，纸质车票除在窗口购买外，其他已全部废除。窗口售票也将废止。

●推荐给乘车次数较少者使用的地铁卡

→一次性 T-money 卡（1 회용티머니）

替代纸质车票的新型一次性地铁卡

【购买】

可以通过车站的自动售票机购买。在显示屏中选择目的地，投入屏幕显示的金额。这一金额已附加预存金 500 韩元。

【使用方法】

因为内藏 IC 芯片，使用时只需靠近检票口的感应器即可。出站时同样需在检票口的感应器处刷卡通过。之后，在设在检票口外的预存金返还处插卡即可退还 500 韩元的预存款。

→ p.76、77（地铁的乘坐方法）

※ 需要购买纸质车票时

在车站的售票窗口告知工作人员目的地购买即可。此时的票价为 T-money 运费再加 100 韩元。

●推荐给乘车次数较多和有多种需求者使用的地铁卡

→ T-money 卡

充值后使用的预付卡。

【购买】

可以在 FamilyMart 或 GS25 等连锁便利店、一部分巴士车站旁的报亭中购买。除了最便宜的 2500 韩元的卡以外，还有挂饰型等各种特殊的形状，价格也各不相同。值得注意的是，卡本身需要购买，不能退款，所以适合多次使用的乘客。

【充值及退款】

该卡需要充值后使用。充值处除了便利店、充值厅以外，也可使用车站的自动充值机进行充值。充值额以 1000 韩元为单位，每次可充 9 万韩元，最多可以充 50 万韩元。

充值款在余额不足 2 万韩元时，可在除 7-11 以外的其他便利店办理

退款手续费 500 韩元。余额在 2 万韩元以上的，只能在韩国智能卡总公司（住 중구 남대문로 5 가 581 ☎1644-0088）办理。

【使用方法】

与一次性乘车卡相同。在乘车和下车时靠近检票口的感应器即可。除地铁外，还可以在加盟店购物和支付出租车费时使用。

●根据卡上的提示有各种优惠活动的地铁卡

→首尔 CITYPASS+

除 T-money 功能外还附带各种优惠活动的面向游客的交通卡。

【购买】

可以在首尔弘报馆、光化门、东大门、梨泰院、金浦机场、三一桥、南大门、弘大的旅游咨询处或 GS25 购买。价格为 3000 韩元。卡本身需要购买，不能退款。

【充值及退款】

充值与退款方法与 T-money 完全相同。

【使用方法】

与 T-money 相同，可用于地铁、巴士、出租车的车费支付及在加盟店铺的购物。此外，在参观景福宫、乘坐汉江游船及 NANTA 等合作观光景点时，费用有折扣（不能用卡支付）。

※ 与 p.84 介绍的“首尔城市优惠票”系统不同。

一次性 T-money 卡

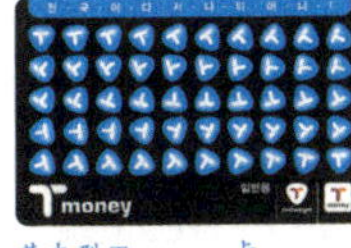

基本型 T-money 卡

首尔 CITYPASS+

挂饰型的 T-money 卡（购买金额不同）

T-money 卡官方网址
URL www.t-money.co.kr
首尔城市
URL www.seoulcitypass.com

地铁所需时间的标准

※ 单位：分钟 ※不包括换乘时间

乘坐方法与中国大致相同！

地铁的乘坐方法

1 寻找入口

地铁站的入口处有标志（如照片所示）。除了数字的车站编号外，也有用汉字表示的站名。地铁站入口的房顶上写有出入口的编号。

2 T-money 的充值

一般的 T-money 卡需在乘车前充值。以下是旧型的充值专用机，在 3 中所述的一次性 T-money 售票机上也可以充值。

（1）将卡插入机器的凹槽中，最上方显示的是卡内的余额

↓

（2）先按需要充值的金额按钮

↓

（3）在中部有需要充值的金额显示时，放入相应的钱数（无法找零）。放入的金额会在右边显示

↓

（4）等待下方有充值后的余额显示

↓

（5）充值完成

3 一次性 T-money 卡的购买

使用车站的自动售票机可以购买一次性 T-money 卡和基本型 T-money 卡两种。屏幕显示的是韩语和英语。按“一次性”按钮。

通过站名索引（按韩语的字母表排序或是英文 ABC 的顺序）或线路图检索线路并选择目的地。用英语时需要记住站名的英文拼写方法（→p.78）。

如不会操作也可到售票窗口购买。纸质车票只有在售票窗口才能买到（目前的规定）。纸质车票的价格为地铁卡运费加 100 韩元。

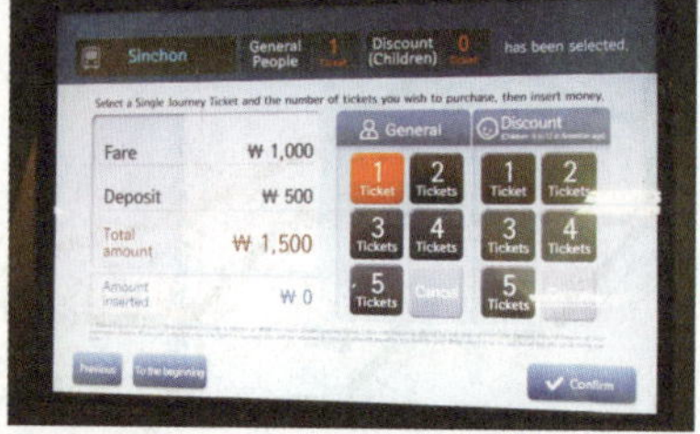

屏幕中有金额显示，选择成人和儿童的数量，投入纸币购买。购买金额和纸质车票的费用相同，需额外支付预存金 500 韩元。

4 通过检票口后乘车

在检票机的感应器处刷卡进入。有横杠的检票机需要在刷卡后转动横杆。无横杆型的检票机正在不断增加。

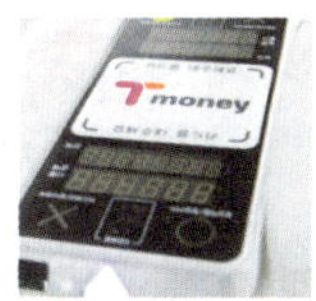

普通的纸质车票投入小的投票口内。T-money 卡需紧贴上方的感应器（约 1 秒）。

站台内部与中国相同的设有屏蔽门车站在不断增加。请确认目的地显示器（韩语显示）之后再乘车。这里有靠右行驶的线路和靠左行驶的线路，请注意不要搞错前往的方向。

车内也与中国相同在车辆两头设有优先座位，也有为防止火灾而设置不锈钢坐席的车辆出现。右侧照片是用于通报紧急情况的内部电话。

5 下车

车站名除编号外，还有汉字标识。

6 换乘

请按照换乘指示标志移动。换乘指南多采用韩语和英文。

7 出站

使用一次性 T-money 卡乘车时，不要忘了在出检票口后使用预付金返还机（如照片所示）退款，把卡插入后退还 500 韩元。

INFORMATION

地铁站的投币式寄存柜

使用费用为小型 4 小时 2000 韩元，T-money 卡专用。通过画面显示选择想要使用的寄存柜，刷 T-money 卡后，放入行李然后上锁。打开时按显示提示（韩语）操作，刷 T-money 卡后即可打开。

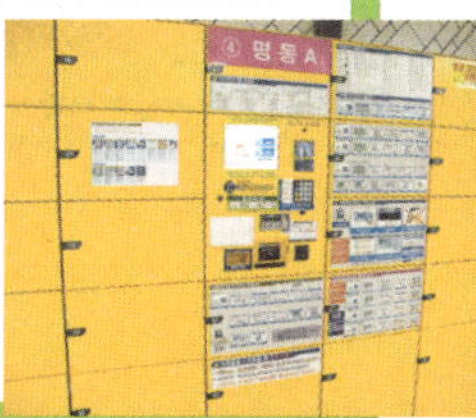

首尔有轨交通线路图
1号线(包括KORAIL区间)
2号线
3号线(包括KORAIL区间)
4号线(包括KORAIL区间)
5号线
6号线
7号线
8号线
9号线
京义线
汉江下游
KORAIL 机场铁路（A'REX）
*仁川国际机场特快站~首尔站之间不停靠(注意到金浦机场站不停靠)
仁川1号线
Dorasan 도라산/都罗山
Imjingang 임진강/临津江
Uncheon 운천/云泉
Munsan 문산/汶山
Paju 파주/坡州
Wolrong 월롱/月笼
Geumchon 금촌/金村
Geumneung 금릉/金陵
Unjeong 운정/云井
Tanhyeon 탄현/炭岘
Ilsan 일산/一山
Pungsan 풍산/枫山
Baengma 백마/白马
Goksan 곡산/谷山
Daegok 대곡/大谷
Neunggok 능곡/陵谷
Haengsin 행신/幸信
hwajeon 화전/花田
Susaek 수색/水色
Digital media city 디지털미디어시티/数码媒体城
Daehwa 대화/大化
Juyeop 주엽/注叶
Jeongbalsan 정발산/鼎钵山
Madu 마두/马头
Baekseok 백석/白石
Hwajeong 화정/花井
Wondang 원당/元堂
Samsong 삼송/三松
Jichuk 지축/纸杻
Gupabal 구파발/旧把拨
Yeonsinnae 연신내/延新内
Dokbawi 독바위/缸岩
Bulgwang 불광/佛光
Nokbeon 녹번/碌磻
Hongje 홍제/弘济
Muakjae 무악재/毋岳岾
Dongnimmun 독립문/独立门
Gyeongbokgung 경복궁/景福宫
Anguk 안국/安国
Gusan 구산/龟山
Eungam 응암/鹰岩
Yeokchon 역촌/驿村
Saejeol 새절/新寺庙
Jeungsan 증산/甑山
Soyosan 소요산/逍遥山
Dongducheon 동두천/东豆川
Bosan 보산/保山
Dongducheon jungang 동두천중앙/东豆川中央
Jihaeng 지행/纸杏
Deokjeong 덕정/德亭
Deokgye 덕계/德溪
Yangju 양주/杨州
Nogyang 녹양/绿杨
Ganeung 가능/佳陵
Uijeongbu 의정부/议政府
Gaehwa 개화/开花
Banghwa 방화/傍花
Gaehwasan 개화산/开花山
Gimpo Int'l Airport 김포공항/金浦机场
Airport Market 공항시장/机场市场
Sinbanghwa 신방화/新傍花
Magongnaru 마곡나루/麻谷渡口
Yangcheon Hyanggyo 양천향교/阳川乡校
Songjeong 송정/松亭
Magok 마곡/麻谷
Balsan 발산/钵山
Ujangsan 우장산/雨装山
Hwagok 화곡/禾谷
Kkachisan 까치산/喜鹊山
Gayang 가양/加阳
Jeungmi 증미/拯米
Deungchon 등촌/登村
Yeomchang 염창/盐仓
Sinjeongnegeori 신정네거리/新亭十字路口
Yangcheon-gu Office 양천구청/阳川区政府
Dorimcheon 도림천/道林川
Sinjeong 신정/新亭
Mok-dong 목동/木洞
Omokgyo 오목교/梧木桥
Yangpyeong 양평/杨坪
Gyeyang 계양/桂阳
Geomam 검암/黔岩
Unseo 운서/云西
Incheon Int'l Airport Cargo Terminal 공항화물청사/机场货运
Incheon Int'l Airport 인천국제공항/仁川国际机场
Gyulhyeon 귤현/橘岘
Bakchon 박촌/朴村
Imhak 임학/林鹤
Gyesan 계산/桂山
Gyeongin Univ. of Education 인천교대/京仁教大入口
Jakjeon 작전/鹊田
Galsan 갈산/葛山
Bupyeong-gu Office 부평구청/富平区政府
Bupyeong Market 부평시장/富平市场
World Cup Stadium 월드컵경기장/世界杯体育场
Mapo-gu Office 마포구청/麻浦区政府
Mangwon 망원/望远
Hapjeong 합정/合井
Sangsu 상수/上水
Gwangheungchang 광흥창/广兴仓
Daeheung 대흥/大兴
Gongdeok 공덕/孔德
Sinmok-dong 신목동/新木洞
Seonyudo 선유도/仙游岛
Dangsan 당산/堂山
Yeongdungpo-gu Office 영등포구청/永登浦区政府
National Assembly 국회의사당/国会议事堂
Yeouido 여의도/汝矣岛
Saetgang 샛강/汶流
Noryanjin 노량진/鹭梁津
Nodeul 노들/鹭得
Heukseok 흑석/黑石
Dongjak 동작/铜雀
Yeongdeungpo Market 영등포시장/永登浦市场
Singil 신길/新吉
Yeongdeungpo 영등포/永登浦
Daebang 대방/大方
Yeouinaru 여의나루/汝矣渡口
Mapo 마포/麻浦
Aeogae 애오개/儿岭
Hyochang Park 효창공원앞/孝昌公园前
Yongsan 용산/龙山
Samgakji 삼각지/三角地
Sinyongsan 신용산/新龙山
Ichon 이촌/二村
Sookmyung Women's Univ. 숙대입구/淑大入口
Namyeong 남영/南营
Seoul Station 서울역/首尔站
Hoehyeon 회현/会贤
City Hall 시청/市政府
Euljiro 1(il)-ga 을지로입구/乙支路入口
Euljiro 3(sam)-ga 을지로3가/乙支路3街
Jongno-3(sam)-ga 종로3가/钟路3街
Jonggak 종각/钟阁
Gwanghwamun 광화문/光化门
Seodaemun 서대문/西大门
Chungjeongno 충정로/忠正路
Ahyeon 아현/阿岘
Ewha Women's Univ. 이대/梨大
Sinchon 신촌/新村
Hongik Univ. 홍대입구/弘大入口
Gajwa 가좌/加佐
Seoul 서울역/首尔站
Sindorim 신도림/新道林
Mullae 문래/文来
Daerim 대림/大林
Guro 구로/九老
Guil 구일/九一
Gaebong 개봉/开峰
Oryu-dong 오류동/梧柳洞
Onsu 온수/温水
Yeokgok 역곡/驿谷
Sosa 소사/素砂
Bucheon 부천/富川
Jung-dong 중동/中洞
Songnae 송내/松内
Bugae 부개/富开
Bupyeong 부평/富平
Baegun 백운/白云
Dongam 동암/铜岩
Ganseok 간석/间石
Juan 주안/朱安
Dohwa 도화/道禾
Jemulpo 제물포/济物浦
Dowon 도원/桃源
Dongincheon 동인천/东仁川
Incheon 인천/仁川
Cheonwang 천왕/天旺
Gwangmyeongsageori 광명사거리/光明十字路口
Cheolsan 철산/铁山
Gasan digital complex 가산디지털단지/加山数码园区
Namguro 남구로/南九路
Sinpung 신풍/新丰
Boramae 보라매/报喇媒
Sindaebang Samgeori 신대방삼거리/新大方三岔路口
Jangseungbaegi 장승배기/长丞拜基
Sangdo 상도/上道
Soongsil Univ. 숭실대입구/崇实大入口
Namseong 남성/南城
Chongshin Univ. 총신대입구/总神大入口
Sadang 사당/舍堂
Guro digital complex 구로디지털단지/九老数码园区
Sindaebang 신대방/新大方
Sillim 신림/新林
Bongcheon 봉천/奉天
Seoul Nat'l Univ. 서울대입구/首尔大入口
Nakseongdae 낙성대/落星垈
Geumcheon-gu Office 금천구청/衿川区政府
Doksan 독산/秃山
Gwangmyeong 광명/光明
Seoksu 석수/石水
Gwanak 관악/冠岳
Anyang 안양/安养
Myeonghak 명학/鸣鹤
Geumjeong 금정/衿井
Gunpo 군포/军浦
Dangjeon 당정/堂井
Uiwang 의왕/义王
Sungkyunkwan Univ. 성균관대/成均馆大
Hwaseo 화서/华西
Suwon 수원/水原
Seryu 세류/细柳
Namtaeryeong 남태령/南泰岭
Seonbawi 선바위/立岩
Racecourse 경마공원/赛马公园
Grand Park 대공원/大公园
Gwacheon 과천/果川
Government Complex Gwacheon 정부과천청사/果川政府大楼
Indeogwon 인덕원/仁德院
Pyeongchon 평촌/坪村
Beomgye 범계/坪溪
Sanbon 산본/山本
Surisan 수리산/修理山
Daeyami 대야미/大夜味
Banwol 반월/半月
Sangnoksu 상록수/常绿树
Hanyang Univ. at Ansan 한대앞/汉大前
Jungang 중앙/中央
Gojan 고잔/古栈
Gongdan 공단/工团
Ansan 안산/安山
Singilonchon 신길온천/新吉温泉
Jeongwang 정왕/正往
Oido 오이도/乌耳岛
Bupyeongsamgeori 부평삼거리/富平三岔路口
Ganseogogeori 간석오거리/间石五岔路口
Incheon City Hall 인천시청/仁川市政府
Arts Center 예술회관/艺术会馆
Incheon Bus Terminal 인천터미널/仁川总站
Munhak Sports Complex 문학경기장/文鹤体育场
Seonhak 선학/仙鹤
Sinyeonsu 신연수/新延寿
Woninjae 원인재/源仁齐
Dongchun 동춘/东春
Dongmak 동막/东幕
Campus Town 캠퍼스타운/大学城
Techno park 테크노파크/科技公园
BIT Zone 지식정보단지/知识信息园区
Univ. of Incheon 인천대입구/仁川大入口
Central park 센트럴파크/中央公园
Int'l business district 국제업무지구/国际业务地区
Dongsu 동수/东树

仁川1号线
盆唐线
中央线·京春线
京义线
KORAIL机场铁路(A'REX)
换乘站
未运营
随着新站或新线路的营业，车站号码有可能会发生变更。在乘车时，请对站名进行确认。
中央线
盆唐线
新盆唐线
爱宝乐园线
红字指快车停车站。＊标记的车站未完工，只会途经而不停车(调查时)。

牢记诀窍，轻松出行

出租车的乘坐方法

1 选择出租车

模范出租车

黑色、2000cc 级别的大型车。车顶的指示灯为黄色。起步价 3 公里 4500 韩元，超过 3 公里之后每 164 米或每 39 秒加收 200 韩元。相对来说价格偏高，不过不会出现与他人同乘的现象。建议游客乘坐，不过该种出租车的数量正在不断减少。

普通出租车

大部分为银白色或白色的中型车。起步价 2 公里 2400 韩元，之后每 144 米或每 35 秒增加 100 韩元。另外，凌晨 0:00~4:00 增加 20% 的收费。

超大出租车

最多可乘 8 人。适合团体或行李较多的人乘坐。收费标准与模范出租车相同。但此类出租车数量较少。

2 举手示意停车

出租车的停车方向与中国相同。

这种红字是空车的标志（绿色表示已预约）。

3 乘车

车门采用手动方式，可以自己打开车门。一般来说是乘车后告知目的地，不过有些普通出租车如果不事先告知目的地的话，将有可能遭拒载。

深夜打车的技巧

夜间地铁停运后，就会出现出租车的争夺战。出租车停下后，乘客要大声告诉司机目的地。如果目的地与出租车行进方向相反的话，暂时不要上车，这一点敬请注意。虽然是违反法规的行为，但普通出租车仍会出现许多与他人同乘的现象。与他人同乘一辆出租车时，付费方法习惯采用：（下车时的计价器显示金额）－（乘车时的计价器显示金额）＋（基本收费）。

首尔也有所谓的“白出租”（白色车牌），会收取额外的费用。普通出租车、模范出租车的车牌是黄色的。绿色车牌的自家用车也可以看成是白出租，晚上要特别注意。

4 告知目的地

在模范出租车中有些会提供外语向导的服务，可以提供车门标签上所显示的语言向导服务。通过手机进行同声传译的系统也正在普及当中。

搭载有同声传译系统的车辆的标志。有时会出现虽带有标志但因损坏等原因无法使用的情况。在纸上先用韩语写好目的地再乘坐较为可靠。

5 支付费用

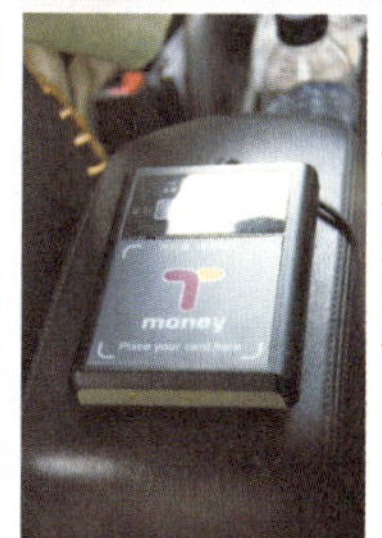

付费只需按计价器上显示的金额支付即可，无须付小费。自2008年起，也可使用T-money卡支付（请注意，也会出现因机器故障或操作不熟练而不能使用的情况）。如需索取发票，可以说“永斯炯角塞唷（音）”。

6 自己开门

出租车的门是手动门，需要乘客自己打开。

INFORMATION

国际出租车的亮相

2009年5月，首尔市全面推出“国际出租车”。有橙色的中型车［起步价2400韩元+20%（20%是翻译费）］、黑色的模范车和大型车（车身有特殊的标识，起步价为4500韩元），除可以提供外语服务外，从首尔市内到仁川机场实行一票制，可以预订时间，也可提供包车服务。可以通过提前电话预约，或利用下述网址预订。

☎1644-2255（从国外拨打时请加拨国际区号82）

URL www.internationaltaxi.co.kr

首尔城市旅游巴士

Seoul City Tour Bus

首尔城市旅游巴士是以首尔为中心运营的循环型观光巴士。线路和普通型巴士相同，分为两种类型：一种为白天使用一日票可以多次乘坐的巴士，另一种为凭往返车票乘坐的双层巴士。两种都无须预约。车票可在主要的宾馆、光化门首尔丽亚酒店（Koreana Hotel Seoul）前的售票厅购买，也可在乘车时购买，也可使用T-money卡。巴士内设有自动讲解机，所以无须担心语言的问题。线路依次经过p.83的一览表中列出的车站，但没有反向运行的线路。

需要注意的是单层巴士和双层巴士的线路均为每周一停运（不过，周一如果是公休日，则照常运行）。

☎(02)777-6090 URL seoulcitybus.com

城市旅游巴士和车站。标识为英文

※ 凭城市旅游巴士的车票，不仅可以免费参观国立中央博物馆、首尔历史博物馆、西大门独立公园等，还能够享受战争纪念馆、贞洞剧场、NANTA、N首尔塔、汉江游览船、大韩生命63大厦、韩国之家、乐天全球连锁店等的打折优惠。

主要游览的区域，与p.83的线路不完全一致

●首尔城市旅游巴士乘车指南

线　路	运行时间	所需时间	运行间隔
单层巴士市中心环线	9:00~19:00	约 2 小时	每隔 30 分钟
单层巴士夜景线路	20:00 出发	约 1 小时 30 分钟	1 日 1 次
双层巴士清溪川·古宫	10:00、11:00、12:00、13:00、14:00、15:00、16:00、17:00 出发	约 1 小时	1 日 8 次
双层巴士夜景线路	20:00 出发	约 2 小时	1 日 1 次

※ 运行时间为光化门的始发时刻

●乘车费用

车票类别	适　用	成人 1 人次的费用
一日票（单层巴士）	单层巴士市中心环线一日内可随意乘坐	1 万韩元
清溪川·古宫线车票	双层巴士清溪川·古宫线可往返乘坐	1.2 万韩元
夜景线路车票	单层巴士夜景线路	5000 韩元
	双层巴士夜景线路限单次乘坐	1 万韩元

※ 城中心环线一次性车票、双层巴士单程票已废止。凭 T-money 卡优惠 5%，持有韩国护照的外国人可优惠 15%（仅限单层巴士）。

※5 岁以下孩子的陪同者 1 人免费

单层巴士市中心环线

1	光化门（东和免税店前）
2	德寿宫
3	南大门市场
4	首尔站
5	美军慰问协会（USO）
6	龙山站
7	国立中央博物馆
8	战争纪念馆
9	美军龙山基地
10	梨泰院
11	皇冠宾馆
12	明洞
13	南山谷韩屋村/韩国之家
14	首尔铂尔曼大使酒店
15	国立中央剧场
16	N首尔塔
17	首尔凯悦酒店
18	全中楼宾馆
19	首尔新罗
20	东大门市场
21	大学路
22	昌庆宫
23	昌德宫
24	仁寺洞
25	青瓦台
26	景福宫

双层巴士清溪川·古宫线市中心环线

1	光化门（东和免税店前）
2	德寿宫
31	清溪广场
20	东大门市场
33	清溪川文化会馆
34	首尔土特产市场
21	大学路
22	昌庆宫
23	昌德宫
24	仁寺洞
35	首尔历史博物馆
36	农业博物馆

单层巴士夜景线路

1	光化门（东和免税店前）
※	麻浦大桥
※	汝矣岛
※	西江大桥
※	圣水大桥
※	汉南大桥
16	N首尔塔
3	南大门市场
31	清溪广场

双层巴士夜景线路

1	光化门（东和免税店前）
※	麻浦大桥
※	西江大桥
※	盘浦大桥
37	月光彩虹喷泉
※	铜雀大桥
※	圣水大桥
※	汉南大桥
39	南山图书馆
3	南大门市场
31	清溪广场

市内巴士

●市内巴士的种类

首尔的市内巴士按照线路的不同性质分别用4种颜色表示，在编号上也有不同。主干线在道路中间设置了专用车道，以确保其高速、准时地运行。另外，还加强了与地铁的联系，连续乘坐的票价按直达来计算（不论是地铁和巴士之间，还是巴士之间，只要时间在30分钟以内，均可免费换乘）。

【蓝色巴士（主干线）】

连接市中心与郊区的巴士。编号为3位数。现金票价为1150韩元。

蓝色巴士

【绿色巴士（支线线路）】

连接地铁的线路。编号为4位数。现金票价为1150韩元，编号为地名+2位数的小型巴士（旧乡村巴士）的票价为850韩元。

绿色巴士

【黄色巴士（环线）】

在市中心相对狭小的范围内循环的一条线路。编号为2位数。现金票价为950韩元。

黄色巴士

【红色巴士（广域线路）】

连接首都圈郊外和市中心的直达快速线路，经停车站较少。编号为4位数，现金票价为1950韩元。

红色巴士

巴士的乘坐方法

从前门上车，向票箱中投币或是使用T-money卡刷卡乘车均可。可以找零（5000韩元、1万韩元不行）。下车时按下附近的蜂鸣器，从后门下车。使用T-money卡乘车时，下车时也需在后门处刷卡。

●**使用卡可优惠100韩元**

使用T-money卡乘车时一律可优惠100韩元。市内的绿色或蓝色巴士为1050韩元。

●**注意巴士站名**

在韩国，乘坐同一条道路上行驶的巴士，经常会出现位于道路两侧的车站名称不同的情况。比如，隔着道路有A、B两家宾馆，前往时车站名可能会是"A宾馆前"，返回时车站名可能会是"B宾馆前"。

一个重要提示

在首都圈大众交通情报系统"Algoga"，可以检索巴士线路（仅有韩语）。

URL www.algoga.org

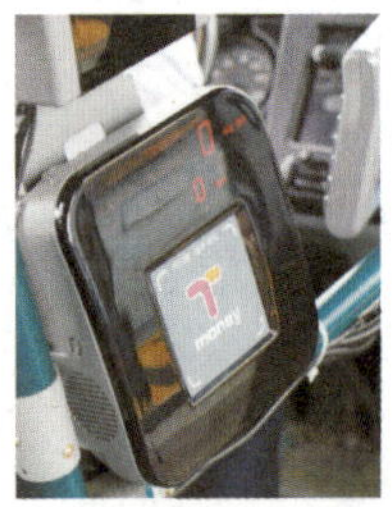

乘车时请备好零钱或T-money卡。照片为T-money卡感应器

按下按钮，就会停车

方便的自由乘车票"首尔城市优惠票"的出现！

除夜景线路外，使用这种优惠票不仅可以随意乘坐首尔城市旅游巴士，还可以在1日内免费乘坐20次以下的大部分地铁及室内巴士。可以网上购买。

■票种及售价

1day（1日有效，限20次）1.5万韩元

2day（连续2日有效，1日限20次）2.5万韩元

3day（连续3日有效，1日限20次）3.5万韩元

※有效期限为当天24:00之前。

■主要的发售场所

·羽田机场国际咨询处

·南海国际旅行机场综合服务中心（南海电铁关西机场站检票口附近）

·仁川国际机场到达层FamilyMart及便利店MINISTOP

·明洞、南大门市场、东大门市场等主要的旅游咨询处

URL www.seoulcitypass.com

Optional Tour

各种可自由选择的旅行团

从当地出发的可自由选择的旅行团，最近的动向

最近，非常流行的各种旅行团层出不穷。除了原有的市内观光或 DMZ 观光之外，还有反映近年来电视剧风潮的外景拍摄地游览等旅游方式。其线路不是选定的，可以在当地随时改变，属于可自由选择的旅游方式。每家公司的详细情况可在申请时面谈。

旅行团的魅力在于不需要安排交通和饮食。尤其是许多外景拍摄地的交通不太方便，如果能够很好地利用旅行团，那将会更有效率。另外，板门店是不允许个人参观的，参加旅行团就可以参观。

主要旅行社的网页
※ 所有的网站都有英文版

- 中央高速观光
  URL www.jsatour.com
- 板门店旅行中心
  URL panmunjomtour.com
- ICSC 国际文化服务俱乐部
  URL www.tourdmz.com
- GRACE 旅行社
  URL www.triptokorea.com
- 全球旅行社（世邦旅行社）
  URL www.globaltour.co.kr
- 首尔之恋
  URL www.iloveseoultour.com
- 明星旅行社
  URL startravel.co.kr

旅行团名称	内容	所需时间	费用	主要的承办公司和申请方法	
板门店	参观韩国、朝鲜接壤的板门店（军事停战会场） ※ 必须持有护照	约 7 小时（出发时间为 8:30-9:00、含午餐） ※ 周六仅举办国际文化服务俱乐部 ※ 在服装、当地的活动方面是有限制的。详情请咨询各承办单位	8 万韩元左右	中央高速观光 板门店旅游中心 ICSC 国际文化服务俱乐部	☎(02)2266-3350 ☎(02)771-5593 ☎(02)399-2698
DMZ（非武装中立地带）	参观都罗山站、老虎眺望台等 ※ 必须持有护照	约 7 小时（出发时间为 8:30~9:00）	6 万韩元左右	中央高速观光 GRACE 旅行社 首尔之恋旅行社 全球旅行社 板门店旅游中心 ICSC 国际文化服务俱乐部	☎(02)2266-3350 ☎(02)332-8946 ☎(02)730-1090 ☎(02)335-0042 ☎(02)771-5593 ☎(02)755-0073
水原华城和民俗村	前往水原华城及民俗村的一日游。也有首尔市内观光和民俗村全套旅行类型	约 7 小时	8 万~12 万韩元	GRACE 旅行社 首尔之恋旅行社 全球旅行社	☎(02)332-8946 ☎(02)730-1090 ☎(02)335-0042
利川陶艺村	利川的陶瓷器参观及陶瓷器购物	半日游线路（约 4 小时） 一日游线路（约 8 小时）	7 万~10 万韩元	GRACE 旅行社 全球旅行社	☎(02)332-8946 ☎(02)335-0042
韩国美肌体验	美肌、汗蒸幕体验。也附带有餐饮和纪念照片	约 4 小时	6 万~13 万韩元	GRACE 旅行社 首尔之恋旅行社 全球旅行社	☎(02)332-8946 ☎(02)730-1090 ☎(02)335-0042
韩国家庭体验	在家庭中参观，学习制作泡菜等	约 5 小时	7 万~9 万韩元	GRACE 旅行社	☎(02)332-8946

从首尔前往各地

Public Transportation

仁川国际机场
Map p.68-A-2
住 인천광역시 중구
☎ 1577-2600
FAX 1577-2600
URL www.airport.or.kr

金浦国际机场
Map p.68-B-2
住 강서구 공항동
☎ (02)2660-4661
☎ 2656-5141
（预约大韩航空国内线）
☎ 1588-8000
（预约韩亚航空国内线）
☎ 1599-1500
（预约济州航空）
☎ 1600-6200
（预约 Jin Air 航空）
☎ 1544-0080
（预约 Eastar Jet 航空）
☎ 1588-8009
（预约釜山航空）
☎ 2662-5400
（预约中国东方航空）
☎ 774-8000
（预约上海航空）
URL www.airport.co.kr/doc/gimpo-chn/index.jsp

KAL 机场巴士
☎ (02)2667-0383
费 7000 韩元（从金浦机场—市内的费用）
营 8:25~23:10（间隔 30 分钟）
车票可乘车时购买。

普通机场巴士
费 3000 韩元（金浦—市内）
从金浦机场发抵的车辆为 6000 路。经由车辆为 6001、6003、6004、6014、6008

蓝色巴士
费 现金票价为 1000 韩元
（T-money 卡票价为 900 韩元）

绿色巴士
费 现金票价为 1000 韩元
（T-money 卡票价为 900 韩元）

飞机

国内航线为金浦机场

随着国际航线自 2001 年转移至仁川广域市的仁川国际机场，金浦机场变成了国内航线的专用机场（金浦机场的国际航线仅存羽田—金浦线）。同时，随着重新整修工程的展开，乘用的方便性大为提高。

韩国的国内航线有大韩航空公司（KE）、韩亚航空公司（OZ）、济州航空公司（7C）、Jin Air 航空公司（LJ）、Eastar Jet 航空公司（ZE）、釜山航空公司（BX）。每天都有许多飞往釜山、济州的航班，如果不是旺季，只要在机场购票便可立即乘坐。机票可以在市内的各个航空公司的分公司、旅行社等处轻松购买。

在国内候机楼和国际候机楼之间，设有大型的超市

从金浦前往市内的交通

从位于市区西部约 25 公里的金浦机场前往市内，可以选择地铁、巴士、出租车等。

地铁

可以在 5、9 号线⑤⑫ ⑨⑫ 的“金浦机场”站乘坐。候机楼和地铁站有地下通道连接⑲。前往钟路或明洞时，需要在中途换乘，但不会受到交通堵塞的影响，可以按时到达（→乘坐方法参见 p.76 ~ 77）。到市内单程 900 韩元起（T-money 卡价格），因价格低廉而吸引了许多乘客。

巴士

外国人乘坐比较方便的是 KAL 机场巴士［线路只有去乐天世界方向的。KAL（大韩航空）乘客以外的人也可乘坐］。

此外，普通机场巴士也可开往金浦机场，前往蚕室的 6000 路、前往首尔站的 6001 路等，都是非常方便的线路。

现金票价为 1000 韩元的绿色巴士和蓝色巴士也开往机场候机楼。绿色巴士中，开往永登浦市场（6629 路）和新村转盘（6712 路）等车辆非常便利。蓝色巴士中，途经永登浦站开往盘浦巴士总站（642 路）和经由开峰站开往永登浦市场（651 路）的巴士也非常便利。线路可能会酌情进行变更，请通过首都圈大众交通信息系统（→ p.84 边栏）等进行确认。

出租车

最便捷的交通工具是出租车（→乘坐方法参见 p.80 ~ 81）。收费标准为：前往市中心，乘坐普通出租车为 2 万 ~3 万韩元，模范出租车为 3 万 ~4 万韩元。请确认是否规范使用了计价器。

从地铁站到机场候机楼可以通过步行通道前往

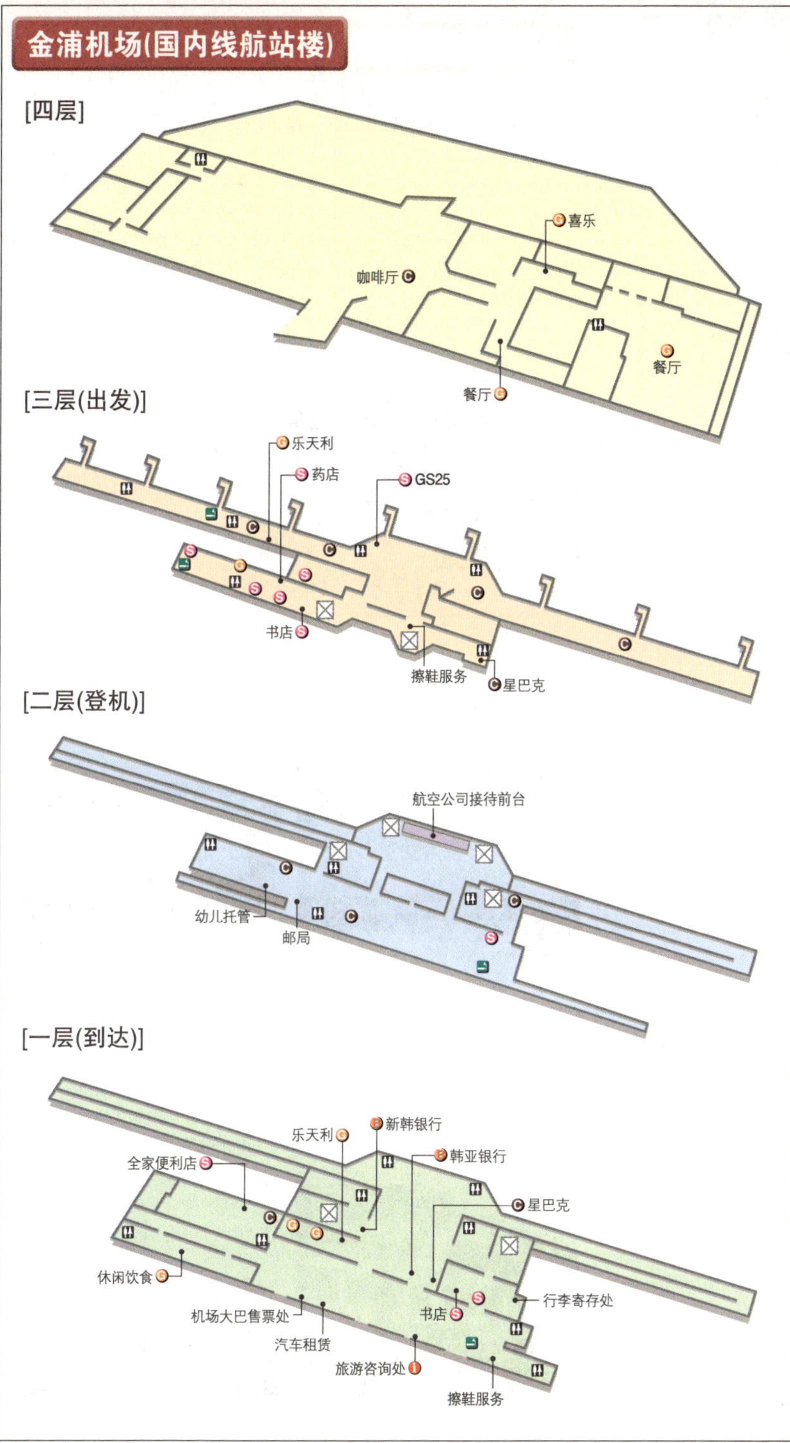
金浦机场(国内线航站楼)
[四层]
喜乐
咖啡厅
餐厅
餐厅
[三层(出发)]
乐天利
药店
GS25
书店
擦鞋服务
星巴克
[二层(登机)]
航空公司接待前台
幼儿托管
邮局
[一层(到达)]
新韩银行
乐天利
韩亚银行
全家便利店
星巴克
休闲饮食
行李寄存处
书店
机场大巴售票处
汽车租赁
旅游咨询处
擦鞋服务
商店
餐厅
咖啡厅
旅游咨询处
银行
吸烟区
电梯

铁路

总站有 4 个

KORAIL（原韩国铁路公司）遍布韩国全国。高速铁路“KTX（韩国高速铁路）”运行顺利，其便利性大为提高。

包括 KTX 在内，大部分的列车都连接着首尔与各地区的城市。因此，在首尔，为了不影响列车的发抵次数，基本上每个方向都设有总站。首尔的总站有首尔站、龙山站、清凉里站、上凤站、东豆川站五个。需要注意的是，长项线和全罗线、湖南线系统的列车不是从首尔站发抵，而是全部由龙山站发抵。

综合铁路旅行咨询
☎1544-7788

■首尔站
Map p.72-B-4
交通 从地铁 1、4 号线⑬③④②⑥“首尔站”1 号出口可直达

■龙山站
Map 首尔市区地图 -B-2
交通 地铁 1 号线直达京釜电铁线⑬⑤“龙山站”。想要换乘列车线，需要先从检票口出来

首尔站

新首尔站

大田、东大邱、新庆州、釜山方向的 KTX 等京釜线相关列车及京义线在此发抵。京釜线主要是经由东大邱、新庆州开往釜山的新线路。车站与地铁 1、4 号线⑬③、④②⑥的“首尔站”直接相连，车站中央大厅在二楼，各种售票处和综合信息咨询处也在二楼。三楼是 KTX 专用的检票口、候车室 KTX 特别售票处。机场铁路（A´REX）的站台在地下。

左侧并列着清一色的售票处

当日车票与预售车票分窗口发售

龙山站

需要注意的是，湖南线系统（光州、木浦方向）、全罗线（全州、丽水方向）的 KTX 及湖南线（光州、木浦方向）、长项线（温阳温泉、群山方向）系统的“新村号”“无穷花号”“努里路 (Nooriro) 号”在此发抵。

龙山站的中央大厅

新建了综合车站大楼的龙山站

来自编辑部

★乘坐龙山站始发列车时的注意事项

在韩国，不仅设有完全不同的车票系统，而且检票口也不同。另外，长途列车是以列车为单位售票的，不能只凭一张车票在前往目的地的区间内自由续乘。

也就是说，在首尔站购买了在龙山站乘车的长途车票，就要先购买电铁线的车票前往龙山站，然后在龙山站的列车线检票口进入。请注意：不能直接从首尔站的列车线检票口进入，要乘合适的列车前往龙山站，然后再换乘前往目的地的列车。

车站大楼已经重建，面貌焕然一新。内设大型超市 E 市场龙山站店、综合购物中心等。

清凉里站

中央线、岭东线系统的列车在此发抵。因为与地铁 1 号线的清凉里站没有连接，需要出检票口后，步行在地上与地下间换乘。车站大楼于 2010 年新建，面貌焕然一新。售票处位于二层中央大厅内。

新建的清凉里站入口

紧邻的乐天百货

东豆川站

虽然不是大型的总站，但前往新炭里方向的京元线通勤列车全部由东豆川站发抵。

上凤站

京春线始发站。开往春川的列车从上凤站发出。2010 年 12 月 24 日开通。

长途巴士

高速巴士

在首尔，有多个大型的巴士总站，每日都有数百趟巴士驶向各个城市。大部分城市都有长途巴士可直达首尔，因此对于外国人来说，巴士是一种非常方便的交通工具。

与列车相比，高速巴士车票相对便宜，且车辆较多，值得推荐。但在周末等时间，可能会出现因交通堵塞而导致不能及时抵达的现象。长途巴士分为普通高速巴士和高级高速巴士两种。高级高速巴士是 3 排坐席豪华型巴士，车票要比普通高速巴士更贵。22:00 以后发车的巴士属深夜巴士，全部都是高级高速巴士。

另外，中长途巴士中，有通往市外的巴士，所需时间从 1 小时到 5 小时不等。除部分车辆外，多数高速巴士中间不停车而直达目的地，开往市外的长途巴士则只会在各主要车站停车。

标准巴士总站的乘车大厅（首尔东部综合巴士站）

★购买时刻表

旅游交通时刻表（韩语）中大多登载有列车的线路和时刻表。除韩文外，还标注有字母和汉字，因此持有一份将会带来很大的方便。可在车站的小卖店或书店购买到，约 5000 韩元。不过，在韩国使用时刻表的人数很少，所以只有教保文库或永丰文库等大型书店才有售。

★在旅游咨询处或机场也可购票

位于钟路旅游发展局总部内的观光指南展示馆内也可购买到火车车票。另外，在仁川国际机场一层设有铁路咨询柜台，可以购买全国的车票。这里人不是很多，值得推荐。

■清凉里站 청량리역
Map 首尔市区地图 -C-1
交通 地铁 1 号线⑫④“清凉里”站。换乘需出检票口

■上凤站 상봉역
Map 首尔市区地图 -D-1
交通 地铁 7 号线 ⑦②⓪ 中央线 Ⓚ①②⓪“上凤”站。换乘请坐电梯抵达 405 号站台

■东豆川站 동두천역
Map p.68-C-1
交通 地铁 1 号线直通京元电铁线⑩①“东豆川”站。换乘需出检票口

■首尔高速巴士总站
Map 首尔市区地图 -B-3
☎(02)535-4374
营 5:30~24:00
C/C 不可
交通 与地铁 3、7、9 号线 ㉝⑨ ⑦㉞ ⑨㉕ “高速总站” 直接相连

主要的巴士总站有两处

在首尔，有两个主要的巴士总站，一个是首尔高速巴士总站，另一个是首尔东部综合巴士总站。

首尔高速巴士总站

金字塔形的京釜线总站

通称“江南总站”。总站分为金字塔状的京釜线总站和岭东·湖南线总站（Central City）。

京釜线是连接首尔和釜山的高速线路。有通往大田、大邱、庆州等方向的巴士。

岭东·湖南线是一条从京釜高速公路中途分叉，通往岭东高速公路和湖南高速公路的线路。岭东地区指江原道，湖南地区指全罗道。岭南线通往江陵、束草等东北部的城市，湖南线通往全州、光州、木浦等西南部的城市。

在各建筑物中，按目的地划分有不同的售票窗口。目的地均标注有汉字或字母，因此即使不懂韩文也没有关系。另外，岭东·湖南线总站是一座像综合购物广场一样的、漂亮的建筑，其中设有咖啡店、小卖店等，地下还设有电影院和美食广场等。这里原来只是巴士发抵的普通的巴士总站，而如今已经演变成了集商场、西餐厅、电影院等于一体散发着娱乐气息的场所。因此这里也备受年轻人喜爱。

京釜线售票处

Central City（岭东·湖南线）入口

首尔东部综合巴士总站

通称“首尔东部总站”。既是高速巴士的总站，也是市内外巴士的总

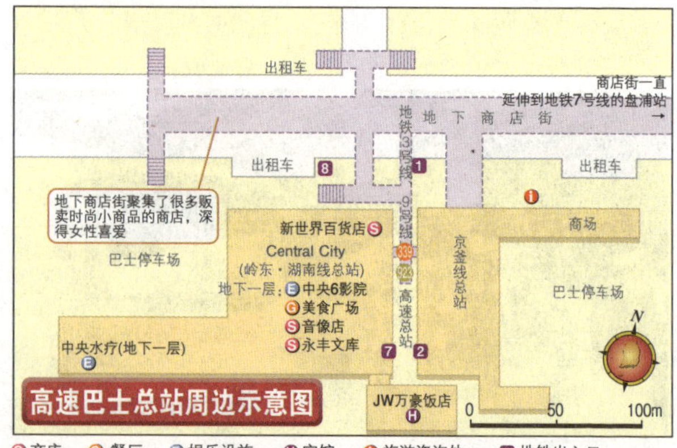

Central City 内装潢精美的美食广场

首尔东部综合巴士总站的售票处

站。市内外巴士的售票处设于一层，高速巴士设在二层。

在去往春川、加平（南怡岛入口）、近郊的爱宝乐园或利川、忠清南道的水安堡温泉，以及东海岸的江陵、束草等地时，乘坐市外巴士会比较方便。

首尔东部综合巴士总站

市外巴士主体的总站

在首尔市内有 4 个市外巴士总站，去往不同方向的车次，巴士总站也不同。首尔南部总站有高速巴士发抵。

首尔南部巴士总站

去往忠清南北道、全罗北道、庆尚南道方向的市外巴士在此发抵。扶余、俗离山、统营等线路可以通往高速巴士覆盖不到的观光地，利用价值非常高。其他的主要目的地有水原、公州、清州等。

首尔西部总站

这里是去往首尔西北部的市外巴士发抵的小型巴士站。有开往议政府、北汉山城、金谷方向的巴士。

首尔站前总站（去往仁川方向的巴士乘车处）

位于首尔站旧车站大楼北侧的小型总站。开往仁川国际机场的机场大巴在此发抵。

新村巴士总站（去往江华岛的巴士乘车处）

开往江华岛的市外巴士不从巴士总站，而是从车站发车，3000 路巴士（红色大巴），开往摩仁山的是 3100 路。车站在地铁 2 号线(240)“新村”站 1、8 号出口的西北侧。

首尔南部巴士总站

去往江华岛的 3000 路巴士

■首尔东部综合巴士总站
Map 首尔市区地图 -D-2
☎ 1688-5979
营 6:00~22:00
C/C 不可
交通 地铁 2 号线(214)“江边”站下车，从检票口出来后，就位于左手边西侧出口处。东出口是 TECHNO MART。

■首尔南部巴士总站
서울남부터미널
Map 首尔市区地图 -B-3
☎ (02)521-8550
营 6:70~22:00
交通 地铁 3 号线(341)“南部总站”站

■首尔西部总站
서울서부터미널
Map 首尔市区地图 -A-1 外
☎ (02)355-5103
营 6:00~23:00
交通 地铁 3 号线(322)“佛光”站

■首尔站前总站
서울역전터미널
Map p.72-B-4
☎ (02)755-0988
营 6:00~ 次日 0:55
交通 地铁 1、4 号线(133)(426)“首尔站”

开往江华岛的市内巴士最容易找的乘车地是地铁 2 号线(240)“新村”站出 1、8 号出口向西北方向走的车站。巴士为 3000 路、3001 路（3001 路开往摩尼山方向）

机场通往市内的交通更便捷了

A'REX机场铁路的乘坐方法

1 根据引导牌指示的方向前行

到乘车场稍微有点远

2 选择乘坐特快或普快

A'RES全线启动，开通了从仁川国际机场到首尔站的直达特快。根据仁川国际机场标示的引导牌前往售票处即可。如果要前往首尔站请选择特快。特快按车票入座，车上有专门的位置安放行李，乘坐起来非常舒适。如果中途要下车去其他地方，就要坐普快了，需要注意的是仁川国际机场的特快和普快的检票口是不一样的。

3 购买单程T-money，特快（首尔直达）按照车票入座

购票十分方便

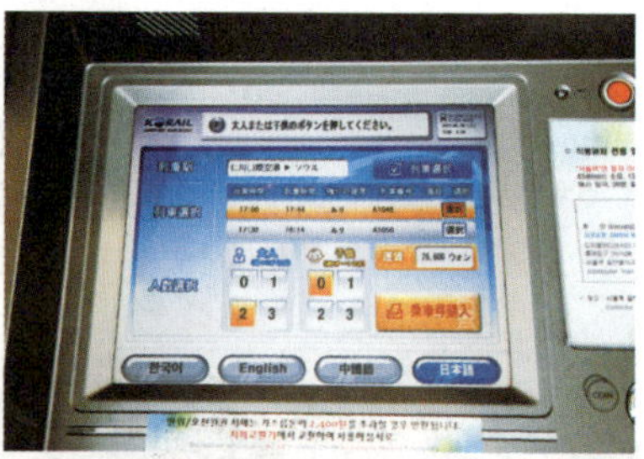

选择成人票和儿童票的张数，根据售票机显示的金额把钱塞进去即可

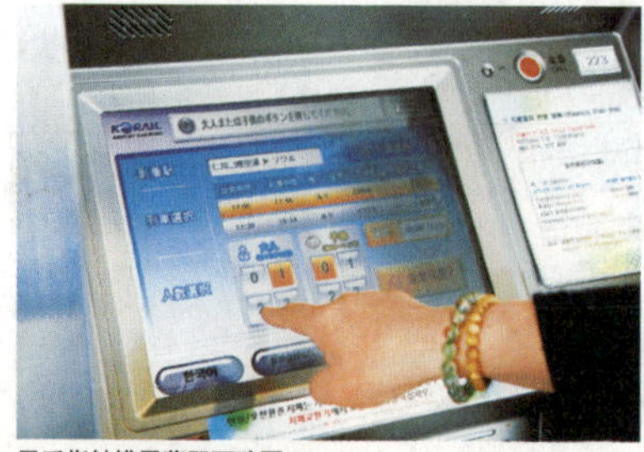
用手指触摸屏幕即可购票

开往首尔的特快需要在专用检票口检票

4 通过检票口乘车

无闸门式检票机很方便，将车票放在检票机的感应器上即可完成检票。

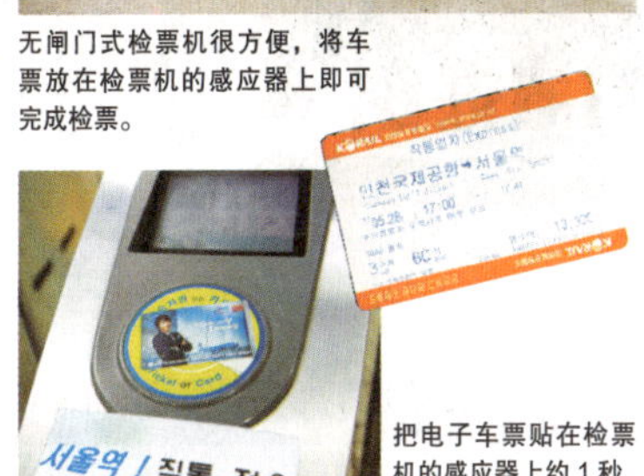

把电子车票贴在检票机的感应器上约 1 秒

乘坐普快请使用 T-money 电子车票

5 特快内部

行李存放处

6 抵达首尔站

乘电梯去检票口

可在首尔站办理登机手续 …… KARST ……

在仁川国际机场登机回国的旅客可于飞机起飞 3 小时之前在首尔站办理登机手续，受理时间为 5:20~19:00。

在登机手续受理柜台附近就可以买到特快车票。从地下二层的特快专用通道上车。乘车口较远，在地下七层。上图左拐为客户咨询中心。

A'REX票价 可以在办理完登机手续后购票。

特快 首尔站 ⟷ 仁川国际航空站 1.88万韩元 （特快按车票入座的票价）

各站 首尔站 ⟷ 仁川国际航空站 3700韩元（普快票价。使用T-money乘车）

※购票时，向客户咨询中心出示机票则可获得优惠。办理登机手续时可以告诉工作人员你希望获得优惠。

李氏王朝的王宫

景福宫경복궁 Map p.72-B-1

在激荡的历史中幸存下来的李氏王朝正殿

★★★

韩国最大的木质建筑——庆会楼

景福宫是创立李氏王朝的李成桂（太祖）于1394年建造的王宫。它是首尔多座王宫中建造时期最早的一座。自建成以来，一直到1592年丰臣秀吉发动万历朝鲜之役（韩国称之为壬辰倭乱）中被烧毁，其间它作为正宫有200多年的历史。

昌德宫창덕궁 Map p.73-D-1

列入世界遗产的华丽离宫

★★★

昌德宫（→p.103）是李氏王朝第三代国王太宗于1405年建造的宫殿。现在被列入《世界遗产名录》，现展示着王室曾经用过的日常生活用品。

国王处理政务的仁政殿

南山谷韩屋村남산골한옥마을 Map p.73-D-3

参观韩国传统房屋

★★★

这里是会聚着传统房屋的韩屋村，是将位于首尔市内的纯贞孝皇后尹妃（大韩帝国最后的皇帝纯宗的妃子）的娘家等迁移至此并复原、改建而成的。

景福宫

住 종로구 세종로 1-1

☎(02)370-3900

营 3~10月 9:00~18:00
11月～次年2月 9:00~17:00

休 周二

费 3000韩元

交通 地铁3号线㉗“景福宫”站5号出口出，步行5分钟

URL www.royalpalace

守门卫兵交接仪式

除德寿宫外，2005年开始，景福宫也开始举行该仪式。它再现了李氏王朝时期的卫兵交接仪式，其中鲜艳的服装是最大的看点。举办时间：除周二外每天10:00~15:00之间，每个整点开始，时间30分钟左右。季节不同，举办的时间和次数会有所变更。

再现华丽王朝画卷中的守门卫兵交接仪式

南山谷韩屋村

住 중구 필동 2가 84-1

☎(02)2264-4412

营 4~10月 9:00~21:00
11月～次年3月 9:00~20:00

休 周二

费 免费

交通 地铁3、4号线㉛㊸“忠武路”站3号出口出，步行5分钟

URL www.hanokmaeul.org

德寿宫덕수궁 Map p.72-B-3

反复迁都与悲剧的历史 ★★★

这里是位于首尔市政府附近的王宫。原本是第九代国王成宗的长兄月山大君的私邸，因景福宫被烧毁，曾被当作临时的王宫。同日本进行了最后抵抗的李朝第二十六代国王、大韩帝国的开国皇帝——高宗自 1907 年退位后直至 1919 年去世，就是在德寿宫度过自己的晚年的。其后，高宗退位的同时，正宫移至昌德宫。

韩国最早的西洋馆舍——石结构大殿

昌庆宫창경궁 Map p.73-D-1

王宫静静矗立的姿态让人印象深刻 ★★

小规模的昌庆宫

昌庆宫位于昌德宫的东面。其前身是李朝第四代国王世宗为其父亲所建造的寿庆宫。历史上曾经荒废过一段时间，至第九代国王成宗时，因在这里为其 3 个皇后建造了宫殿，被改称为昌庆宫。

传统建筑

宗庙종묘 Map p.73-D-2

供奉着历代国王的牌位 ★★

这里供奉着李氏王朝历代国王及其王妃的牌位。（→ p.102）

云岘宫운현궁 Map p.73-D-1

与李氏王朝末期历史相关的两班住宅 ★★

传统的贵族阶级的住宅

这里是作为大韩帝国第一代皇帝高宗的父亲兴宣大院君的私邸而建造的传统房屋。从王族的后裔手中购得，经过整修后，才对公众开放的。

普信阁보신각 Map p.72-C-2

与日常生活密不可分的钟声 ★

建造于钟路和南大门路交叉处的李氏王朝年代的钟楼（1985 年重建）。

1985 年重建的钟楼

德寿宫
住 중구 태평로 1 가 1
☎ (02)771-9949
营 9:00~21:00
休 周一
费 1000 韩元
交通 地铁 1、2 号线⑬② ⑳① "市政府" 站 1、2 号出口出，步行 1 分钟
URL www.deoksugung.go.kr

昌庆宫
住 종로구 와룡동 2-1
☎ (02)762-4868
营 4~10 月 9:00~18:30、11 月和 3 月 9:00~17:30、12 月～次年 2 月 9:00~17:00（入场时间至闭馆 1 小时前）
休 周一
费 1000 韩元
交通 地铁 3 号线㉜⑧ "安国" 站 3 号出口出，步行 8 分钟。入口是弘化门。※ 昌庆宫与宗庙内部有通道连接，但门票需单独购买。不再是共用通票了。
URL cgg.cha.go.kr

精美的廊柱引人注目

云岘宫
住 종로구 운니동 114-10
☎ （02）766-9090
营 4~10 月 9:00~19:00、11 月～次年 3 月 9:00~18:00
休 周一（逢法定假日时为下一个周二）
费 700 韩元
交通 地铁 3 号线㉜⑧ "安国" 站 4 号出口出，步行 1 分钟
URL www.unhyungung.com

普信阁
住 종로구 종로 2 가 102
营 24 小时
休 无
费 免费
交通 地铁 1 号线⑬① "钟阁" 站 4 号出口附近。

景福宫 东大门 市政府 明洞 首尔站 南大门 N首尔塔 龙山站 63大厦

Map p.98

交通 地铁4号线㉔“明洞”站、地铁2号线⑳“乙支路入口”站

设有高级时装店的乐天百货名品馆（LOTTE AVENUEL）紧邻乐天百货

有很多化妆品店

小知识

明洞在日本侵占时期被称为“明治町（现明洞）”、“本町（现忠武路）”、“黄金町（现乙支路）”，是最繁华的日本人云集的街道。现在还保留着少数当时的近代建筑，其中最有代表性的就是对着明洞街的旧明治座（战后成为国立剧场）。旧明治座现在仅存外墙，现在称为明洞艺术剧场。

明洞·钟路·仁寺洞·三清洞

명동·종로·인사동·심청동　　**在这里，读懂首尔的流行**

明洞·钟路·仁寺洞·三清洞 概要与导览

明洞

明洞是来首尔观光的必游之地。这里不仅有物美价廉的化妆品店，还云集了各色时尚品牌店，是韩国“血拼”首选之地。明洞，东西长约600米，南北宽约700米。最近的地铁站是2号线⑳“乙支路入口”站和4号线㉔“明洞”站。这一地区的中心是步行街，我们首先从这里出发吧。南山上的N首尔塔可以作为参照，它在南边，也是明洞站所在的方向。在明洞，即使在狭窄的胡同中也隐藏着不少个性十足的小店；我们可以体会在棋盘般的街道中去找寻和发现的乐趣。

在明洞的西侧，穿过大马路，就是乐天百货和新世界百货的总店。

备受欢迎的散步场所——德寿宫路。贞洞剧场、NANTA剧场就在附近

新世界百货新馆和乐天百货名品馆（AVENUEL）相继开业，在奢侈品领域展开竞争。

这里还有各式各样的餐厅，能够品尝到各色美食。购物加美食，这就是明洞人气经久不衰的原因吧。

钟路·仁寺洞

钟路区位于首尔市中心的北部，自古就以繁华的商业而闻名，即使是在日本侵占时期，这里也是韩国民族商业最繁荣的地区。在街道两旁，各大企业、银行的总部大楼鳞次栉比，而在后街小巷中，还保留着古香古色的小吃店。

位于钟路区北部的仁寺洞，自 20 世纪 90 年代便被作为旅游景点，经过重新整饬，成为备受外国游客欢迎的最富韩国特色的观光胜地。这里聚集了传统工艺店、画廊、民俗酒场等，另外，不是用英文，而是用韩文标示的星巴克的招牌也很独特。

钟路区位于市区中心，繁华的商业街以地铁 1 号线⑬¹“钟阁站”为中心延伸开来。沿着钟路向东步行约 200 米，北边就是仁寺洞路。钟路区的特色就集中体现在这条街上，这里最适合购买传统的工艺品，还可以享受在传统茶店饮茶的乐趣。

Map p.99
交通 地下铁 1 号线⑬¹“钟阁”站
地下铁 3 号线③²⁸“安国”站

仁寺洞北旅游咨询处
Map p.99-A-1
☎(02)731-1621
营 10:00~22:00
休 无

仁寺洞多是韩语的招牌。图片是星巴克咖啡

有许多经营传统工艺品的小店

NATURE REPUBLIC 的招牌也是韩语

Map p.100
交通 地下铁 3 号线③²⁷“景福宫”站、③²⁸“安国”站

传统房屋林立的北村

三清洞

沿着“仁寺洞路”继续向北，就来到了地铁 3 号线③²⁸“安国站”。从那里再向北的一片幽静的区域就是三清洞。从仁寺洞路一路走来，画廊遍布，而三清洞的画廊更是以浓厚的现代艺术气息而闻名。三清洞还保留着许多传统的韩式房屋，风情咖啡屋和特色小店也如雨后春笋般地冒了出来。现在，这里已经发展成休闲观光的好去处。紧邻其东边的传统房屋群和北村也都是值得一去的地方。

经营时尚饰品和日用品的商店日益增多

大街非常漂亮

明洞
A
B
C
1
2
3
4
斗山大厦
地铁 2 号线 202 乙支路入口 을지로입구
里布罗
韩亚银行
乙支路
을지로
乐天酒店
新馆3F
· 大韩旅行社
· 全球旅行服务台
· 板门店旅游中心
· ICSC国际文化服务俱乐部
韩国电力
(KEPCO)
汤金甜甜圈
诺比奇普
KEB外币兑换银行
考姆索奇普
乐天百货店
(第九层、十层为乐天免税店)
地铁酒店
KB(国民银行)
爱莱莉水疗
乐天AVENUEL
全家便利店
小摊儿街
宜比斯安巴萨达
明洞酒店
7-ELEVEN明洞店
味加本
证券大厦
ETUDE HOUSE
Holika Holika
THE FACE SHOP
河东馆
水晶社
明洞地下商街
Buy the way
baviphat
MISSHA
青园
韩亚银行
明洞艺术剧场
李惠卿美容院(足疗、香薰)(六层)
乐天青年广场
Krispy Kreme
TONY MOLY
旅游咨询处
首尔皇家酒店
innisfree
ARITAUM
汉堡王
新韩银行
蒲公英领土明洞店
banila.co
ABC市场
明洞路
명동길
明洞NANTA剧场
SC第一银行
明洞派出所
WOORI银行
SKIN FOOD
UNESCO
大厦
Kim's
足部按摩
雪浓汤
KB(国民银行)
雪绿茶饮品店
(O'sulloc)
baviphat
中国大使馆
济州米汀
百济参鸡汤
MISSHA
SUPARMARKET
明洞饺子
海鲜店区域
innisfree
屋顶上的猫
塔罗奇普
顶级摩登美甲(三层)
化妆品Land 21
ANNASUI
NATURE
REPUBLIC
福清
NATURE REPUBLIC
MISSHA
SKINFOOD
Music Korea明洞2号店
innisfree
饮食店街
拥有许多中式餐厅
too cool for school
It's Skin
THE FACE SHOP
忠武金帕普
SUPARMARKET MUSEUM
邓肯
甜甜圈
身体流行
明洞圣堂
会宾庄
BABARA
M广场
NATURE REPUBLIC
步行者天堂(主大街)
大创(四层)
饮食店街
ARITAUM(一层)
美容店(二层)
Holika
Holika
明洞饺子
首尔中央邮局
ZARA
Forever 21
明洞旅游咨询处(五层)
ETUDE HOUSE
SKIN FOOD
MISSHA
BABARA
innisfree
天才化妆品
HANSKIN HOUSE
华侨学校
It's Skin
萨夫依酒店
ETUDE HOUSE
TONY MOLY
G+COSMETIC
banila.co
Holika Holika
红色俱乐部
明洞店
THE FACE
SHOP
美仕唐纳滋
Sharp
SKIN
FOOD
bayiphat
天地然汗蒸幕
EBLIN
TONY
MOLY
Olive
young
明洞庆熙韩医院
espoir
Sigolbabsang明洞店
大奇观
营养中心
总店
BEAUTY
CREDIT
GAP
古宫
梦幻
化妆品
KEB
外币兑换银行
THE FACE
SHOP
NATURE REPUBLIC
仙人掌
米绿韩医院
NATURE REPUBLIC
Music Korea明洞1号店
Migliore明洞店
ETUDE HOUSE
全州中央会馆
IT'S ME PHOTO
星巴克
牛里花园
明洞汗蒸幕
世宗酒店
the saem
BEAUTY PLEX
地铁4号线 424 明洞 명동
6015机场巴士
明洞Beauty & Body
退溪路
퇴계로
新东方酒店
南山东宝城
首尔太子酒店
N
0
50
100m
太平洋酒店
商店
餐厅
咖啡馆和酒吧
娱乐设施
美容按摩
酒店
旅游咨询处
邮局
银行
学校
医院
巴士站
地铁出入口
地铁2号线
地铁4号线

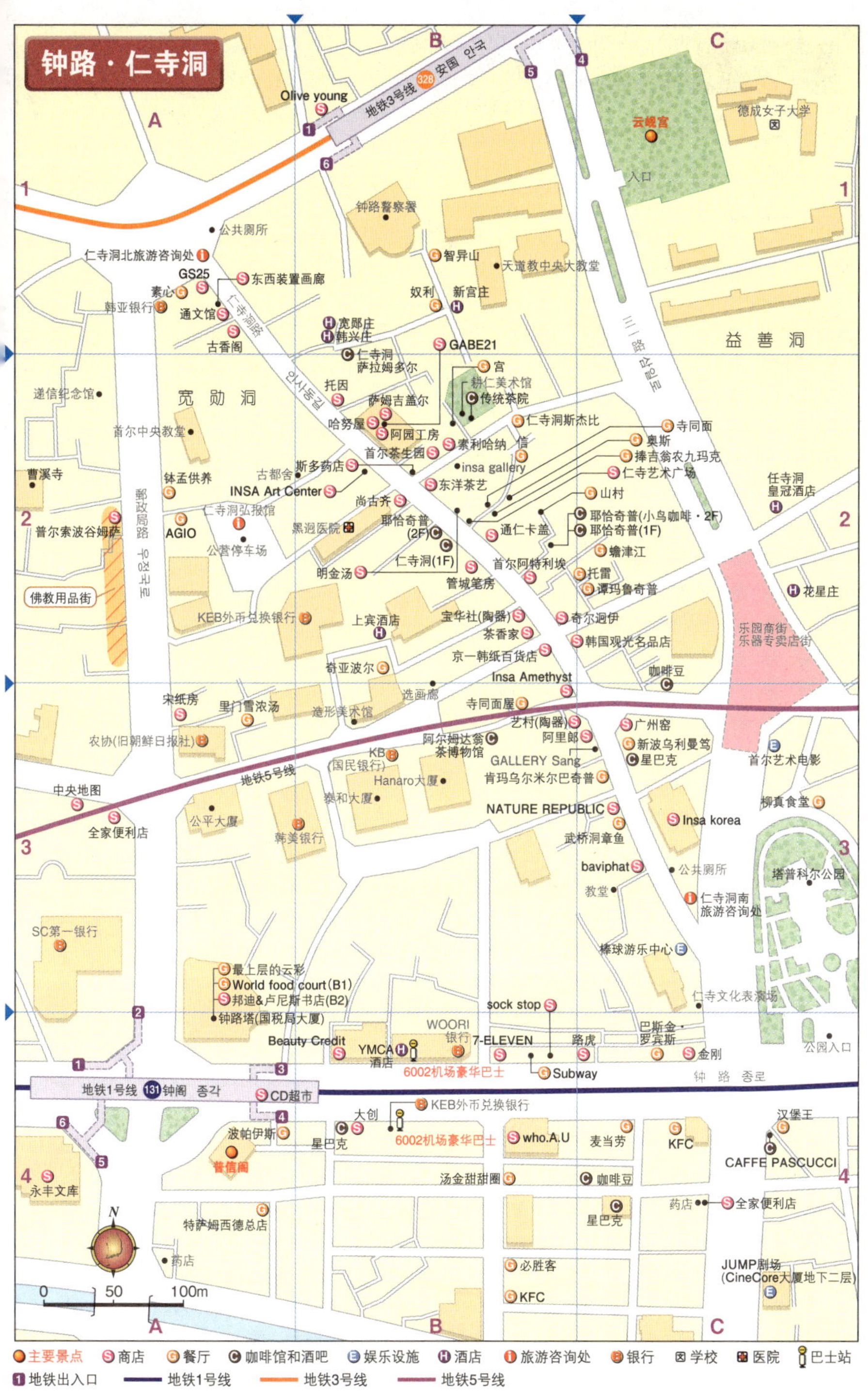

钟路·仁寺洞
Olive young
地铁3号线
328 安国 안국
云岘宫
德成女子大学
入口
钟路警察署
公共厕所
仁寺洞北旅游咨询处
GS25
东西装置画廊
素心
韩亚银行
通文馆
古香阁
智异山
天道教中央大教堂
奴利
新宫庄
宽郞庄
韩兴庄
仁寺洞
萨拉姆多尔
GABE21
宫
耕仁美术馆
传统茶院
益善洞
三一路 삼일로
递信纪念馆
宽勋洞
托因
萨姆吉盖尔
哈努屋
阿园工房
首尔中央教堂
首尔茶生园
素利哈纳
仁寺洞斯杰比
寺同面
奥斯
捧吉翁农九玛克
仁寺艺术广场
曹溪寺
钵孟供养
古都舍
斯多药店
insa gallery
INSA Art Center
东洋茶艺
山村
任寺洞
皇冠酒店
尚古齐
仁寺洞弘报馆
黑河医院
耶恰奇普
(2F)
耶恰奇普(小鸟咖啡·2F)
耶恰奇普(1F)
普尔索波谷姆萨
AGIO
邮政局路 우정국로
公营停车场
通仁卡盖
蟾津江
仁寺洞(1F)
首尔阿特利埃
明金汤
托雷
佛教用品街
管城笔房
谭玛鲁奇普
花星庄
KEB外币兑换银行
上宾酒店
宝华社(陶器)
奇尔迥伊
茶香家
韩国观光名品店
乐园商街
乐器专卖店街
京一韩纸百货店
咖啡豆
奇亚波尔
Insa Amethyst
选画廊
宋纸房
里门雪浓汤
造形美术馆
寺同面屋
艺村(陶器)
广州窑
农协(旧朝鲜日报社)
阿里郎
阿尔姆达翁
茶博物馆
新波乌利曼笃
KB
(国民银行)
GALLERY Sang
星巴克
首尔艺术电影
地铁5号线
Hanaro大厦
肯玛乌尔米尔巴奇普
中央地图
泰和大厦
NATURE REPUBLIC
柳真食堂
全家便利店
公平大厦
韩美银行
Insa korea
武桥洞章鱼
baviphat
公共厕所
塔普科尔公园
教堂
仁寺洞南
旅游咨询处
SC第一银行
棒球游乐中心
最上层的云彩
World food court(B1)
邦迪&卢尼斯书店(B2)
钟路塔(国税局大厦)
仁寺文化表演场
sock stop
WOORI
银行
巴斯金·
罗宾斯
Beauty Credit
YMCA
酒店
7-ELEVEN
路虎
金刚
公园入口
6002机场豪华巴士
Subway
钟路 종로
地铁1号线
131 钟阁 종각
CD超市
KEB外币兑换银行
大创
汉堡王
波帕伊斯
星巴克
6002机场豪华巴士
who.A.U
麦当劳
KFC
普信阁
CAFFE PASCUCCI
永丰文库
汤金甜甜圈
咖啡豆
药店
全家便利店
特萨姆西德总店
星巴克
N
药店
必胜客
JUMP剧场
(CineCore大厦地下二层)
0
50
100m
KFC
A
B
C
1
2
3
4
主要景点
商店
餐厅
咖啡馆和酒吧
娱乐设施
酒店
旅游咨询处
银行
学校
医院
巴士站
地铁出入口
地铁1号线
地铁3号线
地铁5号线

● 主要景点 Ⓢ 商店 Ⓖ 餐厅 Ⓒ 咖啡馆和酒吧 Ⓗ 酒店 ⓘ 旅游咨询处 邮局 银行 学校 医院 巴士站

地铁3号线 地铁出入口

小特辑

在便利店、超市就可以买到的人气特色商品

免税店、仁寺洞卖的特产总令人觉得吃腻了。一些人气特产能在韩国的超市和便利店里找到，物美价廉。

特别推荐这种巧克力，它装在精美的小盒子里，有几个种类可供选择。

Market-O 这个品牌的甜食深受顾客喜爱。

不辣

这种韩国拉面的面饼里添加了大米，高汤浓厚，无辣味，适合很多人的口味。

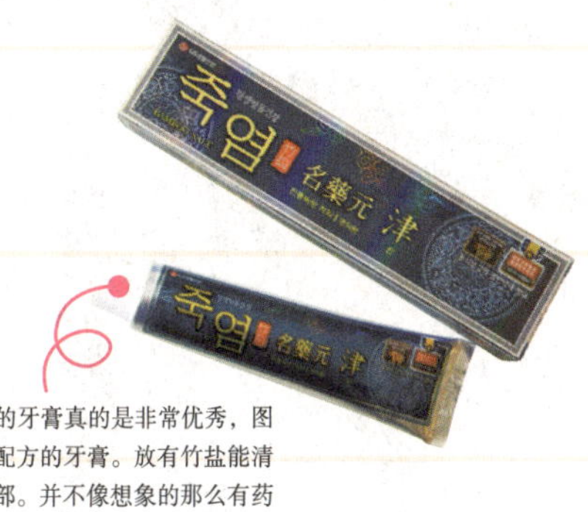

韩国的牙膏真的是非常优秀，图片是韩国配方的牙膏。放有竹盐能清洁到牙根部。并不像想象的那么有药味。使用后相当清爽。

有多种香味可供选择

在超市里，不同的季节有各种不同的香皂上市。图为苹果、香草 & 酸奶皂和甜杏皂。试着使用一下，你会发现，它的香味清新，甚至可以用来洗脸，非常好用。

点心装在精美的包装袋里，就像小商品一样。

鲤鱼的形状

Market-O 是著名的公司——韩国东洋制果旗下的一个品牌，在这种传统的果子里也不乏可爱的小点心。图为鲤鱼形状的巧克力味小点心。

世界遗产——宗庙

宗庙供奉着李氏王朝历代国王及其王妃的牌位。正殿供奉的是十九代国王及王妃，永宁殿分别供奉着其他的国王、王妃和死后赐封王号的王族们。

现在每年5月的上旬，国王后代的全州李氏一族就会齐聚于此，在宫廷古乐中举行庄重的仪式。全族的人都会身着传统服装，缓步走过正殿朱红色的走廊，其姿态显得格外庄重。宗庙和宗庙祭礼乐都被列入《世界遗产名录》。

1 5月份举行的宗庙大祭　2 分为8行8列举行的八佾舞　3 全州李氏的族人们装扮成国王等举行仪式　4 因为遵循的是儒教传统，所以服装也是中式的

照片提供：韩国旅游发展局

DATA

宗庙

Map p.73-D-2 住 종로구 훈정동 1　☎(02)765-0195
营 3~10月 9:00~18:00（入场时间截止到17:00）除周六以外都要跟着导游参观
休 周二　费 1000韩元　※门票不再与昌庆宫通用。
交通 从地铁3号线㉙“钟路3街”站1号出口、1号线⑬“钟路3街”站4号出口出，均需步行3~5分钟。入口设在钟路的宗庙市民广场前
URL www.jongmyo.net

世界遗产——昌德宫

昌德宫是李氏王朝第三代国王太宗于1405年建造的宫殿，展示着王室曾经使用过的日常生活用品。

位于仁政殿东侧的建筑是乐善斋。它因方子女史在此度过晚年生活而广为人知。方子女史从日本的梨本宫家出嫁，成为大韩帝国最后的皇太子英亲王（合并后成为李王）的王妃。昌德宫的北半部分是一个巨大的花园——后苑（秘苑）。花园中一年四季景色不同，它是韩国有代表性的庭园，与周围的自然景色巧妙融合，风景秀美。

1 昌德宫的正殿——仁政殿 **2** 金碧辉煌的宝座 **3** 后苑（秘苑）的代表性建筑——宙合楼 **4** 国王为了了解普通贵族生活而设的“演庆堂”

DATA

昌德宫

Map p.73-D-1 住 종로구 와룡동 2-71 ☎ (02)762-9513

营 3~10月 9:00~18:30、11月和3月 9:00~17:30、12月~次年2月 9:00~17:00

休 周一 费 一般3000韩元（后苑以外），定时参观（有导游陪同）5000韩元、赏秋花8000韩元

交通 地铁3号线㉘“安国”站3号出口出，步行约10分钟

餐 厅

Restaurant

诺比奇普

너비집

◆地方虽小，在此却能够品尝到最高档的烤肉。据说所使用的炭是柞木，烤肉网是铜质的，调味的芝麻油是从原产地直接运输而来的。推荐菜品有：未调味的特大牛排 300g 5 万韩元，酱制大块牛排 300g 3.9 万韩元，牛舌 150g 3.9 万韩元，肉脍 3 万韩元。

Map p.98-B-1

住 중구 을지로 2 가 199-73
☎ (02)756-4084
营 11:30~22:00
休 春节、中秋节
C/C ADJMV
交通 地铁 2 号线 202 "乙支路入口" 站 5 号出口出，步行 10 分钟

考姆索奇普

곰솥집

◆在韩国的烤肉店里，每种肉品单点的形式较为普遍，但在这里有多种肉品的拼盘，可以同时享用多种美味。柞木炭和铜质烤肉网使肉品的香味能够被最大限度地发掘出来。

Map p.98-B-1

住 중구 을지로 2 가 199-13
☎ (02)756-4010
营 11:30~22:00
休 春节、中秋节当天
C/C ADJMV
交通 地铁 2 号线 202 "乙支路入口" 站 6 号出口出，步行 1 分钟

牛里花园

우리가든

◆这家曾在梨泰院大受欢迎的烧烤店于 2010 年 5 月转移到了明洞。一人份的拼盘仅需 4 万韩元，很划算。这家店的口号是：有味道、有良知、顾客至上；不欺骗，不拉客，顾客放心。来到店里即便你只点凉面或石锅拌饭也是可以的。这家店使用的是无烟烤炉，不会在身上留下气味。

Map p.98-B-4

住 중구 충무로 2 가 66-6 지하 1 층
☎ (02)3785-0743
营 周一～周五 11:00~15:00、17:00~22:30，周六、周日、节假日 11:00~22:30
休 无
C/C ADJMV
交通 地铁 4 号线 424 "明洞" 站 8 号出口出，步行 1 分钟 预 4 万韩元（1 人）

青园

청원

◆这家烤肉店已经开业 25 年了。2 年前搬到现在的位置。这里的菜单很丰富，不仅有肉拼盘、大肠、牛胃、牛舌，还有里脊肉和五花肉等。11:00~13:30、18:30~20:00 店内较拥挤，一个人来这家店进餐时最好避开这两个时间段。

Map p.98-B-2

住 중구 명동 1 가 54-16
☎ (02)776-9631、776-0045
营 11:00~20:00
休 春节、中秋节、6 月 6 日
C/C ADJMV
交通 地铁 2 号线 202 "乙支路入口" 站 6 号出口出，步行 5 分钟 预 6.5 万韩元（拼盘）

良味屋

양미옥

◆在韩国，很少有一家专门经营生内脏的饭店。在秘制的加入辣椒的药念（调味汁）中腌渍后取出的内脏新鲜而柔软。人气菜品有：烤小肠和大肠，价格为 2.4 万韩元，牛肚 2.7 万韩元。因其选用精选的材料，并经过精细加工，所以并没有什么腥味。

Map p.73-D-2

住 중구 을지로 3 가 161
☎ (02)2275-8837
营 10:50~22:00
休 春节、中秋节
C/C ADJMV
交通 地铁 2、3 号线 203 330 "乙支路 3 街" 站 6 号出口出，步行 1 分钟

营养中心总店

영양센타본점

◆这里有传统菜肴"参鸡汤"，是将 1 只鸡配以朝鲜人参、糯米、枣等一起炖煮而成。此汤因适合在夏季最热的三伏天食用而闻名。刚出锅的烧鸡也很受欢迎，中份的价格 1.3 万韩元、大份的价格 1.4 万韩元。

Map p.98-A-4

住 중구 충무로 1 가 25-32
☎ (02)776-2015、2016
营 10:30~22:30
休 无
C/C ADJMV
交通 地铁 4 号线 424 "明洞" 站 5 号出口出，步行 3 分钟

全州中央会馆
전주중앙회관

◆石锅拌饭（9500 韩元）是使用热腾腾的烧石锅，在里面放入牛肉汤煮制米饭。酱汤是使用了 5 年以上的老汤。除了该店外，在明洞路附近还有 2 号店、北仓洞店。

Map p.98-A-4

住 중구 충무로 1 가 24-11
☎ (02)776-3525
营 8:30~22:30
休 无
C/C ⒶⒹⒿⓂⓋ
交通 地铁 4 号线㉔“明洞”站 5 号出口出，步行 5 分钟

古宫
고궁

◆作为全州式石锅拌饭名店而享有盛名。豆芽的量很足，装盘也很漂亮。石锅拌饭价格为 9000~1.5 万韩元，以石锅拌饭为主、配各色小菜的古董饭套餐（3.9 万韩元）也深受好评。（附加 10% 的税金）

Map p.98-C-4

住 중구 충무로 2 가 12-14
☎ (02)776-3211
营 10:30~22:00
休 春节、中秋节
C/C ⒶⒹⒿⓂⓋ
交通 地铁 4 号线㉔“明洞”站 10 号出口出，步行 3 分钟

味加本
미가본

◆鲍鱼直接从济州岛送货，材料中也使用了磷虾等，因此这里的粥味道与众不同，味道鲜美。店内干净整洁、氛围幽雅，墙壁上装饰有著名画家的绘画作品。鲍鱼粥和南瓜粥也深受欢迎。

Map p.98-B-2

住 중구 명동 1 가 45-3
☎ (02)752-0330
营 8:00~21:00
休 春节、中秋节
C/C ⒶⒹⒿⓂⓋ
交通 地铁 2 号线㉒“乙支路入口”站 5 号出口出，步行 3 分钟

河东馆
하동관

◆自 1939 年开业后就一直备受欢迎的牛杂汤店。首尔的老店现在已经是第 3 代的人气老店。特色菜有：牛杂汤 1 万韩元（大份 1.2 万韩元）、特级牛杂汤 1.2 万韩元、卤肉 250g4 万韩元。每天都是将一大锅煮肉销售完后就关店，所以最好在 15:00 以前前往。

Map p.98-B-2

住 중구 명동 1 가 10-4
☎ (02)776-5656
营 7:00~16:30
休 每月的第一和第三个周日
C/C ⒶⒹⒿⓂⓋ
交通 地铁 2 号线㉒“乙支路入口”站 6 号出口出，步行 5 分钟

雪浓汤
신선설농탕

◆用牛骨和牛肉煮成的白汤。如果喜欢的话可以把配的辣白菜也放到汤里，搅拌后一起吃。牛骨汤 7000 韩元。也推荐将牛肉煮熟后切成薄片的斯尤库 2.5 万韩元。晚餐和早餐也不错。

Map p.98-B-2

住 중구 명동 2 가 2-2
☎ (02)777-4531
营 24 小时
休 春节、中秋节当天
C/C ⒶⒹⒿⓂⓋ
交通 地铁 4 号线㉔“明洞”站 5 号出口出，步行 5 分钟

明洞饺子
명동교자

◆汉字写作明洞饺子。手擀韩国面的鸡汤味道很好，花 8000 韩元就可以吃上一碗。韩国饺子也是 8000 韩元一份，口感不错。这家店和别家不同，饺子汤汁多，面的油腻程度也正好。仅在夏季销售的豆腐面及拌面使用的面条里都加入了小球藻。

Map p.98-B-3

住 중구 명동 2 가 25-2
☎ (02)776-5348
营 10:30~21:30
休 春节、中秋节
C/C ⒶⒹⒿⓂⓋ
交通 地铁 4 号线㉔“明洞”站 6 号出口出，步行 8 分钟

奴利
누리

◆位于仁寺洞后街的韩国传统建筑内。你可以悠闲地坐在舒适的中庭里，欣赏着令人赏心悦目的韩国料理，仅是这样就能充分领略韩国风情。花8000~10000韩元就可以品尝到以时令蔬菜、水果等为原材料的天然料理。女性一个人进餐的时候选择这家餐厅最适合不过了。

Map p.99-B-1

住 종로구 관훈동 84-12
☎ (02)736-7848
营 11:00~23:00
休 元旦
C/C Ⓐ Ⓓ Ⓙ Ⓜ Ⓥ
交通 地铁3号线(328)“安国”站6号出口出，步行3分钟
预 8000韩元~

奥斯
오수

◆在这里可以品尝到自制的黑豆豆腐。推荐菜品有黑豆豆腐卷（3.2万韩元起），还有用海苔和蔬菜叶子裹着黑豆豆腐拌猪肉、牡蛎食用。除了每天自制黑豆豆腐以外，猪肉也是用20多种韩式草药与酱汤炖煮而成的。因为是带皮的，胶原蛋白对皮肤很有好处。

Map p.99-B-2

住 종로구 관훈동 29-9
☎ (02)735-5255
营 10:00~22:00
休 春节、中秋节
C/C Ⓐ Ⓓ Ⓙ Ⓜ Ⓥ
交通 地铁3号线(328)“安国”站6号出口出，步行5分钟

谭玛鲁奇普
툇마루집

◆这家店的韩国味噌石锅拌饭因其味美而备受好评。使用从老板老家全罗道送来的自制酱汤调味。此外，还可以品尝到用辣椒和小米饭腌咸鲽鱼制成的发酵肉卷，带有清爽的乳酸发酵的酸味，没有任何腥味。

Map p.99-C-2

住 종로구 인사동 4-2
☎ (02)739-5683
营 11:30~22:00
休 春节、中秋节
C/C Ⓐ Ⓓ Ⓙ Ⓜ Ⓥ
交通 地铁3号线(328)“安国”站6号出口出，步行6分钟

特萨姆西德总店
떡쌈시대본점

URL ttokssam.co.kr

◆使用固定炭的特制烤盘烤制出五花肉，用其渗出的油炒同时烤熟的泡菜。用4种材料制成的薄饼裹着肉和泡菜食用非常美味。泡菜烤五花肉（1人份180g）9000韩元。

Map p.99-A-4

住 종로구 관철동 43-8-1002
☎ (02)734-3692
营 11:30~24:00
休 无
C/C Ⓐ Ⓓ Ⓙ Ⓜ Ⓥ
交通 地铁1号线(131)“钟阁”站4号出口出，步行1分钟

柳真食堂
누리

◆这是一家位于小巷深处的餐厅，开业56年来一直深受顾客欢迎。这里的水焯肉片里会惊现猪头肉，让你大吃一惊。带皮的猪头肉3000韩元一份，冷面5000韩元一份，价格实惠。将肥肉放在铁板上烤到金黄而制成的铁板肥肉也十分美味。另外，食堂的老板也颇具人格魅力。

Map p.99-C-3

住 종로구 낙원동 221-101
☎ (02)764-2835
营 10:00~22:00
休 春节、中秋节
C/C Ⓐ Ⓓ Ⓙ Ⓜ Ⓥ
交通 地铁1、3、5号线(130)(329)(534)“钟路3街”站5号出口出，步行3分钟
预 3000韩元~

里门雪浓汤
이문설농탕

◆汉字写作“雪浓汤”，是指用牛骨和内脏长时间炖煮而成的一种汤。因汤色雪白而得名。作为首尔和忠清道的名吃而广为人知，这里是一家自古就有的老店。雪浓汤（7000韩元）含煮肉和米饭。

Map p.99-A-3

住 종로구 종로2가 견시동 88
☎ (02)733-6526
营 8:00~22:00
休 周日、春节、中秋节
C/C Ⓐ Ⓓ Ⓙ Ⓜ Ⓥ
交通 地铁1号线(131)“钟阁”站3号出口出，步行5分钟

三清洞汤团
삼청동수제비

◆所谓汤团是分量很足的韩式汤团（7000 韩元）。很有意思的是，它是从壶里倒出来的。汤汁是用干虾等海产品制成的，清爽而不辣。加入海苔后立即香气四溢。

Map 首尔市区地图 B-1
住 종로구 삼청동 102
☎(02)735-2965
营 11:00~21:00
休 春节、中秋节（夏季不定时休息）
C/C ADJMV
交通 地铁 3 号线㉘“安国”站 2 号出口出，步行 15 分钟

商店 / 咖啡吧 / 休闲 / 娱乐
Shop / Coffee bar / Leisure / Entertainment
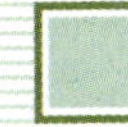

雪绿茶饮品店
O'sulloc URL www.sulloc.co.kr

◆伴随着倡导“健康幸福生活”的健康饮食潮流的流行，绿茶在首尔广为流行。在以绿色为基调的时尚小店中，可以享受到各种以绿茶为原料制成的饮品和点心。

Map p.98-B-2
住 중구 명동 2 가 33-1
☎(02)774-5460
营 9:00~23:00
休 元旦、春节、中秋节
C/C ADJMV
交通 地铁 4 号线㉔“明洞”站 6 号出口出，步行 8 分钟

Sharp
Sharp

◆明洞有名的占卜咖啡厅。所谓的占卜，也就是把生肖、五行和具体出生时间结合起来推算一个人的命运，占卜一次大概要 20 分钟。有必要的话，咖啡厅的老板可以给顾客当翻译（占卜和翻译都需要提前预约）。占卜完了以后占卜师依然会认真地回答顾客的问题，大受欢迎。

Map p.98-A-4
住 중구 충무로 1 가 25-2
☎(02)776-1378
营 12:00~22:00
休 无
C/C 不可
交通 地铁 4 号线㉔“明洞”站 5 号出口出，步行 5 分钟

乐天百货
롯데백화점 URL www.lotteshopping.com

◆与地铁站相连接的乐天集团下属的大型百货商场。商店的内部结构与日本大致相同。特别值得推荐的是地下一层的食品卖场。在这里，泡菜、韩国海苔等传统韩国土特产应有尽有。十层与十一层是免税店。

Map p.98-A-1
住 중구 소공동 1
☎(02)771-2500
营 10:30~20:00
休 每月不定期休息一次、春节、中秋节
C/C ADJMV
交通 地铁 2 号线㉒“乙支路入口”站 7 号出口出，步行 1 分钟

新世界百货
신세계백화점 URL department.shinsegae.com

◆这里是新世界百货的总店。在风格独特的建筑物（战前的三越百货）后面，是 2005 年夏天建成的新馆，由非常宽敞、极富高档感的卖场构成。这里还汇聚众多的进口商品。在地下食品卖场，不仅有市内的名店入驻，还设有饮食广场等。

Map p.112-C-3
住 중구 충무로 1 가 52-5
☎(02)310-1234
营 周一～周四 10:30~20:00　周五、周六、周日 10:00~20:30
休 每月不定期休息一次（周一）、春节、中秋节
C/C ADJMV
交通 地铁 4 号线㉔“明洞”站 5 号出口出，步行 7 分钟

乐天青年广场
롯데영프라자

◆这里是满足追求高档商品的年轻人的时尚综合商场。该广场原来是美都波百货，被乐天集团收购，并于 2003 年进行了全面改装。其玻璃曲面的外观颇为引人注目，其中有许多最前卫、备受欢迎的休闲品牌。韩国艺人专用品牌也大受欢迎。

Map p.98-A-2
住 중구 남대문로 2 가 123
☎(02)771-2500
营 11:30~21:30
休 每月不定期休息一次、元旦、春节
C/C ADJMV
交通 地铁 2 号线㉒“乙支路入口”站 7 号出口出，步行 2 分钟

MusicKorea 明洞 1 号店

MusicKorea 明洞一号店

◆音像店，于 2010 年 1 月开张，在明洞拥有两个连锁店。两个店铺都位于化妆店 NATURE REPUBLIC 楼上，很容易就能找到。这家店 CD 种类丰富，能轻易买到各种热卖 CD，但有时会有损坏了的 CD 掺杂在其中，购买的时候需要留意一下。

Map p.98-B-4

住 중구 충무로 1 가 24-2 NATURE REPUBLIC 3 층

☎ (02)3789-8210

营 9:30~22:30

休 无

C/C Ⓐ Ⓓ Ⓙ Ⓜ Ⓥ

交通 地铁 4 号线㊳“明洞”站 6 号出口出，步行 1 分钟

水晶社

수정사

◆这里是专门经营艺人专用的能量石专卖店。除吊坠、项链之外，还经营超过 20 毫米的玉石手链、高品质的裸石、原石等。最受欢迎的是水晶手链、喜马拉雅水晶簇。因为经营的多为极品，店内充满了能量石的神秘气息，仅仅是徜徉其中也能让人心情舒畅。

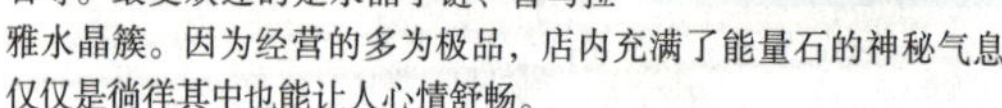

Map p.112-C-2

住 중구 소공동 87 소공지하상가 65 호

☎ (02)774-5797

营 9:00~21:00

休 每月的第一和第三个周日、春节、中秋节

C/C Ⓐ Ⓓ Ⓙ Ⓜ Ⓥ

交通 地铁 2 号线㉒“乙支路入口”站 7 号出口出，步行 7 分钟

7-ELEVEN 明洞店

7-11

◆虽然是 7-11 便利店，但也是公认的货币兑换处，一年 365 天一天 24 小时都可以兑换，非常方便。而且汇率行情在首尔也是相当不错的，比起使用优惠券在机场兑换还要划算很多。因此，下飞机时只需在机场附近的银行暂时兑换一小部分韩元，其他的都到 7-11 兑换就行了。7-11 里还有销售各种特产以及热卖的超市专卖版 Market-O。

Map p.98-B-2

住 중구 명동 1 가 36-3

☎ (02)776-3730

营 24 小时

休 无

C/C Ⓐ Ⓓ Ⓙ Ⓜ Ⓥ

交通 地铁 2 号线㉒“乙支路入口”站 6 号出口出，步行 5 分钟

爱茉莉水疗

the AMORE spa

URL www.amorepacific.com

◆这里经营“爱茉莉”品牌的多功能高级化妆品、以绿茶而享有盛名的太平洋公司研发的高级化妆品。使用绿茶、竹子、金银等有益于健康的粉末进行面部磨砂也备受欢迎。白色与红色协调一致的入口略显典雅，也明朗、方便出入。

Map p.98-A-2

住 중구 남대문로 2 가 130 10 층

☎ (02)2118-6221

营 10:30~20:30

休 春节、中秋节

C/C Ⓐ Ⓓ Ⓙ Ⓜ Ⓥ

交通 地铁 2 号线㉒“乙支路入口”站 7 号出口出，步行 5 分钟

红色俱乐部明洞店

이지은레드클럽명동점

◆除全套服务之外，还可以提供各项服务，即使时间不充足也没有问题。费用也可以控制在合理的范围内。设有夫妻双人间。皮肤再生护理 10 万韩元，足疗 4 万韩元。

Map p.98-A-4

住 중구 충무로 1 가 22-5 6 층

☎ (02)774-2955

营 10:00~22:00

休 周日、节假日

C/C Ⓐ Ⓓ Ⓙ Ⓜ Ⓥ

交通 地铁 4 号线㊳“明洞”站 6 号出口出，步行 3 分钟

李惠卿美容院（足疗、香薰）

이혜경 에스테 (발 · 아로마)

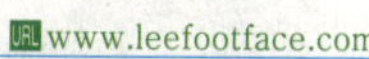

URL www.leefootface.com

◆这是引入美容要素的综合足疗院。基本套系 6 万韩元从足浴开始，包括精油按摩、火罐按摩、空气按摩等诸多种类，也有一些套系可以搭配面部护理一同进行。

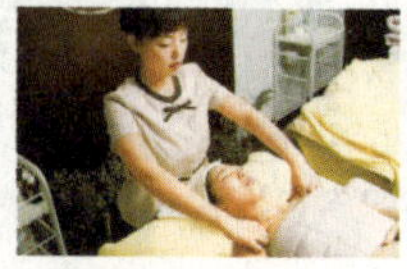

Map p.98-C-2

住 중구 명동 1 가 7 태흥빌딩 6 층

☎ (02)753-0790~1

营 9:30~23:00（预约受理截止到 21:00）

休 无

C/C Ⓐ Ⓓ Ⓙ Ⓜ Ⓥ

交通 地铁 2 号线㉒“乙支路入口”站 5 号出口出，步行 5 分钟

明洞 Beauty&Body
명동 뷰티 & 바디

◆该店使用天然的化妆精油进行按摩。其特点是为了在一次按摩中达到最大的效果，按摩的力度较强。男性也可享受。

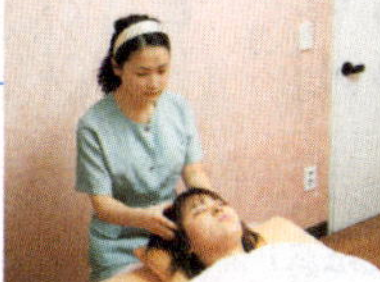

Map p.98-B-4

住 중구 회현동 3 가 1-5 6F
☎ (02)775-9991
营 10:00~21:00
休 春节、中秋节
C/C A D J M V
交通 地铁 4 号线 424 “明洞” 站 4 号出口出，步行 1 分钟

奇卢西尔
질시루

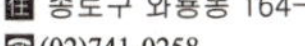
URL www.kfr.or.kr/jil/

◆能吃到挑战现代口味的点心的店铺。都使用天然色素，造型可爱。最初是位于楼上的“韩国传统饮食研究所”开设的展示店，后来因广受好评，便开了分店。在漂亮的店内可以品尝 1000 韩元起的各种点心和传统茶。

Map p.73-D-1

住 종로구 와룡동 164-2
☎ (02)741-0258
营 周一～周六 9:00~21:00
周日 9:00~19:00
休 春节、中秋节
C/C A D J M V
交通 地铁 1、3、5 号线 130 329 534 “钟路 3 街” 站 6 号出口出，步行 5 分钟

萨姆吉盖尔
쌈지길

◆以生产皮包而闻名的萨姆吉公司于 2004 年年末创立了该综合购物商场。从地下一层到地上四层，设有许多小型商店。仅仅在回廊型的建筑中走一圈，就一定能发现极富仁寺洞魅力的商品。

Map p.99-B-2

住 종로구 관훈동 38
☎ (02)736-0088(管理事务所)
营 10:30~21:00（餐饮到 22:00）
休 春节、中秋节
C/C 因店铺不同而各异
交通 地铁 3 号线 328 “安国” 站 6 号出口出，步行 3 分钟

明金汤
명금탕

◆专卖韩国传统茶和茶具。店里摆满了各种有益健康的茶叶，茶树种植过程中从未喷洒过农药，顾客大可放心。特别推荐全手工制作的柚子茶和姜茶等，价格均为 17000 韩元。另外，有助消化的 3 年梅茶（17000 韩元），手工制有机绿茶香皂（8000 韩元）也值得推荐。

Map p.99-B-2

住 종로구 관훈동 24
☎ (02)739-0394
营 9:30~20:00
休 无
C/C A D J M V
交通 地铁 3 号线 328 “安国” 站 6 号出口出，步行 5 分钟

GABE21
가배 21

◆本来只卖婚庆用品，现在也卖各种传统工艺品。GABE21 和其他店铺不同，它拥有手艺精湛的手工艺人才，能够做出高质量婚庆用品，所以价格昂贵。GABE21 接受顾客的特别订货，也会出借东西给剧组，可以向在 GABE21 定做商品的顾客、出借东西的剧组打听这家店的信誉。

Map p.99-B-2

住 종로구 관훈동 38 쌈지길 2 층
☎ (02)747-3676
营 10:30~21:00
休 春节、中秋节
C/C A D J M V
交通 地铁 3 号线 328 “安国” 站 6 号出口出，步行 4 分钟

哈努屋
하늘호수

URL www.skylake.kr

◆一家原创化妆品店，这里的化妆品的原点都是一种蒸馏水浓缩精华，由 18 种天然药材制成。乐天免税店里的有机化妆品专柜也有卖 sharp 的产品。化妆品的原料全部来自韩国，如此上好的天然化妆品即便是敏感肌肤也可以放心使用。平时，你还可以花 10000 韩元到这里亲手制作一次香皂，店铺会为你提供茶和点心。店铺一次能接待四名顾客，香皂的制作时间为 45 分钟。

Map p.99-B-2

住 종로구 관훈동 38 쌈지길 두오름길
☎ (053)857-2380
营 周一～周五 10:30~20:30
周六、周日 10:30~21:00
休 春节、中秋节
C/C A D J M V
交通 地铁 3 号线 328 “安国” 站 6 号出口出，步行 3 分钟

首尔站·南大门市场·东大门市场

서울역·남대문시장·동대문시장

首尔历史悠久的著名传统市场

Map p.112
交通 首尔站：地铁1、4号线 ⑬③⑫⑥"首尔站"
南大门市场：地铁4号线⑫⑤"会贤"站

ⓘ 南大门市场旅游咨询处
Map p.112-A-4、B-3
☎(02)752-1913
营 9:00~18:00
休 无
※ 可以进行外币兑换

首尔站·南大门市场·东大门市场 概要与导览

首尔站、南大门市场

首尔的大门——首尔站在2004年KTX运营后，发生了很大的变化。这里不再仅仅是列车经过的站点，而是逐步演变成了集购物、餐饮于一体的娱乐地区。购买的纪念品等当场就能用EMS寄送，非常受欢迎。现又增加了餐厅、咖啡店、快餐店等，2010年机场快轨（A'REX）全线开通，所以变得更加热闹了。

各种款式的民族服装

在时尚大厦林立的现代首尔，南大门市场依旧保留着传统的氛围，吸引着人们前去观光、购物，颇受欢迎。在这个狭窄的区域里，有近1万家店铺，因而竞争非常激烈。市场内有两个岗亭型的旅游咨询处，可为游人提供咨询服务。市场里按照各个大楼分为几个

忙于应付客人点菜的大婶

★大排档的麻烦事

在南大门市场和东大门市场的夜市大排档中，有的经营者会对旅游者抬高价格，行为很恶劣。其实所有食物都有时价，应问清楚价格后再点餐。一般在韩国的大排档里喝酒，价格都比有店面的小酒馆要贵。

区，每个区经营不同的商品。儿童服装在G栋，松茸、海苔等在C栋和D栋的西侧，眼镜在E栋的西侧。如果要吃饭，在C栋东北侧有小吃街，但那里不是可以坐下慢慢享用的地方。从南大门市场到明洞和市政府步行大约10分钟。

东大门市场

20世纪60年代，韩国的化纤产业发展起来以后，东大门市场作为批发市场而闻名全国。其后，从一个只有采购员光顾的批发街逐渐发展成为普通市民都来购物的市场。该市场最大的魅力就在于服装布料。市场中有很多地方是24小时营业，有许多店铺在深夜是最热闹的时候。市场内仅店铺就有3万多家，即使是随便逛逛，一天也看不完。大型的商厦分为以年轻女性服装为主的时尚大厦和以经营生活用品为主的传统商业大楼。不断有店铺更新或新店开张。

最引人注目的就是Migliore、DOOTA、Hello apM、CERESTAR。即使只逛这四家，一天的时间一下就过去了。在商场内有许多相似的店铺，购物时一定不要太冲动哟。

定制皮衣很合适

在光熙时尚购物广场购买皮衣很划算

Dooche有许多有个性的店面

许多出售衣料、杂货的小摊

在Migliore中也有出售美甲用品的小店

有很多手工商店的东大门综合市场

Map p.113
交通 地铁1、4号线128 421“东大门”站
地铁2、4、5号线205 422 536“东大门历史文化公园”站

★为什么市场晚上很热闹?

东大门市场原来是专门的批发市场，为了让顾客能在白天工作结束后买到东西，多在夜间营业。因此夜晚也很热闹。

东大门市场旅游咨询处

Map p.113-A-2
住 중구 을지로 7가 1
☎ (02)2236-9134
营 9:00~18:00
休 无

东大门外国人购物咨询处

Map p.113-C-2
住 중구 신당동 251-7 U:US4 층
☎ (02)2254-3300
FAX (02)2254-1676
营 12:00~21:00
休 周六、周日、节假日
URL www.donami.or.dr

由首尔产业通商振兴院经营，向世界各国的买主提供东大门市场的全面信息。

南大门市场
德寿宫
6005机场豪华巴士(机场方向)
大汉门(入口)
南大门路
덕수궁길
市政府 시청
首尔市政府新楼
首尔市政府旧楼(旧京城府市政府)
首尔广场
釜山银行
韩亚银行
SC第一银行
光州银行
乙支路1街
을지로1가
首尔市别馆
韩亚银行总行
乙支路入口
을지로입구
地铁2号线
지하철2호선
总统酒店
SKINCARE LUCE
乐天酒店
板门店旅游中心
大韩旅行社(KTB)
ICSC国际文化服务俱乐部
Global Tour Desk
乐天百货店
乐天免税店
圜丘坛
小公洞
소공동
首尔广场酒店
威斯汀朝鲜酒店
威斯汀朝鲜酒店Beauty沙龙
乐天AVENUEL
南大门路
BUY THE WAY
新韩银行
派出所
KB(国民银行)
市政府 시청
KB(国民银行)
普强基尔
북창길
索空究基尔
소공주길
水晶社(地下)
里加尔相机(地下)
乐天青年广场
地铁1号线
太平路
傲虎
长安街
停车场
小公路
소공로
新韩银行
中区
중구
海运中心
韩亚银行
大佑旅馆
北仓洞
북창동
南大门路3街
남대문로3가
지하철1호선
GS25
太平路2街
태평로2가
韩亚银行
普玛希
货币金融博物馆
태평로
KB(国民银行)
新昌商会
新村餐厅
韩国银行总行
首尔中央邮局(邮局塔)
SunOk药店
6015机场豪华巴士
6001机场豪华巴士
KBE外币兑换银行
新韩银行
新韩银行
KB(国民银行)
Serona Shopping
自由商街
SC第一银行
GS25
3号门
2号门
24小时眼镜
世宗高丽人参
早安眼镜
塔比奇相机
宏大眼镜
食铺街
新世界百货店
南大门市场旅游咨询处
中央人参松茸百货店
米莎
首尔商会
F栋
C栋
莎米克时尚城
南大门
秦久奇普
希拉克
食铺街
妈妈
水晶眼镜
南仓洞
남창동
1号门
公共厕所
塔库秦米
D栋
地铁4号线
退溪路
퇴계로
지하철4호선
科莫广场
首尔食品海苔天堂
G栋
波克阿东博克
波吉阿东博克
盘浦路
반포로
爱尔兰大使馆
南山商会
进洋眼镜
亲切社眼镜
WOORI银行
崇礼门广场
Plus
E栋
4号门
汉城Sanga
KARL OPTICAL
8号门
派出所
会贤 회현
5号门
宫殿酒店
雷克斯酒店
韩亚银行
南大门市场旅游咨询处
蒙斯利
会贤洞1街
회현동1가
京城社
6号门
N
0 50 100m
主要景点
商店
餐厅
咖啡馆和酒吧
美容按摩
酒店
旅游咨询处
邮局
银行
巴士站
地铁1号线
地铁2号线
地铁4号线
地铁出入口

东大门市场
钟路6街
종로6가
梨大东大门医院
东大门 동대문
旺山路 왕산로
朝鲜式串烧料理
钟路
종로
地铁1号线
지하철1호선
东大门 동대문
参鸡汤
昌信洞
창신동
同心教堂
东大门
WOORI银行
东大门购物城
东大门酒店
元祖一只鸡
咸南牛肠
万豪酒店
(建设中)
东大门综合市场
KEB
外币兑换银行
东门市场
东大门鞋店商业街
五间水桥
波多尔德利
清溪川
청계천
玛伦奈达里
兴仁门路
흥인문로
和平市场
新和平市场
东和平购物城
乙支路6街
을지로6가
南和平市场
中区
중구
东和商街
DOOTA
DOOTA美食广场
Union30
maxtyle
第一和平市场
CERESTAR
Heviz温泉世界
桑拿浴场
中区区民会馆
光熙时尚
东明社
极乐世界
Migliore美食广场
快速运动按摩
东大门市场旅游咨询处
美甲中心
Migliore
水门遗址
东大门运动场
光之时代
Area6
看护大学
东大门外国人
购物咨询处
ETUDE HOUSE
THE FACE SHOP
u:US
国立医疗院
Hello apM
东大门运动场
光之时代
东大门设计广场及公园
城墙遗址
萨拉伯尔
乙支路
을지로
乙支消防署
GS25
东大门历史文化公园
综合咨询中心
东大门历史文化公园 동대문역사문화공원
光熙洞1街
광희동1가
汉阳重工高中
城东女实高中
往十里路
地铁2号线
왕십리길
지하철2호선
东大门历史文化公园
동대문역사문화공원
东横INN首尔东大门店
WOORI银行
地铁4号线
지하철4호선
退溪路
퇴계로
中区
중구
地铁5号线
지하철5호선
奖忠路
창충단길
JJ泥巴汗蒸幕
YOUNGBIN HOTEL
京东教堂
光熙门教堂
0 50 100m
主要景点
商店
餐厅
娱乐设施
美容按摩
酒店
旅游咨询处
银行
学校
医院
巴士站
地铁1号线
地铁2号线
地铁4号线
地铁5号线
地铁出入口

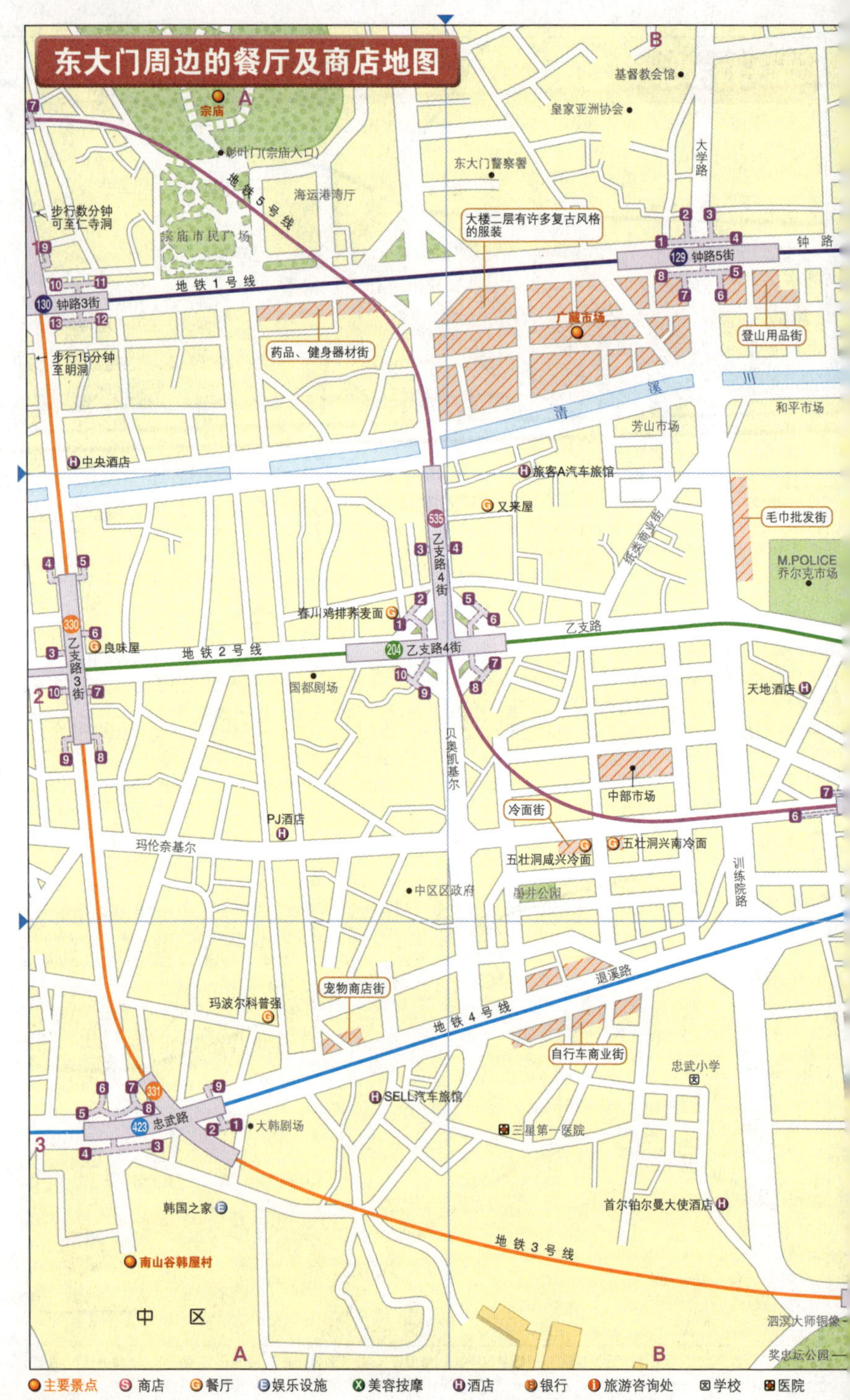
东大门周边的餐厅及商店地图
宗庙
彰叶门(宗庙入口)
宗庙市民广场
海运港湾厅
东大门警察署
基督教会馆
皇家亚洲协会
大学路
步行数分钟可至仁寺洞
步行15分钟至明洞
大楼二层有许多复古风格的服装
钟路5街
钟路
钟路3街
地铁1号线
地铁5号线
药品、健身器材街
广藏市场
登山用品街
清溪川
和平市场
芳山市场
中央酒店
旅客A汽车旅馆
又来屋
毛巾批发街
纸类商业街
M.POLICE
乔尔克市场
乙支路4街
乙支路3街
乙支路
春川鸡排荞麦面
良味屋
地铁2号线
国都剧场
天地酒店
贝奥凯基尔
中部市场
冷面街
五壮洞咸兴冷面
五壮洞兴南冷面
训练院路
PJ酒店
玛伦奈基尔
中区区政府
墨井公园
宠物商店街
玛波尔科普强
退溪路
地铁4号线
自行车商业街
忠武小学
忠武路
SELL汽车旅馆
大韩剧场
三星第一医院
韩国之家
首尔铂尔曼大使酒店
南山谷韩屋村
地铁3号线
中区
泗溟大师铜像
奖忠坛公园
主要景点
商店
餐厅
娱乐设施
美容按摩
酒店
银行
旅游咨询处
学校
医院

地铁1号线 地铁2号线 地铁3号线 地铁4号线 地铁5号线 地铁6号线

小特辑

广藏市场的大排档

体验大排档

广藏市场 (Map 114-B-1) 的大排档很壮观。在宽敞的市场中一字排开的大排档总是人满为患。去首尔的话，去看看也很有趣。在这里不适合久坐，最好是喝一瓶烧酒就换一家比较好。

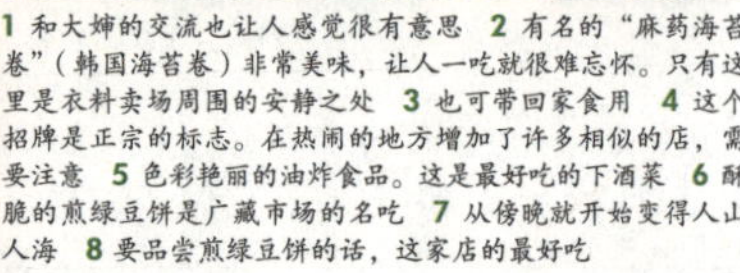

1 和大婶的交流也让人感觉很有意思 2 有名的“麻药海苔卷”（韩国海苔卷）非常美味，让人一吃就很难忘怀。只有这里是衣料卖场周围的安静之处 3 也可带回家食用 4 这个招牌是正宗的标志。在热闹的地方增加了许多相似的店，需要注意 5 色彩艳丽的油炸食品。这是最好吃的下酒菜 6 酥脆的煎绿豆饼是广藏市场的名吃 7 从傍晚就开始变得人山人海 8 要品尝煎绿豆饼的话，这家店的最好吃

南大门市场推荐的巷路食铺

巷路食摊推荐去南大门市场。这里可以品尝到李明博总统喜爱的牛尾汤的秦久奇普（Map p.112-A-3）、珍贵鸡汤的塔库秦米（Map p.112-A-3）等，还有其他一些有魅力的店铺。

1 塔库秦米珍贵的鸡汤
2 也有手撕炖鸡肉套餐
3 不点套餐，也可以作为下酒菜
4 南大门市场的巷路小吃街
5 煮牛尾汤
6 南大门市场一景
7 推荐的牛尾汤
8 总统也很喜爱的秦久奇普

餐 厅
Restaurant

元祖一只鸡
거성엄나무닭한마리

◆这本来是为在市场工作的人们提供营养料理的“一只鸡”的人气老店。虽然在附近也有排队很长的老店，但味道还是这家正宗。秘制的肉汤中加入一种叫“针桐”的韩式草药，能够去除腥味。选用新鲜的本地鸡也是保持美味的秘诀之一。

Map p.115-C-1

住 종로구 종로 5 가 265-5
☎ (02)2272-8249
营 9:30~24:00
休 春节、中秋节
C/C Ⓐ Ⓓ Ⓙ Ⓜ Ⓥ
交通 地铁 1 号线⑫⑨“钟路 5 街”站 5 号出口出，步行 5 分钟

五壮洞兴南冷面
오장동흥남집

◆老板是从朝鲜来的，该店从 1953 年开业以来一直保持着故乡兴南的味道。菜肴只有冷面和煮肉。推荐品尝这里的汤汁很少的咸兴式面（8000 韩元）。虽然很细，但面很筋道。

Map p.114-B-2

住 중구 오장동 101-7
☎ (02)2266-0735
营 11:00~21:30
休 每月的第二和第四个周三
C/C Ⓐ Ⓓ Ⓙ Ⓜ Ⓥ
交通 地铁 2、5 号线⑳④⑤③⑤“乙支路 4 街”站 8 号出口出，步行 5 分钟

新堂洞炒饼
마복림할머니집

◆在东大门市场东南，新堂洞因炒饼专卖店汇集而闻名。马福林老奶奶开的这家店，据说是炒饼鼻祖。在大锅中放入多种食材，饼丝很细是新堂洞炒饼的特色。炒饼 2 人份 1 万韩元，3 人份 12000 韩元。比起大排档的炒饼更有分量，适合当作快餐。

Map p.115-D-3

住 중구 신당 1 동 300-18
☎ (02)2232-8930
营 9:00~ 次日 1:00
休 每月的第二和第四个周一、春节、中秋节两天
C/C Ⓐ Ⓓ Ⓙ Ⓜ Ⓥ
交通 地铁 5、6 号线⑤③⑦⑥③④“新堂”站 1 号出口出，步行 2 分钟

奖忠洞酱猪脚
한양원조할머니족발

◆酱猪脚是将猪脚放入酱油制成的料汁中炖煮而成的。韩国使用整只猪脚酱制，很有嚼头。该店所在的奖忠洞作为主营猪脚的小吃街非常有名。点完菜后，为了食用方便会把猪脚切片。中份 3.5 万韩元。

Map p.115-C-3

住 중구 장충동 1 가 62-2
☎ (02)2265-8033
营 10:00~ 次日 5:00
休 无
C/C Ⓐ Ⓓ Ⓙ Ⓜ Ⓥ
交通 地铁 3 号线③③②“东大入口”站 3 号出口出，步行 5 分钟

咸南牛肠

◆新兴市场里有一家容易错过的美味小店。招牌菜是微辣炒内脏，配料有用番薯粉制成的粗粉丝和蔬菜等。到这家店里点上一盘炒内脏，再来杯烧酒就这么度过一个夜晚也独具魅力。

Map p.115-C-1

住 종로구 종로 5 가 246-5
☎ (02)2278-2261
营 11:30~ 次日 1:00
休 每月的第二和第三个周日、春节、中秋节
C/C Ⓐ Ⓓ Ⓙ Ⓜ Ⓥ
交通 地铁 1 号线⑫⑨“钟路 5 街”站 5 号出口出，步行 5 分钟 预 8000 韩元（蔬菜等）

商店 / 咖啡吧 / 休闲 / 娱乐
Shop / Coffee bar / Leisure / Entertainment

乐天百货首尔站店
롯데마트서울역점 URL www.ilottemart.com

◆该店由旧首尔站的候车厅改造而成，并于 2004 年开业。营业时间长、价格低，购买礼物非常方便。店内面积很大，大型手推车可交错通过，二层是入口和食品、杂货卖场，三层是服装类卖场。包装袋要收费。EMS 邮寄服务至 22:00。

Map p.72-B-4

住 중구 봉래동 2 가 122
☎ (02)390-2500
营 10:00~24:00
休 春节、中秋节三天
C/C Ⓐ Ⓓ Ⓙ Ⓜ Ⓥ
交通 地铁 1、4 号线①③③④②⑥“首尔站”1 号出口出，步行 1 分钟

首尔食品海苔天堂
서울식품

◆原本是韩国食材的批发商，所以虽然店面很小，但商品的种类丰富。拥有自己的工厂，也可制作客人喜爱的独特商品。经营的海苔从便宜的到最高级的应有尽有。

Map p.112-A-4

住 중구 남창동 34-127
☎(02)773-6418
营 8:00~23:00
休 无
C/C ADJMV
交通 地铁4号线㊷㊄“会贤”站5号出口出，步行5分钟

蒙斯利
몽실이

◆这是一家女性顾客可以自己设计款式的手提包店。在东大门等地进行批发销售，因此能以很便宜的价格买到质量很好的产品。最受人欢迎的是串珠制成的包，使用方便又时尚。位于CoCo一层。

Map p.112-A-4

住 중구 남창동 49-200 CoCo1 층
☎(02)757-8028
营 周一～周六 8:00~18:00、周日 10:00~16:00
休 春节、元旦
C/C 不可
交通 地铁4号线㊷㊄“会贤”站5号出口出，步行1分钟

DOOTA
두산타워

URL www.doota.com

◆这是一栋很高的建筑，是东大门一带非常醒目的一座大型时尚大厦。地下一层到地上七层全部经营时尚商品。地下一层的“Dooche”经营由年轻设计师们设计的服装。

Map p.113-B-2

住 중구 을지로 6 가 18-12
☎(02)3398-3114
营 周二～周六 10:30~次日 5:00、周日 10:30~23:00、周一 19:00~次日 5:00
休 无
C/C 因店铺而异
交通 地铁1、4号线⑫⑧㊷①“东大门”站8号出口出，步行5分钟

Hello apM
Hello apM

URL ww.helloapm.co.kr

◆这是一座位于Migliore南面的时尚大厦。正因为它很新，浓缩了现有时尚大厦的特点而人气很高。店内明亮宽敞，可以悠闲地享受购物的乐趣。这里不光经营服饰用品，美甲沙龙等也入驻了该店。

Map p.113-B-3

住 중구 을지로 6 가 18-35
☎(02)6388-1114
营 10:30~次日 5:00
休 周二
C/C 因店铺而异
交通 地铁2、4、5号线㉕㊷㊾“东大门历史文化公园”站14号出口出，步行2分钟

光熙时尚
광희패션몰

URL www.kwangheesijang.com

◆原光熙市场。来这里的游客的目标大都是二层的皮革卖场。这里整层楼都堆满了各种皮革制品，皮革的味道很浓烈。虽然各店价格有所不同，但皮夹克一般为10万韩元左右。羊皮制成的高级皮革制品也不贵。

Map p.113-C-2

住 중구 신당동
☎(02)2238-4352
营 周一～周六 18:00~次日 17:00、周日 21:00~次日 17:00
休 无
C/C 因店铺而异
交通 地铁1、4号线⑫⑧㊷①“东大门”站8号出口出，步行7分钟

东明社
동명사

◆光熙市场里的一家皮革时尚专卖店，可以根据顾客的要求修改服装尺寸或量身定做。这家店从意大利进口优质的材料在自己的工厂进行缝制，做工精良，还为顾客提供修改尺寸等售后服务。东明社8月份不营业。

Map p.113-C-2

住 중구 신당동 777 광희패션몰 2 층 38~41 호
☎(02)2234-1228
营 3~9月 11:00~17:00、20:00~次日 4:00，10月～次年2月 9:00~次日 5:00
休 周六、春节、中秋节
C/C ADJMV
交通 地铁1、4号线⑫⑧㊷①“东大门”站8号出口出，步行7分钟

首尔的免税店

享受免税购物的乐趣

在首尔，市内免税店有 6 家，机场免税店有 4 家。所有的免税店都经过韩国政府严格审批，不仅品质值得信赖，而且品种也很丰富。

优惠活动多多

新罗免税店

首尔的商店里商品非常丰富，很适合购物。另外，仁川机场里有机场最大的卖场，从化妆品到香水、包，到小物件等都非常充实。2011 年 7 月，金浦机场店也开业了。

1

3

2

4

DATA

新罗免税店

Map p.73-F-4
住 중구 장충동 2 가 202　서울신라별관
☎ (02)2639-6000
营 9:30~21:00
休 无　C/C ADJMV
交通 地铁 3 号线㉜“东大入口”站 5 号出口出，步行 3 分钟。有途经东大门、明洞、南大门市场等的短途巴士。购物时，只需支付给模范出租车最高 1 万韩元的车费。
※ 主页上提供打折等活动信息，请确认。
URL www.shilladfs.com

5

1 位于高地上的新罗大酒店的别馆里，经营有路易威登、爱马仕(Hermès)等400多种品牌。商品种类丰富，你一定能找到想要的东西。购物满一定金额，可以领取小礼品。当日购物满1000美元以上者，可以获取VIP会员卡（银色）。使用这种卡，不仅可以享受打折的优惠，还可以在大减价时享受进一步的打折特惠。除此之外，可以享受以新罗大酒店等为代表的联盟商家的折扣　2 位于地下一层的BB霜专区，集中了10多个品牌的BB霜，便于挑选，人气很旺　3 巴黎世家 (Balenciaga)等新品牌陆续入驻　4 位于楼顶的Artisee咖啡馆　5 深受中国人欢迎的寇驰（COACH）卖场扩建了

客流量、方便程度第一

乐天免税店总店

位于首尔市中心的乐天（Lotte）百货的上层。虽然卖场面积不大，但商品琳琅满目，汇聚知名品牌。十层经营外国品牌，十一层是韩国商品卖场。

DATA

乐天免税店总店

Map p.98-A-1
住 중구 소공동 1 롯데백화점 9-10 층
☎ (02)759-6600
营 9:30~21:00
休 无 C/C Ⓐ Ⓓ Ⓙ Ⓜ Ⓥ
交通 地铁 2 号线 ⑳② "乙支路入口"站 7 号出口附近
URL cn.lottdefs.com

卖场面积是首尔之最

乐天免税店世界店

与乐天世界、乐天世界酒店相邻，卖场面积堪称首尔之最。

DATA

乐天免税店世界店

Map 首尔市区地图 -D-3
住 송파구 잠실동 40-1 롯데백화점 10 층　乐天百货世界店 10 层
☎ (02)411-7550　营 9:30~21:00
休 无　C/C Ⓐ Ⓓ Ⓙ Ⓜ Ⓥ
交通 地铁 2、8 号线 ㉑⑥ ⑧①④ "蚕室"站 4 号出口附近

除此之外，乐天免税店还有 Lobby 店、仁川机场店、釜山店、金海机场店、济州店、济州机场店等。在仁川机场店，即使是在市内已经购过物的游客，凭行李票的通票，也能领取到纪念品。因此，进入免税店随便逛逛，也是很有价值的。

1 除品种丰富的化妆品区外，还有饰品区。另外，韩国生产的奢侈品也种类繁多 2 在明洞，也新开了STAR AVENUE。众明星出席了剪裁仪式 3 在过去两年内累计购物超过2000美元的外国人，可以申请获得VIP卡。使用这种卡，不仅可以享受打折的优惠，还可以在大减价时享受进一步的打折特惠。除此之外，可以享受以乐天大酒店等为代表的联盟商家的折扣 4 深受女性欢迎的品牌店统一设在一层，方便选购

新型的市内免税店

乐天免税店COEX店

AK 免税店被乐天收购，原来的 AK 免税店变身为新的乐天免税店 COEX 店。

1

2

3

1 从地铁2号线或机场候机楼步行约5分钟。对于赶时间的旅游者来说非常便利 **2** 各种品牌琳琅满目 **3** 原来仁川机场的AK主要经营化妆品和香水，成为乐天分店后进一步扩大了化妆品卖场。各机场的AK免税店全部变成了乐天免税店 **4** 格调高雅的卖场。仅仅漫步其中也能感受到奢华的气息 **5** 寇驰（COACH）依然备受欢迎 **6** 品牌丰富 **7 8** 人气休闲装品牌、小件商品、男士用品位于地下

DATA

乐天免税店COEX店

Map p.136-C-2

住 강남구 삼성동 159 코엑스인터콘티넨탈 서울지하 1,2 층

☎(02)3484-9600 营 10:00~21:00

休 无 C/C ADJMV

交通 地铁 2 号线㉑⑨“三成”站 6 号出口出，步行 5 分钟

以丰富的品牌数量而著称

华克山庄免税店

位于华克山庄喜来登酒店（Sheraton Walker Hill Hotel）内的一家免税店，可以远眺汉江的全景。从世界一流的品牌到韩国传统的特产，这里应有尽有。酒店内应季会推出各种各样的活动，在购物的同时，也可以享受到不同的乐趣。

4

5

6

7 8

DATA

华克山庄免税店

Map 首尔市区地图 -D-2

住 광진구 광장동 산 21 쉐라톤 그랜드 워커힐 서울 내

☎(02)450-6350 营 10:00~21:30

休 无 C/C ADJMV 交通 可在地铁 2 号线㉑④“江边”站、5 号线⑤④⑥“广渡口”站乘坐免费的短途巴士，约 5 分钟

首尔的免税店商品非常丰富!

市内免税店和机场免税店

所谓免税店，指的是以外国旅游者为对象，免除物品税或消费税进行销售的商店。原则上要在接受出国审查后才能购买，因此免税店多设在机场。不过在韩国，为了让游客能够充分享受购物的乐趣，也设立了仅面向从韩国出境者的市内免税店，而且商品种类丰富。

在市内店购物的必需品

在市内免税店内，只有外国人以及准备出国的韩国人才能购物。因此，不论哪家免税店，**都需要首先在服务总台出示护照**，领取购物卡后，方可入店。另外，所购商品在机场提取，**提取商品时需要确认航班班次及出发时间。**如果提供的相关信息准确应该是不会出现问题的，不过，最好是提供机票原件，以确保万无一失。

价格以美元表示

不论市内店还是机场店，所有商品的价格均用美元表示。但支付方式并不仅限于美元，也可通过当日汇率换算，使用人民币或韩元，店家可以使用顾客所支付的货币找零。另外，除现金外，可接受信用卡或旅游支票付款。

在机场提取所购商品

在市内免税店购买的商品，需在机场从韩国出境的专用柜台处提取。提取时须出示在免税店购物时的购物凭证。**提取商品是在接受出国审查后进行，如果将购物凭证放入寄存的行李之中的话，将不能提取商品，这一点要特别注意。**购物凭证请一定要放入随身物品中。

不要遗漏网站主页上的信息

免税店会根据季节不同而推出不同的促销活动。另外，大型活动时的促销也是韩国免税店的乐趣之一。关于促销日程、打折商品等详细信息，最好通过各免税店的主页确认。主页上会随时更新有关打折商品、折扣券、促销活动等信息，事先确认，并打印出重要内容，才是万全之策。

商品格外丰富的机场免税店

即使从世界范围来看，仁川国际机场也是拥有免税店数量多、品质又好的机场。除酒类、香烟、香水等小件物品外，还拥有市内免税店无法比拟的各类时装商品。各家店面都会不断更新商品，可逛的价值很大。据说有些市内断货的商品在机场也能买到，因此最好提前抵达机场，然后到免税店淘宝吧。

AK免税店变身为乐天免税店

2010 年 8 月，乐天收购了 AK 免税店。至此，COEX 和机场内的 AK 免税店全部变成了乐天免税店。不仅是仁川机场店，位于金浦机场的原 AK 免税店也变成了乐天免税店。

也可以买到韩国产品

在免税店，不仅有知名品牌商品，还经营着陶瓷器、传统小物品等韩国传统手工艺品以及海苔、泡菜、糕点等食品和高丽人参制品等，各色商品品种丰富。

喜欢的物品可以轻松地买到，这点的确很方便，不过价格方面也确实有些偏高。如果有时间在市内购物的话，在商场或市场购买韩国制品会比较划算。在仁川机场，在出国审查处前方的地下层，设有百货商店的机场店和小超市，那里的商品价格与市内基本相同，可以在那里购买一些食品或小件物品。

景福宫
东大门
市政府
南大门
首尔站
N首尔塔
龙山
63大厦
梨泰院

梨泰院·龙山 이태원·용산

从军事基地街到文化街

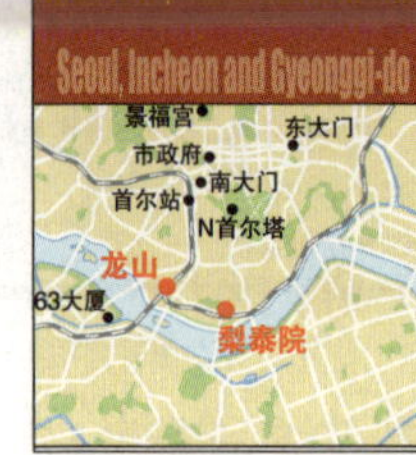

Map p.124、125
交通 地铁6号线630"梨泰院"站
ⓘ 梨泰院站内的旅游咨询处
Map p.124-C-1
☎(02)-1330
营 9:00~18:00
※ 可免费使用网络

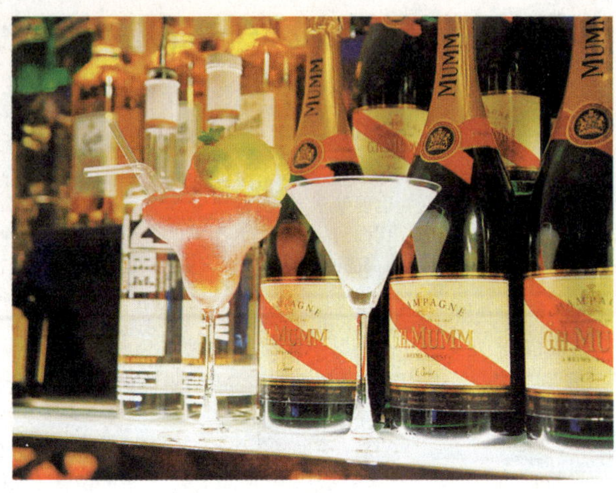

梨泰院·龙山 概要与导览

梨泰院、龙山是伴随着军事基地发展起来的。日本侵占时期，这里设置了许多日军的大规模设施，战后由美军接收继续使用。后来，美军决定全面返还这一地区的基地。现在，国立中央博物馆迁到了已部分归

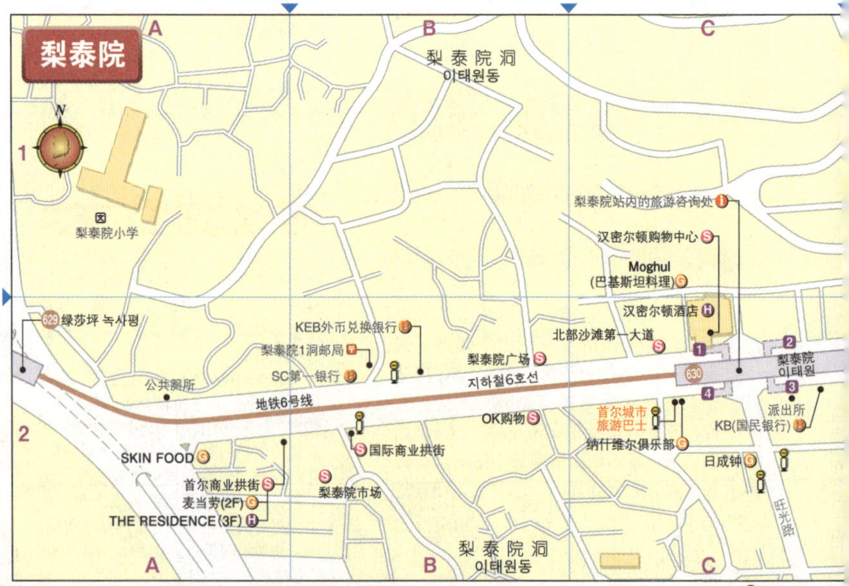

梨泰院
A
B
C
1
2
梨泰院洞
이태원동
梨泰院小学
梨泰院站内的旅游咨询处
汉密尔顿购物中心
Moghul
(巴基斯坦料理)
汉密尔顿酒店
北部沙滩第一大道
629 绿莎坪 녹사평
KEB外币兑换银行
梨泰院1洞邮局
SC第一银行
梨泰院广场
지하철6호선
630
梨泰院
이태원
公共厕所
地铁6号线
OK购物
首尔城市旅游巴士
派出所
KB(国民银行)
纳什维尔俱乐部
SKIN FOOD
国际商业拱街
日成钟
首尔商业拱街
梨泰院市场
麦当劳(2F)
THE RESIDENCE(3F)
旺光路
梨泰院洞
이태원동

S商店 R餐厅 C咖啡馆和酒吧 E娱乐设施 H酒店 ⓘ旅游咨询处 邮局 B银行 学校 巴士站

还的基地遗址上。

随着美军基地的大范围缩小，梨泰院的气氛也发生了很大变化。之前面向美军等的商店，如今被漂亮的咖啡店、餐馆等代替。另外，随着狎鸥亭地区的一些俱乐部的撤离，梨泰院逐渐成为夜店的中心地区。胡同里店铺激增，很多地方都变漂亮了。但外国人仍很多，晚上游玩要多注意安全。另外，如果很晚地铁没有了的话，想打车比较困难。梨泰院车站旁边、汉江镇车站周边的汉南洞也有很多感觉不错的咖啡店。

在 KORAIL“龙山”站周边基本没有什么特别的景点，在车站西侧有条较大的电子商业街，有兴趣可以去看看。不过，如果在此购物，就需要有很强的鉴别能力。龙山站东侧到汉江路之间是非法的红灯区，玻璃窗内站着从事色情生意的女人们。这里监督很严格，最好不要靠近。

大街上有许多欧美人的身影

梨泰院的中心店“MACARONI MARKET”

客人档次不错的“LUV”俱乐部

车站内的旅游咨询处

许多西方人喜欢的大型古董店

★购买仿制名牌商品是一种犯罪行为

在梨泰院，依然有许多“托儿”带客人去买仿制名牌商品。旅游者应该抵制这种购买行为。

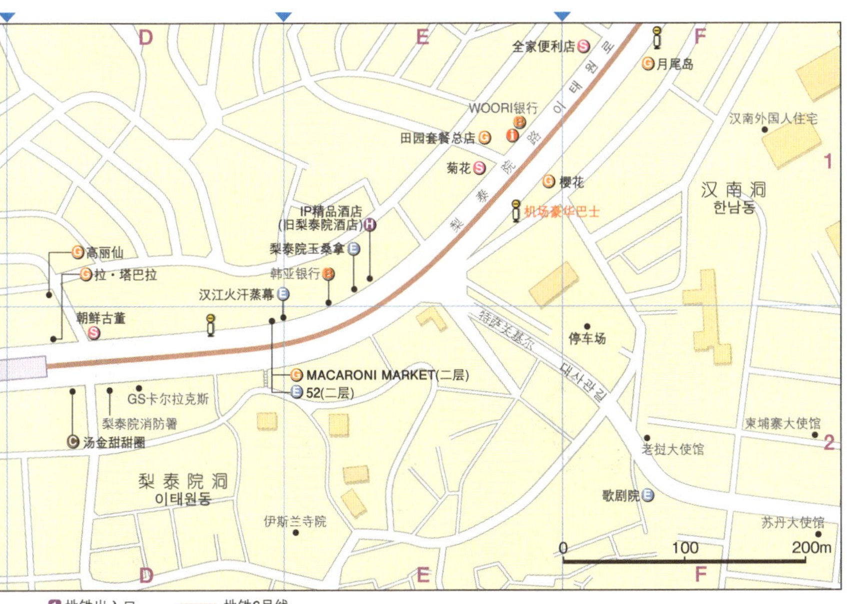

地铁出入口　地铁6号线

国立中央博物馆국립중앙박물관

Map 首尔市区地图 -B-2

迁至广阔的地域后对外开放

★★★

2005 年国立中央博物馆迁至原是军事基地的一个面积很大的公园后对外开放。博物馆分为东西两个馆，东馆是历史馆和美术馆的常设展览室，西馆是剧院及企划展览室。在常设展览中以陶瓷器等与韩国文化相关的物品为主，还展示有大古探险队从丝绸之路上带回来的文物。

宽敞的展厅便于参观

国立中央博物馆

住 용산구 용산동 6 가 168-6
☎ (02)2077-9000/9677
营 周二、四、五 9:00~18:00
周三、六 9:00~21:00
周日、节假日 9:00~19:00
休 周一、元旦
费 免费
交通 地铁 4 号线(430)、KORAIL 中央线(K111)“二村”站 2 号出口附近
URL www.museum.go.kr

战争纪念馆전쟁기념관

Map 首尔市区地图 -B-2

展示着很多战车、战斗机等实物

★★

战争纪念馆在旧陆军本部的地址上建造，并于 1994 年开馆。这里不仅仅是为了展示资料，更是为了歌颂为国牺牲的很多战士的功绩而建造的。主要展示的是和朝鲜战争及越南战争有关的展品。展品分为室内展示和室外展示，有许多大型的战斗机、兵器，展示资料约 1.4 万件。

战争纪念馆

利用模型展现真实场景

战争纪念馆

住 용산구 용산동 1 가 8
☎ (02)709-3114
营 9:00~18:00
休 周一
费 免费
交通 地铁 6 号线(628)“三角地”站 12 号出口出，步行 5 分钟
URL www.warmemo.or.kr

LEEUM 三星美术馆 LEEUM 삼성미술관

Map 首尔市区地图 -B-2

馆内充满了现代美术气息

★★

这是一座以三星集团的收藏品为基础建造起来的私立博物馆。博物馆分为以陶瓷器为主体的 MUSEUM1、以现代美术为主体的 MUSEUM2 以及以企划展和儿童教育为主体的三星儿童教育中心。建筑本身也是由瑞士、法国及荷兰的建筑师们设计的独特作品。

建筑物本身就是艺术品

LEEUM 三星美术馆

住 용산구 한남동 140-893
☎ (02)2014-6900
营 10:30~18:00
休 周一、元旦、春节、中秋节
费 1 万韩元
交通 地铁 6 号线(631)“汉江镇”站 1 号出口步行 5 分钟
URL www.leeum.org

餐厅
Restaurant

MACARONI MARKET
마카로니마켓

◆一家高级咖啡餐厅，以美味的饮食和豪华的室内装修聚集了大量人气。周末提供午餐和甜点冷餐会。坐在二层的自助咖啡厅里可以一边进餐一边眺望梨泰院的街道。二层还有一家 52 俱乐部。MACARONI MARKET 是梨泰院的中心，也是成年人的根据地之一。

Map p.125-D-2

住 용산구 한남동 737-50 한남빌딩 2 층
☎ (02)749-9181
营 周日、周一 11:00~23:00
周二～周六 11:00~ 次日 2:00
休 春节、中秋节
C/C ADJMV
交通 地铁 6 号线(630)“梨泰院”站 2 号出口出，步行 5 分钟　预 1 万韩元～

田园套餐总店
시골밥상본점

◆店内摆放着据说是店主亲自收藏的古董，让人百看不厌。基本的田园套餐是招牌菜，为 7000 韩元，蒸蛋羹也很不错。

Map p.125-E-1

住 용산구 한남동 738-16
☎ (02)793-5390
营 24 小时　休 无
C/C ADJMV
交通 地铁 6 号线(631)“汉江镇”站 2 号出口出，步行 7 分钟

一松亭
일송정

◆汉字写作一松亭。这里的鲍鱼粥值得推荐，价格为 1.2 万韩元一碗。一松亭全天营业，早餐能喝上粥对中国人来说真是值得高兴的事。另外，一松亭里还有五花肉、内脏、石锅拌饭等大受中国人欢迎的必点菜。

Map p.124-C-2

住 용산구 이태원동 130-1
☎ (02)798-7345
营 24 小时　休 春节、中秋节
C/C ADJMV
交通 地铁 6 号线(630)“梨泰院”站 4 号出口出，步行 2 分钟

商店 / 咖啡吧 / 休闲 / 娱乐
Shop / Coffee bar / Leisure / Entertainment

北部沙滩第一大道
NOTRH BEACH FIRST AVENUE　URL www.northbeach.co.kr

◆这是一家位于主街上的名店。氛围幽雅商品丰富，比其他商店更胜一筹。店里主要经营成衣，但也可定制（付邮费后也可邮寄到中国）。

Map p.124-C-2

住 용산구 이태원동 119-11
☎ (02)793-6098
营 9:30~21:00
休 无
C/C ADJMV
交通 地铁 6 号线(630)“梨泰院”站 1 号出口附近

朝鲜古董
조선앤틱

◆虽然店里有许多真正的古董家具，但受人欢迎的还是利用传统工艺制作的仿品。据说像 CD 架、酒柜、高低柜等与现代生活相匹配的家具销路很好。

Map p.125-D-2

住 용산구 한남동 124-5
☎ (02)793-3726　营 9:00~19:00
休 周日
C/C ADJMV
交通 地铁 6 号线(630)“梨泰院”站 2 号出口出，步行 1 分钟

易买得（E-MART）龙山站店
이마트용산역점　URL www.emart.co.kr

◆车站购物广场不断发展，新世界的 E-MART 也随着龙山站的改建而开业。店内分为两层，从食品到杂货、衣服布料等应有尽有。而且，营业时间长，非常方便。

Map 首尔市区地图 -B-2

住 용산구 한강로 3 가 40-999
☎ (02)2012-1234
营 10:00~24:00
休 春节、中秋节
C/C ADJMV
交通 地铁 1 号线、KORAIL 中央线(135)K110“龙山”站附近

Map p.132
交通 地铁2号线㉔“新村站”
※ 地铁站周边没有旅游咨询处，可以使用KORAIL京义电铁线“新村”站前的西大门区旅游咨询处。

★新村的夜晚很好玩

新村还是个有意思的夜晚活动地点。除了固定的民俗酒吧外，也有许多学生聚在一起大吃大喝的便宜的小酒馆。马格利（米酒）人气很高。

新村·弘大·梨大

신촌·홍대·이대

被各年龄层接受的学生街

新村·弘大·梨大 概要与导览

新村

延世大学所在的新村作为首尔的学生街而闻名。虽然以前这里给人的印象是便宜的餐饮街和廉价的旅馆街，但最近变得充满书香气，装饰一新的咖啡馆也多了起来。追求美味和流行单品的，不仅是学生，工薪族和OL等人群也喜欢上了这里。

新村地区的中心是地铁2号线㉔“新村”站所在的新村环岛。从这里到延世大学正门一直向北延伸的主街上，有名的西餐厅一家接一家。途中沿着斜向东面的道路往前就是完成车站大厦建设工程的KORAIL京义线的新村站，再往东就是梨大地区。新村环岛附近有去仁川机场的普通大巴的停靠站，此外南面还有市外巴士的始发站，有车发往江华岛。商业区在新村环岛附近。这一代有现代百货商店和Grand Mart，在地下食品区可以很方便地买到特产。如果购买食品，推荐去环岛向西约200米的农协哈纳罗俱乐部超市，这里由农协直营，商品质优价廉。

美味的牛杂可不能错过

新村是个以流行美食而闻名的地区。从环岛到延世大学的主干道以及往梨大方向去的道路两旁排满了各种餐饮名店及装潢精美的店铺。有很多经营烤五花肉、铁板鸡、马格利（米酒）、牛杂的店铺。

强烈推荐烤猪肉

吸引人们前来吃晚餐的街道

弘大

弘大是韩国最好的美术大学——弘益大学的简称。这个地区是从21世纪之后才受人瞩目的。不拘泥于传统且富有艺术感的咖啡馆、酒吧如雨后春笋般地不断涌现，对流行敏感的年轻人都聚集于此。很多俱乐部里都播放着旋律优美的舞曲，真是一条有魅力的繁华街道。曾经热衷于Rap的俱乐部也回归EUROBEAT风格，被称为“弘大派”的风格也正在确立。

另外，从2010年左右开始，这里的咖啡馆激增，称其为咖啡馆一条街也不为过。这里不仅有格调高雅且装饰精美的咖啡馆，而且有充满手工质感、低调的、住家一样的咖啡馆，风格多样。现在，流行喝日本酒和马格利，除了原先就有很多的红酒吧之外，也兴起了日本酒吧和马格利吧。

从地铁2号线㉟“弘大入口”站9号出口出来就是弘大的繁华街道。车站附近有很多面向学生的饮品店和卡拉OK店，弘益大学的西南部各种俱乐部较多。那些藏在小巷中的酒吧和西餐厅也不容错过。弘大地区的标志是大学正门斜对面的一个呈三角形的小公园。这里每到周末就会开办自由市场，有艺术家在这里出售自己的艺术作品或给游客画素描。公园周围有许多便宜的餐馆，地下还有不少有趣的酒吧。

周末的自由市场

Map p.131
交通 地下铁2号线㉟“弘大入口”站

❶ 弘大入口旅游咨询处
Map p.131-B-2
营 9:00~18:00

弘大的魅力在于环境优美

旅游咨询处

改建后焕然一新的弘益大学

※随着A'REX全线开通“弘大入口”站的出站口编号有所变化，敬请注意

位置隐蔽的咖啡店

用塑料袋卖鸡尾酒的小店

也有卖可爱的杯子蛋糕

Map p.133
交通 地铁 2 号线㉔①“梨大”站

西大门区旅游咨询处

在 KORAIL 京义线“新村”站前有西大门区旅游咨询处。
Map p.133-D-1
☎(02)1330
营 3~10 月 9:00~18:00
11 月 ~ 次年 2 月 9:00~17:00
周六 9:00~13:00
休 周日、节假日、春节、中秋节

梨大

梨大区域因为在女子大学旁边，让人感觉特别热闹。各种小时装店、化妆品店以及饰品店非常多。下课后，从中午到傍晚，青春时尚的年轻女孩就会来到这条街上，每家店都很热闹。

离这里最近的地铁站是地铁 2 号线㉔①“梨大”站，步行就能到紧邻的新村区。梨大的繁华街道位于地铁站、梨花女子大学正门和 KORAIL“新村”站（新村 Migliore）形成的三角形地带。沿着梨大站所在的新村路一直向东，就会来到“婚纱一条街”，这条街上有很多婚纱店。据说有很多外国人在此定制婚纱。

在梨大享用美食与其说是正式进餐，倒不如说是购物或是逛街累了的时候休息一下。不论主街还是小巷，有很多家咖啡馆出售女孩子们喜欢的色彩艳丽的甜点。夏天一定要去尝尝分量十足的韩式刨冰。近年来，糕点的水平迅速提高，经营造型可爱又好吃的点心杯、烘焙糕点的商店越来越多，从感觉不错的漂亮咖啡店，到洋溢着手工感的位置隐蔽的咖啡店，可谓种类丰富。

在梨大，占卜也很受欢迎。这里有占卜一条街。韩式占卜主要是四柱推命，占卜师大多为男性。并没有什么怪异的氛围，权当娱乐。

梨大正门的主街

色彩艳丽的韩式刨冰

在梨大，占卜也很受欢迎

造型可爱的点心杯

新村站车站大楼

地铁入口

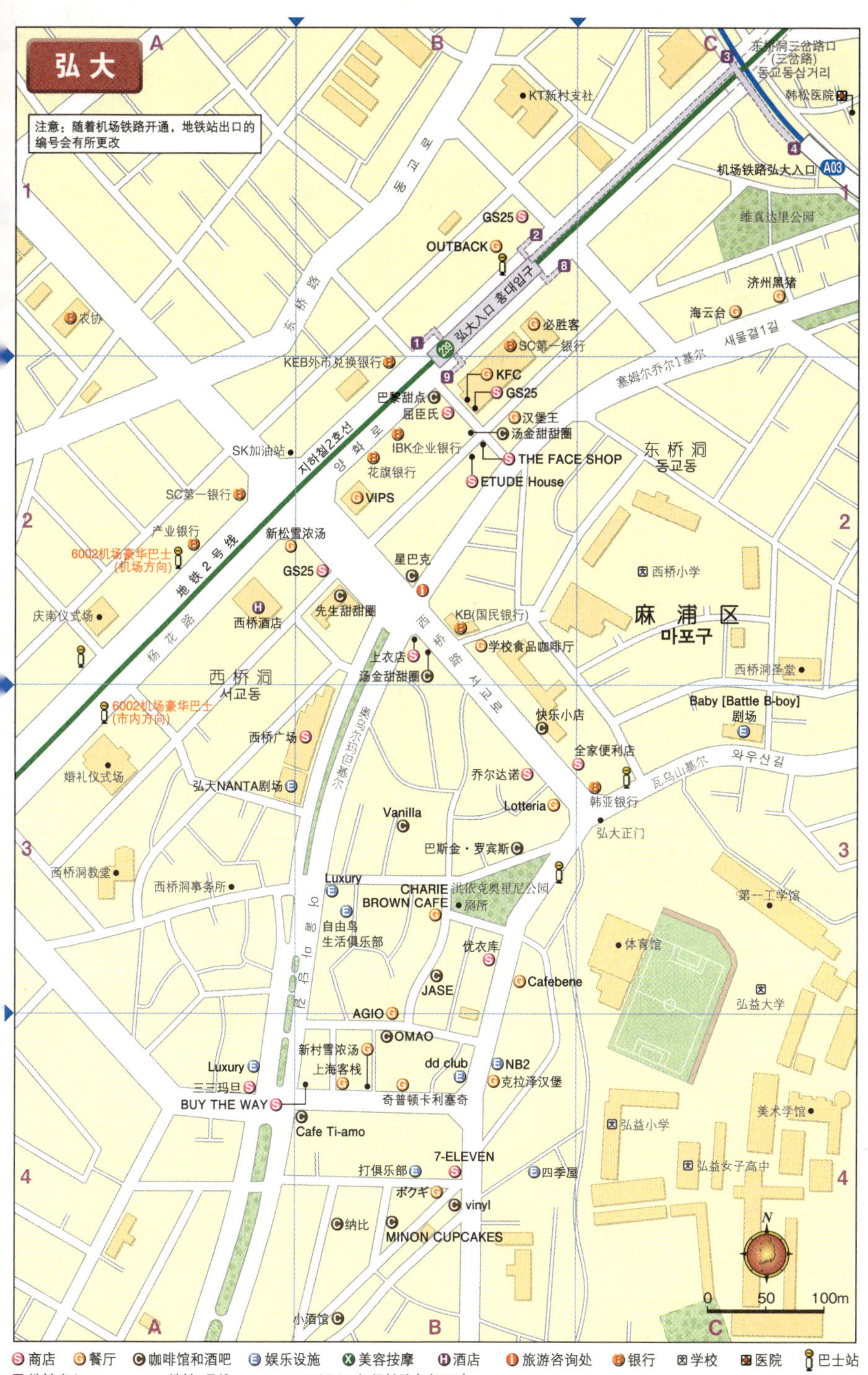
弘大
注意：随着机场铁路开通，地铁站出口的编号会有所更改
KT新村支社
东桥洞三岔路口
(三岔路)
동교동삼거리
韩松医院
机场铁路弘大入口
A03
维真达里公园
济州黑猪
海云台
새물결1길
塞姆尔乔尔1巷尔
GS25
OUTBACK
弘大入口 홍대입구
必胜客
SC第一银行
KFC
GS25
汉堡王
汤金甜甜圈
THE FACE SHOP
ETUDE House
东桥洞
동교동
农协
KEB外币兑换银行
巴黎甜点
屈臣氏
IBK企业银行
花旗银行
SK加油站
SC第一银行
VIPS
지하철2호선
地铁2号线
产业银行
6002机场豪华巴士
(机场方向)
新松雪浓汤
GS25
星巴克
西桥小学
麻浦区
마포구
庆南仪式场
西桥酒店
先生甜甜圈
KB(国民银行)
学校食品咖啡厅
上衣店
汤金甜甜圈
西桥洞
서교동
西桥洞圣堂
Baby [Battle B-boy] 剧场
6002机场豪华巴士
(市内方向)
西桥广场
快乐小店
全家便利店
와우산길
瓦乌山巷尔
婚礼仪式场
弘大NANTA剧场
乔尔达诺
Lotteria
韩亚银行
弘大正门
Vanilla
巴斯金·罗宾斯
西桥洞教堂
西桥洞事务所
Luxury
CHARIE
BROWN CAFE
洪依克奥里尼公园
厕所
第一工学馆
自由鸟
生活俱乐部
优衣库
体育馆
JASE
Cafebene
弘益大学
AGIO
OMAO
新村雪浓汤
上海客栈
dd club
NB2
克拉泽汉堡
Luxury
三三玛旦
BUY THE WAY
奇普顿卡利塞奇
Cafe Ti-amo
美术学馆
弘益小学
7-ELEVEN
打俱乐部
四季屋
弘益女子高中
ボクギ
vinyl
纳比
MINON CUPCAKES
小酒馆
0 50 100m
商店 餐厅 咖啡馆和酒吧 娱乐设施 美容按摩 酒店 旅游咨询处 银行 学校 医院 巴士站
地铁出入口 地铁2号线 KORAIL机场铁路(A'REX)

新村·梨大
延世大学
延世遣散医院
延世大正门
城山路 성산로
←都罗山
KORAIL 京义线 경의선
OUTBACK
caffe bene
BEANSBINS COFFEE
健康药店
沧川教堂
大学药店
全家便利店
鲍石亭
星巴克
GS25
延世路
연세로
HooLaLa鸡肉
鹫药店
咖啡豆
星巴克
명물고리1길
约姆尔科里1基尔
新村布玛希(民众酒馆)
红草火鸡店(总店)
安东炖鸡
卡亚
新松雪浓汤
巴斯金·罗宾斯
民多尔用特新村新馆
巴斯金·罗宾斯
Duk Tak
7-ELEVEN
汤金甜甜圈
兄弟烤肉
标克切烧肉连锁
沧西小学
东莱帕将
必胜客
7-ELEVEN
火纳基
西大门区
서대문구
元祖春川炒鸡肉
啊呜宋
7-ELEVEN
NATURE REPUBLIC
全家便利店
ETUDE HOUSE
GS25
沧川洞
창천동
咸兴冷面
TODA COSA
THE FACE SHOP
U-PLEX(现代百货店新店)
希蒙庄
科航
优衣库
星巴克
Artreon
现代百货店
KB(国民银行)
OLIVE YOUNG
地铁2号线 지하철2호선
6002机场豪华巴士(机场方向)
NIKE
SKINFOOD
KFC
A TWO SOME PLACE
SC第一银行
三湖河豚屋
翁利库姆哥
6002(机场方向)
麦当劳
3000路开往江华岛
3001路开往摩尼山
240 新村 신촌
6002机场豪华巴士(市内方向)
Grand Mart
WOORI银行
新村市场
沧川小学
韩亚银行
KEB外币兑换银行
新村路 신촌로
고산길
派出所
ETUDE HOUSE
姑山路
老姑山洞
노고산동
汤金甜甜圈
西江路
市民体育公园
八色三层肉
龟广场
西江大学
서강로
A
B
C
1
2
3
4
商店
餐厅
咖啡馆和酒吧
娱乐设施
美容按摩
酒店
旅游咨询处
邮局
银行
学校

医院 巴士站 地铁出入口 地铁2号线

餐 厅
Restaurant

兄弟烤肉
형제갈비

◆有 30 余年历史，是在新村无人不知的名店。最受欢迎的是带调味的药念烤肉，价格 3.4 万韩元。烤肉 1 人份 2.2 万韩元。还有加入了鲜美牛肉酱汁的冷面 6000 韩元，排骨汤 8000 韩元。

Map p.132-B-2

住 서대문구 창천동 31-26
☎ (02)392-3200
营 11:30~22:00
休 春节、中秋节
C/C ADJMV
交通 地铁 2 号线 240 “新村”站 3 号出口出，步行 5 分钟

啊呜宋
아우성

◆这里可以品尝到店主精挑细选的上好烤猪肉，深受广大顾客的喜爱。这里的猪肉肥瘦搭配绝妙，入口齿颊留香。还提供免费的烤泡菜，与烤猪肉一同食用味道更好。

Map p.132-A-2

住 서대문구 창천동 57-41
☎ (02)336-1006
营 16:00~次日 7:00
休 春节、中秋节
C/C ADJMV
交通 地铁 2 号线 240 “新村”站 1 号出口出，步行 5 分钟

八色三层肉
팔색삼겹살

◆这是一家叫八色三层肉的创意饮食店。正如店铺名称所描述的那样，在这里可以品尝到 8 种不同的三层肉。八色三层肉别出心裁，在肉香四溢的普通三层肉中加入人参、香草、红酒、辣椒酱、咖喱等创造出了全新的口味，再加上 8000 韩元一份的价格容易让人接受，因此引起了人们的关注，店里常常爆满。

Map p.132-B-4

住 마포구 노고산동 107-111 지하 1 층
☎ (02)719-4848
营 11:30~24:00
休 春节、中秋节
C/C ADJMV
交通 地铁 2 号线 240 “新村”站 7 号出口出，步行 5 分钟 预 3 万韩元（2 人）

安东炖鸡
안동하회찜닭

◆曾经非常流行，现在成为名吃的安东的乡土料理——炖鸡。此处是能品尝到正宗炖鸡的专营店，因此菜单上只有炖鸡。半只 1.5 万韩元，整只 2.4 万韩元，一只半 3.7 万韩元。米饭 1000 韩元。

Map p.132-B-2

住 서대문구 창천동 2-33
☎ (02)312-6859
营 11:30~24:00（点餐时间截止到 23:00）
休 无
C/C ADMVJ
交通 地铁 2 号线 240 “新村”站 2、3 号出口出，步行 8 分钟

三湖河豚屋
삼호복집

◆河豚是韩国人常吃的一种鱼，它的价格昂贵，常被用于烹制海鲜火锅。这家店的一人份河豚火锅、河豚汤居然仅需 2.5 万韩元，而且河豚肉的分量很足。另外，清淡的口味受中国人喜爱。如果吃腻了重口味的韩国料理，这家店也是不错的选择。

Map p.132-B-3

住 서대문구 창천동 30-10
☎ (02)337-9019
营 11:00~22:00
休 春节、中秋节
C/C JV
交通 地铁 2 号线 240 “新村”站 1 号出口附近
预 5 万韩元（2 人）

新村布玛希（民众酒馆）
신촌황소곱창구이

◆若想品尝极品牛杂的话，请到这家店来。因为这里有据说在牛杂中最鲜美的皱胃，也就是牛的第四胃。当然，其他部位的肉质也是无与伦比的。如果留一点儿做盖饭的话，则味道更好。

Map p.132-A-2

住 서대문구 창천동 52-148
☎ (02)337-2640
营 周一～周六 15:00~次日 3:00、周日 15:00~次日 2:00
休 春节、中秋节
C/C ADJMV
交通 地铁 2 号线 240 “新村”站 1 号出口出，步行 8 分钟

加味粉食
가미분식

◆这是一家既便宜又好吃，深受女大学生喜爱的小吃店。店里的招牌菜是手工韩式煮面及紫菜包饭。炒面 5000 韩元，拌面 4000 韩元，价格便宜，又能品尝到手工面，据说回头客很多。

Map p.133-E-2

住 서대문구 대현동 54-1
☎ (02)364-3948
营 10:00~21:30
休 周日、春节、中秋节
C/C J
交通 地铁 2 号线㉑“梨大”站 3 号出口出，步行 5 分钟

商店 / 咖啡吧 / 休闲 / 娱乐
Shop / Coffee bar / Leisure / Entertainment

东莱帕将
동래파전

◆在这里，可以把加入足量洋葱的烤海鲜做下酒菜，品尝到生校洞法酒（浊米酒）。该店的特色在于传统的大众装修风格和低得快碰到头的中二层。对于韩国人来说，谈到“雨”就会联想到帕将（烤海鲜）。也有歌曲唱道“下雨的话就在家吃帕将吧”，所以这家店每到雨天就很热闹。

Map p.132-A-2

住 서대문구 창천동 52-27
☎ (02)322-9483
营 14:00~ 次日 6:00
休 周日、春节、中秋节
C/C A D J M V
交通 地铁 2 号线㉐“新村”站 1 号出口出，步行 5 分钟

鲍石亭
포석정

◆这里是模仿曾经位于新罗都城庆州中的鲍石亭而建的、气氛幽雅的马格利酒馆。马格利 3 小时内不限量供应，3000 韩元。可以一边想象着新罗贵族们的曲水宴，一边畅饮马格利。马格利通过特殊的装置保持恒温，流动的装置也每天擦洗，在卫生方面大可放心。

Map p.132-A-1

住 서대문구 창천동 52-157
☎ (02)332-5538
营 16:30~ 次日 1:00
休 每月的第二和第四个周日、春节、中秋节
C/C A D J M V
交通 地铁 2 号线㉐“新村”站 1 号出口出，步行 11 分钟

好圆堂
호원당　URL www.howondang.co.kr

◆这是一家经营作为礼品的韩国糕点的名店，每天都有许多客人大老远地前来选购。经营的糕点有：被称为“茶食”的用模子制成的干点心、用揉好的面粉炸制后浸入蜂蜜制成的“药果”、在柿干中加入核桃制成的核桃柿饼，以及各种饼类糕点。在店内，还可以边喝传统茶边享用点心。

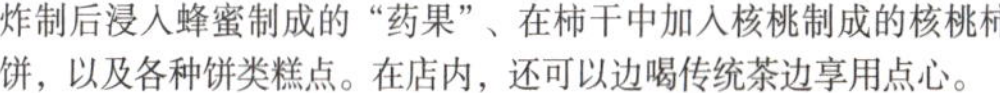

Map p.133-D-2

住 서대문구 대현동 37-30
☎ (02)363-0855
营 8:00~20:00
休 无（春节、中秋节会提前关店）
C/C A D J M V
交通 地铁 2 号线㉑“梨大”站 2 号出口出，步行 3 分钟

EROS 占卜咖啡馆
사주카페 에로스

◆这是位于梨花女子大学对面的沿街二楼中的一家占卜店。内部装修精美，气氛恬静。这里基本上是采用四柱推命，如果提出要求的话，也可用塔罗牌或儒教六爻占卜。占卜的费用直接支付给占卜师，饮料需另外支付 5000 韩元左右的酒水费用。

Map p.133-E-2

住 서대문구 대현동 56-77
☎ (02)363-1810　营 11:00~22:00
休 无　C/C 不可
交通 地铁 2 号线㉑“梨大”站 2 号出口出，步行 3 分钟
费 24 岁以下 5000 韩元，25~34 岁 1 万韩元，35 岁以上 1.5 万韩元（虚岁）

梨花韩方美容
한방에스테이화

◆这里是追求健康与美丽的首尔美容院。客人可以在此体验韩方与使用天然材料的美容。全套 10 万韩元起，石盐浴 3.5 万韩元，盐灸 3 万韩元。

Map p.133-E-2

住 서대문구 대현동 56-90
☎ (02)363-8802　营 10:00~20:00
※ 预约受理时间至 18:00
休 周日（13:00~18:00 可受理电话预约）　C/C A D M J V
交通 地铁 2 号线㉑“梨大”站 2 号出口出，步行 3 分钟

景福宫 东大门 市政府 南大门 首尔站 N首尔塔 龙山站 狎鸥亭·清潭洞 63大厦 江南

江南·狎鸥亭·清潭洞

강남·압구정·청담동

会聚首尔名流

Map p.136、138、139

交通 地铁3号线336“狎鸥亭”站、7号线729“清潭”站、730“江南区政府”站

这里有许多高级的店面

江南·狎鸥亭·清潭洞 概要与导览

江南地区是指位于汉江南侧的区域，20世纪70年代以后开发进展迅速。如今的狎鸥亭、清潭洞作为高档街道而闻名，身着最新流行时装的人们会聚于此，这里是一座时尚之都。在此，人们不但可以选择在品牌店中享受购物的乐趣，也可以在格调高雅的咖啡馆悠闲地打发时光。如

果想要一窥首尔上流社会生活，这里是首选。

在游览江南和狎鸥亭时，一定要记住这里是一片非常宽广的区域。不管是在地区间游览还是前往目的地的商店、餐厅，与步行相比，还是乘坐出租车更为高效。

繁华的街道大致可分为两部分：一部分是地铁2号线的㉒“江南”站到㉑“三成”站之间的德黑兰路沿线，另一部分是地铁3号线㊱“狎鸥亭”站与7号线的㉙“清潭”站之间的狎鸥亭地区。德黑兰路沿线与其说是连续的区域，倒不如说是由散布在车站周围的各个地点组成的。另外，在狎鸥亭地区（包括新沙洞、清潭洞）的广大范围内分布着购物及美食广场。从“狎鸥亭”站到繁华街道中心部的Galleria百货，距离很远，不宜步行，乘坐巴士或出租车会方便些。如果前往时尚餐厅、酒吧云集的鹤洞十字路口，可乘坐地铁，地铁7号线㉚“江南区政府”站就在附近。

这里有代表性的百货商店有两个：一个是与“狎鸥亭”站相连接的现代百货，另一个是位于狎鸥亭中心地区的Galleria百货。两者都位于高级住宅街这一优越的地理位置上，其特征是聚集了以高档品牌为主的各类商品。在狎鸥亭中心地区的罗德奥科利街上，有许多时尚的时装店。在饮食方面，从大众餐厅到装饰精美、环境清幽的餐厅，每个地区都各有特色。在大众菜方面，地铁3号线㊲“新沙”站周围的鮟鱇鱼、梭子蟹的专卖店非常有名。在这里，分布着许多经营叫作“阿古奇姆”的辣味煮鮟鱇鱼和叫作“堪酱凯酱”的酱油腌梭子蟹的小店。在狎鸥亭、清潭洞的小巷内，则分布着高品位的酒吧、餐厅等，主要面向成年人。在这里，还会遇到那些为隐藏行踪而来此的艺人。

★地区范围

狎鸥亭这一地名指地铁3号线的“狎鸥亭”站周边，但从广义上讲，多数情况下，其附近的新沙洞、清潭洞也被冠以狎鸥亭地区的名称。

另外，江南这一地区广义上是指整个汉江南部，而在狭义上讲，仅指江南区、瑞草区、松坡区一带。

正在成为时尚场所而人气日益飙升的新沙洞“街路树街”

餐厅

Restaurant

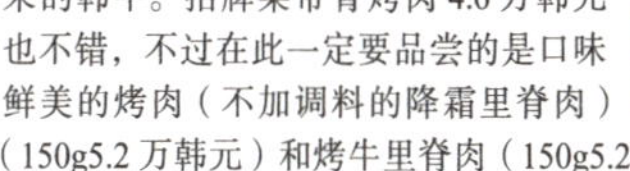

库台嘎姆乃
박대감네

◆这里的肉使用的是每天从全罗道送来的韩牛。招牌菜带骨烤肉4.6万韩元也不错，不过在此一定要品尝的是口味鲜美的烤肉（不加调料的降霜里脊肉）（150g5.2万韩元）和烤牛里脊肉（150g5.2万韩元）。快速加热后稍蘸点粗盐一起食用的话，更能品尝到肉本身的香味。

Map p.136-C-1

住 강남구 청담동 124-3
☎ (02)545-7708
营 24小时
休 无
C/C A D J M V
交通 地铁7号线㉙“清潭”站9号出口出，步行10分钟

木槿花
무궁화

◆这里的肉都是从全罗道牧场直接送来的。最受欢迎的是烤里脊肉5.2万韩元，客人常点的是珍贵的牛肉刺身（时价）。据说因为进货量很少，所以如果不在20:00之前去的话，很有可能品尝不到。此外，不加调料的里脊肉（4.2万韩元）也值得推荐。

Map p.139-D-3

住 강남구 청담동 88-10
☎ (02)511-3637
营 9:30~次日6:00
休 无
C/C A D J M V
交通 地铁7号线㉚“江南区政府”站4号出口出，步行15分钟

无等山
무등산

◆无等山是位于全罗道的一座山的名称，烤肉店所使用的肉就是从那里的牧场送来的。店内装饰着名人的签名，据说就连前总统金大中也曾造访此地。烤五花肉180g5.2万韩元和烤里脊肉值得推荐。

Map p.139-D-4

住 강남구 청담동 23
☎ (02)518-4001
营 24小时
休 无
C/C A D J M V
交通 地铁7号线㉚“江南区政府”站4号出口出，步行5分钟

狎鸥亭·清潭洞
A
B
C
1
2
3
4
狎鸥亭2洞事务所
汉阳公寓
336 至狎鸥亭站
加油站
新韩银行
CAFE PASCCUCCI
Galleria百货西馆
6010机场豪华
WOORI银行
韩亚银行
巴黎三日月
Galleria百货
6010机场豪华
KEB外币兑换银行
星巴克
THE FACE SHOP
麦当劳
韩亚银行
罗德奥利
NATURE REPUBLIC
教千鸡神话店
GS25
7-ELEVEN
皇太子酒店
星巴克
(二层)
小商店
3号馆
5号馆
EMPORIO ARMANI
现代骑马器具商店街
2号馆
自生韩方医院
1号馆
CAFE PASCUCCI
Tommy Hilfiger
全家便利店
7-ELEVEN
罗德奥利
莫纳科俱乐部
彦州路
旋转寿司鱼家
RODEO(罗德奥利街门牌)
江西面屋
汉阳
SC第一银行
加油站
Once In A Blue Moon Jazz Club
The Coffee Bean&Tea Leaf
小商店
Athletic Square M
三元花园
Leokam
MUIMUI
永东1号住宅区
汉堡王
岛山公园
永东1号住宅区
空间C
小商店
Smoothie King
库姆斯波库库
ucc
麦当劳
The Coffee Bean&
Tea Leaf
高度公园
SONY
Gorilla in the Kitchen
克拉泽汉堡
KB(国民银行)
拉尔弗罗兰
药店
永东消防署前
KIM YEONJU
韩亚银行
施工中
PISA
HERMÈS
岛山公园
HANHWA大厦
辛萨妙诺克
永东消防署
济州姆尔汗
KIA
宣陵路
施工中
岛山公园
哈奴利
星巴克
商店
餐厅
咖啡馆和酒吧
娱乐设施
酒店
邮局
银行
学校
医院
巴士站

D
E
F
宣陵路
선릉로
汉阳公寓
清潭高中
清潭中学
清潭小学
Galleria百货东馆
KIA
COACH
EMPORIO ARMANI
狎鸥亭路
압구정로
加油站
DKNY
ESCADA
Cartier
菲拉格慕
花旗银行
JIL SANDER
Lee Yoo Duk
Rolls-Royse Moto Cars Seoul
普拉达
KRAZE BURGERS
拥有一流品牌店的大街
OMEGA
杜嘉班纳
LOUIS VUITTON
米索尼
巴伊卡斯塔雷特
小酒馆81
ROYAL CUPCAKE
乔治·阿玛尼
古驰
新韩银行
BROCKS BROTHERS
花旗银行
三成路
Boss
施工中
Parkdegamne
西安
The Coffee Bean
全家便利店
Bompost
CAFE-T
木槿花
小商店
旁救医院
邮局
Audi
岛山大路
도산대로
7-ELEVEN
至清潭站
清潭派出所
Rex Motors (2F高尔夫练习场)
顶级婚纱
清潭2洞事务所
现代公寓
无等山
永东高中
彦北小学
至江南区政府站
0
50
100m
1
2
3
4

济州姆尔汗
제주항

◆在此可以品尝到每天从济州岛直接运来的青花鱼、太刀鱼制作的生鱼片。店内非常宽敞，气氛恬静。带生鱼片拼盘的套餐（4.5 万韩元）最受欢迎，此外，还经营煮鱼等。夏、秋两季还可以品尝到济州特产的粉红色的仙人掌汁。

Map p.138-A-4

住 강남구 신사동 628-21
☎(02)512-7071
营 11:30~22:30
休 春节、中秋节
C/C Ⓐ Ⓓ Ⓙ Ⓜ Ⓥ
交通 地铁 3 号线㊱“狎鸥亭”站 3 号出口出，步行 15 分钟

乔万玛桑煮鮟鱇
초원마신아구찜

◆该店所在的新沙洞是经营辣味鮟鱇鱼火锅和酱梭子蟹的餐厅竞争激烈的地区。这里的酱梭子蟹盖饭中蟹黄和韩国海苔分量充足（2~4 人份），值得推荐。

Map p.136-A-1

住 서초구 잠원동 19-12
☎(02)544-7949
营 24 小时
休 无
C/C Ⓐ Ⓓ Ⓙ Ⓜ Ⓥ
交通 地铁 3 号线㊲“新沙”站 4 号出口出，步行 3 分钟

普捞酱梭子蟹
프로간장게장

◆这里 24 小时营业，客人总是络绎不绝。招牌菜酱梭子蟹 2 人份 5 万韩元，其特色在于酱汁的味道清淡，不辣。在蟹壳中拌入米饭和酱汤搅拌后食用是通常的吃法。仅用蟹黄做成的酱蟹盖饭（2 万韩元）也很受欢迎。此外，辣煮豆芽鮟鱇鱼味道也不错。

Map p.136-A-1

住 서초구 잠원동 27-1
☎(02)543-4126
营 24 小时
休 无
C/C Ⓐ Ⓓ Ⓙ Ⓜ Ⓥ
交通 地铁 3 号线㊲“新沙”站 4 号出口出，步行 3 分钟

旺缴菜包饭
원조쌈밥집

◆这家餐厅专门研究韩国各地流行的菜包饭，常备的各色蔬菜多达 30 多种，致力于提供符合健康标准的现代化饮食。带烤五花肉的菜包饭套餐仅售 8000 韩元，非常合算。通常还配有海鲜和酱汤制成的独特的海卢姆生菜酱（音译）（3000 韩元）。所谓生菜酱，是指用蔬菜叶子裹菜时配的蘸汁。

Map p.136-B-2

住 강남구 논현동 165-15
☎(02)548-7589
营 24 小时
休 无
C/C Ⓐ Ⓓ Ⓙ Ⓜ Ⓥ
※ 点菜需 2 人份起
交通 地铁 7 号线㉜“论岘”站 2 号出口出，步行 5 分钟

Modern 饭坑
모단밥상

◆关闭清潭洞的店铺后，为了让顾客在更轻松的环境中享用美食，新开了现在这家店。虽然店铺的装修是哥特式风格的，但店里卖的却是正宗的韩国料理。用济州岛黑猪的五花肉制成的白煮肉、烧肋骨、酱螃蟹等应有尽有，十分美味。

Map p.136-B-1

住 강남구 신사동 545-20
☎(02)546-6782/6732
营 11:30~16:00、17:00~22:00
休 元旦、春节、中秋节
C/C Ⓐ Ⓓ Ⓙ Ⓜ Ⓥ
交通 地铁 3 号线㊲“新沙”站 8 号出口出，步行 12 分钟
预 9000 韩元～

江西面屋
강서면옥

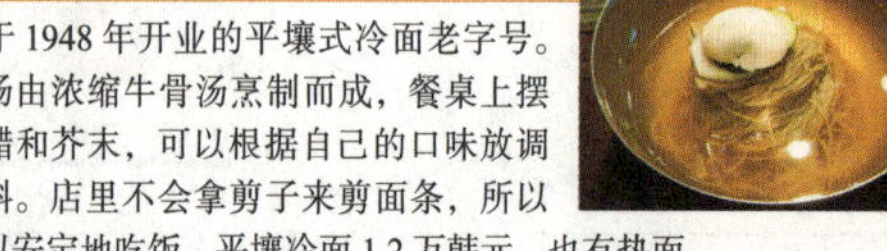

◆于 1948 年开业的平壤式冷面老字号。面汤由浓缩牛骨汤烹制而成，餐桌上摆有醋和芥末，可以根据自己的口味放调味料。店里不会拿剪子来剪面条，所以可以安定地吃饭。平壤冷面 1.2 万韩元。也有热面。

Map p.138-B-2

住 강남구 신사동 645-30
☎(02)3445-0092
营 11:00~22:00
休 无
C/C Ⓐ Ⓓ Ⓙ Ⓜ Ⓥ
交通 地铁 3 号线㊱“狎鸥亭”站 2 号出口出，步行 20 分钟
预 1.2 万韩元～

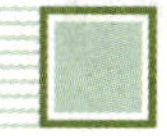

商店 / 咖啡吧 / 休闲 / 娱乐

Shop / Coffee bar / Leisure / Entertainment

COEX Mall

COEXMall　URL www.coexmall.com

◆这里汇聚着各种商店、餐厅、咖啡馆、迪斯科舞厅等，足以让您玩儿上一天也不会厌倦。值得一提的是，在这里不仅能享受购物、美食的乐趣，还能享受电影院、水族馆、博物馆等娱乐设施。

Map p.136-C-2

住 강남구 삼성동 159
☎ (02)6002-5312
营 10:00~22:00
休 无
C/C 视店铺而定
交通 地铁 2 号线⑲“三成”站 5 号出口出附近

中心城市

Central City　URL www.cenrtalcityseoul.co.kr

◆这里是在以首尔为起点、发往韩国各地的巴士总站的基础上改建的，是一家集购物、餐饮、休闲等各种设施于一体的综合场所。大厦中除拥有新世界百货以外，还有中央 6 影院这一综合型电影院、中央水疗等。

Map p.136-A-1

住 서초구 반포동 19-3
☎ (02)6282-0114
营 周一～周五 9:00~22:00
周六、周日 10:00~22:00
休 无
C/C 视店铺而定
交通 地铁 3、7、9 号线㉝⑭㉓“高速总站”站附近

现代百货狎鸥亭店

현대백화점 압구정점　URL www.e-hyundai.com

◆虽然与狎鸥亭的主街还有一段距离，但在很少有经营海苔、泡菜等土特产商店的江南，这里就显得尤为重要。上层主要经营狎鸥亭真正的高档商品，而地下的食品街却是面向普通大众的。

Map p.136-B-1

住 강남구 압구정동 429
☎ (02)547-2233
营 10:30~20:00
休 每月不定期休息一次（周一）
C/C Ⓐ Ⓓ Ⓙ Ⓜ Ⓥ
交通 地铁 3 号线㊱“狎鸥亭”站 6 号出口出附近

MUI MUI

MUI MUI

◆马格利酒吧，在这里可以喝到由有名的酿造师手工酿造的马格利酒，品尝令人赏心悦目的料理。不一定非要糯米糕下酒，拿沙拉三层肉等下酒颇有新鲜感。这里的马格利酒特别适合配合肉类和沙拉。一层是咖啡厅。

Map p.138-C-3

住 강남구 신사동 653-4
☎ (02)515-3981~2
营 18:00~次日 2:00
休 无
C/C Ⓐ Ⓓ Ⓙ Ⓜ Ⓥ
交通 地铁3号线㊱“狎鸥亭”站2号出口出，步行 20 分钟　预 1.5 万～

w.e.

w.e.　URL www.westneast.co.kr

◆在街路树街的背街有一家时尚小店，经营融合了韩国传统和西式风味的新鲜咖啡。最受欢迎的是甜馅饼。加入了水果干和干果的馅饼中装饰上蓝莓，还可以涂上蓝莓酱。夹馅的小馅饼味道也不错。

Map p.136-B-1

住 강남구 신사동 518-8
☎ (02)3445-0919
营 周一～周六、周日以外的节假日 11:00~23:00
周日 14:00~22:00
休 春节、中秋
C/C Ⓐ Ⓓ Ⓙ Ⓜ Ⓥ
交通 地铁 3 号线㊲“新沙”站 8 号出口出，步行 10 分钟

Dami

Dami

◆销售以天然石头等为材料制成的首饰等，耳饰居多，价格适宜。除了中国人喜欢的设计款式之外，还紧跟潮流融入了最新的流行品牌设计。可爱的耳坠，长款的迷人项链，令人爱不释手。

Map p.136-B-1

住 강남구 신사동 542-6
☎ (02)518-8620
营 11:00~23:00
休 春节、中秋节
C/C Ⓐ Ⓓ Ⓙ Ⓜ Ⓥ
交通 地铁 3 号线㊲“新沙”站 8 号出口出，步行 10 分钟

首尔的娱乐

响彻身心的节奏极具刺激感

欣赏欢快的戏剧表演，即使不懂韩语也没关系。

长期上演的人气表演

NANTA

自 1997 年首次演出以来，在世界各国举行公演的表演 NANTA，受到了高度评价。正如汉字所示的“乱打”一样，作为主人公的厨师没有台词，而是一边对厨房里的所有物品“乱打”，一边展开故事情节。其最大的看点在于：故事情节配合韩国民俗音乐的“四物农乐”为音乐背景的独特音乐节奏依次展开。

1 突然被主管告知要完成不太可能完成的宴会料理时的厨师们

2 更有甚者，料理还要由完全是外行的主管的外甥做助手

3 2011年4月，NANTA弘大剧场开业！青春和自由、艺术之街，成为弘大的新坐标！现代的外观、座椅、大堂等所至之处均让人能感受到艺术的氛围，设计构造均够新鲜

4 令人震撼的舞台表演。因为靠音乐这一世界共同语言来进行舞台表演，所以不论成人还是儿童都可以欣赏

5 至今为止，NANTA的观众数量已达约640万人次，相当于128个东京巨蛋（TOKYO DOME）。外国观众的数量平均为80%。NANTA作为来韩国观光的游客必看的节目而备受欢迎

演出中还有观众一同登台表演的场景，如果你运气好的话，也有可能登上舞台共同表演呢。

当天的门票从演出开始前 1 小时开始发售，但因在海外大受欢迎而有可能售罄。最好提前打电话或通过网上预约。

弘大 NANTA 剧场
Map p.131-A-3
住 마포구 서교동 357-4 복합문화공간 지하 2,3 층
☎(02)739-8288
营 周一～周日、节假日 17:00~、20:00~（※ 演出时间可能根据具体情况有所变更）
费 A 席 4 万韩元、S 席 5 万韩元、VIP 席 6 万韩元
休 无 C/C ⒶⒹⒿⓂⓋ 交通 地铁 2 号线㉓⑨“弘大入口”站 9 号出口出，步行 5 分钟

明洞 NANTA 剧场
Map p.98-A-2
住 중구 명동 2 가 50-14 유네스코빌딩 3 층
☎(02)739-8288
营 14:00~、17:00~、20:00~（※ 演出时间可能根据具体情况有所变更） 休 无 C/C ⒶⒹⒿⓂⓋ
费 A 席 4 万韩元、S 席 5 万韩元、VIP 席 6 万韩元
交通 地铁 2 号线㉒②“乙支路入口”站 5、6 号出口出，步行 5 分钟。地铁 4 号线㊷④“明洞”站 6 号出口出，步行 5 分钟

江北贞洞 NANTA 专用剧场
Map p.72-B-2
住 중구 정동 22 번지 경향신문사 건물 1 층
☎(02)739-8288
营 周一～周六、节假日 20:00 ～，周日 17:00 ～
休 无
费 S 席 5 万韩元、VIP 席 6 万韩元 C/C ⒶⒹⒿⓂⓋ
交通 地铁 5 号线㉝②“西大门”站 5 号出口出，步行 10 分钟，地铁 1、2 号线⑬② ⑳①“市政府”站 1 号或 12 号出口出，步行 15 分钟

NANTA 客服中心：（02）739-8288（首尔）可在网站咨询、预约。www.nanta.co.kr

充满节奏感的表演

JUMP

之前不可能看到的武术表演。跆拳道等韩国武术的杂技表演，演技精湛，让人瞠目结舌。演出结束后还有和演出人员的交流时间。

6 大有看头的情节之一 7 包括爷爷在内的全家都很厉害。让人瞠目结舌的武术表演充满魅力。帅气的动作加喜剧性的情节令人目不暇接 8 很震撼的舞蹈是看点 9 因为几乎没有台词，所以外国人也可以欣赏

DATA

JUMP剧场

Map p.99-C-4
住 종로구 관철동 33-1 종로시네코아빌딩지하 2 층
☎（02）2264-1770
营 周一 20:00 ～周二～，周五 16:00 ～、20:00 ～，周六 13:00 ～、16:00 ～、20:00~，周日、节假日 15:00 ～、18:00 ～ 休 无
费 S 席 4 万韩元、R 席 5 万韩元
交通 地铁 1 号线⑬①“钟阁”站 4 号出口 / 地铁 1、3、5 号线⑬⓪ ㉜⑨ ㊿③④“钟路 3 街”站 15 号出口出，步行 7 分钟 URL www.hijump.co.kr

B-boy的第三季作品

Baby [Battle B-boy]

B-boy 系列以 Battle B-boy“Baby”开始了更加动感十足的崭新舞台表演。与第二季相同，演出结束后，观众可以和演出者合影。

DATA

Baby [Battle B-boy]

Map p.131-C-3
住 마포구 서교동 338-1 삼진빌딩 지하 1 층
☎(02)323-5233
营 周三～周五 20:00~，周六 14:00~、18:00~，周日 14:00~
休 周一、周二
费 5 万韩元 C/C ⒶⒿⓂⓋ
交通 地铁 2 号线㉓⑨“弘大入口”站 5 号出口出，步行 7 分钟
URL www.sjbboys.com

传统艺术舞台剧《Miso(美笑)》

贞洞剧场隶属于韩国的文化体育观光部，是以继承传统艺术为目的，以复原韩国第一个近代式剧场“元觉社”为宗旨，于 1995 年设立的。演员全部是专业的传统艺术表演者，其表演的高水平剧目《美笑》在继承传统的基础上，加入了现代风格的编曲，同时具有娱乐性，外国游客也很容易看懂。内容由使用了伽耶琴等国乐管弦乐、打击乐演奏的“四物农乐”等的器乐演奏，以及以“盘索里”（韩国曲艺的一种）为基础的歌曲、扇子舞等天仙舞、农乐舞等构成。在演出时，必要时还配有英语、汉语的字幕解说，更容易让人理解。

DATA

贞洞剧场

Map p.72-B-3 住 중구 정동길 43
☎(02)751-1500
营 16:00~、20:00~ 休 周一
费 R 席 5 万韩元、S 席 4 万韩元、A 席 3 万韩元
C/C ⒶⒹⒿⓂⓋ
交通 地铁 1、2 号线⑬②⑳①“市政府”站 1 号、12 号出口出，步行 5 分钟 URL www.koreamiso.com

1 传统假面剧 2 表现女性美的舞蹈

DATA

韩国之家

Map p.73-D-3
住 중구 필동 2 가 80-2
☎(02)2266-9101~3
营 19:00~、20:50~（只有周日是 20:00~）
休 无 费 5 万韩元（演出的入场费）
C/C ⒶⒹⒿⓂⓋ
交通 地铁 3、4 号线㉛㊶“忠武路”站 3 号出口出，步行 5 分钟
URL www.koreahouse.or.kr

韩国之家

这里本来是韩国政府的迎宾馆。宣传韩国文化的建筑有几栋，其中的民俗剧场每天都有传统艺术表演。演出大约 1 小时。有华丽的扇子舞“普切丘姆”（音译）、宗教性的舞蹈“木当丘姆”（音译）等表演，还有歌剧等传统艺术表演，每个月都可以欣赏到不同的演出节目。在演出开始之前，在传统样式的副楼内还可以用餐，韩式基本套餐售价 5.72 万韩元，其他的有 4 万韩元和 9.9 万韩元的套系（都是一人份）。

3 华丽的扇子舞 4 和观众互动时的盛况 5 与客人互动达到高潮

PAN

“四物农乐”原本是音乐家金德洙使用传统打击乐演奏的乐队的名字。之后，凡使用传统的 4 种打击乐器的农乐风格的打击乐便开始被称为“四物农乐”。PAN 是金德洙创作出的民俗艺术表演，在此可以享受韩国传统艺术表演的乐趣。

DATA

PAN

Map p.72-A-1 住 종로구 사직동 284-1
☎(02)722-3416 营 周三～周五 20:00 ～，周六、周日、节假日 14:00 ～ 休 周一、周二
费 R 席 4 万韩元、S 席 3 万韩元（限年龄 5 岁以上者入场） C/C ⒶⒹⒿⓂⓋ
交通 地铁 3 号线㉗“景福宫”站 1 号出口出，步行 15 分钟，或下车后换乘出租车 URL www.ghmarthall.com

尊贵的首尔之行

首尔新罗

备受VIP客户欢迎的豪华酒店。好莱坞明星和各国政要等上层人士入住的首尔新罗酒店让人可以充分享受到奢华的酒店生活。

1 宽敞舒适的套房 2 IKKO推荐的The Parkview味道鲜美 3 舒适的酒吧 4 能够欣赏到南山美景的房间值得推荐 5 在宽敞的空间中尽情享受足底按摩，让人心情放松

在高级Spa中享受非常幸福的一刻

娇兰Spa（Guerlain SPA）

位于首尔新罗酒店中的娇兰Spa（→p.150），以法国娇兰公司180年的美容技术让人享受从内到外的全身心的放松。在悠闲的酒店生活中加入放松的一刻，可以体验到韩国完全不同的一面。

在所有的套系服务之前，都可以在看得到花园的带有玻璃幕墙的足浴室内，享受附带咨询的足部护理。

尊贵的首尔之行

首尔市明洞乐天酒店

客房装修由4家设计公司共同设计，带有现代风格。设有女性专用楼层，更加方便。(→p.150)

尊贵的首尔之行

乐天世界酒店

可以在江南地区享受奢华的假期。紧邻的乐天世界百货新开了STAR AVENUE，提供更进一步的享受。也有免税店，非常方便。(→p.150)

1 宽大的浴缸与便于化妆的镜子非常方便 2 经过重新装修后变得现代风格十足的客房 3 酒店配套用品也很齐全 4 距离乐天世界百货很近 5 布置简单的客房让人心情舒畅 6 一定要去看看STAR AVENUE

因赌场而闻名的度假酒店

首尔华克山庄喜来登酒店

位于可以眺望到汉江的高台之上，客房的视野很好。宽敞的场地内有免税店、俱乐部和高尔夫练习场等设施。(→p.150)

1 位于高台之上的酒店 2 豪华的客房 3 不习惯的人推荐玩老虎机 4 庄家的华丽赌术使气氛高涨 5 可以玩的项目有轮盘赌、百家乐、21点、比大小、老虎机等

提供24小时娱乐的赌场

Paradise Walker-hill赌场

位于首尔华克山庄喜来登酒店内，24小时营业的赌场。这里是专门面向外国人的赌场，因此只有在入口出示护照之后才能入内。赌场内免费提供饮料，24小时都提供兑换服务。

DATA

Paradise Walker-hill赌场

Map 首尔市区地图-D-2

住 광진구 광장동산 21 쉐라톤그랜드워커힐 서울 지하 1 층

☎ (02)450-4830（代表） 营 24小时 休 无 C/C A D J M V

交通 从地铁2号线㉔“江边”站、5号线㊻“广渡口”站可乘坐免费穿梭巴士，或打车 URL www.paradiseclub.co.kr

Reader contribution

读者来信

●参观世界遗产——朝鲜王陵

40座朝鲜王陵是世界遗产。其中高阳市的四五陵、西三陵和坡州市的坡州三陵共11座王陵比较近，我用1天的时间参观了这些王陵。坐地铁3号线从首尔出发，在“碌磻”站下车后从4号出口出来后，乘坐702路或9701路在“四五陵入口”下车，到达目的地大概需要30分钟。参观完四五陵后，坐公交车前往地铁3号线“三松”站。下车后再换乘041路公交车到“西三陵入口”站下车。参观完西三陵后再回到“三松”地铁站，坐3号线前往“旧把拔”站。到了之后再换乘909路、9709路或9710路到“坡州三陵入口”下车，途中大概需要30分钟。下车后步行15分钟即可到达坡州三陵。如果早上就出发的话，不坐的士也可以参观3处王陵。

成人票1000韩元、儿童票500韩元。对外开放时间分别为：四五陵6:00~17:30（冬季6:30~17:30），西三陵、坡州三陵：9:00~18:30（冬季9:00~17:30）

●非武装地带之旅改变了我的人生观

我在当地加入了一个“板门店—非武装地带”旅游团。在我来韩国旅游之前发生了朝鲜延坪岛炮击事件，我对板门店心有余悸。

但来到板门店之后，发现在这里的所见所闻引人深思。这次旅行我了解了当地的历史、文化和现状，我的人生观几乎也随之改变了。我想可能有人害怕到这里去，但它真的是一个值得赞赏的地方。

●探访明成皇后（闵妃）墓碑

景福宫内曾经放有闵妃墓碑和描绘其一生的绘画。但墓碑和绘画已被转移到了闵妃的故乡——京畿道骊州。现在，这里建起了明成皇后纪念馆，展有描绘闵妃一生的绘画。参观完纪念馆后，我对亚洲各国都难以置信的暴行痛惜不已，怀着为韩国等东亚各国的未来祈祷的心情，在墓碑前献上了鲜花。

●隐蔽的首尔购物天堂

东大门市场东北部有一条文具玩具批发街。地铁5号线“东大门”站和“东庙”站的中间有一条由西北向东南延伸的街道，这条街道的南部地铁沿线部分就是文具玩具批发街。从“东大门”地铁站4号出口出发，直走500米左右向右拐，再继续前行就可以看到批发街的广告牌了。批发街两边密密麻麻的都是卖玩具和杂货的商店。这里的正版乐高积木卖得很便宜。文具也多种多样，印有朝鲜语漫画的信纸套装等用来做送礼时写祝福的便笺也很不错。

●特别推荐的景点

首尔战争纪念馆是免费的，很值得参观。有的孩子在纪念馆外的战斗机下吃便当，有的孩子在留有炮击痕迹的战舰周围跑来跑去。如果碰见了穿着迷彩服的美军，孩子们还会高兴地和他们握手。

●乐天酒店的早餐

我入住了当地具有代表性的乐天酒店，非常舒适。但是，一家三口在地下一层的餐厅吃早餐要花800多元人民币，我觉得有点贵。

【编辑部的建议】

乐天酒店首尔店的早餐品种丰富、美味可口，受到了好评，因此价格不便宜，这是事实。乐天酒店首尔店所在地明洞一早开始就有很多店铺卖韩国粥、首尔有名特色小吃等。走出酒店到这样的店里吃早餐也是一大乐事。

●推荐：水原之旅

我在水原加入了由水原市举办的水原之旅。从水原地铁站的旅游咨询处出发乘坐大巴后改步行分别去了水原华城和KBS影视中心。在水原华城，我们沿着城壁漫步。这是一次难得的体验。

乘坐地铁1号线前往水原很方便。但是还有开往仁川方向的地铁，注意不要上错车了。水原地铁站有旅游咨询处，10:00和14:00都有观光大巴前往景点。费用为11000韩元，观光时间约为3个半小时，有英语导游全程陪同。该团主要是参观华城和KBS摄影棚，玩两个景点效率高，价格划算。有半天的时间即可加入该旅游团。如果要参团最好事先在网站上预约。

【编辑部的建议】

水原之旅的 URL www.suwoncitytour.co.kr

☎(031)256-8300

营 10:00、14:00。大约需3个半小时的时间

费 一般线路：成人游客1.1万韩元/人、7~18岁游客8000韩元/人、未满7岁的游客4000/人

※每周日线路会有所扩大，价格也会发生变化。19岁以上的游客1.1万韩元/人、7~18岁游客8000韩元/人、未满7岁的游客5000韩元/人

休 周一

从《首善全图》看首尔

比较李朝时代的汉城和现代的首尔之后会发现，基本的城市格局其实没有什么大的改变。

在此介绍的古地图是《首善全图》，该图是李朝时代末期 1840 年由地理学者金正浩制成的木版地图。金正浩作为朝鲜全国的精致地图《大东舆地图》的作者而闻名。

从中心部的扩大图来看，在中上部可以看到连接“安国坊”“宽仁坊”“大寺洞”的一条斜斜的道路。这就是现在的仁寺洞街。蓝色所示的是河流，和复原后的清溪川对比来看也很有意思。从西南的崇礼门（南大门）向东北方向斜向延伸的道路就是现在的南大门路。

※ 地图出自《京城的沿革与史迹》京城府总务部产业课 1944.1

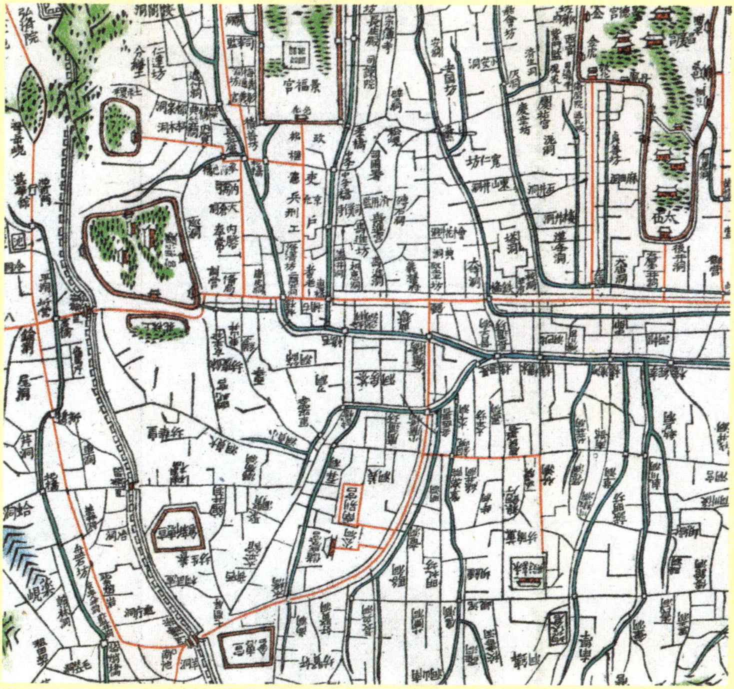

中心部分的放大图。以钟路为界文字的方向正好相反

酒 店
Hotel

首尔新罗
서울신라 THE SHILLA SEOUL

URL www.shilla.net

Map p.73-E-4

◆位于南山山麓，是全世界 VIP 的专用酒店。近年来，随着不断进行的翻新工程，客房、餐厅、大堂的面貌焕然一新。在酒店周围有新罗免税店、娇兰 Spa，可以提供多种服务。此外，各种设施由于曾在韩剧《悲伤恋歌》中出现过而备受关注。一层“The Parkview”的自助餐很有名，常有其他饭店的客人前来品尝。

首尔新罗酒店的大堂

住 중구 장충동 2 가 202 ☎(02)2233-3131 FAX(02)2233-5073
房间数 465 费 Ⓢ49.6 万韩元 Ⓣ53.24 万韩元 C/C ⒶⒹⒿⓂⓋ
交通 地铁 3 号线㉜“东大入口”站 5 号出口出，步行 3 分钟。或者乘坐短途巴士

乐天酒店
롯데호텔 서울 LOTTE HOTEL SEOUL

URL www.lottehotel.com

Map p.98-A-1

◆该酒店位于首尔最繁华的街道——明洞，购物与观光都非常便利。酒店内的装饰属于李氏王朝时期的风格，颇为豪华。

住 중구 소공원 1
☎(02)771-1000
FAX(02)756-8049
房间数 1151
费 ⓈⓉ 本馆 34.35 万韩元、新馆 35.98 万韩元
C/C ⒶⒹⒿⓂⓋ
交通 地铁 2 号线㉒“乙支路入口”站 8 号出口附近

乐天世界酒店
롯데호텔월드 LOTTE HOTEL WORLD

URL www.lottehotel.com

Map 首尔市区地图 -D-3

◆紧邻乐天百货、免税店和乐天世界，可以尽情享受游玩与购物的乐趣。四层以下是采用柱廊式结构的大堂，是其引以为傲之所。这里与地铁站相连，交通非常方便。

住 송파구 잠실동 40-1
☎(02)419-7000
FAX(02)417-3655
房间数 469
费 ⓈⓉ37.51 万韩元～ Ⓞ53.23 万韩元
C/C ⒶⒹⒿⓂⓋ
交通 地铁 2、8 号线㉖814“蚕室”站 3 号出口附近

威斯汀朝鲜
웨스틴조선호텔 THE WESTIN CHOSUN

URL www.westinchosun.co.kr

Map p.112-C-2

◆该酒店高档而庄重。不论是服务还是设施都是最高档的。在酒店周围还保留着李氏王朝最后一位皇帝登基之所的历史遗迹。从标准间到总统套房，房间类型多样。步行就可以到达明洞，非常方便。

住 중구 소공동 87
☎(02)771-0500
FAX(02)752-1443
房间数 456
费 ⓈⓉ45.98 万韩元～
C/C ⒶⒹⒿⓂⓋ
交通 地铁 2 号线㉒“乙支路入口”站 7、8 号出口出，步行 5 分钟

首尔华克山庄喜来登酒店
쉐라톤워커힐호텔 서울 Sheraton Grande Walkerhill Seoul

URL www.walkerhill.co.kr

Map 首尔市区地图 -D-2

◆这是一家坐落于能够眺望汉江的高台之上的度假酒店。每隔 10 分钟从酒店就有一趟发往最近的火车站的短途巴士。从客房内向远处眺望，景色宜人，能够欣赏到四季变化的首尔。该酒店配有剧场餐厅、赌场及迪斯科舞厅、高尔夫练习场等，设施完备。

住 광진구 워커힐로 177
☎(02)455-5000
FAX(02)452-6867
房间数 589
费 ⓈⓉ38.72 万韩元～
C/C ⒶⒹⒿⓂⓋ
交通 地铁 2 号线㉔“江边”站、5 号线546“广渡口”站下车，乘坐短途巴士

首尔 W 华克山庄酒店

W 서울워커힐 W Seoul-Walkerhill URL www.wseoul.com

Map 首尔市区地图 -D-2

◆ W 酒店因其独特别致的内部装修而广受欢迎，这家酒店是其在亚洲开设的第一家酒店。与喜来登酒店相邻，从房间内可以欣赏到汉江和首尔市区的美景。酒店的内部装饰由设计师精心设计，充分考虑到了与自然的和谐。酒店还设有 Spa，可以让你的身体从内到外得到全面的放松。

- 住 광진구 광장동 21
- ☎ (02)465-2222
- FAX (02)450-4989
- 房间数 253
- 费 ⓈⓉ50.82 万韩元 ~
- C/C ⒶⒹⒿⓂⓋ
- 交通 地铁 2 号线(214)“江边”站、5 号线(546)“广渡口”站下车，乘坐短途巴士

首尔希尔顿千禧酒店

밀레니엄서울힐튼 MILLENIUM SEOUL HILTON URL www.hilton.co.kr

Map p.72-B-4

◆该酒店是建于南山西北山脚下的高档酒店。从客房可以眺望到南大门和南山。这里细致周到的服务受到一致好评。酒店距离首尔火车站和南山公园很近。

- 住 중구 남대문로 5 가 395
- ☎ (02)317-3000
- FAX (02)754-2510
- 房间数 679
- 费 ⓈⓉ33.6 万韩元
- C/C ⒶⒹⒿⓂⓋ
- 交通 地铁 1、4 号线(133)(426)“首尔站”8、9 号出口出，步行 10 分钟

首尔君悦大酒店

그랜드하얏트호텔 GRAND HYATT SEOUL URL www.seoul.grand.hyatt.com

Map 首尔市区地图 -B-2

◆该酒店建于南山公园，绿色环绕，环境宜人。酒店内部宽敞的空间与欧洲风格的家具融为一体，营造出舒适的氛围。酒店距离 LEEUM 三星美术馆和梨泰院很近。

- 住 용산구 한남동 747-7
- ☎ (02)797-1234
- FAX (02)798-6953
- 房间数 601
- 费 ⓈⓉ39.325 万韩元 ~
- C/C ⒶⒹⒿⓂⓋ
- 交通 地铁 6 号线(631)“汉江镇”站下车，乘坐出租车约需 3 分钟

首尔广场酒店

더프라자호텔 THE PLAZA HOTEL URL www.seoulplaza.co.kr

Map p.112-B-1

◆该酒店是位于首尔市政府前的 22 层的高档酒店。虽然地处市政府周边，但大气的外观依然使其极为引人注目。酒店的标准客房也让人感觉宽敞舒适。从 22 层的餐厅可以眺望市区美景，夜景也非常美丽。

- 住 중구 태평로 2 가 23
- ☎ (02)771-2200
- FAX (02)755-8897
- 房间数 400
- 费 Ⓢ33.72 万韩元 ~ Ⓣ43.56 万韩元 ~
- C/C ⒶⒹⒿⓂⓋ
- 交通 地铁 1、2 号线(132)(201)“市政府”站 6 号出口附近

首尔希尔顿大酒店

그랜드힐튼 THE GRAND HILTON URL www.grandhiltonseoul.com

Map 首尔市区地图 -A-1

◆酒店位于白莲山山脚下，郁郁葱葱的绿树环绕四周，是一家度假酒店。其前身是瑞士酒店，因此带有欧洲风格。有短途巴士开往机场和市内。

- 住 서대문구 홍은동 201
- ☎ (02)3216-5656
- FAX (02)3216-7799
- 房间数 400
- 费 Ⓢ36.3 万韩元 ~ Ⓣ38.72 万韩元 ~
- C/C ⒶⒹⒿⓂⓋ
- 交通 地铁 3 号线(324)“弘济”站下车，乘坐出租车约需 5 分钟

首尔洲际大酒店

GRAND INTER CONTINENTAL SEOUL URL www.seoul.intercontinental.com

Map p.136-C-2

◆这是一家与世界贸易中心并排的 33 层的高档酒店。酒店内部有 16 家餐厅、酒吧，可以品尝到以中国、日本、意大利风格为首的世界各国的美食。

- 住 강남구 삼성동 159-9
- ☎ (02)555-5656
- FAX (02)559-7990
- 房间数 510
- 费 Ⓢ39.9 万韩元 ~ Ⓣ42.35 万韩元 ~
- C/C ⒶⒹⒿⓂⓋ
- 交通 地铁 2 号线(219)“三成”站 5、6 号出口附近

首尔 COEX 洲际酒店

COEX INTER-CONTINENTAL SEOUL URL www.seoul.intercontinental.com

Map p.136-C-2

◆首尔 COEX 洲际酒店以最新的设施，豪华而简约的装修风格跻身于一流酒店之列。从酒店的露天天台可以看到首尔的日暮美景。该酒店与国际会议设施 COEX 相邻，地铁站也与之相连。巨大的购物中心、COEX 购物中心也在酒店附近。

住 강남구 삼성동 159
☎ (02)3452-2500
FAX (02)3430-8000
房间数 652
费 Ⓢ37.51 万韩元～
Ⓣ39.93 万韩元～
C/C ⒶⒹⒿⓂⓋ
交通 地铁 2 号线㉑⑨"三成"站 5、6 号出口出，步行 10 分钟

首尔丽嘉酒店

리츠칼튼 서울 THE RITZ-CARLTON SEOUL URL www.ritzcarltonseoul.com

Map p.136-B-2

◆该酒店位于江南商业街的中心，是一家世界闻名的超高档酒店。虽然外部较为朴素，但内部却很豪华。客房统一使用单色调，给人以稳重之感。美食丰富的西餐厅也值得推荐。

住 강남구 역삼동 602
☎ (02)3451-8000
FAX (02)3451-8188
房间数 375
费 ⓈⓉ42.35 万韩元～
C/C ⒶⒹⒿⓂⓋ
交通 地铁 2 号线㉕"新论岘"站 4 号出口出，步行 3 分钟

JW 万豪酒店

JW 메리어트 JW Marriott Hotel URL www.marriott.com

Map p.136-A-1

◆该酒店与高速巴士总站相连。巴士总站大楼里有百货商场和电影院，由于可在江南尽情游玩，对游客的吸引力也在不断提高。

住 서초구 반포동 19-3
☎ (02)6282-6262
FAX (02)6282-6263
房间数 497
费 ⓈⓉ32.8 万韩元～
C/C ⒶⒹⒿⓂⓋ
交通 地铁 3、7、9 号线㉝⑨㉞㉓"高速总站"站 7 号出口附近

皇宫酒店

임페리얼팰리스호텔 IMPERIAL PALACE HOTEL URL www.imperialpalace.co.kr

Map p.136-B-2

◆原来是 Amiga 酒店，于 2005 年更名为皇宫酒店。酒店内部装修采用欧式风格，使人可以在舒适的环境中放松身心。酒店提供面向商务人士的服务，健身馆、桑拿浴室、室内泳池等设施齐全。

住 강남구 논현동 248-7
☎ (02)3440-8000
FAX (02)3440-8200
房间数 405
费 ⓈⓉ36.3 万韩元～
C/C ⒶⒹⒿⓂⓋ
交通 地铁 7 号线㉛"鹤洞"站 1 号出口出，步行 5 分钟

首尔万丽酒店

르네상스서울호텔 RENAISSANCE SEOUL HOTEL URL www.renaissance-seoul.com

Map p.136-B-2

◆客房空间宽敞、内部装修精致，营造出一种舒适的氛围。酒店内有健身设施。酒店所在的"驿三"站是江南的中心，如果前往江南方向，沿途有许多夜总会。

住 강남구 역삼동 676
☎ (02)555-0501
FAX (02)553-8118
房间数 493
费 ⓈⓉ37.752 万韩元～
C/C ⒶⒹⒿⓂⓋ
交通 地铁 2 号线㉒"驿三"站 8 号出口出，步行 1 分钟

诺伯特尔国宾江南酒店

노보텔엠버서드강남 NOVOTEL AMBASSADOR GANGNAM URL www.ambatel.com

Map p.136-B-2

◆风格类似法式的高档酒店，内部装修采用欧式风格，造型别致。餐厅每个季节都有独特的菜式，还会举行大型活动。酒店有购物中心，非常方便。

住 강남구 역삼동 603
☎ (02)567-1101
FAX (02)564-4573
房间数 332
费 ⓈⓉ35.937 万韩元～
C/C ⒶⒹⒿⓂⓋ
交通 地铁 9 号线㉕"新论岘"站 4 号出口出，步行 4 分钟

首尔铂尔曼大使酒店

그랜드앰배서더서울 Grand Ambassador Seoul　URL www.ambatel.com

◆首尔铂尔曼大使酒店的前身是索菲特大使酒店。酒店周围绿树环绕，环境幽雅。虽然是首尔的老字号传统酒店，但客房内装修采用了给人以高档感的淡黄色，因此并不会感到陈旧。

Map p.73-E-3

住 중구 장충동 2 가 186
☎(02)2275-1101
FAX(02)2272-0773
房间数 409
费 ⓈⓉ37.4 万韩元～
C/C ⒶⒹⒿⓂⓋ
交通 地铁 3 号线 332“东大入口”站 6 号出口出，步行 5 分钟

首尔华美达酒店

라마다서울 RAMADA SEOUL　URL www.ramadaseoul.co.kr

◆该酒店位于江南，餐厅和运动设施较为齐全。地处三成商业街，最近这里成为观光的热点地区。酒店背后为三陵公园，环境宜人。

Map p.136-C-2

住 강남구 삼성동 112
☎(02)6202-2000
FAX(02)577-0141
房间数 246
费 ⓈⓉ31.46 万韩元～
C/C ⒶⒹⒿⓂⓋ
交通 地铁 2 号线、盆唐线 220 K215“宣陵”站 8 号出口出，步行 10 分钟

最佳西方江南酒店

베스트웨스턴프리미어강남 BEST WESTERN PREMIER GANGNAM　URL www.bestwesterngangnam.com

◆ 2004 年建成的高档商务酒店。所有客房均可上网，并有免费短途巴士前往 COEX。单人间只提供淋浴，双人间和套间带浴缸和录像机。

Map p.136-B-2

住 강남구 논현동 205-9
☎(02)6474-2000
FAX(02)6474-2002
房间数 128
费 ⓈⓉ19.36 万韩元～
C/C ⒶⒹⒿⓂⓋ
交通 地铁 2 号线 222“江南”站 7 号出口出，步行 15 分钟

首尔宫廷酒店

서울파레스호텔 SEOUL PALACE HOTEL　URL www.seoulpalace.co.kr

◆该酒店位于江南的高速巴士总站旁边，周围购物和娱乐场所较多，非常方便。从酒店可以俯瞰汉江和首尔市区的夜景。

Map 首尔市区地图 -B-3

住 서초구 반포동 63-1
☎(02)532-5000
FAX(02)532-0399
房间数 280
费 ⓈⓉ24.2 万韩元～
Ⓞ29.4 万韩元～
C/C ⒶⒹⒿⓂⓋ
交通 地铁 3、7、9 号线 339 734 923“高速总站”站 5 号出口出，步行 10 分钟

里维拉酒店

호텔리베라 HOTEL RIVIERA

◆该酒店内有游泳池、健身馆、慢跑道等，体育设施齐全。高高的、宽敞的大堂让人印象深刻。周围的狎鸥亭、清潭洞是人气很高的区域，集中了许多高级商店和餐厅。

Map p.136-C-1

住 강남구 청담동 53-7
☎(02)541-3111
FAX(02)546-6111
房间数 320
费 Ⓢ25.168 万韩元～　Ⓣ27.1 万韩元～
新馆 Ⓢ29.4 万韩元～　Ⓣ30.97 万韩元～
C/C ⒶⒹⒿⓂⓋ
交通 地铁 7 号线 729“清潭”站下车，乘坐出租车约需 3 分钟

埃丽艾酒店

호텔엘루이 HOTEL ELLE LUI　URL www.ellui.com

◆需从地铁站乘坐出租车前往酒店，交通不太方便。乘坐出租车前往狎鸥亭和 COEX 需 5 分钟左右。从露天天台可以将首尔的夜景尽收眼底。此外，酒店内还设有男性桑拿浴室，很受欢迎。

Map p.136-C-1

住 강남구 청담동 129
☎(02)514-3535
FAX(02)548-2500
房间数 139
费 ⓈⓉ21.296 万韩元～
C/C ⒶⒹⒿⓂⓋ
交通 地铁 7 号线 729“清潭”站下车，乘坐出租车约需 3 分钟

总统酒店

프레지던트호텔 HOTEL PRESIDENT　URL www.hotelpresident.co.kr

◆位于市政府的斜前方，与乐天酒店相邻。酒店充满了写字楼的气息，虽然没有高档酒店的感觉，但地理位置很好。客房经过改造装修，干净整洁。铁板烧餐厅非常有名，经常有许多外面的客人慕名前来。

Map p.112-B-1

住 중구 을지로 1 가 188-3
☎ (02)753-3131
FAX (02)752-7417
房间数 303
费 Ⓢ15.4 万韩元～
Ⓣ20.9 万韩元～
C/C ⒶⒹⒿⓂⓋ
交通 地铁 2 号线㉒“乙支路入口”站 8 号出口出，步行 2 分钟

列克星敦酒店

렉싱턴호텔 LEXINGTON HOTEL　URL www.thelexington.co.kr

◆原曼哈顿酒店。从酒店可以步行前往国会议事堂和汝矣岛公园。周围环境优美，适合喜欢安静的客人入住。由于酒店周围有许多大型企业的办公楼，客人中有许多商务人士，因此鸡尾酒吧和夜总会等设施完善。

Map 首尔市区地图 -A-2

住 영등포구 여의도동 13
☎ (02)780-8001
FAX (02)784-2332
房间数 232
费 Ⓢ21.5 万韩元～
Ⓣ23.3 万韩元～
C/C ⒶⒹⒿⓂⓋ
交通 地铁 5 号线㉗“汝矣渡口”站 1 号出口出，步行 10 分钟

韩国酒店

코리아나호텔 KOREANA HOTEL　URL www.koreanahotel.com

◆该酒店位于市中心的主干道旁，是一家便于观光和购物的酒店。酒店距离市内的各王宫较近，观光非常方便。客房全部位于十层以上，因此环境安静，且远眺景观优美。

Map p.72-B-2

住 중구 태평로 1 가 61-1
☎ (02)2171-7000
FAX (02)730-9025
房间数 337
费 Ⓢ20.64 万韩元～
Ⓣ23.52 万韩元～
C/C ⒶⒹⒿⓂⓋ
交通 地铁 1、2 号线⑬⑳“市政府”站 3 号出口出，步行 3 分钟

世宗酒店

세종호텔 SEJONG HOTEL　URL www.sejong.co.kr

◆该酒店位于明洞繁华街道的东侧，前面有南山、N 首尔塔。客房内装修精致，使用的是传统家具。房间宽敞舒适。服务周到，非常适合观光旅行者入住。6015 路巴士在酒店前停车。

Map p.98-C-4

住 중구 충무로 2 가 61
☎ (02)773-6000
FAX (02)755-4906
房间数 275
费 Ⓢ16.94 万韩元～
Ⓣ30.25 万韩元
C/C ⒶⒹⒿⓂⓋ
交通 地铁 4 号线㉔“明洞”站 10 号出口附近

最佳西方首尔花园酒店

베스트웨스턴 프레미어 서울가든 BESTWESTERN PREMIER SEOUL GARDEN　URL www.seoulgarden.co.kr

◆ 2007 年，原首尔假日酒店的经营主体变更为最佳西方酒店集团，这里作为最佳西方首尔花园酒店重新开业。酒店所在的麻浦位于前往仁川国际机场的 KAL 机场 1 号巴士的线路上，还有一列地铁通往金浦机场，因此搭乘飞机非常方便。

Map 首尔市区地图 -A-2

住 마포구 도화동 169
☎ (02)717-9441
FAX (02)715-9441
房间数 362
费 Ⓢ18.7 万韩元～　Ⓣ21.45 万韩元～
Ⓞ18.7 万韩元～
C/C ⒶⒹⒿⓂⓋ
交通 地铁 5 号线㉘“麻浦”站 3 号出口出，步行 1 分钟

首尔皇家酒店

서울로얄호텔 SEOUL ROYAL HOTEL　URL www.seoulroyal.co.kr

◆该酒店位于明洞的繁华街道上，前往各个地方均很便利。客房采用明快色调，给人稳重之感。所有客房均安装有隔音窗，所以虽然地处闹市仍十分安静。酒店内有著名的庭园，提供各种面向商务人士的服务。

Map p.98-C-2

住 중구 명동 1 가 6
☎ (02)756-1112
FAX (02)756-1119
房间数 304
费 Ⓢ22 万韩元～　Ⓣ25.3 万韩元～
Ⓞ32.2 万韩元～
C/C ⒶⒹⒿⓂⓋ
交通 地铁 4 号线㉔“明洞”站 8 号出口出，步行 5 分钟

最佳西方国都酒店

베스트웨스턴 프레미어 국도 BEST WESTERN PREMIER KUKDO　URL www.hotelkukdo.com

◆该酒店于 2007 年春开业。酒店所在的乙支路 4 街是保留着平民氛围的地区，附近有大众化的中部市场。地铁 2 号线、5 号线的车站近在咫尺，交通非常方便。客房和设施虽简单却有着稳重的国际化气息。

Map p.73-E-3

住 중구 을지로 4 가 310
☎(02)6466-1234
FAX(02)6466-1032
房间数 295
费 Ⓢ19.8 万韩元～
Ⓣ20.9 万韩元～
C/C ⒶⒹⒿⓂⓋ
交通 地铁 2、5 号线㉔㉟“乙支路 4 街”站 10 号出口出，步行 1 分钟

诺伯特尔国宾秃山酒店

노보텔앰버서더 덕산　URL www.ambatel.com/doksan

◆适合商务人士。

住 금천구 덕산 4 동 1030-1

Map 首尔市区地图 -A-3

☎(02)838-1101　FAX(02)854-4799　房间数 218
交通 地铁 2 号线㉜“九老数码园区”站下车，乘坐出租车约需 5 分钟
费 18.48 万韩元～　C/C ⒶⒹⒿⓂⓋ

城北假日酒店

호리데인성북　URL www.holiday.co.kr

◆适合商务人士。有前往东大门市场的免费短途巴士。

住 성북구 종암동 3-1343

Map 首尔市区地图 -C-1

☎(02)929-2000　FAX(02)929-0204　房间数 128
交通 地铁 4 号线⑰“吉音”站下车，步行 10 分钟
费 22.264 万韩元～　C/C ⒶⒹⒿⓂⓋ

三井酒店

삼정호텔 SAMJUNG HOTEL　URL www.samjunghotel.co.kr

◆该酒店砖结构的外墙非常引人注目。客房内的现代家居一应俱全，从窗口远眺的风景很是优美。该酒店的韩国料理餐厅也颇受好评。这里还有正宗的芬兰浴，很受欢迎。

Map p.136-B-2

住 강남구 역삼동 604-11
☎(02)557-1221
FAX(02)556-8572
房间数 159
费 Ⓢ18.7 万韩元～
Ⓣ20.9 万韩元～
C/C ⒶⒹⒿⓂⓋ
交通 地铁 2 号线㉑“驿三”站 6 号出口出，步行 8 分钟

首选酒店

프라마호텔 PRIMA HOTEL　URL www.samjunghotel.co.kr

◆位于帝景酒店西侧，价格低廉，酒店以南就是清潭公园。会议室中有电脑，可免费上网。客人中商务人士较多。

Map p.136-C-1

住 강남구 청담동 52-3
☎(02)6006-9114
FAX(02)544-8523
房间数 120
费 Ⓢ20 万韩元～
Ⓣ28 万韩元～
C/C ⒶⒹⒿⓂⓋ
交通 地铁 7 号线㉙“清潭”站下车，乘坐出租车约需 3 分钟

太平洋酒店

퍼시픽호텔 PACIFIC HOTEL　URL www.thepacifichotel.co.kr

◆酒店与明洞的繁华街道隔了一条马路，购物和餐饮都很方便。酒店后面即是南山，步行 5 分钟即可抵达缆车站。

Map p.72-C-3

住 중구 남학동 2 가 31-1
☎(02)777-7811
FAX(02)755-5582
房间数 139
费 ⓈⓉ17.6 万韩元～
C/C ⒶⒹⒿⓂⓋ
交通 地铁 4 号线㉔“明洞”站 3 号出口出，步行 2 分钟

IP 精品酒店

IP 뷰티크 호텔 IP BOUTIQUE HOTEL　URL www.ipboutiquehotel.com

◆作为商务酒店而广为人知。客房干净整洁，服务周到，总台待客亲切。适合想夜里逛梨泰院的人。

Map p.125-E-1

住 용산구 한남동 737-32
☎(02)3702-8000
FAX(02)3702-8099
房间数 133
费 ⓈⓉ13.4 万韩元～
C/C ⒶⒹⒿⓂⓋ
交通 地铁 6 号线㉚“梨泰院”站 2 号出口出，步行 5 分钟

永东酒店

영동호텔 YOUNGDONG HOTEL　URL www.youngdonghotel.co.kr

◆距离地铁站很近，酒店内设有剧场餐厅和夜总会等。房费在这一级别的酒店中是比较便宜的。

Map p.136-B-1

住 강남구 논현동 6
☎ (02)542-0112
FAX (02)546-8409
房间数 131
费 Ⓢ13.915 万韩元～
Ⓣ15.73 万韩元～
C/C ⒶⒹⒿⓂⓋ
交通 地铁 3 号线㉝“新沙”站 1 号出口出，步行 5 分钟

PJ 酒店

호텔PJ HOTEL PJ　URL www.poongjun.net

◆外观比较陈旧，但客房宽敞舒适。酒店的大浴场和桑拿浴非常有名。酒店也提供美容美体服务，很受欢迎。

Map p.73-D-3

住 중구 인현동 2 가 73-1
☎ (02)2266-2151
FAX (02)2274-5732
房间数 247
费 Ⓢ22.22 万韩元
Ⓣ26.62 万韩元～
C/C ⒶⒹⒿⓂⓋ
交通 地铁 2、5 号线⑳㉟“乙支路 4 街”站 9、10 号出口出，步行 5 分钟

西桥酒店

서교호텔 HOTEL SEOKYO　URL www.hotelseokyo.co.kr

◆该酒店位于学生聚集的弘大区。虽然位于市区的西部，交通却十分便利。距离闹市区较近，6002 路机场巴士在酒店前停靠。

Map p.131-A-2

住 마포구 상수동 354-5
☎ (02)330-7666
FAX (02)333-5938
房间数 135
费 ⓈⓉ22 万韩元
C/C ⒶⒹⒿⓂⓋ
交通 地铁 2 号线㉓“弘大入口”站 9 号出口出，步行 3 分钟

东首尔酒店

동서울호텔 DONG SEOUL HOTEL

◆东部首尔综合巴士总站位于该酒店附近，因此作为一日游的据点非常方便。

Map 首尔市区地图 -D-2

住 광진구 구의동 595
☎ (02)455-1100
FAX (02)455-6311
房间数 102
费 ⓈⓉ14 万韩元～
Ⓞ15 万韩元～
C/C ⒶⒹⒿⓂⓋ
交通 地铁 2 号线㉑“江边”站 4 号出口出，步行 3 分钟

新国际酒店

뉴국제호텔 NEW KUKUE HOTEL　URL www.newkukjehotel.com

◆酒店建于市政府的后面，交通便利。客房统一采用干净的淡黄色色调，风格简朴，价格又便宜。

Map p.72-C-2

住 중구 태평로 1 가 29-2
☎ (02)732-0161
FAX (02)732-1774
房间数 142
费 ⓈⓉ14.3 万韩元
C/C ⒶⒹⒿⓂⓋ
交通 地铁 1、2 号线⑬⑳“市政府”站 4 号出口出，步行 2 分钟

读者来信

●韩国首尔的变化

时隔两年再次来到韩国，感觉韩国发生了翻天覆地的变化。两年前，商店（尤其是东大门的时尚大厦）的售货员连招呼都不打一个，现在不管去哪家店售货员都会亲切地说“你好”，即使你什么也没买就要走，她们也不会板着一张脸，而是笑着说“谢谢光临”。

以前乘坐地铁必须在人工售票口买票，现在可以通过触屏售票机购买，方便了很多。随便拦下一辆的士，指着地图给司机一看，司机就立刻知道你要去哪。首尔正在不断加大市政、商业设施等的建设，今后的首尔令人期待。

最佳西方新首尔酒店

BEST WESTERN NEW SEOUL　URL www.bestwesternnewseoul.com

Map p.72-C-2

◆韩文为“베스트웨스턴뉴서울”。该酒店位于首尔市政府的后面，交通非常便利。这里是新首尔酒店变更经营主体后重新开业的酒店。

住 중구 태평로 1 가 29
☎ (02)735-9071
FAX (02)735-6212
房间数 146
费 ⓈⓉ17.424 万韩元
Ⓞ41.581 万韩元
C/C ⒶⒹⒿⓂⓋ
交通 地铁 1、2 号线⑬②⑳①“市政府”站 4 号出口出，步行 2 分钟

首尔太子酒店

서울프린스호텔 SEOUL PRINCE HOTEL　URL www.hotelprinceseoul.co.kr

Map p.98-B-4

◆位于地铁明洞站 2 号出口的附近，隔着退溪路与另一侧的 Migliore 相望。酒店距明洞的购物区很近，非常方便。

住 중구 남산동 2 가 31-1
☎ (02)752-7111
FAX (02)752-7119
房间数 100
费 Ⓢ14.3 万韩元～
三人间 20.9 万韩元
C/C ⒶⒹⒿⓂⓋ
交通 地铁 4 号线㉔“明洞”站 2 号出口出，步行 1 分钟

地铁酒店

메트로호텔 METRO HOTEL　URL www.metrohotel.co.kr

Map p.98-B-1

◆该酒店位于购物非常便利的明洞繁华街道，客房价格合理，赠送早餐，因此非常受欢迎。经过重新装修后整洁舒适。

住 중구 을지로 2 가 119-33
☎ (02)752-1112
FAX (02)757-4411
房间数 75
费 Ⓢ9.9 万韩元～
Ⓣ15.4 万韩元～
C/C ⒶⒹⒿⓂⓋ
交通 地铁 2 号线㉒“乙支路入口”站 6 号出口出，步行 2 分钟

萨夫依酒店

사보이호텔 SAVOY HOTEL SEOUL　URL www.savoyhotel.co.kr

Map p.98-B-3

◆虽然外观比较陈旧，但就酒店的等级而言，其设施比较齐全。该酒店位于明洞闹市区的中心位置，周围有许多餐厅和商店。步行前往时尚大厦“Migliore”很便利。

住 중구 충무로 1 가 23
☎ (02)776-2641
FAX (02)755-7669
房间数 103
费 Ⓢ11.97 万韩元
Ⓣ17.424 万韩元
C/C ⒶⒹⒿⓂⓋ
交通 地铁 4 号线㉔“明洞”站 5、6 号出口出，步行 5 分钟

雷克斯酒店

호텔렉스 HOTEL REX　URL www.hotelrex.co.kr

Map p.112-C-4

◆明洞的闹市区和南大门市场都在附近，对于以购物为主要目的的游客来说非常方便。

住 중구 회현동 1 가 65
☎ (02)752-3191
FAX (02)755-9548
房间数 93
费 Ⓢ14.115 万韩元　Ⓣ16.8795 万韩元
Ⓞ18.513 万韩元
C/C ⒶⒹⒿⓂⓋ
交通 地铁 4 号线㉕“会贤”站 1 号出口出，步行 2 分钟

汉密尔顿酒店

해밀톤호텔 HAMILTON HOTEL　URL www.hamilton.co.kr

Map p.124-C-2

◆该酒店位于因外国人聚集而闻名的梨泰院中心地区，购物非常方便。客房布置简洁明亮。酒店内的迪斯科舞厅有许多外国客人。内部设有游泳池，很受欢迎。

住 용산구 이태원동 119-25
☎ (02)794-0171
FAX (02)795-0457
房间数 166
费 Ⓢ10.89 万韩元
Ⓣ14.52 万韩元
C/C ⒶⒹⒿⓂⓋ
交通 地铁 6 号线㉚“梨泰院”站 1 号出口附近

任寺洞皇冠酒店

인사동크라운호텔 INSADONG CROWN HOTEL　URL www.hotelcrown.com

Map p.99-C-2

◆从该酒店可以步行前往任寺洞，距离很近。客房简洁实用。一层的商务中心可以免费使用电脑，酒店前台还提供外币兑换服务。

住 종로구 낙원동 25
☎(02)3676-8000
FAX (02)3676-1551
房间数 83
费 Ⓢ12.78 万韩元～
Ⓣ14.85 万韩元～
C/C ⒶⒹⒿⓂⓋ
交通 地铁 1、3、5 号线⑬⓪㉙⑤㉞“钟路 3 街”站 6 号出口出，步行 3 分钟

拜旺酒店

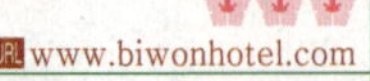

비원호텔 BIWON HOTEL　URL www.biwonhotel.com

Map p.73-E-1

◆酒店位于绿树葱郁的幽静之所，从酒店中可以看到昌德宫、昌庆宫、宗庙。客房采用木质材料，装修明快。视野很好，从酒店高层看到的夜景非常美丽，酒店因此而深受好评。十四层有露天天台。

住 종로구 원남동 36
☎(02)763-5555
FAX (02)763-5554
房间数 81
费 Ⓢ10 万韩元
Ⓣ12 万韩元
C/C ⒶⒹⒿⓂⓋ
交通 地铁 1 号线⑫⑨“钟路 5 街”站 1 号出口出，步行 10 分钟

皇冠酒店

크라운호텔 CROWN HOTEL　URL www.hotelcrown.com

Map 首尔市区地图 -B-2

◆位于距梨泰院徒步可到的范围内，最适合想夜里逛梨泰院的人了。可以使用英语。店员都很亲切，感觉很好。

住 용산구 이태원동 34-69
☎(02)797-4111
FAX (02)796-1010
房间数 191
费 ⓈⓉ14.641 万韩元～
C/C ⒶⒹⒿⓂⓋ
交通 地铁 6 号线⑥③⓪“梨泰院”站 4 号出口出，步行 5 分钟

江边公园酒店

리버파크호텔 HOTEL RIVER PARK　URL www.riverpark.co.kr

地图外

◆该酒店位于市内西部稍远的地方，离金浦机场约 10 分钟车程，因此对于乘坐深夜航班抵达首尔或乘早班航班出行的游客来说十分方便。

住 강서구 염창동 260-4
☎(02)3665-3000
FAX (02)3665-3330
房间数 81
费 ⓈⓉ9 万韩元～
C/C ⒶⒹⒿⓂⓋ
交通 地铁 2、9 号线㉓⑦⑨⑬“堂山”站下车。下车后换乘绿色巴士 6631 路至“盐仓洞东亚公寓”下车即到。

贵族酒店

호텔노블레스&메르디앙 HOTEL NOBLESE　URL www.ihotelnoblesse.com

Map 首尔市区地图 -C-1

◆这是一所融合了欧式和日式风格的混合型风格酒店。客房内备有大型电视机和空气净化机，所有客房均接入互联网，便于商务人士。附近有长安洞古董商业街。

住 동대문구 장안동 465-5
☎(02)2248-9100
FAX (02)2245-4557
房间数 102
费 ⓈⓉ7 万韩元
C/C ⒶⒹⒿⓂⓋ
交通 地铁 5 号线⑤④③“长汉坪”站 4 号出口出，步行 3 分钟

布朗观光酒店

브라운관광호텔 BROWN HOTEL

Map 首尔市区地图 -C-1

◆该酒店为位于市内北部住宅区内的一所中档酒店。有三人间，深受游客欢迎。虽然地理位置稍差，但可以乘坐巴士或出租车前往东大门市场和大学路、景福宫等地。步行可以到达大众化的普门市场。

住 성북구 보문동 4 가 77-2
☎(02)926-6601
FAX (02)923-6602
房间数 50
费 ⓈⓉ7.5 万韩元
C/C ⒶⒹⒿⓂⓋ
交通 地铁 6 号线⑥③⑧“普门”站 6 号出口出，步行 5 分钟

阿斯托里亚酒店
아스토리아호텔 ASTORIA HOTEL

Map p.73-D-3

◆该酒店距离繁华街区很近，非常方便。距地铁站也很近，有两条线路经过，所以到市内各主要景点非常方便。酒店的服务员态度亲切。

住 중구 남학동 13-2
☎(02)2268-7111
FAX (02)2274-3187
房间数 80
费 Ⓢ12.1 万韩元～
Ⓣ15.4 万韩元～
C/C ⒶⒹⒿⓂⓋ
交通 地铁 3、4 号线㉛㊷“忠武路”站 4 号出口出，步行 2 分钟

宜比斯安巴萨达明洞酒店
이비스앰버서더명동 IBIS AMBASSADOR MYEONGDONG URL ambatel.com/ibis

Map p.98-A-2

◆位于明洞的入口处，交通便利。设备堪比特级酒店。所有房间均能上网，非常适合商用。房间没有浴盆，但设有桑拿屋。在明洞是超人气酒店。请提早预约。

住 중구 명동 1 가 59-5
☎(02)6361-8888
FAX (02)6361-8050
房间数 280
费 Ⓢ17.6 万韩元～
Ⓣ19.2 万韩元～
C/C ⒶⒹⒿⓂⓋ
交通 地铁 2 号线202“乙支路入口”站 6 号出口出，步行 3 分钟

Hotel Tea Tree.co
URL www.teatreehotel.com

Map p.136-B-1

◆无论外观还是客房都充满西洋风情，房间宽敞舒适。有些房间还带有露天阳台和泡泡浴缸，比起商务酒店，这家酒店更像是略显豪华的经济型酒店。入住这家酒店可在一层的 NESCAFE 咖啡厅享用免费的早餐。建议想在江南区中心走走，逛逛狎鸥亭、新沙洞林荫道的游客不妨入住这家酒店。

住 강남구 신사동 535-12
☎(02)542-9954
FAX (02)512-9953
房间数 38
费 Ⓣ8.8 万韩元～
C/C ⒶⒹⒿⓂⓋ
交通 地铁 3 号线337“新沙”站 8 号出口出，步行 10 分钟

新东方酒店
뉴오리엔탈호텔 HOTEL NEW ORIENTAL

Map p.98-A-4

◆客房大小适中，价格合理，因此很受欢迎。建筑物较旧，客房布置简洁，基本设施齐全。服务员态度和蔼。酒店距离明洞和南大门较近，推荐以购物为主的游客入住。

住 중구 회현동 3 가 10
☎(02)753-0701
FAX (02)755-9346
房间数 65
费 Ⓢ6.2 万韩元
Ⓣ7.5 万韩元
C/C ⒶⒹⒿⓂⓋ
交通 地铁 4 号线424“明洞”站 4 号出口出，步行 2 分钟

中心酒店
호텔센트럴 CENTRAL HOTEL

Map p.73-D-2

◆从酒店只需 5 分钟即可到达有便利店、电影院等的闹市区，非常方便。三层有男性桑拿浴室，八、九层有卡拉 OK。一层的餐厅提供韩国料理、西餐和咖啡等。

住 중구 장사동 227-1
☎(02)6365-6500
FAX (02)2265-6139
房间数 78
费 ⓈⓉ8 万韩元～
C/C ⒶⒹⒿⓂⓋ
交通 地铁 1、3、5 号线130329534“钟路 3 街”站 13 号出口出，步行 5 分钟

YMCA 酒店
YMCA 호텔 YMCA TOURIST HOTEL

Map p.99-B-4

◆酒店外观和内部设施已经老化，但因距仁寺洞很近，有 6002 路机场大巴停靠该酒店，而且价格便宜，因此较受欢迎。客房内基础设施齐全。

住 종로구 종로 2 가 9
☎(02)734-6884
FAX (02)734-8003
房间数 30
费 Ⓢ6.15 万韩元～
Ⓣ8.8 万韩元～
C/C ⒶⒹⒿⓂⓋ
交通 地铁 1 线131“钟阁”站 3 号出口出，步行 3 分钟

YOUNG BIN HOTEL

영빈호텔 YUNG BIN HOTEL　URL www.youngbinhotel.com

Map p.113-A-4

◆价格实惠，房间宽敞舒适。从这里可以步行前往东大门市场，离这里最近的一个地铁站——东大门历史文化公园站是一个可以换乘 3 号线的换乘站，无论你要去哪里都很方便。这个高 6 层的酒店有互联网，四层的房间有可以免费使用的电脑。另外，酒店还设有洗衣房，二至三层有桑拿浴室。

住 중구 쌍림동 240 번지
☎(02)2277-1141~4
FAX (02)2275-1443
费 4 万韩元～
房间数 34
C/C Ⓐ Ⓓ Ⓙ Ⓜ Ⓥ
交通 地铁 2、4、5 号线(205)(422)(536)“东大门历史文化公园”站 5 号出口出，步行 5 分钟

道罗斯

호텔드로스 HOTEL DOULOS　URL www.douloshotel.com

Map p.73-D-2

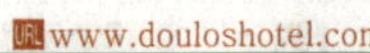

◆位于电影院、餐厅等集中的钟路 3 街上。商务酒店，所有房间带浴房。客房宽敞，档次高。免费的早餐很受好评。投币式洗衣机、自动贩卖机、自由使用的电脑空间等都有配备，适合商务使用或者长期居住的人。

住 종로구 관수동 112
☎(02)2266-2244
FAX (02)2266-8267
房间数 46
费 Ⓢ10 万韩元～
ⓉⓌ13.5 万韩元～
C/C Ⓐ Ⓓ Ⓙ Ⓜ Ⓥ
交通 地铁 1、3、5 号线(130)(329)(534)“钟路 3 街”站 15 号出口出，步行 3 分钟

东横 INN 首尔东大门店

영빈호텔 Toyoko Inn Seoul Dondaemun　URL www.toyoko-inn.com

Map p.113-B-4

◆说起东大门，人们马上就会想到时尚街。实际上，东大门也是一块美食宝地，拥有各种各样的 B 级美食街，小巷里隐藏着许多独具魅力的食铺。东大门历史文化公园地铁站是 3 号线的换乘站，要去别的地方也很方便。

住 중구 광희동 2 가 73 번지
☎(02)2267-1045
FAX (02)2267-1046
房间数 175
费 Ⓢ6.05 万韩元～
Ⓣ8.8 万韩元～
C/C Ⓐ Ⓓ Ⓙ Ⓜ Ⓥ
交通 地铁 2、4、5 号线(205)(422)(536)“东大门历史文化公园”站 4 号出口出，步行 1 分钟

世和庄

세화장

Map p.73-D-1

◆设施比较陈旧，但价格低廉是其魅力所在。位置靠近昌德宫，治安较好。客人多为外国人，感觉类似酒店。可上网。客房有带韩式火炕的房间和带有双人床的房间。

住 종로구 익선동 79
☎(02)765-2881
费 3 万韩元～
C/C 不可
交通 地铁 1、3、5 号线(130)(329)(534)“钟路 3 街”站 6 号出口出，步行 5 分钟

宽郧庄

관훈장

Map p.99-B-1

◆位于任寺洞的小型旅馆。该旅馆已营业 30 余年，现在的老板已是第二代。为外国游客提供温暖的服务。2002 年重新装修后，设备堪比酒店。提供送餐服务。

住 종로구 관훈동 95
☎(02)732-1682
房间数 15
费 3.5 万韩元～
C/C Ⓐ Ⓓ Ⓙ Ⓜ Ⓥ
交通 地铁 3 号线(328)“安国”站 6 号出口出，步行 3 分钟

SELL 汽车旅馆

세일모텔

Map p.73-E-3

◆对于经常旅行的游客而言，忠武路站非常方便，这里离明洞也很近，附近有许多学生聚集之地，地理位置优越。四层是提供给普通商务人士和游客的客房，房间内配有电视机和冰箱等设施。

住 중구 필동 3 가 5-1
☎(02)2279-0131
房间数 31
费 3.5 万韩元～
C/C 不可
交通 地铁 3、4 号线(331)(423)“忠武路”站 1 号出口出，步行 5 分钟

新大元旅馆
신대원여관

Map p.72-B-1

◆深受背包客喜爱的大元旅馆因再开发而搬迁至此并重新开业。旅馆为带有院子的韩式房屋风格，基本上是带有韩式火炕的单间。可提供简单的早餐，有共用的网络。可以安排各主要景点的有偿观光活动。游客如果用手机联系他们，旅馆便可以安排开车到附近去接。

住 종로구 적선동 25
☎(02)735-7891
010-3787-4308(手机)
房间数 14
费 Ⓢ2.7 万韩元～
Ⓣ3.5 万韩元～
C/C 不可
交通 地铁 3 号线㉗“景福宫”站 4 号出口出，步行 1 分钟

游客 A 汽车旅馆
Traveler's A Motel

URL www.travelersa.com

Map p.73-E-2

◆经过重新装修后变成了面向外国人的旅馆，有多人间和单间可供选择。地址位于乙支路 4 街的清溪川路后面，前往任何地方都很方便。有酒吧和茶室，游客可在一起交流。

住 중구 주교동 106-2
☎(02)2285-5511
费 Ⓢ4 万韩元～
Ⓣ6 万韩元～
家庭间 10 万韩元（3 人）、11 万韩元（4 人）
交通 地铁 2、5 号线㉔㉟“乙支路 4 街”站 4 号出口出，步行 3 分钟

首尔背包客
SEOUL BACKPACKERS

URL seoulbackpackers.com

Map p.72-C-4

◆基本都是单间，不是多人间形式。有冷暖空调。房间里有淋浴，可无线上网，大堂还有公用电脑。床铺是大床尺寸，有单人用、双人用。还有一个大床房＋上下铺的 4 人用多人间。

住 중구 남창동 205-125
☎(02)3672-1972
FAX (02)743-4878
费 Ⓢ4.5 万韩元、Ⓦ5.5 万韩元、家庭间 9 万韩元（4 人）
交通 地铁 4 号线㊺“会贤”站 4 号出口出，步行 3 分钟

安国房
ANGUK GUEST HOUSE

URL www.anguk-house.com

Map p.72-C-1

◆建筑风格为传统的韩式房屋，可以体验到韩国风情（房间为带床房间）。老板精通英语。在这里入住的客人来自世界各地，可以开展广泛的交流。入口处有“安国房”的招牌，非常醒目。

住 종로구 안국동 72-3
☎(02)736-8304、
011-387-5905（手机）
费 Ⓢ5 万韩元、Ⓣ7 万韩元～
房间数 5
C/C 不可
交通 地铁 3 号线㉘“安国”站 4 号出口出，步行 3 分钟

礼仁客房旅馆
YE IN GUEST HOUSE

URL www.yeinhouse.com

Map 首尔市区地图 -B-1

◆老板在旅游咨询处工作，除提供有偿翻译服务之外，还开办韩国泡菜教室。客房从多人间到三人间都有，也设有女性专属区域，很有特色。

住 종로구 신교동 75-1
☎019-588-1304（手机）
FAX (02)737-9088 房间数 15
费 多人间 1 人 1.5 万韩元、Ⓣ1 人 2.5 万韩元、女性用 Ⓢ4 万韩元
C/C 不可
交通 地铁 3 号线㉗“景福宫”站 2 号出口出，步行 10 分钟

韩国文化体验馆 刚之家
한국문화체험관

URL www.tuyosi.com

Map p.72-C-4

◆这是家很有人气的家庭体验式旅馆。让客人感觉像是在家里一样。住宿费里包含早餐，还有很多家庭体验的地方和各种教室。早餐是每天都更换的亲手制作的早餐，和老板家里人吃的一样。各房间配可上网的台式机，免费打国际电话。

住 용산구 후암동 60-12-401
☎FAX (02)774-0351
010-9998-2443（手机）
费 成人 68564 韩元（2 人以上每人 54850 韩元）、儿童 41200 韩元
C/C 不可
交通 地铁 1、4 号线⑬㊻“首尔站”11 号出口出，步行 8 分钟

长途电话区号 032

仁川广域市
居民登记人口（2009 年）
2715790 人
仁川广域市面积（2007 年）
1007.47 平方公里

仁川国际机场主页
URL www.airport.or.kr
“机场网”（机场新都市生活信息网）
URL www.iaytn.net

旅游咨询处

位于仁川国际机场一层到达厅的两端。

仁川机场 인천공항

城市功能正在完善中

仁川机场 概要与导览

仁川国际机场所在的永宗岛本是一座宁静的岛屿，在机场投入运营的同时，直通首尔的高速公路也建成了，2010 年随着机场铁路（A'REX）的全线运营和房地产开发项目的进行，城市功能也逐步得到了完善。机场附近有包括特级机场酒店、易买得（E-MART）在内的购物中心。

仁川机场

S 商店　E 娱乐设施　H 酒店

如果要找便宜的酒店和大众化的餐饮，可以乘坐机场铁路到位于第二站“云西”站地区的“机场新都市”会比较方便。大约 5 万韩元即可住宿，并提供至机场的接送服务，对于乘坐早晨出发的航班和乘坐深夜航班抵达的游客来说非常便利。

岛的西侧还保留有丰富的自然景观，有着与现代化的机场完全不同的风景。因电影《实尾岛》而闻名的实尾岛和一开海水浴场是著名的旅游胜地。

仁川凯悦酒店

Access 交通方式

从首尔、釜山前来的推荐线路

→**乘坐机场巴士很方便**

※ 从釜山出发的话可以经过首尔前往

前往其他城市

[ ] 内为推荐的交通工具

▼机场新都市［机场铁路（A'REX）］
5:27~23:46（每小时 3~6 列，需时 7 分钟）

▼舞衣岛入口、乙旺里
海水浴场［市内巴士 111、302、306 路］
从出发层 3、9 号乘车处登车，用时约 20 分钟

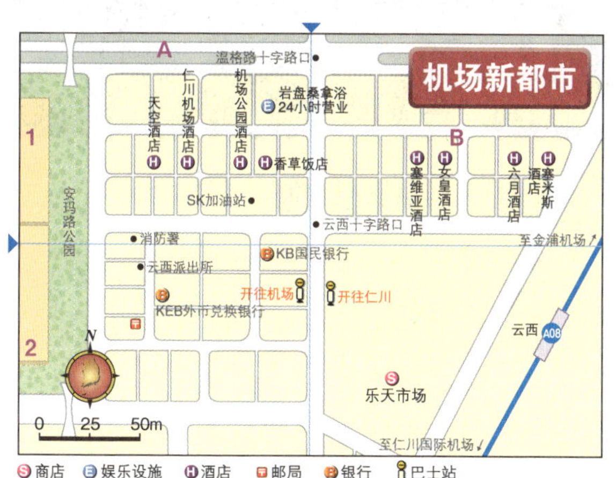

机场新都市的标志性建筑——乐天市场

在机场新都市可以品尝到大众美食

商店 / 咖啡吧 / 休闲 / 娱乐
Shop / Coffee bar / Leisure / Entertainment

天堂金门赌场
PARADISE GOLDEN GATE CASINO

Map p.162-B-2

◆从机场乘坐短途巴士约 2 分钟，位于仁川凯悦酒店（Hyatt Regency Incheon）内真正的赌场。不愧是由首尔、釜山有名的天堂酒店集团（PARADIS）经营，可以在时尚、高雅的氛围中安心享受游戏的乐趣。

住 중구 운서동 2850-1 1 층
☎ (032)745-8880
营 24 小时
休 无
C/C Ⓐ Ⓓ Ⓙ Ⓜ Ⓥ

酒 店
Hotel

仁川凯悦酒店
HYATT REGENCY INCHEON

Map p.162-B-2

◆位于仁川机场内的最高等级酒店。

住 중구 운서동 2850-1

☎ (032)745-1234
费 会有变动，需要咨询。
C/C Ⓐ Ⓓ Ⓙ Ⓜ Ⓥ
URL www.incheon.regency.hyatt.com

仁川 인천

备受期待的国际港口城市

长途电话区号 032

仁川广域市
居民登记人口（2009 年）
2715790 人
仁川广域市面积（2007 年）
1007.47 平方公里

从首尔到仁川

【铁路】

乘坐与首尔的地铁 1 号线相连接的 KORAIL 京仁线比较方便。

所需时间：约 50 分钟（从首尔站。也有从龙山站出发的快车）

费 1500 韩元

仁川广域市主页

URL www.incheon.go.kr

旅游咨询处

仁川站前的旅游咨询处

Map p.167 上 -A-1

☎(032)777-1330

营 4~9 月 9:00~20:00
10 月 ~ 次年 3 月 9:00~18:00

市内交通

【地铁】

仁川 1 号线从市中心开始沿东侧呈南北走向，终点站“桂阳”站与机场铁路（A'REX）相连。

仁川广域市地铁公司

☎(032)451-2114

营 5:30~24:00

费 1100 韩元（第一次乘坐）

【巴士】

市内巴士价格一律为 1000 韩元。

仁川 概要与导览

仁川位于首尔以西 40 公里处，长期以来作为首尔的对外港口而闻名。有通往中国的天津、威海、青岛、丹东、大连等地的国际航线，也有通往济州岛的国内航线。生活中心地区位于与首尔地铁 1 号线相连接的 KORAIL“东仁川”站周边地区，这里集中了行政街和面向年轻人的繁华街道。从东仁川至中华街的途中，中区政府周边保留着许多中式的民居和近代建筑，这些是仁川作为贸易港口发展时期的遗留物。

从仁川站向西 2 公里左右即为月尾岛地区。这里有游船乘船处和散步用的小路，是一处旅游景点。西边是大海，黄昏时的景色非常美丽，前往新机场所在的永宗岛的渡船就从这里出发。

可以享受生鱼片的综合鱼类市场

回到东仁川站后向南约 4 公里就是沿岸码头地区。这里除了有第一国际旅客客运码头外，还有综合鱼类市场和经营生鱼片的百货店，前来选购新鲜的海产品的游客很多。再往市区的南部延寿区走，就是松岛地区。“松岛游乐园”一直是深受当地人喜爱的游乐园，并已经成为松岛的代名词。

	1 月	2 月	3 月	4 月	5 月	6 月	7 月	8 月	9 月	10 月	11 月	12 月
平均最高气温（℃）	0	2	7	14	19	23	26	27	24	28	10	3
平均最低气温（℃）	-5	-3	1	7	12	17	21	22	17	11	3	-2
平均降水量（mm）	47.1	1.5	2.7	27.1	63.5	62.3	78.7	591.0	210.2	20.9	32.3	22.1

仁川 美食、住宿信息

仁川有代表性的美食是中国菜和海鲜。中国菜是随着19世纪末的仁川开港而由中国人带来的，其中就有转化为韩国风味、并作为大众化食物而广受欢迎的炸酱面，据说仁川是其发祥地。若想品尝中国菜的话，一定要去仁川站前的中国街。

新建的韩中文化馆

品尝海鲜可以前往郊外的苏莱浦口（Map p.68-B-2）。那里经营生鱼片的饭店林立，多达数百家，可以让你品尝到新鲜的生鱼片，还可以看到涨潮时渔民在船上卖鱼的情形。从KORAIL（直通首尔地铁1号线）的济物浦站乘21路巴士，或是从“朱安站”乘38路巴士至苏莱浦口入口下车即可抵达。

名小吃“炸酱面”

原第十八银行仁川支行

由于从首尔到这里一天就可往返，所以在仁川，供游客住宿的设施不多。与车站周边地区相比，松岛和月尾岛周边地区有较多舒适的汽车旅馆和其他旅馆。

仁川市区

A B C
1 2 3

西区 富平区 东区 中区 南区 延寿区 南洞区

西仁川I.C. 哥伦比亚军队参战纪念碑 西富兰斯医院 西区文化会馆 富平I.C. 葛山 富平观光酒店 富平区政府 塞尔高中 安医院 栗岛 石民医院 格格酷市场 京仁高速公路 铁马山 165 富平市场 大仁医院 富平市场 乐天百货店 现代百货店 芍药岛 北港 东仁川女子中学 富平西中学 富平 富平导游 佳佐I.C. 佳亭女子高中 白云观光酒店 东树 月尾岛文化街 花岛镇址 仁川医院 白云 백운 湖面寺 仁川 인천 自由公园 中央市场 东仁川 동인천 法成寺 富平三岔路口 满月山 187 月尾岛 仁川天堂酒店 龙华寺 铜岩 동암 第二国际旅客客运码头 桃源 도원 济物浦 제물포 道禾 도화 朱安 주안 间石 간석 药师寺 p.167右下 p.167上 间石五岔路口 月尾岛旅游咨询处 仁川港 公设运动场 寿峰观光酒店 寿峰山 104 道禾I.C. 京仁线 银河酒店 绿宝石汽车旅馆 小月尾岛 水产中心 寿峰公园 大汽车旅馆 世光医院 利德汽车旅馆 沿岸码头 仁川综合鱼市场 仁荷大医院 仁川市政府 李尹生姜氏郑吕 市民会馆 皇家酒店 沿岸旅客客运码头 第一国际旅客客运码头 新星酒店 西海观光酒店 扬子汽车旅馆 艺术会馆 开港100周年纪念塔 仁川综合文化艺术会馆 仁川综合总站旅游咨询处 沿岸码头生鱼片市场 南港 仁川综合总站 新世界百货店 农产品批发市场 仁川乡校 仁川综合巴士总站 仁川广播局 文鹤综合体育场 南洞I.C. 文鹤体育场 松岩美术馆 文鹤山 213 青鹤游泳馆 文鹤山城 承基川 情人节酒店 仁川市立博物馆 仙鹤 仁川登陆作战纪念馆 茅舍寺庙 仁川红十字医院 兴伦寺 新延寿 韩乌尔塔利 松岛游乐园 松岛华美达酒店 p.167左下 源仁斋 至苏莱浦口4km

N 0 1 2km

主要景点 S商店 G餐厅 H酒店 i旅游咨询处 学校 医院 高速公路

Access 交通方式

从首尔、釜山前来的推荐线路

→乘坐首尔地铁 1 号线很方便

首尔站→仁川站：5:20 ~ 次日 0:09（每隔 5 ~ 10 分钟一班车，用时约 50 分钟）

※ 从釜山出发的话可以经过首尔前往

前往其他城市

[ ] 内为推荐的交通工具

▼仁川国际机场［市外巴士、座席巴士 306 路］
6:10~22:30（每隔 12 分钟一班车，用时 1 小时 10 分钟）

▼爱宝乐园［市外巴士］
7:15~18:40（每天 29 班，用时 1 小时 50 分钟）

▼江华岛［市外巴士］
5:10~21:30（每隔 15 分钟一班，用时 2 小时）

▼春川［市外巴士］
6:40~19:30（每天 18 班，用时 2 小时 45 分钟）

▼原州［市外巴士］
6:15~20:30（每天 22 班，用时 2 小时 20 分钟）

▼清州［市外巴士］
6:30~20:10（每天 25 班，用时 2 小时）

▼天安［市外巴士］
6:00~21:00（每天 43 班，用时 1 小时 30 分钟）

▼儒城［市外巴士］
6:10~20:30（每天 21 班，用时 2 小时 30 分钟）

▼济州岛 ［渡轮］
OHAMANA 号（周一、周三、周五的 19:00 出发、用时 13 小时 30 分钟）URL www.cmcline.co.kr

铁路

距离华人街最近的车站是仁川站。

■仁川站
Map p.167 上 -A-1

巴士

去往巴士总站时，乘坐地铁 1 号线，在“仁川总站”站下车。

■仁川综合巴士总站
Map p.165-C-3 ☎ (032)430-7114

船

去往济州岛的渡轮从沿岸旅客客运码头出发。去往中国的话从国际旅客客运码头（有第一客运码头、第二客运码头）出发。

■沿岸旅客客运码头 / 연안여객터미널
Map p.165-A-2 ☎ (032)889-7800
营 18:00~19:00（售票窗口） 休 周日

■国际旅客客运码头 / 국제여객터미널
Map p.165-A-2（第一） Map p.167 上 -B-2（第二）
☎ (032)891-3322（丹东航线）
☎ (032)891-7100（大连航线）
☎ (032)891-5858（营口航线）
☎ (032)891-9600（秦皇岛航线）
☎ (032)777-8260（天津航线）
☎ (032)891-8800（烟台航线）
☎ (032)777-0490（青岛、威海航线）
☎ (032)891-8877（石岛航线）
☎ (032)770-3700（连云港航线）
营 开船 3 小时前 ~ 开船时间
休 周日
URL www.incheonferry.co.kr

※ 第一国际旅客客运码头为丹东、大连、营口、秦皇岛、烟台、石岛航线，第二国际旅客客运码头为天津、青岛、威海、连云港航线。

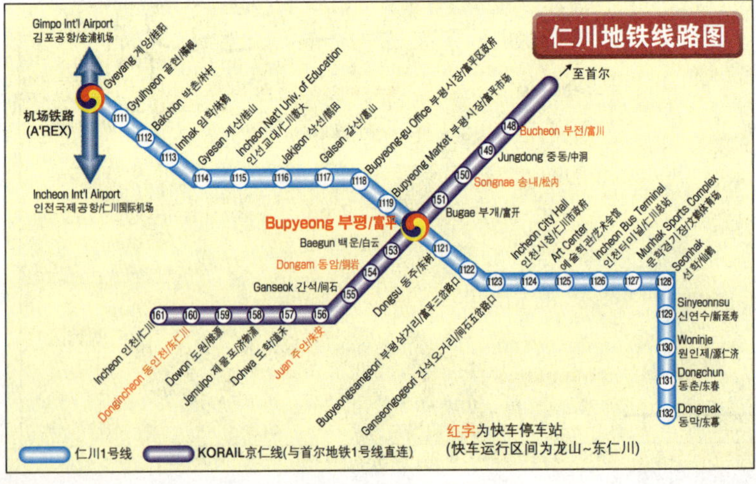

仁川市中心
北城洞
中华街(China Town)
松林庄
白色酒店
圣庄酒店
仁川 인천
复来春
自由公园
第三牌楼
紫金城
一牌楼
仁川城市旅游巴士发车点
孔子像
麦克阿瑟像
仁川天堂酒店
仁川广域市历史资料馆
中国式房屋
WOORI银行
中区区政府
本土
仁川圣公会
文化观光信息中心
原第十八银行仁川分行
第二牌楼
原第五十八银行仁川分行
中央洞
中区
新浦洞
仁川地方警察厅
SC第一银行
新浦市场
KB(国民银行)
明洞饺子店
警察署
沓洞圣堂
原第一(朝鲜)银行仁川分行
(月尾观光特区宣传馆)
新兴小学
仁川邮局
KEB外市兑换银行
沓洞环形交叉路
木兰
宇成汽车旅馆
沓洞公园
市立图书馆
KB(国民银行)
松岛中学
海光寺
LG加油站
仁川女子商业高中
新兴洞
第二国际旅客客运码头
易买得
仁岘洞
麦当劳
瑞士汽车旅馆
皇家庄
梨花庄
东仁川 동인천
韩亚银行
中央市场
WOORI银行
0 150 300m

松岛
步行很快就到达
Eldorado
松岛游乐园入口
全家餐厅
城市旅游乘车处
黄土汽车旅馆
阿尔卑斯汽车旅馆
仁川市立博物馆
松岛游乐园运动场
贝加尔汽车旅馆
丝绸之路汽车旅馆
企业银行
LG25
城市旅游乘车处
仁川登陆作战纪念馆
M汽车旅馆
顶峰酒店
拉玛汽车旅馆
牡丹阁
庆福宫
大豆芽解醒汁
松岛梭子蟹海鲜餐厅
名门炭火烧烤
大岩公园
松岛公园炭火烧烤
NOLBOO泡菜
成真韩牛村总店
圣塔菲
阿里阿里郎
善洪老头鱼
宫中乌骨鸡
万里长城
河东蚬贝村
明洞面条
宫中参鸡汤
松岛MLUTOMBON
松岛华美达酒店
喜来登
停车场
松岛香肠
0 100m

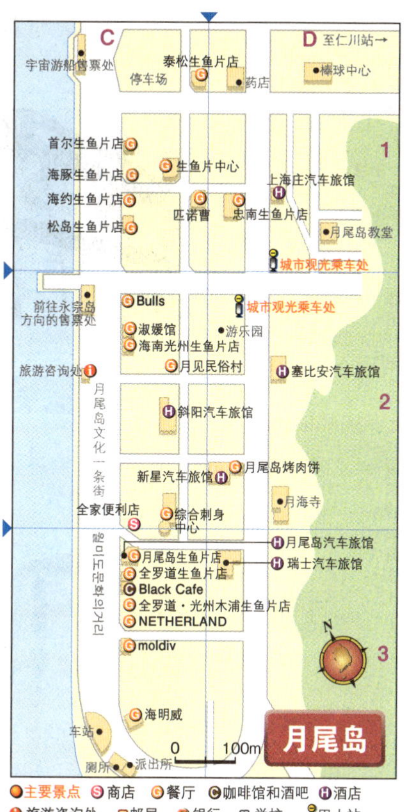
月尾岛
至仁川站→
宇宙游船售票处
泰松生鱼片店
停车场
药店
棒球中心
首尔生鱼片店
生鱼片中心
海豚生鱼片店
上海庄汽车旅馆
海约生鱼片店
匹诺曹
忠南生鱼片店
松岛生鱼片店
月尾岛教堂
城市观光乘车处
Bulls
前往永宗岛方向的售票处
城市观光乘车处
淑媛馆
游乐园
海南光州生鱼片店
月见民俗村
旅游咨询处
塞比安汽车旅馆
月尾岛文化一条街
斜阳汽车旅馆
月尾岛烤肉饼
新星汽车旅馆
月海寺
全家便利店
综合刺身中心
월미도문화의거리
月尾岛汽车旅馆
月尾岛生鱼片店
瑞士汽车旅馆
全罗道生鱼片店
Black Cafe
全罗道·光州木浦生鱼片店
NETHERLAND
moldiv
海明威
车站
厕所
派出所
0 100m
主要景点 商店 餐厅 咖啡馆和酒吧 酒店
旅游咨询处 邮局 银行 学校 巴士站

仁川城市旅游

【线路（市内、机场线）】

仁川站→月尾岛→移民史博物馆→仁川港→月尾传统公园→沿岸旅客客运码头→沿岸综合鱼类市场→In Spa World→儿岩岛→松岛 Convensia 国际会议中心→干泻塔→未来之城（Tomorrow City）→城市发展规划馆(Compact Smart City)→仁川大桥→仁川国际机场→仁川凯悦酒店（Hyatt Regency Incheon）→巨蚕浦入口→马西岸海滩→天女岩→乙旺里海水浴场→王山海水浴场→北侧防潮堤→三木码头入口→未来之城（Tomorrow City）→仁川松岛华美达酒店→松岛游乐场→仁川登陆作战纪念馆→水道局山·庶民之街博物馆→花岛镇公园→仁川站

营 10:00、11:00、12:00、13:00、14:00、15:00、16:00、17:00（所需时间2小时30分钟~3小时）
费 7000韩元
休 无
☎ 江西观光 (032)772-4000

中央洞
住 중구 중앙동
交 KORAIL 京仁线⑯⓪“东仁川”站、⑯①“仁川”站

中华街
住 중구 북성동
☎ (032)777-1330（综合旅游咨询处内）
交 KORAIL 京仁线⑯①“仁川”站。下车后步行10分钟。

仁川登陆作战纪念馆
Map p.167 下 -B-1
住 연수구 옥련동 525
☎ (032)832-0915
营 9:00~18:00
休 周一、元旦
费 免费
交 6、16路巴士“松岛游乐场”。从东仁川站前出发，每10分钟一班

仁川 主要景点

中央洞중앙동

Map p.167 上 -A-1

走过开化 100 年的历史

★★★

中华街附近、第二牌楼所在的街道是曾经的清租界和日本租界的交界处，西侧是一排有着中式阳台的建筑，东侧则保留有原第一银行（后为朝鲜银行）、原第十八银行、原第五十八银行各自设在仁川的支行的旧址。中区政府本身也是用日本侵占时期的近代建筑。

原第一银行现为市“弘报馆”，内部可以参观

圆顶和阳台是原第五十八银行的特征

中华街 China Town 차이나타운

Map p.167 上 -A-1

韩国中国街的起源

★★★

1883年开港后，仁川有大量中国商人居住，热闹非凡。1942年，华侨人口突破8万人，独立后的1946年减少至1.7万人，由于朝鲜战争后压制华侨等原因，中国街逐渐萧条。1992年中韩建交后，这里作为景点也得到修缮。

至今仍保留有中式的民居

清租界和日本租界交界处的街道

仁川登陆作战纪念馆인천상륙작전기념관

Map p.167 下 -B-1

载入史册的大作战

★★

1950年朝鲜战争期间，联合国军从仁川海岸登陆。为纪念这次战役而修建了这座纪念馆。馆内有放映室，也有展示资料的地方，这些资料彻底对比了韩国和朝鲜从军事到生活等各方面的情况。室外展示有坦克、战斗机等当时使用过的各种武器。

占地面积巨大的仁川登陆作战纪念馆

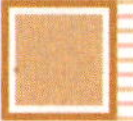
餐厅
Restaurant

松岛 MLUTOMBON
송도물텀벙

◆ MLUTOMBON 在仁川指鮟鱇。在仁川，这种鱼和豆芽、西芹等蔬菜一起煮，或者用平底锅烧着吃。鮟鱇汤（小份 3 万韩元、中份 4 万韩元）、煮鮟鱇（大份 4.5 万韩元）。地点位于松岛华美达酒店附近。

Map p.167 下 -A-3
住 연수구 동춘동 618-5
☎ (032)832-3900
营 10:00~22:00
休 春节、中秋节
C/C A J M V

阿里阿里郎
아리아리랑

◆在这里可以品尝到竹筒饭，是将米装入竹筒煮，加入少许竹盐调味而制成的独特米饭。广受欢迎的菜品有：将烤肉拍碎做成汉堡形状的烤肉饼套餐售价 2.5 万韩元，酱渍梭子蟹泡菜售价 2 万韩元（套餐 3 万韩元）。

Map p.167 下 -A-2
住 연수구 동춘동 819-6
☎ (032)833-0505
营 11:30~21:30
休 春节、中秋节当天
C/C A D J M V

紫金城
자금성

◆虽然中国街已成为历史，但许多中国人经营的炸酱面店还在传承，紫金城如今作为中国街复兴的象征而闻名。清汤炸酱面售价 5000 韩元，加入许多打卤的正宗炸酱面售价 6000 韩元。

Map p.167 上 -A-1
住 중구 북성동 3 가 10-4
☎ (032)761-1688
营 11:00~22:00
休 春节、中秋节
C/C A J M V

酒店
Hotel

仁川天堂酒店
파라다이스호텔인천

◆适合商务人士。有前往东大门市场的免费短途巴士。宾馆位于高台上，视野很好。桑拿浴和会员制健身馆等设施齐全。

Map p.167 上 -A-1
住 중구 항동 1-3-2 ☎ (032)762-5181
费 22.9 万韩元～ 房间数 172
C/C A D J M V
URL www.paradiseincheon.co.kr

松岛华美达酒店
라마다호텔송도

◆地下的海水桑拿浴颇受好评，此外，一边眺望大海一边享用自助餐也极受欢迎。

Map p.167 下 -A-3
住 연수구 동춘동 812 ☎ (032)832-2000
费 24.42 万韩元～ 房间数 204
C/C A D J M V
URL www.ramada-songdo.co.kr

皇家酒店
로얄호텔

◆“间石五岔路口”地铁站距酒店仅 20 米距离，交通方便。自助餐也很受欢迎。

Map p.165-C-2
住 남동구 간석동 173-4
☎ (032)421-3300
费 16 万韩元～ 房间数 118
C/C A D J M V URL www.royalhotel.co.kr

月尾岛汽车旅馆
월미도모텔

◆位于月尾岛的文化一条街，2005 年经过装修改造，非常整洁。

Map p.167 下 -C-3
住 중구 북성동 ☎ (032)761-1116
费 平日 4 万韩元，周日、节假日 6 万韩元
C/C A D J M V

塞比安汽车旅馆
세피안모텔

◆旅馆位于游乐场的前方，便于在月尾岛周围观光。需要注意的是，周六和暑假旅游旺季期间价格会上调。

Map p.167 下 -D-2
住 중구 북성동 1 가
☎ (032)773-0202
费 3.5 万韩元
C/C A D J M V

长途电话区号 032

江华岛
居民登记人口（2009年）
67049人
江华郡面积（2007年）
411.30平方公里

旅游咨询处
江华综合巴士总站咨询处
Map p.171-A-1
☎(032)930-3515 或不拨区号、直接拨打 1588-1717
营 9:00~17:00
🌐 www.ganghwa.incheon.kr

江华岛 강화도

享受历史之旅的岛屿

江华岛 概要与导览

江华岛是一座位于首尔西北方的岛屿，与金浦市隔着狭窄的海峡相望。自古以来，这里就是国王战乱时的避难所，起着重要的作用。特别是许多为防止外国入侵而修建的国防工事遗迹仍保留着，诉说着经历过数次战祸的历史。江华岛距南北军事分界线也较近，在岛的北端可以看到朝鲜（需要注意的是，其中有大半区域为禁止进入的区域）。说起江华岛，让人难忘的是韩国三宝刹之一、位于大邱附近的海印寺的八万大藏经。大藏经是于1251年在当时高丽王朝的首都所在地江华岛完成的，在江华岛保管了约150年后收藏于海印寺。

岛屿的中心是江华山城所在的岛东部。江华山城是建于13世纪的城郭，现存的城门是经过修复、改建而成的。城郭周围有出售江华岛特产的礼品市场等，从首尔发往江华岛的巴士总站也位于该中心地区。各景点从城市的中心地区开始呈放射状分布，不乘坐巴士或出租车则很难快速游览。岛的南部有江华岛最高的山——摩尼山，登上山可以把江华和仁川尽收眼底。位于岛西部的席毛岛上有一处名为普门寺的观光景点，可乘郡内巴士至外浦里（约50分钟），再换乘渡船前往。

由于大多数游客选择从首尔出发前往江华岛进行一日游，这里的住宿设施较少。唯一的观光酒店也停业了，若要住宿只能住旅馆或青年旅舍。也有几家冷清的旅馆，从巴士总站向西北方向步行约15分钟即可到达。

现存于海印寺的八万大藏经

岛上的特产花纹席制品

芜菁泡菜是当地的名产

Access 交通方式

从首尔、釜山前来的推荐线路

→乘坐市外巴士很方便

※ 从釜山出发的话可以经过首尔前往

新村→江华综合巴士总站：5:40~23:30（3000路巴士，每隔 10 分钟一班，用时 1 小时 10 分钟）

※ 新村的巴士总站取消了，在地铁“新村”站旁边的巴士车站坐 3000 路巴士

前往其他城市

[ ] 内为推荐的交通工具

▼仁川 [市外巴士]

4:21~21:10（每隔 20~30 分钟一班，用时 2 小时 20 分钟）

☎(032)933-6801

巴士

■江华综合巴士总站

Map p.171-A-1 ☎(032)934-9811

江华山城南门

江华综合巴士总站

江华岛中心区 / 江华岛

● 主要景点 Ⓢ 商店 Ⓖ 餐厅 Ⓗ 酒店 ⓘ 旅游咨询处

市内交通

【郡内巴士】

1000 韩元～（采用区间制，票价不统一）

▼观光景点巡游巴士线路

江华综合巴士总站→江华历史馆→广域堡→草芝镇→黄山岛→传灯寺→温水里→涵之虚洞天→净水寺入口→东幕海水浴场→兴旺里→厚浦港→华道→外浦里→外省里→和平展望台→长井里→支石墓→西门→江华综合巴士总站

巴士总站出发时间

9:00、10:00、11:00、12:10、13:20、14:20、15:20、16:30、17:30、18:30、19:40

费 1000 韩元

中途下车参观完景点后，再次乘车时须再支付 1000 韩元。

1、2 路巴士线路相同，2 路按路的反向行驶，两者构成一个循环。

推荐想环游广阔的江华岛的游客乘坐这种巴士，但班次较少。在中途乘车无法预测巴士抵达的时间，所以很不方便。比较明智的办法是以巴士总站为据点，前往传灯寺等地时最好乘坐直达巴士。

观光景点巡游巴士

小特辑

江华岛的主要景点

从首尔可以到江华岛一日游

从首尔市内有许多班巴士发往江华岛，是享受一日游悠闲旅行的绝佳线路。

普门寺

释迦牟尼涅槃像和五百罗汉像最值得一看。石佛也很有意思。从首尔出发的一日游仅参观这些景点就很有收获。

1 江华山城西门　2 草芝镇也展示有大炮　3 景色宜人　4 作为世界遗产的支石墓　5 美景摩尼山　6 普门寺的浮雕石佛很独特　7 普门寺的释迦牟尼涅槃像

DATA

普门寺

Map p.171-A-2 住 인천시 강화군 삼산면 매음리 629
☎(032)933-8271 营24 小时 休 无 费19 岁以上 2000 韩元、13~18 岁 1500 韩元、12 岁以下 1000 韩元、6 岁以下免费；停车费：小型车 2000 韩元、大型车 5000 韩元 交通 从首尔的新村站到江华综合巴士总站约 1 小时 10 分钟。从江华综合巴士总站到外浦里码头约 50 分钟。从外浦里码头乘船（13 岁以上 2000 韩元、12 岁以下 1000 韩元、6 岁以下免费）到席毛岛的石浦里码头约 10 分钟。从石浦里码头乘坐开往普门寺的郡内巴士约 15 分钟。需要注意的是，没有出租车 URL www.bomunsa.net

江华岛 主要景点

江华历史博物馆강화역사박물관 Map p.171-A-1

整洁又便于参观的博物馆 ★★★

这里集中展示了江华岛的相关历史。1988年开馆，馆内分各个展厅介绍江华的历史。八万大藏经的制作情形等实物模型展示非常真实。岛上有多处战争遗迹和城郭，但去参观之前最好在这里先了解下大致情况。眺望着岛上悠然、恬静的风景，很难想象这里在13世纪曾面临蒙古人入侵的危机，19世纪时曾与法国和美国交战，之后又遭日本强行开放门户的历史。

制作八万大藏经时的情形

江华历史博物馆
住 인천광역시 강화구 하점면 부근리 350-4
☎(032)930-7085
营 9:00~18:00
休 周一、元旦、春节、中秋节当天 费 成人1500韩元、儿童1000韩元
交通 乘坐郡内1、2、23、24、25、26、27、30、32、35路至“江华历史博物馆”。

江华山城강화산성 Map p.171-B-1

曾经的王都遗迹 ★★

13世纪前期，高丽高宗时期，为抗击蒙古人，首都迁至江华岛，当时所建造的都城就是江华山城。城中有东西南北四处大门，江华铜钟的钟声敲响之时，所有城门都会打开。随着时间的流逝，楼阁和楼门消失了，现存的东西南北四处大门都是复原而来的。据说，法军曾想抢夺铜钟，但因钟重达4吨，无法搬运而作罢。

江华山城

江华山城
住 강화군 강화읍
营 24小时
费 免费
交通 在江华综合巴士总站下车，朝西北方向步行5分钟。

摩尼山마니산 Map p.171-A-3

江华岛上最高的山 ★★

摩尼山位于岛的南侧，海拔468米，是江华岛上最高的山。长白山位于朝鲜半岛北段，横跨与中国的国界，汉拿山位于朝鲜半岛南端的济州岛，摩尼山恰好位于两座山边线的中间。

摩尼山作为灵山有着地理学意义，因此许多人来到江华岛攀登摩尼山。登上山顶约需1小时，山顶有具有神话色彩的堑城坛，是祭天的场所，又称祭天台。站在坛上放眼望去，江华的景色尽收眼底。

从堑城坛沿东南方向下山，则来到建于7世纪的著名古刹——净水寺。寺中的水非常有名，有许多茶道专家专程来此品尝用寺中之水煮泡的茶。山脚下有许多住宿设施，由于摩尼山易于攀登，推荐想住宿一晚的人在此住宿。

摩尼山
住 강화군 화도면 상방리 360
☎(032)930-7068
营 6:00~18:00
休 无
费 1500韩元
交通 乘坐开往“江华岛”的郡内巴士在终点江下车，往东步行约300米。约需30分钟。
※江华综合巴士总站始发，每隔20～30分钟。用时约30分钟
※从新村发车的3100路巴士每小时1班，可以到摩尼山的前面。车站在地铁2号线㉔“新村”站8号出口附近。（与开往江华岛的3000路巴士是同一个车站）

传灯寺전등사 Map p.171-B-3

城郭中的千年古刹 ★★

传灯寺是位于岛南部的县足山山脚下的千年古刹。位于三郎城中，保存非常完好。传灯寺在创建之初名为真宗寺，由于高丽忠烈王的王妃

传灯寺
住 강화군 길상면 온수리 635
☎(032)937-0125
营 7:00~19:00
休 无 费 2500韩元
交通 乘坐郡内巴士到“温水里”下车，下车后步行约20分钟
※从江华综合巴士总站发抵，每隔30分钟一班，约需15分钟。

宋代的梵钟

传灯寺

公主向佛典献灯之事而改名传灯寺。寺内有钟楼、大雄殿、药师殿等。寺内的钟在中国宋朝时作为梵钟，高 1.6 米，直径 1 米，于 11 世纪初造于中国河南省，不知何种原因而移至江华。每年旧历的四月初八举行花祭，全山献灯，映照出非常灿烂的美丽景色。

草芝镇
住 강화군 길상면
☎ (032)930-7072
营 9:00~18:00
7~8 月 9:00~19:00
休 无
费 700 韩元
交通 乘坐观光景点巡游巴士到“草芝镇”下车。
※ 从江华综合巴士总站发抵，每天 9 班

草芝镇초지진

Map p.171-B-3

与日本颇有渊源的要塞

★★

对岸就是金浦市

江华岛自古就建有数座要塞，是为了保卫首都首尔不为外敌所侵，以及阻止海上入侵。进入近代，为谋求开放门户，列强诸国的舰船开始在近海出没，草芝镇于 1656 年设置炮台，是一处与日本有着历史渊源的地方。1875 年，接近江华岛的日本军舰云扬号被炮弹击中，后称江华岛事件，而发生这一事件的地方就是草芝镇的炮台。以此为口实，李氏王朝被迫与日本签订了不平等条约，被迫开国。现在的要塞里仅保留了一门当时炮击使用的大炮。

草芝镇的大炮

草芝镇

江华支石墓
住 강화군 하점면
☎ 无
营 24 小时
费 免费
交通 乘坐郡内巴士到“仓后里”下车，或者乘坐开往“河岾面”的巴士到“支石墓前”下车
※ 从江华综合巴士总站发抵，约需 15 分钟

江华支石墓강화지석묘(고인돌)

Map p.171-B-1

被列入世界遗产

★★

支石墓是指在公元前 1000 年到前 100 年左右以巨石建造的墓。江华岛的支石墓形状是被称为“北方式”的桌状。岛上有各种大小不一的支石墓，照片中所示的位于河岾面的支石墓最为有名。

被列入世界遗产的江华支石墓

土特产市场
住 강화군 강화읍 갑곶리 1089
☎ (032)934-1318
营 8:00~19:00
※ 餐厅营业至 21:00
休 春节、中秋节
交通 从江华综合巴士总站出站后，过马路，向右步行 2~3 分钟，即到市场入口

土特产市场풍물시장

Map p.171-A-1

了解江华岛百姓的生活情形

★

保留在江华岛的传统市场于 1993 年重新开放，再现了当年的繁华景象。岛上的人们到此处购买江华岛的特产、日常工艺品、蔬菜、水果等。这里是一座露天市场，充满了江华岛百姓的生活气息。

餐 厅
Restaurant

阿鲁米高鲁花园
알미골가든

Map p.171-A-1

◆位于江华人参中心对面的餐厅，距离巴士总站和土特产市场都很近，在这里吃午餐比较方便。使用特产人参制成的高丽人参石锅拌饭售价 6000 韩元，非常独特，还奉送著名的芜菁泡菜。

住 강화군 강화읍 갑곶리 197-1
☎ (032)934-3962
营 9:30~21:30
休 元旦、春节、中秋节
C/C A D J M V

商店 / 咖啡吧 / 休闲 / 娱乐
Shop / Coffee bar / Leisure / Entertainment

江华土特产市场
강화토산품판매장

Map p.171-A-1

◆市场内部空间很大，有销售各种土特产的店铺。著名的被称为花纹席的花席、稻草工艺品和高丽人参等价格合理。由于是产地直销，比首尔便宜，比较实惠。

住 강화군 강화읍 남산리 14-3
☎ (032)932-4010
营 8:30~19:00
休 无
C/C 因店铺而异

江华人参中心
강화인삼센터

Map p.171-A-1

◆由于气候和地质的原因，江华岛自古就作为 6 年高级高丽人参的产地而闻名。由于这里是作为江华农协的合作销售点运营的，所以可以很低的价格购买到高丽人参。从江华巴士总站出站后向右步行 10 分钟即到。

住 강화군 강화읍 갑곶리 844-1
☎ (032)932-1782
营 9:00~18:00
休 8 月第三个周一
C/C 因店铺而异

酒 店
Hotel

江华青年旅舍
강화유스호스텔

Map p.171-A-2

◆有男女分开的多人间。10 人以上可以 6000 韩元的价格提供早餐。乘坐开往外浦里的郡内巴士即可到达（每小时 3 班）。

住 강화군 내가면 외포리 177
☎ (032)933-8891
费 6 人客房 7 万韩元
C/C A D J M V

从首尔出发去往江华岛的巴士变更

以前，从首尔去往江华岛时，是乘坐从新村巴士总站始发的市外巴士，但是现在取消了新村巴士总站，所以去往江华岛的巴士改为市内巴士。乘车地点在地铁 2 号线的“新村”站 8 号出口附近。这比以前离江华岛更近。在这去往江华岛的乘坐 3000 路，去往摩尼山的乘坐 3001 路。

3000 路巴士

3000 路、3001 路巴士停车站

DMZ
首尔
江陵
仁川机场
利川
安东
大田
庆州
大邱
釜山
光州

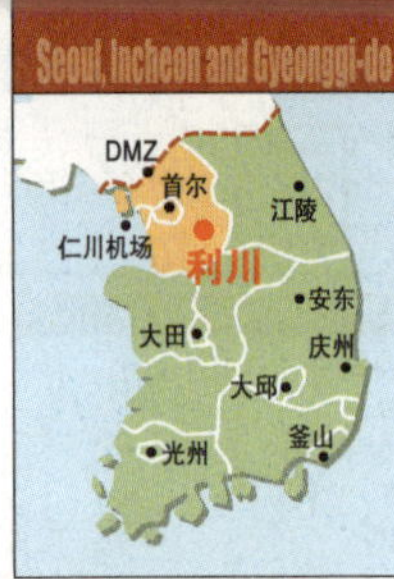

长途电话区号 031

利川市
居民登记人口（2009 年）
197496 人
利川市面积（2007 年）
461.29 平方公里

旅游咨询处
Map p.176-B-2
☎(031)634-6770
营 10:00~17:00

利川 이천

名陶和温泉之乡、米仓

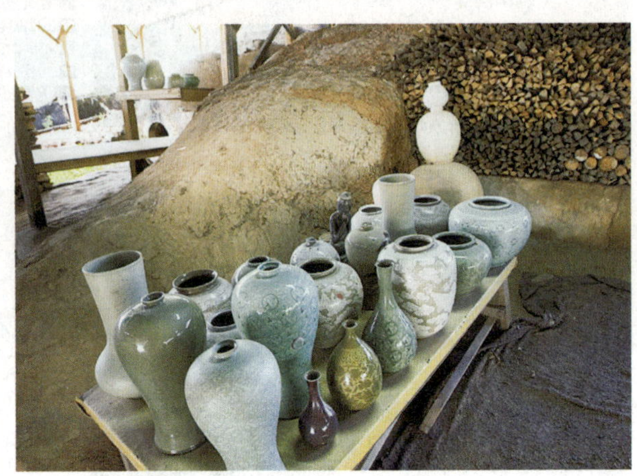

利川 概要与导览

利川自古即以陶艺之乡而闻名，李氏王朝末年，由于官窑的关闭而中断，之后由于陶艺复兴运动的兴起而成为韩国具有代表性的陶瓷器之

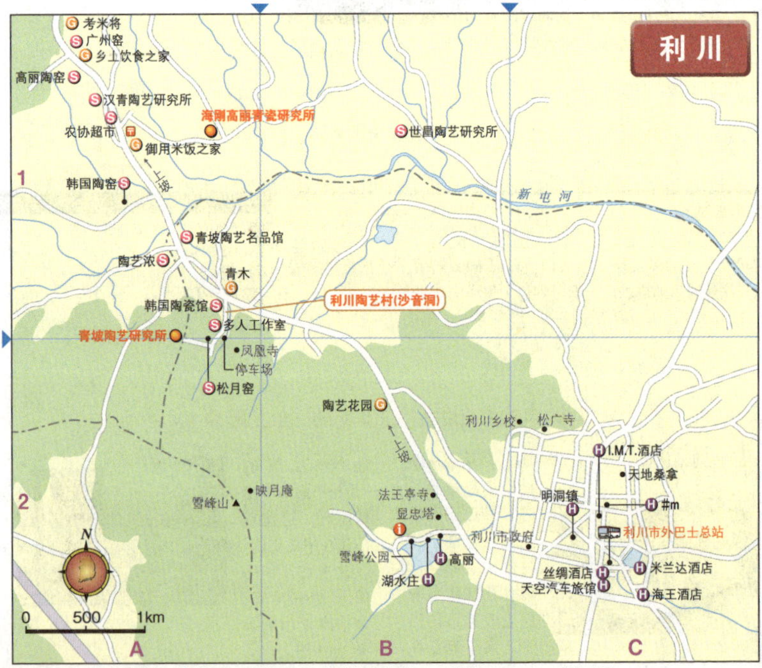
利川
考米将
广州窑
乡土饮食之家
高丽陶窑
汉青陶艺研究所
海刚高丽青瓷研究所
农协超市
御用米饭之家
世昌陶艺研究所
韩国陶窑
新屯河
青坡陶艺名品馆
陶艺浓
青木
韩国陶瓷馆
利川陶艺村(沙音洞)
多人工作室
青坡陶艺研究所
凤凰寺
停车场
松月窑
陶艺花园
利川乡校
松广寺
I.M.T.酒店
天地桑拿
映月庵
雪峰山
法王亭寺
显忠塔
明洞镇
利川市政府
利川市外巴士总站
雪峰公园
高丽
湖水庄
丝绸酒店
天空汽车旅馆
米兰达酒店
海王酒店
0 500 1km
A B C
1 2

主要景点　S 商店　G 餐厅　H 酒店　i 旅游咨询处　邮局　高速公路

Access 交通方式

从首尔、釜山前来的推荐线路

→乘坐市外巴士很方便

※ 虽然从釜山到这里有每天 6 班的直达巴士，但还是经由首尔到此比较方便

东首尔巴士总站→利川市外巴士总站：6:23~23:00（每天 43 班，需 1 小时）

前往其他城市

[ ] 内为推荐的交通工具

▼骊州［市外巴士］

7:00~21:00（每天 33 班，需 40 分钟）

▼水原［市外巴士］

6:40~21:00（每天 29 班，需 1 小时 10 分钟）

巴士

■利川市外巴士总站

Map p.176-C-2 ☎(031)635-5831、060-600-2650

都。此外，利川自古作为米仓而闻名，利川米是韩国屈指可数的美味大米。另外，由于有地下涌出的温泉，作为一处舒适的温泉胜地也吸引了许多游客从首尔前来游玩。

利川的市区呈南北走向，陶窑等景点散布在各处。现在游客常去的利川陶艺村，就是从利川市区沿国道向首尔方向行驶 4 公里名为沙音洞的地方，当地旧称为沙音里。据说以前这里有许多陶窑，现在主要是陶瓷展示和销售，是个适宜购物的地方。从首尔出发的巴士在市内的利川巴士总站停车，从那里乘坐 15 分钟一班、开往广州方向的 114 路座席巴士，可以到达著名的陶窑附近。往广州方向一直都是上坡路，因此最好采取先乘车到最远的地方，再逐渐往市内走的方式。住宿设施集中在巴士总站一带。

利川市主页

URL www.icheon.go.kr

市内交通

【市内巴士】

普通巴士 1000 韩元、座席巴士 1800 韩元

【出租车】

普通出租车起步价 2300 韩元，模范出租车起步价 4000 韩元。

利川 主要景点

利川陶艺村（沙音洞）이천도예촌（사음동）

Map p.176-A-1

初次到访也很好逛的陶艺村

在这里，从普通陶瓷用品到著名陶瓷作品，除了有许多展示并当场销售各个陶窑作品的店铺之外，还有体验陶瓷器制作的教室。这里是游客了解利川的绝佳场所。在首尔的仁寺洞等地比较昂贵的陶瓷器，在此购买会比较便宜，不妨仔细鉴赏、寻找高质量的陶瓷作品。

利川陶艺村

住 이천시 사음동 일대

☎(031)635-1414

交通 乘坐座席巴士 114 路、普通巴士 24 路到“沙音 2 洞陶艺村”下车。乘坐出租车，从利川市外巴士总站出发需要 5000 韩元，约需 10 分钟。

海刚高丽青瓷研究所해강고려청자연구서

Map p.176-A-1

可以见识陶艺家刘海刚用毕生的精力复制的高丽青瓷作品

这是一座以陶瓷器的展览、研究为目的而于 1990 年创立的设施。为把韩国引以为豪的传统文化传于后世，这里设有刘海刚先生的纪念室，主要以销售他的作品为主。刘海刚先生花了毕生精力收集的陶瓷器已被移交到了国际大学。

海刚高丽青瓷研究所入口

海刚高丽青瓷研究所

住 이천시 신둔면 수광리 330-1

☎(031)634-2266

营 9:30~17:30

休 元旦、春节、中秋节

费 2000 韩元

交通 乘坐座席巴士 114 路、普通巴士 24 路到“水广 1 里”下车

乘出租车，从利川市外巴士总站出发需要 7000 韩元，约需 10 分钟。

URL www.haegang.org

青坡陶艺研究所청파도예연구소

Map p.176-A-1

陶艺迷一定要来此 ★★

位于沙音里的陶艺村深处，是陶艺家李殷九先生（雅号青坡）的陶

青坡陶艺研究所

Map p.176-A-1
住 이천시 사음동 490
☎(031)635-5791
营 9:00~17:00
休 元旦、春节、中秋节 3 天
C/C Ⓐ Ⓓ Ⓙ Ⓜ Ⓥ
交通 从利川市外巴士总站乘坐开往广州方向的 114 路到“沙音洞”下车后步行 7 分钟即到。

青坡陶艺研究所旧制作室

青坡陶艺研究所的陶窑

窑兼研究所。主要制作李殷九擅长的称作“粉青砂器”的带有细小封印的青瓷，其作品对外销售。

餐厅
Restaurant

青木
청목

◆招牌饭是把大米、枣、栗子和高丽参等一起烹饪而成的石锅营养饭套餐（1.1 万韩元）和秘制的“洪鱼脍”（发酵后的鳐鱼刺身，1 万韩元）。马路对面就是陶艺村，散步时可顺便前往。

Map p.176-A-1
住 이천시 사음동 626-1
☎(031)634-5414
营 9:00~21:00
休 春节、中秋节
C/C Ⓐ Ⓓ Ⓙ Ⓜ Ⓥ

御用米饭之家
임금님쌀밥집

◆经营者是皇室料理研究家韩福丽的徒弟。这里的人气招牌菜是桌子上摆满了时令菜的“御用石锅饭套餐”（1.2 万韩元）。吸引人之处在于菜肴中不使用任何化学调味品，酱油和豆酱也是独家秘制的。

Map p.176-A-1
住 이천시 신둔면 수광리 152-9
☎(031)632-3646
营 10:30~22:00
※ 营业时间至 21:00
休 春节、中秋节
C/C Ⓐ Ⓓ Ⓙ Ⓜ Ⓥ

考米将
덕제궁

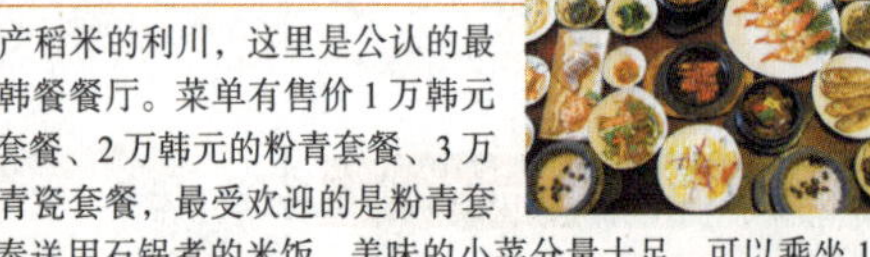

◆在盛产稻米的利川，这里是公认的最好吃的韩餐餐厅。菜单有售价 1 万韩元的白瓷套餐、2 万韩元的粉青套餐、3 万韩元的青瓷套餐，最受欢迎的是粉青套餐。均奉送用石锅煮的米饭。美味的小菜分量十足。可以乘坐 114 路巴士前往，不过乘坐出租车比较方便。

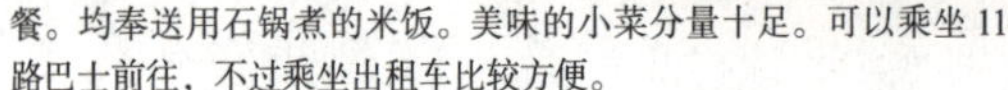

Map p.176-A-1
住 이천시 신둔면수광 3 리 592-6
☎(031)634-4811~2
营 11:00~22:00
休 无
C/C Ⓐ Ⓓ Ⓙ Ⓜ Ⓥ

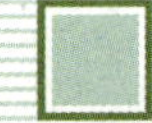

商店 / 咖啡吧 / 休闲 / 娱乐
Shop / Coffee bar / Leisure / Entertainment

广州窑
광주요

◆韩国陶瓷器所特有的、朴素而又高贵的品质在现代得以重现，有许多陶瓷迷。虽然在百货商店里也能买到广州窑产的陶瓷器，但这里集中了所有系列的作品，而且，一年一度的利川陶瓷器节上也有优惠活动。乘坐 114 路巴士在“水广 2 里”下车步行 5 分钟即到。

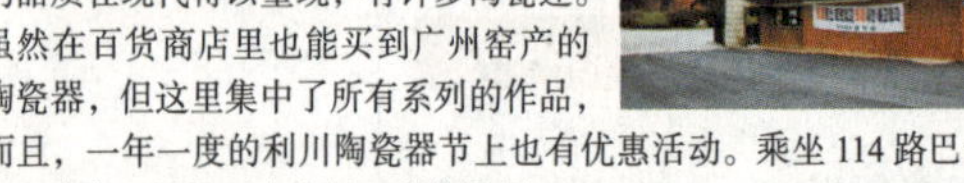

Map p.176-A-1
住 이천시 신둔면 수광리 443
☎(031)632-7007
营 9:00~18:00
休 春节、中秋节
C/C Ⓐ Ⓓ Ⓙ Ⓜ Ⓥ

陶艺浓
도예농

◆原利川陶瓷器工会名品馆迁址后，以“利川陶瓷器名品馆——陶艺浓”之名重建并开业。由于是陶瓷器工会经营的店铺，许多陶瓷器物美价廉。二楼是展厅和体验室，陶艺体验价格为 3.5 万韩元。

Map p.176-A-1
住 이천시 신둔면 수남리 211-1
☎ (031)637-6555
营 10:00~18:30
休 周一、元旦、春节、中秋节
C/C Ⓐ Ⓓ Ⓙ Ⓜ Ⓥ

米兰达酒店
호텔미란다 HOTEL MIRANDA
URL www.lottehotel.com

◆位于利川温泉的涌泉之地，是利川一带最高档的酒店，非常有名。设有露天浴场和各种浴池的大浴场，不仅是住宿的旅客，也有许多游客专程来泡温泉（价格平时为 1.1 万韩元，周末为 1.4 万韩元，7 月 24 日 ~8 月 5 日为 1.5 万韩元，住宿客人可打 7 折）。

Map p.176-C-2
住 이천시 안흥동 408-1
☎ (031)633-2001
FAX (031)633-2038
房间数 209
费 ⓈⓉⓄ 14 万韩元
C/C Ⓐ Ⓓ Ⓙ Ⓜ Ⓥ

天空汽车旅馆
스카이모텔

◆从利川市外巴士总站步行约 2 分钟。房间较为宽敞，6 层建筑。

Map p.176-C-2
住 이천시 중리동 461 ☎ (031)633-5142
费 4 万 ~6 万韩元 C/C 不可

海王酒店
하이원호텔

◆从市外巴士总站步行约 5 分钟。室内浴室所用的热水是从地下 700 米左右深处抽取的温泉水。

Map p.176-C-2
住 이천시 전리동 26-1
☎ (031)637-3100
费 4 万 ~5.5 万韩元
C/C Ⓐ Ⓓ Ⓙ Ⓜ Ⓥ

明洞镇
명동타운 호텔

◆从市外巴士总站步行约 3 分钟。也有配备电脑的房间（4.5 万韩元）。地下设有桑拿设施（入住本店的客人 2 人以内免费）。

Map p.176-C-2
住 이천시 중리천로 94
☎ (031)634-3800
费 4 万 ~5.5 万韩元
C/C Ⓐ Ⓓ Ⓙ Ⓜ Ⓥ

#m
화이트하우스

◆从利川市外巴士总站步行约 5 分钟，也有配有电脑的房间。

Map p.176-C-2
住 이천시 창전동 457-14
☎ (031)633-5374 费 5 万韩元 ~
C/C Ⓐ Ⓓ Ⓙ Ⓜ Ⓥ

利川陶瓷器节

由利川市主办、每年 4 月到 5 月举行为期 1 个月左右的利川陶瓷器节，除举办各种体验活动和大型活动外，也会以低廉的价格销售 B 级陶瓷器作品，所以人气很高。如果向店铺申请，所购的陶瓷器也可以提供邮寄服务（邮费按实际金额支付）。同时这里也举办每两年一届的“世界陶瓷双年展（由京畿道陶瓷振兴财团主办）”，届时在利川、广州、骊州三个会场同时布展。

水原 수원

保留着美丽城郭、因烧烤而闻名的城市

长途电话区号 031

水原市
居民登记人口（2009 年）
1073149 人
水原市面积（2007 年）
121.07 平方公里

水原旅游咨询处
Map p.181-A-3
住 팔달구 매산로 1 가 18
☎ (031)228-4672~4
FAX (031)228-4463
营 7:00~22:00
休 无

水原市的主页
URL www.suwon.ne.kr

市内交通

▼前往爱宝乐园

从水原站前乘坐市内巴士 66 路（1600 韩元），约需 1 小时 40 分钟。

▼前往韩国民俗村

从水原站前乘坐市内巴士 37 路（18 分钟一班，1300 韩元），约需 1 小时。在水原旅游咨询处购票的话可免费乘车。

★“华城列车”

☎ (031)228-4686
营 八达山出发 10:00~17:10
练武台出发 9:50~17:20
休 雨天、周一
费 1500 韩元

绕华城的列车型交通工具。无须预约，单程运行（没有反方向列车）。

水原 概要与导览

水原作为一座保留着美丽城郭的城市而闻名。李氏王朝第二十二代皇帝正祖将其父的坟墓由杨州迁往水原郊外的华山，并制订了将王都迁至其父长眠之地的迁都计划。迁都首先必须要有城郭，在耗费了大量的财力和劳力之后，于 1796 年建成了华城。但是，在迁都之前，正祖病逝，迁都计划中止，只留下了一座城郭，水原成了幻想中的首都。

在水原站的出口北侧设有水原旅游咨询处，除提供旅游咨询服务以外，还销售韩国民俗村的门票。市内观光从华城开始，水原车站距华城约 2 公里，开往华城的市内巴士有 11 路、13 路、36 路、39 路。在华城的南门八达门（PARUDARUMUN）下车，从车站的另一侧（西侧）沿向西延伸的道路步行即可到达城郭入口。城郭周长约 5 公里，绕城一周需 2~3 小时，有不少上坡路和下坡路。时间不多的游客可选择不在八达门下车，继续前进 1 公里左右到北门长安门。长安门东侧即为华虹门，它和访花随柳亭在华城是非常有名的景点。时间不多的游客和体力不好的游客最好选择乘坐“华城列车”。

水原 美食、住宿信息

水原的名吃是烧烤，水原烧烤是用炭火烤，因其将烧烤物切成大块而闻名，也称为王烧烤。位于东部的远川路上有多家有名的烧烤店，华城的华虹门附近也有比较出名的烧烤店。

	1 月	2 月	3 月	4 月	5 月	6 月	7 月	8 月	9 月	10 月	11 月	12 月
平均最高气温（℃）	1	3	10	17	22	26	28	29	25	19	11	3
平均最低气温（℃）	-7	-5	0	5	11	17	21	21	15	8	1	-5
平均降水量（mm）	57.7	1.4	3.1	20.1	43.7	118.2	375.8	448.8	182.2	21.6	27.5	22.4

市政府附近新建了中档商务酒店，住宿也变得方便了，但对于游客来说，从首尔前往水原进行一日游更有吸引力。水原车站前的旅馆街已成为红灯区，为避免麻烦还是避开为佳。

水原名吃——切成大块的“王烧烤”

Access

从首尔前来的推荐线路

→乘坐铁路（“新村”号、“无穷花”号）很方便

首尔站→水原站：5:05~22:50（每天 60 班，需 30~35 分钟）

※乘坐地铁 1 号线直达列车也可到达，约需 1 小时。

※从仁川、金浦机场有直达巴士

从釜山前来的推荐线路

→乘坐铁路（“新村”号、“无穷花”号）很方便

釜山站→水原站：5:10~23:10（每天 59 班，最少约需 4 小时 17 分钟）

前往其他城市

[ ] 内为推荐的交通工具

▼利川［市外巴士］

6:30~21:00（每天 33 班，需 1 小时）

▼骊州［市外巴士］

6:50~20:50（每天 14 班，需 1 小时 20 分钟）

▼仁川［市外巴士］

5:40~22:20（每隔 15 分钟一班，需 1 小时 30 分钟）

铁路

■水原站

Map p.181-A-3

巴士

■水原综合巴士总站

Map p.181-B-3 ☎（031）1688-5455

水原

A B C 1 2 3

长安区　八达区　观善区

N 0 500 1km

法军参战纪念碑　孝行公园　迟迟台碑　孝行纪念馆　孝行花园　弥勒堂　北水原I.C.　三丰花园　老松地带　税务大学　京南花园　富国花园　李秉元家　真星会馆　松风花园　光教贮水池　东新公寓　日旺贮水池　寄莲庵　光教高尔夫练习场　京畿大学　新葛·安山高速国道　堂山 115　东水原I.C.　水原海关　成均馆大 성균관대　第一圣母医院　东南大学　万石公园　棒球场　水原综合运动场　莫彬公园旅馆　水城中学　北门巴士总站　邮局　水原医疗院　p.182　长安门　访花随柳亭　东北空心墩　奉宁寺　日月贮水池　水原圣母医院　华虹门　西北空心墩　华西 화서　华西门　华城行宫　水原华城　丽妓山 104.8　西湖　西将台　八达门　烽墩　新韩银行　东山酒店　城堡酒店　本水原烤肉　黄牛烤肉　新罗烤肉　三父子烧烤　八角亭烤肉　波游泳池　远川贮水池　远川庄宝游泳池　水上餐厅　远川公园　华城旅游咨询处　京畿道政府　CGV南门8　杭眉亭　华阳楼　新酷睿水原百货商店　嘉甫亭烤肉　海松烤肉　邮局　中心观光酒店　丽晶酒店　KBS广播电视中心　梅滩公园　本乡烤肉　水原旅游咨询处　水原 수원　噢！昌完农家　新酷睿东水原百货商店　西部迁回路　蓝色花园　韩国酒店　水原市政府　韩国青　孝园公园　韩国民俗村　爱宝乐园　木林花园　奥林匹克公园　Galleria百货商店　新世界公园　高尔夫练习场　邮局　水原中央医院　包列酒店　湖畔酒店　艺术公园　奥林匹克花园　丽嘉酒店　水原综合巴士总站

主要景点　S 商店　餐厅　E 娱乐设施　H 酒店　i 旅游咨询处　邮局　B 银行　学校　医院　高速公路

水原 主要景点

水原华城수원화성

Map p.181-B-2

已申请为世界遗产的华丽之城 ★★★

在韩国电视剧《李祘》中，李氏王朝第二十二代正祖王，为将其父之陵墓从杨州迁走并打算迁都而修建的此城。1796 年此城刚建成，正祖王就去世了，水原因此被称为虚幻之都。

水原华城
住 팔달구 인계동일대
营 9:00~18:00（12 月 ~ 次年 2 月至 17:00）
费 1000 韩元
交通 乘坐市内巴士 11、13、36、39 路“八达门（팔달문）”下车
※ 八达门是华城的南门

华城行宫화성행궁

Map 182-B-2

《大长今》的拍摄地 ★★★

所谓行宫就是临时宫殿。水原郡的政府人员及帝王来水原时，就居住在这里。

华城行宫
住 팔달구 남창동
☎ (031)228-4677
营 9:00~18:00
（12 月 ~ 次年 2 月至 17:00）
休 无
费 1500 韩元
交通 乘坐市内巴士 11、13、36、39 路“八达门（팔달문）”下车步行 5 分钟

铁道博物馆철도박물관

Map p.68-B-3

在这里可以充分了解韩国的铁道历史 ★★

在宽阔的场地中展示有曾经的著名列车的实物，其中有日本侵占时

原“光”号的瞭望车（战后改为重要人物的专车。“光”号快车时代的照片参见 p.491）

客运的帕希（音译）5 型 23 号 SL（这是朝鲜战争后修复作业时的样子）

铁道博物馆
住 의왕시 월암동 374-1
☎ (031)461-3610
营 3~10 月 9:00~18:00
11 月 ~ 次年 2 月 9:00~17:00
休 周一、节假日第二天、元旦、春节、中秋节
费 500 韩元
交通 地铁 1 号线直达京釜电力铁道线 P161 “义王”站下车后，沿铁道水原方向步行约 10 分钟。

主要景点 S 商店 G 餐厅 E 娱乐设施 H 酒店 i 旅游咨询处 邮局 B 银行 医院

期在釜山—新京间运行的“光”号和在釜山—京城间运行的“晓”号的瞭望车（战后改造成贵宾车）。馆内展览布置合理，方便参观。

近郊 主要景点

韩国民俗村한국민속촌

Map p.68-C-3

体现传统生活的主题公园 ★★★

韩国民俗村位于首尔南部约 40 公里的龙仁市，于 1974 年对外开放。在园内可以非常真实地领略李氏王朝时期人们的生活习惯。韩国的年轻人和国外游客经常来这里参观，届时会给大家介绍韩国传统的民俗风俗和生活文化。而且所有的工作人员和售货员都是身着民族服装，和展示品融为一体，深受顾客喜爱。

※ 入园门票可以在水原站附近的旅游咨询处购买。

大街上的艺术表演很受欢迎

韩国民俗村

住 경기도 용인시 기흥읍 포라리 107

☎(031)288-0000

营 4~10 月 9:00~18:30（周日至 19:00）、11 月至次年 3 月 9:00~17:30（周日至 18:00）

休 无

费 1.2 万韩元

交通 地铁 1 号线去往天安、新昌方向时，坐开往西东滩方向的车并在“水原”站下车（到“市政府”站约 1 小时），下车后在市内巴士站乘坐 37 路在“韩国民俗村”站下车（用时 1 小时、1300 韩元）。

也可以在地铁 2 号线的“蚕室”站或“江南”站乘坐红色巴士。

URL www.koreanfolk.co.kr

嘉甫亭烤肉

가보정갈비

◆具有水原烧烤特色的王烧烤的专营店。招牌菜是售价 4.8 万韩元的原味自然烤肉和售价 3.7 万韩元的即食王烧烤。午餐比较实惠的是嘉甫亭套餐，国产的 2 万韩元，进口的 1.8 万韩元。套餐仅限平时。

Map p.181-B-3

住 팔달구 인계동 958-1

☎(031)232-3883

营 11:30~23:00

休 春节、中秋节当天

C/C A D J M V

恋浦烤肉

연포갈비

◆其卖点是甜味的特制作料汁。最好事先预订座位，在游览华城之后前来就餐。一人份（约 450g）自然烤肉售价 3.8 万韩元，一人份（约 450g）即食的加料烤肉售价 3.1 万韩元。另有售价 8000 韩元的烤肉汤和售价 5000 韩元的冷面。

Map p.182-B-1

住 장안구 북수동 25-3

☎(031)255-1337

营 11:30~22:00

休 春节、中秋节 3 天

C/C A D J M V

噢！昌完农家

오！자네 왔는가

◆外观再现了韩国的农家房屋，非常引人注目。从传统茶到当地料理，店中的菜品非常丰富，到了晚间则成为民俗小酒馆。石锅拌饭售价 7000 韩元，鱼子火锅（用鱼子做的辣味火锅）售价 7000 韩元。

Map p.181-B-3

住 팔달구 인계동 1044-19

☎(031)236-8800

营 24 小时

休 无

C/C A J M V

三父子烧烤

삼부자갈비

◆汉字写作“三父子”，由毕生制作烧烤的父亲和两个儿子经营。肉和炭的选择方法比较独特，只使用韩牛。韩牛加料（即食）烤肉售价 3.9 万韩元，自然烤肉 5.5 万韩元。

Map p.181-C-3

住 영통구 원천동 96-1

☎(031)211-8959

营 11:30~22:00

休 无

C/C A D J M V

DMZ
首尔
江陵
仁川机场
安东
大田
庆州
大邱
釜山
光州

DMZ 비무장 지대

参观朝鲜半岛的分界线“安保观光”地点

长途电话区号 031

坡州市

居民登记人口（2009 年）

323011 人

坡州市面积（2007 年）

672.42 平方公里

DMZ 主页

URL www.dmz.ne.kr

Access

前往都罗山车站的方法

2009 年 7 月京义电铁线开始运营，前往都罗山车站的方法发生了很大的变化，这一点敬请注意。

1）从首尔站地面大厅，或从地铁 6 号线换乘“数字媒体城（Digital Media City，DMC）”站乘坐京义电铁线至汶山站。

2）在汶山站下车后，购买开往都罗山的通勤列车（每隔 1 小时一班）的车票。

3）到临津江站下车，在与车站相邻的手续处出示护照，办理入境手续。这时，可申请参观都罗瞭望台、第三隧道观光（有时间限定，仅限前 180 人）。

4）可乘 1 小时后的列车至都罗山车站。没有申请旅游的人不能出站。

☎（031）953-3334（都罗山车站）

休 周日、周一、节假日（旅游团也停团。开往通勤列车的列车每日运营。）

费 都罗瞭望台、第三隧道观光 1.17 万韩元

板门店

Map p.184-A-1

※ 组织旅游团的旅行社，周二～周五为 p.185 边栏所列的所有旅行社，周六只有 ICSC 国际文化服务俱乐部组团（2007 年 7 月到现在，每周一休息）。所有旅行团需提前预约。另外，请注意，旅行分为板门店观光和板门店以外的 DMZ 地区的 DMZ 观光。

DMZ 概要与导览

1945 年日本战败后，朝鲜半岛被美国和苏联分别进驻。之后，随着冷战的发展，这种分裂状态逐渐固定，1948 年，南部和北部作为两个国家而独立。1950 年，朝鲜战争爆发。1953 年签署了停战协定，划定了军事分界线，或称之为停战线。分界线的两侧各 2 公里之内为非武装区，也叫 DMZ（非武装中立地带）。近年来随着南北融合热潮不断取得进展，DMZ 一带的许多地点向游客开放。随着 2010 年形势出现变化，韩国最北的车站，与 DMZ 相邻的都罗山车站不再对个人开放。

主要景点

※ 从 2010 年 6 月 4 日开始，不再允许参观都罗山的车站。在前往都罗瞭望台、第三隧道时可以经过。

DMZ 主要景点

板门店판문점

Map p.184-A-1

只允许外国人参观 ★★★

看过电影《JSA 共同警备区》(也译为《韩朝风云》)就会知道板门店。JSA 是共同警备区的意思，本来这一区域由南北双方共同担负警备，1976 年发生枪击事件（斧头事件）以后，朝鲜不承认 JSA，警备区也被分成两部分，现在已经不再作为警备区。另外，2004 年，负责板门店南侧警备的由联合国军变为韩国军队。板门店不允许个人单独参观，想参观的人可以参加旅游团。除了不能带小孩以外，服装、拍照以及在当地的行动都受到限制，在申请时须确认。参加任一旅游团均赠午餐。

只有在会谈室内可南北通行

北侧的“板门阁”

南侧的“自由之家”

也可购买纪念品

鳌头山统一瞭望台오두산통일전망대

Map p.184-A-2

可以俯视朝鲜的村庄 ★★

在这里，南北边界线只有一条河，用高倍望远镜可以看到朝鲜的村庄。馆内展示了朝鲜的生活用具，也有销售朝鲜酒的地方。唯一的缺点是交通不便。

河对岸是朝鲜的开丰郡

与朝鲜相关的展览值得观赏

大韩旅行社（KTB）

Map p.98-A-1

住 중구 소공동 1 롯데호텔 본관 6 층 ☎(02)778-0150

FAX (02)756-8428

营 9:00~20:00（接受预约）

休 无

费 板门店 7.7 万韩元、板门店和第三隧道 12 万韩元

C/C 不可

URL www.go2korea.co.kr

中央高速观光

Map p.73-E-3

住 중구 장충동 2 가 186-54 그랜드앰버서더 지하 1 층

☎(02)2266-3350

FAX (02)2253-8478

营 8:30~18:00（接受预约）

休 无

费 板门店 7.7 万韩元、板门店和第三隧道 12 万韩元、第三隧道（含餐）5.8 万韩元

C/C 不可

URL www.jsatour.com

板门店旅游中心

Map p.98-A-1

住 중구 소공동 1 롯데호텔 본관 6 층 ☎(02)771-5593~5

FAX (02)771-5596

营 9:00~18:00（接受预约）

休 元旦、春节 2~3 天、中秋节、公休日

费 板门店 7.7 万韩元、板门店和第三隧道 12 万韩元、第三隧道 6 万韩元

C/C A D J M V

ICSC 国际文化服务俱乐部

Map p.98-A-1

住 중구 소공동 1 롯데호텔 본관 6 층 ☎(02)755-0073

FAX (02)399-2700

营 9:00~22:00（接受预约）

休 无

费 板门店 7.8 万韩元、板门店和第三隧道 12 万韩元、第三隧道 6 万韩元

C/C A D J M V

URL www.tourdmz.com

鳌头山统一瞭望台

Map p.184-A-2

住 파주시 탄현면성동리659

☎(031)945-3171

营 11~次年 2 月 9:00~16:30，4~9 月 9:00~17:30，3、10 月 9:00~17:00

休 无 费 3000 韩元

交通 可乘京义电铁线在“金村”站下车后，换乘出租车前往。费用约 1 万韩元，需要约 30 分钟

从首尔到济扶岛的短途旅行

在济扶岛上，退潮时会出现大海被一分为二、现出陆地的“海割”现象，这种景象每天会出现两次。除了可以体验到大自然带给人们的惊喜之外，还可以品尝到当地丰富的美食。加之这里离首尔只有约 2 小时的路程，这也是它的魅力所在。

1 在岛的西侧，绵延着美丽的银滩 2 连接陆地和岛屿的“海之道” 3 4 5 到处都是赶海的人们，非常热闹 6 分量十足的韩式煮面，里面加入了在海滩上生长的新鲜玄蛤 7 在岛上，还可以品尝到在近海捕获的蛤蜊和马珂等美食

神秘的“海割”现象每天出现2次！

连接陆地和岛屿的“海之道”在涨潮时隐藏于海水下，当退潮时这条通道就会显现出来，看起来好像大海被一分为二。在济扶岛，这种“海割”现象每天会出现 2 次，所以，只要提前确认涨潮和落潮的时间，不论任何季节，都可以观赏到这种神秘景象。

道路整洁、交通便利，可以乘坐巴士前往

济扶岛是位于黄海上的一个周长约8公里的小岛。在陆地和岛屿之间有一条被称为“海之道”的水泥道路连接，可以乘坐巴士进岛。人行道也很平整，在晴朗的日子里，边散步边欣赏美景也是不错的享受。

1 长约2.3公里的“海之道”划分有车道和人行道 2 海岸线因为是观赏日落的胜地而闻名 3 在岛的北侧立有灯塔，旁边是海钓场

岛屿本身很小，但除修建有海水浴场、钓鱼场、海岸线观光道路等设施之外，还有餐厅、咖啡馆、民家小屋等，岛内的设施完备。济扶岛拥有广阔的海滩，作为韩国为数不多的玄蛤产地而闻名。玄蛤韩式煮面是本岛才有的特色美食，一定不能错过。

DATA

出入济扶岛时的注意事项

因涨潮时不能出入济扶岛，所以在出发前一定要通过华城市的网页确认可以前往济扶岛的时间。华城市主页“济扶岛通行许可时间指南”

URL www.hscity.net

DATA

济扶岛

Map p.68-B-3

交通 乘坐地铁1号线、4号线在⑭⑨ ④④③“衿井”站下车，换乘330路巴士到终点站“济扶岛入口”下车。约需1小时10分钟。从济扶岛入口到济扶岛有绿色的小型巴士穿梭，约需3分钟。还设有人行道，也可步行前往，约需30分钟。

小特辑

首尔近郊摄影胜地巡礼

韩剧外景地已经成为韩国旅行的必游景点。最近，广播电视局和电影制作公司都在积极地推进将拍摄地向普通大众开放。在此介绍 3 处有代表性的场所。

MBC杨州文化村（大长今主题公园）

1 沉浸在《大长今》的世界　2 身处真实的场景中是一件令人愉快的事情　3 除《大长今》外，也曾用于拍摄其他影视作品

曾经是《大长今》的主要拍摄地的王宫内的布景现在已对外开放。在御厨房的场景中，放置有与实物一模一样的材料和料理复制品，让人有身临其境之感。其中的一部分还可以用手触摸。除设有付费试穿古代宫廷服装的场所之外，还有商品销售处。在各个场景中均设有解说牌，讲解了在电视剧中哪个情节中出现过该场景，使人很容易联想起电视剧的剧情。还设有与剧中人物的真人大小相同的看板，是不错的拍摄纪念照的背景。建筑物约按实物的三分之二大小修建，有时可能会碰到头。此外，还能参观到《大长今》以外的其他电视剧中出现的古老街道等场景。在公园内设有经营 MBC 电视剧的官方纪念品商店。

DATA

MBC 杨州文化村（大长今主题公园）

Map p.68-C-1　住 경기도 양주시 만송동 30
☎(031)849-5000　营 3~10 月 9:30~18:00、11 月 ~ 次年 2 月 9:30~17:00
休 无　费 5000 韩元
交通 乘坐地铁 1 号线在⑩⑦“杨州”站下车，再乘坐小型巴士 2-4 路到“MBC 文化村”下车即到。

南杨州综合拍摄地 再现真实的田园村庄

该电影拍摄地建造于首尔郊外的山中。这里拥有从拍摄到剪辑，几乎可以进行全套作业的设施。摄影场地内的外景布景对普通游客开放。

布景的看点是在《JSA》中出现的板门店场景和《scandal》中出现的李氏王朝时期的田园村庄。也有《TUBE》中使用的地铁车辆等。最大的看点是从首尔市内移建而来的真实的两组住宅。由于国家大力扶植电影制作，所以很值得一看。在主设施内还设有被称为“电影文化馆”的博物馆，在此除了可以了解韩国电影的发展史以外，还可以参观在实际电影拍摄中使用的服装、小道具等的保管仓库。

URL www.kofic.or.kr

《scandal》的场景

DATA

南杨州综合拍摄地

Map p.68-C-2

住 경기도 남양주시 조안면 삼봉리산 100

☎(02)579-0600

营3~10 月 10:00~18:00、11 月～次年 2 月 10:00~17:00

休 周一

费3000 韩元

交通 乘坐地铁中央线K120在“云吉山”站下车后，换乘短途巴士（8:50、11:25、13:25、14:25、15:25、16:25）。

富川幻想工作室 异常精巧的现代场景

在宽阔的场地中再现了从日本侵占时期到朝鲜战争时期的首尔市中心的街景。但场景并非是原物大小，而是缩小到了原来的三分之二左右。该外景地最初是描绘日本侵占下的韩国黑帮老大金斗汉和日本黑帮争斗的《野人时代》的，之后，把招牌等重新绘成了 20 世纪 50 年代的风格，用于电影《兄弟情深》《力道山》等的拍摄，由此而广为人知。

建筑物的精巧让人佩服，如果游客是历史爱好者，一定会很感兴趣。在主街道上还有两辆用电瓶驱动的有轨电车，很有怀旧感。

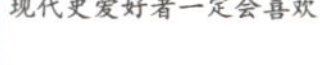

现代史爱好者一定会喜欢

DATA

富川幻想工作室

Map p.68-B-2

住 경기도 부천시 달미구 상동 529-2

☎(032)236-2588

营10:00~22:00（入场时间截止到 21:00）

休 无

费3000 韩元

交通 乘坐地铁 1 号线直通京仁线在⑮“松内”站下车，乘坐市内巴士 5-2、7-2 到 87 号“映像文化园区”下车。

※ 请在乘车前确认巴士的目的地。因巴士班次较少，乘坐出租车更方便。

世界遗产——40座朝鲜王陵

2009年6月申遗成功

李氏王朝时期历代王族的40座王陵群保存很完整，并因此被列入《世界遗产名录》。王陵群始建于1408年，包括首尔市在内，主要集中在周边18个地区。

靖陵、贞陵、宣陵三处所在的地区现已建成了公园。（Map 首尔市区地图-C-3）

住 3~10月 6:00~21:00、11月~次年2月 6:30~21:00 ※入场时间截止到20:00 休 周一 费 1000韩元 交通 乘坐地铁2号线、盆唐线到 220 K215 “宣陵”站8号出口出，步行5分钟。 URL seonjeong.cha.go.kr

1 世宗大王陵 2 位于首尔市内的靖陵 3 世宗大王陵位于美丽的大自然当中 4 宣陵 5 贞陵 6 占地广阔

※图片提供：韩国旅游发展局（有像照片上的那种不能走近的王陵）

釜山、蔚山、大邱和庆尚南道、庆尚北道

韩国东南部

被称为母亲的家的传统草顶民房（世界遗产良洞民俗村）

庆尚南道
(韩国东南部1)
金泉市
GIMCHEON-SI
星州郡
SEONGJU-GUN
镇安郡
JINAN-GUN
镇安
JHINAN
马耳山
Maisan
塔寺
长水郡
JANGSU-GUN
长水
JANGSU
任实
IMSIL
任实郡
IMSHIL-GUN
圣寿山
Seongsusan
德裕山
Dogyusan
南德裕山
Namdogyusan
箕白山
Gibaeksan
伽倻山
Gayasan
海印寺
清凉寺
月光寺址石塔
居昌郡
GOCHANG-GUN
居昌
GOCHANG
高灵
GORYEONG
高灵郡
GORYEONG-GUN
88奥林匹克高速国道
咸阳郡
HAMYANG-GUN
咸阳
HAMYANG
陕川湖
Hapchon
陕川
HAPCHEON
陕川郡
HAPCHEON-GUN
南原市
NAMWON-SI
南原市
NAMWON-SI
广寒楼苑
智异山
Jirisan
华严寺
山清
SANCHEONG
山清郡
SANCHEONG-GUN
宜宁郡
UIRYEONG-GUN
宜宁
UIRYEONG
谷城
GOKSEONG
谷城郡
GOKSEONG-GUN
求礼
GURYE
求礼郡
GURYE-GUN
晋州市
JINJU-SI
晋州城遗址(矗石楼)
晋州市
JINJU-SI
晋州(泗川)机场
河东郡
HADONG-GUN
河东
HADONG
白云山
Baekunsan
泗川
SACHEON
泗川市
SACHEON-SI
顺天市
SUNCHEON-SI
光阳市
GWANGYANG-SI
固城郡
GOSEONG-GUN
固城
GOSEONG
松广寺
曹溪山
乐安邑城民俗村
宝城郡
BOSEONG-GUN
筏桥
Bolgyo
晋州湾
Jinjuman
闲丽海上国立公园
南海郡
NAMHAE-GUN
南海
NAMHAE
南海岛
Namhaedo
丽水市
YEOSU-SI
梧桐岛
丽水市
YEOSU-SI
突山
Dolsan
南海
NAMHAE
统营市
TONG-YEONG-SI
欲知岛
Yokchido
主要景点
高速公路
KTX
KTX延长线
普通铁路
道界
机场

漆谷郡
CHILGOK-GUN
永川市
YEONGCHEON-SI
永川市 YONGCHEON-SI
安康
An-gang
延日
Yeonil
乌川
Ocheon
浦项市
POHANG-SI
河阳
Hayang
琴湖
Gumho
庆州市
GYEONGJU-SI
庆州国立公园
乾川
Goncheon
KTX(韩国高速铁路)
KTX
大邱
东大邱
大邱广域市
DAEGU
庆山市
GYEONGSAN-SI
庆山市
GYEONGSAN-SI
庆州市
GYEONJU-SI
石窟庵
古坟公园
吐含山
Tohamsan
佛国寺
花园
达城郡
DALSEONG-GUN
上大
新庆州
京釜线(KTX延长线路)
京釜高速国道
外东
文武大王陵
琵瑟山
Bisulsan
清道郡
CHONGDO-GUN
清道
Chongdo
云门寺
亭子
华阳
HWAYANG
加智山
Gajisan
石南寺
云门山
Unmunsan
蔚山机场
中部内陆高速国道
华岳山
Hwaaksan
奥尔姆戈尔(冰谷)
新大邱高速国道
彦阳
蔚山广域市
ULSAN
火旺山城
清道
天皇山
Chonhwangsan
加智山道立公园
上东
蔚山
昌宁
CHANGUYONG
观龙寺
表忠寺
虹流
Hongnyu
长生浦
Jangsaengpo
蔚山湾
Ulsanman
日山
Ilsan
岭南楼
密阳
通度寺
密阳市
MIRYANG-SI
东海南部线
椿岛
Chundo
长生浦鲸鱼博物馆
加智山道立公园
内院寺
釜谷温泉
密阳市
MIRYANG-SI
梁山市
YANGSAN-SI
南仓
温山
三浪津
Samnangjin
熊上
温山
镇下
昌宁郡
CHANGUYEONG-GUN
三浪津
千圣山
Cheonseongsan
钵里温泉
Jinha
西生浦倭城
南旨
Namji
院洞
马金山温泉
下南
Hanam
梁山
YANGSAN
温山线
长安
Jang-an
日本海
咸安郡
HAMAN-GUN
统合昌原市
TUNGHAP-CHANGWON-SI
翰林亭
金海市
GIMHAE-SI
勿禁
勿禁
佐川
月内
Wollae
进永
梵鱼寺
南海高速国道
进永
Jinyong
日光
日光
Ilgwang
咸安
金海市
GIMHAE-SI
东莱
Dongnae
机张
Gijang
机张
昌原
马山
镇海线
统合昌原市
TUNGHAP-CHANG-WON-SI
龟浦
龙宫寺
马山合浦区
MASAN-HAPPO-GU
新昌原
东莱
海云台
松亭
松亭
南昌原
金海国际机场
Gimhae international airport
周礼
伽倻
金田
镇海
海云台
熊山
Yohangsan
镇海区
JINHAE-GU
釜山
统海
釜山广域市
BUSAN
广安里
镇海湾
Jinhaeman
松岛
太宗台
加德岛
巨加大桥
多大浦
Dadaepo
九节
镇海湾
Jinhaeman
对马海峡西水道
朝鲜海峡
巨济岛
Geojedo
巨济岛战俘营遗迹公园
巨济
玉浦
巨济市
GEOJE-SI
长承浦
JANGSEUNGPO
统营市
TONG-YEONG-SI
门东
忠烈祠
卧岘
旧助罗
制胜堂
闲山岛
统营水产科学馆
外岛海上观光农庄
海金刚
比珍
闲丽海上国立公园
N
0
15
30km
京畿道
江原道
忠清北道
忠清南道
庆尚北道
全罗北道
全罗南道
庆尚南道
济州特别自治道
D
E
F
1
2
3
4
1
55
45
16

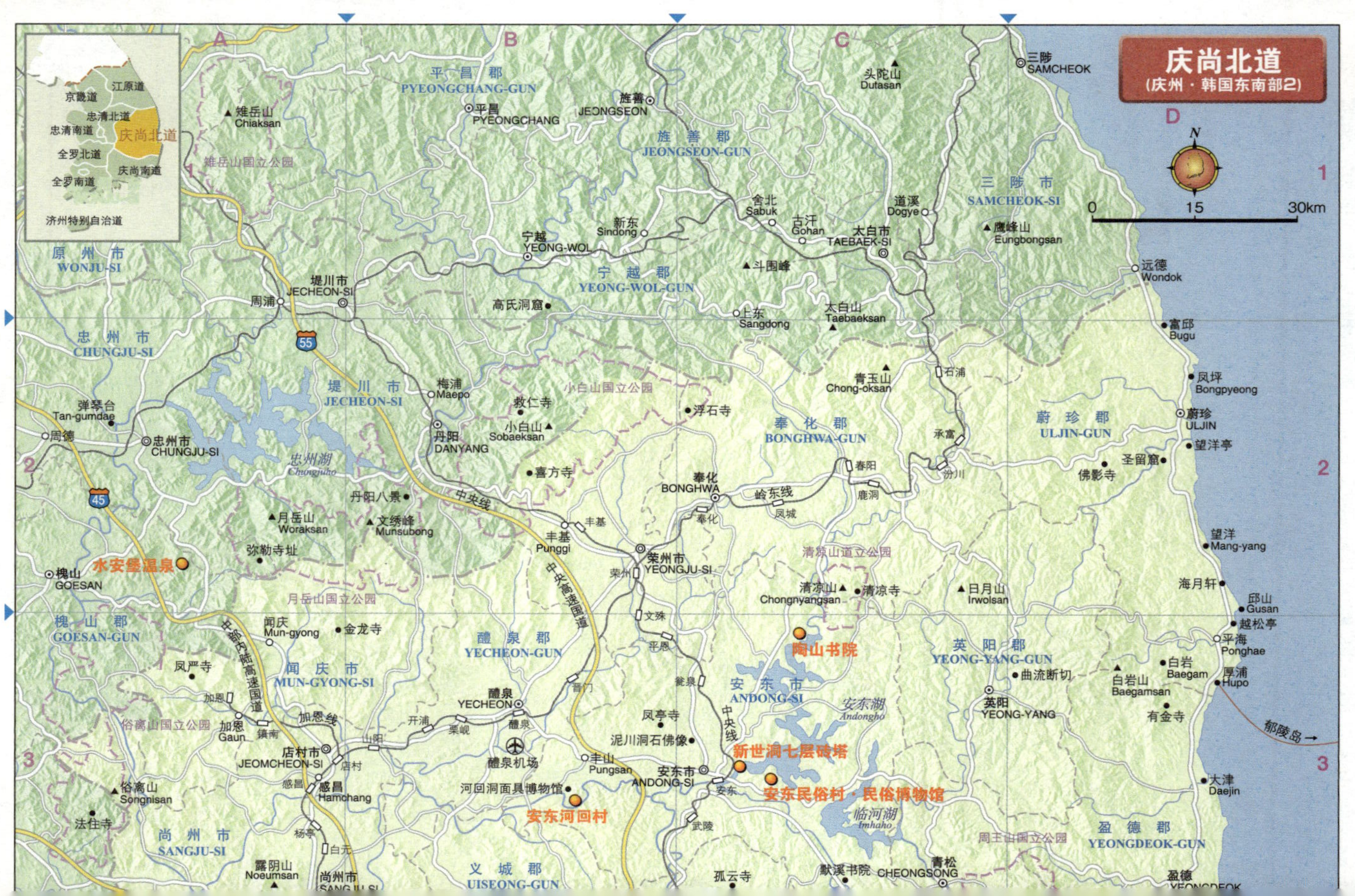

庆尚北道
(庆州·韩国东南部2)
0
15
30km
N
A
B
C
D
1
2
3
江原道
京畿道
忠清北道
忠清南道
庆尚北道
全罗北道
庆尚南道
全罗南道
济州特别自治道
三陟
SAMCHEOK
头陀山
Dutasan
旌善
JEONGSEON
平昌郡
PYEONGCHANG-GUN
平昌
PYEONGCHANG
雉岳山
Chiaksan
雉岳山国立公园
旌善郡
JEONGSEON-GUN
三陟市
SAMCHEOK-SI
道溪
Dogye
舍北
Sabuk
古汗
Gohan
太白市
TAEBAEK-SI
鹰峰山
Eungbongsan
新东
Sindong
宁越
YEONG-WOL
斗围峰
远德
Wondok
原州市
WONJU-SI
堤川市
JECHEON-SI
周浦
宁越郡
YEONG-WOL-GUN
高氏洞窟
上东
Sangdong
太白山
Taebaeksan
富邱
Bugu
忠州市
CHUNGJU-SI
55
石浦
弹琴台
Tan-gumdae
周德
忠州市
CHUNGJU-SI
堤川市
JECHEON-SI
梅浦
Maepo
救仁寺
小白山国立公园
浮石寺
青玉山
Chong-oksan
凤坪
Bongpyeong
蔚珍
ULJIN
蔚珍郡
ULJIN-GUN
丹阳
DANYANG
小白山
Sobaeksan
奉化郡
BONGHWA-GUN
承富
望洋亭
忠州湖
Chungjuho
喜方寺
春阳
汾川
圣留窟
佛影寺
45
丹阳八景
中央线
奉化
BONGHWA
岭东线
鹿洞
凤城
月岳山
Woraksan
文绣峰
Munsubong
丰基
丰基
Punggi
奉化
弥勒寺址
荣州市
YEONGJU-SI
清凉山道立公园
望洋
Mang-yang
槐山
GOESAN
水安堡温泉
荣州
清凉山
Chongnyangsan
清凉寺
日月山
Irwolsan
海月轩
中央高速国道
邱山
Gusan
月岳山国立公园
文殊
越松亭
槐山郡
GOESAN-GUN
闻庆
Mun-gyong
金龙寺
醴泉郡
YECHEON-GUN
平恩
陶山书院
英阳郡
YEONG-YANG-GUN
平海
Ponghae
中部内陆高速国道
凤严寺
闻庆市
MUN-GYONG-SI
瓮泉
安东市
ANDONG-SI
曲流断切
白岩山
Baegamsan
白岩
Baegam
厚浦
Hupo
加恩
醴泉
YECHEON
普门
安东湖
Andongho
英阳
YEONG-YANG
有金寺
郁陵岛
俗离山国立公园
加恩
Gaun
镇南
加恩线
开浦
栗岘
醴泉
凤亭寺
中央线
店村市
JEOMCHEON-SI
山阳
醴泉机场
泥川洞石佛像
新世洞七层砖塔
店村
丰山
Pungsan
安东市
ANDONG-SI
大津
Daejin
俗离山
Songnisan
感昌
感昌
Hamchang
河回洞面具博物馆
安东
安东民俗村·民俗博物馆
临河湖
Imhaho
法住寺
安东河回村
武陵
周王山国立公园
盈德郡
YEONGDEOK-GUN
尚州市
SANGJU-SI
杨亭
白元
露阴山
Noeumsan
尚州市
文城郡
UISEONG-GUN
孤云寺
默溪书院
青松
CHEONGSONG
盈德

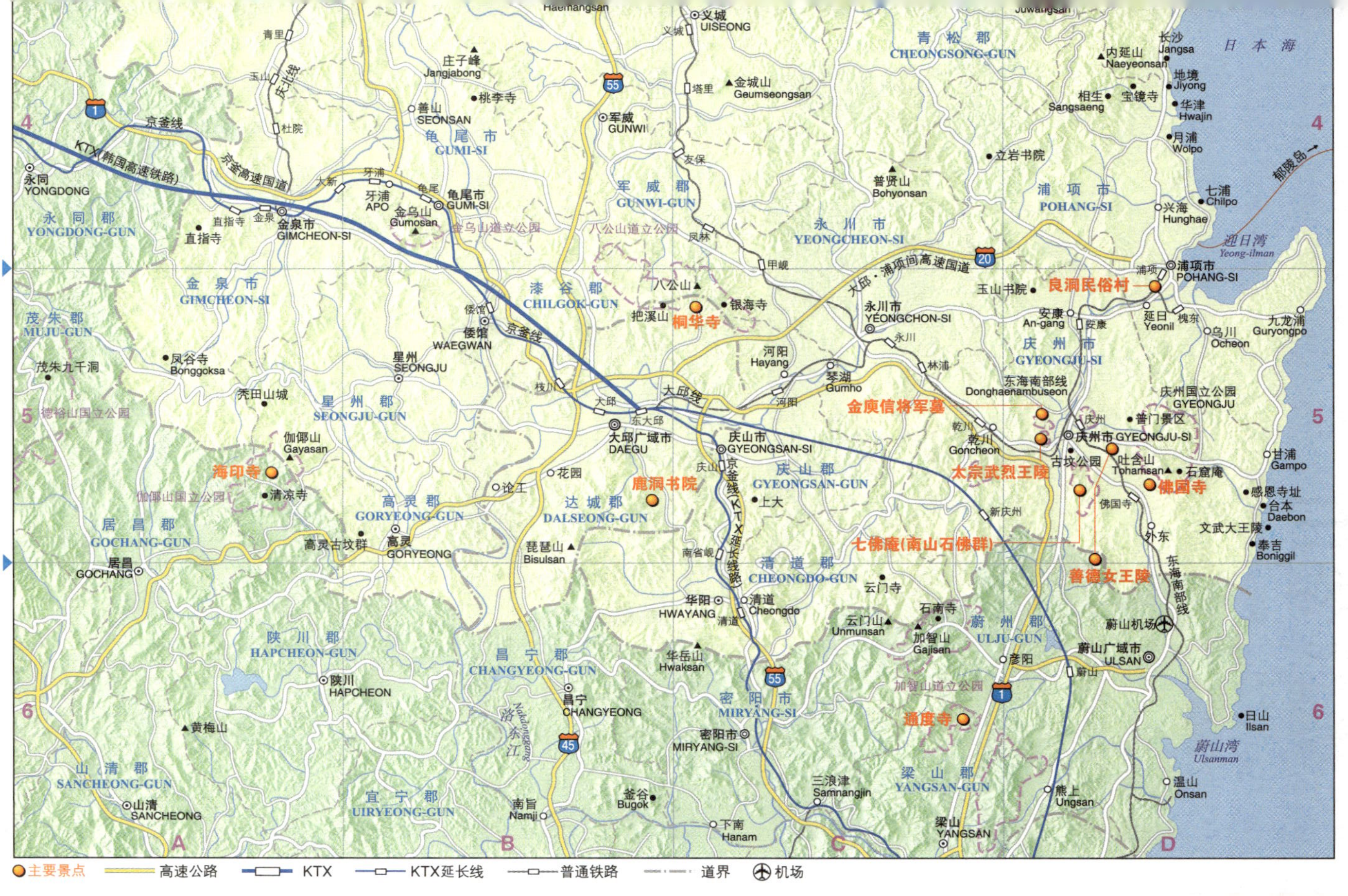
日本海
迎日湾
Yeong-ilman
蔚山湾
Ulsanman
郁陵岛
浦项市
POHANG-SI
浦项市
POHANG-SI
庆州市
GYEONGJU-SI
庆州市
GYEONGJU-SI
庆州国立公园
GYEONGJU
永川市
YEONGCHEON-SI
永川市
YEONGCHON-SI
青松郡
CHEONGSONG-GUN
军威郡
GUNWI-GUN
军威
GUNWI
义城
UISEONG
庆山市
GYEONGSAN-SI
庆山郡
GYEONGSAN-GUN
清道郡
CHEONGDO-GUN
清道
Cheongdo
蔚州郡
ULJU-GUN
蔚山广域市
ULSAN
蔚山机场
梁山郡
YANGSAN-GUN
梁山
YANGSAN
密阳市
MIRYANG-SI
密阳市
MIRYANG-SI
大邱广域市
DAEGU
达城郡
DALSEONG-GUN
漆谷郡
CHILGOK-GUN
倭馆
WAEGWAN
龟尾市
GUMI-SI
龟尾市
GUMI-SI
善山
SEONSAN
星州郡
SEONGJU-GUN
星州
SEONGJU
高灵郡
GORYEONG-GUN
高灵
GORYEONG
昌宁郡
CHANGYEONG-GUN
昌宁
CHANGYEONG
陕川郡
HAPCHEON-GUN
陕川
HAPCHEON
宜宁郡
UIRYEONG-GUN
居昌郡
GOCHANG-GUN
居昌
GOCHANG
金泉市
GIMCHEON-SI
金泉市
GIMCHEON-SI
茂朱郡
MUJU-GUN
永同郡
YONGDONG-GUN
永同
YONGDONG
山清郡
SANCHEONG-GUN
山清
SANCHEONG
良洞民俗村
佛国寺
石窟庵
文武大王陵
太宗武烈王陵
金庾信将军墓
七佛庵(南山石佛群)
善德女王陵
通度寺
桐华寺
鹿洞书院
海印寺
八公山
伽倻山
Gayasan
琵琶山
Bisulsan
云门山
Unmunsan
云门寺
加智山
Gajisan
华岳山
Hwaksan
黄梅山
伽倻山国立公园
八公山道立公园
金乌山道立公园
德裕山国立公园
加智山道立公园
京釜高速国道
大邱·浦项间高速国道
京釜线
大邱线
东海南部线
中央线
庆北线
KTX(韩国高速铁路)
京釜线(KTX延长线路)
洛东江
Nakdonggang
甘浦
Gampo
九龙浦
Guryongpo
七浦
Chilpo
兴海
Hunghae
安康
An-gang
乾川
Goncheon
河阳
Hayang
琴湖
Gumho
三浪津
Samnangjin
彦阳
熊上
Ungsan
日山
Ilsan
温山
Onsan
奉吉
Bonggil
台本
Daebon
感恩寺址
主要景点
高速公路
KTX
KTX延长线
普通铁路
道界
机场

长途电话区号 051

釜山广域市
居民登记人口（2009 年）
3543030 人
釜山广域市面积（2007 年）
765.64 平方公里

釜山广域市主页
URL www.busan.go.kr

金海机场旅游咨询处
Map p.208-B-2
☎ (051)973-1100
营 9:00~18:00
休 无

釜山站旅游咨询处
Map p.209-D-3
☎ (051)441-6565
营 9:00~20:00
休 无

国际旅客客运码头旅游咨询处
Map p.209-D-3
☎ (051)465-3471
营 国际游轮到达的时间段
休 无

釜山外国人服务中心
Map p.208-C-3
☎ (051)441-9685
营 9:00~18:00
休 无
※ 此外，地铁西面站内、海云台沙滩等处也有旅游咨询处。

釜山 부산

享受山和海的乐趣

釜山 概要与导览

形似海鸥的札嘎其市场

釜山现在已经成为韩国最大的港口城市，但在 15 世纪初，这里只不过是一个名为富山浦的渔港，当时的中心在内陆的东莱附近。在 16 世纪以后这里改名为釜山，据说是因为这里的山形状像铁锅，故称釜山。关釜码头不仅将釜山与下关连接起来，由博多、大阪、对马等日本开来的客船多数也停靠在这里。由于地理位置较近，在江户时期曾在此设有称为倭馆的领事馆，这里自古以来就与日本有着密切的联系。

釜山分为 4 个地区

釜山大致被分为 4 个地区。以龙头山公园为中心的南浦洞地区和西面地区是深受年轻人喜爱的繁华闹市。白天，南浦洞是釜山最为热闹的地区，但到了深夜，西面地区的热闹程度就远超过这里了。东莱地区的温泉非常有名，附近有釜山大学和梵鱼寺。海云台、广安里地区是被大海的气息所包围的韩国首屈一指的度假胜地。

	1 月	2 月	3 月	4 月	5 月	6 月	7 月	8 月	9 月	10 月	11 月	12 月
平均最高气温（℃）	6	7	12	16	20	23	26	28	25	21	15	9
平均最低气温（℃）	0	1	5	10	14	18	22	23	19	14	7	2
平均降水量（mm）	25.9	0.0	48.1	65.4	72.0	93.7	337.4	325.2	163.3	42.4	72.2	2.7

旅游咨询处位于釜山站前、国际码头客运总站内、金海机场国际航线抵达大厅内等处。市内地图和观光手册等可免费领取。

自古以来的繁华闹市——南浦洞和札嘎其

釜山市中心为中央路和九德路一带。经由地铁釜山站—中央站—南浦站，可以到达写字楼街。经由南浦站—札嘎其站则可以到达南部的闹市区。从南浦站和以前的市政府所在的六差路的环岛向西延伸的道路名为光复洞，一直以来都是闹市区，但后来受市政府搬迁的影响而失去了以前的活力。计划在市政府旧址建造的乐天百货，作为恢复景气的救星而备受期待。

市场上主要是中年妇女在销售货物

光复洞的一端是由国际市场开始的。市场周围的小巷中有一家接一家的古老的日式商铺，给人以时光倒流般的怀旧感觉。

向南再走一个街区是一条狭窄的道路，这里是餐饮一条街。从这里再往西走，就来到了太英剧院、釜山剧院所在的电影院街（PIFF 广场）。从九德路向南即为札嘎其市场。

标志性建筑釜山塔

城市的标志性建筑——釜山塔

从釜山市内的任何地方均可看到龙头山公园的釜山塔，因此，不知道自己身处何地时，寻找塔的位置即可确认自己的方位。

另外，釜山站前的新港酒店后面（草梁洞）是俄罗斯船员聚集的街道，这里被称为德克萨斯 KOLI（“KOLI”是道路的意思）或俄罗斯城。

新城区——西面和度假地——海云台

地铁 1、2 号线在釜山市西面交叉。闹市区位于西面环岛西南的乐天百货周边和东南方向的 Judies Taehwa 周边，以及环岛东侧的 Migliore 周边。晚上热闹非凡的小吃街位于地铁经过的中央路的西侧，这里有成排的釜山名产——猪肉杂烩粥（猪骨汤做的杂烩粥）店和韩式饺子店。

广安里沙滩的美丽夜景

随着地铁 2 号线的开通，海边度假胜地——海云台的交通也变得十分方便。海云台的中心是天堂酒店一带，沙滩的入口处设有旅游咨询处。著名的烧烤店和拥有好的眺望视野的餐厅主要集中在“月见丘”，若要前往那里，从沙滩乘坐出租车以起步价即可到达。海云台前的广安里由于能眺望到广安大桥的美丽夜景而备受年轻人的喜爱。

●旅游咨询处较少

与首尔不同，釜山基本上没有岗亭式的小型旅游咨询处。只有西面的地铁站内和海云台沙滩上的旅游咨询处位于繁华地段而方便寻找。因此，抵达机场、港口、车站后首先要前往旅游咨询处，领取免费的地图、信息杂志和小册子等资料。

釜山的美食当数海鲜

釜山的市内交通

Public Transportation

地铁

费1 区间 1200 韩元
2 区间 1400 韩元

※HANARO 卡本身并不是预存式的，而是购买后使用的，因此不能退款。除非会多次乘坐，否则不推荐购买这种卡。充值的钱可在银行退还。

普通票和一日票通过自动检票系统使用。如果一天内需乘坐三次以上时，购买3500韩元的一日票比较划算。如需停留更长时间，还有7天1.7万韩元的车票。这些都能通过自动售票机购买。

市内巴士

普通巴士 费1000 韩元
座席巴士 费1700 韩元
※ 深夜巴士 费1800 韩元
小型巴士 费850~1000 韩元

与模范出租车费用相同的大型出租车

地铁

地铁 1 号线

釜山市的地铁线路有南北方向纵贯市区的1号线（橙色线）、东西方向横贯市内的2号线（绿色线）和3号线（褐色线）。1号线途经南浦、札嘎其、釜山站、西面、东莱温泉等，终点站为老圃站，这里有釜山综合巴士总站，作为观光的出发地点非常方便。乘坐2号线可前往作为国际商品展销会场和电影节会场的BEXCO以及海云台方向。3号线可以在市内沿东西方向移动时乘坐。

地铁的乘坐方法非常简单。除了普通车票以外，还有可以打折的地铁、巴士通用的预付卡——“HANARO卡”。初次使用时需支付2000韩元办卡费，然后在自动充值机上充值后使用。购卡和充值可在自动充值机和釜山银行或住宅银行进行。车站的窗口由于实行无人化管理，所以不可办理。也能使用首尔的T-money卡。

市内巴士

市内巴士分为普通巴士、座席巴士和小型巴士三种。普通巴士涂成蓝白相间的颜色，座席巴士为白底上涂有橙色带状图案，易于辨认（车前标记有“좌석”）。巴士车站的标记只有韩文标记，在车门一侧的车身上只有两个终点是汉字标记。

使用 LED 显示屏的车辆越来越多

车身侧面只有始发站和终点站有汉字标记

出租车

出租车分为普通出租车、模范出租车和大型出租车。普通出租车起步价为2200韩元，模范出租车和大型出租车为4500韩元。普通出租车起步距离为2公里，之后每143米或每34秒加收100韩元；模范出租车每160米或每38秒加收200韩元。深夜0:00至凌晨4:00提价20%。模范出租车夜间不提价。

巴士的乘坐方法

巴士的种类

普通巴士（1000 韩元）
最普通的巴士

座席巴士（1700 韩元）
运行距离长，且座位较多

小型巴士（850~1000 韩元）
在小范围内循环运行的小型巴士

1 确认目的地

巴士车站站牌上的车辆编号和主要途经站地多用韩语标示。

2 付费乘坐

先付车费。现金投入投币箱（找零时只有硬币），HANARO 卡在感应器上刷卡。

3 下车

按停车按钮后下车。使用HANARO卡乘车时，换乘地铁时可以打折，下车时在车门附近的感应器上刷卡。

HANARO 卡的充值方法

HANARO 卡适合经常乘车的人使用，非常方便。除乘坐地铁、巴士时比现金支付便宜外，换乘时还享受打折优惠。卡的购买和充值可在自动充值机上完成，可选择英文显示。

HANARO 卡充值机

纸币兑换机

1. 按下“purchase”按键，选择“adult”，投入 2000 韩元购卡。
2. 将卡插入卡槽可显示余额。正确的方法是先按下“charge”，再将卡插入卡槽
3. 选择右侧显示的金额（5000 韩元、1 万韩元、2 万韩元、3 万韩元），投入相应金额即完成充值。

1

2

3

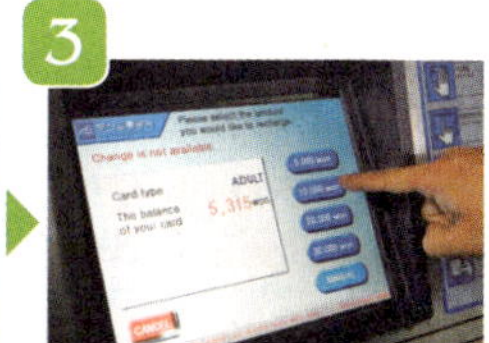

地铁的乘坐方法

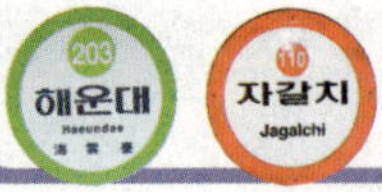

1 寻找入口

地铁入口都有标志物，可通过编号和汉字标识确认站名。

2 购票

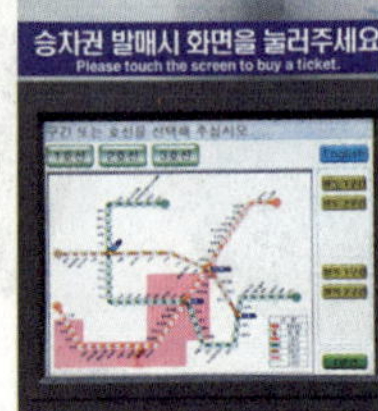

触摸屏显示器是主流

查找线路图，确认所需的是“1区间”车费（1200韩元）还是“2区间”车费（1400韩元）。

购票时先按区间选择按键，投入显示金额。

3 通过检票口

插入车票，旋转挡臂后进入。由于检票后不能再前往相反方向的站台，所以请在检票机上方确认目的地方向。

车票投入口较小，左端为HANARO卡的刷卡器。（2号线上这种设备较多）

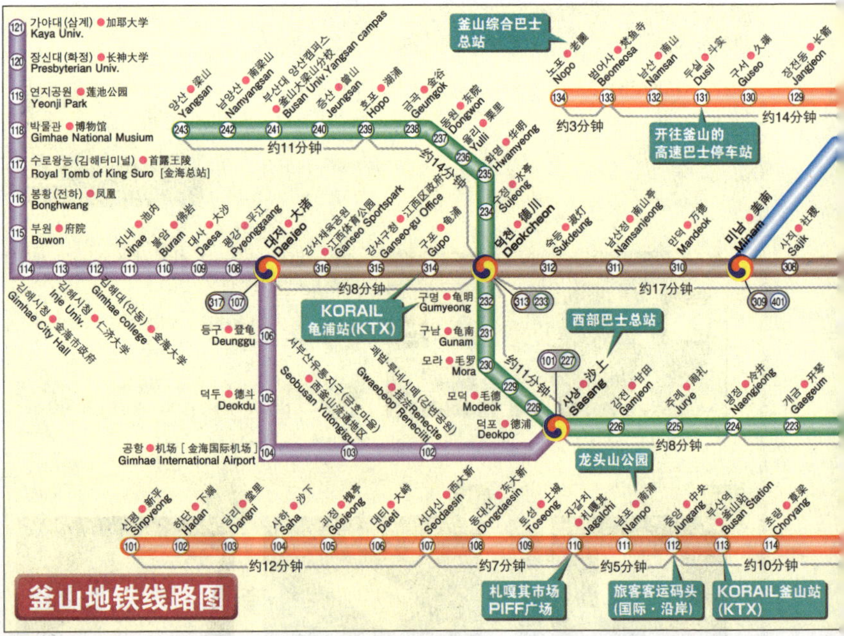

釜山地铁线路图

121 가야대(삼계) 加耶大学 Kaya Univ.
120 장신대(화정) 长神大学 Presbyterian Univ.
119 연지공원 莲池公园 Yeonji Park
118 박물관 博物馆 Gimhae National Musium
117 수로왕능(김해터미널) 首露王陵 Royal Tomb of King Suro [金海总站]
116 봉황(전하) 凤凰 Bonghwang
115 부원 府院 Buwon
114 김해시청 金海市政府 Gimhae City Hall
113 김해시청 仁济大学 Inje Univ.
112 김해대(안동) 金海大学 Gimhae college
111 지내 池内 Jinae
110 불암 佛岩 Buram
109 대사 大沙 Daesa
108 평강 平江 Pyeonggaang
대저 大渚 Daejeo
317 107
106 등구 登龟 Deunggu
105 덕두 德斗 Deokdu
104 공항 机场 [金海国际机场] Gimhae International Airport
103 서부산유통지구(금호마을) 西釜山流通地区 Seobusan Yutongigu
102 괘법·르네시떼(강변공원) 挂法Renecite Gwaebeop Reneciti

243 양산 梁山 Yangsan
242 남양산 南梁山 Namyangsan
241 부산대 양산캠퍼스 釜山大梁山分校 Busan Univ. Yangsan campas
240 증산 曾山 Jeungsan
239 호포 湖浦 Hopo
238 금곡 金谷 Geumgok
237 동원 东院 Dongwon
236 율리 栗里 Yulli
235 화명 华明 Hwamyeong
234 수정 水亭 Sujeong
덕천 德川 Deokcheon
232 구명 龟明 Gumyeong
231 구남 龟南 Gunam
230 모라 毛罗 Mora
229 모덕 毛德 Modeok
228 덕포 德浦 Deokpo
사상 沙上 Sasang
101 227
226 감전 甘田 Gamjeon
225 주례 周礼 Jurye
224 냉정 冷井 Naengjeong
223 개금 开琴 Gaegeum

316 강서체육공원 江西体育公园 Ganseo Sportspark
315 강서구청 江西区政府 Ganseo-gu Office
314 구포 龟浦 Gupo
313 233
312 숙등 淑灯 Sukdeung
311 남산정 南山亭 Namsanjeong
310 만덕 万德 Mandeok
미남 美南 Minam
309 401
308 사직 社稷 Sajik

134 노포 老圃 Nopo
133 범어사 梵鱼寺 Beomeosa
132 남산 南山 Namsan
131 두실 斗实 Dusil
130 구서 久瑞 Guseo
129 장전동 长箭 Jangjeon

101 신평 新平 Sinpyeong
102 하단 下端 Hadan
103 당리 堂里 Dangni
104 사하 沙下 Saha
105 괴정 槐亭 Goejeong
106 대티 大峙 Daeti
107 서대신 西大新 Seodaesin
108 동대신 东大新 Dongdaesin
109 토성 土城 Toseong
110 자갈치 札嘎其 Jagalchi
111 남포 南浦 Nampo
112 중앙 中央 Jungang
113 부산역 釜山站 Busan Station
114 초량 草梁 Choryang

约11分钟　约14分钟　约8分钟　约17分钟　约11分钟　约8分钟　约3分钟　约14分钟　约12分钟　约7分钟　约5分钟　约10分钟

釜山综合巴士总站
开往釜山的高速巴士停车站
KORAIL 龟浦站(KTX)
西部巴士总站
龙头山公园
札嘎其市场 PIFF广场
旅客客运码头（国际·沿岸）
KORAIL釜山站（KTX）

4 乘车

电车为右侧行驶。容易弄错行驶方向，敬请注意。设有屏蔽门的车站逐渐增多。

车厢内有带有汉字和英文标识的线路图。

1 号线的站名显示为橙色，2 号线为绿色，3 号线为褐色。同时也有车站编号。

5 出站

通过检票口之后有一个很大的周边指南图。

换乘时请不要出检票口，按照指示前行。

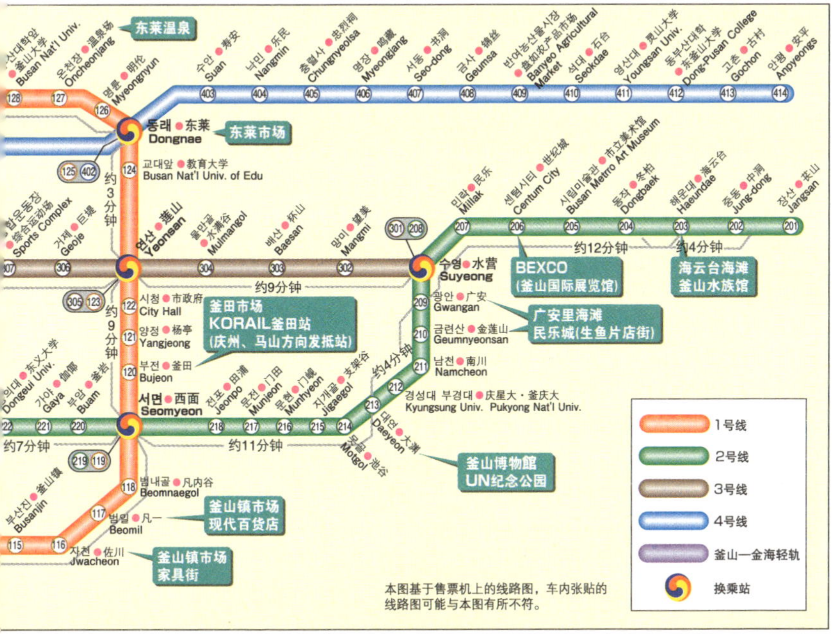

东莱温泉

128 부산대학 ●釜山大学 Busan Nat'l Univ.
127 온천장 ●温泉场 Oncheonjang
126 명륜 ●明伦 Myeongnyun
125 402 동래 ●东莱 Dongnae　东莱市场
124 교대앞 ●教育大学 Busan Nat'l Univ. of Edu
约3分钟
123 305 연산 ●莲山 Yeonsan
122 시청 ●市政府 City Hall
121 양정 ●杨亭 Yangjeong
120 부전 ●釜田 Bujeon
约9分钟
119 219 서면 ●西面 Seomyeon
118 범내골 ●凡内谷 Beomnaegol
117 범일 ●凡一 Beomil
116 좌천 ●佐川 Jwacheon
115 부산진 ●釜山镇 Busanjin

釜田市场
KORAIL釜田站
(庆州、马山方向发抵站)

釜山镇市场
现代百货店

釜山镇市场
家具街

403 수안 ●寿安 Suan
404 낙민 ●乐民 Nangmin
405 충렬사 ●忠烈祠 Chungnyeolsa
406 명장 ●鸣藏 Myeongjang
407 서동 ●书洞 Seo-dong
408 금사 ●锦丝 Geumsa
409 반여농산물시장 ●盘如农产品市场 Banyeo Agricultural Market
410 석대 ●石台 Seokdae
411 영산대 ●灵山大学 Youngsan Univ.
412 동부산대학 ●东釜山大学 Dong-Pusan College
413 고촌 ●古村 Gochon
414 안평 ●安平 Anpyeongs

307 종합운동장 ●综合运动场 Sports Complex
306 거제 ●巨堤 Geoje
304 물만골 ●水满谷 Mulmangol
303 배산 ●杯山 Baesan
302 망미 ●望美 Mangmi
약9分钟

301 208 수영 ●水营 Suyeong
207 민락 ●民乐 Millak
206 센텀시티 ●世纪城 Centum City
205 시립미술관 ●市立美术馆 Busan Metro Art Museum
204 동백 ●冬柏 Dongbaek
203 해운대 ●海云台 Haeundae
202 중동 ●中洞 Jung-dong
201 장산 ●苌山 Jangsan
约12分钟　约4分钟

BEXCO
(釜山国际展览馆)

海云台海滩
釜山水族馆

209 광안 ●广安 Gwangan
210 금련산 ●金莲山 Geumnyeonsan
211 남천 ●南川 Namcheon
212 경성대 부경대 ●庆星大・釜庆大 Kyungsung Univ. Pukyong Nat'l Univ.
213 대연 ●大渊 Daeyeon
214 못골 ●池谷 Motgol
约4分钟

广安里海滩
民乐城(生鱼片店街)

釜山博物館
UN纪念公园

222 동의대 ●东义大学 Dongeui Univ.
221 가야 ●伽倻 Gaya
220 부암 ●釜岩 Buam
218 전포 ●田浦 Jeonpo
217 문전 ●门田 Munjeon
216 문현 ●门岘 Munhyeon
215 지게골 ●支架谷 Jigaegol
约7分钟　约11分钟

1号线
2号线
3号线
4号线
釜山—金海轻轨
换乘站

本图基于售票机上的线路图，车内张贴的线路图可能与本图有所不符。

从釜山前往各地

Public Transportation

金海国际机场
Map p.208-B-2
☎(051)974-3114
☎970-3227
（预约大韩航空）
☎971-2626
（预约韩亚航空公司）
☎974-8636
（预约釜山航空）
☎971-6888
（预约中国国际航空）
☎467-2600
（预约中国海南航空）
☎469-9075
（预约中国国际航空）
URL www.airport.co.kr/doc/gimhae_chn/index.jsp

机场大巴
☎(051)973-9617
费 西面、釜山方向 5000 韩元
海云台方向 6000 韩元
发车：每隔 20~40 分钟一班

另外，也有不经过釜山市中心而直达庆州的巴士。可以乘坐这趟车经由庆州前往浦项，走高速公路的话，到庆州的高速巴士总站约需 1 小时 10 分钟。同时，还有开往马山、昌原方向的线路。

机场豪华大巴乘车点

地铁

金海国际机场

机场内除银行外，还有手机租借处

金海国际机场位于市区以西约 15 公里处，规模仅次于首尔。机场现在虽隶属于釜山市，但因刚开始运营时隶属于金海市，因此被称为金海机场。

候机楼分为国际航线和国内航线，两座候机楼之间有免费的循环巴士。新的国际航线候机楼于 2007 年建成，与国内航线候机楼距离较远，敬请注意。

前往机场的交通工具有各公司的机场大巴、线路巴士、出租车等。如需前往地铁站，可乘出租车到 3 号线“江西区政府”站或 2 号线的“龟明”站比较近。前往乐天酒店所在的西面，如果不堵车的话，打车约 30 分钟。

机场—市内的交通——机场豪华巴士

机场豪华巴士在市内循环，车身上印有“Airport Limousine”字样。现在开通的有两条线路：一条通往海云台地区的度假酒店，另一条通往釜山方向。车票可在乘车时购买，南浦洞方向的票价为 5000 韩元，海云台方向的为 6000 韩元。

●机场豪华大巴线路

1 路

金海国际机场（김해국제공항）**→西面乐天 (LOTTE) 酒店**（서면롯데호텔）**→西面 1 号街（OUTBACK 西面店前）**（서면 1 번가 / 아웃백서면점）**→现代百货**（현대백화점）**→釜山镇站（釜山日报社）**（부산진역 / 부산일보사）**→ 釜山站 (ALLIANZ 生命)**（부산역 / 알리안츠생명）**→ 客摩多 (Commodore) 酒店**（코모도호텔）**→ 东横 (TOYOKO)INN 连锁宾馆**（토요코인호텔 중앙동）**→ 中央洞（第一火灾大厦）**（중앙동 / 제일화재빌딩）**→ 沿岸旅客客运站（釜山百货）**（연안여객터미널 / 부산데파트）**→南浦洞（PHOENIX 酒店前）**（남포동 / 피닉스호텔）**→忠武洞**（충무동）**→ 南浦洞（札嘎其市场）**（남포동 / 자갈치시장입구）**→沿岸旅客客运站（国际大厦前）**（연안여객터미널 / 국제빌딩 앞）**→中央洞（STX 大厦）**（중앙동 /stx 빌딩）**→ 原大韩航空大厦前（陆桥前）**（구 . 대한항공빌딩 / 육교앞）**→釜山站地铁 6 号线出口前**（부산역 6 번출구）**→釜山镇站**（부산진역입구）**→现代百货**（현대백화점）**→西面乐天酒店**（서면롯데호텔）**→西面 1 号街（OUTBACK 西面店前** / 서면 1 번가）**→金海国际机场**（김해국제공항）

2 路

金海国际机场（김해국제공항）**→南川洞（大南交叉路）**（남천동 / 대남교차로）**→ 南川洞（金莲山地铁站5号出口前）**（남천동 / 금련산지하 철역5번출구）**→水营交叉路（教育支援中心大厦）**（수영교차로 / 고용지원센타）**→森台姆酒店**（센텀호텔）**→BEXCO**（벡스코）**→奥林匹克帆船竞技场**（올림픽요트경기장）**→釜山韩华度假村(HANWHA RESORT)**（한화리조트）**→现代HYPERION**（현대하이페리온）**→釜山WESTIN朝鲜酒店**（웨스틴조선비치호텔）**→海云台豪华(GRAND)酒店**（그랜드호텔）**→诺伯特尔国宾(NOVOTEL AMBASSADOR)酒店**（노보텔엠베서더호텔）**→ 乐园(PARADISE)酒店**（파라다이스호텔）**→PALEDECZ度假村**（팔레드시즈리조트）**→苌山地铁站6号出口**（장산지하철역5번출구）**→南川洞（大南交叉路）**（남천동（대남 교차로）**→ 金海国际机场**（김해국제공항）

金海机场内的旅游咨询处

金海国际机场内部

机场—市内的交通——市内巴士

市内巴士有部分线路开往机场。虽然车费较便宜，但在中途停靠的车站较多，颇费时间，因此不推荐赶时间的人乘坐。

■开往机场的市内巴士一览

线路编号	经由线路	车费及其他
11、13（城市循环巴士）	3 号线"江西区政府"站，KORAIL、龟浦市场 3 号线"龟浦"站	900 韩元 ※20~30 分钟一班
201	西釜山 IC~2 号线"周礼"站、2 号线"东义大"站、西面乐天酒店	1700 韩元 ※ 约 15 分钟一班
307	3 号线"江西区政府"站，KORAIL、3 号线"龟浦"站，2 号线"德川"站，1 号线"东莱"站，BEXCO，海云台海水浴场，海云台区政府	1700 韩元 ※ 约 15 分钟一班

机场—市内的交通——出租车

出租车乘车处位于机场大巴乘车处旁边。与首尔一样，出租车分为普通出租车和黑色的高级模范出租车两种。经常接待外国游客的是模范出租车。前往釜山车站约需 40 分钟，前往西面约需 30 分钟，前往海云台约需 1 小时。

■从机场乘出租车的收费标准

目的地	距离（km）	普通出租车（韩元）	模范出租车（韩元）
西面（乐天酒店）	15	1.2 万	1.68 万
釜山站	17	1.13 万	1.9 万
综合巴士总站	28	1.8 万	3.1 万
客轮码头	18	1.3 万	1.9 万
梵鱼寺	29	1.84 万	3.2 万
海云台	28	1.8 万	3.1 万
松岛	20	1.31 万	2.23 万
东莱温泉	18	1.2 万	1.98 万
太宗台	26	1.7 万	2.9 万
釜山塔	17	1.13 万	1.9 万
朝鲜釜山威斯汀酒店	27	1.73 万	2.99 万
KOMODO 酒店	17	1.13 万	1.9 万
萨拉伯尔酒店	17	1.13 万	1.9 万
皇冠酒店	18	1.7 万	1.48 万
国际酒店	18	1.2 万	1.98 万

※ 高速公路费用另计。

201 路巴士和目的地标识

●乘坐市内巴士前往 KORAIL 车站

如果不想经由市内而直接前往火车站，乘坐 307 路或城市循环巴士 11、13 路到 KORAIL"龟浦"站（KTX 也有部分列车停靠）比较方便。

普通出租车的顶灯

模范出租车的顶灯

将要出发列车的剩余座位数会用韩语显示在售票处前的电子显示屏上

铁路

釜山站

往首尔、大邱东、大田方向的 KTX 和"新村"号、"无穷花"号列车在釜山站发抵。随着 KTX 开始运行，车站经过重新建设，变得既方便又具功能性。

旅游咨询处位于二层售票处旁，提供铁路旅游相关的信息和市内观光的咨询服务。出租车乘车处、釜山城市旅游巴士的发抵站、地铁 1 号线入口均位于站前广场。

车站内设有餐厅，提供面类和紫菜包饭等韩式快餐。

综合旅游咨询处

独特的玻璃墙结构的釜山站

釜山站
Map p.209-D-3
交通 地铁 1 号线⑬"釜山站"

釜田站
Map p.209-D-2
交通 地铁 1 号线⑳"釜田"站

釜山综合巴士总站
Map p.209-D-1
交通 地铁 1 号线终点㉞"老圃"站。巴士总站与车站之间有通道相连

釜田站

随着 KTX 开始运行，京釜线以外的列车改为在釜田站发抵。釜田发抵的列车为开往庆州、安东、江陵、清凉里、庆全方向的"无穷花"号和"新村"号。从地铁 1 号线⑳的"釜田"站前往釜田火车站比较方便。

长途巴士

釜山有两个长途巴士总站，釜山综合巴士总站主要有发往庆尚南北道和首尔等全国各个方向的巴士，而西部市外巴士总站则主要是发往统营、晋州方向的班次。

釜山综合巴士总站

综合巴士总站由高速巴士总站和市外（东部）巴士总站合并而成，位于市区北部。高速巴士总站的车开往首尔、大田、大邱、光州、丽水、庆州和晋州等地，市外巴士总站的车开往蔚山、马山、庆州和通度寺等地。

从地铁 1 号线㉞"老圃"站出站后，通过连接通道即可到达售票处。高速巴士总站售票处在右侧，市外巴士总站售票处在左

釜山综合巴士总站

侧。高速巴士总站以汉字和字母标示目的地、出发时间和车费，以电子显示屏显示（上为高级、下为普通高速），清楚明了。相反，市外巴士总站只有韩语标识。乘车处位于楼下，仍然右侧为高速、左侧为市外。

高速巴士的售票处

抵达这里的车有一部分在地铁 1 号线⑬¹“斗实”站前停靠，前往市中心时在中途下车比较方便。

西部市外巴士总站

这里有发往马山、统营、昌原、晋州、泉州等釜山以西方向的巴士。

巴士从早晨到深夜每隔 10~30 分钟一班，车票也可在乘车之前购买。地点位于地铁 2 号线㉗“沙上”站旁。

西部市外巴士总站
서부시외버스터미널
Map p.208-C-3
☎(051)322-8301
交通 地铁 2 号线㉗“沙上”站

客船

国际旅客客运码头（釜山港）

釜山的海上大门就是国际旅客客运码头（釜山港），位于釜山第一码头。这里有去往日本的福冈、下关、对马等地的国际航线。码头内有货币兑换处和旅游咨询处，出关后有免税商店。

福冈—釜山间的运行时间不到 3 小时的甲虫号

码头位于市中心，可步行至观光景点和闹市区是其魅力所在。码头离地铁站很近（1 号线⑫中央站）。需要注意的是，即使同在釜山港，前往济州岛和南海岸的沿岸旅客客运码头位于不同位置。

造型独特的釜山国际客轮码头

另外，出境时每人需交纳 2200 韩元的港口设施使用费。

国际旅客客运码头（釜山港）
국제여객터미널
Map p.209-D-3
交通 地铁 1 号线⑫“中央”站下车后步行 5 分钟

沿岸旅客客运码头

沿岸旅客客运码头是国内航线专用的客轮码头，距釜山国际客轮码头约有 500 米，这里有开往济州岛、南海岸诸岛的客轮。通往外岛的巨济岛长承浦客轮也从这里出发。开往济州岛的客轮虽然是深夜出发，但在夏季的高峰季节非常拥挤，在这一时期前往济州岛的游客需提前一天购票。

沿岸旅客客运码头

沿岸旅客客运码头
연안여객터미널
Map p.219-E-4
交通 地铁 1 号线⑫“中央”站下车后步行 5 分钟

短途航线上主要是这种高速轮船

从釜山前往庆州

从釜山到庆州乘巴士单程需要约1小时，KTX需要约30分钟。
去庆州一日游，参观一下世界遗产吧。

1 巴士

釜山综合巴士总站。与地铁1号线⑬④"老圃"站有通道相连。返回时并不在终点站巴士总站停车，而是在1号线⑬①"斗实"站停车，在那里下车后返回市中心比较方便。

庆州高速巴士总站

庆州的巴士总站分为高速巴士总站和市外巴士总站，但是两个车站相隔很近。高速巴士总站前面设有旅游咨询处，有自行车租赁店。

2 KTX

从釜山站去往新庆州站。在车站前的巴士站乘坐700路巴士，可以去往新罗千年公园、普门观光园区、佛国寺方向。

新庆州站

利用釜山城市旅游巴士和游船

车身涂成五颜六色的釜山城市旅游巴士

●釜山观光开发（U-Citytour）

☎(051)464-9898 或 1688-0098

休 周一（周一逢休息日时调整为第二天）

费 1万韩元

※ 夜景线路和白天线路需分别购票

URL www.citytouriousan.com

●釜山城市旅游巴士

釜山城市旅游巴士是以釜山市为中心运行的循环型旅游巴士。白天的观光线路可自由上下车。由于巴士经过各主要景点，在自己比较喜欢的景点下车后可以乘坐1小时后到来的下一班车继续游览，十分方便。

观光线路有白天线路4条和夜间、乙淑岛自然生态线路共5条。所有线路都是以釜山站前广场为起点和终点。如果乘坐白天线路，购买一次性乘车票可多次在途中上下车（乙淑岛自然生态线路除外）。夜景线路只运行1次，除指定地点外，不可在中途下车。车票可在车内购买。可通过电话或互联网预约，但如果没有大型活动，不预约亦可。

釜山城市旅游巴士专用停靠站

釜山城市旅游巴士的观光线路

釜山城市旅游巴士

夜景观光线路 所用时间 2小时

海云台观光线路

釜山站→釜山市立博物馆→广安里海水浴场→世峰楼→海云台海水浴场（水族馆）→海云台站→新世界·乐天百货→市立美术馆（BEXCO）→广安大桥→UN纪念公园→釜山站

太宗台观光线路

釜山站→沿岸旅客客运中心→75广场→太宗台→国际观光船总站→南港大桥→松岛海水浴场→BIFF广场•札嘎其→釜山站

乙淑自然生态观光线路

1日2班

9:30、14:00 所用时间 3小时40分钟

※本线路不能换乘

釜山站→影岛大桥（影岛大桥正在施工中的地方不能通行 ）→南港大桥→松岛海水浴场→岩南公园→多大浦·莫云台→峨眉山瞭望台→乙淑岛生态中心→釜山站

乘坐迷你游船

游船的发抵地点为釜山大桥（沿岸旅客客运码头旁边）、蒂法尼21渡口（冬柏岛前）、海云台（韩国公寓前）3处，各自运行有循环线路和单程线路，所需时间为1小时30分钟~2小时。蒂法尼21分为使用豪华船的午餐游船和晚宴游船。游船的出发时间和运营次数根据季节和日期的变化而频繁变动，因此请事先咨询。

游览船的观光线路、乘船案内

海云台—五六岛周游线路

海云台→冬柏岛→广安大桥→二妓台→五六岛→海云台

营 9:00至日落每隔40~50分钟一班

费 1.95万韩元（周游1次）

蒂法尼21

午餐观光
营 12:00~14:00 费 6万韩元

甜点观光
营 15:30~17:00 费 4万韩元

晚餐观光
营 19:00~21:00 费 8.8万韩元

夜间观光
营 22:00~24:00 费 6.9万韩元

COVEA游船

釜山大桥乘船处
Map p.221-E-3
☎ (051)441-2525

海云台乘船处
Map p.231-D-3
☎ (051)742-2525

蒂法尼21总站
Map p.230-A-3
☎ (051)743-2500
URL www.coveacruise.com

釜山全图
金海市
김해시
梁山市
양산시
上东面
상동면
大东面
대동면
酒村面
주촌면
长有面
장유면
昌原市
镇海区
진해구
江西区
강서구
北区
북구
沙上区
사상구
沙下区
사하구
西区
서구
中区
중구
釜山镇区
부산진구
三溪(加耶大入口)
花停(长神大入口)
莲池公园
博物馆
首露王陵(金海总站)
凤凰(田下)
府院
金海市政府
安洞
(金海大入口)
活川
(仁济大入口)
池内
佛岩
大沙
平江
大渚
江西体育公园
江西区政府
龟浦
德川
龟明
龟南
毛罗
毛德
德浦
沙上
甘田
周礼
冷井
开琴
德斗
金海机场
金海国际机场
旅游咨询处
西釜山流通地区(锦湖村)
挂法Renecite(江边公园)
西部市外巴士总站
南海高速国道
第二南海支线
西洛东大桥
西釜山洛东江桥
龟浦洛东江桥
釜山大邱高速国道
京釜线
地铁2号线
洛东江
西洛东江
湖浦
金谷
东院
栗里
华明
水亭
万德路
南山亭
月村里
월촌리
德山里
덕산리
乌纳里
조눌리
礼安里
예안리
草亭里
초정리
酒洞里
주동리
大渚1洞
대저1동
七宝寺
花木洞
화목동
竹洞
죽동
二洞
이동
三乐洞
삼락동
毛罗洞
모라동
德浦洞
덕포동
挂法洞
괘법동
鹤章洞
학장동
周礼洞
주례동
伽倻洞
가야동
严弓洞
엄궁동
下端洞
하단동
堂里洞
당리동
槐亭洞
괴정동
甘川洞
감천동
新平洞
신평동
旧平洞
구평동
长林洞
장림동
多大洞
다대동
岩南洞
암남동
松亭洞
송정동
新湖洞
신호동
鸣旨洞
명지동
候鸟栖息地
下端
堂里
沙下
槐亭
大峙
西大新
东大新洞
土城
新平
大新公园
东大新洞
釜山外国人服务中心
松岛海滨酒店
松岛海滨
松林公园
岩南公园
多大浦湾
多大浦
没云台
北集装箱码头
加德岛
가덕도
华明洞
화명동
金谷洞
금곡동
德川洞
덕천동
龟浦洞
구포동
草邑洞
초읍동
龙门寺
弥勒庵
金水寺
花芳寺
正觉寺
沙上公园
抵园精舍
大命寺
东仙寺
瀞修庵
龟浦公园
东西高架路

机张郡
기장군
日光面
일광면
铁马面
철마면
金井区
금정구
东莱区
동래구
海云台区
해운대구
莲堤区
연제구
水营区
수영구
南区
남구
影岛区
영도구
机张邑
기장읍
梵鱼寺
釜山水族馆
釜山博物馆
太宗台
高速公路
铁路
地铁1号线
地铁2号线
地铁3号线
地铁4号线
釜山-金海轻电铁
※带圆圈的数字表示车站号
地铁换乘站
主要景点
餐厅
商店
咖啡馆和酒吧
美容按摩
酒店
旅游咨询处
学校

购物 & 免税店篇

购物的必到之处——免税店大盘点

知名品牌商品、香水、化妆品等在免税店购买比较划算。在釜山，市内免税店可以方便购物。位于百货商场的上层，或是有短途巴士直达，非常方便。还有各种各样的人气礼品。

新品上柜较早

位置优越的釜山乐天免税店

位于西面的乐天百货楼上，非常方便。从品牌商品到礼品一应俱全。

DATA

釜山乐天免税店

Map p.227-A-3
住 부산진구 부전동 503-15
☎(051)810-3880 营 9:30~22:00
休 无 C/C A D J M V

韩国最大规模的天堂免税店

免税店天堂。宽敞的各个楼层内布满专柜。让人惊讶的是，包括化妆品、小件商品在内，所有品牌均设有专柜。

DATA

天堂免税店

Map p.228-A-2 住 해운대구 중1동1411-1
☎(051)743-0181 营 9:30~19:00
休 无 C/C A D J M V

1 化妆品品牌等全部设有专柜 2 受欢迎的品牌大量入驻该店 3 店堂中央为天井形设计 4 有开往西面的短途巴士

购物商场和超市

购物应首选 Migliore 西面店。在同一大楼内也有大众化超市 Home Plus。

1 Migliore西面店　2 也有特色小店　3 在Migliore可能也会淘到便宜货

韩国化妆品

从地铁西面站出站后，可以去紧邻的地下商业街看看。主要的品牌商品都有，可边试用比较边逛逛。时尚产品丰富多样。

1 以粉红色为代表色彩的爱丽公主屋（ETUDE HOUSE）　2 环境明亮的谜尚（MISSHA）　3 美颜小铺（THE FACE SHOP）

小特辑

赌场篇

中国政府对于公民境外参赌是严厉打击的，不论国内或境外，参赌均属违法。请谨慎前往。

7幸运赌场位于西面

7 幸运赌场设于年轻人之都——西面的乐天酒店内。

赌场还设有外国人专用场地

DATA

7幸运赌场

Map p.227-A-3
住 부산진구 부전2동503-15 롯데호텔2층
☎ (051)665-6000
营 24小时　休 无
C/C Ⓐ Ⓓ Ⓙ Ⓜ Ⓥ

老赌场天堂赌场位于海云台

天堂赌场在韩国很有名，特点是这里氛围沉稳。

1 推荐给初玩者的老虎机　2 设于乐天酒店内，方便游戏　3 氛围厚重而沉稳的主楼层

DATA

天堂赌场

Map p.228-B-2
住 해운대구 중동1408-5
☎ (051)749-3550
营 24小时　休 无
C/C Ⓐ Ⓓ Ⓙ Ⓜ Ⓥ

札嘎其市场

提起釜山，所有人马上想到的就是这里吧？（→ p.214）

釜山的主要景点

提起釜山，大家都会有港口城市的感觉吧？不过，实际上这里还拥有美丽的名山古刹、热闹的市场等，有着多变的一面。

国际市场

小店林立、各色商品齐全的商业街。也可定制皮革制品。（→ p.214）

太宗台

从灯塔形的瞭望台上远眺大海的美景。（→ p.216）

1 从海上远眺札嘎其市场　2 位于影岛最南端的海岬　3 到处有购物的乐趣　4 充满活力的市场内部。买了鱼后可以当场加工品尝

海云台沙滩

釜山大海的另一张名片——海云台沙滩作为休闲胜地备受欢迎。（→ Map p.230-C-3）

梵鱼寺

釜山名刹——梵鱼寺寺内总是信徒满满。来此观光可领略山麓的美好氛围。（→ Map p.235-A-1）

金井山城

位于金井山的山城有 4 个城门。（→ Map p.235）

釜山塔

釜山的地标性建筑。登上瞭望台，可以 360 度眺望釜山的美丽景色。（→ p.214）

5 沙滩下还有水族馆　6 美丽的海云台沙滩　7 虔诚信徒众多的寺院　8 金井山城的东门。比较容易到达　9 釜山的地标性建筑——釜山塔

釜山 主要景点

国际市场국제시장

Map p.220-B-2

物品丰富的市场

★★

有很多店铺能用简单的中文交流

国际市场以两座狭长的大楼为中心，呈南北走向。主要建筑物以连廊相连，一层经营五金用品、餐具和日用品，二层为服装卖场。

龙头山公园용두산공원

Map p.220-C-2

市民的休息场所

★★

龙头山公园依釜山市中心地区较高的小山丘而建。日本江户时代，公园周围设有成为倭馆的对马藩驻地设施。另外，这里还有可以俯瞰全市的釜山塔。从南浦洞和中央洞均可前往这里，但从南浦洞的光复路搭乘自动扶梯前往公园比较轻松。

釜山塔부산타워

Map p.220-C-3

可以俯瞰釜山全景的高台

★★

釜山塔于 1974 年建成，瞭望台的高度为 118 米。

乘坐高速电梯来到瞭望台后，釜山城市的全景就展现在眼前。白天的景色自不用说，夜晚的景色也非常美丽，游客来此可以尽情欣赏港口的夜景。

釜山近代历史馆부산근대역사관

Map p.220-C-2

展示着釜山近现代史的丰富资料

★★

建筑物本身也是宝贵的遗产

这个近现代史博物馆设于日本侵占时期的东洋拓殖釜山分店（战后为美国文化院）的建筑物内。一、二层展示了釜山近现代史的相关实物资料和照片，三层展示了韩美关系史的有关资料。

干鱼市场건어물도매시장

Map p.221-D-4

保留着日式的商家建筑

★

这里是鱼干和小杂鱼干的批发市场，在这里的一角还原汁原味地保留着有着 70 多年历史的日式建筑商业街。也有像带鱼干之类的美味食品。

札嘎其市场자갈치시장

Map p.220-C-4

现场品尝刺身

★★★

从南浦洞的电影院街向南边的港口走，就能看到一座突出于大海上的建筑，这就是著名的鱼市——札嘎其（韩语意思为小石子）。这座建筑物分为 2006 年年末开业的新札嘎其市场大楼和老的新东亚市场两部分。

国际市场
住 중구 신창동 3 가 ,4 가
营 10:00~20:00 左右（因店铺而异）
休 春节、中秋节
交通 地铁 1 号线⑪“南浦”站出，步行 5 分钟

龙头山公园
住 중구 광복동 2-1
☎ (051)245-1066
营 24 小时
休 无
交通 地铁 1 号线⑪“南浦”站出，步行 10 分钟

釜山塔
住 중구 광복동 2 가 1-2
☎ (051)246-1066
营 9:00~22:00（入场时间至 21:30）
休 无
交通 地铁 1 号线⑪“南浦”站出，步行 10 分钟

建于龙头山公园内的釜山塔

釜山近代历史馆
住 중구 대청로 99 번지
☎ (051)253-3845
营 9:00~18:00
休 周一和元旦
费 免费
交通 地铁 1 号线⑪“南浦”站出，1 号出口步行 10 分钟

干鱼市场
住 중구 남포동 1 가
营 7:00~18:00
休 周日
交通 地铁 1 号线⑪“南浦”站 2、4、5 号出口出，步行 1 分钟

保留有古老的日式建筑

新札嘎其市场大楼

无论在哪个市场，均可将在一层购买的鱼带到楼上的餐厅烹饪食用。新东亚市场二层有成排的干菜专营店。

釜山博物馆부산박물관

Map p.209-D-3

非常杰出的近代展览 ★★★

是关于江户时代朝鲜通信使的展览。馆中用人偶再现了当时的队列，还展出有当时釜山倭馆的相关资料。另外，馆内展出的大量与近现代相关的实物资料也让人惊讶。日本侵占时期的地图和宣传画等也是其他地方很难看到的。通过模型和人偶再现的当时的城镇也非常真实。

釜山水族馆부산아쿠아리움

Map p.230-B-3

喂食鲨鱼等很受欢迎 ★★★

这是位于海云台沙滩地下的大型水族馆。在鲨鱼和海龟所在的大水槽中潜水员每天2次的喂食，极受欢迎。馆内有穿过大水槽下方的海底隧道，还举行喂食企鹅等活动。

在海底散步般的感受

札嘎其市场
住 중구 남포동 4 가 37-1
☎ (051)257-9030
营 7:00~22:30
休 春节、中秋节
交通 地铁1号线⑪⓪“札嘎其”站10号出口出，步行5分钟，⑪⑪“南浦”站2号出口出，步行5分钟

釜山博物馆
住 남구 유엔로 210 번지
☎ (051)610-7111
营 9:00~20:00（入场时间至19:00）
休 周一、元旦
费 免费
交通 地铁2号线㉑③“大渊”站出，步行7分钟
URL www.museum.busan.kr

釜山水族馆
住 해운대구 중 1 동 1411-4
☎ (051)740-1700
营 周一～周四 10:00~20:00 周五～周日、节假日、7月14日~8月31日 9:00~22:00
休 无
费 1.6万韩元（含模拟器）
交通 地铁2号线⑳③“海云台”站出，步行8分钟
URL www.busanaquarium.com

南浦洞 · 札嘎其

남포동·자갈치

充满活力的老城区

电影院集中的 PIFF 广场

国际市场中有几条排档小吃街

南浦洞 · 札嘎其 概要与导览

从地铁⑪“南浦洞”站到龙头山公园和国际市场一带称为南浦洞，虽然这里与以前相比失去了活力，但其仍然是釜山屈指可数的闹市区。其主干道是地铁经过的大街北侧东西走向的光复路。商铺林立的都市面貌与首尔的明洞没有太大区别。在光复路中途向北拐，如果想寻找热闹的小路，一定不能错过服装店和饰品店众多的国际市场。另外，来到“札嘎其”站附近后向大海一侧拐，可以到成为釜山国际电影节会场的电影院街（PIFF 广场），到了休息日，这里到处都挤满了年轻人，热闹非凡。周边还有许多快餐店和小吃排档。

南浦洞 · 札嘎其 主要景点

太宗台태종대

Map p.209-D-4

从悬崖上可以看到大海

★★★

太宗台曾被称为牧岛，是位于影岛最南端的海岬。由于统一三国的新罗的太宗曾到过此处而得名。在晴朗的日子，从悬崖上能看到对马。海岬上设置了灯塔形的新瞭望设施。

太宗台上的灯塔形瞭望设施

太宗台

住 영도구동삼 2 동 산 29-1

☎ (051)405-2004

营 3~10 月 5:00~24:00、11 月～次年 2 月 4:00~24:00

休 无

费 免费

交通 市内巴士 8 路、130 路终点站“太宗台”下车

※ 公园内非常宽阔，上下坡很多，乘坐园内票价为 1000 韩元的小火车会比较方便。

餐厅
Restaurant

谈
담

◆烹饪研究家研究、使用韩牛的烤肉店。这里的烤肉只使用高品质的雌牛肉，肉质松软，咬下去满口留香。为保持肉的鲜美，使用盐田的天然盐烤制。店内布置颇费心思，环境整洁优美，服务员态度热情。这是一家高品质的餐厅，不仅可以用于一般接待，二层还可以举办宴会。

Map p.221-D-2

住 중구 중앙동 2 가 20
☎ (051)241-6999/7999
营 10:30~22:00 预约截止时间到 21:00
休 春节、中秋节
C/C Ⓐ Ⓓ Ⓙ Ⓜ Ⓥ
交通 地铁 1 号线⑪“中央”站 1 号出口出，步行 2 分钟

陶鲁高莱
돌고래

◆在南浦洞如果想品尝美味的韩式豆腐锅，就一定要到这里。这家店一大早就会开始营业，很适合在此吃早餐。很少见的是用小型锅上菜。墙壁菜单上的韩式豆腐锅价格为 3500 韩元。韩式酱锅 3500 韩元、米饭 1000 韩元。平时从下午到傍晚生意很好，周六、周日一整天客人都很多。

Map p.220-C-2

住 중구 신창동 2 가 12-1
☎ (051)246-1825
营 6:00~22:00
休 春节、中秋节
C/C 可以使用 Ⓙ Ⓜ Ⓥ，但最好是现金
交通 地铁 1 号线⑩“札嘎其”站 7 号出口出，步行 7 分钟

商店 / 咖啡吧 / 休闲 / 娱乐
Shop / Coffee bar / Leisure / Entertainment

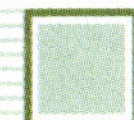

农协农产品百货商店
농협농산물백화점 MART

◆农协农产品百货商店位于札嘎其地区的主干道上，南浦洞虽没有百货商店，但地下超市代替了百货商店，非常方便。且价格便宜。除泡菜和海苔之外，这里还有许多只有在农协才能买到的天然食品。

Map p.220-B-4

住 중구 남포동 6 가 1
☎ (051)250-7700
营 7:00~23:00
休 春节、中秋节
C/C Ⓐ Ⓓ Ⓙ Ⓜ Ⓥ
交通 地铁 1 号线⑩“札嘎其”站 10 号出口附近

GM CD&DVD
전문점 GM CD&DVD

◆在此可以轻松选购到 K-POP、韩剧的原声带音像制品。还有面向韩国人的 J-POP 专区。店内提供联网的电脑和视听享受区，可以随意使用。

Map p.220-C-3

住 중구 남포동 2 가 13
☎ (051)246-0752
营 9:30~22:00
休 春节、中秋节
交通 地铁 1 号线⑪“南浦”站 1 号出口出，步行 5 分钟

大河工艺社
대하공예사

◆位于国际市场内，店名是用汉字标示的“大河工艺社”。这里经营传统工艺礼品的批发业务，也可以零售。因为是批发价，价格只有市场价的一半，超级便宜。店铺的位置非常好找，在同一层上有一家名为“二和社眼镜”的商店可以作为参照。楼梯有些滑，需要注意。

Map p.220-B-2

住 중구 신창동 4 가
☎ (051)246-2957
营 10:00~19:00
休 周日、春节、中秋节
C/C Ⓐ Ⓓ Ⓙ Ⓜ Ⓥ
交通 地铁 1 号线⑩“札嘎其”站 7 号出口出，步行 7 分钟

主要景点 S 商店 G 餐厅 H 酒店 i 旅游咨询处 邮局 B 银行 学校 医院 地铁1号线

草梁 초량
草梁洞电动烤肉大道
温和烤肉
KEB 外币兑换银行
东区 동구
草梁洞 초량동
KB国民银行
广场观光酒店
釜山INN汽车旅馆
大厅公园
忠显塔
釜山부산
华侨中学
釜山站 부산역
釜山站内旅游咨询处
釜山城市观光巴士发抵站
平西绿
东华门
东横INN釜山站1号店
釜山外国人服务中心
上海门
阿里郎酒店
全家便利店
釜山隧道
부산터널
SC第一银行
新韩银行
古宫参鸡汤
特雄诺 대영로
中区 중구
中央路 중앙로
地铁1号线
春生诺
东横INN釜山中央洞店
KT釜山中部分店
船长酒店
瀛州洞 영주동
영선고개길
中央洞 중앙동
民主公园
中部警察署
中部消防署
碧森科地路
中区厅
四十台阶文化观光主题大道
大厅洞 대청동
四十台阶
中央 중앙
釜山邮局
大厅路 대청로
釜山近代历史馆
国际旅客客运码头
大桥路 대교로
碧森科地路
谈
国际市场
釜山塔
新昌洞 신창동
龙头山公园
东光洞 동광동
沿岸旅客客运码头 (前往济州岛的航线等)
영선고개길
釜山百货公司
釜山大桥游船乘船点 (前往太宗台、海云台方向)
光复路 광복로
南浦 남포
乐天百货
九德路 구덕로
乐天酒店(施工中)
新东亚市场
札嘎其市场
釜山大桥 부산대교
地铁出入口

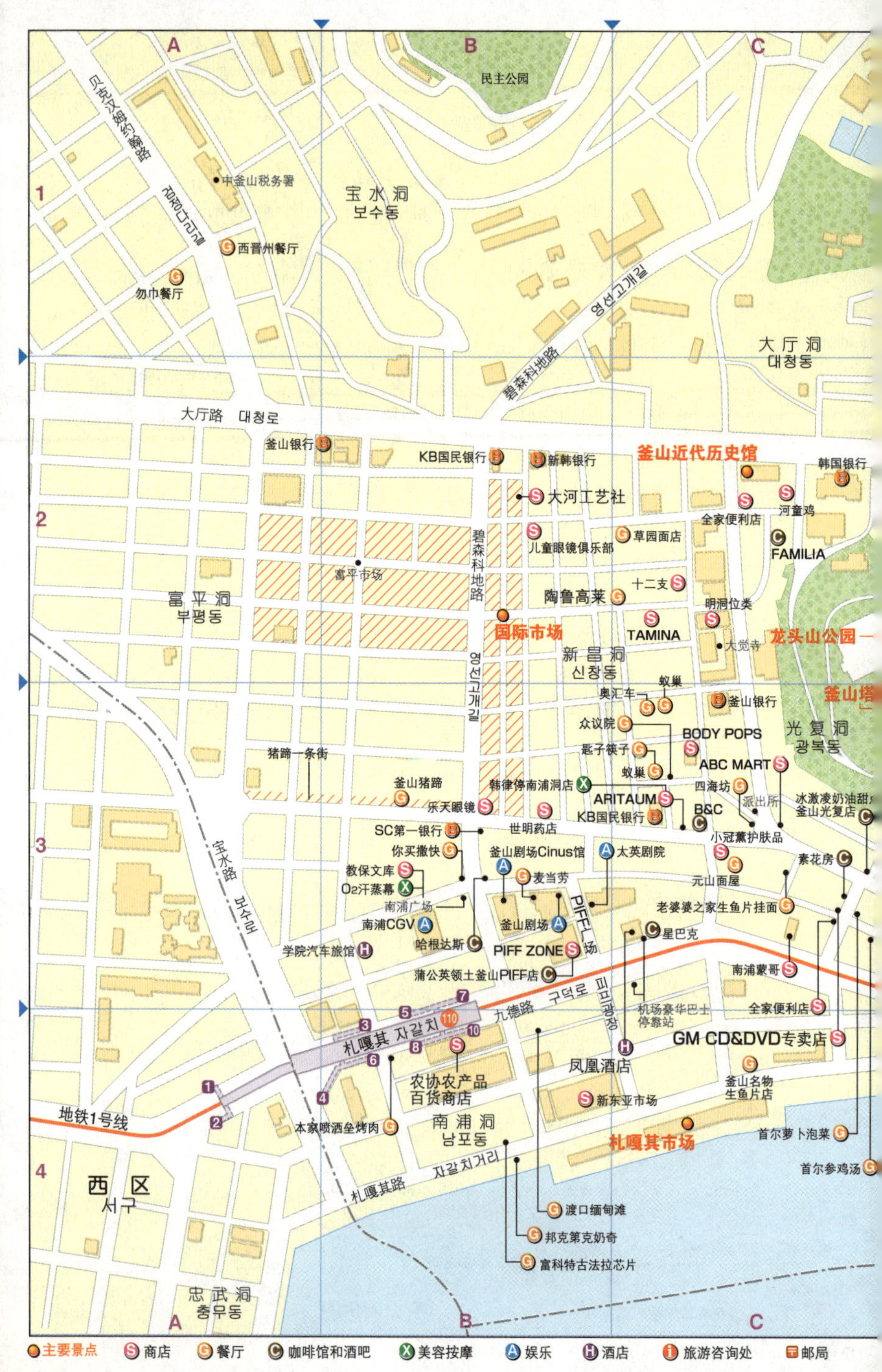

民主公园
贝克汉姆约翰路
中釜山税务署
宝水洞
보수동
西晋州餐厅
勿巾餐厅
영선고개길
碧森科地路
大厅洞
대청동
大厅路 대청로
釜山银行
KB国民银行
新韩银行
釜山近代历史馆
韩国银行
大河工艺社
全家便利店
河童鸡
儿童眼镜俱乐部
草园面店
FAMILIA
富平市场
富平洞
부평동
十二支
陶鲁高莱
明洞位类
国际市场
TAMINA
大觉寺
龙头山公园
新昌洞
신창동
奥汇车
蚁巢
釜山银行
釜山塔
众议院
BODY POPS
光复洞
광복동
匙子筷子
ABC MART
蚁巢
猪蹄一条街
釜山猪蹄
韩律停南浦洞店
四海坊
ARITAUM
派出所
冰激凌奶油甜点
釜山光复店
乐天眼镜
KB国民银行
B&C
SC第一银行
世明药店
小冠薰护肤品
你买撒快
釜山剧场Cinus馆
太英剧院
素花房
教保文库
麦当劳
元山面屋
O2汗蒸幕
PIFF广场
南浦广场
老婆婆之家生鱼片挂面
南浦CGV
釜山剧场
星巴克
宝水路 보수로
学院汽车旅馆
哈根达斯
PIFF ZONE
南浦蒙哥
蒲公英领土釜山PIFF店
구덕로
九德路
피프광장
机场豪华巴士停靠站
全家便利店
札嘎其 자갈치
GM CD&DVD专卖店
凤凰酒店
农协农产品百货商店
釜山名物生鱼片店
地铁1号线
新东亚市场
本家啖酒垒烤肉
南浦洞
남포동
札嘎其市场
首尔萝卜泡菜
자갈치거리
札嘎其路
首尔参鸡汤
西区
서구
渡口缅甸滩
邦克第克奶奇
富科特古法拉芯片
忠武洞
충무동
主要景点
商店
餐厅
咖啡馆和酒吧
美容按摩
娱乐
酒店
旅游咨询处
邮局

南浦洞·札嘎其
D
E
F
1
2
3
4
东光洞
동광동
中央洞
중앙동
春生诺
충장로
中区
중구
东光洞
동광동
影岛区
영도구
四十台阶文化观光主题大道
四十台阶
Buy the way
SC第一银行
正官庄
釜山邮局
大厅路 대청로
湖南韩式套餐
釜山茶生园
KB国民银行
中央
중앙
地铁1号线
大桥路 대교로
国际旅客客运码头
国际旅客客运码头旅游咨询处
谈
东升酒店
中央路 중앙로
沿岸旅客客运码头(前往济州岛的航线等)
韩亚银行
釜山观光酒店
GS25
KEB外换银行
GS25
釜山银行
机场豪华巴士停靠站
我的世界
WOORI银行
IBK企业银行
釜山大桥乘船处(前往太宗台、海云台方向)
天安牛肉汤
济州家
新韩银行
釜山百货商店
岭南国乐
自动扶梯
光复洞邮局
泉沐24小时低温桑拿洗浴中心
乐天百货
光复路 광복로
龙亭茶园
GS25
南浦 남포
乐天酒店(施工中)
干鱼市场
芳香按摩店
大宫
釜山大桥 부산대교
影岛大桥 영도대교
0 100 200m
银行
地铁1号线
地铁出入口

●主要景点 S 商店 G 餐厅 C 咖啡馆和酒吧 E 娱乐设施 X 美容按摩 i 旅游咨询处 B 银行

C
D
巴黎长条面包
大创
名家林春洙库掩饰
釜山近代历史馆
韩国银行
河童鸡
美味的荞麦
舞蹈人蛾
coffe bene
K-MART
全家便利店
便宜皮衣、儿童服装很多
草园面店
清潭洞
MC Sister
FAMILIA
中央教堂
服装店・珠宝店・美甲店
超级便宜休闲服
便宜皮革服、包、鞋很多
儿童休闲服
陶鲁高莱
WOORI银行
美甲沙龙
FARMER'S HAMBURGER
便宜休闲服
包・杂货
大号衣服黑威图蒂
明洞位类
露天摊也很多
新昌吐司
BABARA
大觉寺
龙头山公园
新 昌 洞
신창동
休闲服
金猪
音量汉堡包
THE FACE SHOP
首尔毛皮
釜山银行
很多男装
蚁巢
男士
男士
章汇奥
光 复 洞
광복동
SILVER DECO
很多男装
小豆粥
NEW BUSAN TOWN
THE CAFF ICOFFEE
吉昆撒
THE PAN
红豆粥露天摊(夏天是刨冰甜点)
THE PHO
B&C大道(俗称)
BODY POPS
推荐的杯形糕饼
匙子筷子
蚁巢
众议院
大创
阿里郎大道
青年大道
※甜味的
施工中
RED VERVET
派出所
one piece
韩律停南浦洞店
Accessorize
ARITAUM(一楼)
B&C
SKIN FOOD
ABC MART
四海坊
the saem
尼山子卡塔
COLD STONE CREAMERY
DUNKIN DONUTS
innisfree
THE FACE SHOP
TONY MOLY
BEAUTI PLEX
长条面包
Holika Holika
MISSHA
韩元山墓地
圣地荞麦
老婆婆之家生鱼片挂面
秦花房
N
0 25 50m
辣鸡翅
PIFF广场
피프광장
釜山剧场
泰妍电影院
1
2
3

地铁1号线

西面 서면

快速发展的新中心

晚上有成排的露天店铺

西面 概要与导览

西面最近迅速发展为繁华闹市，成为新的市中心。它位于老城区以北6公里处，是充满朝气的热闹城区。自从乐天百货和现代百货于1995年开业以来，新的商店、咖啡馆和餐厅等如雨后春笋般地涌现出来，城区总体面貌发生了巨大的变化。从地铁1、2号线“西面”站下车来到地面后，有一个由五个方向的道路交会形成的巨大的交叉路口，这就是西面环岛。以这里为起点沿中央路向南前进，数百米长的道路两侧形成了闹市区。地下为拥有众多化妆品商店的商业街。

中央路东侧以太和百货（Judies TAEHWA）旁的宽阔马路为中心，快餐店、面向年轻人的咖啡馆、餐厅、韩式小酒馆、时尚文具店等连成一排，这一带总是弥漫着年轻的气息。

中央路的西侧是西面市场，周围有销售紫菜包饭和饺子等食品的小吃店以及猪肉杂烩粥店聚集的美食街。乐天百货的南侧一带是传统的夜市，KTV和酒馆闪烁着霓虹灯。釜山镇市场和现代百货位于从西面向南第二个站的“凡一”站附近。釜山镇市场至国际市场之间也分布着众多的餐厅、KTV和酒馆。

西面站周边图

p.227

S 商店　C 咖啡馆和酒吧　E 娱乐设施　H 酒店
B 银行　地铁1号线　地铁2号线

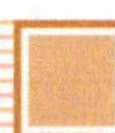

餐厅
Restaurant

思味轩
사미헌

◆非常精致的烤肉店。一层是宽敞的日式座位，二层是明亮的包间。加料烤肉（270g 售价 1.9 万韩元）是其招牌菜，店内还供应可以让你品尝各种肉类的组合套餐（A 套餐售价 10 万韩元、B 套餐售价 6 万韩元），非常少见。

Map p.227-A-2

住 부산진구 부전 1 동 474-26
☎(051)819-6677
营 11:30~22:30
休 春节、中秋节
C/C A D J M V
交通 地铁 1 号线、2 号线⑪⑨⑵⑲“西面”站 9 号出口出，步行 2 分钟

哈庸琼豆腐
하연정순두부

◆如果想在西面品尝韩式豆腐，一定要来这家店。店内墙壁上写满了客人的留言。韩式豆腐锅售价 4500 韩元，加泡菜的豆腐锅售价 4500 韩元，如果想要加点烤青花鱼，也有售价 2500 韩元的。在内部菜单中的白豆腐锅不辣，想点的话可以说“斯道布 哈呀凯就赛哟”。

Map p.227-B-3

住 부산진구 부전동 242-1
☎(051)816-9255
营 10:30~22:30
休 无
C/C A D J M V
交通 地铁 1 号线、2 号线⑪⑨⑵⑲“西面”站 3、5 号出口出，步行 5 分钟

元祖砂锅
원조뚝배기집

◆在这家店可以品尝到各种类型的砂锅（4500 ~ 6000 韩元）。受到一致好评的有纳豆汁、韩式大酱汤、豆腐锅、海鲜锅。佐餐的料汁全部是该店自家秘制。

Map p.227-A-3

住 부산진구 부전 2 동 516-9
☎(051)803-0121
营 7:30~22:00
休 春节、中秋节
C/C A D J M V
交通 地铁 1 号线、2 号线⑪⑨⑵⑲“西面”站 7 号出口出，步行 5 分钟

南海水产刺身店
남해수산횟집

◆午餐供应刺身套餐（1 万韩元）、鱼肉火锅、大碗生鱼片（都是 7000 韩元）等，因其便宜又美味，在周围地区的上班族中颇受好评。刺身除了全年供应的养殖平鲷和比目鱼之外，还有时价的天然鱼类。

Map p.227-B-2

住 부산진구 부전 1 동 475-4
☎(051)818-9898
营 12:00~ 次日 0:30
休 春节、中秋节
C/C A D J M V
交通 地铁 1 号线、2 号线⑪⑨⑵⑲“西面”站 9 号出口出，步行 3 分钟

商店 / 咖啡吧 / 休闲 / 娱乐
Shop / Coffee bar / Leisure / Entertainment

乐天百货釜山总店
롯데백화점 부산본점

URL www.lotteshopping.com

◆号称釜山最大规模的这家百货商场，其最大的特征就是：商品种类繁多，拥有明亮且豪华的室内装修和宽阔的卖场。相邻就是乐天酒店。地下一层到七层都是卖场，地下一层是宽敞的食品卖场。八层为乐天免税店。

Map p.227-A-3

住 부산진구 부전 2 동 503
☎(051)810-2500
营 10:30~20:00
休 每月不定期休息一次（周一）
C/C A D J M V
交通 地铁 1 号线、2 号线⑪⑨⑵⑲“西面”站 7 号出口出，步行 1 分钟

新王国唱片
롯신나라레코드 synnara records

◆大型唱片公司新王国唱片开设的店铺。位于和西面的车站有通道相连的东宝广场的二层。除 K-POP 以外，也有种类繁多的西洋音乐，价格便宜。注册会员在 DVD 区购买韩国电影（注意检查区域代码）可享受九折优惠。

Map p.227-B-3

住 부산진구 부전 2 동 165-2
☎(051)808-4030
营 10:30~22:00
休 春节、中秋节
C/C A D J M V
交通 地铁 1 号线、2 号线⑪⑨⑵⑲“西面”站 2 号出口出，步行 3 分钟

凡一洞

商店 餐厅 娱乐 酒店 银行 邮局 医院 地铁1号线 地铁出入口

佐川洞

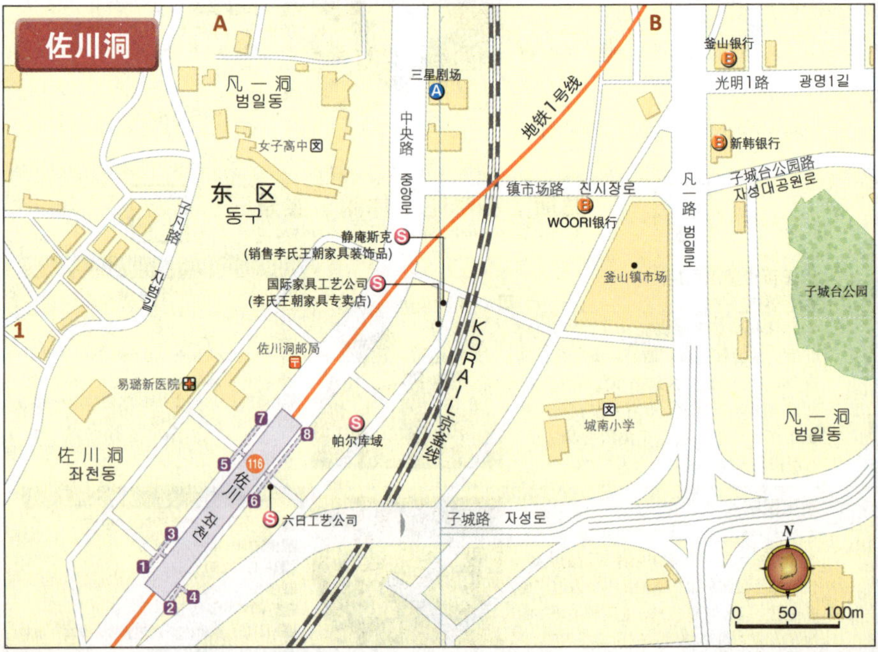

主要景点 商店 娱乐 银行 学校 邮局 医院 地铁1号线 地铁出入口

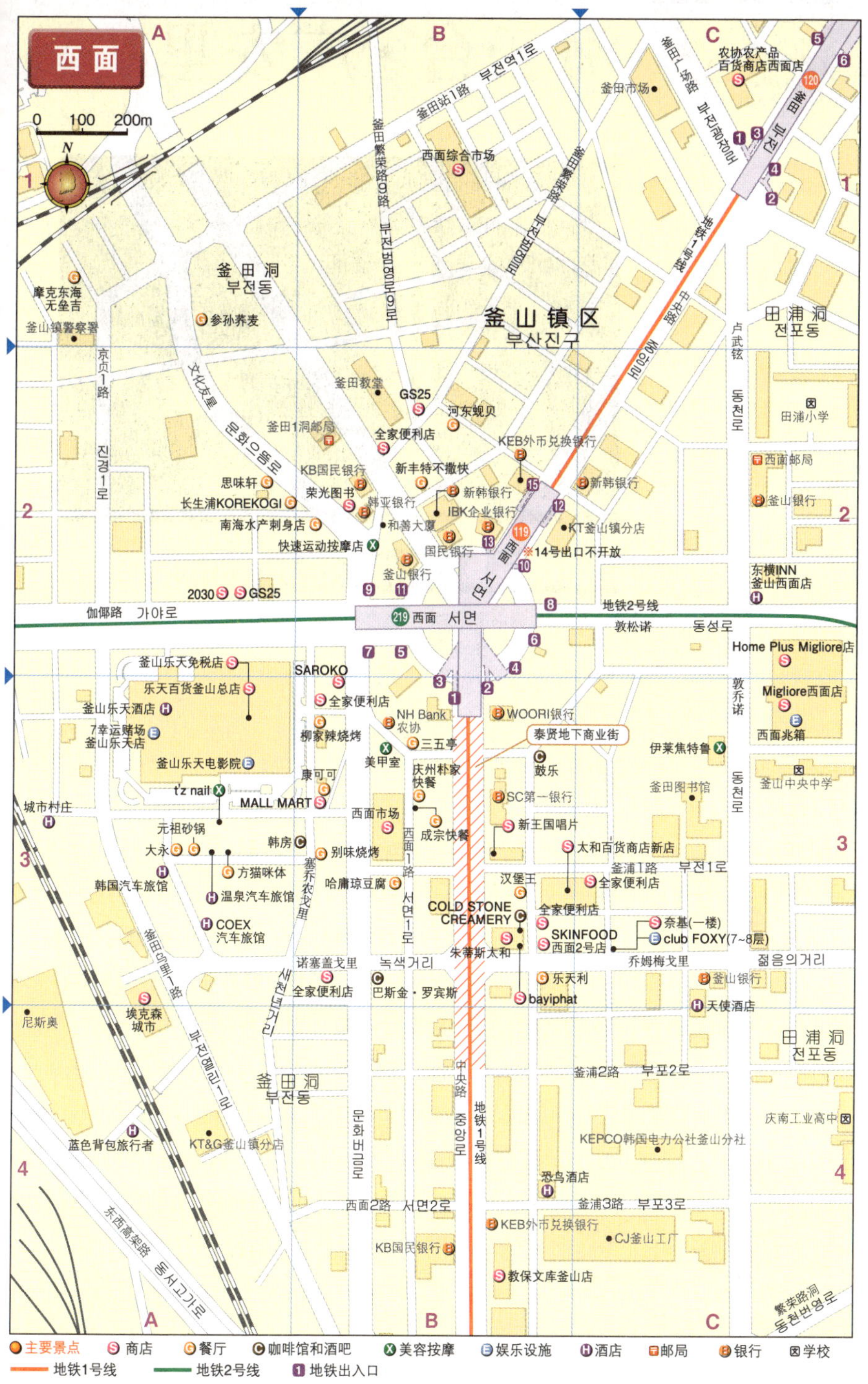

西面
0 100 200m
N
釜田洞
부전동
釜山镇区
부산진구
田浦洞
전포동
釜田洞
부전동
田浦洞
전포동
釜田站1路 부전역1로
釜田繁荣路9路
부전번영로9로
釜田繁荣路
부전번영로
釜田市场
釜田广场路
西面综合市场
农协农产品百货商店西面店
釜田
부전
地铁1号线
中央路
중앙대로
卢武铉
동천로
田浦小学
西面邮局
釜山银行
新韩银行
KT釜山镇分店
※14号出口不开放
东横INN釜山西面店
摩克东海无垒吉
釜山镇警察署
参孙荞麦
京贞1路
진경1로
文化友里
문화으뜸로
釜田教堂
GS25
河东蚬贝
釜田1洞邮局
全家便利店
KEB外币兑换银行
KB国民银行
新丰特不撤快
思味轩
荣光图书
新韩银行
长生浦KOREKOGI
韩亚银行
IBK企业银行
南海水产刺身店
和善大厦
快速运动按摩店
国民银行
釜山银行
2030
GS25
伽倻路 가야로
219 西面 서면
地铁2号线
敦松诺 동성로
Home Plus Migliore店
釜山乐天免税店
SAROKO
乐天百货釜山总店
全家便利店
釜山乐天酒店
NH Bank 农协
WOORI银行
7幸运赌场 釜山乐天店
柳家辣烧烤
三五亭
泰贤地下商业街
伊莱焦特鲁
Migliore西面店
西面兆箱
美甲室
鼓乐
釜山中央中学
釜山乐天电影院
庆州朴家快餐
康可可
釜田图书馆
城市村庄
t'z nail
MALL MART
SC第一银行
西面市场
成宗快餐
新王国唱片
元祖砂锅
韩房
太和百货商店新店
大永
别味烧烤
釜浦1路 부전1로
韩国汽车旅馆
方猫咪体
汉堡王
塞乔农戈里
哈庸琼豆腐
全家便利店
温泉汽车旅馆
西面1路
서면1로
全家便利店
COLD STONE CREAMERY
COEX 汽车旅馆
SKINFOOD
奈基(一楼)
club FOXY(7~8层)
西面2号店
朱蒂斯太和
诺塞盖戈里
녹색거리
乔姆梅戈里
젊음의거리
釜田乌里1路
全家便利店
巴斯金・罗宾斯
乐天利
釜山银行
埃克森城市
bayiphat
天使酒店
尼斯奥
새천년거리
부전해리1로
釜浦2路 부포2로
中央路
중앙로
地铁1号线
문화배움로
庆南工业高中
KEPCO韩国电力公社釜山分社
蓝色背包旅行者
KT&G釜山镇分店
恐鸟酒店
西面2路 서면2로
釜浦3路 부포3로
KEB外币兑换银行
CJ釜山工厂
东西高架路 동서고가로
KB国民银行
教保文库釜山店
繁荣路洞 동천번영로
主要景点 商店 餐厅 咖啡馆和酒吧 美容按摩 娱乐设施 酒店 邮局 银行 学校
地铁1号线 地铁2号线 地铁出入口

海云台·广安里

해운대·광안리

亲近海边与温泉

海云台·广安里 概要与导览

两者虽然都是著名的海滩度假胜地，但又各具特色。广安里是当地年轻人一日游的好场所，而海云台是游客住宿高档酒店并享受海边和温泉乐趣的地方。春季到秋季，周末有许多家庭举家前来沙滩游玩，经常会堵车。

另外，海云台还因为美味的烤肉而闻名。月见丘等可以远眺大海的高级烤肉店经营的烤肉味道绝佳。广安里的刺身和雅致的咖啡馆、酒吧非常出名。民乐城刺身中心是拥有整座大楼的刺身专营店。另外，沿着海滩有成排的面向年轻人的咖啡馆、啤酒吧，这也是广安里的一大特色。2003 年开通的广安大桥的霓虹灯夜景人气也很高。

海云台

Map p.209-E-2

交通 地铁 2 号线㉓"海云台"站下车，步行 5 分钟

广安里

Map p.209-E-3

交通 地铁 2 号线㉙"广安"站步行 10 分钟，或从（210）"金莲山"站步行 10 分钟。

餐厅
Restaurant

海云台烤母牛肉
해운대암소갈비

◆该店从 1964 年即开始营业，作为海云台烤肉店的鼻祖非常有名。带调味的烤肉 1 人份售价 2.6 万韩元，铁板烤肉 1 人份 160g 售价 2.4 万韩元。

Map p.230-C-2
住 해운대구 중 1 동 1255-1
☎ (051)731-7700 营 11:00~22:30
休 春节、中秋节
C/C Ⓐ Ⓓ Ⓙ Ⓜ Ⓥ
交通 地铁 2 号线⑳③“海云台”站 1 号出口出，步行 7 分钟

YEIJE
예이제

◆该店的菜品用料讲究，味道上乘，是老板娘一道一道亲手做出来的。各个季节所供应的菜品各不相同，豪华套餐中除松蘑外，烤牛肉等菜也颇受好评。韩式套餐售价 3.3 万韩元起。

Map p.230-C-2
住 해운대구 중동 1150-8
☎ (051)731-1100
营 12:00~15:00、18:00~22:00
休 无
C/C Ⓐ Ⓓ Ⓙ Ⓜ Ⓥ
交通 地铁 2 号线⑳③“海云台”站 1 号出口出，步行 8 分钟

大久保参鸡汤
소문난삼계탕

◆这里的名菜是在炖煮时加入了中药的汉（韩）方参鸡汤（售价 1.1 万韩元）。该菜品采用独家秘制配方，将数种中药材炖煮 7 小时后的萃取液加入参鸡汤中而成。还赠送 1 杯人参酒。此外，土鸡参鸡汤售价 8000 韩元。

Map p.230-C-2
住 해운대구 중 1 동 1398-44 서울온천 2 층
☎ (051)741-4545
营 10:00~22:00
休 春节、中秋节
C/C Ⓐ Ⓓ Ⓙ Ⓜ Ⓥ
交通 地铁 2 号线⑳③“海云台”站 1 号出口出，步行 5 分钟

锦绣河豚（总店）
금수복국본점

◆这是一家老字号河豚店，据说前总统朴正熙也曾光顾过此店。招牌菜是野生河豚火锅（微辣）和鱼肉火锅（辣味）等火锅类。在此可以享用到分量十足、天然的韩式河豚火锅。

Map p.230-C-2
住 해운대구 중 1 동 1394-65
☎ (051)742-3600
营 一层 24 小时、二层 6:30~22:00
休 春节、中秋节
C/C Ⓐ Ⓓ Ⓙ Ⓜ Ⓥ
交通 地铁 2 号线⑳③“海云台”站 1 号出口出，步行 5 分钟

商店 / 咖啡吧 / 休闲 / 娱乐
Shop / Coffee bar / Leisure / Entertainment

The gglim
더끌림

◆充满了纯手工制作之感的艺术咖啡馆。推荐 9000 韩元的黄茶。这是用从自家茶园采摘的茶树叶，经过发酵后制成的茶叶。这种清淡的味道很适合亚洲人。其他的，雨前茶 1 万韩元、精细茶 8000 韩元、姜茶 5500 韩元。从冬柏站出来后打电话，店家就出来接你。

Map p.209-E-3
住 해운대구 우동 1435 2 층
☎ (051)746-5742
营 11:00~24:00
休 无
C/C Ⓐ Ⓓ Ⓙ Ⓜ Ⓥ
交通 地铁 2 号线⑳④“冬柏”站 1 号出口出，步行 5 分钟

天堂健康 SPA
Paradise Health & Spa

◆位于天堂酒店四层的温泉健康设施，有可穿泳衣（租金 5500 韩元）的露天浴场和室外温泉游泳池，可以在享受温泉的同时眺望到沙滩的景色。不愧是特级酒店经营的温泉设施，其舒适度和豪华程度堪称一流。

Map p.230-C-3
住 해운대구 중동 1408-5
☎ (051)749-2358
营 6:00~22:00
休 每月的第四个周三
费 3.85 万韩元（含桑拿和游泳池）
C/C Ⓐ Ⓓ Ⓙ Ⓜ Ⓥ
交通 地铁 2 号线⑳③“海云台”站 3 号出口出，步行 12 分钟

海云台
A
B
C
1
2
3
4
佑洞
우동
左洞
좌동
海云台区
해운대구
永丰文库海云台店
THE BODY SHOP
MISSHA Sfunz店
SKIN FOOD海云台店
ETUDE HOUSE Sfunz店
innisfree Sfunz店
banila co. Sfunz店
OLIVE YOUNG Sfunz店
MEGA BOX
海云路
해운로
海云台
해운대
Sfunz
海云台小学
海云台烤母牛肉
海云台市外巴士总站
新韩银行
市内发抵站
釜山银行
海云台区政府
锦绣河豚总店
203
海云台
해운대
里维拉酒店
里维拉百货店
海云台市场
大久保参鸡汤
YEIJ
KB国民银行
东横INN
地铁2号线
海云酒店
云村路
운촌길
SUNSET酒店
沃西事务大厦
快速运动按摩
海云台海水浴场邮局
荣耀公寓
海云台海边路
해운대해변로
特索大厦
泰式拉皮
海云台旅游咨询处
海云台沙滩
海洋塔
釜山水族馆
冬柏游乐园
海滨之村
釜山诺伯特尔国宾酒店
蒂法尼21总站
海云台大酒店
冬柏路
동백길
天堂免税店
朝鲜釜山威斯汀酒店
釜山天堂酒店
天堂赌场
天堂健康SPA
冬柏公园
冬柏派克住宅
主要景点
商店
餐厅
咖啡馆和酒吧
美容按摩
娱乐设施
酒店
旅游咨询处
邮局

乐天城堡
海云台邮局
苌山장산
乐天超市
普利茅斯电影院
佐洞路 좌동로
海云路 해운로
阳云路 양운로
中洞 중동
地铁2号线
奥森公园
易买得海云台店
海云台区
해운대구
RODEO OUTLET
SMC幸福特拉皮
循环路 순환로
中洞
중동
韩国公寓
伊露娜酒店
贝斯塔(VESTA)
库味撒吉
ALEXANDER
海云台乘船处
迎月坡
迎月坡路 달맞이길
KORAIL东海南部线
广安站
信洛城
生鱼片中心
有很多醒酒汤店铺
乐天利
公共厕所
水营旅游咨询处
有很多生鱼片店
HOMERS酒店
玛丽娜酒店
广安里海水浴场
GUESS WHO?
金莲山
温阳铁板烤肉大道
温阳铁板烤肉釜山店
广安里
水营区区政府
0 200m
0 150 300m
银行
学校
地铁2号线
地铁出入口

东莱 · 釜山大学

동래·부산대학

自古知名的温泉胜地和学生街

东莱
Map p.234-A-3~B-3
交通 前往东莱温泉和金刚公园可乘坐地铁 1 号线⑫⑦到"温泉场"站下车；前往东莱市场可乘坐⑫⑤到"东莱"站下车；前往梵鱼寺可乘坐⑬③到"梵鱼寺"站下车
URL geumleng.go.kr/e/index.html

东莱 · 釜山大学 概要与导览

东莱地区是山和温泉之乡，与作为港口城市的釜山不同，被称为釜山的另一面。东莱温泉自古以来作为优质温泉而享有盛名，地铁 1 号线⑫⑦"温泉场"站的西侧为该地区的中心。

东莱地区的西面耸立着金井山。金井山城的城墙绵延 17 公里，在其要塞部位建有东门、西门、南门、北门四座城门，这里正成为市民们最流行的远足线路。金刚公园位于金井山山麓，号称韩国五大古刹之一的梵鱼寺位于金井山北侧山腰上。

在金井山城的东门附近，是弥漫着乡土气息的山村金城洞，这里出售山羊肉。另外，从在山坡上扩张的釜山大学校园到地铁 1 号线⑫⑧"釜山大学"一带，最近发展很快，面貌焕然一新，正逐渐成为釜山最热门的地区。

东莱 · 釜山大学 主要景点

金刚公园 금강공원

Map p.234-A-1~A-2

最适合徒步

★★

金刚公园位于金井山山麓，是深受市民喜爱的一座自然公园，公园内设有游乐场、植物园、动物园等。在公园内可乘坐索道（1250 米）到达山顶，在山顶能够眺望到海云台的美景。许多游客选择以这里为起点，从南门走到东门，这是金井山城的热门远足线路。

金刚公园
住 동래구 온천동산 27-9
☎ (051)555-1743
营 24 小时
休 无
费 免费
交通 乘坐地铁 1 号线⑫⑦到"温泉场"站 1 号出口出，步行 15 分钟
URL www.kumjungsansung.com

餐厅 Restaurant

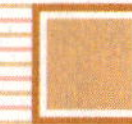

东莱七草粥餐厅
동래할매파전

◆这家餐厅是经营自李氏王朝时期流传至今的釜山代表性乡土料理——韩式葱烤海鲜的名店。被指定为釜山民俗饮食店第1号，是创业80年的传统老店。葱烤海鲜是指加入许多洋葱的一种烧烤，是把糯米和粳米绝妙地混合后做成的米粉，加上无农药的洋葱、虾、牡蛎等烤制而成。据说这里的东莱葱烤海鲜曾作为贡品进献给宫廷。搭配马格利等浊酒。

Map p.234-B-3
住 동래구 복천동 362-2
☎(051)552-0792
营 12:00~22:00
休 春节、中秋节
C/C ADJMV
交通 地铁1号线⑫5“东莱”站2号出口出，步行7分钟

友待嘎姆
유대감

◆位于山城村经营炒山羊肉和鸭肉料理的名店。在山城村，集中了许多经营这些菜肴的饭店，来金井山远足的人们为品尝山羊肉和马格利而来。炒黑山羊肉售价3万韩元，炒鸭肉售价3万韩元，韩式蒸鸭（填入韩方调料后蒸制的鸭子）4万韩元，希库撒（套餐）2000韩元，米饭1000韩元。蒸鸭可在最后请店家做成粥，1500韩元。

Map p.235-A-2
住 금정구 금성동 248-3
☎(051)517-4004
营 10:30~21:00
休 春节、中秋节
C/C ADJMV
交通 地铁1号线⑫7“温泉场”站3号出口出，经过高架桥后，在乘车处乘坐203路公交车。大约需要20分钟。下车后步行3分钟。

锦绣河豚（温泉场店）
금수복국 온천장점

URL www.ksbog.com

◆创始于1970年经营河豚的老店——锦绣河豚的温泉场分店。在这里可以用合理的价格品尝到河豚料理。最受欢迎的泡其利（河豚锅），由于不放辣椒，河豚本身的独特香味得以凸显。清炒和干炸味道也不错，周末是不接受预约的，这一点敬请注意。

Map p.234-B-2
住 동래구 온천동 137-12
☎(051)555-9912
营 24小时
休 春节、中秋节当天和前一天
C/C ADJMV
交通 地铁1号线⑫7“温泉场”站3号出口出，步行7分钟

旺缴乔邦纳奇
원조조방낙지

◆辣炒章鱼锅是本店的招牌菜。辣炒章鱼锅在首尔是巨辣的一道菜，但在釜山是用酱汁炖煮制成的。煮好后先浇在饭上，然后制成大碗盖饭，搅拌均匀后食用。然后可以点些喜爱的面食，用放在桌子上的汤煮好的酱汁稀释后加入面中食用。

Map p.234-B-3
住 동래구 명륜 1 동 400-1
☎(051)555-7763
营 10:30~22:00
休 每月的第二和第四个周日、春节、中秋节
C/C ADJMV
交通 地铁1号线⑫5“东莱”站2号出口出，步行10分钟

考宋鲍姆勇堂鼓依
고성범연탄구이

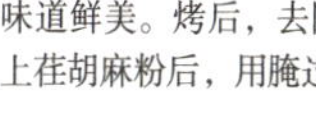

◆原专业棒球运动员经营的烤肉店。有烤牛肉、烤虾等，但推荐客人先点不加调味烤五花肉（150g6000韩元）。由店主切的五花肉肉质肥厚，味道鲜美。烤后，去除多余脂肪，蘸上酱汁，撒上荏胡麻粉后，用腌过的萝卜片和海苔卷着食用是本店的特色。

Map p.234-B-2
住 금정구 장전 3 동 420-37
☎(051)514-7854
营 11:00~24:00
休 无
C/C ADJMV
交通 地铁1号线⑫8“釜山大学”站3号出口出，步行7分钟

商店 / 咖啡吧 / 休闲 / 娱乐 Shop / Coffee bar / Leisure / Entertainment

PURPLE COW
퍼플카우

◆这是一家经营造型可爱又美味的杯式糕点的咖啡馆。在学生街的氛围中享用美食倍感舒畅。糕点的装饰可以加上果仁、巧克力或果糖等配品。杯式糕点+3000韩元的饮料套餐售5000韩元，如果搭配3500韩元饮料套餐则需5500韩元。

Map p.234-B-1
住 금정구 장전동 418-6
☎(051)514-3369
营 11:00~23:00
休 春节、中秋节
C/C ADJMV
交通 地铁1号线⑫8“釜山大学”站3号出口出，步行6分钟

东莱全图1
p.235
久瑞洞
구서동
久瑞구서
敦海海姆尔坦
金井警察署
金井文化会馆
金井消防署
金井邮局
金井区政府
金井艺术高中
釜山天主教大学
GS超市金井店
长箭장전
山城隧道路
산성터널로
金井区
금정구
PURPLE COW
VOMI HOUSE
釜山大学
釜山小学
考宋鲍姆勇堂鼓依
长箭洞
장전동
釜山大学
부산대학
金刚公园
植物园路
식물원길
温泉繁荣路
温泉市场
虚心厅
农心酒店
锦绣河豚温泉场店
温泉场온천장
金井文化中心
书洞小学
釜谷洞
부곡동
釜山银行
地铁1号线
金刚缆车(索道)
东莱区
동래구
温泉洞
온천동
釜山电子工业高中
明伦명륜
乐天百货店东莱店
乐天超市东莱店
乐天电影院
美男交叉路
미남교차로
地铁3号线
地铁4号线
美男미남
东莱동래
东莱中学
KT东莱分店
东莱区政府
东莱七草粥餐厅
福泉洞
복천동
旺缴乔邦纳奇
每家玛东莱店
东莱市场
东莱府东轩
大同医院
寿安수안
乐民낙민
忠烈祠충렬사
忠烈路
0 0.5 1km
商店 餐厅 咖啡馆和酒吧 美容按摩 娱乐设施 酒店 邮局 银行 学校 医院
地铁1号线 地铁3号线 地铁4号线

主要景点 商店 餐厅 娱乐设施 银行 学校 医院 高速公路 地铁1号线 山路游览线路

酒店
Hotel

釜山乐天酒店
롯데호텔부산 BUSAN LOTTE HOTEL URL www.hotellotte.co.kr

Map p.227-A-3

◆ 在拉斯维加斯剧院可以观看演出。此外，从四十三层的眺望室可以将釜山市区尽收眼底，特别是夜景美妙动人。除了与乐天百货和免税店相邻之外，7 幸运赌场也在这里。

- 住 부산진구 부전동 503-15
- ☎ (051)810-1000
- FAX (051)810-5110
- 房间数 807
- 费 ⓈⓉ36 万韩元
- C/C ⒶⒹⒿⓂⓋ
- 交通 地铁 1、2 号线(119)(219)"西面"站 7 号出口出，步行 1 分钟

釜山天堂酒店（赌场）
파라다이스호텔부산 PARADISE HOTEL & CASINO BUSAN
URL www.paradisehotel.co.kr

Map p.230-C-3

◆该酒店是一家老牌高级酒店，海云台海滨就在酒店前面。酒店内设有赌场、免税店、水疗场所以及露天浴场。

- 住 해운대구 중동 1408-5
- ☎ (051)742-2121
- FAX (051)742-2100
- 房间数 538
- 费 ⓈⓉⓄ 靠海一侧价格为 27.225 万韩元～，靠山一侧价格为 21.78 万韩元～
- C/C ⒶⒹⒿⓂⓋ
- 交通 地铁 2 号线(203)"海云台"站 3 号出口出，步行 5 分钟

朝鲜釜山威斯汀酒店
웨스틴조선부산호텔 WESTIN CHOSUN BUSAN
URL www.chosunbeach.co.kr

Map p.230-A-4

◆该酒店是沿海而建的高档度假酒店。酒店内到处是韩式风格的设计，令人感到朴实而稳重。海滩就在酒店前面，酒店内也有温泉水泳池。酒店前的海滩上有石头，也有能洗脚的地方，可以带孩子玩。非常方便。

- 住 해운대구 우일동 737
- ☎ (051)742-7411
- FAX (051)742-1313
- 房间数 290
- 费 ⓈⓉⓄ 靠海一侧价格为 24.02 万韩元～，靠山一侧价格为 19.36 万韩元～
- C/C ⒶⒹⒿⓂⓋ
- 交通 地铁 2 号线(204)"冬柏"站 1 号出口出，步行 5 分钟

釜山诺伯特尔国宾酒店
노보텔앰버서더부산 NOVOTEL AMBASSADOR BUSAN
URL www.novotelbusan.com

Map p.230-C-3

◆该酒店于 2006 年开业，直接使用原釜山马里奥特酒店的建筑。海云台海滨近在咫尺，从靠海一侧的房间中远眺，景色怡人。相邻就是天堂免税店，购物非常方便。

- 住 해운대구 중동 1405-16
- ☎ (051)743-1234
- FAX (051)743-1250
- 房间数 325
- 费 ⓈⓉⓄ 靠海一侧价格为 25.41 万韩元～，靠山一侧价格为 22.99 万韩元～
- C/C ⒶⒹⒿⓂⓋ
- 交通 地铁 2 号线(203)"海云台"站 1 号出口出，步行 5 分钟

船长酒店
코모도호텔 HOTEL COMMODORE URL www.commodore.co.kr

Map p.219-E-2

◆老牌酒店。其韩国风格的外观和内部装修备受外国游客的欢迎。住在该酒店，便于步行前往南浦洞一带观光游览。

- 住 중구 영주동 743-80
- ☎ (051)466-9101
- FAX (051)462-9101
- 房间数 304
- 费 Ⓢ18.2 万韩元～ ⓉⓄ25.3 万韩元～
- C/C ⒶⒹⒿⓂⓋ
- 交通 地铁 1 号线(112)"中央"站 17 号出口出，步行 10 分钟

HOMERS 酒店
호메르스호텔 HOMERS HOTEL
URL www.homershotel.com

Map p.231-D-4

◆酒店面朝广安里海滩而建，从靠海一侧的房间中可以欣赏到广安大桥绝美的夜景。周围有许多年轻人喜爱的酒吧和咖啡馆，非常热闹。

- 住 수영구 광안 2 동 193-1
- ☎ (051)750-8000
- FAX (051)750-8001
- 房间数 103
- 费 ⓈⓉⓄ 靠海一侧价格为 16.5 万韩元，靠山一侧价格为 11 万韩元
- 交通 地铁 2 号线(209)"广安"站 3 号出口出，步行 10 分钟

海云台大酒店

그랜드호텔 HAEUNDAE GRAND

URL www.grandhotel.co.kr

Map p.230-B-3

◆拥有地上22层、地下5层的高层酒店。酒店内部设有可容纳1000人同时入浴的温泉浴场、桑拿设施、50米泳池、保龄球馆、电影院等设施，入住酒店，便可全天享受这些内部设施。十八层和十九层为行政管理楼层。

住 해운대구 우1동 651-2
☎(051)740-0114
FAX(051)740-0141
房间数 320
费 ⓈⓉⓄ 靠海一侧价格为16万韩元~，靠山一侧价格为12万韩元~
C/C ⒶⒹⒿⓂⓋ
交通 地铁2号线(203)“海云台”站7号出口出，步行10分钟

农心酒店

호텔농심 HOTEL NONGSHIM

URL hotelnongshim.com

Map p.234-B-2

◆该酒店是历史悠久的原东莱温泉酒店经营方改变后，经过装修翻新后开业的高级酒店。除所有客房都提供温泉热水外，附属设施也很齐全。相邻的虚心厅也是该酒店经营，可通过连接的通道轻装前往。

住 동래구 온천동 212-12
☎(051)550-2100
FAX(051)550-2105
房间数 240
费 ⓈⓉⓄ 18万韩元~
C/C ⒶⒹⒿⓂⓋ
交通 地铁1号线(127)“温泉场”站1号出口出，步行5分钟

釜山观光酒店

부산관광호텔 PUSAN HOTEL

URL pusanhotel.co.kr

Map p.221-D-3

◆该酒店位于釜山塔旁边，沿岸旅客客运码头也在附近。前往南浦洞的闹市区需要步行5分钟左右。乘坐出租车前往釜山火车站和釜山国际旅客客运码头仅需要5~10分钟，非常便利。附近有正规的外币兑换处。

住 중구 동광동 2가 12
☎(051)241-4301~4309
FAX(051)244-1153
房间数 275
费 Ⓣ10.164万韩元~
Ⓞ9.68万韩元~
C/C ⒶⒹⒿⓂⓋ
交通 地铁1号线(111)“南浦”站7号出口出，步行5分钟

阿里郎酒店

아리랑호텔 ARIRANG HOTEL

URL www.ariranghotel.co.kr

Map p.219-E-2

◆从釜山火车站出来，左手边即是该酒店。入住这里便于乘坐火车。乘坐出租车前往釜山国际旅客客运码头也仅需要5分钟左右。部分房间提供免费上网服务。酒店周围就是商务街，有食铺和小超市，很方便。

住 동구 초량동 1204-1
☎(051)463-5001~5008
FAX(051)463-2800
房间数 120
费 ⓈⓉⓄ 5.5万韩元~
C/C ⒶⒹⒿⓂⓋ
交通 地铁1号线(113)“釜山站”6号出口出，步行1分钟

国际酒店

국제호텔 HOTEL KUKJE

URL www.hotelkukje.com

Map p.226上-B-1

◆该酒店位于凡一洞，从“西面”站乘坐地铁经过两站即到。地铁站前集中了现代百货、传统市场，热闹非凡。该酒店的大堂、入口以及夜总会因在电影《向朋友微笑》中的最后一幕中出现过而声名鹊起。

住 중구 범일2동 830-62
☎(051)642-1330
FAX(051)642-6595
房间数 125
费 ⓈⓉⓄ 7.26万韩元~
C/C ⒶⒹⒿⓂⓋ
交通 地铁1号线(117)“凡一”站2号出口出，步行5分钟

里维拉酒店

HOTEL RIVIERA

Map p.230-C-2

◆该酒店位于海云台的商业区，在里贝拉百货商场的楼上。与海滨的酒店不同，这里不太适合度假，更适合需要合理住宿的旅客。由于地处商业区，购物及就餐非常便利。

住 해운대구중1동 1380-14
☎(051)740-2111
FAX(051)740-2100
房间数 91
费 ⓈⓉ10.9万韩元~
C/C ⒶⒹⒿⓂⓋ
交通 地铁2号线(203)“海云台”站3号出口出，步行5分钟

凤凰酒店

피닉스호텔 HOTEL PHOENIX

URL www.hotelphoenix.net

◆该酒店面朝南浦洞的九德路，札嘎其市场就在酒店附近。虽然酒店配套设施比较古旧，但是交通非常便利，步行前往 PIFF 广场和光复路都只需几分钟即可到达。在十六层的旋转观光厅可以将釜山港的美景尽收眼底。

Map p.220-C-3

住 중구 남포동 5 가 8-1

☎ (051)245-8061~8069

FAX (051)241-1523

房间数 107

费 ⓈⓉⓄ6.5 万韩元 ~

C/C ⒶⒹⒿⓂⓋ

交通 地铁 1 号线⑪⓪ "札嘎其" 站 7 号出口出，步行 5 分钟

东横 INN 酒店釜山中央洞店

토요코인 부산중앙동

URL www.toyoko-inn.kr

◆东横 INN 连锁酒店也在釜山开业了。该酒店位于中央洞。虽然从旅客客运码头可以步行到达这里，但如果行李较多的话，还是乘坐出租车比较方便。

Map p.219-E-2

住 중구 대창동 1 가 22-4

☎ (051)442-1045

FAX (051)442-1046

费 Ⓢ5.5 万韩元

Ⓞ6.6 万韩元

Ⓣ7.7 万韩元

C/C ⒶⒹⒿⓂⓋ

交通 地铁 1 号线⑪② "中央" 站 17 号出口出，步行 10 分钟

东横 INN 釜山站 1 号店

토요코인 부산역 1 호

URL www.toyoko-inn.kr

◆这是位于釜山的第二家东横 INN。KTX、地铁釜山站、釜山城市旅游巴士乘车处、机场大巴乘车处都在附近，因其地理位置便利，不论对于游客还是商务人士都非常方便。附近还有许多餐厅。便利店里酒、下酒菜都很丰富。

Map p.219-E-2

住 동구 초량동 1203-15

☎ (051)466-1045

FAX (051)466-1047

费 Ⓢ5.5 万韩元

Ⓞ7.15 万韩元

Ⓣ7.7 万韩元

C/C ⒶⒹⒿⓂⓋ

交通 地铁 1 号线⑪③ "釜山站" 6 号出口出即到

东横 INN 釜山西面店

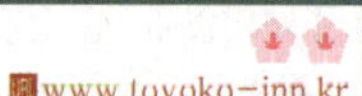

토요코인 부산서면

URL www.toyoko-inn.kr

◆东横 INN 在韩国人气地区西面开设了分店。东横 INN 位于 Migliore 的旁边，地理位置优越，深受在西面享受夜生活的人欢迎。距釜田市场仅 1 公里左右的距离，在此可以体验闹市区和传统市场的双重魅力。

Map p.227-C-2

住 부산진구 전포동 666-8

☎ (051)638-1045

FAX (051)638-1046

费 Ⓢ5.83 万韩元

Ⓞ6.93 万韩元

Ⓣ8.03 万韩元

C/C ⒶⒹⒿⓂⓋ

交通 地铁 1、2 号线⑪⑨㉑⑨ "西面" 站 8 号出口出，步行 5 分钟

SUNSET 酒店

선셋호텔 SUN SET HOTEL

URL www.sunsethotel.co.kr

◆原华美达酒店（RAMADA HOTEL）。带有露台的海景总统套房如果是通过网上预约的话非常便宜，只需 30 万韩元。住在这里可以看到海景，能充分享受度假的氛围。房间干净整洁，令人放松。

Map p.230-C-3

住 해운대구 중동 1391-66

☎ (051)730-9900

FAX (051)746-9694

费 平时 9.9 万韩元 ~，周末 12 万韩元 ~

C/C ⒶⒹⒿⓂⓋ

交通 地铁 2 号线⑳③ "海云台" 站 3 号出口出，步行 5 分钟

海云酒店

씨클라우드호텔 SEACLOUD HOTEL

URL www.seacloudhotel.com

◆该酒店是位于釜山诺伯特尔国宾酒店对面的高层酒店，于 2006 年开业。除了酒店功能之外，还有一部分是提供给长期居住者的经济型公寓，公寓中备有厨房、冰箱、洗衣机等。

Map p.230-C-3

住 해운대구 중동 1392-100

☎ (051)933-1000

FAX (051)933-1001

房间数 416

费 ⓈⓉ15.4 万韩元 ~（根据入住日期和房间种类的不同而有差别）

C/C ⒶⒹⒿⓂⓋ

交通 地铁 2 号线⑳③ "海云台" 站 1 号出口出，步行 5 分钟

天使酒店
호텔엔젤 HOTEL ANGEL

◆该酒店不是观光酒店，因其便宜的价格深受商务人士的欢迎。房间内只有淋浴设施而没有浴缸，但是经过装修之后明亮而整洁。在经济型酒店数量较少的釜山，该酒店尤显珍贵。周围就是闹市区，非常方便。

Map p.227-C-3

住 부산진구 부전동 223-2
☎(051)802-8223
FAX(051)802-2262
房间数 60
费ⓈⓌ4.4 万 ~10 万韩元
C/C ⒶⒹⒿⓂⓋ
交通 地铁 1、2 号线⑪⑲㉑⑲ “西面”站 2 号出口出，步行 5 分钟

城市村庄
CITY VILL　URL www.cityvill.co.kr

◆该公寓位于乐天酒店后，是一座 11 层的建筑。房间内备有洗碗池、洗衣机、微波炉、烹饪器具等，可以自己做饭。如果在 19:00 以后办理入住手续的话，需提前预约。

Map p.227-A-3

住 부산진구 부전동 513-20
☎(051)803-0171、803—8300
FAX(051)803-0028
费2 人间 5 万、整月最多 100 万韩元，保证金 50 万韩元
交通 地铁 1、2 号线⑪⑲㉑⑲ “西面”站 7 号出口出，步行 5 分钟

釜山 INN 汽车旅馆
부산인 모텔　URL www.pusaninn.com

◆该旅馆是知名社长把位于札嘎其的三原庄卖掉之后新开的。釜山站近在咫尺，交通极为便利。入住费用与三原庄相同，但比三原庄的房间要宽敞。所有房间均设有网线，如果带有电脑，可以上网。另外，还配有洗衣机，非常方便。

Map p.219-F-1

住 동구 초량 3 동 1200-14
☎(051)463-5505
FAX(051)463-5506
费3.5 万韩元
C/C ⒶⒹⒿⓂⓋ
交通 地铁 1 号线⑪⑬ “釜山站” 12 号出口出，步行 2 分钟

松岛海滨酒店
송도비치호텔　URL www.songdobeachhotel.co.kr

◆面朝松岛海滩，风景优美。

Map p.208-C-4

住 서구 암남동 541-6
☎(051)254-2000
费 5.3 万韩元 ~
C/C ⒶⒹⒿⓂⓋ

广场观光酒店
광장관광호텔

◆该酒店面朝釜山站前广场，便于乘坐火车和釜山城市旅游巴士。虽然设施老旧，但因其与旅馆和汽车旅馆差不多的价格而吸引着游客。

Map p.219-E-1

住 동구 초량 3 동 1200-17
☎(051)464-3141
费Ⓢ6 万韩元、Ⓣ7.7 万韩元、Ⓞ6.6 万韩元
C/C ⒶⒹⒿⓂⓋ

东升酒店
동신호텔

◆从地铁南浦站步行 10 分钟可到达该酒店。对于以南浦洞为中心进行游览的游客来说比较便利。

Map p.221-D-2

住 중구 중앙동 1 가 23-24
☎(051)253-2361
费4 万韩元 ~
C/C ⒶⒹⒿⓂⓋ

蓝色背包旅行者
BLUE backpackers　URL www.busanbackpackers.com

◆店主是一位爱好旅游的女性。将自家的 2 间房屋作为客房对外开放。配有电脑终端，可以上网。

Map p.227-A-4

住 부산진구 부전 2 동 454-1
☎(051)634-3962
※ 手机：010-5019-3962
费3.5 万韩元 ~　C/C 不可

庆州 경주

历史悠久的新罗古城

庆州 概要与导览

在旅游咨询处获取旅游信息

庆州是被称为新罗前身的萨拉伯尔国的首都，它是朴赫居世于公元前 57 年建立的。此后的 992 年之间，庆州共经历了 56 代国王，是新罗的政治文化中心。古都庆州全市保存有 396 处文化遗产。其中，佛国寺和石窟庵（→ p.34）于 1995 年入选联合国教科文组织的《世界遗产名录》。此外，2000 年，包括因石佛而闻名的南山地区在内的庆州整体也成为世界文化遗产。

文物古迹遍布庆州市内各处，从巴士总站出发，20~30 分钟车程的距离内集中着半月城、大陵苑、雁鸭池、鸡林、瞻星台、国立庆州博物馆等景点。稍稍远离市中心还分布着佛国寺、南山和普门景区。普门景区集中了各种类型的酒店和宾馆。

作为国际性的旅游胜地，庆州市随处可见旅游咨询处，且通用英语，非常方便。在市内观光仅仅租用自行车就可以了，费用约为每天 1 万韩元。

庆州 美食、住宿信息

用各种蔬菜叶子卷起各种菜肴食用的韩式田园风格套餐“菜包饭”、能解宿醉的“解酒汤”都很有名。

在市区，巴士总站附近集中了价格便宜、比较实惠的小旅馆，而普门地区则集中了一些设施完备的高档酒店。游客可根据自己的情况选择住宿设施。

DMZ 首尔 江陵 仁川机场 安东 大田 庆州 大邱 光州 釜山

长途电话区号 054

庆州市
居民登记人口（2009 年）
267466 人
庆州市面积（2007 年）
1324.36 平方公里

庆州市主页
URL www.gyeongiu.go.kr
庆州文化艺术观光主页
URL culture.gyeongiju.go.kr
ℹ 旅游咨询处
营业时间为 3~10 月 9:00~18:00、11 月 ~ 次年 2 月 9:00~17:00
庆州站前广场
Map p.245-D-1
☎ (054)772-3843
高速总站旁
Map p.244-A-2
☎ (054)772-9289
佛国寺前停车场
Map p.249-A-2
☎ (054)746-4747
庆北观光弘报馆
Map p.248-B-2
☎ (054)745-0753

市内交通

【市内巴士】
巴士的种类有票价为 1000 韩元的普通巴士和票价为 1500 韩元的座席巴士两种。

【出租车】
起步价为 2200 韩元。超过 5 公里时，郊外行驶的部分费用增加 63%。深夜，费用增加 20%。

方便观光的 11 路巴士

Access 交通方式

从首尔前来的推荐线路

→乘坐高速巴士很方便

首尔高速巴士总站→庆州高速巴士总站：6:10~23:55（每隔 30~40 分钟一班，需 4 小时）

→ KTX

首尔→新庆州：5:30~22:00（22 班，需 2 小时 7 分钟）

从釜山前来的推荐线路

→乘坐高速巴士很方便

釜山综合巴士总站→庆州高速巴士总站：5:30~21:00（每隔 10 分钟一班，需 50 分钟）

→ KTX

釜山→新庆州：5:30~21:30（20 班，需 26 分钟）

前往其他城市

［ ］内为推荐的交通工具

▼东大邱［高速巴士、铁路］

巴士→ 6:30~22:20（每隔 30 分钟一班，需 50 分钟）

铁路→ 7:46~19:16（每天 6 班，最快需 1 小时）

KTX → 7:19~23:20（每天 20 班，需 17 分钟，到新庆州站）

▼浦项［市外巴士］

5:30~24:00（每隔 10 分钟一班，需 40 分钟）

▼蔚山［市外巴士］

5:30~22:30（每隔 25 分钟一班，需 1 小时）

▼甘浦［市外巴士］

6:00~22:00（每隔 20 分钟一班，需 1 小时）

▼安东［市外巴士］

7:30~19:00（每天 4 班，需 3 小时）

安东巴士总站新修了，地址变化请注意

▼江陵［市外巴士］

4:20~16:10（每天 12 班，最快需 5 小时 30 分钟）

铁路

■庆州站 / 경주역

Map p.245-D-1

■新庆州站 Map p.195-C-5

巴士

巴士总站与市外巴士总站相邻，规模很小。

■庆州高速巴士总站 / 경주고속버스터미널

Map p.244-A-2 ☎ (054)741-4000

■庆州市外巴士总站 / 경주시외버스터미널

Map p.244-A-2 ☎ (054)743-5599

威风凛凛的表演

训练有素的马

花郎演出

花郎演出可在新罗千年公园（Millennium Park）（→ p.247）观赏到。人与马配合完美的马术表演是必看的节目。

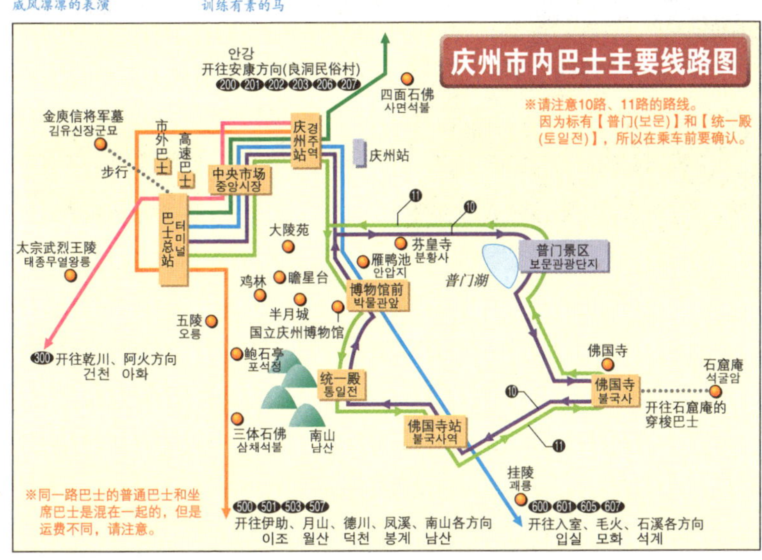

庆州主要景点介绍 01

庆州整个地区都已被列入《世界遗产名录》，市内也有许多值得游览的遗迹。是从釜山出发的一日游的理想目的地。

在市内可以参观与善德女王相关的遗迹

庆州因为韩剧《善德女王》而人气大涨。在市内，有许多缅怀新罗第二十七代善德女王的相关遗迹。

瞻星台

始建于善德女王时期。号称东洋最古老的天文观测设施。

芬皇寺

始建于善德女王三年（634 年）。现在仅存石塔和三龙变鱼井。

金庾信将军墓

为三国统一而鞠躬尽瘁的名将之墓。

1 善德女王陵 2 也许善德女王也曾在此观星吧 3 号称原来有9层的石塔 4 浮雕很漂亮

DATA

瞻星台

Map p.245-D-2
住 경주시 인왕동
☎(054)772-5134
營 9:00~22:00
休 无 费 500 韩元
交通 乘坐 11 路市内巴士在“雁鸭池”下车

DATA

芬皇寺

Map p.245-F-1
住 경주시 인왕동
☎(054)742-9922
營 3~10 月 8:00~18:00、11 月～次年 2 月 8:00~17:00 休 无
费 1000 韩元
交通 乘坐 10 路、11 路市内巴士在“芬皇寺”下车

DATA

金庾信将军墓

Map p.195-D-5
住 경주시 충효동
☎(054)749-6713
營 3~10 月 9:00~18:00、11 月～次年 2 月 9:00~17:00 休 无 费 500 韩元
交通 从庆州巴士总站步行约需 30 分钟，租用自行车前往约需 10 分钟

让人缅怀新罗曾经的辉煌岁月的遗迹

大陵苑

该公园内分布了新罗时代的 23 座古墓。内部已向游人开放的天马冢是必看的景点。纯金制成的金冠比起其他出土文物更加豪华。

DATA

大陵苑

Map p.244-C-2
住 경주시 황남동
☎ (054)772-6317
开 3~10 月 8:30~19:00、11 月 ~ 次年 2 月 8:30~18:00
休 无
费 1500 韩元
交通 从庆州火车站、庆州巴士总站步行约需 15 分钟

太宗武烈王陵

这里是第二十九代武烈王的陵墓。武烈王曾与金庾信将军一起奠定了三国统一的基础，并积极吸收大唐文化，铸就了辉煌的新罗文化。

DATA

太宗武烈王陵

Map p.195-D-5
住 경주시 서악동 p.251 ┌(054)772-4531
开 8:30~18:00
休 无　费 500 韩元
交通 乘坐 300-1 路市内巴士到“武烈王陵”站下车，或从庆州高速巴士总站经过西川桥，然后向西岳洞方向前行 1.5 公里。位于仙桃山的山麓

国立庆州博物馆

可以在第一、第二分馆参观各种各样的出土文物。主馆以佛教美术为主。

雁鸭池

建于文武王十四年（674 年）的庭园。

DATA

国立庆州博物馆

Map p.245-E-3
住 경주시 인왕동 76
☎ (054)740-7500
开 周二～周五 9:00~18:00，周六、周日 9:00~19:00
休 周一　费 免费
交通 从庆州巴士总站乘坐 11 路、600 路市内巴士到博物馆站下车

DATA

雁鸭池（临海殿址）

Map p.245-E-2~3
住 경주시 인왕동 26-1
☎ (054)772-4041
营 9:0~22:00　休 无
费 1000 韩元 ※18:00~22:00 可以免费入场
交通 乘坐 10 路、11 路、601~609 路市内巴士到“国立庆州博物馆”站下车

为了更有效率地参观庆州

▲拜托给朴先生就没问题了！

因与善德女王相关的景点分散在广大的区域当中，所以跟随旅行团可能无法参观所有的景点。推荐采取自助游的方式参观该地。如果租用含司机兼导游的旅行车，即使初来乍到的个人旅行者也可以轻松搞定。推荐熟悉庆州的 Grace Travel。可以通过电话跟经理朴正浩先生联系。金额为 1 天（约 8 小时）20 万韩元起，使用照片上所示的汽车，含釜山接送、租车、导游费在内（餐饮费、高速过路费、停车费、门票等另算）。
☎ 011-9547-5342

庆州市中心
城乾洞
성건동
仙桃山房
洞胜超市
英阳炭火烤肉
庆州文化院
东部洞
동부동
SC第一银行
洞胜医院
西部洞
서부동
庆州警察署
庆州消防署
新韩银行
韩亚银行
城东市
凤凰路
봉황로
花郎路 화랑로
邮局
中央市场
明洞面馆
新罗商店
IBK企业银行
月城小学
东大路
동대로
中部洞
중부동
斯多桑基尔
开往良洞民俗村方向的巴士乘坐处
贝尔斯观光酒店
兄山江
琼发庄
瑞凤冢
金铃冢
皇南面包
梨花庄
路东洞
노동동
奇迹汽车旅馆
皇吾市场
汉京庄
依法将
金冠冢
路西洞
노서동
皇南解酒汤
太宗路 태종로
奥生庄
庆州市外巴士总站
大陵苑里门
庆州高速巴士总站
旅游咨询处
庆州公园观光酒店
天马冢
基林庄
味邹王陵
西川桥
서천교
大陵苑
开往庆州站、普门景区、佛国寺方向的市内巴士乘坐处
口路菜包饭
江边路
강변로
曙桥旅馆
森浦蔬菜包饭
庆州工业高中
皇南市场
大陵苑入口
大邱路
대구로
皇南洞
황남동
停车场
新罗小学
皇南小学
达友贸易公司
新罗
元丰食堂
瞻星路 첨성로
沙正洞
사정동
鲍石路
포석로
庆州崔氏古宅
校洞法酒
瑶石宫
金城路
금성로
南河
多多SHOPPING
月精桥
월정교
(施工中)
校村桥
교촌교
汶川桥
문천교
五陵桥
오릉교
塔洞
탑동
花村庆州韩方医院
五陵
A
B
C
1
2
3
4
主要景点
商店
餐厅
美容按摩
酒店
旅游咨询处
邮局
银行
学校
医院

D
E
F
1
2
3
4
庆州경주
皇吾洞
황오동
杨亭路
양정로
阏川桥
알천교
北河
产业道路
산업도로
九黄桥
구황교
阏川南路 양천남로
芬皇寺
千军路 천군로
千军路
천군로
临海路
임해로
皇龙寺址
九黄路
구황로
KORAIL东海南部线
瞻星台
雁鸭池
(临海殿址)
雁鸭池
鸡林
半月城
石冰库
佛国寺、海云台、釜田
月城桥
월성교
国立庆州博物馆
月城路 월성로
校洞
교동
仁旺洞
인왕동
徐罗伐大道 서라벌대로
排盘洞
배방동
高云桥
고운교
N
0
500m

庆州主要景点介绍 02

南山石佛群

新罗时代盛行山岳佛教，在位于庆州市内南侧一带的南山上刻有许多石佛。这些石佛大小各异，有巨大的摩崖大佛，也有刻在突起的山崖上的石佛。

1 南山最有名的石佛之一就在神仙庵 2 集中了7座石佛的七佛庵

前往七佛庵和神仙庵可以从市内乘坐300路巴士在三陵下车。从三陵出发，边观赏其他的石佛边前行需要3~4小时，从东侧的书出池出发则需1~2小时可以到达。也可以爬上位于山崖上的神仙庵去参观一下。需要注意的是，徒步旅行的时候最好带最低限度的登山装备。

新罗千年公园

在这里您可以欣赏到以新罗时代的民间故事为主题的公演，一睹花郎（年轻贵族中的精英群体）表演武术与马术的英姿，以及与工艺制作等传统文化进行零距离接触。这里还是韩剧《善德女王》《花样男子》的拍摄外景地。

1 新罗千年公园的花郎表演 2 韩剧《善德女王》外景地"美室宫" 3 可以体验各种有趣的传统工艺制作（照片为制作七宝烧）

DATA 新罗千年公园

Map p.248-B-3
住 경주시 신평동 719-70 ☎ (054)778-2000
營 周一～周五 10:00~20:00，周六、周日、节假日 10:00~20:20
休 无
C/C A D J M V
交通 从庆州巴士总站附近的市内巴士乘车处乘坐 10 路巴士到"普门景区 Expo"下车。约需 20 分钟。乘坐出租车约 10 分钟。
费 门票 18 岁以上 1.8 万韩元（66 岁以上半价，17:00 以后入场 9000 韩元）、中学生以上不满 18 岁者 1.3 万韩元（17:00 以后入场 9000 韩元）、小学生以下 6000 韩元（3 岁以下免费）
※ 体验每次 5000 韩元左右。可在园内的便利店购票或在手工作坊直接支付。演出每次 20~30 分钟。演出时间请参考宣传册或园内告示。推荐事先确认好演出时间后再有计划地参观园内。

贞洞剧场 庆州公演《美笑2:神国的土地——新罗》

从建国神话到爱情故事，描写了一个美丽的新罗

对新罗的建国神话进行了天马行空的描绘，是一部以传统国乐为基础的音乐剧公演。只有在庆州才能现场观赏。在这里您可以领略到千年古都新罗的大气雍容的文化魅力。

DATA 贞洞剧场 庆州公演《美笑2:神国的土地——新罗》

Map p.248-B-3
住 경상북도 경주시 경감로 614 ☎ (054)740-3800
營 周二～周四 19:30~ 休 周一 费 R 席 5 万韩元、S 席 3 万韩元、A 席 2 万韩元
※ 会场位于庆州世界文化博览会文化中心公演场

G 餐厅　E 娱乐设施　H 酒店　i 旅游咨询处　邮局

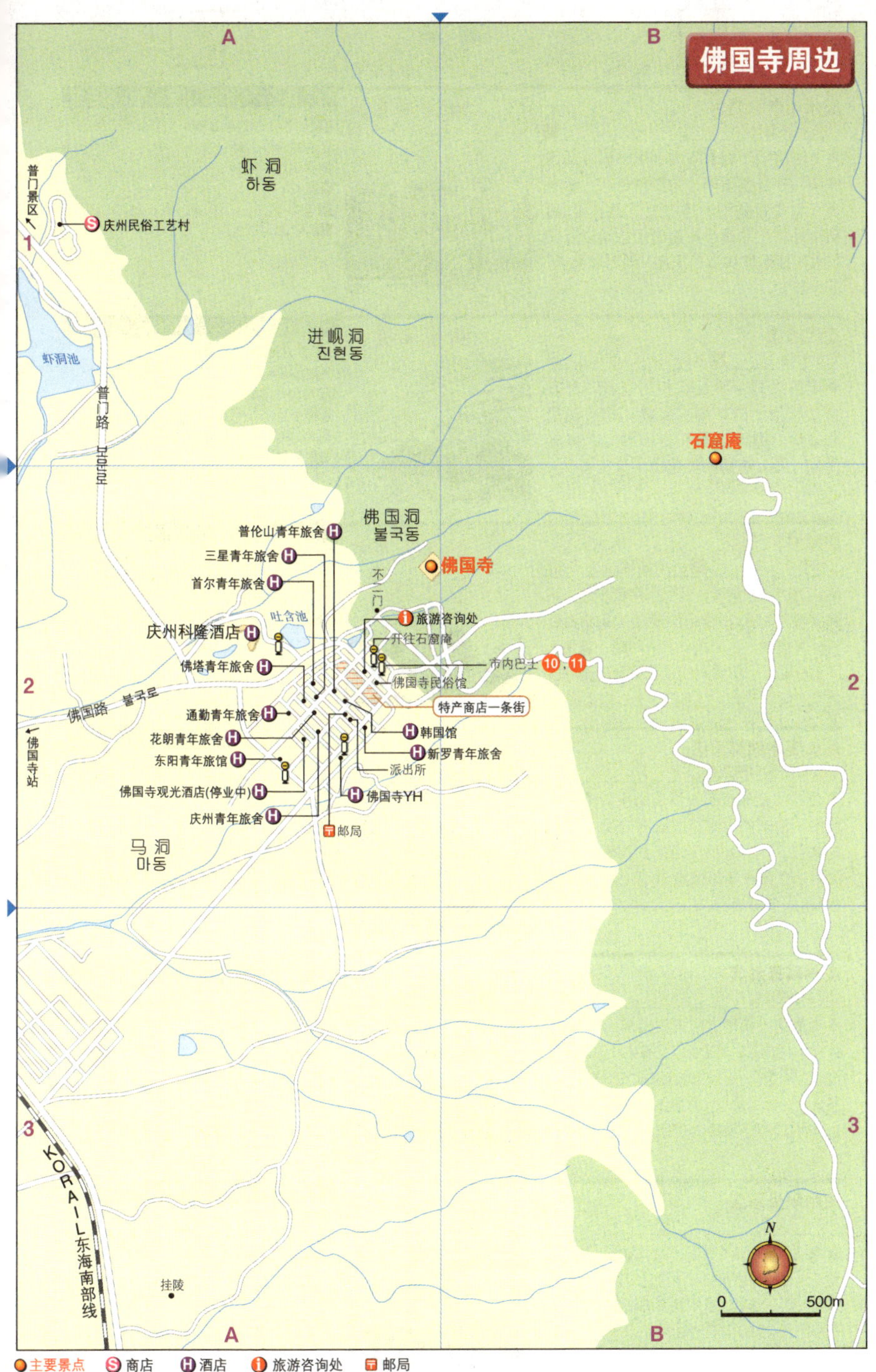

主要景点 S 商店 H 酒店 i 旅游咨询处 〒 邮局

酒店
Hotel

庆州希尔顿酒店
경주힐튼호텔 URL www.gyeongjuhilton.co.kr

◆该酒店除了拥有室内和室外泳池及网球场、健身俱乐部、迪斯科舞厅、私立美术馆等设施外，还在地下设有赌场。从市外巴士总站、高速巴士总站以及庆州火车站乘坐10路巴士在“希尔顿酒店”下车即到。

Map p.248-B-2

住 경주시 신평동 370
☎(054)745-7788
FAX (054)745-7799
房间数 324
费 ⓈⓉⓄ 13.31万韩元、周末15.73万韩元
C/C ⒶⒹⒿⓂⓋ

现代酒店
호텔현대 URL www.hyundaihotel.com

◆该酒店的附属设施相当完善，拥有温泉泳池、网球场、保龄球馆、温泉桑拿等。酒店坐落在普门湖边，风景优美。春天这里的樱花也十分美丽。

Map p.248-A-1

住 경주시 평편동 477-2
☎(054)748-2233
FAX (054)748-8112
房间数 449
费 ⓈⓉⓄ 12.1万韩元、家庭房16.1万韩元
C/C ⒶⒹⒿⓂⓋ

庆州协和酒店
호텔경주콩코드 URL www.concorde.co.kr

◆该酒店位于湖畔，其周围可散步的小路弥漫着令人愉快的氛围。附近的购物街也在扩大规模。酒店面对着普门湖，观湖房间里有露台，眺望到的景色格外优美。虽然没有商务中心，但在客房中可以上网。

Map p.248-A-2

住 경주시 신평동 410
☎(054)745-7000
FAX (054)745-7010
房间数 307
费 ⓉⓌ18万韩元~
C/C ⒶⒹⒿⓂⓋ

船长庆州朝鲜酒店
코모도호텔 경주조선 URL www.chosunhotel.net

◆该酒店是原沃利奇酒店易主后重新装修的。地下的桑拿浴设施和自助早餐很受欢迎。从市外巴士总站、高速巴士总站以及庆州火车站乘坐10路巴士在“协和酒店”站下车即到。

Map p.248-B-2

住 경주시 신평동 410-2
☎(054)745-7701
FAX (054)740-8349
房间数 263
费 ⓉⓌ9.5万韩元~
C/C ⒶⒹⒿⓂⓋ

庆州科隆酒店
경주코오롱호텔 URL www.kolonhotel.co.kr

◆该酒店是佛国寺附近规模最大的酒店。拥有9洞的高尔夫球场以及温泉泳池等附属设施。周围是寂静的山林，空气清新宜人。温泉为碳酸钠泉水。乘坐10路和11路巴士在“科隆酒店”站下车即到。

Map p.249-A-2

住 경주시 신평동 452-1
☎(054)746-9001
FAX (054)746-6331
房间数 318
费 ⓈⓉⓄ 8.9万韩元~
C/C ⒶⒹⒿⓂⓋ

庆州观光酒店
경주관광호텔

◆该酒店附近正在开发，因而窗外的景致较差，这也使酒店价格有所降低。在高档酒店众多的普门景区，这家酒店的定价较低。在市外巴士总站、高速巴士总站以及庆州火车站乘坐10路和11路巴士在“协和酒店”站下车即到。

Map p.248-A-1

住 경주시 신평동 645
☎(054)745-7123
FAX (054)745-7129
房间数 50
费 Ⓞ 平时6万韩元、周末8万韩元
C/C ⒶⒹⒿⓂⓋ

瑞士洛桑酒店
스위스로젠호텔

Map p.248-B-2

◆该酒店虽然距离湖畔较远，但是所处的位置海拔较高，远眺景色依然优美。附近也有很多公寓旅馆。

多付2万~3万韩元即可使用酒店内的各种设施。

乘坐10路或11路巴士在“希尔顿酒店”站下车即到。

住 경주시 신평동 242-19
☎(054)748-4848
FAX(054)748-0094
房间数 50
费 Ⓢ9万韩元~
Ⓣ10万韩元~
C/C ⒶⒹⒿⓂⓋ

庆州朝鲜温泉酒店
경주조선온천호텔

Map p.248-B-1

◆该酒店与船长庆州朝鲜酒店隔路相望。酒店内部拥有分别可容纳1000人入浴的大型男女浴场以及各种桑拿浴设施。附近有瞻星台的花团锦簇的水车公园和普门湖，适宜散步休闲。

住 경주시 신평동 452-1
☎(054)740-9600
FAX(054)740-9601
房间数 45
费 ⓈⓉⓄ 平时6.6万韩元、周末7.7万韩元
C/C ⒶⒹⒿⓂⓋ

庆州公园观光酒店
경주파크관광호텔

URL www.gjpark.com

Map p.244-B-2

◆该酒店位于高速巴士总站的后面。庆州市的观光酒店大多集中在普门地区，市内较少，因而这家酒店的存在就显得弥足珍贵。

住 경주시 노서동 170-1
☎(054)742-8804
FAX(054)742-8808
房间数 32
费 ⓈⓌ6万韩元、Ⓣ7万韩元
C/C ⒶⒹⒿⓂⓋ

贝尔斯观光酒店
벨루스관광호텔

URL www.bellushotel.com

Map p.244-B-1

◆该酒店是在原INNS观光酒店的基础上整修翻新的。从酒店可以步行前往巴士总站、百货商场和市场等地。位于市外巴士总站、高速巴士总站北侧的旅馆街一角。

住 경주시 노서동 130-6
☎(054)741-3335~3339
FAX(054)741-3324
房间数 30
费 Ⓣ5万韩元、Ⓦ6万韩元、Ⓞ7万韩元
C/C ⒶⒹⒿⓂⓋ

曙桥旅馆
사랑채

URL www.kjstay.com

Map p.244-C-2

◆与大陵苑相邻，从高速巴士总站步行到此仅需要10分钟左右。建筑物有120年的历史，为传统的韩式房屋。早餐时间免费提供烤面包片和鸡蛋，也可免费上网。旅馆主人尤其擅长英语。

住 경주시 황남동 238-1
☎(054)773-4868（手机 019-526-4868）
费 2.5万韩元~（1人）
C/C 不可

仙桃山房
선도산방

Map p.244-B-1

◆从巴士总站步行15分钟，经过中央市场后即可到达。店主夫妇非常亲切，有要求的话可以准备饭菜，上网设备也比较完善。入口处挂有“世界武术总联合会”的招牌。想住宿需要提前联系，否则不能入住。

住 경주시 성건동 193-1
☎(054)772-3123
房间数 3
费 2~3人间6万韩元（2人入住的情况）、4~6人间6万韩元（2人的金额）
C/C 不可

小特辑

2010年 被列入《世界遗产名录》

从庆州出发仅需 40 分钟

探访古风犹存的良洞民俗村

良洞民俗村位于庆州东北约 16 公里处，乘坐市内巴士只需 40 分钟即可到达。由于这里还没有被旅游开发，在 21 世纪还保留着原始的面貌，虽说有些守旧的氛围，但这也称得上一大奇迹。该村的主人是骊江李氏和月城孙氏两大氏族。重视严格的儒教氛围，世代在此生活至今。

这些留存在各家的历史性的建筑物虽然已经对外开放，但在这样的房屋中至今仍然有人生活。近年来经过修整的茅草屋与周围的环境相协调，走在没有经过铺整的小路上，会有一种时空倒流的感觉。村子里民风淳朴，对商业有种厌恶的心理，但现在也开始兴建一些餐厅和休息处等，在此可以品尝到朴素的民家料理。

1 位于村子入口处的醒目的香坛 2（茅草屋）林立 3 味噌汤全部是自家制作 4 也有来修学旅行的学生 5 月城孙氏的宗宅书百堂

旅程的安排可以早上从庆州出发，上午在民俗村中散步，在村内用餐后返回庆州。也可以中午抵达民俗村，午餐后在村内散步，傍晚返回庆州。

1 石墙与没有铺整的小路相映成趣　2 骊江李氏的宗宅无忝堂　3 至今仍有人生活的民俗村

DATA

良洞民俗村

Map p.195-D-5
住 경주시 강동면양동리
☎ (054)779-6105
营 24 小时
交通 庆州市外巴士总站北侧有去往良洞民俗村方向的巴士站台（Map p.244-A-2），可乘坐市内巴士 200 ~ 202 路、205-207 路、212 路、217 路，站名为“良洞民俗村入口”（양동민속마을입구）。下车后沿铁路线步行 15 分钟到达。203 路（每天 8 班）可在良洞小学前下车。也可以在 KTX 新庆州站前下车（7:50 ~ 18:00，约 90 分钟一班，每天 8 班）
URL yangdong.invil.org

小特辑

2010年 被列入《世界遗产名录》

严守传统的安东河回村之旅

传承古老优良传统的安东，不仅有名门柳氏的珍贵建筑、在此地传承的假面剧，还有只有在这里才能品尝到的美食。乘坐巴士或地方线路悠闲的旅行，给我们带来在都市里享受不到的乐趣。

1 河回村内绵延着这样宁静的道路 2 养真堂位列宝物第306号 3 韩国守护神迎接着我们 4 澹然斋外部。这里是柳时元的老家

在安东河回村体验韩国真正的传统

推荐初次到首尔、釜山的旅游者到安东河回村（→p.260）观光。这里继承了韩国真正的传统。河回村的养真堂是丰山柳氏的宗宅，柳云龙也曾在此居住过。据说其始建于16世纪，是这里最古老的建筑。

河回村是传统建筑的宝库

河回村里不但有保留着茅草屋顶的民家，还有被认定为宝物的馆舍等许多各式传统建筑。有的已经对外开放，也有的现在还有人在里面生活，对于想深入了解韩国文化的人来说，这里是值得一游的地方。

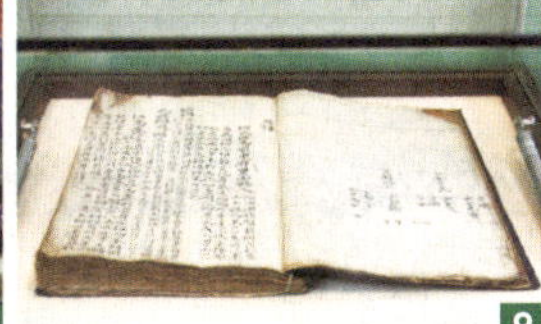

永幕阁

位于忠孝堂的院落内，为柳成龙遗物展览馆。

宾渊精舍

柳云龙于1583年修建，曾作为书斋使用。为重要民俗资料第86号。

5 忠孝堂　6 柳成龙的宋宅、忠孝堂。宝物第414号　7 永幕阁外部　8 柳成龙的塑像　9展示着贵重的资料　10 宾渊精舍外部　11 三神堂的神木。树龄约600年

小特辑

在安东河回村体验民家住宿

在河回村，可以住宿在传统的韩式房屋里。在舒适、价格又便宜的民居中，进一步体验安东的传统吧。

1 名为德如斋的民家旅馆。茅草屋顶更让人感受到传统的氛围 2 在这样的旅馆中住一宿，更能加深关于安东的记忆吧 3 虽然是茅草屋顶，但给人以凌然的感觉 4 旅馆的招牌

茅草屋顶的风情旅馆——德如斋

在河回村里，规模比较大的民家旅馆德如斋是保持着韩国传统的茅草屋顶的茅草房。

DATA

德如斋

Map p.261 下 -B-2
住 안동시 풍천면 하회리 621
☎(054)857-2885
费 1~2 人间价格 5 万韩元（院内有 7 间客房）
3~4 人间价格 10 万韩元（院内有 2 间客房）
※ 如果住宿的客人提前提出要求，这里可以准备早餐和晚餐（价格为 5000~7000 韩元，菜单和费用每天会有所不同）
※ 洗手间和淋浴房在院子里有两处。男女共用。入住和退房时间不固定，一般是下午入住，上午退房。

可以体验传统文化的樊南古宅

这里是始建于李氏王朝时期的口字形的传统房屋。除提供住宿外，还有陶艺体验、传统茶道体验等（体验另收费）。

DATA

樊南古宅

Map p.261 下 -B-2
住 안동시 풍천면 하회리 752
☎ (054)852-8550
费 3~4 人间价格 10 万韩元（院内有 2 间客房）
1~2 人间价格 5 万韩元（院内有 6 间客房）
※ 如果住宿的客人提前提出要求，店内可以准备早餐和晚餐（价格为 7000 韩元，菜单每天会有所不同）
※ 院子里有洗手间兼淋浴房 1 处、洗手间 1 处。男女共用。
※ 入住和退房时间不固定，一般是下午入住，上午退房。
※ 销售自制的菊花茶（20g 为 5000 韩元）

裴勇俊曾经居住过的北村宅

DATA

北村宅

Map p.261 下 -A-2
住 안동시 풍천면 하회리 706
☎ (054)853-2110
费 北村幽居 50 万韩元（5 人间 ※ 最多可供 10 人居住。6 人起每人需另加 10 万韩元）、何敬堂 30 万韩元（3 人间）、须慎窝 20 万韩元（2 人间）、正房 80 万韩元（4 人间 ※ 最多可供 7 人居住。5 人起每人需另加 10 万韩元）
※ 含早餐。所有的客房内均备有冰箱、净水器、寝具等。
※ 洗手间、淋浴房在正房内，男女各一间。
※ 入住和退房时间不固定，一般是下午入住，上午退房。

5 适合喜爱传统氛围的游客。可以在这个房间内体验传统文化 6 富有情趣的古民居 7 也销售自制的菊花茶 8 自制菊花茶 9 安东的手工织布机展示 10 正房内部 11 裴勇俊居住时的签名 12 北村宅的正房

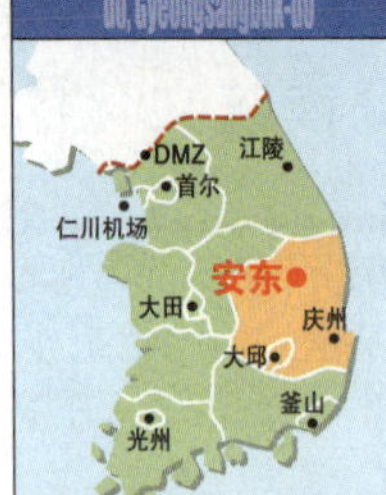

安东 안동

两班和假面剧的故乡

长途电话区号 054

安东市
居民登记人口（2009 年）
167432 人
安东市面积（2007 年）
1520.97 平方公里

安东市政府主页
URL www.andong.go.kr

※ 安东的市外巴士总站已从市中心迁到往西约 5 公里的地方。去往市中心可乘坐市内巴士或者的士。

安东 概要与导览

在韩国，提起安东，人们很自然就想到“两班”（李氏王朝时期的统治阶级）这个词语，在安东，两班文化随处可见。这里一个村子的所有村民为同姓一族的“同姓村”数量众多，其中以李氏王朝时期的大儒、万历朝鲜之役时的宰相柳成龙的丰山柳氏最为有名。另外，安东金氏和真城李氏也很有名，其中李氏家族中曾出现过在李氏王朝初期奠定了儒学基础的大学者李退溪。如今，继承了安东两班文化的地方可以说是陶山书院和屏山书院以及河回村等。另外，作为民俗文化，这里有凤山假

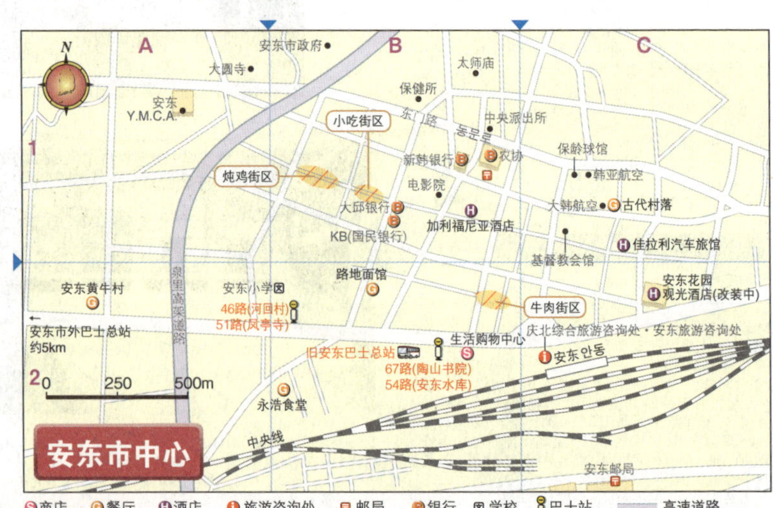

面舞和河回别神假面舞等自高丽时代流传至今的假面剧。

提起安东特产，这里的安东烧酒和被誉为制作夏季传统服装的最佳面料的“安东织物”享有盛名。同时，安东还是首尔和釜山的名吃——炖鸡的发祥地。

安东是一个小城市，在步行 10 分钟可到达的区域内集中了火车站、巴士总站、闹市区等。从火车站向市政府步行的途中，集中了酒店、银行、文化会馆、商业街等，旅游咨询处也就在附近。市区非常简单，所以前往景点观光非常方便。乘坐 3 路市内巴士就可以游览安东水库、新世洞七层砖塔、电视剧《王建》外景地安东民俗村及安东民俗博物馆、临清阁君子亭等景点。

前往郊区可到市外巴士总站。在总站前道路对面乘坐 46 路巴士可以前往丰山和河回村，乘坐 54 路巴士可以前往安东水库、泥川洞石佛像方向。前往陶山书院的 67 路巴士在巴士总站右侧的车站发车。

安东 美食、住宿信息

安东的名吃有已经成为品牌的安东黄牛、从祭祀仪式菜肴发源的假祭祀饭、炖菜安东杂炊、田螺汤、鸡肉蔬菜面以及腌青花鱼等。这些菜肴在以火车站前为中心的闹市区都可以品尝到，此外，在河回村的农家乐还可以品尝到当地的农家菜。

安东市内有旅店等住宿设施，但是到河回村入住韩国传统房屋、体验农家乐趣也是不错的选择。需要注意的是，从安东到那里的往返巴士每天只有 8 班（→ p.260 边栏）。

ℹ 旅游咨询处

安东站前广场的庆北综合旅游咨询处
Map p.258-C-2
☎(054)852-6800

河回村旅游咨询处
Map p.261 上 -A-2
☎(054)852-3588
营 夏季 9:00~18:00
　冬季 9:00~17:00

市内交通

【市内巴士】

市内巴士采取一票制，票价 1200 韩元。前往安东民俗村等较近景点，乘坐 3 路巴士比较方便。座席巴士票价 1200 韩元。

【出租车】

起步价 2200 韩元。没有模范出租车。

Access 交通方式

从首尔前来的推荐线路

→乘坐高速巴士、市外巴士很方便

首尔高速巴士总站→安东市外巴士总站：6:10~20:40（每天 12 班，约需 3 小时）

首尔东部巴士总站→安东市外巴士总站：6:00~23:00（每天 44 班，约需 2 小时 50 分钟）

从釜山前来的推荐线路

→乘坐市外巴士很方便

釜山综合巴士总站→安东市外巴士总站：7:00~19:30（每天 16 班，约需 2 小时 40 分钟）

前往其他城市

[ ] 内为推荐的交通工具

▼东大邱 [市外巴士]

6:40~21:20（每隔 20~25 分钟一班，约需 1 小时 30 分钟）

▼大田 [市外巴士]

6:00~19:10（每天 13 班，最快约需 2 小时 10 分钟）

铁路

和首尔的清凉里站之间开通的列车班次较少，不太方便。

■安东站 / 안동역
Map p.258-C-2

安东火车站

巴士

■安东市外巴士总站 / 안동 시외버스터미널
Map p.258-A-2 外 안동시 송현동 713-6
☎(054)857-8296

安东市外巴士总站已经从市中心迁移到西北方向 5 公里的地方。还需要注意的是机场快巴也会迁移到新的巴士总站。去往市中心的话可以搭乘新巴士总站的市内循环巴士 0 路，0 ~ 1 路，2 路巴士在旧巴士总站下车，或者乘坐的士。

市内中心部

新世洞七层砖塔 안동시 송현동 Map p.194-C-3

韩国最大的砖塔 ★★

这座塔高17米，底座宽7.5米，被韩国政府指定为第16号国宝。与庆州的芬皇寺砖塔相同，也是一座一层一层垒砌起来的砖塔。据说建造于统一新罗时代。

安东民俗村안동민속촌 Map p.194-C-3

能够窥探到韩国传统生活的露天博物馆 ★★

安东民俗村是一座面积广大的露天博物馆，在这里除了可以在民俗餐厅品尝安东传统饮食以及体验安东独特的居住习惯之外，游客们还可以到位于此处的人气电视剧《王建》拍摄使用的布景公园中游览。安东民俗村旁边就是安东民俗博物馆，在这里可以加深对安东生活文化的理解。

安东民俗村

安东民俗博物馆안동민속박물관 Map p.194-C-3

儒教文化相关展览丰富多彩 ★★

安东民俗博物馆

博物馆中收藏着7000余件在安东周边收集的、与安东人衣食住以及儒家文化相关的各种民俗资料。特别是与冠礼、婚礼、葬礼、祭祀等仪式相关的展览非常丰富。不仅有室内展览，室外还有因建造水库而搬迁的古房屋、石造冰库、月映台等传统建筑的展示，使游客能对安东的民俗文化一目了然。

近　郊

安东河回冒录（河回村）안동 하회마을 Map p.194-B-3

保留着传统的两班故里 ★★★

这里因环绕村子的洛东江呈S形流过村中后又流淌回来而得名“河回”。“冒录”是村的意思。在这里，典型的两班式房屋仍然保留着昔日的模样，这里是理解朝鲜儒教文化的最佳场所。被指定为第122号重要民俗资料的河回村现共有120余户、约290人居住，仅仅是这些人能在这里继续生活就值得关注。

村子以中央的大道为分界被分为北村和南村。从村子的入口开始沿着中央大道前行，可以按照河东古宅、南村宅、养真堂、忠孝堂、北村宅的顺序游览。

新世洞七层砖塔
住 안동시 법흥동 8
营 24小时
休 无
费 免费
交通 乘坐市内巴士3路到“新世洞七层砖塔”
※乘坐出租车很方便

安东民俗村、安东民俗博物馆
住 안동시 성곡동 784-1
☎(054)821-0649
营 9:00~18:00
※入场时间至17:30
休 无
费 成人1000韩元、儿童300韩元
交通 乘坐市内巴士3路到“安东民俗博物馆”
URL adfm.or.kr

安东河回冒录（河回村）
住 안동시 풍천면 하회리 844-4(管理事务所)
☎(054)853-0109
营 夏季9:00~19:00
冬季9:00~18:00
休 无
费 成人2000韩元、儿童700韩元
交通 乘坐市内巴士46路到“河回村”（하회마을）
※需要注意的是发车班次较少。在乘车时告知目的地后购票（1200韩元）。
URL www.hahoe.or.kr

安东前往河回村方向的46路巴士发车时间
6:20、8:40、10:30、11:25、14:05、14:40、16:00、18:10

旅游咨询处　巴士站

主要景点　酒店　旅游咨询处　巴士站

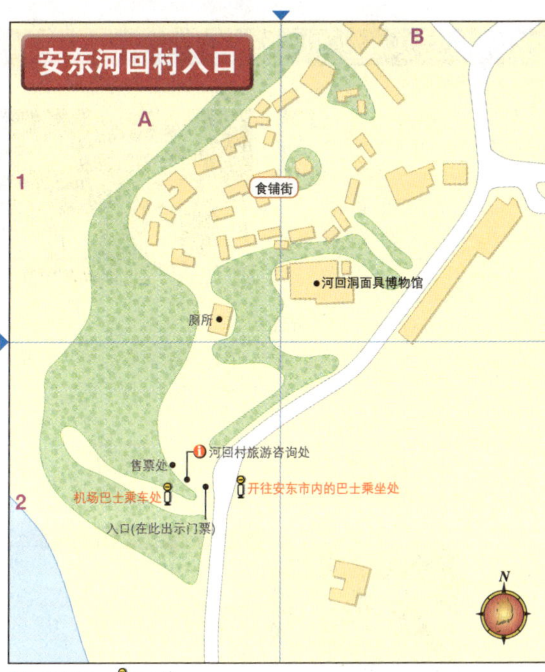

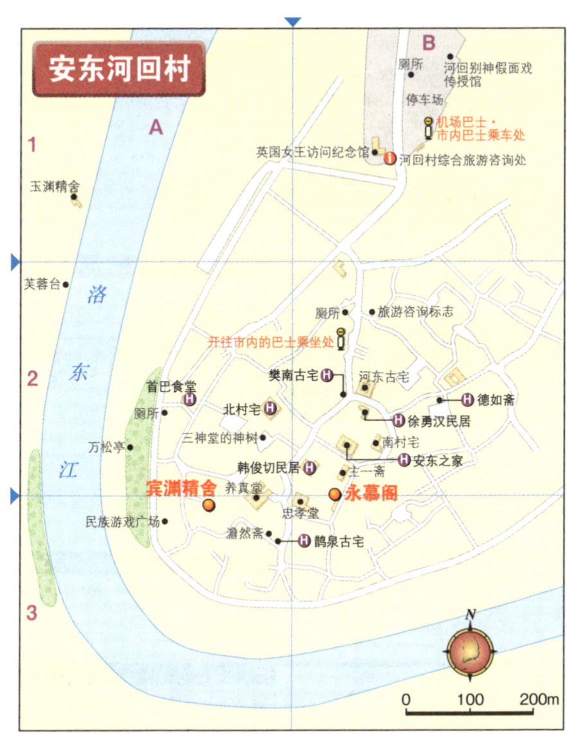

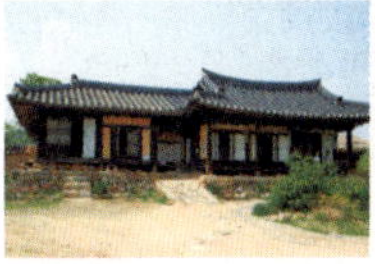

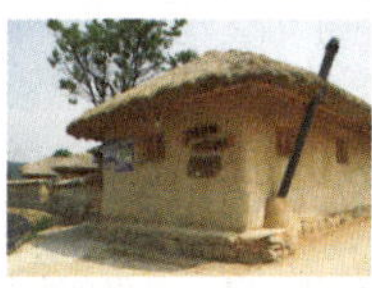

典型的两班式房屋

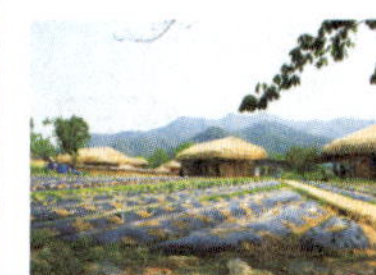

挂有“传统民间旅馆”招牌的民家。入住这样的民家也是不错的选择

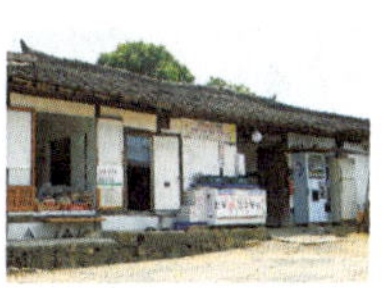

茅草屋顶的民宅和田地

销售青花鱼干、腌制青花鱼的小店。安东虽然地处内陆，但在此可以品尝到来自东海岸的青花鱼制成的鱼干

河回洞面具博物馆

Map p.261 上 -B-1

住 안동시 풍천면 하회리 287 번지

☎ (054)853-2288

营 9:30~18:00

休 中秋节、春节

费 成人 2000 韩元、儿童 1000 韩元

交通 位于河回村的入口处

陶山书院
住 안동시 도산면 680
☎(054)840-6599
营 夏季 9:00~18:00
冬季 9:00~17:00
休 无
费 1500 韩元
交通 乘坐市内巴士 67 路至“陶山书院”下车
67 路巴士发车时刻 9:40、10:50、13:10、16:10
※从安东市外巴士总站东侧的乘车处乘车。
※67 路巴士中也有的车不到陶山书院，在乘坐时请确认。

陶山书院도산서원

Map p.194-C-3

朝鲜儒学的殿堂

★★

李滉（号退溪）被誉为朝鲜最优秀的儒学家，其头像被印在 1000 韩元的纸币上。陶山书院就是其弟子为了歌颂他的功德而修建的。书院中设有保存着退溪藏书的书库，藏书总量达到 907 种 4338 册。据说当时这里还兼有图书馆和出版社的功能。典教堂建在高台上，其正面悬挂着由李氏王朝中期著名书法家韩石峰所题写的陶山书院的匾额，站在这里可以欣赏到洛东江和陶山书院的全景。

陶山书院

餐 厅 Restaurant

路地面馆
골목안손국수

Map p.258-B-2

◆在这里除了安东风味的手工面之外，还可以品尝到豆浆冷面（仅限夏季）等各种面食。加入当地特产的紫苏叶的辣味面条售价为 5500 韩元。如果点面食，会先配送蔬菜和米饭，可以品尝一下菜包饭。

住 안동시 남문동 207-1
☎(054)857-8887
营 10:00~21:30
休 每月的第四个周日、春节、中秋节 3 天
C/C 不可

永浩食堂
영호골부리국식당

Map p.258-B-2

◆“高布”是安东方言里河贝的意思。该饭店以在清洁的河流中捕捉的天然河贝为原料烹饪美味鲜汤，堪称一绝。河贝鲜汤的售价为 6000 韩元，同时配送 6 个小菜，游客们可以在此品尝到当地的家常菜。

住 안동시 운흥동 272-20
☎(054)859-0457、011-9382-5529（手机）
营 7:30~21:00
休 春节、中秋节
C/C J V

古代村落
옛마을

Map p.258-C-1

◆这是为数不多的一大早就开始营业的早餐店之一。热气腾腾的豆芽炖菜既便宜又好吃。清淡的牛骨醒酒汤也适合宿醉的人解酒吃，售价为 5000 韩元。

住 안동시 동부동 74-3
☎(054)859-2691
营 5:30~19:00
休 每月的第二个周一、元旦、春节、中秋节
C/C J V

酒 店 Hotel

加利福尼亚酒店
호텔캘리포니아

Map p.258-B-1

◆开业于 2000 年，位于市中心，周边有餐厅和商店，非常便利。

住 안동시 삼산동 103-3 ☎(054)854-0622
费 4 万 ~7 万韩元 FAX (054)854-3477
C/C A D J M V

佳拉利汽车旅馆
갤러리아모텔

Map p.258-C-1

◆ 6 层汽车旅馆。房间内整洁漂亮。

住 안동시 동부동 203-1 ☎(054)853-3377
费 4 万 ~5 万韩元 C/C A D J M V

建有“岭南第一楼”的

密阳

密阳有被称为“岭南第一楼”的岭南楼，还有与富士冰穴很相似的即使是夏天也会结冰的“冰谷”，以及在万历朝鲜之役时的僧兵据点——表忠寺等景点。密阳阿里郎也很有名，与旌善阿里郎、珍岛阿里郎并称为三大阿里郎。名吃是猪骨汤泡饭。

1 建于密阳江畔的岭南楼与晋州的矗石楼、平壤的普碧楼并称为三大楼阁 2 岭南楼内悬挂有“岭南第一楼”的匾额 3 表忠寺中的表忠祠——祭祀着曾为俘虏返还而奔波的泗冥大师 4 冰谷的结冰池

DATA

密阳밀양

Map p.193-D-2

交通 前往密阳乘坐火车比较方便。从釜山出发的话，KTX和新村号等每天40多趟、最快需要35分钟。从东大邱出发的快巴需要31分钟。前往岭南楼可以从密阳站前乘坐1、2、3、4、5、6路市内巴士。前往表忠寺和冰谷，可以乘坐从密阳市外巴士总站出发的市外巴士

DMZ
首尔
江陵
仁川机场
安东
大田
庆州
大邱
晋州
釜山
光州

长途电话区号 055

晋州市

居民登记人口（2009 年）

331720 人

晋州市面积（2007 年）

712.86 平方公里

晋州市主页

URL www.jinju.go.kr

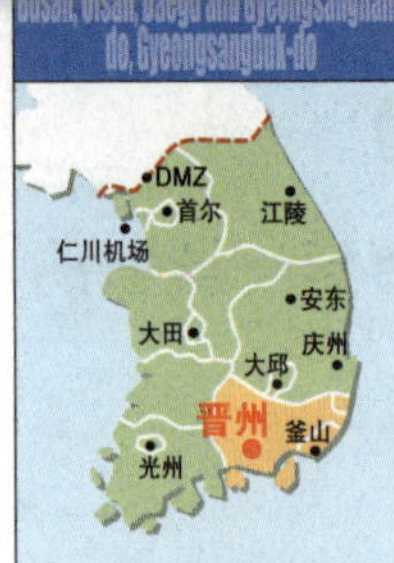

晋州 진주

古战场和肉片石锅拌饭很有名

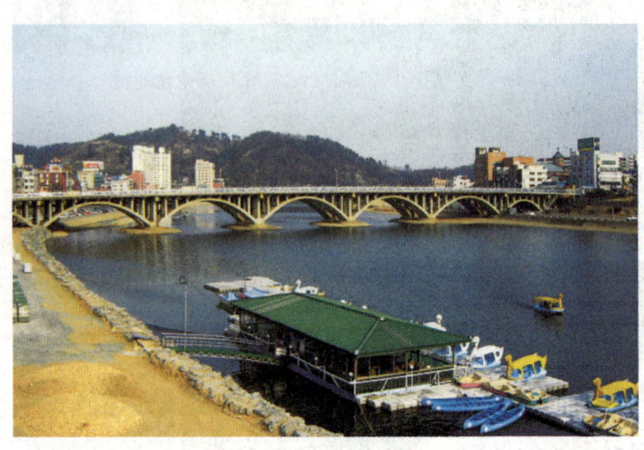

晋州 概要与导览

晋州的主要景点是作为万历朝鲜之役的激战战场之一的晋州城遗址。

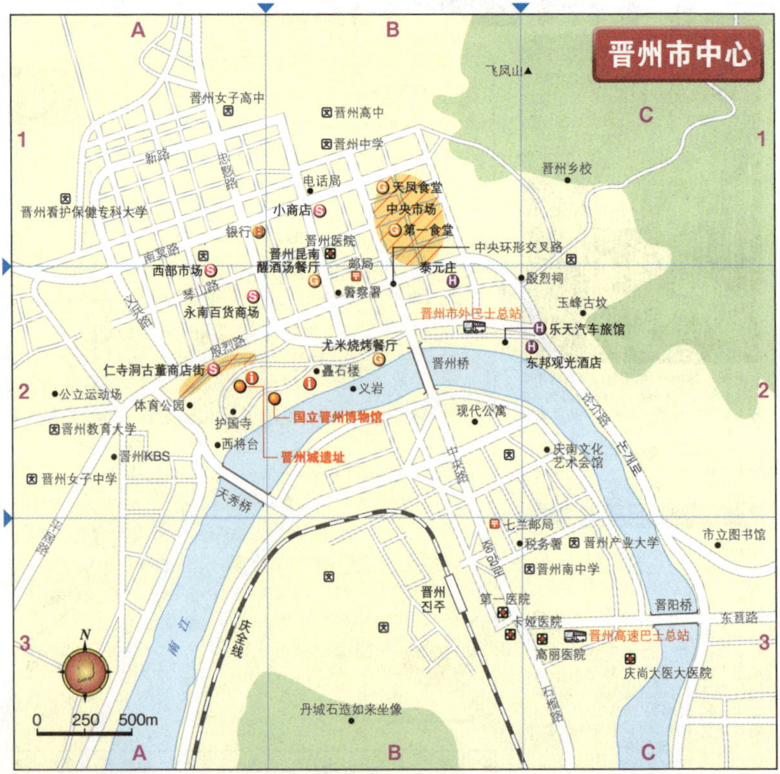
晋州市中心
A
B
C
1
2
3
飞凤山
晋州女子高中
晋州高中
晋州中学
晋州乡校
一新路
忠武路
电话局
天凤食堂
中央市场
第一食堂
晋州看护保健专科大学
小商店
银行
晋州医院
晋州昆南醒酒汤餐厅
中央环形交叉路
南莫路
西部市场
邮局
泰元庄
殷烈祠
琴山路
警察署
义院路
永南百货商场
玉峰古坟
晋州市外巴士总站
乐天汽车旅馆
殷烈路
尤米烧烤餐厅
仁寺洞古董商店街
晋州桥
东邦观光酒店
矗石楼
公立运动场
义岩
体育公园
护国寺
国立晋州博物馆
现代公寓
晋州教育大学
西将台
晋州KBS
晋州城遗址
庆南文化艺术会馆
晋州女子中学
天秀桥
七兰邮局
税务署
晋州产业大学
市立图书馆
晋州南中学
晋州 진주
第一医院
晋阳桥
东晋路
卡娅医院
晋州高速巴士总站
高丽医院
庆尚大医大医院
南江
庆全线
丹城石造如来坐像
中央路
0 250 500m

主要景点　S 商店　G 餐厅　H 酒店　i 旅游咨询处　邮局　银行　学校　医院

Access 交通方式

从首尔前来的推荐线路

→乘坐高速巴士很方便

首尔高速巴士总站→晋州高速巴士总站：6:00~00:10（每隔 20 分钟一班，需 3 小时 50 分钟）

从釜山前来的推荐线路

→乘坐市外巴士很方便

釜山西部巴士总站（沙上）→晋州市外巴士总站：5:40~21:30（每隔 10 分钟一班，约需 50 分钟）

前往其他城市

[ ] 内为推荐的交通工具

▼东大邱［高速巴士］

7:00~19:45（每隔 50 分钟一班，约需 2 小时 10 分钟）

▼统营［市外巴士］

6:00~19:10（每天 16 班，最快约需 50 分钟）

▼东大邱［高速巴士］

7:00~19:50（每天 15 班，约需 1 小时 20 分钟）

飞机

有飞往首尔与济州的航班。

■晋州（泗川）机场 / 진주（사천）공항
Map p.192-C-3 ☎(055)852-0768
URL sacheon.airport.co.kr

铁路

从釜山的釜田站到庆全线有列车，但班次很少，不方便。

晋州站 / 진주역
■ Map p.264-B-3

巴士

高速巴士总站和市外巴士总站之间距离较远，需要注意。

■晋州高速巴士总站 / 진주고속버스터미널
Map p.264-C-3 ☎(055)752-1001
■晋州市外巴士总站 / 진주시외버스터미널
Map p.264-B-2 ☎(055)741-6039

城内有美丽的楼阁——矗石楼、万历朝鲜之役时的义岩等景点，义岩因艺伎朱论介抱着日本武士（韩国人认为该武士是被写入歌舞伎题材的剑豪毛谷村六助，但是其真伪不明）在此投入南江同归于尽的故事而广为人知。晋州特产中特别有名的是加入时令泡菜和肉片的晋州肉片石锅拌饭，以及用在南江中捕捉的鳗鱼所烹饪的菜肴。在晋州东南部设有高速巴士总站，晋州火车站位于高速巴士总站西侧约 300 米的地方。从火车站沿着中央路北上，从穿过晋州桥的地方开始到中央环岛、中央市场为止是晋州的闹市区。市外巴士总站位于晋州桥东侧。酒店和旅馆集中在市外巴士总站周边，很容易找寻。

晋州 主要景点

晋州城遗址진주성지 Map p.264-A-2

从悬崖上可以看到大海 ★★★

在万历朝鲜之役进行的战争中，晋州城之战被称为三大战役之一。晋州城现存的城堡周长 1.7 公里，是 1979~1987 年之间复原重建的。城内的景点有曾作为南将台的矗石楼、具有重要军事意义的楼阁北将台、监察使官衙的正门岭南布政司、据说为了培养僧兵而建造于高丽时代的护国寺、与抱着日本武士投江同归于尽的艺伎朱

以美丽著称的矗石楼

ℹ 旅游咨询处

晋州市旅游咨询处
☎(055)749-2051（观光文化管理所）
晋州城遗址（矗石楼、拱水门）入口
Map p.264-A-2
☎(055)749-2485
营 9:00~18:00

市内交通

【市内巴士】
没有座席巴士，只有普通巴士，实行一票制，票价为 1000 韩元。

【出租车】
起步价为 2200 韩元。

晋州城遗址

住 진주시 본성동 6-10
☎(055)749-2480
营 9:00~22:30
休 无
费 1000 韩元（含矗石楼，18:00 以后免费）
交通 乘坐市内巴士 15 路、25 路、28 路、37 路在“农协中央会”站下车。下车后步行 5 分钟。从市外巴士总站步行约 5 分钟

论介有关的义岩等，数量众多。进入城内，首先映入眼帘的是矗石楼。据说该楼在韩国南部的楼阁中最为壮美，但是在朝鲜战争中惨遭烧毁，现在看到的是复原的建筑。

传说是论介投江处的义岩

国立晋州博物馆국립진주박물관

Map p.264-B-2

全面了解晋州的历史

★★★

国立晋州博物馆入口

博物馆位于晋州城内，除了伽倻时代的出土文物以外，还展示着李氏王朝时期的文物。其中，有关万历朝鲜之役的展品非常丰富。

国立晋州博物馆

住 진주시 남성동 169-17

☎(055)742-5951

营 周二～周五 9:00~18:00、周六、周日 9:00~19:00（4~10 月的周六至 21:00）

休 周一、元旦

费 免费

交通 国立晋州博物馆位于晋州城遗址内，与去晋州城遗址相同，从市内闹市区乘出租车比较快捷。起步价（1800 韩元）就可到达。

URL jinju.museum.go.kr

餐 厅

Restaurant

尤米烧烤餐厅

일미장어

Map p.264-B-2

◆这家餐厅除了韩国风味的辣味料汁非常美味以外，加盐的烧烤味道也十分鲜美。烤鳝鱼的价格为 1.5 万韩元，烤海鳗的价格为 1.8 万韩元，鲜辣汤价格为 1.3 万韩元。

住 진주시 본성동 10-1

☎(055)742-1283

营 9:30~23:00

休 无

C/C Ⓐ Ⓓ Ⓙ Ⓜ Ⓥ

天凤食堂

천황식당

Map p.264-B-1

◆位于中央市场附近，据说是晋州最古老的餐厅。该店也经营晋州特产肉片石锅拌饭，附赠辣汤牛血块，石锅拌饭价格为 7000 韩元。

住 진주시 대안동 4-1

☎(055)741-2646

营 9:00~21:00

休 每月的第一和第三个周日

C/C 不可

第一食堂

제일식당

Map p.264-B-1

◆位于中央市场内，是经营晋州石锅拌饭的专营店。以上菜速度快而闻名，石锅拌饭价格 7000 韩元。各种蔬菜丰富的菜粥（小份 4000 韩元、大份 5000 韩元）也值得一试。

住 진주시 대안동 3-36

☎(055)741-5591

营 4:30~11:30（解酒汤）、11:30~21:00（石锅拌饭）

休 春节、中秋节

C/C Ⓐ Ⓓ Ⓙ Ⓜ Ⓥ

酒 店

Hotel

东邦观光酒店

동방관광호텔

URL www.hoteldongbang.com

Map p.264-C-2

◆该酒店建造于南江江畔，距离晋州市外巴士总站较近，是晋州市唯一一家观光酒店（特二级）。

住 진주시 옥봉동 803-4

☎(055)743-0131

费 11.5 万韩元～

C/C Ⓐ Ⓓ Ⓙ Ⓜ Ⓥ

小特辑

将韩国的捕鲸文化传承至今的

蔚山长生浦地区

在韩国，谈到捕鲸，也许会令人有一些意外，但是，自开国以来，经过日本侵占时期直到20世纪80年代，在韩国东海岸一直盛行沿岸捕鲸。位于蔚山沿岸的长生浦地区就是其基地之一。据说这里曾经到处是鲸鱼的分解场，直到1986年颁布禁止捕鲸法令才取消了这些分解场。但是现在有时捕捞到的或是网到的鲸鱼也被默许宰杀，在长生浦，现在还有大约40家饭店经营以鲸鱼为原料的菜肴，这也是当地的名吃。

1 第6进洋号捕鲸船 2 模仿鲸鱼外形的博物馆外观 3 鲸鱼锅。没有异味，非常鲜美 4 鲸鱼和海豚造型的纪念塔 5 饭店中摆设的鲸鱼骨

DATA

长生浦鲸鱼博物馆
장생포고래박물관

Map p.193-F-2
住 남구 매암동 139-29
☎ (052)256-6301
营 9:30~18:00（入场时间截止到17:00）
休 周一、节假日的第二天、元旦、春节、中秋节
费 2000韩元
交通 乘坐406路市内巴士到“海洋公园”站下车
URL www.whalemuseum.go.kr

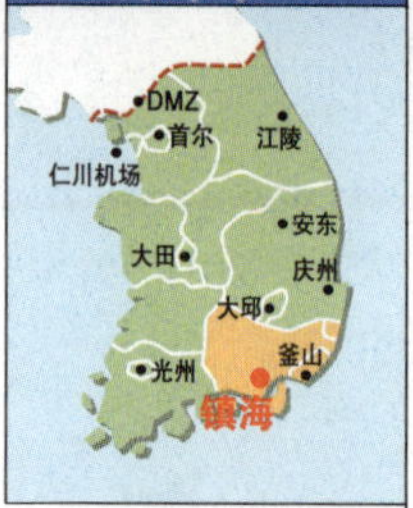
DMZ
首尔
江陵
仁川机场
安东
大田
庆州
大邱
釜山
光州
镇海

镇海 진해

樱花绽放的军港城市

진해우체국

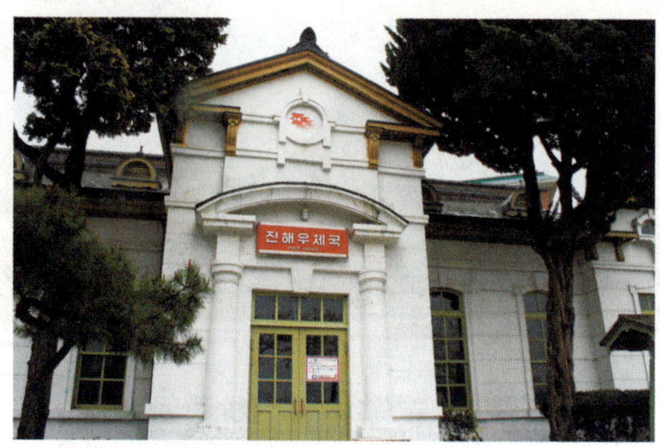

长途电话区号 055

统合昌原镇海区

居民登记人口（2008 年）

171407 人

镇海区面积（2010 年）

113.90 平方公里

统合昌原市主页

URL www.changwon.gr.kr

※ 镇海市于 2010 年 7 月 1 日与昌原市、马山市合并，成为统合昌原市镇海区。

旅游咨询处

没有旅游咨询处。

综合旅游咨询请致电

☎(055)1330

镇海 概要与导览

镇海是一座优良的海港城市。自日本侵占时期这里就被作为军港城

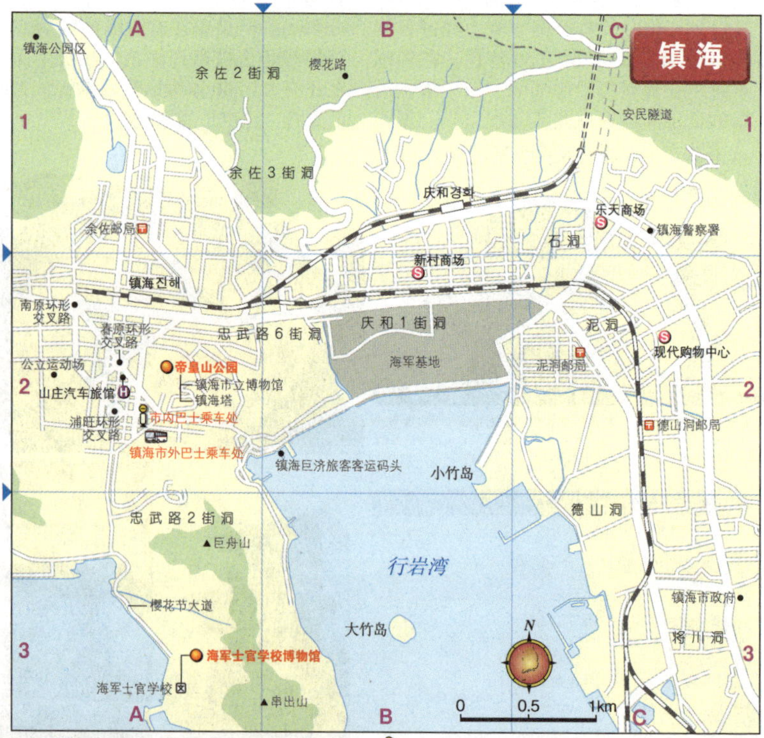
镇海
A
B
C
1
2
3
镇海公园区
余佐 2 街 洞
樱花路
安民隧道
余佐 3 街 洞
庆和경화
乐天商场
镇海警察署
余佐邮局
石 洞
新村商场
镇海 진해
南原环形交叉路
春原环形交叉路
忠武路 6 街 洞
庆 和 1 街 洞
泥 洞
现代购物中心
公立运动场
帝皇山公园
海军基地
泥洞邮局
山庄汽车旅馆
镇海市立博物馆
镇海塔
德山洞邮局
浦旺环形交叉路
市内巴士乘车处
镇海市外巴士乘车处
镇海巨济旅客客运码头
小竹岛
德 山 洞
忠 武 路 2 街 洞
巨舟山
行岩湾
镇海市政府
樱花节大道
大竹岛
将 川 洞
海军士官学校博物馆
海军士官学校
串出山
N
0
0.5
1km

主要景点　S 商店　H 酒店　邮局　学校　巴士站

Access 交通方式

从首尔前来的推荐线路

→乘坐市外巴士很方便

南部巴士总站（江南）→镇海市外巴士乘车处 7:00~23:10（每天 12 班，2.49 万韩元，深夜 2.74 万韩元，约需 4 小时 20 分钟）

从釜山前来的推荐线路

→乘坐市外巴士很方便

釜山西部巴士总站（沙上）→镇海市外巴士乘车处：6:00~22:00（每隔 15~20 分钟一班，约需 1 小时 10 分钟）

前往其他城市

[ ] 内为推荐的交通工具

▼马山、昌原 [市内巴士]
从清晨到深夜频繁发车。

铁路

在大邱发抵、途经新昌原的"新村"号每天往返 4 班。

■镇海站 / 진해역
Map p.268-A-2

巴士

从釜山到镇海的巴士在与市内巴士车库相邻的小型市外巴士乘车处发抵。

■镇海市外巴士乘车处 / 진해시외버스승강장
Map p.268-A-2 ☎(055)547-8423

※ 釜山—镇海的巴士在樱花开放时期非常挤，推荐乘坐从西部的巴士总站发车的直达车次。

市而逐步发展起来。即使是现在，这里依然是拥有韩国海军基地的军港城市。镇海没有什么特别的景点，但是市区内种满了樱花，到了春季，到处鲜花烂漫。花开时节，每年 4 月的军港节也在这里举行，此时除了市内各处有表演活动之外，海军基地的部分地点也对外开放。另外，春原环岛附近的老市区中还保留有许多日式房屋，对于感兴趣的游客来说这里也是颇有意思的去处。

镇海 主要景点

帝皇山公园제황산공원

Map p.268-A-2

镇海市全景尽收眼底 ★★

站在该公园的山丘上，整个市区的风景尽收眼底。山顶上建造有象征军舰的镇海塔，镇海塔下部为镇海市立博物馆。从春原环岛到公园要登上一段 365 级的"一年台阶"。

禁止在此对军港进行俯瞰摄影

海军士官学校博物馆해군사관학교박물관

Map p.268-A-3

李舜臣的相关展览非常丰富 ★

该博物馆位于海军军官学校内，馆内的模型和实物展示了名将李舜臣相关的文献资料和韩国海军的历史。在军港节的一般开放时间外，需要在参观前提前预约。

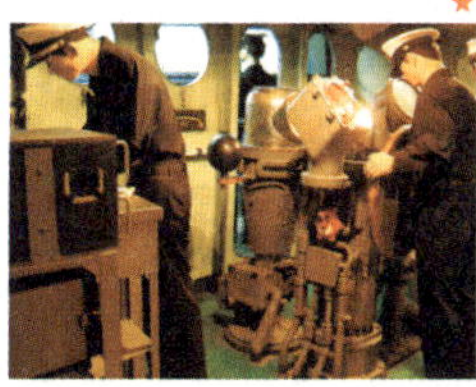
与真人等大的人像展示

市内交通

【市内巴士】
1100 韩元
【出租车】
起步价为 2200 韩元

帝皇山公园

住 통합창원시 진해구 제황산동산 28-6
☎（055）545-0101（交通旅游科）、548-2053（博物馆）
营 公园：24 小时、博物馆：夏季 9:00~18:00、冬季 9:00~17:00
休 公园无休
博物馆周一休息
费 免费
交通 乘坐各路市内巴士到"春原环岛"下车

海军士官学校博物馆

住 통합창원시 진해구 앵국동 해군사관학교내
☎(055)549-1182（参观预约）
营 9:00~16:30
休 周一、元旦、春节、中秋节
费 免费
交通 乘坐市内巴士 751 路、752 路到"仁义洞"下车

DMZ
首尔
江陵
仁川机场
安东
大田
庆州
大邱
釜山
光州
统营 · 巨济

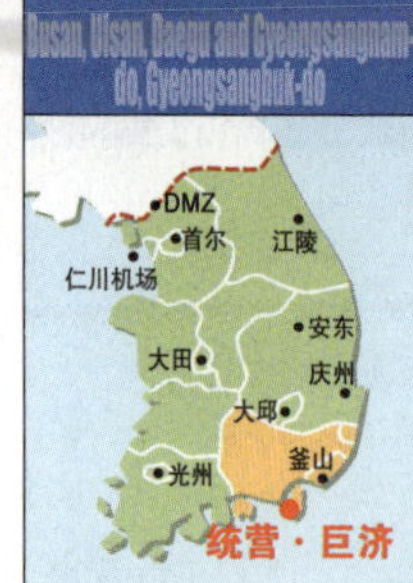

统营·巨济 통영•거제

游览与李舜臣有关的土地和小岛

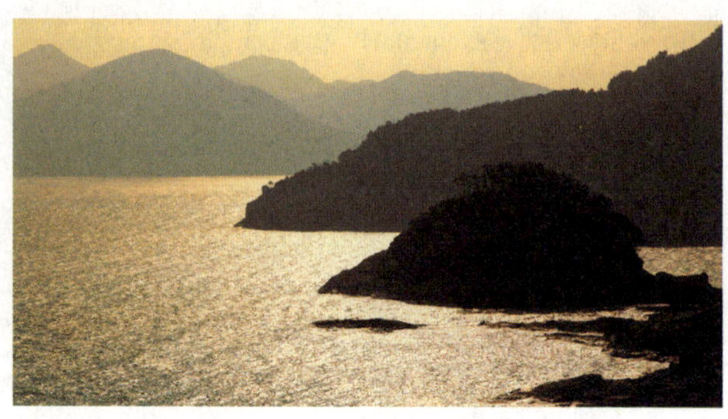

长途电话区号 055

统营市
居民登记人口（2009 年）
137415 人
巨济市
居民登记人口（2009 年）
225522 人
统营市面积（2007 年）
238.69 平方公里
巨济市面积（2007 年）
401.59 平方公里

统营·巨济 概要与导览

分布在统营、巨济一带沿海的小岛被称为闲丽海上公园，这里也被指定为国立公园。万历朝鲜之役时，李舜臣将军驾驶着龟甲船大破日军而拯救了国家，与此有关的地方在这里随处可见，由于李舜臣被

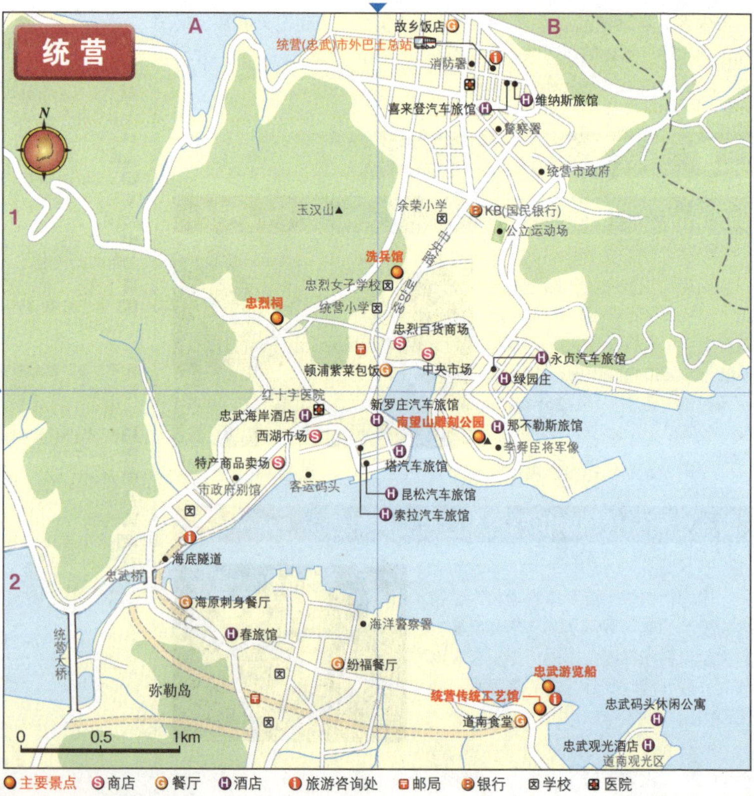
统营
A
B
1
2
N
故乡饭店
统营(忠武)市外巴士总站
消防署
维纳斯旅馆
喜来登汽车旅馆
警察署
统营市政府
玉汉山
余荣小学
KB(国民银行)
公立运动场
中央路
洗兵馆
忠烈女子学校
忠烈祠
统营小学
忠烈百货商场
顿浦紫菜包饭
中央市场
永贞汽车旅馆
绿园庄
红十字医院
新罗庄汽车旅馆
忠武海岸酒店
南望山雕刻公园
那不勒斯旅馆
西湖市场
李舜臣将军像
塔汽车旅馆
特产商品卖场
市政府别馆
客运码头
昆松汽车旅馆
索拉汽车旅馆
海底隧道
忠武桥
海原刺身餐厅
春旅馆
海洋警察署
统营大桥
纷福餐厅
弥勒岛
忠武游览船
统营传统工艺馆
忠武码头休闲公寓
道南食堂
忠武观光酒店
道南观光区
0
0.5
1km
主要景点
商店
餐厅
酒店
旅游咨询处
邮局
银行
学校
医院

封为“忠武公”，统营也一度被称为“忠武”。

以海底隧道和忠武桥为界，统营被分为两个区域：一个是通过隧道或大桥前的陆地一侧；另一个是靠山的一侧。距靠山一侧市外巴士总站约 3 公里的海岸部分，是统营客运码头，从这里有开往周围海岛的游船，在码头周围集中着经营海产品的商店。对岸的弥勒岛上有集中着高档度假休闲设施的道南观光区。环游闲山岛一带的游船码头也在这里。

巨济的市区分为三部分，分别是市政府所在的西侧的古县、翻过山以后位于东侧的玉浦和长承浦。如果要游览外岛等海岛的话，可以长承浦作为据点。古县至长承浦之间有频繁的市外巴士穿梭其间，约需 30 分钟。到巨济岛修建了巨加大桥，所以从釜山过来只约 1 小时的路程。去长承浦巴士总站、古县市外巴士总站，可以在釜山西部巴士总站坐车。

统营·巨济 主要景点

统　营

南望山雕刻公园남망산조각공원 Map p.270-B-2

俯瞰统营的公园 ★★★

该公园位于正对着统营港的小山丘上。公园内樱树和松树枝繁叶

旅游咨询处

忠武游船码头前(Map p.270-B-2 ☎055-650-4582、统营市外巴士总站（Map p.270-B-1 ☎055-650-4584）、海底隧道入口（Map p.270-A-2 ☎无）、长承浦客运码头（Map p.272-C-2 ☎055-639-3499）

统营市旅游咨询处

Map p.270-B-1

☎(055)650-4583

统营市主页

URL www.gnty.net

巨济文化观光网

URL tour.geoje.go.kr

市内交通

【市内巴士】

1100 韩元。

【出租车】

起步价为 2200 韩元。

Access 交通方式

从首尔前来的推荐线路

→乘坐高速巴士、市外巴士很方便

首尔高速巴士总站→统营高速巴士总站：7:10~次日 0:30（每隔 40 分钟 ~1 小时一班，约需 4 小时 10 分钟）

首尔南部巴士总站→古县（巨济）巴士总站：6:40~23:30（每天 22 班，最短约需 4 小时 20 分钟）

※ 去长承浦也有 6 班

从釜山前来的推荐线路

→乘坐市外巴士很方便

釜山西部巴士总站（沙上）→统营市外巴士总站：6:10~22:30（每隔 15~20 分钟一班，最快约需 2 小时）

釜山西部巴士总站（沙上）→长承浦市外巴士总站：6:20~21:00（每隔 20 分钟一班，约需 1 小时）

→由于巨加大桥的建成，巴士的时间大大缩减。海上航线已停。

前往其他城市

[ ] 内为推荐的交通工具

▼统营→晋州 [市外巴士]

6:05~21:05（每隔 30 分钟一班，最快约需 1 小时）

▼统营→长承浦 [市外巴士]

6:35~22:00（每隔 15 分钟一班，约需 1 小时）

※ 途经古县。到古县约需 30 分钟

▼统营→光州 [市外巴士]

9:10~20:40（每天 6 班，约需 2 小时 30 分钟）

▼长承浦→晋州 [市外巴士]

5:48~19:50（每隔 30 分钟一班，约需 2 小时 50 分钟）

※ 途经统营

▼长承浦→马山 [市外巴士]

6:20~20:18（每隔 15~25 分钟一班，约需 50 分钟）

飞机

有飞往首尔与济州的航班。机场大巴运行线路为：忠武观光酒店—游船客运码头—市外巴士总站—机场

晋州（泗川）机场 / 진주（사천）공항

Map p.192-C-3

☎(055)852-0768　URL sacheon.airport.co.kr

巴士

统营的巴士总站是高速巴士和市外巴士公用的。巨济的巴士总站位于西部的古县和东部的长承浦。长承浦的发抵车次经由古县。

■统营（忠武）市外巴士总站 / 통영（충무）종합버스터미널

Map p.270-B-1　☎(055)644-0017

■长承浦市外巴士总站 / 장승포 시외버스터미널

Map p.272-C-2

☎(055)681-1002、681-8619

南望山雕刻公园
住 통영시 동호동 230-1
☎(055)648-8417(管理事务所)
营 24 小时
费 免费
交通 乘坐前往中央洞的 41-1 路、42 路、113 路市内巴士在"顿尚药店前"下车，步行 3 分钟即可到达

茂，著名的李舜臣将军的雕像面向大海而建。站在小山顶部的广场上，以闲山岛为首的闲丽水道的美景一览无余，眺望西北方，统营市的景色也尽收眼底。据说夜景非常漂亮。

李舜臣雕像

从公园远眺的美景

洗兵馆세병관

Map p.270-B-1

纪念战争胜利的大型木质建筑

★★★

构造坚固的洗兵馆

万历朝鲜之役结束之后，为了纪念对日海战的胜利，1603 年建造了这座大型的木质建筑。1604 年，三道水军统制营（相当于海军司令部）从闲山岛迁至这里。当时还建造了许多建筑，如今只剩下洗兵馆保留于此。

洗兵馆
住 통영시 문화동 62-1
☎(055)650-4590
营 9:00~18:00
休 无
费 200 韩元
交通 乘坐各路市内巴士在"中央市场"下车，步行 5 分钟即可到达
※ 大部分巴士都可到达

忠武游览船충무유람선

Map p.270-B-2

围绕海岛环游的小型观光船

★★★

共有 7 条观光线路，从时长 1 小时 30 分钟的制胜堂线路（统营—制胜堂）到时长 4 小时 10 分钟的梦幻线路（海金刚—每勿岛—制胜堂），各条线路时长不等。船上游客坐满即发船。通往海金刚和制胜堂的观光线路很受游客欢迎，需要提前预约。

忠烈祠충렬사

Map p.270-A-1

供奉救国英雄之地

★★

忠烈祠建于 1606 年，供奉着李舜臣将军的牌位，围绕祠堂的椿树

小巧玲珑的忠烈祠

据说树龄已有400年以上。内部保存有以李舜臣肖像画为首的书画作品和龟甲船的模型。对于历史爱好者来说，绘有万历朝鲜之役战斗场面的屏风等物值得一看。

统营传统工艺馆통영전통공예관

Map p.270-B-2

统营特产贝壳镶嵌制品展销商店

★★

统营特产贝壳镶嵌制品

这里展示和销售着韩国传统的手工艺品。尤其是统营传统的贝壳镶嵌制品很值得一看，各种制品琳琅满目，作为馈赠礼品也是不错的选择。

闲山岛한산도

Map p.193-D-4

与李舜臣将军有关的岛屿

★★

忠武公李舜臣是在从统营到闲山岛之间的海域取得海战胜利的。岛上的古迹制胜堂，据说是在李舜臣把位于丽水的三道水军总部迁至闲山岛时修建的，其中展览着描绘军中生活和取得闲山大捷场面的绘画作品，以及被称为龟甲船的铁甲船模型、当时使用的兵器等。

与忠武公有关的制胜堂

前往岛屿的船只

巨　济

外岛海上观光农庄외도해상관광농원

Map p.193-D-4

《冬季恋歌》中出现的小岛

★★★

这座岛归个人所有，经过修整后目前全岛变成了一个公园。由于在《冬季恋歌》大结局中出现，该岛一夜成名。尽管如此，这里依然是一个轻松安逸的小岛。美丽的庭园、各种树木、优美的波涛声，以及大自然中的雕刻公园，倾注了岛主很多心血的外岛令观光的游客们心情轻松而舒畅。没有单纯

外岛海上观光农庄的庭园

忠武游览船
住 통영시 도남동 634
☎ (055)645-2307
营 8:00~ 日落前30分钟适宜航行
费 统营—海金刚：1.5万韩元
交通 乘坐10路、15路市内巴士在“道南观光区”站下车

忠烈祠
住 통영시 명정동 213
☎ (055)645-3229
营 3~10月 9:00~18:00、11月~次年2月 9:00~17:00
休 无
费 1000韩元
交通 从红十字医院沿中央路向山的一侧走，在忠烈路上步行10分钟即可到达

统营传统工艺馆
住 통영시 도남동 642
☎ (055)645-3266
营 9:00~18:00
休 中秋节、春节
费 免费
交通 乘坐10路、15路市内巴士在“道南观光区”站下车

闲山岛
住 통영시 한산면 두억리 875
☎ (055)642-8377
营 夏季 9:00~18:00、冬季 9:00~17:00
费 1000韩元
交通 从客运码头乘坐前往制胜堂方向的游船（往返9000韩元）

外岛海上观光农庄
住 거제시 일운면
☎(055)681-6565（观光游船）
营 客人聚齐后发船出发至17:00（因为是乘游船观光，在岛内停留时间为1小时30分钟）
休 无
费 游船1.6万～1.9万韩元（根据季节不同有变化）、外岛参观费用8000韩元
交通 从长承浦游船码头乘坐观光游船前往

往返的交通工具通往小岛，可以乘坐从长承浦游船码头出发的观光船前往。途中还可以游览海金刚。包括在外岛游览的1小时30分钟，一共需要大约3小时。

小巧玲珑的私家宅院

修整该岛的尹先生的纪念碑

经过修剪的树木

餐 厅
Restaurant
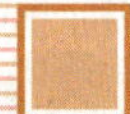

顿浦紫菜包饭
뚱보할매김밥

◆该饭店因首创紫菜包饭以及添加了乌贼和萝卜泡菜的忠武紫菜包饭而闻名。菜单上只有忠武紫菜包饭。

Map p.270-B-1
住 통영시 중앙동 129-2
☎(055)645-2619
营 周日～周四 6:30～次日1:00，周五、周六24小时
休 无
C/C ⒶⒹⒿⓂⓋ

道南食堂
도남식당

◆该饭店的海鲜锅以及海鲜套餐比较有名。海鲜锅中，酱汤口味圆润醇厚。套餐使用生的沙丁鱼辣酱汤来炖鱼，口味鲜美。海鲜锅的价格为1万韩元（2人份以上可下单）。

Map p.270-B-2
住 통영시 도남동 198-13
☎(055)643-5888
营 8:00~21:00
休 春节、中秋节、不定期休息
C/C ⒶⒹⒿⓂⓋ

故乡饭店
향토집

◆在牡蛎菜肴专营店吃饭是一种奢侈的享受。除牡蛎饭（6000韩元）、牡蛎粥（6000韩元）、牡蛎刺身（1万韩元）、烤牡蛎（1万韩元）、蒸牡蛎（1.5万韩元）等菜肴之外，还有其他种类的牡蛎套餐。

Map p.270-B-1
住 통영시 무전동 1061-10
☎(055)645-4808
营 9:00~22:00
休 春节、中秋节
C/C ⒶⒹⒿⓂⓋ

酒店
Hotel

忠武码头休闲公寓
금호충무마리나리조트

Map p.270-B-2(统营)

◆位于道南观光区的大型公寓设施。通往晋州（泗川）机场的豪华大巴发车处即在公寓前。由于是公寓，在房间内可以自己做饭。16 平方米（4 人使用）的房间费用 20 万韩元 ~ 。

住 통영시 도남 2 동 645
☎(055)643-8000
费 20 万韩元 ~
C/C A D J M V

永贞汽车旅馆
영진모텔

Map p.270-B-1(统营)

◆从巴士总站乘坐出租车向老城区前行大约 10 分钟即到。位于闹市区的 5 层标准旅馆。房间整洁，浴缸也很大。

住 통영시 정량동 1368-8
☎(055)648-0228
费 4 万韩元 ~
C/C 不可

塔汽车旅馆
타워모텔

Map p.270-B-2（统营）

◆旅馆所处的一半区域面朝大海，从房间里也可以看到大海。再加上基本靠近闹市区，非常方便。

住 통영시항남동 119-2
☎(055)643-7456
费 4 万韩元 ~
C/C A D J M V

海军上将酒店
애드미럴호텔

URL www.admiralhotel.co.kr

Map p.272-B-1（巨济・玉浦）

◆该酒店为一级观光酒店，设有咖啡馆和餐厅，设施完备。从玉浦客运码头乘坐出租车前往比较方便。

住 거제시 옥포 1 동 330-4 번지
☎(055)687-3761
费 13.915 万韩元 ~

巨济岛酒店（Geoje island hotel）
거제아일랜드호텔

Map p.272-B-1（巨济・玉浦）

◆从玉浦客运码头就可以看到这里。酒店因九层有能够边欣赏海景边进餐的“空中观光餐厅”而备受好评。

住 거제시 옥포 1 동 1954
☎(055) 687-7111
费 10 万 ~26 万韩元
C/C A D J M V

圣汽车旅馆
젠모텔

Map p.272-B-1（巨济・玉浦）

◆据说这里居住的游客一半以上都是外国人。费用虽然比一般的汽车旅馆高一些，但是房间整洁漂亮、物超所值。因为这里外国游客较多，所以酒店经理精通英语。花费 8000 韩元可以在一层的餐厅中享用早餐。

住 거제시 옥포 1 동 548-15
☎(055) 688-0181
费 6 万韩元 ~
C/C A D J M V

艺术酒店
호텔아트

URL www.e-hotelart.com

Map p.272-C-2（巨济・长承浦）

◆新建于巨济文化艺术会馆内的普通酒店。一层设有咖啡馆，酒店内部有适用于举行结婚仪式等各种庆典的宴会厅、会议室、游泳池等。

住 거제시 장승포동 426-33
☎(055)682-0075
费 8 万 ~ 26 万韩元
C/C A D J M V

格兰德酒店
그랜드모텔

Map p.272-C-2（巨济・长承浦）

◆与长承浦客运码头较近，文化艺术会馆（艺术酒店）也在附近。房间宽敞整洁。

住 거제시 장승포동 699-1
☎(055) 681-5200
费 4 万 ~10 万韩元
C/C A D J M V

酒店和汽车旅馆的周末房价、季节性房价

位于市区的酒店和汽车旅馆，有时会在周五和周六设定周末房价，比平时高出 1 万韩元左右。在景区，根据季节的不同或逢大型活动时房价也会上调。

留在异国的纯日式石墙

游览西生浦倭城

倭城，正如字面所示，就是日本城郭的意思。在丰臣秀吉出兵朝鲜时（万历朝鲜之役，韩国称壬辰之乱），日本人在韩国南部曾经建造过几座城郭，留在蔚山南部镇下的西生浦倭城规模很大，构造正宗。这是加藤清正于1592年建成的。与日本国内经过反复修建并长年使用的城郭不同，这座城郭只使用了很短的时期，而建筑年份也很清楚，因此，作为研究日本城郭史实的构造和技术指标，这里被称为“城郭化石”。

利用能够俯视大海的小山修建的城郭。在港口与城郭之间用“竖式石墙”相连接，城郭本身也被重重石墙所守护。石墙不论堆砌方式还是独特的拐角都称得上名副其实的日本式城郭。据说这座城郭从1592年7月开始建造，第二年即完工，能在如此短暂的时间内建造出这样的城郭，不能不让人称奇。

1 被日式石墙包围的本丸遗址　2 壮丽的石墙绵延不断　3 大手口遗址　4 樱花与石墙　5 在倭城入口处有指示牌

在人迹罕至的城郭内散步，让人感觉可能突然会碰到战国武士。暂且不说建造过程困难重重，单是在韩国的乡下能看到如此规模的日式城郭，就不得不让人惊讶不已。可以说，对于对日韩关系史感兴趣的人来说，这里是值得一游的地方。

6 在本丸遗址中种植有樱花 7 让人幻想能碰到武士出现的城郭内部 8 据考证，在大手口曾经建有瞭望楼

DATA

西生浦倭城
서생포왜성

Map p.193-F-2

住 울주군 서생면 서생리산 711
☎ 无
营 24 小时（无照明设施）
费 免费
交通 从蔚山市外巴士总站或釜山海云台市外巴士总站乘坐市外巴士到“镇下”站下车。

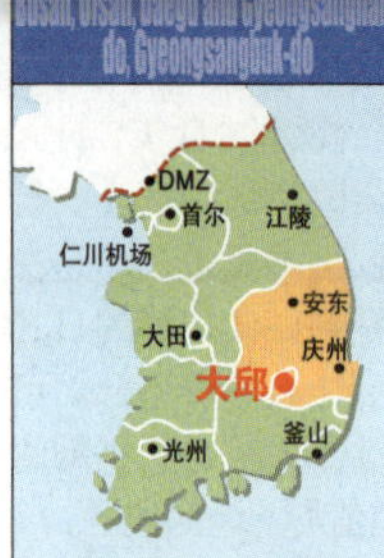

大邱 대구

2011 世界田径锦标赛的举办地

长途电话区号 053

大邱广域市

居民登记人口（2009 年）

2489781 人

大邱广域市面积（2007 年）

884.10 平方公里

大邱广域市主页

URL www.daegu.go.kr

大邱广域市观光文化信息系统

URL tour.daegu.go.kr

大邱 概要与导览

大邱是一个重要的交通枢纽，连接首尔和釜山的京釜高速公路和

	1月	2月	3月	4月	5月	6月	7月	8月	9月	10月	11月	12月
平均最高气温（℃）	4	6	11	18	24	27	30	31	26	21	13	6
平均最低气温（℃）	-5	-3	0	6	11	16	21	22	16	9	2	-3
平均降水量（mm）	9.2	26.0	27.4	27.2	53.2	133.4	259.8	219.8	281.3	25.3	47.5	3.2

KORAIL 京釜线从这里经过，中央高速公路等以全国各地为起点的高速公路都在这里交会。

除了自李氏王朝时期延续至今的中药材市场药令市之外，大邱市内的景点很少。但是以大邱为起点，可以很轻松地到达世界遗产众多的庆州、拥有世界遗产八万大藏经的海印寺和作为儒教文化摇篮而保留着浓厚传统色彩的安东。

中药材药铺林立的药令市

大邱市的闹市区是从大邱火车站向南延伸的中央路附近和与中央路并行的背街东城路一带。以地铁 1 号线中央路站为中心的地区集中了各种商店。而交通中心则是东大邱站一带。这里除了是 KTX 车站之外，也是连接韩国其他城市的高速巴士总站的所在地。

大邱 美食、住宿信息

大邱自古就是一座以繁华的市场而闻名的城市。集中了各种药材的中药材市场“药令市”和备受大邱市民喜爱的综合市场“西门市场”，从李氏王朝时期就已非常有名。即使到了现在，这些热闹非凡的市场也与市民的生活息息相关，仅仅在这里散步就有很多乐趣。另外，在大邱百货商场的南侧集中着各种时尚的小店。

大邱的特色菜肴是汤和饭分开上的“大邱汤”。自古以来，经营这些传统菜肴的饭店就集中在老城区的中央路地区。

设施完备的高档酒店分布在城市的周边。如果是个人旅行者，可以在交通便利的东大邱巴士总站附近寻找旅馆，这样会比较方便。而在大邱火车站附近的老城区却没有新开的旅馆。

东大邱站周边

A
B
1
2
1路快车(桐华寺方向)乘坐处
釜山方向→
东大邱
KORAIL线(KTX)
东大邱高速巴士总站(开往锦湖高速/光州、庆州等地)
阿纳姆酒店
←大田方向
东大邱
东大邱高速巴士总站(开往东洋高速/釜山、庆州、大田等地)
皇室号酒店
地铁1号线
东洋酒店
皇冠酒店
东大邱高速巴士总站(开往韩进高速/首尔、仁川等地)
东大邱高速巴士总站(开往中央高速/安东、晋州等地)
N
孝新小学
东部市外巴士总站
0 100m

H 酒店　i 旅游咨询处　学校　巴士站　地铁1号线

i 旅游咨询处

除大邱机场内咨询处 (Map p.278-C-1)、东大邱站咨询处（Map p.279-A-1 ☎053-939-0080）之外，在药令市、国债补偿纪念公园、桐华寺、鹿洞书院都设有旅游咨询处。服务时间均为 9:00~17:00。

市内交通

【地铁】

有地铁 1 号线和 2 号线，两条线路在市中心的半月堂交会。

费 实行一票制，票价为 1100 韩元

URL www.daegusubway.co.kr

【巴士】

普通巴士费用为 1200 韩元，快速巴士费用为 1600 韩元

大邱广域市巴士线路指南

URL businfo.daegu.go.kr

【出租车】

普通出租车起步价为 2200 韩元，模范出租车起步价为 4000 韩元。

东大邱站

东大邱高速巴士总站，按公司不同有不同的乘车处

在大邱市内有 2 条地铁线

大邱市中心

主要景点 S商店 G餐厅 E娱乐设施 H酒店 i旅游咨询处 邮局 B银行 学校 医院 地铁1号线 地铁2号线

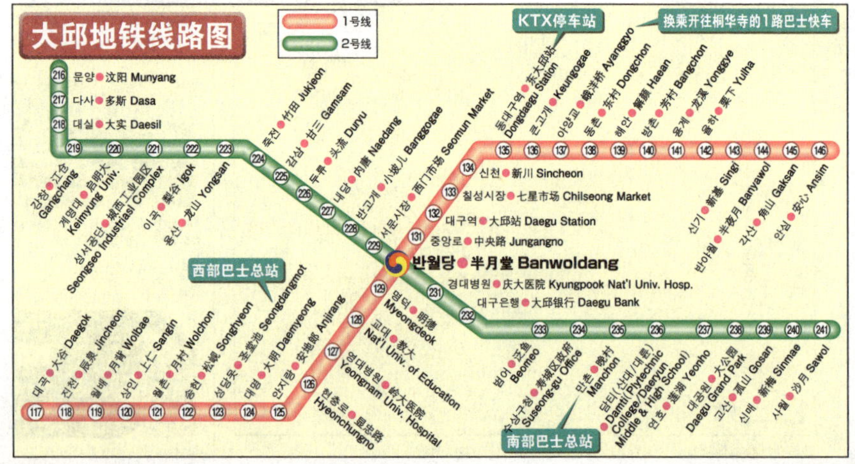

Access 交通方式

从首尔前来的推荐线路

→乘坐 KTX 或高速巴士很方便

首尔站→东大邱站（KTX）：5:15~23:00（每天最多 70 班，最快约需 1 小时 47 分钟）

首尔高速巴士总站→东大邱高速巴士总站（高速巴士）：6:00~ 次日 1:30（每隔 20 分钟一班，约需 3 小时 30 分）

从釜山前来的推荐线路

→乘坐 KTX 或高速巴士很方便

釜山站→东大邱站（KTX）：5:00~22:05（每天最多 55 班，最快约需 45 分钟）

釜山综合巴士总站→东大邱高速巴士总站：6:25~22:30（每天 26 班，约需 1 小时 10 分钟）

前往其他城市

[ ] 内为推荐的交通工具

▼庆州 [高速巴士、铁路]
巴士→ 4:30~22:00（每隔 20~30 分钟一班，约需 50 分钟）
铁路→ 3:00~21:28（每天 13 班，最快约需 1 小时 3 分钟）

▼大田 [KTX、高速巴士]
KTX → 5:47~23:17（每天最多 72 班，最快约需 48 分钟）
巴士→ 6:00~20:40（每隔 1 小时一班，约需 2 小时 20 分钟）

▼光州 [高速巴士]
6:00~22:40（每隔 40 分钟一班，约需 3 小时 20 分钟）

▼安东 [高速巴士]
6:40~20:50（每隔 20 分钟一班，约需 1 小时 20 分钟）

▼蔚山 [高速巴士]
6:40~ 次日 0:30（每隔 10~15 分钟一班，约需 1 小时 20 分钟）

▼密阳 [KTX]
9:30~23:40（每天最多 15 班，最快约需 31 分钟）

▼晋州 [高速巴士]
6:40~20:00（每隔 50~60 分钟一班，约需 3 小时）

▼海印寺 [市外巴士]
22（每隔 40 分钟一班，约需 1 小时 30 分钟）
※ 西部市外巴士总站发抵

飞机

国际线有飞往中国方面的航班。国内线有飞往金浦、仁川、济州等地的航班。市内到机场之间可以打车，或者乘坐公交快 1 路、101 路、719 路。巴士和地铁 1 号线在“峨洋桥”站接续。

■大邱国际机场 / 대구국제공항
Map p.278-C-1 ☎(053)984-1994（旅游咨询处）
☎(053)980-5290（机场事务所）
营 10:00~17:00（机票售票）
URL gimpo.airport.co.kr/doc/daegu-chn/

铁路

在市内有大邱站和东大邱站，KTX 列车的停靠主要在东大邱站。前往这里乘坐地铁 1 号线到“东大邱”站比较方便。

■东大邱站 Map p.279-B-1

东大邱站

巴士

高速巴士从东大邱高速总站发抵，但需要注意的是，不同运输公司的乘车处分设在不同的建筑中。市外巴士有东西南北四个巴士总站，游客经常乘坐的是从西部总站发抵的发往海印寺方向的巴士。

■东大邱高速巴士总站 / 동대구고속버스터미널
Map p.278-C-1 ☎(053)743-3701（韩进）
☎(053)743-1961（东洋）
☎(053)743-1101（锦湖、天一、韩一）
☎(053)743-2662（中央）

■东部市外巴士总站 / 동부시외버스터미널
Map p.279-B-2 ☎(053)756-0017
发往江陵、束草、庆州、蔚山、浦项等方向

■西部市外巴士总站 / 서부시외버스터미널
Map p.278-A-2 ☎(053)656-2824
发往庆州、龟浦、马山、蔚山、晋州、统营、浦项、海印寺等方向
※ 乘坐地铁 1 号线“圣堂”站下车

■南部市外巴士总站 / 남부시외버스터미널
Map p.278-C-2 ☎(053)743-4464
发往金谷、密阳、冰谷等方向
※ 乘坐地铁 2 号线“晚村”站下车

■北部市外巴士总站 / 북부시외버스터미널
Map p.278-A-1 ☎(053)357-1853
发往金泉、尚州、安东等方向
※ 从东大邱站乘坐市内巴士可到

东部市外巴士总站

大邱 主要景点

市内中心部

药令市약령시

Map p.280-B-2

巨大的中草药市场

★★

药令市

住 중구 남성로

☎ (053)253-4729（展览馆）

营 10:00~17:00

休 周日（展览馆也休息）

交通 地铁 1 号线、2 号线⑬⓪㉓⓪“半月堂”站下，步行 1 分钟

药令市展览馆入口

街上全是药材店

从大邱百货商场朝南城洞的中央派出所步行约 10 分钟，就会闻到浓郁的中草药的味道。这里就是沿着道路绵延 700 多米的药令市。其起源可以上溯到李氏王朝时期，是一个历史悠久的药材市场。在此可以购买到各种传统中药，即使仅仅一边看一边散步也令人心情愉快。

此外，在药令市大街还设有展览馆，馆内陈列着人参、山参、鹿茸、海马等各种中药材。另外，这里还展出有《东医宝鉴》《东医寿世保元》等传统医书以及切割草药用的传统工具等 300 余件与中药相关的用品。

西门市场서문시장

Map p.280-A-2

自李氏王朝时期延续至今的市场

★★

西门市场

住 중구 대신동 115-378

☎ (053)256-6341

营 因店铺而异

休 每月的第二和第四个周日

交通 地铁 2 号线㉒⑨“西门市场”站下，步行 2 分钟

作为大邱的三大市场之一，西门市场自古享有盛名。这里集中的主要是纺织相关的商品，日用品的种类也非常丰富。丝绸种类繁多，值得一看。丝绸质地的朝鲜特色短上衣可以作为礼品馈赠亲友。除了有成衣（约 10 万韩元）出售外，还可以定做。短上衣卖场距离西门停车场大楼 5 分钟左右的路程。

总是熙熙攘攘的巨大市场

狭窄的街道两旁店铺林立

近　郊

桐华寺동화사

Map p.195-C-5

庆尚北道曹溪宗的总寺院

★★

桐华寺

住 대구광역시 동구 도학동 35

☎ (053)982-0101~2

营 8:00~18:00

休 无

费 2500 韩元

交通 地铁 1 号线⑬③“七星市场”站或⑬⑦“峨洋桥”站下，然后乘坐 1 路快速巴士到“桐华寺入口”站下车

※ 巴士终点站是“桐华寺”站，但终点站的位置是八公山 Skyline 入口，所以去桐华寺时，还是在“桐华寺入口”站下车比较方便

桐华寺是八公山的代表性寺院，它是由极达和尚于 1500 年前，也就是新罗时代建造的。当时寺名叫作瑜伽寺。这里作为僧兵活动的根据地，是继承了护国佛教传统的寺院。山门外的参道两侧有摩崖石佛的坐

从八公山 Skyline 瞭望台上远眺到的雄伟景色

桐华寺大雄宝殿

庄严的寺庙内部

桐华寺的统一大佛

八公山略图

架山山城地区
北门
西门
东门
架山岩
中门
南门
架山山城
架山山城线路
九龙寺
东明池
五层砖塔
大邱广域市
0 2 4km
军威地区
五道庵
把溪寺线路
把溪寺
符仁寺
瞭望台
八公山缆车
桐华寺
雉山溪谷
修道庵
居祖庵
公山瀑布
银海寺地区
安兴瀑布
银海寺
禅本庵
寄寄庵
元晓庵
笠岩
笠岩线路
笠岩地区

主要景点 巴士站 高速公路

八公山 Skyline（缆车）
☎(053)982-8803
营 10:00~18:00（终止时间根据季节、落日时间等有时会到 19:00）
费 往返 7000 韩元
交通 地铁 1 号线⑬“七星市场”站或⑬“峨洋桥”站下，然后换乘 1 路快速巴士或八公 1 路巴士到“桐华寺”站下

像，寺内有凤凰楼、大雄殿、三层石像等文物，以及统一大佛、宝物展览馆等。

鹿洞书院녹동서원 Map p.195-B-5

供奉着归顺朝鲜的日本人 ★

万历朝鲜之役（始于1592年）时，作为日本军队先锋将军登陆朝鲜，后来又归顺朝鲜的金忠善被供奉在这里。鹿洞书院始建于 1794 年（正祖十八年），位于大邱和清道之间的国道附近的山间深处被称为“达城郡嘉昌面友鹿 1 里”的地方。

两班式房屋的鹿洞书院中供奉着金忠善的牌位，在位于书院左侧相邻的忠节馆中展示着他的遗物。忠节馆是作为日韩文化交流的场所而建造的，除了遗物外，还展出有其他的历史相关资料。

书院的周边分布着餐厅，这里作为当地的风俗食堂村而闻名。

鹿洞书院
住 달성군 가창면 우록 1 리
☎(053)764-2183（管理室）
※ 想要参观鹿洞书院时，提前与金氏宗会的第 14 代金授德先生联系，可以得到相关的解释说明。
☎(053)767-5790
营 10:00~17:00
休 无
费 免费
交通 从“大邱”站乘坐开往友鹿方向的市内巴士 2 路车，在终点站提前一站下车。
※ 巴士每隔 40 分钟一班。如果乘坐出租车，大约需要 1 小时，花费 2 万 ~2.5 万韩元。

海印寺
住 합천군 가야면 치인리 10
☎(055)931-1001
营 8:30~18:00
休 不定期休息 费 2000 韩元
交通 地铁 1 号线“圣堂”站下，从西部市外巴士总站乘坐开往海印寺方向的市外巴士在“海印寺”站下车
※ 巴士在释迦山的半山腰停一次车，因为有工作人员上车在此收取进山的费用。之后，经过几分钟后巴士到达海印寺的巴士终点站。从车站步行至海印寺入口大约需要 20 分钟。在车站附近有特产商店和饭店。
※ 如果不需要前往巴士终点站附近的旅馆街，可以在终点站的前一站下车，这里距海印寺入口较近。很多人会在这里下车，所以很容易知道是否到了这一站。
URL www.haeinsa.or.kr

海印寺해인사

Map p.195-A-5

因世界遗产——高丽版八万大藏经而享有盛名 ★★★

海印寺是为新罗时代的高僧义湘大师广泛传播华严宗而修建的十大寺庙之一。由于寺中收藏有大藏经而被称为“佛法之寺”。

寺庙建于伽倻山南麓，是顺应和尚和理贞和尚于 802 年修建的，但是后来曾遭遇数次火灾，现存的建筑物是 1817 年所修建的。仍然保持着建造之初样子的只有主殿内的木造毗卢遮那佛、幢竿支柱和三层石塔。寺院内有楼阁和位于本堂的大寂光殿等建筑，还有建于其后的收藏着著名的大藏经的大藏经阁。

所谓大藏经是有关佛教经典和理论的集大成之作。海印寺中收藏的《高丽八万大藏经》在现存诸多大藏经中被誉为巅峰之作。以佛教理论为治国纲领的高丽，为求得佛祖保佑国家免受北方游牧民族的侵略，倾尽国力完成了这部大藏经。经文从 1236 年开始制作，耗费了巨大的人力和财力，于 1251 年在当时的首都江华岛完成，其后于 1398 年被收藏在海印寺，目前作为世界文化遗产而被保管于大藏经阁中，1995 年被联合国教科文组织列入《世界遗产名录》。

餐厅 Restaurant

国一大邱汤
국일따로

Map p.280-B-2

◆据说这家餐厅是大邱汤的发源地。在泡菜中加入牛血块的汤汁味道鲜美，价格也较便宜，5500~6500 韩元。其起源于朝鲜战争时难民将牛肉汤饭的饭和汤分开食用。

住 중구 전동 7-1
☎(053)253-7623
营 24 小时
休 春节、中秋节
C/C 无

食美清炖牛肉之家
실비갈비찜식당

Map p.280-C-1 外

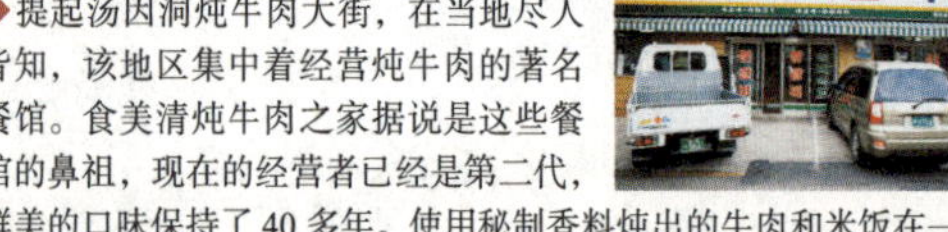

◆提起汤因洞炖牛肉大街，在当地尽人皆知，该地区集中着经营炖牛肉的著名餐馆。食美清炖牛肉之家据说是这些餐馆的鼻祖，现在的经营者已经是第二代，鲜美的口味保持了 40 多年。使用秘制香料炖出的牛肉和米饭在一起是绝妙的搭配。

住 대구시 중구 동인동 1 가 301-1
☎(053)424-3443
营 10:00~22:00
休 春节、中秋节
C/C Ⓐ Ⓓ Ⓙ Ⓜ Ⓥ

酒店 Hotel

布尔戈国际酒店 HOTEL INTER-BURGO
호텔인터불고

URL hotel.inter-burgo.com

Map p.278-C-1

◆该酒店于 2001 年建成开业，是大邱最高档的酒店。还设有会展中心。

住 수성구 만촌동산 92-1
☎(053)952-0088
费 29.7 万韩元
C/C Ⓐ Ⓓ Ⓙ Ⓜ Ⓥ

大邱格兰德酒店 Grand Hotel
그랜드호텔대구

URL www.taegugrand.co.kr

Map p.278-B-2

◆地铁 2 号线㉓“泛鱼”站是离这里最近的车站。餐厅等附属设施完备，有较多商务人士入住。

住 수성구 범어동 563-1
☎053-742-0001 费 21.4876 万韩元 ~
C/C Ⓐ Ⓓ Ⓙ Ⓜ Ⓥ

济州特别自治道

济州岛地区

还保留着耽罗国始祖神话的神奇土地（三姓穴）

济州岛
(济州特别自治道)
龙头岩
咖啡村
济州港旅客综客运码头
济州国际机场
三姓穴
月台
Woldae
梨湖
Iho
新济州
济州市
JHEJU-SI
济州汉拿大学
耽罗木石苑
涯月
Aewol
怪坡(神秘道路)
济州大学
郭支海水浴场
抗蒙遗址
吾罗
Ora
郭支
Gwakchi
极乐寺
Anabeli
Haejodae
济州赛马公园
纳邑金山公园
翰林河
Hallimcheon
飞扬岛
Biyangdo
翰林
Hallim
第一山麓道路
山心峰
Sansinbong
御乘生
Eoseungsaeng
金陵·挟才海水浴场
挟才
Hyeopjae
翰林公园
耽罗高尔夫球场
九九谷
汉拿山国立公园
挟才窟·双龙窟
汉拿山
Hallasan
白鹿潭
济州市
JEJU-SI
天堂高尔夫球场
1100高地休憩处
翰京
灵室奇岩
节妇岩
西环路
盆栽艺术园
雪绿茶博物馆 噢'雪绿茶馆
和平博物馆
仓库河
Changgocheon
第二山麓道路
月星寺
小人国
耽罗大学
1132道路
光明寺
大侑狩猎场
中文川
Jungmuncheon
圆满寺
天地渊瀑布
山房山
Sanbangsan
安德溪谷
法井寺
法华寺
西归浦市
SEOGWIPO-SI
济州雕刻公园
西归浦市
SEOGWIPO-SI
安德
中文观光区
山房窟寺
大静
Daejong
和顺
Hwasun
药泉寺
西归浦潜水艇
摹瑟浦
Moseulpo
哈梅尔纪念碑
中文高尔夫俱乐部
空中飘浮主题公园
大静
太平洋乐园
独立岩
松岳山
(《大长今》拍摄地)
会议中心
(《洛城生死恋》工作地点)
如美地植物园
大浦海岸柱状节理带
加波岛
Gapado
天帝渊瀑布
处女堂
马罗岛
Marado
釜山、莞岛、木浦、仁川
主要景点
餐厅
娱乐设施
酒店
学校
国际机场

济州小路线路(各路线为了一目了然在起点和终点用了不同颜色标注。路线今后还会继续添加完善)

※ 详细情况可登录韩国旅游发展局网站 http://chinese.visitkorea.or.kr/chs/index.kto 进行确认

Jeju-do

DMZ
首尔
仁川机场
江陵
安东
大田
庆州
大邱
釜山
光州
济州岛
长崎

长途电话区号 064

济州市
居民登记人口（2009 年）
410378 人
济州市面积（2007 年）
977.77 平方公里
西归浦市
居民登记人口（2009 年）
122285 人
西归浦市面积（2007 年）
870.66 平方公里

济州西归浦旅游咨询处
☎ (064)732-1330
济州西归浦车站旅游咨询处
☎ (064)739-1391
济州特别自治道网站
URL cyber.jeju.go.kr

※“济州特别自治道”于 2006 年 7 月成立，分为济州市和西归浦市。

济州岛是韩国第一柑橘盛产地

龙渊夜晚的灯景非常美丽

济州岛 제주도

韩国最南端的度假岛屿

济州岛 概要与导览

济州岛位于韩国本土以南约 90 公里，是韩国最大的岛屿。全岛周长约 290 公里，东西长 73 公里，南北宽 41 公里，大体呈椭圆形，是汉拿山喷发而形成的火山岛。由于其特有的火山地质和海拔差，济州岛成为多样化的动植物宝库。济州岛气候温暖，是韩国国内唯一以蜜柑为主的柑橘类产地，非常有名。济州岛自然环境富饶，景色宜人，是深受欢迎的蜜月旅行地。

济州岛曾经是名为“耽罗”的独立国家，拥有独特的历史、文化和风俗。2006 年 7 月，韩国在此设立第一个“特别自治道”。

■济州市

岛的北半部为济州市，这座城市分为老城区所在的旧济州区和西南方向的新济州区。济州机场位于市内，是通往济州的大门，也是观光景点。

■西归浦市

岛的南半部为西归浦市，2002 年韩日世界杯的比赛场地之一即位于此。另外，西归浦市拥有韩国最南端的度假胜地中文观光区，是海上休闲娱乐的中心地。

	1 月	2 月	3 月	4 月	5 月	6 月	7 月	8 月	9 月	10 月	11 月	12 月
平均最高气温（℃）	7	8	11	16	20	23	27	28	25	20	15	10
平均最低气温（℃）	3	3	6	10	14	18	23	23	20	15	10	5
平均降水量（mm）	63.0	66.9	83.5	92.1	98.2	189.8	232.3	258.0	188.2	78.9	71.2	44.8

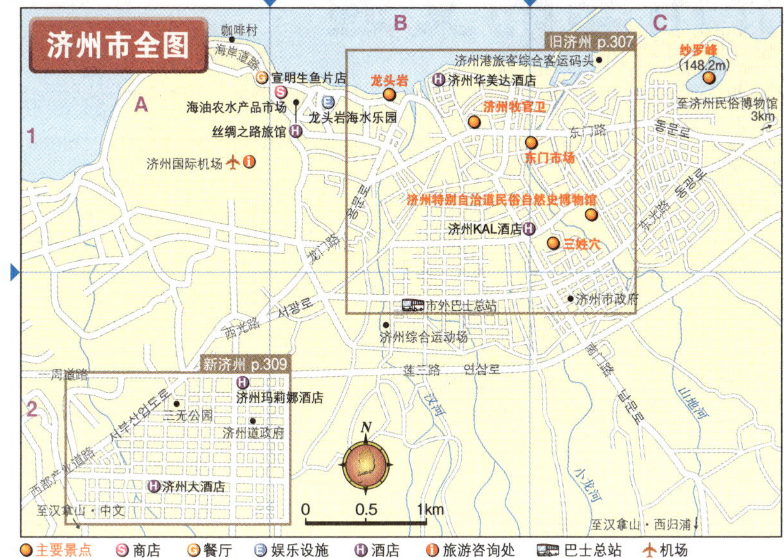

■**汉拿山**

海拔 1950 米，是韩国最高峰。汉拿山是位于济州岛中心的火山，济州岛就是由这座火山喷发而形成。2007 年，汉拿山及其周围特有的火山地貌成为韩国首个世界自然遗产。

济州岛 美食、住宿信息

济州岛最有名的特产是独特的海产品。特别是除带鱼和雀鲷等鱼类以外，岛上还出产咸鱼等。另一特产是柑橘类食物，除凸顶柑之外，还有唐柚子等。唐柚子是与柚子同类的济州岛的本地品种。其中还有一种非常小的橘子，味道很浓，非常可口。另外，还有温暖地区特有的食用仙人掌。此外，从象征着济州岛春季的菜花上采来的蜂蜜也非常有名。另外，以黏谷糕为原料制成的五梅奇酒和马格利酒（浊酒）等也是极受欢迎的礼品。这些特产在市场上均可买到，鱼类最好在超市等处购买带有送礼用的真空包装的产品。食品以外的特产除了柿漆染的布制品之外，还有用济州岛特有的玄武岩加工成的黑色轻巧的手镯和项链。由于有利于健康，所以也成了济州岛的新特产，深受人们的喜爱。

济州美食中也有许多海产品。除了一个人吃的海鲜火锅以外，鲍鱼粥等价格也并不是很高。另外，使用济州值得骄傲的文化代表之一——海女所捕的新鲜鱼类做成的生鱼片也堪称极品。在肉类中，黑猪肉和野鸡肉是特产。

由于济州岛是韩国屈指可数的旅游地，住宿设施较多，但价格偏高。主要的酒店集中在济州市和中文观光区，最近郊外不断出现别墅式的酒店、公寓、旅馆等，价格稍微便宜的住宿设施也越来越多。

著名的石像

济州是海产品的宝库

深受运动员喜爱的玄武岩首饰

济州岛的交通

Public Transportation

济州国际机场
제주국제공항
Map p.286-C-1
☎(064)797-2525
☎1588-2001（预约大韩航空）
☎1588-8000（预约韩亚航空）
☎1599-1500（预约济州航空）
☎1600-6200（预约 Jin 航空）
☎1544-0080（预约 Estar 航空）
URL www.airport.co.kr/doc/jeju-chn/

飞机

●济州国际机场

国内外的航班在这座机场发抵，因此这里也被称为济州岛的空中大门。除大韩航空、韩亚航空以外，从首尔、釜山、大邱等 10 座国内城市均有发往济州岛的航班。其中从首尔发往济州岛的航班最多，均从金浦机场起飞，每天约 460 班（随季节变化会有所调整）。仁川机场每天 6 班航班飞往济州岛，中国方面，从北京出发，东方航空和大韩航空有直飞班机前往济州岛。另外，从上海、广州、大连、杭州、沈阳等城市也有航班飞往济州岛。

航站楼的右侧为国内航线，左侧为国际航线，抵达大厅均位于一楼，出发大厅均位于三层。从国内航线抵达口出来后，右侧是前往市内的机场大巴乘车处，左侧是前往中文观光区、西归浦方向的豪华巴士乘车处。

济州国际机场

济州国际机场的候机大楼

济州港旅客综合客运码头
Map p.286-C-1
☎(064)720-8520
乔海金海运
（仁川航线）
☎(064)725-2500
URL www.cmcline.co.kr
东洋高速快艇
（釜山航线）
☎(064)751-1901
韩国快艇
（釜山航线）
☎(064)751-0300
哈尼尔高速（莞岛航路）
☎(064)751-5050
URL www.hanilexpress.co.kr
海洋高速快艇
（木浦航路）
☎(064)758-4234
URL www.seaferry.co.kr
梅那高速（丽水航路）
☎(064)723-9700
URL namhaegosok.co.kr

客船

从韩国本土的仁川、釜山、木浦、莞岛均有开往济州岛的客船。从莞岛出发时间最短，用时 2 小时 50 分钟，而从仁川出发时间最长，用时 13 小时。从仁川和釜山等地出发的长途客船为夜间渡船。费用方面，从釜山到济州岛需花费 4.3 万韩元（三等）~17 万韩元（特等）不等。由于价格便宜的航空公司逐渐增多，因此客船在价格方面的优势越来越小。

风光秀美的西归浦港

租车

在韩国，特别是首尔不推荐旅客自驾车，但是在相对来说交通流量和人口密度都要低的济州岛，危险程度也大大降低，可以考虑租车旅游。济州岛虽然土地广阔，但公共交通工具只有巴士，全家旅行和团体旅行者租车出游也会比较方便。

在当地，除机场和酒店以外，各公司的室内营业所亦可预约。若年龄在 25 岁以上且取得驾照 1 年以上，并持有国际驾照，即可租车。不过对驾驶技术没有自信的人也提供带驾驶员的租车服务，这与包个人出租车相同。

在政府的高级交通系统网站上，不仅可以查看道路地图，还可以了解道路的实时路况信息等，非常方便。

出租车

如果在市内乘出租车和首尔及釜山一样，出租车为计程车，在主要路上可搭乘。济州岛上没有模范出租车，黑色车身的出租车也是普通的出租车，但出租车若带有红色、黄色、蓝色的条纹和图案，则表示该出租车驾驶员是 20 年以上无事故无违规的优秀驾驶员。出租车起步价为 2 公里以内 2200 韩元。出租车又分为出租车公司运营的出租车和个人出租车，个人出租车中有些驾驶员可以做导游。

在郊区乘坐出租车比较困难，如果是长途旅行，建议从市内包车前往。包车一般以半天或一天为单位谈定价格。收费标准一般半天为 5 万 ~ 8 万韩元，全天为 15 万 ~20 万韩元（包括餐饮费）。可在酒店委托看门人等帮助谈价。

叫出租车也会有些困难

巴士

济州岛内唯一的公共交通工具是巴士。不仅有机场巴士，还有市外巴士和市内巴士。除了机场豪华巴士以外，其他巴士上的标志和广播均只使用韩语。巴士线路多而复杂，普通的游客若要乘坐巴士，推荐乘坐机场和市内之间以及连接新济州和旧济州的机场座席巴士。

济州岛的市内交通

济州岛内的公共交通工具只有巴士。从机场乘坐海华巴士前往中文观光区和西归浦，或者是乘坐机场巴士前往济州市内都非常方便。由于标志和广播中只有韩语，因此不太懂韩语的游客乘坐巴士时会遇到一定麻烦。对于游客而言，最方便的交通工具是出租车，包括计程车和包车。另外，对自己的驾驶技术有信心的人也可以租车自驾。

有些出租车的驾驶员可兼职导游

济州岛内主要的汽车租赁公司

●韩国汽车租赁公司
☎(064)748-5005~5007
URL www.hankookrent.co.kr
●济州汽车租赁公司
☎(064)742-3301
URL www.jejurentcar.co.kr
●东亚汽车租赁公司
☎(064)743-1515
URL dongarent.co.kr
收费参考（出租 1 天）
小型车 7.5 万韩元
中型车 9.5 万韩元
URL www.jejuits.go.kr

黑色出租车并非模范出租

济州岛出租车运输企业工会
☎(064)722-0274
济州岛个人出租车运输企业工会
☎(064)744-2793

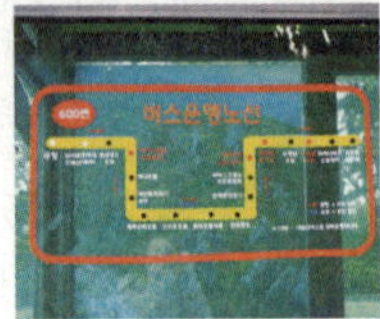
张贴在车站的机场豪华巴士线路图

机场巴士

机场巴士有连接机场和中文观光区以及西归浦的机场豪华巴士（600路）、连接机场和济州市内的机场座席巴士（100路、200路、300路、500路）。游客可以方便地乘坐其中的任意一路。运行时间、主要线路以及价格如下表所示。将目的地用韩文写在纸上给司机看，接近目的地时他就会提醒你，这样就可以比较放心地乘车了。

线　路	运行时间	运行间隔	所需时间	价　格	主要途经线路
机场豪华巴士 600路	6:20~22:00	20分钟	50分钟 （中文） 79分钟 （西归浦）	3900韩元 5000韩元	机场→The Hotel & Vegas Casino（Jeju）→中文观光区（如美地→济州凯悦酒店→济州→济州新罗酒店→济州乐天酒店→济州会议中心）→世界杯运动场→新庆南酒店→西归浦港→济州天堂酒店→西归浦KAL酒店
机场巴士 100路	6:34~22:10	10~15分钟		1000韩元	新济州交通岛←→The Hotel & Vegas Casino（Jeju）←→机场←→东门交通岛←→三阳
200路	6:42~22:25	15~20分钟		1000韩元	新济州交通岛←→论岘R←→机场←→东门交通岛←→观德亭
300路	6:00~21:12	25~55分钟		1000韩元	观德亭←→东门交通岛←→机场←→新济州交通岛
500路	6:07~22:40	10分钟		1000韩元	汉拿大学←→新济州←→机场←→市政府←→中央路←→济州大学

600路机场豪华巴士是便利的交通工具

在机场、新济州、市外巴士总站之间循环运行的300路机场巴士

连接机场内车站的巴士

市外巴士

在岛内全境运行的巴士为市外巴士。济州市、西归浦市均设有市外巴士总站。

济州市的市外巴士总站位于旧济州外侧——通往新济州的道路上。客运站内的售票处在岛的西面、东面各有一个，即使是当天的票也能买到。西归浦市的巴士总站位于中央交通岛的西南方向，售票处、乘车处均按照 5.16 道路经由的前往济州市的线路和其他线路而区分。线路、运行时间、主要途经线路、价格等如下表所示。

济州市外巴士总站
제주시외버스터미널
Map p.307-A-3
☎(064)753-1153
交通 乘坐机场巴士 100、200、300 路至市外巴士总站。(시외버스터미널)

西归浦市外巴士总站 /
서귀포시외버스터미널
Map p.314-A-1
☎(064)739-4645

线　路	运行时间	运行间隔	所需时间	价　格	主要途经线路
西环路	5:40~21:00	20 分	约 160 分	1000~3000 韩元	梨湖→挟才（翰林公园）→和顺（山房山）→中文→西归浦
东环路	5:40~21:00	20 分	约 155 分	1000~3000 韩元	朝天→金宁（万丈窟）→城山日出峰→表善→西归浦
5.16 道路	6:00~21:30	12 分	约 65 分	1000~3000 韩元	山泉坛→城板岳→隧道（法湖村）→西归浦
1100 道路	6:30~16:00	60~80 分	约 80 分	1100~3000 韩元	御里牧→ 1100 高地→灵室→中文
东部观光道路	6:28~21:30	60 分	约 70 分	1800~3000 韩元	市政府→朝天邑→大天洞→城邑→表善
西部观光道路	6:00~21:25	20 分	约 60 分	1000~3000 韩元	汉罗医院→济州竞马场→山房山→慕瑟浦
南朝路	6:00~21:20	20 分	约 80 分	2500~1.5 万韩元	奉盖→ MINI 乐园→济东牧场→南元→西归浦
中文高速道路	6:12~21:40	12 分	约 70 分	2300~3000 韩元	汉罗医院→东光交通岛→仓川路口→中文→西归浦

※ 请注意市外巴士的运行时间时常会有很大变动。在大型书店销售的时刻表里有最新的数据。本页的信息仅作参考，请读者在当地再次确认。

市内巴士

市内巴士在济州市、西归浦市中心及周边郊区运行。普通巴士和座席巴士的区别被取消，费用统一为 1000 韩元。巴士上一般不找零，因此在乘坐时请准备好零钱。巴士的运行时间均为 6:00~ 22:00。

●济州市的巴士

巴士在济州市的中心和郊区运行，有多达 60 条以上的线路，极为复杂，因此不便于乘坐。经过南门交通岛和中央路的线路较多，如果认识韩文将会比较方便。

主要的线路有途经观光高中、中央路、三阳的 14 路，途经济州大学、中央路、道头、下贯的 30 路，途经观光高中、市外巴士总站的 41 路，途经济州大学、论岘交通岛、下贯、梨湖 2 洞、中央路的 887 路等。途经市外巴士总站的巴士对游客而言也有很高的利用价值。

平民常用的代步工具——市内巴士

●西归浦市的巴士

在西归浦市中心和郊区运行，途经中央交通岛、中正路的济州银行前的巴士线路较多。

主要线路有途经中央交通岛、市政府、大坪、五日市场的 6 路，前往中央交通岛、西归浦港、天地渊瀑布停车场的 8 路，前往中文观光区的 110 路等。8 路和 110 路比较易于游客乘坐。

张贴于巴士车站的线路时刻表

济州岛包租巴士运输企业工会
☎(064)724-4572

济州有轨电车观光
☎1544-4118
(064)747-4004
URL www.tbus.co.kr

排列在山房山停车场里的旅游巴士

旅游巴士

对于初次来到济州岛的人而言，乘坐快速游览主要景点的旅游巴士观光非常方便。在位于机场国内航线抵达大厅的综合旅游咨询处和酒店的旅游接待处，可以随时预约每天运行的定期旅游巴士。

巴士观光活动每天10:00从机场出发。虽说当天可以参加，但最迟也要在出发30分钟前将手续办理完。

此外值得推荐的旅游巴士观光活动为有轨电车，分为东部巡游线路和西部巡游线路。价格（含门票和食宿费用）为每天3.5万韩元，两天5.5万韩元。8:30~9:30由机场出发，游客可在市内的主要酒店搭乘，需提前一天预约。

观光巴士由机场出发

游船

济州岛的海上休闲项目非常丰富，乘坐游船和快艇的观光活动也非常多。另外，济州岛周边分布有大小不一的离岛。其中，牛岛和韩国最南端的马罗岛等是影视剧的外景地，前往游览也是非常有趣的事情。特别是乘坐从东部的城山港出发的海洋世界游船，可以游览牛岛和2007年被列入《世界遗产名录》的城山日出峰，是一条豪华观光旅游线路，天气好时可以欣赏到绝美的景色。

位于奇岩岬的游船告示牌

西归浦港
西归浦游船
☎(064)732-2113
费 1.9万~3万韩元
※11:30、14:00、15:20出航。需要预约
城山港
济州海洋世界
☎(064)784-2337
费 1.35万韩元
※14:30、15:30出航。需要大约1小时
URL jejuseaworld.co.kr

小特辑

全家一起享受济州岛

在银沙和碧海中享受海水浴

挟才海水浴场 Map p.286-A-2

白色的沙滩、纯净透明的大海。在济州岛你能享受到如此美丽的海滨浴场。浅水部分很宽阔，请放心，这也很适合携家眷来此度假。离海边不远的地方有民宿，一家人居住的话也如酒店般舒适快乐。

●挟才海水浴场周边的住宿设施●

DATA

Anabeli 애너벨리

Map p.286-A-2
住 제주시 한림읍 협재리 1740-1
☎ (064)796-9700 C/C Ⓐ Ⓓ Ⓙ Ⓜ Ⓥ
费 5 万韩元～

DATA

Haejodae 해조대

Map p.286-A-2
住 제주시 한림읍 협재리 2446-3
☎ (064)796-8010
C/C Ⓐ Ⓓ Ⓙ Ⓜ Ⓥ
费 5 万韩元～

咸德海水浴场附近的住宿设施

DATA

济州阳光酒店 제주선샤인호텔

Map p.287-D-1
住 제주시 조천읍 함덕리 1040
☎ (064)780-4100 C/C Ⓐ Ⓓ Ⓙ Ⓜ Ⓥ
费 25 万韩元～ URL www.hotelsunshinejeju.com

DATA

海洋大酒店 오션그랜드호텔

Map p.287-D-1
住 제주시 조천읍 함덕리 1252-55
☎ (064)783-0007 C/C Ⓐ Ⓓ Ⓙ Ⓜ Ⓥ 费 12 万韩元～
URL www.oceangrand.co.kr

咸德海水浴场(咸德犀牛峰海边)

另一个值得推荐的地方是咸德海水浴场。可以先预订好周边的酒店再出行。(Map p.287-D-1)

DATA

济州阳光酒店 대명리조트제주

Map p.287-D-1
住 제주시 조천읍 함덕리 274
☎ 1588-4888 C/C A D J M V
费 15 万韩元~(会员价格) URL www.daemyungresort.com

1 挟才海水浴场。这么平浅的海滩，即使是儿童也可以尽情游玩 2 挟才海水浴场。白色的沙滩与蓝色的海水使人心情舒畅 3 咸德海水浴场。这里也颇有人气

全家一起享受济州岛

去看可爱的小马——济州马

济州岛上有被称为"天然纪念物"的济州岛特有的小马——济州马。其祖先为蒙古马。在牧场和赛马场可以见到济州马。

1 济州马是被称为"天然纪念物"的小马。性格非常温驯、乖巧 2 可以骑马或赛马 3 悠闲自在的母子

※照片与本页信息无关

DATA

济州马牧场 제주시 용강동

Map p.287-D-2
交通 乘坐出租车从济州市内出发，沿 5.16 道路向西归浦方向，大约 20 分钟即可到达

在赛马场进行济州马的赛马比赛。平均 1 天进行 10 场。

DATA

济州赛马公园 제주경마공원

Map p.286-C-2
住 제주시 애월읍 유수암리 1206 번지
☎(064)746-8440 营 10:30~17:30
开始时间 白天 3~10 月 12:00~17:30、11 月 ~ 次年 2 月 12:00~17:00
夜晚 7 月下旬 ~8 月上旬 16:30~21:30
网 www.kra.co.kr/race/jeju

全家一起享受济州岛

探访被认定为世界遗产的济州火山岛与熔岩洞

济州岛是由火山爆发而形成的岛屿。虽然火山现在处于休眠状态，但岛内仍然能够看到火山景观。其中3个具有重要学术意义的区域已于2007年被列入《世界遗产名录》(如下图所示)。

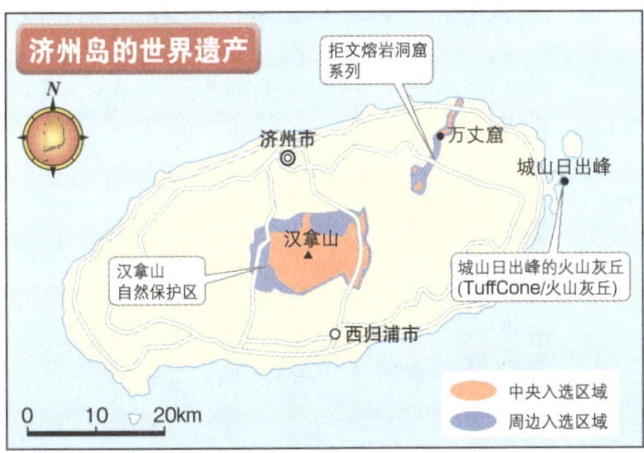

1 汉拿山。耸立在济州岛中央的休眠火山。很受登山爱好者的欢迎 2 拒文寄生火山。寄生火山是指由火山喷发而形成的火山堆。以位于其地下的万丈窟为中心的溶洞是一大奇观 3 城山日出峰。从空中拍摄可以看出这里就是火山口 4 对面向右突起的小山是城山日出峰 5 汉拿山各种各样的姿态很有魅力

小特辑

全家一起享受济州岛 在自然中游玩

在自然条件丰富的济州岛的各种游玩方式

济州岛位于韩国最南端，是度假胜地，有得天独厚的自然条件，有山有水。因此，济州集中了在韩国本土无法体验的各种运动项目。

在开阔地上奔驰

济州岛具有独特的火山景观。由于气候温暖，绿色植物非常茂密，但没有高树，因此视野极其开阔。要充分欣赏那充满生机的景色最好的办法就是骑马。由于有驯马人牵马，所以即使是第一次骑马，也可以充分地享受骑马赏景的乐趣。另外，在荒野上自由奔驰比较惊险刺激的是被称作 ATV 的四轮小车。换上迷彩服，戴上头盔和防护装置，横下心来出发。以教练为先导在山野上行进。4.5 公里的线路需花费 3 万韩元。如果想享受运动的乐趣，卡丁车也是值得推荐的。可以体验到行进在环形赛道上非同一般的感觉。

1 奔驰在广阔草原上的大侑狩猎场的ATV十分惊险刺激　2 在大自然中破风前进的感觉非常爽　3 推荐崇尚自然的人可以骑马　4 在环形赛道上飞驰　5 即使是不喜欢汽车的人也会很兴奋　6 不是自行车型，而是汽车型

DATA

大侑狩猎场　대유랜드

可以享受 ATV 和骑马的乐趣。另外，此处还可以进行狩猎，也可以在很受欢迎的饭店里品尝到野鸡肉。

Map p.286-B-3

住 서귀포시 상예동 144

☎(064)738-0500

营 9:00~17:30（如果在餐厅有预约，也可以推迟）

休 无

费 各种项目价格不一

CC ADJMV　URL www.daeyooland.net

在大侑狩猎场奔放！

可以体验在中国很难体验到的四轮沙滩车、骑马、狩猎野鸡，并且可以品尝到野鸡肉。因此，能够全天享受到济州岛得天独厚的自然条件。

尽情地享受海洋的乐趣

济州岛四面环海，所以能够享受海上休闲的乐趣。海水浴自不用说，也能享受到正宗的风帆冲浪和潜水，但这里要特别介绍的是即便没有任何准备也可以充分享受海洋气息的休闲项目。不妨通过参观水族馆、参加海上观光活动、乘坐潜水艇等方法来实际感受济州岛的海洋美景。

海豚表演极具人气

太平洋乐园

距离中文观光区较近的海洋水族馆。馆内的海豚表演（10:30、12:30、13:30、15:00、17:00）很受孩子们的欢迎。除此之外，还举办游艇观光活动。

8

7

DATA

太平洋乐园　퍼시픽랜드

Map p.286-B-3　住 서귀포시 색달동 2950-5
☎(064)738-2888　营9:00~18:00　休 无
费1.2万韩元（公演的费用。海上观光费用另外支付）
URL www.pacificland.co.kr

窥视海洋世界

西归浦潜水艇

乘坐潜水艇在美丽的西归浦的大海上下潜至35米的深度，享受1小时的海中散步。可以看到潜水员给养殖的鱼喂食，还可以欣赏珊瑚等。艇内广播为韩语。（→ p.315）

9

10

11

7 8 水族馆是济州岛海洋休闲乐园最早的设施，全家旅游的人也可以在这里享受海洋世界的乐趣。水族馆中的海豚表演和猴子表演深受孩子们的喜爱　**9 10 11** 乘坐潜水艇潜水参观，既不用换潜水服，也不会被水打湿身体，任何人都可以享受海中散步的乐趣。看到喂养的鱼游动的样子是否感觉像置身于龙宫之中呢？

DATA

西归浦潜水艇　서귀포잠수함

Map p.314-A-2　URL www.submarine.co.kr

1 春天，放眼望去是一片油菜花 2 行走在小路上，四周是清新的空气 3 夏天的海洋呈蓝色，非常美丽。是沿着海岸行走的线路 4 季节性的花草迎接游客的到来 5 行走在森林中的线路 6 秋天菊花盛开。每个季节都很美丽

济州小路（olle）

Olle 是济州岛的方言，指的是连接大路与民宅之间的小路。济州岛的自然条件得天独厚，这里设有被称作 olle 的行走线路和汉拿山巡回游览线路，随着最近寻求自然治疗的自然主义者人数的增加，这里的人气迅速提高。

Olle 的线路总共有 15 条，主要集中在济州岛的南半部分（→ p.286~287）。全部线路全长超过 200 公里，既可以走遍所有的线路，也可以选择其中的一条慢慢享受。放松自己的心情，一起去享受漫步济州岛所带来的乐趣吧。

济州 olle 小知识

在旅途中有用橘子、青苹果、箭头做成的路标。按照这些指示行走就不会偏离线路。公共厕所设置在线路的起点处。济州 olle 设有“济州 olle 证书”，走完一条线路之后可以盖上相应的印章。在济州 olle 办公室、Easter 航空公司前台、olle 的沿路设施均可购买，每册 1.5 万韩元。在济州国际机场的问讯处免费发放关于济州 olle 的指南手册，内有线路向导，十分方便。关于高峰期和济州 olle 的相关旅行物品，可以咨询旅行社，也可以上网查找。

由于行走线路较长，请准备便于穿着的轻便运动鞋，部分线路需要准备登山鞋，尽量减轻脚底负担。另外，可以在简便背包中装入饮用水和零食，同时考虑到济州岛多变的天气，还应带上短外套。除了夏天都应尽量带上长袖衣服，以便应对天气的变化。如果打算在海边游玩，最好带上拖鞋。途中设有小商店，如果身上带有现金，购物会非常方便。请注意这些商店都不支持信用卡支付。

1

5

6

小特辑

全家一起享受济州岛
漫步在济州小路上欣赏济州的自然之美

济州 olle 线路

线路1（15公里、需4～5小时）
出发—宽奇基海岸／访问城山日出峰

线路1-1（16.1公里、需4～5小时）
牛岛／位于济州岛东部的岛屿，绕行牛岛一周

线路2（17.2公里、需5～6小时）
宽奇基海岸—温平浦／从海岸边经过水库到达大水山峰

线路3（22公里、需6～7小时）
温平浦—坦凯浦／一边欣赏海洋一边散步

线路4（23公里、需6～7小时）
表善—南源浦／在海边森林的小路中漫步。时隔35年复原完毕

线路5（15.3公里、需4～5小时）
南源浦—塞索卡普／漫步于大邱胜地的海滩上

线路6（15.3公里、需4～5小时）
塞索卡普—维多尔奎／逛一逛西浦市街。沿着海边散步

线路7（15.1公里、需4～5小时）
维多尔奎—沃尔平浦／在原野中，被山草包绕其中

线路7-1（15.6公里、需4～5小时）
西归浦—维多尔奎／观赏胡根山和瀑布

线路8（17.6公里、需5～6小时）
沃尔平浦—大坪浦／漫步于海滩与度假村

线路9（8.8公里、需3～4小时）
大坪浦—和顺／海洋与溪谷，尽情享受乡村风情

线路10（15.5公里、需4～5小时）
和顺—莫斯尔波／登上韩国最南端的山——松岳山

线路11（21.5公里、需6～7小时）
莫斯尔波—武陵／一览西部火山丘和海景

线路12（17.6公里、需5～6小时）
武陵—龙水浦／一览济州岛西部的山和海

线路13（15.3公里、需5～6小时）
龙水—楮旨火山丘／曾在韩国最美森林大会上获得第一

线路14（19.3公里、需6～7小时）
楮旨—翰林／从田园出发穿过森林到达海岸边

线路14-1（17.5公里、需5～6小时)
楮旨—武陵／欣赏独特的植被森林

线路15（19公里、需6～7小时）
翰林—高内／海边→内陆→沿海散步

线路16 (17.8公里、需5～6小时)
高内—光令／从海岸线到达田园地带的漫步

※1~15线路参考于P.286～287的地图
14-1,16线路参考于韩国旅游发展局的网站

※ 另有 p.286~287 的地图上未标出的线路，详情可登录韩国的网站“济州 olle”网页 http://Chinese.vistkorea.or.kr/chs/SI/SI_CHG_2-2_9_8_1.jsp

小特辑

全家一起享受济州岛
在济州岛购物

如果在中文观光区要买免税商品

乐天济州免税店

位于乐天酒店内部的免税店。中文观光区的免税店仅此一家。品牌商品自不必说，与电视剧外景地相关的韩国商品也很丰富。

DATA

乐天济州免税店 롯데면세점제주점

Map p.316-A-2 住 서귀포시 색달동 2812-4
☎(064)731-4400 营 周日～周五 10:00~19:00、周六 9:00~21:00
休 无 C/C A D J M V
URL cn.lotteddfs.com

号称济州岛最大规模

济州新罗免税店

位于新济州大型酒店的对面，这对于中国游客来说十分方便。在济州岛内这里的卖场面积是最大的。一层是品牌时装店，二层出售珠宝、化妆品、韩国特产等。

1 2 可以充分休闲娱乐的乐天酒店 3 进入店内，一层排列着人气品牌的时装店，感觉非常华丽 4 位于新济州，很方便 5 济洲岛上有路易威登、蒂凡尼等女式奢侈品的店只有新罗免税店。还有香奈儿手表店 6 化妆品也很齐全

DATA

济州新罗免税店 제주신라면세점

Map p.309-B-2
住 제주시 연동 252-20
☎(064)710-7100 营10:00~19:30
休 无 C/C A D J M V
URL www.shilladfs.com

全家一起享受济州岛
享用济州岛的美食

充分利用食材的原味是济州岛料理的特征

济州岛的食材丰富且优质。充分发挥食材优势的料理比较简单。

排列着山珍海味

品尝乡土料理

济州岛的乡土料理中有大量的海鲜和山上出产的野味。在济州岛的方言中，“TONBE”意为砧板，“蒸猪肉”是指把煮熟的猪肉盛在砧板上。以这道菜为首，大量的生鱼片和椒盐带鱼等料理，被模仿祭祀时的样子摆放在餐桌上。（DEOM JANG→p.318）

鲍鱼石锅饭

因为鲍鱼是名产，所以可以适当地在这里品尝一些上好的鲍鱼。加入鲍鱼的石锅饭很受欢迎。（海野→p.310）

一定要品尝鲍鱼

各种带鱼料理

名产带鱼料理

简单的椒盐带鱼自然很美味，加入辣椒的辣味萝卜煮带鱼的味道同样也非常不错。还可以品尝到新鲜刺身。（济州味爱→p.318）

海鲜小锅

每人一个海鲜小锅，充满着鱼类和贝类的香味。（日出饭店→p.324）

让人垂涎的海鲜小锅

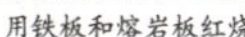
用铁板和熔岩板红烧

马肉

提供包含生鱼片、炖肉、汉堡、烤肉的马肉套餐。（耽罗牧场→p.324）

黑猪的肥肉也很美味

黑猪

一定要品尝济州岛著名的黑猪的五层猪肉（带皮）。由于带皮，因此含有胶原蛋白，是美容食品。

野鸡肉

野鸡肉也是这里的特产。将野鸡肉做成汤，放入韩式乌冬面，味道非常可口。（大侑狩猎场→p.300）

很少见的涮野鸡肉片

旧济州·新济州

구제주•신제주

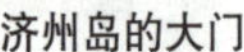
济州岛的大门

济州岛的泡菜味道很浓

市场里摆放着当地名产带鱼

旧济州·新济州 概要与导览

济州市是济州岛观光的入口，是一处观光据点。前往岛内其他地区时，从市外巴士总站乘巴士或是乘出租车皆可。这座城市大体上可分为靠近港口的老城区旧济州和靠近机场的新城区新济州。旧济州除三姓穴等景点以外，还有被称为“平民厨房”的东门市场等，在这里可以欣赏到旧时的景象。另外新济州有许多设有赌场的高档酒店和免税店等，但几乎没有任何可供观光的景点。

旧济州·新济州 主要景点

三姓穴삼성혈

Map p.307-B-3

传说是济州人的发祥地

三姓穴是一处国家史迹，纪念济州岛为独立国家时创建的“耽罗”的高、梁、夫三位神人的诞生传说。根据传说，三位神人从这三个洞穴中出现，与来自海的另一边的三姐妹结婚，把国家建设得繁荣昌盛。景区内设有资料馆，并且每年有两次祭祀展示。其作为济州岛的代表景点而广为人知。

供奉三神人的庙“三省堂”

三姓穴
住 제주시 2 도 1 동 1313
☎(064)722-3315
营 3 月、10 月 8:00~18:00
4 月、5 月、9 月 8:00~18:30
6~8 月 8:00~19:00
11 月 ~ 次年 2 月 8:00~17:30
休 无
费 2500 韩元
URL www.samsunghyeol.or.kr

据说即便是雨雪也不会进入洞穴中

济州特别自治道民俗自然史博物馆 제주특별자치도민속자연사박물관

Map p.307-C-2

让你充分了解济州的民俗风情

★★

象征济州岛的石像在门口迎接游客

与济州岛的成立、自然和风俗等相关的资料在这座博物馆中均有展示。馆内的展览分为自然史和民俗两部分。视听室中播放电影资料。

济州特别自治道民俗自然史博物馆

住 제주시 일도 2 동 996-1
☎ (064)710-7708
营 周一～周五 8:00~19:30 周六、周日 8:30~18:30
休 元旦、春节、中秋节、5月24日（此外，6月和12月有临时闭馆期）
费 1100 韩元
URL museum.jeju.go.kr

祭祀时的情景重现演示

纱罗峰사라봉

Map 289-C-1

将济州岛一览无余

★★

纱罗峰位于济州市中心东北方向的郊区，是一座高约 148.2 米的小山。站在山顶可以看到济州整座城市和汉拿山。特别是在这里可以欣赏被称作“纱罗峰日落”的夕阳，因此而闻名。

美丽的晚霞

纱罗峰

住 제주시 건입동
交通 从东门交通岛乘坐出租车比较方便，需花费 2200 韩元

旧济州

A B C
1 2 3
N 0 300m

济州港旅客综合码头 码头 济州综合旅游咨询处 济州华美达酒店 易买得 济州东方酒店 塔洞路 综合鱼类市场 Mulhang食堂 八港路 龙津桥 塔洞 Impress 情人酒店 龙头岩 龙渊 龙泽公园 中央路地下商业街 观德亭 邮局 WOORI银行 东门交通岛 济州牧官衙 观德路 관덕로 Robero酒店 东门市场 东门路 동문로 济州银行 外币兑换银行 KB(国民银行) 西门路 서문로 西门市场 龙泽交通岛 国民银行 中央路 城址路 太平洋酒店 南门交通岛 五贤路 山地河 三圣路 至济州国际机场2km 汉拿山酒店 市民会馆 东京 周食堂 汉川路 中央路 济州KAL酒店 济州特别自治道民俗自然史博物馆 新山公园 西纱路 三姓路 新山路 大韩航空 汉河 Honey Crown酒店 南星交通岛 典农路 电话局 三姓穴 新韩银行 서사로 중앙로 东光路 동광로 警察署 光阳 市外巴士总站 韩国医院 光阳交通岛 邮局 农协超市 韩国银行 西光路 서광로 韩国通信入口 至新济州2km 济州市外巴士总站 韩国医院 济州市政府 泰愚亭

●主要景点 S商店 R餐厅 H酒店 i旅游咨询处 邮局 B银行 医院 巴士站

济州牧官衙
住 제주시 관아길 33
☎(064)728-8665
营 9:00~18:00
费 1500 韩元
交通 从中央交通岛步行 5 分钟即可抵达
※ 因为位于门外，所以观德亭可以 24 小时免费游览。

称颂首尔王的地方——望京楼

从正面入口可以看到中大门

济州牧官衙제주목관아

Map p.307-B-1

济州岛最古老的建筑

★★

牧官衙是于 1991 年和 1992 年通过发掘调查而确认的遗迹，以观德亭为中心，包括东轩、政务亭、弘化阁、爱梅轩、橘林道、清心堂等建筑物。1999 年开始进行以外大门为首的各处设施的修复工作。

目前，各处设施已经基本上得以复原，成为展示耽罗时代至李氏王朝时期各种文化的重要设施。

所有建筑中，只有外门前的观德亭未经过修复。其原样保存了岛上最古老的建筑风格，是地方官吏于 1448 年作为青少年的训练场而修建的。夜晚的灯景非常美丽，门前的广场也成为市民休闲的地方。据说观德这个名字源于努力学习射箭即可锻炼德望的故事。

济州的象征性建筑——观德亭

龙头岩
住 제주시 용담 1 동
☎(064)750-7544
交通 乘坐机场巴士 100 路、200 路、500 路，至龙门交通岛下车
※ 乘坐出租车比较方便

龙头岩용두암

Map p.307-A-1

形似龙头的岩石

★

龙头岩是位于济州市西海岸一块突起的奇岩，其看上去像是龙从海中抬头，因而命名为龙头岩。波涛拍打着岩石，至今仍给人龙在活动的感觉。

形似龙头的岩石。上空不断有飞机飞过，在济州国际机场着陆

关于这块岩石有一个传说，居住在汉拿山白鹿潭的龙正欲擅自出海时，触怒天威，被化作一块石头。另外，附近有一条咖啡街，可以一边欣赏美丽的海景一边饮茶。

东门市场
住 제주시 일도 2 동
营 大约 7:00~20:00
休 无

东门市场동문시장

Map p.307-B-1~2

济州市民的厨房

★★

东门位于东门交通岛的南侧，为济州市民的厨房提供各种物品。有很多卖海产品的点，不仅是生鲜食品，也有很多鱼类腌渍食品。用带鱼做的咸甜的丸子味道非常刺激。名产仙人掌果实等也很引人注目。

从东门交通岛西侧的人行横道前的药店旁边进入市场，可以看到一排销售石像（火山岩雕刻而成的守护神）等民间工艺品的店铺，参观市场的同时可以挑选礼品。

面向东门路的市场入口

宽阔的市场内的道路纵横交错

销售海产品的店铺较多

充满生活感

市场中销售绞碎方法不同的各种味道的辣椒

济州民俗五日集市제주민속오일장

Map p.309-B-1

生活用品一应俱全

★★

充满生气的蔬菜销售区

距离新济州市中心有一段路程，每月逢2日和7日开市。宽阔的场地内，除新鲜的海产品、蔬菜、干菜等食材以外，从餐具、服装、生活用品等必需品到植物、宠物等应有尽有。不仅当地市民在此采购物品，许多游客也前往此处，呈现出一派热闹的景象。

济州民俗五日集市

住 제주시 도두 1 동
☎(064)743-5985
营 每月2日和7日9:00~18:00开市

食材丰富

服装和日用品

保存泡菜和韩国豆酱的罐子

餐 厅

Restaurant

周食堂
초우식당

◆如果想品尝济州名产五花猪肉（5 块装猪肉 200g1.1 万韩元、黑猪肉 200g1.3 万韩元），推荐这家店。虽然需要从繁华街区步行一小段距离，但是依然深受当地人欢迎。全部使用济州出产的生肉制作，可用作配菜的小菜和泡菜也非常美味。

Map p.307-C-2

住 제주시 일도 2 동 168-26
☎(064)753-0668
营 8:00~24:00
休 无
C/C Ⓐ Ⓓ Ⓙ Ⓜ Ⓥ

泰愚亭
대우정

◆一直很受岛民喜爱的小鲍鱼虽然用于各种乡土料理，但用于石锅拌饭比较少见。使用牛骨和豆子煮成的汁煮石锅饭，再加入作料食用。小鲍鱼的口感混合着香菇的香味，实在是简单的平民美味。

Map p.307-A-3

住 제주시 삼도 1 동 569-27
☎(064)757-9662
营 10:00~20:00
休 每月的第一和第三个周日、春节、中秋节三天
C/C Ⓐ Ⓓ Ⓙ Ⓜ Ⓥ

Mulhang 食堂
물항식당

◆位于综合鱼类市场中，出售有济州名产青花鱼制作的生鱼片（一盘 3 万韩元）。除此之外，还有烧青花鱼（大份 2 万韩元，小份 1.5 万韩元，米饭另付 1000 韩元）和烤太刀鱼（3 片 3 万韩元，带有 1 片的套餐 8000 韩元）。

Map p.307-B-1

住 제주시 건입동 917
☎(064)755-2731
营 7:30~19:00
休 每月的第二和第四个周一、春节、中秋节两天
C/C 不可

乡味食堂
향미식당

◆紧邻济州大酒店的乡土料理店。前来就餐的日本游客较多，可放心享用。入座后，立即会送上赠送的韩式蒸鸡蛋羹。口味柔和的海胆海带汤 9000 韩元，鲍鱼粥 1.3 万韩元，均十分美味。

Map p.309-B-2

住 제주시 연동 253-13
☎(064)742-5696
营 8:00~21:00
休 春节、中秋节
C/C Ⓐ Ⓓ Ⓙ Ⓜ Ⓥ

海野
해야

◆在这里可以尽情享用新鲜的鲍鱼。鲍鱼生鱼片、烤鲍鱼、鲍鱼石锅饭组合而成的鲍鱼三味 A 套餐 6 万韩元，单独的鲍鱼生鱼片 500g5 万韩元。刚做好的鲍鱼石锅饭 1.5 万韩元，食用之前加入黄油，味道浓郁，更增添了鲍鱼的美味。

Map p.309-B-2

住 제주시 연동 279-3
☎(064)746-7784~5
营 7:00~22:00
休 无
C/C Ⓐ Ⓓ Ⓙ Ⓜ Ⓥ

OLULEX
올래국수

◆只销售两种食品，带有厚厚肉片的猪肉乌冬面 6000 韩元，深受女性喜爱的干海参乌冬面 4000 韩元。每种面都比较清淡，美味堪称绝品。虽然客人的流动速度很快，但仍会有人排队等位。只有夏季才有豆浆乌冬面。

Map p.309-B-2

住 제주시 연동 261-16
☎(064)742-7355
营 9:30~23:00
休 周日、春节、中秋节
C/C Ⓐ Ⓓ Ⓙ Ⓜ Ⓥ

七亿兆
칠억조

◆炭火烤牛排（售价 3 万韩元）极受欢迎，韩国牛肉特有的柔软是其魅力所在。只配以芝麻油和盐的牛胃更是极品美食。酱油渍蟹和泡菜也按分量出售。

Map p.309-A-2
住 제주시 노형동 1289-3
☎(064)747-5588
营 9:30~22:00
休 无
C/C Ⓐ Ⓓ Ⓙ Ⓜ Ⓥ

丰田
풍전

◆位于新济州的酒店街，是当地人经常光顾的烤肉店。炭火烤牛排（带料售价 1.6 万韩元，无料售价 2.1 万韩元）也非常美味。因为该店采购的内脏是最新鲜的，所以烤内脏也极为美味。拌饭（7000 韩元）等也值得推荐。

Map p.309-B-2
住 제주시 연동 276-3
☎(064)748-2116
营 10:30~22:00
休 春节、中秋节
C/C Ⓐ Ⓓ Ⓙ Ⓜ Ⓥ

商店 / 咖啡吧 / 休闲 / 娱乐
Shop / Coffee bar / Leisure / Entertainment

易买得
이마트 URL www.emart.shinsegae.com

◆位于旧济州的酒店街。地下一层为食品卖场，销售有济州岛出产的鱼和黑猪肉，方便住宿一晚时的食品采购。紫菜包饭、韩式香肠和饺子等在晚上打折销售，推荐肚子饿时前往采购。一层为日用百货和货币兑换柜台。

Map p.307-B-1
住 제주시 삼도 2 동
☎(064)729-1234
营 10:00~23:00
休 春节、中秋节两天
C/C Ⓐ Ⓓ Ⓙ Ⓜ Ⓥ

农协超市
농협하나로클럽 URL www.nonghyup.com

◆距离市区稍远，但采购济州岛特产菜花蜂蜜、蜜柑羊羹、凸顶柑橘类小礼品比较方便。柚子茶和五味子（OMIJIA）茶等比其他店便宜，海苔和鱼类产品的种类也比较丰富。

Map p.307-C-3
住 제주시 일도 2 동 1
☎(064)729-1551
营 8:30~23:00
休 春节、中秋节当天
C/C Ⓐ Ⓓ Ⓙ Ⓜ Ⓥ

好食品
Good Food

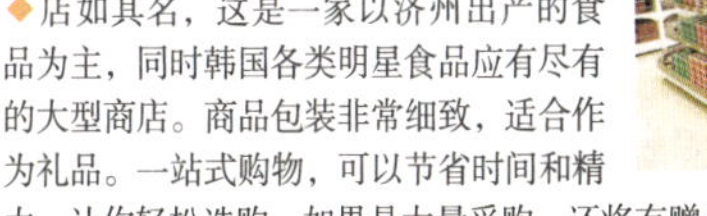

◆店如其名，这是一家以济州出产的食品为主，同时韩国各类明星食品应有尽有的大型商店。商品包装非常细致，适合作为礼品。一站式购物，可以节省时间和精力，让你轻松选购。如果是大量采购，还将有赠品，非常实惠。

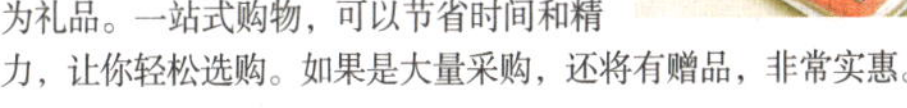

Map p.309-C-2 外
住 제주시 연동 512-3
☎(064)746-9757
营 9:00~18:00
休 无
C/C Ⓐ Ⓓ Ⓙ Ⓜ Ⓥ

龙头岩海水乐园
용두암해수랜드

◆位于龙头岩附近的大型汗蒸幕与低温桑拿浴室。一层为女浴室，三层为男浴室，二层的低温桑拿浴室为穿衣男女共用。二层是带有玻璃墙的宽敞的休息室，窗子旁边有带阳伞的座位。另外，还有烧木柴的传统汗蒸幕。

Map p.289-B-1
住 제주시 용담 3 동 1006-3
☎(064)742-7000 营 24 小时
※ 汗蒸幕 1:00~8:30 停止营业
休 无
费 6000 韩元（仅浴池），8000 韩元（包括低温桑拿浴）
C/C Ⓐ Ⓓ Ⓙ Ⓜ Ⓥ

GRAND BODY&SKIN

그랜드바디&스킨

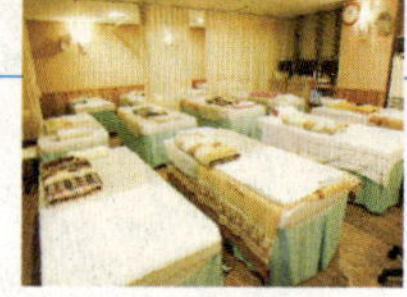

◆提供脚底、全身按摩服务。50 分钟脚底 5 万韩元，70 分钟全身按摩 7 万韩元。按摩床和按摩师的数量都很多，多人按摩亦无须长时间等待。地点位于新济州大酒店的后面，在众多大厦中易于辨认，打电话可提供迎送服务。

Map p.309-B-2

住 제주시 연동 293-13
☎(064)749-5115
营 11:30~ 次日 3:00
休 无
C/C Ⓐ Ⓓ Ⓙ Ⓜ Ⓥ

酒店

Hotel

济州 KAL 酒店

제주칼호텔

URL www.kalhotel.co.kr/

◆大韩航空直营的酒店。位于旧济州的中心部，观光和购物均十分方便。带桑拿浴室的健身中心、赌场等一应俱全。二层的韩国餐厅除供应韩牛烤肉以外，还提供日本料理。

住 제주시 이도 1 동 1691-9
☎(064)724-2001　FAX (064)720-6515
房间数 282
费 ⓈⓉⓄ 平时 18 万韩元~，周末 21 万韩元~
C/C Ⓐ Ⓓ Ⓙ Ⓜ Ⓥ

宽敞舒适的房间内部

旧济州　Map p.307-B-2

济州华美达酒店

라마다프라다제주 RAMADA PLAZA JEJU

URL www.ramadajeju.co.kr

◆ 2003 年开业，位于距离机场 10 分钟路程的海岸，距龙头岩较近。二层有咖啡馆和餐厅，可以一边欣赏海景一边用餐。附属设施较为齐全，可供一半的住宿客人同时使用。

旧济州　Map p.307-A-1

住 제주시 삼도 2 동 1255
☎(064)729-8100
FAX (064)729-8554
房间数 380
费 ⓈⓉⓄ 18.6 万韩元~
C/C Ⓐ Ⓓ Ⓙ Ⓜ Ⓥ

济州东方酒店

오리엔탈 ORIENTAL

URL www.oriental.co.kr

◆位于旧济州的塔洞。地下一层有正宗的保龄球馆（住宿客人享受 8 折优惠）和赌场，娱乐内容丰富。酒店内有桑拿浴室，住宿客人可享受 7 折优惠。

旧济州　Map p.307-A-1

住 제주시 삼도 2 동 1197
☎(064)752-8222
FAX (064)752-9777
房间数 313
费 ⓈⓉⓄ 11.5 万韩元~
C/C Ⓐ Ⓓ Ⓙ Ⓜ Ⓥ

太平洋酒店

퍼시픽호텔 PACIFIC HOTEL

URL www.jejupacific.co.kr

◆ 2002 年经过重新装修，升级为特一级酒店。三、五、六层的房间由床式房间变为火炕式房间。地下有赌场，二层有韩、日、西式餐厅。

旧济州　Map p.307-A-2

住 제주시 용담 1 동 159-1
☎(064)758-2500
FAX (064)755-0027
房间数 177
费 ⓈⓉⓄ 16 万韩元~
C/C Ⓐ Ⓓ Ⓙ Ⓜ Ⓥ

济州大酒店
제주그랜드호텔 CHEJU GRAND HOTEL

URL www.grand.co.kr

◆新济州的高档酒店。酒店内除设有赌场和迪斯科舞厅以外，还有专用的高尔夫球场。豪华客房一晚 32.67 万韩元。

新济州 Map p.309-B-2

住 제주시 연동 263-15
☎ (064)747-5000
FAX (064)742-3150
房间数 509
费 ⓈⓉ19.106 万韩元～
C/C ⒶⒹⒿⓂⓋ

The Hotel & Vegas Casino Jeju
더 호텔 앤 베가스 카지노 제주 T.H.E.Hotel & Vegas Casino Jeju

URL www.thehotelasia.com

◆其前身为南首尔广场（皇冠广场酒店）。这家特一级酒店不仅提供韩国料理，日西中式的餐厅、酒吧、游泳池、赌场等也一应俱全，很受游客喜欢。所有客房均配备电脑。

新济州 Map p.309-C-1

住 제주시 연동 271-30
☎ (064)741-8000
FAX (064)746-4111
房间数 202
费 Ⓣ13 万韩元～（周末 15 万韩元～）
C/C ⒶⒹⒿⓂⓋ

济州皇家酒店
제주로얄호텔

◆酒店位于新济州，其白色的建筑让人印象深刻。地下有男女桑拿浴室，提供搓澡及按摩服务。据说有许多外面的客人专门为桑拿浴而来。其前身为拉根达酒店。

新济州 Map p.309-B-2

住 제주시 연동 272-34
☎ (064)743-2222
FAX (064)748-0074
房间数 108
费 ⓈⓉⓄ8 万韩元～
C/C ⒶⒹⒿⓂⓋ

济州玛丽娜酒店
제주마리나호텔

◆拥有众多高档酒店的新济州，双人床房间只需 10 万韩元的一级酒店非常少见。游客从酒店内就能够眺望大海和高山的景色，因此很有名气。

新济州 Map p.309-C-1

住 제주시 연동 300-8
☎ (064)746-7800
FAX (064)746-6170
费 ⓈⓉⓄ9 万韩元～
C/C ⒶⒹⒿⓂⓋ

济州邻里酒店
호텔네이버후드

◆ 2006 年开业的城市酒店。简单而时尚的内部装修、宽敞的房间并带有厨房是该酒店的魅力所在。酒店也有火炕式房间。桑拿浴室、游泳池、健身中心等一应俱全。酒店的简单餐厅也颇受欢迎。

新济州 Map p.309-A-2

住 제주시 노형동 1295-16
☎ (064)797-6200
FAX (064)797-6206
房间数 306
费 ⓉⓄ 13 万韩元～
C/C ⒶⒹⒿⓂⓋ

东门市场

在市场内感受岛上的生活

济州岛的特产橘子

西归浦 서귀포

世界杯比赛场地

济州西归浦旅游咨询处
Map. p.314-A-1
☎(064)732-1330

西归浦 概要与导览

从济州岛的大门济州市乘坐巴士或出租车沿西环路行驶大约 1 小时即可抵达西归浦。位于岛南侧的港区是西归浦的中心区。距离此处很近的地方有从悬崖绝壁上落下的瀑布等丰富的自然景观，因此成为一处观

光景点。即便是韩国人海外旅行自由化之后，这里仍然受到蜜月旅行者的喜爱。市区位于港口到西边的中文观光区的途中，市政府和世界杯比赛场地也坐落于此。

西归浦 主要景点

天地渊瀑布천지연폭포 Map p.314-A-1

深深的瀑布潭充满神秘感

★

有时从桥上可以看到大鳗鱼

天地渊瀑布位于郁郁葱葱的亚热带森林中。关于其名称的由来，除了天与地相会而成的说法之外，还有一种说法是由于瀑布潭的深度和瀑布的高度相同而得名。潭水的颜色十分美丽。另外，潭水中生活着被称为活化石的夜行性大鳗鱼，这也更增添了其神秘感。

天地渊瀑布
住 서귀포시 천지동
☎(064)733-1528
营 10月~次年4月 7:00~22:00
5~9月 7:00~23:00
休 无
费 2000韩元
交通 乘坐机场大巴600路，至新庆南酒店下车

白色瀑布掩映于深深的绿色之中

独立岩외돌괴 Map p.286-C-3

海上突出的奇岩

★

独立岩又被称为“孤石浦”，意思是只有一块。这块从海上突出的岩石高约20米，是大约150万年前火山喷发而形成的。岩石顶上生长着几棵松树。

独立岩附近是著名的钓鱼场，许多来自国内外的游人来此垂钓。

海上突出的奇岩

独立岩
住 서귀포시 서귀동
交通 乘坐前往中文方向的西归浦市内巴士8路，至“独立岩”下车

西归浦潜水艇서귀포잠수함 Map p.286-C-3

享受海中散步的乐趣

★★

西归浦近海是韩国最美丽的海域之一，乘坐潜水艇在这里潜水至35米，所需时间约为1小时20分钟，在水深20米左右的地方可以看到潜水员喂鱼的情景，需乘船前往停泊在海面上的潜艇。在水深30米左右的地方可以看到粉红色珊瑚发出的特殊的光，如梦幻般美丽。

西归浦潜水艇
住 서귀포시 서홍동 707-5
☎(064)732-6060
营 7:20~17:20（根据季节、天气的不同而有所变化）
休 无
费 5.15万韩元
网 www.submarine.co.kr

停泊在海面上的潜水艇

透过窗户看到的珊瑚和鱼非常美丽

中文观光区

중문관광단지

韩国最南端的度假区

中文观光区旅游咨询处
Map. p.316-B-1
☎(064)732-1330/1335

中文观光区 概要与导览

正如其名称一样，这是一个为度假而建造的区域。高档度假酒店鳞次栉比，充满了南国气息，洋溢着异国情调。观光区内面积广阔，只有在酒店及其周边地区才能尽情享受度假生活，出行乘坐出租车比较方便。

大浦海岸排列着众多多角形的柱状熔岩

天帝渊瀑布的下段

新罗酒店、乐天酒店和会议中心等处与热播电视剧《洛城生死恋》相关的景点较多，对喜爱韩剧的人来说是一大喜事。

中文观光区 主要景点

如美地植物园여미지식물원 Map p.316-B-1

内有四国庭院

★★

以集中了约2000种热带植物的东亚最大规模的温室为首，广阔的园区内还有水生植物园以及韩国、日本、意大利、法国四国样式的庭院，终年均可欣赏各种美丽的花草。上到园内高38米的瞭望塔上，西归浦全景尽收眼底。

药泉寺약천사 Map p.286-C-3

东亚最大规模的寺院

★

寺院的名称来源于装有药水的水池。按照李氏王朝时期初期的佛教建筑样式而建造的大寂光殿总面积达3305平方米，高度为30米。法堂的正面，除了高达5米的韩国最大的毗卢遮那佛外，还供奉有1.8万尊佛像。另外，法堂前悬挂有重达18吨的梵钟。

法堂供奉有1.8万尊佛像

大浦海岸柱状节理带대포해안주상절리대 Map p.286-C-4

熔岩形成的离奇景观

★

暴露在地面上的岩浆因和海水有巨大的温度差而结晶，形成了多角形的柱状岩石，这些岩石相连而成的物体称为柱状节理。这些自然雕琢而成的艺术品宛如出自名匠之手，堪称惊艳之作。深蓝色的大海拍打在高20米的绝壁上，白色波浪显得更加美丽壮观，是一处绝佳景色。

柱状的熔岩耸立于海中

天帝渊瀑布천제연폭포 Map p.316-B-1

传说仙女在此沐浴

★★

天帝渊瀑布由三段连续的瀑布组成，是济州岛最大的瀑布。近年由于水量的减少，有时只能看到两段。传说七仙女在此沐浴，因此横跨天帝溪谷，被称为仙临桥的太鼓桥便以仙女为主题进行装饰。站在这座桥上不仅能看到天帝渊瀑布，还能看到汉拿山。另外可以沿小路步行到瀑布附近。

如美地植物园

住 서귀포시 색달동 2920
☎ (064)735-1100
营 9:00~18:00（入场截止时间17:30）
休 无
费 7000韩元
URL www.yeomiji.or.kr

欣赏美丽的热带花草

药泉寺

住 서귀포시 대포동 1560
☎ (064)738-5000
营 9:00~18:00
休 无
费 免费
URL www.yakchunsa.org

大浦海岸柱状节理带

住 서귀포시 대포동 2579
☎ (064)710-6616
营 9:00~18:00
休 春节、中秋节
费 2000韩元

天帝渊瀑布

住 서귀포시 상예동
☎ (064)738-1529
营 8:00~18:30
休 无
费 2500韩元

仙女主题鲜明的仙临桥

餐 厅
Restaurant

济州味爱
제주맛사랑

◆位于中文观光区的如美地植物园对面，是一家大型的乡土料理餐厅。冷面7000韩元，石锅拌饭8000韩元，济州特产带鱼料理套餐2万韩元。从简餐到正菜一应俱全。

Map p.316-B-1

住 서귀포시 색달동 2864-10
☎(064)738-8060
营 9:00~22:00
休 无
C/C ⒶⒹⒿⓂⓋ

DEOM JANG
덤장 URL www.deomjang.co.kr

◆店内空间宽敞，除座席以外，还有大小不一的包间，可以无拘无束地慢慢享用美食。集中了济州传统美食的套餐4人份15万韩元，分量很足，让人吃到走不动路。

Map p.316-A-1

住 서귀포시 색달동 2119
☎(064)738-2550~1
营 8:00~22:00
休 无
C/C ⒶⒹⒿⓂⓋ

高句丽
고구려 URL www.sinwoosungtown.com

◆高句丽是一家韩国料理店，位于一进入中文观光区不远处的商业区新雨成城的二层。从牛肉汤等单品到套餐料理一应俱全，特别推荐韩牛和济州产的烤黑猪肉。人均预算约1.5万韩元。需提前预约。

Map p.316-A-1

住 서귀포시 색달동 2822-2
☎(064)738-7830~2
营 8:00~23:30
休 无
C/C ⒶⒹⒿⓂⓋ

三宝食堂
삼보식당

◆放入大量小鲍鱼（鲍鱼的一种）和海产品的味噌火锅（普通火锅1.2万韩元，特别火锅1.8万韩元）非常有名，甚至有人专程从济州市内赶来品尝。在这里可以品尝到烤方头鱼和煮太刀鱼等济州当地的传统料理。

Map p.314-A-1

住 서귀포시 서귀동 319-8
☎(064)762-3620
营 8:00~21:30
休 中秋节、春节
C/C 不可

酒 店
Hotel

济州乐天酒店
롯데제주 LOTTE HOTEL JEJU URL www.lottehotel.co.kr

◆是2000年在中文观光区开业的大型休闲娱乐酒店。客房围绕游泳池而建，在面向游泳池的房间里可以欣赏美丽的海景。另外，晚上庭院中的特设会场有烟火表演。酒店内设有济州乐天免税店。

Map p.316-A-1

位于酒店内部的济州乐天免税店

住 서귀포시이도 1 동 1691-9
☎(064)731-1000 FAX(064)731-4333 房间数 502
费 Ⓢ40万韩元～ Ⓣ40万韩元～
Ⓞ50万韩元～ C/C ⒶⒹⒿⓂⓋ

济州新罗酒店

제주신라호텔 THE SHILLA JEJU

URL www.shilla.net

Map p.316-A-2

◆南欧风格的建筑烘托出酒店的度假氛围，在这里举办的日韩首脑会谈也增加了酒店的知名度。另外酒店内还配有室内外游泳池的健身中心、Spa和赌场，游客可以在这里享受奢华的时光。

济州新罗酒店的套房内部

住 서귀포시 색달동 3039-3
☎(064)735-5114
FAX (064)735-5415
房间数 429
费 ⓈⓉ41.74 万韩元
Ⓞ54.45 万韩元
C/C ⒶⒹⒿⓂⓋ

西归浦 KAL 酒店

서귀포 KAL 호텔 SEOGWIPO KAL HOTEL

URL www.kalhotel.co.kr

Map p.314-C-1

◆位于正房瀑布附近，酒店优雅的Y字形曲线建筑让人印象深刻。在酒店里欣赏海景的角度非常好。地下的桑拿浴室和直升机观光也极受欢迎。

住 서귀포시 토평동 486-3
☎(064)733-2001
FAX (064)733-9377
房间数 225
费 ⓈⓉⓄ23 万韩元
C/C ⒶⒹⒿⓂⓋ

济州凯悦酒店

하이얏트리젠시제주 HYATT REGENCY JEJU

URL www.hyattjeju.co.kr

旧济州 Map p.316-A-2

◆位于中文观光区的高档度假酒店。酒店建于悬崖的斜面上，所有房间均面向大海，带有阳台。也可以在市外游泳池里眺望大海。

住 서귀포시 색달동 3039-1
☎(064)733-1234
FAX (064)732-2039
房间数 224
费 ⓈⓉⓄ23 万韩元～
C/C ⒶⒹⒿⓂⓋ

秀特酒店

스위트호텔 SUITES HOTEL

Map p.316-A-2

◆旧济州绿色别墅于2003年经过装修后重新开业。酒店为三层建筑，小巧而雅致，地下一层有自助设施，比较方便。夏季，在该酒店住宿的客人前往旁边的新罗酒店的带游泳池和桑拿浴的健身中心可享受5折优惠（7500韩元）。

住 서귀포시 색달동 2812
☎(064)738-3800
FAX (064)738-8080
房间数 90
费 ⓈⓉ22 万韩元～
Ⓞ19 万韩元～
C/C ⒶⒹⒿⓂⓋ

读者来信

●济州岛名产——黑猪的五花肉

我去品尝了济州岛著名的黑猪五花肉。店铺由当地一家人经营，地址就在NANTA剧场的媒体中心对面，非常好找。

济州岛东部 제주도동부

火山景观被列入《世界自然遗产名录》

济州岛东部 主要景点

城山日出峰성산일출봉

Map p.287-F-2

济州岛象征性景观之一 ★★★

城山日出峰是一座突出于济州岛最东端的海上的寄生火山，周长约 1.5 公里，2007 年被列入《世界自然遗产名录》。攀登至海拔 180 米的峰顶的火山喷发口约需 30 分钟，这里的日出景色异常美丽。

4~5 月，山脚一带开满油菜花

拒文熔岩洞窟系거문오름용암동굴계

Map p.287-E-1

拥有世界上最长的熔岩洞窟 ★★★

汉拿山喷发之后形成的洞窟，2007 年被列入《世界自然遗产名录》。这里是世界最长的“万丈窟”，达 1.34 公里，其中有约 1 公里的观光线路对外开放。

神秘的万丈窟内部

榧子林비자림

Map p.287-E-2

榧树原始森林 ★

世界第一的榧树原始森林，面积达 45 公顷。林中约有 2600 株树龄为 300~600 年的老榧树。夏天一种被称为风兰的寄生植物开花后，周围飘荡着花的芳香。榧树不仅果实可以用来榨取食用油，木材还适于用作基础材料。另外，由于这里无法种植水稻，因此以前还用榧树叶来遮盖房顶。

城山日出峰

住 제주시 성산읍성산리 114
☎ (064)784-0959
营 3~10 月日出前 1 小时 ~21:00
11 月 ~ 次年 2 月日出前 1 小时 ~20:00
休 无
费 2000 韩元
交通 从济州市外巴士总站乘坐经由东环路前往西归浦的巴士至“城山（古城）”下车
※ 城山至城山日出峰的巴士每 30 分钟一班

万丈窟

住 제주시 구좌읍동금녀리산 41
☎ (064)783-4818
营 夏季 9:00~18:00
冬季 9:00~17:30
休 无
费 免费
交通 从济州市外巴士总站乘坐经由东环路前往西归浦的巴士至“金宁蛇窟”下车

榧子林

住 제주시 구좌읍평태리
☎ (064)783-3857
营 8:00~18:00
休 无
费 1500 韩元
交通 乘坐经由东环路前往西归浦的巴士至“金宁”下车，换乘前往“榧子林”的巴士
※ 前往榧子林的巴士每天 9 班

济州石文化公园제주돌문화공원 Map p.287-D-2

欣赏火山岛独特的石文化 ★★

介绍与济州岛的人们生活密切相关的石文化的设施。目前作为第一阶段工程的石博物馆、石像等石文化展示设施和再现传统房屋的室外展览场已完工并对外开放。博物馆对 2007 年被列入《世界自然遗产名录》的济州岛火山地形和相关内容进行了详细展示。

济州岛著名的石像

在济州岛发现的各式各样的熔岩

济州石文化公园
住 제주시 조천읍 교래리산 119 번지
☎(064)710-7731~3
营 9:00~18:00
※17:00 开始入场
休 无
费 3500 韩元
交通 从济州市外巴士总站乘坐前往"南朝路"的巴士，至济州石文化公园下车
URL www.jejustonepark.com

济州海女博物馆제주해녀박물관 Map p.287-F-1

了解韩国在世界上引以为豪的海女文化 ★★

据说海女只存在于韩国和日本，海女的生活和文化已经申报了世界遗产。济州海女博物馆是对海女的生活和文化进行介绍的博物馆。从瞭望室可以看到海女们劳作的大海，景色非常美丽。博物馆中有面向儿童的部分，家庭旅游者也可以来此参观。

济州海女博物馆
住 제주시 구좌읍 하도리 3204-1
☎(064)782-9898
营 9:00~18:00
※17:00 开始入场
休 每月的第一个周一
费 1100 韩元
交通 从济州市外巴士总站乘坐前往"细花""城山"方向的巴士，至"济州海女博物馆"下车
URL www.haenyeo.co.kr

城邑民俗村성읍민속마을 Map p.287-E-2

至今仍保留着以前的生活面貌 ★★★

这里仍原样保留着济州岛以前的面貌和生活情境，被指定为民俗资料保护区，这里的人们至今仍按传统习惯生活着。

从门的上方看到的村庄的情形

城邑民俗村
住 서귀포시 표선면성읍리
☎(064)787-1179
营 24 小时（无照明设备）
休 无
费 免费
交通 从济州市外巴士总站乘坐前往"表善"的巴士至"城邑民俗村"下车
URL www.seongeup.net

济州民俗村제주민속촌 Map p.287-E-3

再现 19 世纪的风俗 ★★

传统工匠们建造的露天博物馆，忠实还原了与韩国本土不同的生活样式的村庄，再现了传统结婚仪式、当时的生活情境，还有经营济州岛传统料理的食铺街，这里也是著名的热播电视剧《大长今》的外景地。

济州民俗村
住 서귀포시 표선면표선리 40-1
☎(064)787-4501
营 10月~次年2月 8:30~17:00、3月 8:30~17:30、4~9月 8:30~18:00
※7月21日~8月31日 8:30~18:30
休 无
费 8000 韩元
交通 从济州市外巴士总站乘坐前往"表善"的巴士至"济州民俗村"下车
URL www.jejufolk.com

济州岛中西部

재주도중서부

能够欣赏火山景观

汉拿山
▼观音寺线路
交通 从济州市外巴士总站乘坐经由 5.16 道路前往西归浦方向的巴士，至“山泉潭”下车。下车后步行至观音寺入口，40 分钟 ~1 小时
※ 在济州市外巴士总站的 6 号门发车
▼城板岳线路
交通 从济州市外巴士总站乘坐经由 5.16 道路前往西归浦方向的巴士，至“城板岳”入口下车。下车后步行前往，大约 30 分钟
※ 在济州市外巴士总站的 6 号门发车

济州岛中西部 主要景点

汉拿山한라산

Map p.286-C-2~3~P.287-D-2~3

2007 年被列入《世界自然遗产名录》 ★★★

海拔 1950 米的汉拿山是韩国的最高峰，与智异山、金刚山并列为三大灵山，是韩国具有代表性的名山之一。朝鲜半岛的别称“三千里”

●主要景点 巴士站

即指从北部的长白山到这座汉拿山的距离。汉拿山位于济州岛的中心，济州岛就是由于这座火山喷发而形成的火山岛。

岛上随处可见熔岩洞窟、被称为奥卢姆（济州方言）的寄生火山等为特征的地形，并被指定为国家公园，2007年成为韩国第一个被列入《世界遗产名录》的地区。

汉拿山经常隐于云雾中，能够到山顶眺望的机会很少。当它现身时，从某个角度看起来像一个横卧的长发女子。为了保护环境，对游客进山有一些规定。从山脚开始就修建有登山的道路。虽然原则上是一日游，但由于季节和时间的关系，也会受到限制。登山会花费半天以上的时间，因此不妨准备充分后再登山。

春天的杜鹃花非常美丽

怪坡도깨비도로

体验不可思议的错觉 ★

怪坡又名神秘道路，虽然看上去是上坡，实际上却是下坡。这是一条让人感到不可思议的道路。“怪坡”有精灵的意思。交错行驶的两辆车可以关掉引擎，尝试观察车辆是否向相反的方向移动。

关闭引擎体验错觉

怪坡
住 제주시 노형동
营 24小时
费 免费
交通 从西归浦至新济州的1100道路的部分区间

翰林公园한림공원 Map 286-A-2

景点遍布的自然公园 ★★

夏天也很凉爽的挟才窟

从济州市中心沿12号线西行30公里左右即可抵达翰林公园。广阔的园地内有亚热带植物园、盆景园等，每个季节都可以观赏到绚丽的花草。

另外，园内有放置济州岛第一大石像的民俗村，村中有出售乡土美食的餐厅。首先要看的景点是天然纪念物——被称为挟才窟、双龙窟的火山洞窟。汉拿山喷发而形成的熔岩洞窟中有石灰质的钟乳石，是世界罕见的复合型洞窟，全长达500米，其中一部分可以参观。

园内的温室建于1970年，为日本制造，这在当时是相当罕见的。另外，此处还建有司马辽太郎的纪念碑。

可以看到优雅的白孔雀

翰林公园
住 제주시 한림읍 협제리 2487
☎ (064)796-0001
营 夏季 8:30~19:30
冬季 8:30~18:00
休 无
费 8000韩元
交通 从济州市外巴士总站乘坐经由西环路前往西归浦的巴士，至“翰林”下车（한림）
URL www.hallimpark.co.kr

园内分为数个部分

雪绿茶博物馆
噢' 雪绿茶馆
住 서귀포시 안덕면 서광리 1235-3
☎(064)794-5312~3
营 4~9 月 10:00~18:00
10 月 ~ 次年 5 月 10:00~17:00
休 无
费 免费
URL www.sulloc.co.kr

馆内有可品尝雪绿茶的咖啡馆

山房山
住 서귀포시 안덕면 사계리
☎(064)794-2940
营 夏季 8:30~19:00
冬季 8:30~18:00
休 无
费 2500 韩元
交通 从济州市外巴士总站乘前往“摹瑟浦”方向的巴士，至山房山下车

据说饮用这里的温泉后可长寿

雪绿茶博物馆　噢' 雪绿茶馆 설록차뮤지엄 오' 설록

Map p.286-B-3

绿茶极受欢迎 ★★

一眼望去，茶田一片绿色，韩国第一座专门的茶博物馆即建于此。这一带非常有名的化妆品生产商太平洋化学（AMOLE PACIFIC），近年来开始在韩国掀起热潮的绿茶的种植。济州温暖的气候适于茶的栽培，是韩国屈指可数的茶产地。

广阔土地上的美丽茶田

馆内除了介绍茶的历史和世界各国饮用的各种茶以外，还展示有朝鲜时代以前的茶具。馆内还设有咖啡馆，可以品尝绿茶制作的甜点和饮品。

山房山산방산

Map p.286-B-3

饮用长寿之水 ★★

山房山位于岛的西南海岸附近，是由海拔 395 米的安山岩组成的圆形石山。半山腰有洞窟，这里有高丽时代由慧日法师开山而成的山房窟寺。洞窟中有从顶部落下的温泉水滴形成的饮水处，这种水作为长寿之水而闻名。

位于山房山半山腰的山房窟寺

到寺院需要爬上 400 级石级，途中的休息处可以看到龙头海岸和哈梅尔商船纪念馆。17 世纪荷兰人哈梅尔漂泊至此，并写下《朝鲜漂流记》，哈梅尔商船纪念馆正是为了纪念其漂泊 350 周年而修建的。

餐厅 Restaurant

耽罗牧场
탐라목장

◆在这家马肉专营店可以吃到该店自营牧场培育的济州产马肉。可以品尝包含生肉、生鱼片、烤肉、汉堡等各种美食的特别套餐，售价 5 万韩元。

距离市区有一段距离，但提供接送服务。

济州岛东部 Map p.287-D-1
住 제주시 조천읍 조천리 2282
☎(064)784-7678
营 12:00~22:00
休 无
C/C ⒶⒹⒿⓂⓋ

日出饭店
해오름식당

◆此饭店距离城山日出峰很近，服务员总是笑容满面地迎接客人，店里经常十分拥挤。具有济州岛独特味道，使用新鲜海产品的一人份海鲜小火锅和海鲜火锅中加入了许多配菜，非常鲜美。套餐 1 万韩元。海鲜炒粉 8000 韩元，值得推荐。

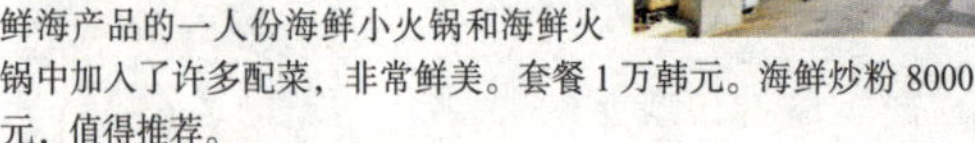

济州岛东部 Map p.287-F-2
住 서귀포시 성산읍 성산리 143-1
☎(064)782-2256
营 7:00~20:00
休 春节、中秋节
C/C ⒶⒹⒿⓂⓋ

大田和忠清北道、忠清南道

韩国中西部

由武宁王陵的出土品遥想当年的百济都城（国立公州博物馆展示）

忠清北道·南道
(韩国中西部)
A
B
C
1
2
3
4
安阳市
ANYANG-SI
果川市
GWACHEON-SI
城南市
SEONGNAM-SI
广州
GWANGJU
广州市
军浦市
GUNPO-SI
义王市
UIWANG-SI
安山市
ANSAN-SI
水枝
自然农园
爱宝乐园
器兴
Gihung
KTX
(韩国高速铁路)
水原市
SUWON-SI
龙仁
YONG-IN
华城市
HWASEONG-SI
台安
Daean
韩国民俗村
龙仁市
乌山市
OSAN-SI
南阳湾
Namyangman
15
1
牙山湾
Asanman
松炭市
SONGTAN-SI
安城市
ANSEONG-SI
平泽市
PYEONGTAEK-SI
平泽市
PYEONGTAEK-SI
安城
黄海
HWANGHAE
大山
唐津郡
DANJIN-GUN
牙山湖
彭城
Paengseong
京釜线
瑞云山
Sounsan
成欢
鹤岩
唐津
DANJIN
西海岸高速国道
圣居
SONGGO
稷山
泰安海岸国立公园
插桥湖
牙山市
ASAN-SI
显忠祠
Hyonchungsa
觉愿寺
瑞山市
SEOSAN-SI
合德
Haodok
新昌
牙山市
ASAN-SI
天安牙山
天安
天安市
CHEONAN-SI
天安市
CHEONAN-SI
独立纪念馆
万里浦
泰安郡
TAEAN-GUN
摩崖三尊佛
瑞山市
SEOSAN-SI
开心寺
泰安
Taean
温阳温泉
道高温泉
道高
Dogo
温阳温泉
德山道立公园
礼山郡
YESAN-GUN
海美邑城
伽倻山
Gayasan
插桥
小井里
恋浦
Yonpo
梦山浦
Mongsanpo
修德寺
德山
插桥
礼山
YESAN
全义
全东
洪城
HONGSEONG
洪城
仁存城
公州市
GONGJU-SI
论山天安高速国道
乌致院
JOCHIWON
白沙场
Baeksajang
三峰
Sambong
洪城郡
HONGSEONG-GUN
维鸠
麻谷寺
傍浦
Bangpo
安眠
Anmyon
安眠岛
新城
广川
Gwangcheon
广川
青阳郡
CHEONG-YANG-GUN
城谷寺
公山城
燕岐郡
YON-GI-GUN
花地
Hwaji
武宁王陵
公州市
GONGJU-SI
锦江
Gumgang
儒城温泉
15
长项线
青阳
CHEONG-YANG
周浦
长谷寺
七甲山
Chilgapsan
甲寺
舟桥
元山岛
Wonsando
大川
保宁市 BORYEONG-SI
七甲山道立公园
鸡龙市
GYERYONG-SI
鸡龙山国立公园
东鹤寺
大川
Daechon
蓝浦
五马
鸡龙山
Gyeryongsan
扶苏山城
无量寺
扶余
BUYEO
25
论山市
NONSAN-SI
保宁海水浴场
保宁市
BORYEONG-SI
开泰寺
豆溪
熊川
扶余郡
BUYEO-GUN
白马江
Baengmagang
论山
NONSAN
熊川
Ungcheon
论山
251
灌烛寺
大乌寺
江景
Ganggyong
江景
板桥
庇仁
Biin
练武
Yonmu
大屯山
Daedunsan
舒川郡
SOCHEON-GUN
舒川
舒川
SOCHEON
咸悦
HAMYOL
大芚山道立
益山市
IKSAN-SI
N
长项
Janghang
长项
锦江
完州郡
WANJU-GUN
群山市
GUNSANG-SI
0
15
30km
沃沟
Okgu
群山市
GUNSAN-SI
益山市
凤东
Bongdong
参礼
Samnye
主要景点
高速公路
KTX
KTX延长线
普通铁路
道界

平昌郡
PYEONGCHANG-GUN
雉岳山
Chiaksan
雉岳山国立公园
平昌
PYEONGCHANG
骊州郡
YEOJU-GUN
原州市
WONJU-SHI
文幕
夫钵
Bubal
骊州
YEOJU
神勒寺
Shilluksa
岭东高速国道
宁越郡
YEONGWOL-GUN
宁越
YEONGWOL
原州市
WONJU-SI
利川市
ICHEON-SI
长湖院
Janghowon
清风文化集团
堤川市
JECHEON-SI
凤阳
中原郡
JUNG-WON-GUN
高氏洞窟
白云山
上东
中央线
小白山国立公园
太白线
丹阳郡
DANYANG-GUN
梅浦
Maepo
救仁寺
Guinsa
金旺
Gumwang
芙蓉山
Buyongsan
弹琴台
Dangumdae
东良
岛泽三峰
小白山
Sobaeksan
浮石寺
中部高速国道
阴城郡
UMSEONG-GUN
阴城
UMSEONG
周德
Judok
忠州
忠州市
CHUNGJU-SI
丹阳
DANYANG
古薮洞窟
忠州湖
Chungjuho
喜方寺
镇川郡
JINCHEON-GUN
忠北线
思潮村滑雪游览地
月岳山
Woraksan
丹阳八景
舍人岩
奉化
BONGHWA
丰基
Punggi
永州市
YONGJU-SI
水安堡温泉
弥勒寺址
文绣峰
Munsubong
荣丰郡
YEONGPUNG-GUN
槐山
GOESAN
曾坪
Jeungpyeong
道安
漱玉
月岳山国立公园
槐山郡
GOESAN-GUN
椒井药水
Chojong
内秀
闻庆
Mun-gyong
醴泉郡
YECHEON-GUN
仙游九曲
闻庆市
MUN-GYONG-SI
中央高速国道
华阳九曲
醴泉
YECHEON
安东市
ANDONG-SI
上党山城
清州市
CHEONGJU-SI
加恩
Gaun
店村市
JOMCHON-SI
俗离山国立公园
丰山
Pungsan
安东市
ANDONG-SI
清原郡
CHEONG-WON-GUN
感冒
中部内陆高速国道
俗离山
Songnisan
河回村
报恩郡
BOUN-GUN
芙江药水
法住寺
报恩
BOIN
尚州市
SANGJU-SI
义城郡
UISEONG-GUN
尚州市
SANGJU-SI
大清湖
Daechongho
世博会科学公园
义城
UISEONG
沃川郡
OKCHEON-GUN
沃川
OKCHEON
京釜高速国道
深川
黄涧
善山
SEONSAN
军威
GUNWI
伊院
京釜线
天泰山
Chontaesan
永同
YONGDONG
善山郡
SEONSAN-GUN
军威郡
GUNWI-GUN
KTX
(韩国高速铁路)
牙浦
龟尾市
GUMI-SI
锦山人参市场
金泉市
GIMCHONG-SI
金乌山道立公园
八公山道立公园
永同郡
YONGDONG-GUN
金泉市
GUMCHEON-SI
漆谷郡
CHILGOK-GUN
八公山
Palgonsan
茂朱
MUJU
德裕山国立公园
倭馆
WAEGWAN
桐华寺
星州郡
SEONGJU-GUN
茂朱郡
MUJU-GUN
大德山
茂朱九千洞
星州
SEONGJU
京畿道
江原道
忠清北道
忠清南道
庆尚北道
全罗北道
庆尚南道
全罗南道
济州特别自治道

扶余 부여

百济最后的国都

长途电话区号 041

扶余郡

居民登记人口（2009 年）

750564 人

扶余郡面积（2007 年）

624.48 平方公里

旅游咨询处

位于扶苏山入口处

Map p.330-B-3

☎(041)830-2230

营 9:00~18:00

扶余郡主页

URL www.buyeo.go.kr

市内交通

【市内巴士】

票价 1100 韩元。

市区较小，可以步行观光。

【出租车】

起步价 2500 韩元。城市小巧玲珑，包租出租车往返十分方便。包车费每日约 20 万韩元。

小巧雅致的汽车站

库道莱码头

扶余 概要与导览

百济最后的国都就位于当时被称为“泗沘”的扶余。当时的扶余以白马江（锦江）江畔的扶苏山为屏障，是一座依山傍水而规划构建的城市。在百济引以为豪的佛教文化日渐繁盛之时，国际形势发生剧变，其邻国新罗同唐朝结盟，发兵进攻并灭亡百济。在现在的扶余，仍然保存着寺庙、城堡、古战场等众多遗迹。因此，如果发挥自己的想象力，在扶余观光就会变得更有乐趣。此外，博物馆中展出的精美的出土文物也和如今恬静悠闲的扶余街景形成了鲜明的对比。

扶余市内南北各有一条环形路，连接两条环形路的中央路及其周边就是闹市区。巴士总站位于北侧环形路附近，从这里向东步行约 400 米就可以到达定林寺遗址，再向东南方向前行就可以到达国立扶余博物馆；久负盛名的扶苏山位于北侧环形路的东北。从地图上看感觉这一带面积并不大，但实际上并非如此。如果选择徒步旅行的话，从扶苏山入口到白马江畔的码头大约需要花费 1 小时。从扶苏山下的码头乘船沿白马江顺流而下，就可以到达距此处 1 公里左右的库道莱码头；在码头通常还有游船前往下游更远处的水北亭。不过，游船的班次以及目的地会根据季节和游客人数的变化而进行相应的调整。

扶苏山入口的旅游咨询处

市中心虽然没有观光酒店，但是游客通常可以住在小旅馆以及汽车旅馆里，这些旅馆集中分布在巴士总站的东南方区域以及北侧环形路口附近。

Access 交通方式

从首尔前来的推荐线路

→乘坐市外巴士很方便

首尔南部巴士总站→扶余市外巴士共用总站：6:30~19:20（每天 37 班次，最快需要 2 小时 10 分钟）

前往其他城市

[ ] 内为推荐的交通工具

▼大田西部（대전서부）[市外巴士]
6:55~21:30（每天 46 班次，约需 1 小时 30 分钟）

▼公州（공주）[市外巴士]
7:00~20:40（每天 9 班次，约需 50 分钟）

※ 终点站为首尔、清州、仁川等城市，途经公州。

铁路

扶余没有火车站，但距离湖南线的论山站很近，KTX 的部分车次也在论山站停靠。每天都有很多班次的市内巴士从论山开往扶余。

■论山站 / 논산역　Map p.326-C-4

巴士

■扶余市外巴士共用总站 / 부여시외버스공용터미널
Map p.330-A-3
☎(041)835-3535

扶余市外巴士共用总站

扶余 主要景点

市中心

国立扶余博物馆국립부여박물관

Map p.330-C-4

展示与百济相关的出土文物 ★★★

该博物馆收藏了 6000~7000 件同百济相关的文物，这些文物中的大部分都出土于扶余市区及其附近区域。百济的佛教文化较为发达，所以出土的文物中有很多都带有莲花纹饰。

在室外展出的石佛和石塔

定林寺遗址정림사지

Map p.330-B-4

仅有石塔和石佛保存至今 ★★★

定林寺是百济后期具有代表性的寺院，但遗憾的是如今仅仅留存一座被称为百济塔的五层石塔和一座高丽时代的石佛。经过发掘和调查后发现，这座寺院在建造当时规模宏大，拥有金堂、讲经堂、回廊等庞大的建筑群。石塔的第一层还刻有“大唐平百济国碑铭”的文字，据考证这应当是唐朝和新罗的联军在攻陷百济的首都扶余并摧毁寺庙后，唐朝为了纪念这次胜利而在此刻下的碑文。

石塔上残留有烧过的痕迹

国立扶余博物馆

住 부여군 부여읍동남리산 16-1
☎(041)833-8562
营 周二～周五 9:00~18:00
周六、周日 9:00~19:00
4~9 月的周六 9:00~21:00
休 周一、春节
费 免费
交通 沿中央路向南，在环形路口向东转。从这里的巴士总站出发，步行约 15 分钟即可到达；乘出租车前往需 2500 韩元（起步价）
URL buyeo.museum.go.kr

国立扶余博物馆

该建筑因其所使用的瓦片及烧制的砖块上的莲花纹饰同日本奈良的法隆寺、飞鸟寺砖瓦上的图案之间关联密切而广为所知

定林寺遗址

住 부여군 부여읍동남리산
☎(041)832-2721
营 4~9 月 9:00~19:00
10 月～次年 3 月 9:00~17:00
休 无
费 1500 韩元
交通 位于市中心的东侧。从巴士总站出发，步行前往需 5~10 分钟
URL www.jeongnimsaji.or.kr

扶余市中心
白马江
白马江观光船
皋兰寺码头
扶苏山收费处
钓龙台
皋兰寺
落花岩
上坡
百花亭
泗沘楼
至水北亭
上下坡较多的山道
宫女祠
太子泉
库道莱码头
扶苏山
扶苏山城
迎日楼
民俗馆餐厅
现俊
半月楼
军库址
西腹寺址
三忠祠
库道莱雕刻公园
扶余三井青年旅舍
忠灵祠
于罗瑕
纳特餐厅
索乃屋餐厅
餐饮街
扶苏山入口
奥德马餐厅
库道莱菜包饭
扶苏山门
扶苏山收费处
扶余女子高中
民俗会馆
宇宙汽车旅馆
百济文化体验场
综合旅游咨询处
观光停车场
郡立图书馆
双北里北窑址
餐饮街
至论山・公州
消防署
保健所
春南餐厅
开城餐厅
商店街
明松汽车旅馆
王牛肉汤
大明庄
论山方向市内巴士
Buy the way
六一亭
埃菲尔糕点
巴黎面包
乐天利
双北里南窑址
乡校
扶余市外巴士共用总站
邮局
大林浴场
石佛坐像
义烈祠
五层石塔(百济塔)
教堂
圣约瑟夫医院
韩国通信
博物馆
定林寺遗址
农协超市
米拉堡汽车旅馆
定林寺址入口
青少年修练院
旅馆街
扶余中学
百济小学
传天王寺址
市民体育馆
国立扶余博物馆
阶伯将军像
至百济桥1.2km
扶余郡政府
邑办公室
百济香
至宫南池700m
0 150 300m
主要景点 商店 餐厅 娱乐设施 酒店 旅游咨询处 邮局 学校 医院

扶余北部

百济文化园
百济历史文化馆
乐天扶余避暑会馆
皋兰寺码头
扶苏山城
库道莱码头
扶余市外巴士共用总站
定林寺遗址
国立扶余博物馆
扶余郡政府
百济香
善花公园
宫南池
0 1km

●主要景点 Ⓡ餐厅 Ⓗ酒店 高速公路

百济文化园地

1 泗沘宫正殿——天政殿 2 陵山里寺 3 高达38米的五重塔——木结构塔在韩国的首次再现 4 两侧为凸腹状圆柱的王宫回廊 5 再现贵族宅第和平民村落场景的生活文化园 6 百济文化园旁边的乐天扶余避暑会馆。会馆内设有家庭间、套房、豪华间、奢华间四种类型的客房，每类客房都宽敞且具有奢华的欧洲风格 7 百济历史文化馆——以百济的历史和当时的生活面貌为主题，通过各种模型和影像资料来进行展示

2010年，百济主题公园在扶余落成！

百济文化园是将百济王国最后的都城——扶余泗沘城复原后，于 2010 年秋落成的主题文化公园。这个文化园的建造，动员了大批历史学者和专门的工匠。他们前后历时 16 年，才完成对烧毁于公元 660 年的泗沘宫、陵山里寺（曾出土韩国第 287 号国宝——百济金铜大香炉）以及古村落等建筑的复原或重建工作。百济文化园与古墓公园和百济历史文化馆等建筑相邻，其中，百济历史文化馆通过影像资料展示与百济相关的各种资料。因此，游客可以花费半天到一天的时间进行一次悠闲的文化之旅。

DATA

乐天扶余避暑会馆　롯데부여리조트

Map p.331 上 -B-1　住 부여읍동남리산 578
☎(041)939-110　FAX (041)939-1004
C/C Ⓐ Ⓓ Ⓙ Ⓜ Ⓥ　费 Ⓛ 67.5 万 ~82.5 万韩元
Ⓢ46.5 万韩元　Ⓕ34.5 万韩元　Ⓓ27 万韩元

DATA

百济历史文化馆　백제역사문화관

Map p.331 上 -B-1
住 부여읍동남리산 575
☎(041)830-3400
营 3~10 月 9:00~18:00
10 月 ~ 次年 2 月 9:00~17:00
休 元旦、周一
费 成人 1500 韩元

7月中旬之后为赏莲花的最佳时节

宫南池——赏莲花的胜地

还有这样的美食——莲叶饭

扶余的宫南池是莲花的名所。在拥有美丽莲池的地方一般都能吃到用荷叶包着糯米做的荷叶饭。在扶余的百济香也可以尝到。

▶▶▶有关百济香饭店的信息请参照p.335

扶余的“薯童谣”主题公园

武王是百济的第三十代国王。《薯童谣》这部电视剧，传奇般地再现了武王的一生。而这部电视剧的外景地就在扶余近郊，这里不仅有电视剧中的王宫和村落，同时还有许多拍摄时所用的道具。

DATA

“薯童谣”主题公园　서동요 테마파크

Map p.331 下 -B-4　住 부여읍동남리산 270　☎(041)830-2862
营 3~9 月 9:00~18:00、10 月 ~ 次年 2 月 9:00~17:00　休 无　费 成人 2000 韩元
交通 开往剧组外景地的巴士每天只有 4 班，所以建议乘坐出租车前往。乘出租车从扶余市中心到外景地大约需要 30 分钟，往返费用 7 万 ~8 万韩元

徜徉于白马江上的游船

DATA

库道莱码头　구드래선착장

Map p.330-A-2　费 从库道莱码头到落花岩需 3500 韩元，往返票 5500 韩元　交通 从扶余市外巴士共用总站出租车到码头需要 3000 韩元，5 分钟左右即可到达。黄步帆船的运营时间为：2~10 月 9:00~18:00、11 月 ~ 次年 3 月 9:00~17:00

DATA

百济文化园　백제문화단지

Map p.331 上 -B-1　住 부여읍동남리산 575
☎(041)830-3400　营 3~9 月 9:00~18:00、10 月 ~ 次年 2 月 9:00~17:00　休 元旦、周一
费 成人 2000 韩元、中学生 7000 韩元、儿童 6000 韩元　交通 从扶余巴士共用总站出发，前往“新城里”，即可到达百济文化园。票价 1100 韩元，大概需要 20 分钟。巴士没有编号，目的地也是用韩文书写的，所以建议乘坐出租车前往。从巴士总站乘出租车前往大概需要 10 分钟，费用约 8000 韩元。
有关扶余出行的交通详情请参照 p.329

扶苏山城
住 부여군 부여읍관북리
☎(041)835-3006
营 8:00~18:00
休 无
费 2000 韩元
交通 市中心东北部。从市外巴士共用部站出发，步行10~15分钟即可到达。
※ 山路起伏较大，山中容易发生意外，所以散步时不宜走远。

日本殖民统治时期，在扶苏山城建造的扶余神社也值得一看

白马江观光船
Map p.330-B-1 皋兰寺码头
Map p.330-A-2 库道莱码头
☎(041)835-4690
营 2~10月 9:00~18:00
11月~次年3月 9:00~17:00
休 无
费 3500 韩元（到库道莱。往返 5500 韩元）
※ 开船时间不定，坐满即走

从百花亭远眺白马江和观光船

宫南池
住 부여읍동남리산
营 24 小时
休 无
费 免费
交通 从市中心出发向南约1公里。从巴士总站出发步行约20分钟即可到达

灌烛寺
住 부여읍동남리산 254
☎(041)736-5700
营 8:00~18:00
休 无
费 1500 韩元
交通 在论山站或者论山市外巴士总站前的市内巴士乘车

扶苏山城부소산성

Map p.330-C-2

曾经的城池？曾经的王宫？ ★★★

扶苏山城的扶苏山门

扶苏山城位于白马江畔的扶苏山上，是一座依山傍水的天然城堡，据说百济国王的王宫就位于这里。虽然如今已经没有什么地面建筑了，但是通过考古发掘发现了曾经的池塘和军队仓库的遗址。现在山中还建造了供游客散步用的栈道。站在这里的半月楼上，可以将扶余市区的街景尽收眼底，天气晴朗的时候景色美不胜收。此外，扶苏山城还有历史爱好者十分感兴趣的百花亭。百花亭修建在紧临白马江的绝壁——落花岩之上，从这里可以俯瞰静静流淌的白马江水。关于落花岩名字的由来，还有一段悲惨的故事。据说白村江之战后，在百济王国即将灭亡之时，宫女们为了免遭敌军侮辱而从这里投江自杀。美丽的宫女如同一朵朵美丽的花瓣一般，从断崖上落下，落花岩也因此得名。

白马江백마강

Map p.330-B-1~A-1

乘船游览古战场 ★★★

锦江，发源于忠清北道的俗离山，流经湖南平原后注入黄海。锦江是韩国有名的河流，扶余附近的居民称之为白马江。当时，同百济王国关系密切的日本应百济的求援请求，出兵朝鲜半岛同唐朝和新罗的联军在锦江附近发生了激烈的战争。

白马江观光线路中最精彩的部分是顺江而下的那段旅程，出发地点位于扶苏山城脚下、白马江畔的码头。乘船前往库道莱码头的途中（或者是从库道莱码头出发），可以在白马江上远眺落花岩，行程大约需要10分钟。根据季节和游客数量的变化，游览线路和游船班次也会做出相应调整。

从白马江上远眺落花岩

宫南池궁남지

Map p.331 上 -B-2

园林遗址中的人工湖 ★★

宫南池是一座位于郊区的人工湖，位于扶余市区南侧约1公里处。在百济时代，这里曾是一处皇家园林，据说当时曾在水池中央的假山上多次举行持续数个昼夜的盛大宴会。当时百济的园林建造技艺处于领先地位，据说位于新罗国都——庆州城的雁鸭池就是模仿宫南池建造的。

近 郊

灌烛寺관촉사

Map p.326-C-4

寺内的论山大佛自古就负有盛名 ★★

灌烛寺位于论山郊外，由于论山大佛坐落于寺内而享有盛名。论山

皋兰寺的“药水”

韩国人将天然的山泉水视为无比珍贵的“药水”，皋兰寺位于扶苏山码头附近，寺中的山泉水广为人知。泉水旁放有长柄勺，可供游客自由品尝。

大佛（正式名称为“弥勒菩萨立像”），于高丽时代的公元 968 年开始建造，最终完工于公元 1006 年。佛像高 18.12 米，周长 9.9 米，是韩国最大的石佛立像。

大佛如今依然香火不断

处乘坐通往芒谷方向的巴士，在“灌烛寺”站下车。大田和忠清南道、忠清北道约隔 20 分钟一班，1000 韩元，大约需要 15 分钟

论山市主页

URL www.nonsan.go.kr

餐厅
Restaurant

库道莱菜包饭
구드래돌쌈밥

◆库道莱饭店的小锅烩饭和用蔬菜叶卷炒菜这两道菜十分美味，很受游客欢迎。据说作为配菜的豆酱是美味的秘诀之一，除此之外还有很多辅菜，既美味又足以填饱肚子。蔬菜包饭、麦饭菜包饭均为 1.4 万韩元，高丽人参小锅烩饭为 1.7 万韩元。

Map p.330-A-2

住 부여읍동남리산 96-2
☎ (041)836-9259
营 9:30~22:00
休 春节、中秋节
C/C D J M V

纳特餐厅
나루터식당

◆专门经营韩式炭火鳝鱼烧烤的饭店，作为原料的鳝鱼都是从白马江捕捞的新鲜水产。切成小块的鳝鱼放在龟甲形状的铁板上烧烤，看上去既有趣又有食欲。韩式烧烤 2.2 万韩元。

Map p.330-A-2

住 부여군 부여읍구아리 99
☎ (041)835-3155
营 9:00~21:00
休 无
C/C D J V

百济香（饭店）
백제향

◆将加入松子、核桃、夏橙、栗子等材料的糯米饭用自家种植的绿色莲叶包裹后蒸熟，就是这家店的招牌——莲叶饭。莲叶饭对身体有益，因此在韩国非常受欢迎。在电视购物中也是很受欢迎的商品。莲叶饭每份 1 万韩元，两份起订。

Map p.330-B-4

住 부여군 부여읍 동남리 653-1
☎ (041)837-0110
营 11:00~21:00
休 不定期休息
C/C A D J M V

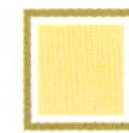

酒店
Hotel

扶余三井青年旅舍
삼정부여유스호스텔

◆不喜欢入住观光酒店的游客可以考虑这家旅舍。此外，经常会有学生在修学旅行时住在这里。

Map p.330-A-2

住 부여읍동남리산 105-1
☎ (041)835-3101
费 4.4 万韩元 ~
C/C A D J M V

明松汽车旅馆
명성모텔

◆该旅馆紧邻巴士总站，位于车站北侧，其特征是外墙镶嵌着天然石料。房间内空调、电视等配备齐全，服务台位于二层。

Map p.330-A-3

住 부여읍동남리산 337
☎ (041)833-8855
费 3 万韩元 ~
C/C 不可

米拉堡汽车旅馆
모텔미라보

◆该旅馆位于市中心的韩国通信（KT）大厦附近，共有 30 个房间。附近还有旅馆街，步行一小段距离即可到达餐厅云集的闹市区。

Map p.330-B-4

住 부여읍동남리산 294-1
☎ (041)835-9988
费 3 万韩元（2 人）
C/C V

在扶余探寻百济的痕迹

宫南池（→p.334）宴会场地遗迹

白马江（→p.334）让想象力在古战场上驰骋

1 白马江　2 应百济的援助请求，日本军队曾在白马江同唐朝和新罗的联军作战　3 如今静静流淌的白马江，可以乘船顺流而下　4 百济时代的皇家园林所在地——宫南池　5 水池中央的假山上曾连日举办宴会，仿佛还能听到当时的丝竹之声

定林寺遗址（→p.329）
曾经的宏伟寺院，尚有一角保存至今

扶苏山城（→p.334）
流传着百济覆亡故事的古城

国立扶余博物馆（→p.329）

1 五层石塔，也被称为“百济塔” 2 扶余被唐朝和新罗联军攻占后，定林寺也在战火中被破坏。相关发掘与调查现仍在进行 3 唯一保存至今的石佛 4 百济文化园——为了使游客了解更多的百济文化，于2010年落成 5 百花亭——落花岩上的方亭 6 白马江——百济亡国时宫女投水于此 7 8 位于室外的保存至今的石佛和石塔 一起去看百济的文化瑰宝吧

公州 공주

百济文化繁荣的古都

长途电话区号 041

公州市

居民登记人口（2009 年）

124172 人

公州市面积（2007 年）

940.35 平方公里

国立公州博物馆

旅游咨询处

位于公州城入口处

Map p.339-B-1

☎(041)856-7700

营 9:00~18:00

休 春节、中秋节

公州市主页

URL www.gongju.go.kr

市内交通

【市内巴士】

票价为 1200 韩元，从高速巴士总站和市外巴士总站前往市中心可以乘坐 1 路、3 路、6 路、7 路、11 路、18 路、21 路车。

公州 概要与导览

公州在百济时代叫作熊津，公元 475 年之后的 63 年间曾作为百济的国都。为了纪念曾经的辉煌，公州每年 10 月都会举行百济文化节。百济时代的遗迹是主要的观光景点，但实际上可供参观的遗址并不是很多，所以即使是步行游览也不会花费太多时间。如果想前往公州近郊进行短途观光的话，建议乘坐市内巴士前往鸡龙山（甲寺→ p.347）和麻谷寺游览，行程约需 40 分钟。

公州的市区入口、高速巴士总站和市外的巴士总站均位于距市中心较远的锦江（白马江）对岸。需要注意的是，过江巴士全部经公州大桥前往对岸，而不经过公山城附近的旧桥。公州市最繁华的街区是市中心附近的山城洞，这里有通往近郊的甲寺、麻谷寺、东鹤寺等景点的巴士，附近还有旅馆街。公州最大的景点是位于市区西北的武宁王王陵及其相关遗迹，几年之前就开始进行整修的国立公州博物馆也位于这一地区。

Access 交通方式

从首尔前来的推荐线路

→乘坐高速巴士很方便

首尔高速巴士总站→公州高速巴士总站：6:05~23:05（每 30~40 分钟一班，约需 2 小时 20 分钟）

前往其他城市

[ ] 内为推荐的交通工具

▼大田西部（대전서부）[市外巴士]

6:50~22:00（5 分钟一班，约需 50 分钟）

▼扶余（부여）[市外巴士]

7:00~21:55（每天 45 班次，约需 1 小时）

巴士

高速巴士总站和市外巴士共用总站位于同一建筑内，同市区隔河相望。

■公州高速巴士总站 / 공주고속버스터미널

Map p.339-C-1 ☎(041)855-2319

■公州市外巴士共用总站 / 공주시외버스공용터미널

Map p.339-C-1 ☎(041)855-8114

公州

主要景点　商店　餐厅　娱乐设施　酒店　旅游咨询处　邮局　银行　学校　医院　巴士站

公州 美食、住宿信息

公州最有名的小吃是肉汤米饭，所用的肉汤是用牛头熬制的。其特色在于汤汁鲜美、浓郁可口，将肉汤和米饭自行搅拌后就可以品尝这道美食了。餐厅就位于市中心附近的山城洞，很容易找到。高速巴士总站附近有观光酒店，但市中心没有。旅馆集中分布在市内巴士总站的北侧区域，此外，乘坐市内巴士只需 30 分钟即可到达旅馆集中的儒城温泉地区。

公州的特色美食

公州城入口处的旅游咨询处

【出租车】

起步价 2300 韩元，全天租车（9:00~17:00）约需 10 万韩元。

● 公州市内游

每月第二和第四个周六和周日上午 10:00 从武宁王陵观光中心前出发。旅游线路共有 6 条，根据日期的不同线路也会有所变化，但所有线路都经过博物馆和市内主要景点。巴士票价 5000 韩元，景点门票以及设施体验费用需要另外支付。

有观光意向的游客可以前往旅游咨询处进行咨询、申请、登记。也可以通过互联网进行咨询、登记。市内游时间为 10:00~17:00。

公州住宿信息

高速巴士总站、市外巴士总站西侧有锦江酒店，地处繁华区的山城洞附近也有旅馆，其他地区较少。市内巴士总站北侧的锦城洞有一条汽车旅馆街，不过大多是情侣旅馆；不喜欢汽车旅馆的游客可以乘巴士前往大田的儒城温泉，那里有很多温泉旅馆。

宋山里古墓群模型馆
住 공주시 금성동산5번지일대
☎(041)856-0331
营 3~10月 9:00~18:00
11月~次年2月 9:00~17:00
休 春节、中秋节
费 1500韩元
交通 乘坐市内巴士1路、8路前往。或者步行约20分钟亦可到达

模型馆中可以看到武宁王陵被发掘时的情形

国立公州博物馆
住 공주시 웅진동 360
☎(041)850-6300
营 周二~周五 9:00~18:00
周六、周日、节假日 9:00~19:00
4~10月的周六 9:00~21:00
休 周一
费 免费
交通 乘坐市内巴士8路在"博物馆"站下车
URL gongju.museum.go.kr

公州 主要景点

市中心

宋山里古墓群模型馆송산리고분군모형관

Map p.339-A-1

众多绚烂华丽的饰品出土于此 ★★★

武宁王陵发掘于1971年，因为没有遭到盗墓者损毁而得以完好地保存下来，出土文物中包括以金冠为代表的一批奢华而绚丽的饰品。根据出土的墓志铭，现已判明墓葬的主人是百济第二十五代国王武宁王（斩摩王）和他的王妃。包括武宁王陵在内，这一带集中分布着7座古墓，这些古墓被合称为宋山里古墓群。目前，王陵本身还没有向游客开放，不过在国立公州博物馆可以看到很多出土的陪葬品。

模型馆入口

国立公州博物馆국립공주박물관

Map p.339-A-1

馆藏展品以武宁王陵的出土文物为主 ★★★

馆内藏品主要是从武宁王陵出土的陪葬品。来到这里，不能不欣赏璀璨夺目的金冠、金属质地的饰物以及镶嵌着宝石的饰品。古墓群中的很多王陵都无法判明墓葬主人的身份，而武宁王陵则因为出土了刻有国王和王妃名字的石碑才得以判明墓主人身份。

餐 厅 Restaurant

二鹤餐厅
이학식당

◆二鹤餐厅位于市中心南部的美食一条街上，是经营牛头汤调制肉汤米饭的老店。肉汤和米饭分别端上餐桌，由食客自行搅拌。价格为6000韩元。

Map p.339-B-2
住 공주시 중동 141-2
☎(041)855-3202
营 10:00~21:30
休 春节、中秋节
C/C D J V

公州菜包饭餐厅
고마나루돌쌈밥

◆这是一家连锁餐厅，总店设在扶余，各地都有分店。菜包饭是指用蔬菜叶包裹米饭或者炒菜食用的一道佳肴，包括很多辅菜在内，每份价格仅为1.2万韩元。琳琅满目的美食，足以让游客享受一场饕餮盛宴。

Map p.339-B-1
住 공주시 금성동 184-4
☎(041)857-9999
营 10:00~22:00
休 春节、中秋节
C/C D J M V

酒 店 Hotel

梦龙庄
목련장

◆位于锦城洞的旅馆街入口处，所有房间都配备有空调，一层还有梦龙餐厅。从这里步行前往山城洞只需要5分钟。

Map p.339-B-1
住 부여군 부여읍동남리산 202-4
☎(041)856-7631
费 3万韩元~
C/C 不可以

小特辑

俯视白马江的公山城

百济时代的城池修建在高地上，遥望锦江

1 百济将国都迁至公州城后，曾在可以俯视锦江的这个高地上建造城池。现在遗留下来的城墙原本是百济时代的土墙，在朝鲜时代被改建为城墙 2 朝鲜时代的古城墙 3 令人怀古的景色 4 开阔的视野有助于增强城池的防御能力 4 从公州城鸟瞰的景象

DATA

公山城

Map p.339-C-1 住 공주시 산성동산 2 번지일대
☎ (041)856-0333（售票处）
营 4~10 月 9:00~18:00、11 月 ~ 次年 3 月 9:00~17:00
休 无 费 1200 韩元
交通 从山城洞出发经中央北路向北，步行约 5 分钟即可到达。或者乘坐市内巴士 1 路、8 路，在“公州城”站下车

大田 대전

百济文化繁荣的古都

长途电话区号 042

大田广域市
居民登记人口（2010 年）
1500069 人
大田广域市面积（2008 年）
539.78 平方公里

大田广域市主页
URL www.metro.daejeon.kr
文化观光网主页
URL tour.daejeon.go.kr
大田网（面向市民的门户网站）
URL www.love.daejeon.kr

旅游咨询处
大田站 Map p.344 下 -C-1
☎(042)221-1905
大田西站 Map p.344 上 -B-2
☎(042)523-1338
大田高速巴士总站前
Map p.344-C-1
☎(042)632-1338
上述咨询处营业时间均为 9:00~18:00（大田站咨询处周六营业时间为 9:00~17:00），全年无休。

市内交通

【地铁】
区间票价为 1200 韩元。
【市内巴士】
市内票价均为 1000 韩元。前往儒城可以乘坐地铁或者 119 路市内巴士。
【出租车】
起步价为 2300 韩元。

★大田城市观光
出发地点位于大田站前。
“科学之旅”：9:30、14:00；

大田 概要与导览

大田，这个词的本义是“面积广袤的田地”，如今的大田已经是拥有 150 万人口的大都市。大田位于韩国的正中心，交通极为便利。作为 KTX 京釜线和湖南线（开往木浦·光州的 KTX）的交会点，大田发挥着连接光州、釜山、首尔等大城市的交通枢纽的作用。最近，原本位于首尔的部分政府机关迁往大田西北部，从而形成了一片新市区。大田的主要景区不在市内，而是分布在城市周边。市区西面有儒城温泉、鸡龙山，南面有著名的高丽人参产地——锦山，东北方向则有清州、俗离山等观光景点。

从 KORAIL 大田火车站前面到中区政府（原市政府）一带、再到佳拉利百货商厦附近的东区，自古以来就是繁华地区。最近，市政府搬迁到了大田西北部，这一带也逐渐成为新的市中心。大田的巴士车站散布于市区周边。如果想要去东部巴士总站，可以从西部巴士总站乘坐 841 路车前往，途中还会经过大田西站和大田站。

大田 住宿信息

乘坐 40 分钟的巴士就可以到达有“大田的客厅”之称的儒城温泉，这里高档酒店林立。在这里，即使是 3 万 ~4 万韩元就可以入住的旅馆内

	1月	2月	3月	4月	5月	6月	7月	8月	9月	10月	11月	12月
平均最高气温（℃）	3	5	11	18	23	27	29	30	25	20	12	5
平均最低气温（℃）	-6	-4	0	6	11	17	21	21	15	8	1	-4
平均降水量（mm）	27.5	4.1	17.8	67.8	54.3	238.3	470.1	473.6	263.2	24.6	44.6	21.6

Access 交通方式

从首尔前来的推荐线路

→乘坐 KTX 或高速巴士很方便

首尔站→大田站（KTX）：5:15~23:30（每天最多 71 班次，最快需要 55 分钟）※ 全部列车均在此停靠

首尔高速巴士总站→大田高速巴士总站（高速巴士）：6:00~ 次日 0:10（每隔 10 分钟一班，约需 1 小时 50 分钟）

从釜山前来的推荐线路

→乘坐 KTX 或高速巴士很方便

釜山站→大田站（KTX）：5:00~22:30（每天最多 48 班次，最快需要 1 小时 52 分）

釜山高速巴士总站→大田高速巴士总站（高速巴士）：7:30~19:00（每天 7 班，约需 3 小时 10 分钟）

前往其他城市

[ ] 内为推荐的交通工具

▼东大邱 [铁路（包括 KTX）、高速巴士]
KTX → 6:31~ 次日 23:22（KTX 每天最多 70 班次、最快需要 37 分钟，原有线路每天 41 班次、需要 1 小时 45 分钟）
高速巴士→ 6:00~20:40（每隔 30~40 分钟一班，需要 2 小时 20 分钟）

▼光州 [高速巴士]
6:00~22:00（每隔 20~30 分钟一班，约需 2 小时 50 分钟）

▼全州 [高速巴士]
6:30~22:30（每隔 20~40 分钟一班，约需 1 小时 20 分钟）

▼天安 [高速巴士]
6:30~21:30（每隔 15~20 分钟一班，约需 1 小时）

▼牙山（温阳温泉）[市外巴士]
7:00~20:20（每天 15 班，约需 1 小时 30 分钟）
※ 东部市外巴士总站发抵

▼仁川机场 [市外巴士]
3:20~19:10（每天 41 班，约需 3 小时 10 分钟）
※ 大田东部市外巴士总站发抵

▼公州 [市外巴士]
7:00~21:00（每天 22 班，约需 1 小时 10 分钟）
※ 大田东部市外巴士总站发抵

▼茂朱 [市外巴士]
7:20~21:00（每天 18 班，约需 1 小时）
※ 大田东部市外巴士总站发抵

▼安东 [市外巴士]
6:35~19:30（每天 13 班，约需 2 小时 40 分钟）
※ 大田东部市外巴士总站发抵

▼俗离山 [市外巴士]
6:50~20:10（每天 11 班，约需 1 小时 40 分钟）
※ 大田东部市外巴士总站发抵

▼锦山 [市外巴士]
6:17~22:00（每隔 10 分钟一班，约需 40 分钟）
※ 大田东部市外巴士总站发抵

▼扶余 [市外巴士]
6:50~18:10（每隔 20 分钟一班，约需 1 小时 20 分钟）
※ 大田西部市外巴士总站发抵

▼论山 [市外巴士]
6:40~22:00（每隔 10 分钟一班，约需 50 分钟）
※ 大田西部市外巴士总站发抵

▼保宁 [市外巴士]
6:32~19:30（每隔 1 小时一班，约需 1 小时 50 分钟）
※ 大田西部市外巴士总站发抵

铁路

大田有两个火车站，分别为大田站和西大田站。开往釜山方向的 KTX 列车和京釜线经过大田站；开往光州和木浦方向的 KTX 列车、湖南线上开往木浦方向的列车、全罗线上开往全州和丽水方向的列车都经过西大田站。

■大田站 / 대전역　Map p.344 下 -C-1

■西大田站 / 서대전역　Map p.344 上 -B-2

巴士

大田一共有三个巴士总站，分别是高速巴士总站和东部、西部市外巴士总站。大田高速巴士总站位于市区东部，与大田市外东部巴士总站隔路相邻。开往扶余、保宁等西部城市的巴士从西部市外巴士总站发车，开往其他方向的巴士则从高速巴士总站和东部巴士总站发车。

■大田高速巴士总站 / 대전고속버스터미널
Map p.344 上 -C-1　☎ (042)628-8251~4

■大田东部市外巴士总站 / 대전동부시외버스공용터미널
Map p.344 上 -C-1　☎ (042)624-4451~4453
※ 开往天安、牙山、利川、水原、仁川机场、金浦机场、论山、公州、锦山、茂朱、群山、晋州、安东、忠州、清州、原州、春川等方向。

■大田西部市外巴士总站 / 대전서부시외버스공용터미널
Map p.344 上 -B-2　☎ (042)584-1616、1617
※ 开往公州、论山、保宁、扶余、礼山、天安等方向。

湖南线西大田站

"历史之旅"：9:30、14:10。周六还有 19:00 发车的夜间旅游巴士，但需要预约。
☎ (042)253-0005
费 3000 韩元
休 周一

大田车站在 KTX 开始运营时改装一新

也有设施完备的温泉浴场。即使不是温泉旅馆，也可以前往高级酒店的大型付费浴场来感受温泉浴的舒适。如果要在大田住宿的话，前往开通地铁的交通便利的儒城温泉会是一个不错的选择。

大田 主要景点

市 中 心

儒城温泉유성온천

Map p.344 上 -A-1、345

在大田住宿的首选之地 ★★★

儒城温泉被称为大田市的“客厅”，作为放松休闲的绝佳场所而在游客中广受好评。相传在百济末期，有一位母亲和她的独子终日辛勤劳作、相依为命，然而她的儿子在同新罗军队作战时不幸负伤。恰巧在附近的雪原上有一只翅膀负伤的白鹤，白鹤将受伤的翅膀浸入温泉水中，不久伤口就痊愈了。这位母亲正好看到了白鹤用温泉水疗伤的情景，于是也带着负伤的儿子来到这里以温泉水疗伤，果真痊愈。研究表明，含有钾、钙等矿物质的镭质温泉水的确对皮肤病等有治疗效果。大田的住宿场所相对集中，温泉附近分布着从高档酒店到普通旅馆的各类住宿场所。因此，在大田住宿多选择温泉附近。这里的大型酒店和旅馆都配备有浴场，所有游客都可以付费后使用，在酒店入住的游客还可以享受折扣价或免费使用。

夜间非常热闹的儒城温泉

儒城温泉
住 유성구 봉명동
交通 地铁 1 号线在116“儒城温泉”站下车

虽说是温泉街，却也高楼林立

以鹤为主题元素的儒城温泉塔

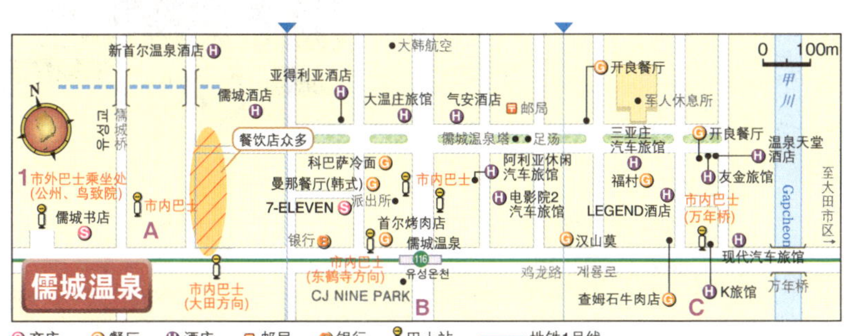

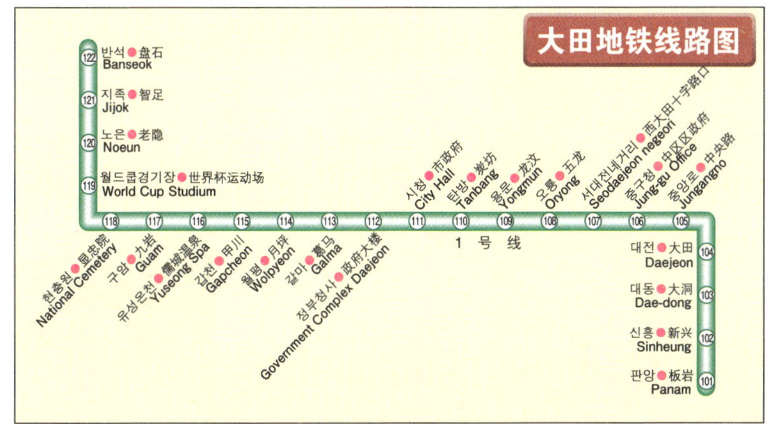

大田教育博物馆
住 동구 삼성동삼성사거리
☎ (042)626-5394
营 3~10 月 9:30~17:00
11 月～次年 2 月 9:30~16:00
休 周一
费 免费
交通 博物馆位于三省路路口。从大田站出发向北，沿三省路向原产业大学方向步行约 500 米即可到达

世博会科学公园
住 유성구 도룡동
☎ (042)866-5114
营 9:30~17:30
休 周一
费 1200 韩元
交通 乘坐 606 路、705 路市内巴士，在“世博会公园”站下车

俗离山
住 보은군 속리산면 상판리 19-1
☎ (043)542-5267（俗离山管理办公室）
交通 从大田东部市外巴士总站发车，每天有 17 班巴士开往俗离山，约需 1 小时 40 分钟，票价 7300 韩元。

除此之外，开往这里的巴士还有：首尔东巴士总站每天有 10 班车，票价 1.6 万韩元；首尔南部巴士总站每天有 4 班车，票价 1.54 万韩元约需 3 小时 30 分钟；从清州出发的巴士每天有 26 班，约需 1 小时 50 分钟，票价 8000 韩元。

大田教育博物馆유성구 봉명동

Map p.344 上 -C-1

在这里可以了解韩国的学校教育

★★

昔日的教室依然保存完好

博物馆的前身是日本殖民统治时期建造的小学，如今保存完好，经过内部改装后用作教育博物馆。馆内目前收藏并展出从李氏王朝时期直到近代所使用的教育资料，总数约有 6000 件。博物馆为两层建筑，过去曾是拥有近 90 年历史的三省小学校园。现在，日本侵占时期的学校建筑在韩国已经基本上没有了，所以这栋建筑本身作为历史的见证而显得弥足珍贵。馆内用人物模型再现了李氏王朝时期书堂的情景。

世博会科学公园엑스포과학공원

Map p.327-D-3

大田世博会纪念公园

★

1993 年大田世博会的会场，如今被改建成了以体验科学为主题的参与型公园。位于公园中心的是世博会的标志性建筑物——汉比塔，塔的对面坐落着国立中央科学馆。除了日常的展出，这里还经常举行各种其他展览，游客可以一并参观。

外形独特的展览馆

俗离山中部

法住寺
俗离山
山道
收费处
俗离山管理办公室
俗离山观光酒店
德林
雕刻公园
停车场
俗离山公园酒店
OLEJAN
京希餐厅
丰美餐厅
身土不二餐厅
土俗饮食店
新村金库
俗离山汽车旅馆
釜山
俗离山巴士总站
上坡
步行约15分钟
青年城
正二品松
1 2 A
0 500m

主要景点 餐厅 酒店 邮局 银行

近　郊

俗离山속리산

Map p.327-E-3

徒步旅行和环山漫步等旅游项目备受游客欢迎

★★

俗离山位于忠清北道和庆尚北道交界处的山区，被指定为国立公园。俗离山的主峰是南侧的天皇峰，海拔 1058 米。纵向攀越多座山峰被称为“真正的登山”，这也是俗离山观光项目中最具有挑战性的。游客在登山时，可以考虑前往南部的法住寺一代游览，在这里还可以感受一下山谷独有的氛围。不仅从大田到这里的交通十分方便，而且从首尔也有开往这里的巴士。在俗离山还可以享受这里的美食，比如，用各种蘑菇、野菜等山区特产制作的蔬菜石锅拌饭，美味的韩式套餐等。除此之外，这里的黑芝麻粥也别具风味。总之，游客在这里可以随时随地品尝各种美食，因为从巴士总站到法住寺的主干道两侧也有很多制作山货的餐厅。

弥勒菩萨立像和五重塔

●法住寺법주사

法住寺规模宏大，其建造年代可以追溯到新罗时期。现在保存下来的建筑多为李氏王朝时期建造的，石塔和摩崖佛像则是新罗时期流传下来的文物。寺院内立着一座巨大的弥勒菩萨立像，建造于1989年。寺内还有韩国唯一的木结构五重塔、被誉为三大佛殿之一的大雄宝殿等著名建筑。

树冠端庄的正二品松

●正二品松정이품송

正二品松是一株位于市郊、与法住寺相对的古松。据说李氏王朝初期，世祖王巡幸此地时，这株松树向国王鞠躬致意，世祖王大悦并封其正二品的官位。

法住寺
Map p.346-A-1
住 보은군 속리산면 사내리 209
☎(043)543-3615（宗教事务所）
营 6:00~18:00
休 无
费 4000韩元
交通 从俗离山巴士总站出发，步行约30分钟穿过市区街道即可到达。

鸡龙山계룡산 Map p.326-C-3

位于大田和公州交界处的名山 ★★

鸡龙山位于大田西侧、公州南侧，是秋季欣赏红叶的绝佳场所。从各主要城市都有市内巴士开往这里，交通便利。景区内有两个著名景点，分别是建造于新罗统一时期的尼姑庵——东鹤寺和建造于百济时代因红叶和所藏的宝物而负有盛名的甲寺。

东鹤寺
Map p.326-C-3
住 공주시 반포면 학봉리
☎(042)825-3002~3
营 6:00~18:00
休 无
费 2000韩元
交通 在大田市区乘坐107路巴士，到终点站“东鹤寺”下车。约需1小时
URL www.donghaksa.or.kr

甲寺
Map p.326-C-3
住 공주시 반포면 중장리
☎(041)857-8981
营 6:00~19:00
休 无
费 2000韩元
交通 地铁1号线⑯“儒城温泉”站下，下车后乘坐2路巴士在“甲寺”站下。
　2路巴士发车时间：9:35、10:35、11:35、14:30、16:35、18:10
URL www.gapsa.org

甲寺的红叶声名远播，每年秋季全国的游客都云集于此

来此欣赏红叶的游客

锦山人参市场금산 인삼시장 Map p.327-D-4

高丽人参之乡 ★★

绵延在大田南部的锦山，作为高丽参的主要产地而闻名，据说这里的人参交易量占到韩国国内的80%。为了吸引游客，每年秋季，这里还会举办“锦山人参节”等大型活动。其间除了市内的人参展销会之外，还有以售卖人参为主的每月逢2日和7日开市的五日集市，在这里能以低于市价的价格买到高丽参、人参制品及各种中药。

锦山人参市场
交通 从大田东部的市外巴士总站乘坐开往锦山的巴士，发车时间最短10分钟、行程40分钟、票价3600韩元。从西部巴士总站也有开往锦山的车次；从锦山巴士总站步行前往人参市场需10~15分钟。

左／店前摆放的高丽参
右／琳琅满目的珍贵药材

大田餐厅
한밭식당

◆作为一家老字号，据说餐厅里用来烹饪菜肴的锅已经使用50年。雪浓汤7000韩元，用牛膝盖骨熬制的鲜汤1万韩元。餐厅外观看起来比较大众化，但口味鲜美，就连韩国前总统朴正熙也曾经来这家餐厅品尝美食。

Map p.344 下 -C-1

住 동구 중동 60-1
☎(042)256-1565
营 10:00~22:00
休 无
C/C Ⓐ Ⓓ Ⓙ Ⓜ Ⓥ

永锡涮锅乌冬面
영순이샤브샤브칼국수

◆从高速巴士总站步行3分钟即可到达。“涮锅乌冬面”是该店的招牌菜，很受当地年轻人的欢迎。具体吃法是在锅里先涮肉、后下面条，有点类似于中国的火锅。人均消费5000韩元～。

Map p.344 上 -C-1

住 동구 용전동 111-27
☎(042)633-4520
营 10:00~22:00
休 春节、中秋节
C/C Ⓐ Ⓓ Ⓙ Ⓜ Ⓥ

开良餐厅
계룡식당

◆加入牛骨后熬制出的解酒汤味道鲜美，广受欢迎。仅需6000韩元就可以品尝到加入了牛血的麻辣解酒汤，同样花费6000韩元还可以品尝到加入了干明太鱼后熬制的清淡不腻的豆芽解酒汤。

Map p.345-C-1

住 유성구 봉명동 545-2
☎(042)822-0429
营 24小时
休 无
C/C Ⓓ Ⓙ Ⓜ Ⓥ

京希餐厅
경희식당

◆位于俗离山的一家老字号山菜餐厅，已经有50多年的经营历史。这里的菜肴带有质朴的乡土气息，令人回味起母亲所做的饭菜的味道。人均消费约2.5万韩元，虽然较其他餐厅稍贵一些，但是加入蘑菇的铁板烤肉不仅分量十足，而且确实值得品尝。

Map p.346-A-2

住 보은군 내속리면 사내리 280-2
☎(043)543-3736
营 9:00~20:00
休 无
C/C Ⓐ Ⓓ Ⓙ Ⓜ Ⓥ

丰美餐厅
풍미식당

◆主要经营野菜料理的餐厅。主要菜品为野菜套餐（1.3万韩元），包括铁板烤肉和羊乳草在内的野菜烤肉套餐（2万韩元）、羊乳草套餐（1.5万韩元）、野菜石锅拌饭（7000韩元）。

Map p.346-A-2

住 보은군 내속리면 사내리 281
☎(043)543-3715
营 7:00~21:00
休 无
C/C Ⓓ Ⓙ Ⓜ Ⓥ

酒 店
Hotel

夏特格雷斯酒店
샤또그레이스호텔

◆位于东部市外巴士总站后面，汉巴大道路旁。

Map p.344 上 -C-1（大田市区）

住 동구 용전동 72-5
☎(042)639-0111
费 14.2万韩元～
C/C Ⓐ Ⓓ Ⓙ Ⓜ Ⓥ

儒城酒店
유성호텔 URL www.yousunghotel.com

Map p.345-A-1（儒城温泉）

◆酒店内设有对外营业的露天浴池和带瀑布浴的大浴场，费用为 1.3 万韩元，在酒店内入住的旅客可以享受半价优惠。

住 유성구 봉명동 480
☎(042)820-0100
费 19 万韩元～
C/C ADJMV

温泉天堂酒店
스파피아 URL www.hotelspapia.com

Map p.345-C-1（儒城温泉）

◆酒店的名字意为“温泉乌托邦”，是大田客房数量最多的酒店。

住 유성구 봉명동 544-5
☎(042)600-6000 费 20 万韩元～
C/C ADJMV

亚得利亚酒店
호텔아드리아 URL www.hoteladria.co.kr

Map p.345-B-1（儒城温泉）

◆酒店旁边还有桑拿浴室供顾客放松身心，桑拿费用为 5000 韩元。

住 유성구 봉명동 422-5 ☎(042)824-0210
费 17.545 万韩元～
C/C ADJMV

青年庄
유수장

Map p.344 上 -C-1（大田市区）

◆位于东部市外巴士总站正后方，交通便利。走廊稍显幽暗但清洁漂亮。三人间价格为 3 万韩元，酒店内还设有药疗桑拿房。

住 동구 용전동 67-7
☎(042)625-3664
费 2.5 万韩元～
C/C ADJMV

米德公园旅馆
미도파크호텔

Map p.344 上 -C-1（大田市区）

◆位于高速巴士总站前大道上的胡同里，从巴士总站步行前往仅需 2 分钟。酒店内房间清洁卫生，还配有大浴缸。

住 동구 용전동 111-18
☎(042)673-2776
费 2 万韩元～
C/C 不可

阿利亚休闲汽车旅馆
시네마 2 모텔

Map p.345-B-1（儒城温泉）

◆每个房间都可以连接互联网，还可以收看卫星电视。店内设有特别房间（6 万韩元），不过没有英语等外语服务。

住 유성구 봉명동 551-17
☎(042)823-5665
费 4 万韩元～
C/C ADJMV

K 旅馆
케호텔

Map p.345-C-1（儒城温泉）

◆ K 旅馆为一家拥有 30 个房间的大众旅馆，旅馆建筑崭新而漂亮。提供互联网服务的房间价格为 4.5 万韩元，没有外语服务。

住 유성구 봉명동 543-7
☎(042)822-2096
费 4 万韩元～
C/C 不可

大温庄旅馆
대온장

Map p.345-B-1（儒城温泉）

◆拥有 55 间宽敞客房，一层为 GS25 便利店。店内有大型温泉浴场，店内入住的游客仅需支付2500韩元即可入内（正常票价为5000韩元）。

住 유성구 봉명동
☎(042)822-0011
费 3.3 万韩元～
C/C 不可

三亚庄汽车旅馆
상아장모텔

Map p.345-C-1（儒城温泉）

◆旅馆位置面朝儒城温泉公园所在的大街，温泉浴场费用为 2500 韩元。在旅馆入住的旅客可以免费进入温泉浴场，另付部分费用可享用火锅。

住 유성구 봉명동 546-3
☎(042)822-6681
费 3 万韩元～
C/C 不可

读者来信

●有着美丽杜鹃花的公山城

从公山城的入口往上向锦西楼看去，就可以看到盛开的美丽杜鹃花，城墙和门互相衬托着。穿过锦西楼的门，沿着城墙走一段，就看见锦江了。那里有长椅，游客可以坐下来悠闲地一边眺望着锦江，一边在脑海中想象着锦江流向扶余。公山城虽然不大却很有趣，下午两点后就没有什么游客了，可以在这度过安静的时光。

大田的客厅

传说中仙鹤疗伤的儒城温泉

据传，偶然发现仙鹤以儒城温泉的泉水治疗负伤的翅膀后，一个同新罗作战时负伤的士兵也在此疗伤。即便是在今天，儒城温泉（Map p.345）仍然能为人们缓解疲劳。

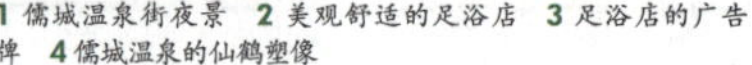

1 儒城温泉街夜景　2 美观舒适的足浴店　3 足浴店的广告牌　4 儒城温泉的仙鹤塑像

高丽参之乡——锦山

只有人参原产地才有的风景

1 以人参为主题的雕塑　2 作为上等高丽参的主要产地，锦山的高丽参交易量占韩国国内的80%　3 高度仿真的人参塑像　4 正在交易的各种高丽参　5 值得一尝的油炸高丽参　6 端上餐桌的油炸高丽参　7 个头硕大的单株高丽参　8 锦山举办的高丽人参节，吉祥物为人参造型的卡通人

天安·牙山（温阳温泉）

천안·아산 (온양온천)

在市内即可享受温泉

长途电话区号 041

天安市
居民登记人口数量（2009 年）
540832 人
牙山市
居民登记人口数量（2009 年）
256449 人
天安市面积（2007 年）
636.25 平方公里
牙山市面积（2007 年）
542.19 平方公里

天安站旅游咨询处
☎(041)521-2038
天安市主页
URL www.cheonan.go.kr
牙山市主页
URL www.asan.go.kr

市内交通

【市内巴士】
普通巴士票价为 1200 韩元
※ 天安—温阳温泉区间的市内巴士有 900 路、910 路、920 路、930 路等，票价均为 1200 韩元。
【出租车】
起步价 2300 韩元。

天安火车站前的旅游咨询处

韩国虽然没有活火山，但得益于丰富的地热资源，境内也形成了许多温泉。地热温泉不仅没有刺鼻的硫黄味儿，而且大多都是无色透明的钠型矿物质泉。许多城市的市内就有为数不少的温泉，这些地方一般都配有带桑拿设施的大浴场。除此之外，还有许多露天的温泉浴场。这里的市内温泉可能缺少一些配套的自然风光。不过，在这里可以不穿泳衣，还可以在大浴盆中悠闲地泡温泉、洗去旅途的疲惫，也是十分惬意的

天安·牙山（温阳温泉）概要与导览

天安市位于京釜线和长顶线的交会处，市内并没有什么特别的景点。不过，天安正西方向约 15 公里处即为牙山市，牙山拥有自古以来就享有盛誉朝鲜半岛的温阳温泉。天安综合巴士总站前有市内巴士乘车车站，这里有许多班次的市内巴士开往独立纪念馆和温阳温泉方向。温阳温泉休闲区以 KORAIL 火车站的站前广场为中心，众多的温泉旅馆沿街道北侧集中分布。不过需要提醒游客的是，位于巴士总站附近的大多是汽车旅馆而不是温泉旅馆。

Access 交通方式

从首尔前来的推荐线路

→乘坐火车或高速巴士、市外巴士很方便

首尔站·龙山站→天安站：5:10~23:10（每天59班次，约需1小时）

※在天安牙山站下车的话，还可以转乘KTX。地铁1号线也可以到达，但花费的时间要多一些。

首尔站·龙山站→温阳温泉站：5:10~20:58（每天29班次）

※乘坐从2009年6月开始运行的“Nuriro”号也很方便，地铁1号线也可以到达，但花费的时间要多一些。

首尔高速巴士总站→天安综合巴士总站（高速巴士）：6:00~23:55（每隔10~15分钟一班，约需1小时）

从釜山前来的推荐线路

→乘坐KTX列车很方便

釜山站→天安牙山站：5:00~22:30（每天最多33班次，约需1小时57分钟）

前往其他城市

[ ]内为推荐的交通工具

▼大田/（대전）[高速巴士]

7:10~21:50（每隔15~20分钟一班，约需1小时）

火车

■天安站/천안역　Map p.352-A-2

■温阳温泉站/온양온천역　Map p.353-A-1

巴士

■天安综合巴士总站/천안종합버스터미널

Map p.352-A-1　☎(041)551-4933

■牙山共用巴士总站/아산공용터미널

Map p.353-B-1　☎(041)665-4808

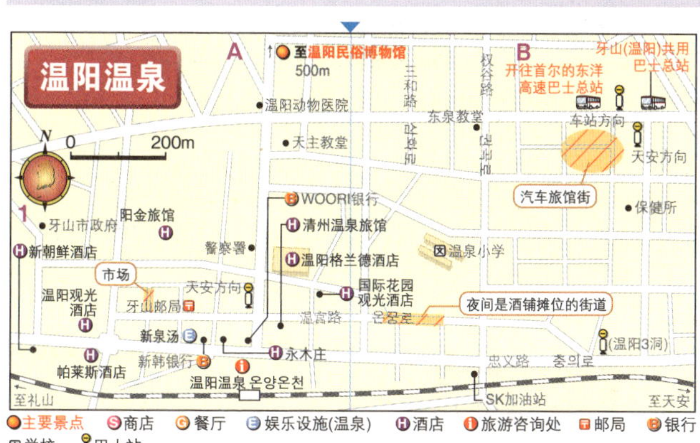

天安·牙山（温阳温泉）主要景点

温阳民俗博物馆온양민속박물관　Map p.353-A-1外

以温阳温泉为媒介，了解韩国文化　★★

作为一家民营博物馆，馆内收藏了约2万件散落于民间的民俗资料。民俗博物馆这个名称真是名副其实，馆内还设有以普通百姓生活文化为主题的专门展区。此外，馆内还收藏有江原道民居的木板葺屋顶等珍贵实物。

石像林立的室外

馆内外都陈列着各种展品

温阳温泉
ⓘ 观光咨询处
Map p.353-A-1

温阳民俗博物馆
住 아산시 권곡동
☎(041)542-6001~6004
营 9:30~17:50
休 周一
费 5000韩元
交 沿火车站前的大道向北步行约20分钟即可到达

忠州·水安堡温泉

충주·수안보온천

山谷中的温泉之乡

长途电话区号 043

忠州市
登记人口数量（2009 年）
206613 人
忠州市面积（2007 年）
983.95 平方公里

旅游咨询处
忠州共用巴士总站内
Map p.355-A-1
水安堡温泉入口处
Map p.354-B-1
☎(043)845-7829
营 9:00~18:00

忠州市主页
URL www.cj100.net

市内交通

【市内巴士】
从忠州开往水安堡温泉的巴士为 240~246 路，票价 1200 韩元，约需 40 分钟。

有趣的建筑外形

水安堡的巴士候车亭

忠州·水安堡温泉 概要与导览

水安堡温泉位于首尔附近，在这里享受温泉的同时还能领略山谷风情，因而越来越受到外国游客的欢迎。

忠州市内并没有什么特别的景点。前往水安堡温泉的话，建议在巴士总站前换乘市内巴士；在首尔还有直达水安堡温泉的巴士。

水安堡温泉面积大小适中，适合信步闲游。在以水安堡桥为中心的区域内，集中了许多温泉旅馆和经营野菜料理、山鸡料理等当地名产的特色餐厅。沿河两岸还有成排的樱树和出售当地特产的流动摊位。

Access 交通方式

从首尔前来的推荐线路

→乘坐高速巴士、市外巴士很方便

首尔高速巴士总站（中心城区）→忠州共用巴士总站：6:00~23:00（每隔 30 分钟一班，约需 2 小时 50 分钟）

东部首尔巴士总站→水安堡巴士乘车处：6:40~19:40（每天 17 班次，约需 2 小时 30 分钟）

从釜山前来的推荐线路

→乘坐高速巴士很方便

釜山综合巴士总站→忠州共用巴士总站：8:40~19:10（每天 8 班次，约需 4 小时 30 分钟）

铁路

■忠州站 / 충주역　Map p.355-A-2

巴士

■忠州共用巴士总站 / 충주공용버스터미널
Map p.355-A-1　☎(043)845-0001

■水安堡巴士乘车处 / 수안보공용버스터미널
Map p.354-B-2　☎(043)848-7433

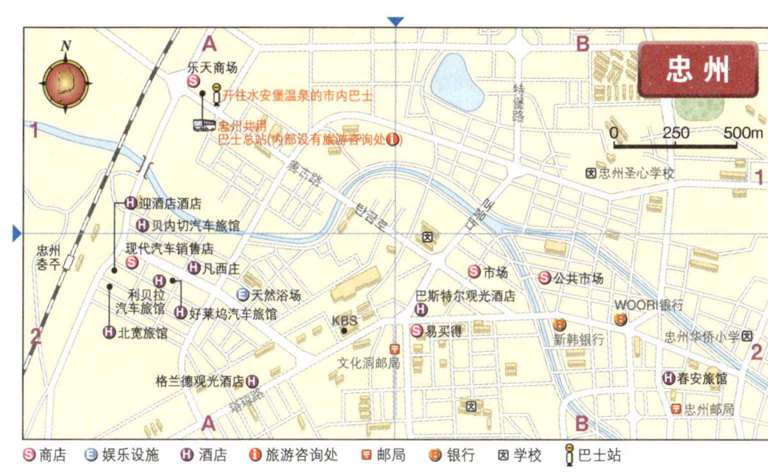

商店 / 咖啡吧 / 休闲 / 娱乐
Shop / Coffee bar / Leisure / Entertainment

乐晴汤
낙천탕

URL www.sulloc.co.kr

◆该浴场使用的水源为硫黄矿泉。浴场中有韩国国内为数不多的扁柏浴盆和可透过单向玻璃欣赏外部景色的“展望”浴池。

Map p.354-A-1
住 충주시 수안보면 온천리 200-1
☎(043)846-2905　营 周一~周五 6:00~20:30　周六、周日 6:00~21:00
休 无　费 6000 韩元　C/C 不可

酒店
Hotel

水安堡常青藤酒店
수안보상록호텔

URL www.sangnokhotel.com

◆该酒店位于温泉街入口，距旅游咨询处较近。在大浴场还有对身体健康有益的麦饭石。

Map p.354-B-1
住 충주시 수 안보면 온천리 292
☎(043)845-3500
费 8.4 万韩元
C/C ⒶⒹⒿⓂⓋ

水安堡观光酒店
수안보조선관광호텔

URL www.suanbo.co.kr

◆位于温泉街南端的高档酒店，店内的麦饭石温泉桑拿很受欢迎。

Map p.354-B-2
住 충주시 수안보면 온천리 109-1
☎(043)848-8833　费 15 万韩元～
C/C ⒶⒹⒿⓂⓋ

在这里，游客大可不必为美食犯愁。这里能品尝到当地的名吃——野鸡料理和兔肉料理，尽情品味当地的佳肴会为大家的旅途增添许多美好的回忆

Reader contribution

读者来信

●济州岛自助旅游的建议

济州岛与首尔以及釜山一样旅店不多。个人旅行的话，可以从国内预订，有几个网站很便宜地就能预订到旅店。用卡结算预订好后，只要拿着收据到旅馆就可以了。不论一般的旅店还是高级酒店都可以便宜地预订到。另外有些旅店还提供免费的交通工具往返机场和酒店之间。所以最好提前询问旅店有没有这项服务。

东门市场

它是第一产业的市场，在这儿是找不到那些小摊小贩的。而且在这儿你不能像在首尔那样可以砍价。其实反过来说，这里东西的价格对旅游者来说都是非常适中的。还有整个猪头拿出来卖的（已经去了骨头）。虽然带些异味，但吃起来就像是猪脚一样美味。三万韩元就能吃到，可以去尝尝。用济州岛的牡蛎做的牡蛎泡菜也非常好吃，强力推荐！

【小编寄语】

猪头（脸部的皮）在韩国也被称为“molikogi”，是富含很多胶原质的美容食品，对于喜欢吃富含胶原质食物的人来说是绝对不能错过的美味。

万丈窟

距离好像是世界最长，却鲜有变化。当地的人也只是在入口处参观一下就回去。但是万丈窟上面的国立公园却比想象的大，是个散步的好去处。

城山日出峰

山脚下（停车场附近）的风特别大，走路都有些困难。所以并不是休闲的好去处（虽然山顶上没什么风）。冬天去的话，别忘记穿防寒服。在去往城山日出峰的路上有非常美丽的海岸线，一定记得下车，眺望海岸线和城山日出峰。我觉得从海边眺望的景色是最美的。

【小编寄语】

济州岛的强风是出了名的，带上符合季节的外衣会更好。

包车

因导游推荐，我们跟旅行车进行观光（大约6小时）。虽然很轻松，但是要和其他旅客一起去推荐的地方吃饭，一起去并不想去的地方参观，这样的旅行根本就不能按照个人的意愿。听说迎送出租车能接送人去观光景点，如果想自由地在岛内观光，还是预订迎送出租车为好。

【小编寄语】

在那里有个人经营的包车，能够载人游览并提供导游。这也是一个不错的旅行方法。通过电子邮件就可以预订。去网站搜搜就会出现好几人。由于这种出行方式没有当地的导游陪同，所以也不用担心会被导游带去收回扣的商店购物。他们会询问你想去的地方，然后载着你去。因此这是可以随心所欲地由你创造线路的旅行。

租车

那里的街道很窄，而且不论是宽阔的街道还是狭窄的街道，交通秩序都不是很好。不习惯国外驾驶的朋友不推荐其租车。

●济州岛去 The Park Southern Land（《太王四神记》外景地）的建议

The Park Southern Land 对外开放至下午 6 点半，但是大部分卖纪念品的店主 5 点钟就关门了。想买裴勇俊的纪念品也买不到。建议想买纪念品的游人在下午 5 点钟之前去。

●拜访韩国天台宗总本山小白山救仁寺

从忠清北道的“堤川”车站坐市外巴士大约 1 小时就能到达韩国天台宗总本山小白山救仁寺。这个寺院很大，大得有一种压迫人的气势。在通往寺院的道路两旁有小卖部、邮政局、喝水的地方以及招待斋饭的地方等。负责引导的人也非常好。还有供游客休息的大厅，这里还可以留宿。从首尔到救仁寺有直达巴士。

●蔚山博物馆

蔚山博物馆于 2011 年 6 月 22 日开放，是蔚山市立的综合博物馆。常设的展览馆有历史馆、工业馆、儿童博物馆。另外还有两个展览馆在计划中。

历史馆通过一些考古遗物和美术资料介绍史前时期到现代的蔚山历史和文化。与捕鲸业有关的出土物等，蔚山的资料是最多的。

工业馆从现代企业入手，介绍了工业城市蔚山市是怎样发展成为现在国内首屈一指的汽车、船舶产业基地的。馆内还展示了工厂的透视图景和汽车的试制品。

儿童博物馆是面向儿童特设的体验型的展览馆。开发体验汽车和船舶的模拟程序。内容可谓丰富多彩。

门票免费（特别展览除外），开放时间是 9:00~18:00。17:00 后停止入馆。周一和元旦闭馆。从釜山乘坐地铁 1 号线到“老圃”站毗连的釜山综合巴士总站，在 30、31 路公共汽车乘车处乘坐开往蔚山的汽车（5:40~22:00、每隔 10 分钟一班，单程 4000 韩元，约需 45 分钟），在“工业塔交通环岛”站下。下车后有个十字路口，这个路口建有蔚山市的标志——工业塔，在那个十字路口朝南走 10 分钟即到。

江原道

韩国东北部

占地面积广阔的上流两驻建筑显示出李氏王朝时期的富挠

（船桥庄的活来亭）

小特辑

韩国北部之旅

险峻的群山和清澈的河水交相辉映

韩国东北部是与军事分界线相接的江原道的束草地区。朝鲜战争中，位于北纬 38 度线北侧的该地区曾是高度紧张的最前线。但是，现在随着南北融合进程的发展，该地区已经成为一个悠闲的观光胜地。人们最喜欢的就是像男人一样的险峻群山和急流相互交织的景观。当然人们也会喜欢那儿的山珍海味。对于自然景观不太感兴趣的人，可以推荐去体验与 DMZ（非军事化区）有关的“安保观光”，还可以去花津浦（花津浦复原了金日成曾经住过的别墅）进行参观。美丽的海滩和带刺铁丝网的对比，对于现代的游客来说可能是个新鲜的景象。

江原道的美食很有魅力。韩国风味的鱿鱼粉肠和用海水做的江原道式纯豆腐（束草是汉平地区有名，江陵是草堂地区有名），是在首尔以及釜山地区吃不到的乡土美味。在五色地区，还可以体验珍贵的作为药水的碳酸矿泉“五色药水”。

▶▶▶通往雪岳山的道路参考 p.17

1 雪岳山权金城的顶上有很多游客 2 汲取五色药水的矿泉 3 花津浦的金日成别墅 4 铁丝网围绕的海岸 5 从高城统一瞭望台看朝鲜

矿泉的味道是盐味和铁锈臭味以及酸味混合在一起的独特味道。另外，用矿泉来煮釜饭等也是相当稀奇的。除了五色之外，位于束草山旁的尺山地区还有温泉，可以一边洗温泉，一边呼吸山里的清新空气，也是件相当快乐的事情。

6 束草特产汉平纯豆腐套餐 7 蔬菜拌饭 8 束草特产青洞湖炒大肠 9 公路与铁路向朝鲜延伸 10 鱿鱼粉肠（韩国风格） 11 神奇味道的五色药水 12 险峻的山脉令人向往（雪岳山）

DATA

高城统一瞭望台→p.384
花津浦→p.384
青洞湖村→p.382
五色药水→p.384

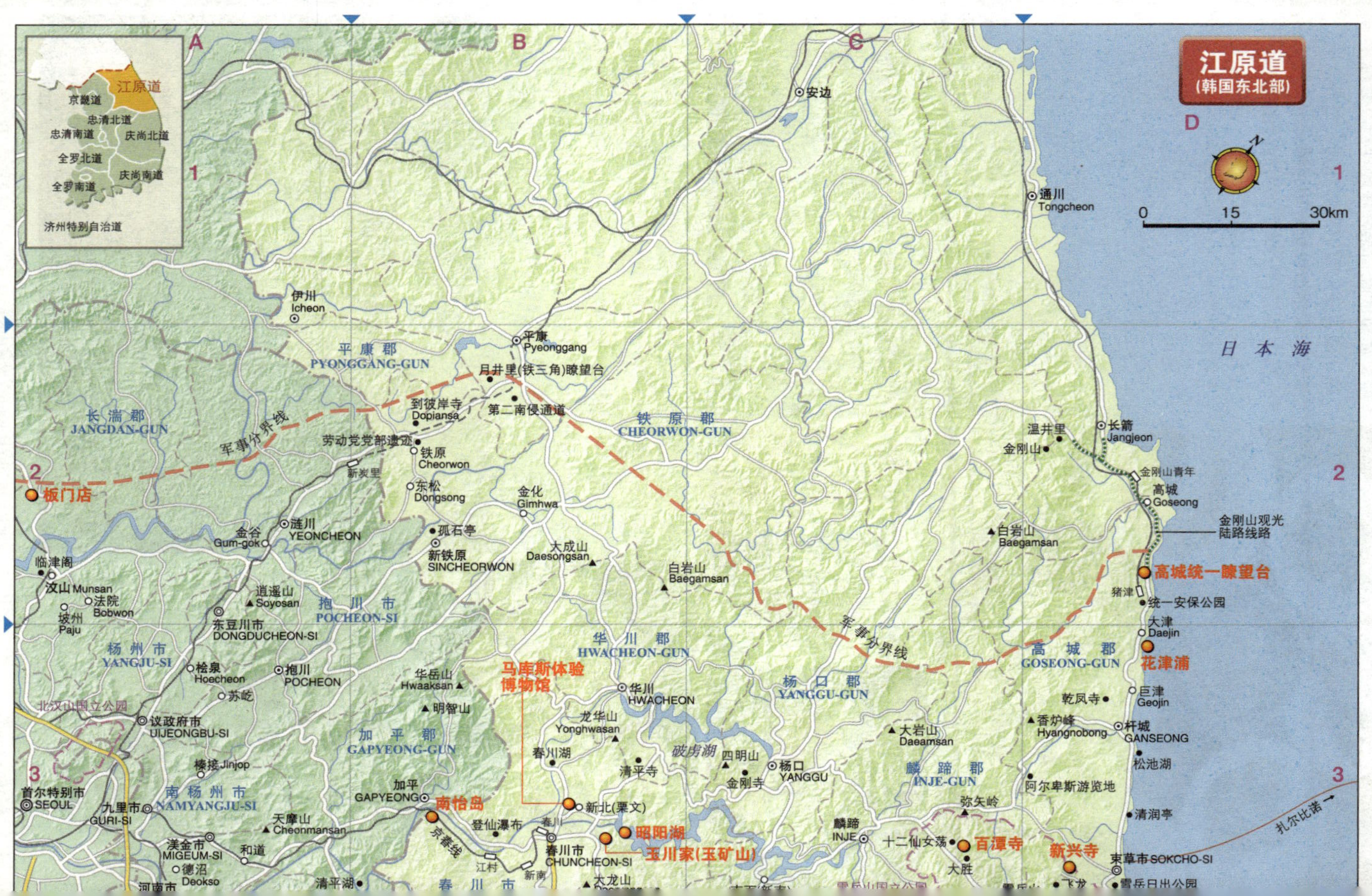

江原道
(韩国东北部)
江原道
京畿道
忠清北道
忠清南道
庆尚北道
全罗北道
庆尚南道
全罗南道
济州特别自治道
日本海
0 15 30km
安边
通川 Tongcheon
伊川 Icheon
平康 Pyeonggang
平康郡 PYONGGANG-GUN
月井里(铁三角)瞭望台
第二南侵通道
到彼岸寺 Dopiansa
劳动党党部遗迹
铁原 Cheorwon
新炭里
东松 Dongsong
铁原郡 CHEORWON-GUN
长湍郡 JANGDAN-GUN
军事分界线
板门店
金化 Gimhwa
孤石亭
新铁原 SINCHEORWON
大成山 Daesongsan
白岩山 Baegamsan
金谷 Gum-gok
涟川 YEONCHEON
临津阁
汶山 Munsan
法院 Bobwon
坡州 Paju
逍遥山 Soyosan
东豆川市 DONGDUCHEON-SI
抱川市 POCHEON-SI
杨州市 YANGJU-SI
桧泉 Hoecheon
抱川 POCHEON
苏屹
北汉山国立公园
议政府市 UIJEONGBU-SI
榛接 Jinjop
南杨州市 NAMYANGJU-SI
首尔特别市 SEOUL
九里市 GURI-SI
渼金市 MIGEUM-SI
和道
德沼 Deokso
天摩山 Cheonmansan
华岳山 Hwaaksan
明智山
加平郡 GAPYEONG-GUN
加平 GAPYEONG
南怡岛
京春线
登仙瀑布
江村
春川
新南
春川市 CHUNCHEON-SI
清平湖
马库斯体验博物馆
华川郡 HWACHEON-GUN
华川 HWACHEON
龙华山 Yonghwasan
春川湖
清平寺
新北(栗文)
昭阳湖
玉川家(玉矿山)
大龙山
破虏湖
四明山
金刚寺
杨口 YANGGU
杨口郡 YANGGU-GUN
麟蹄 INJE
麟蹄郡 INJE-GUN
大岩山 Daeamsan
十二仙女荡
百潭寺
大胜
弥矢岭
阿尔卑斯游览地
新兴寺
束草市 SOKCHO-SI
雪岳日出公园
清涧亭
松池湖
杆城 GANSEONG
香炉峰 Hyangnobong
乾凤寺
巨津 Geojin
高城郡 GOSEONG-GUN
花津浦
大津 Daejin
统一安保公园
猪津
高城统一瞭望台
金刚山观光陆路线路
高城 Goseong
金刚山青年
长箭 Jangjeon
温井里
金刚山
白岩山 Baegamsan
扎尔比诺

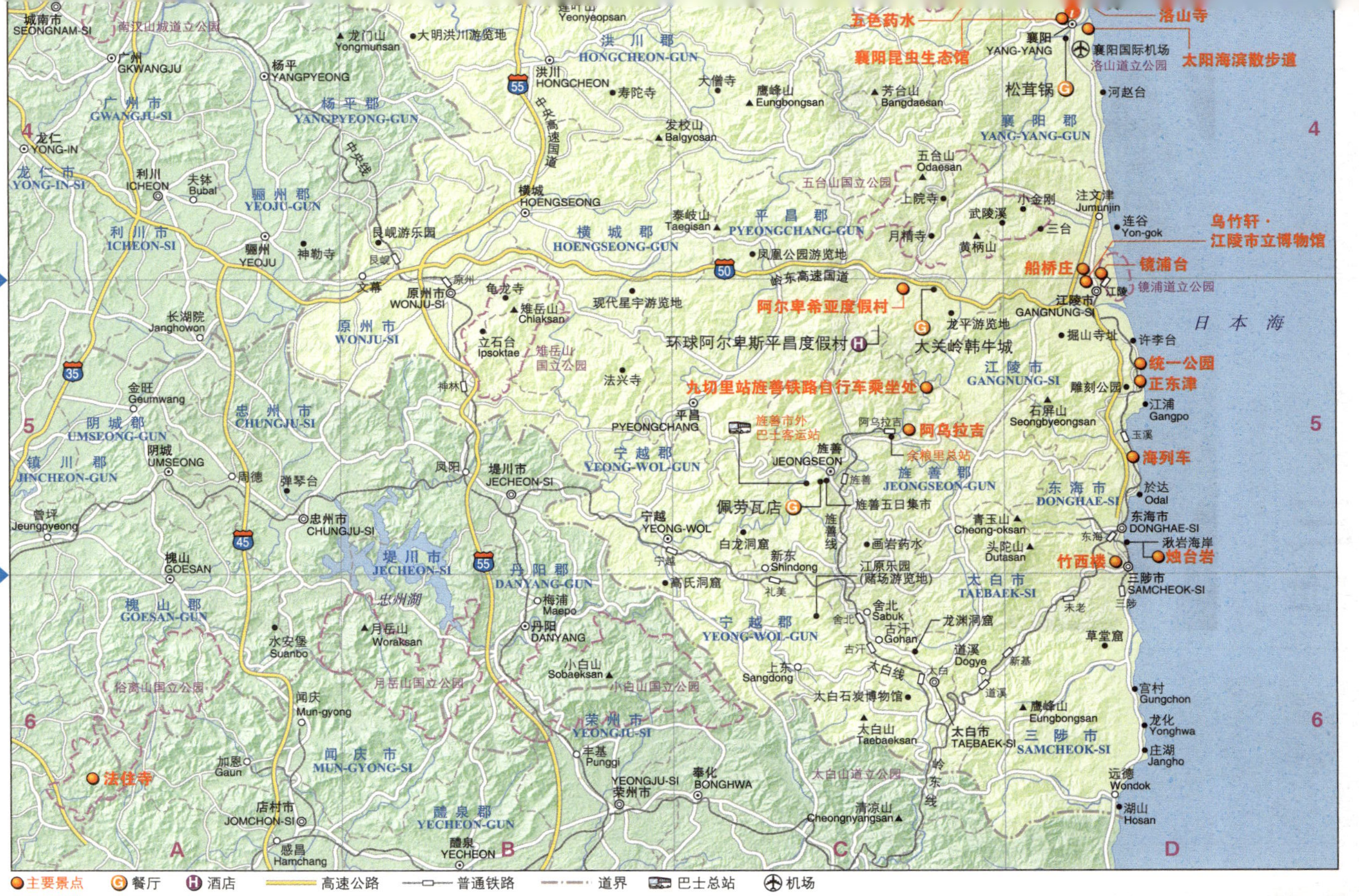

洛山寺
五色药水
襄阳昆虫生态馆
太阳海滨散步道
松茸锅
乌竹轩·江陵市立博物馆
镜浦台
船桥庄
阿尔卑希亚度假村
环球阿尔卑斯平昌度假村
大关岭韩牛城
九切里站旌善铁路自行车乘坐处
统一公园
正东津
阿乌拉吉
海列车
佩劳瓦店
竹西楼
烛台岩
法住寺
日本海
主要景点
餐厅
酒店
高速公路
普通铁路
道界
巴士总站
机场

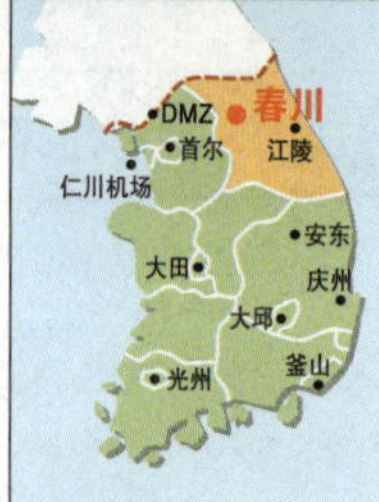

春川 춘천

《冬季恋歌》和铁板鸡胡同

长途电话区号 033

春川市
居民登记人口（2009年）
264849人
春川市面积（2007年）
1116.78平方公里

春川市主页
URL www.chuncheon.go.kr

旅游咨询处
南春川站 Map p.364-B-5 ☎(033)250-3322、春川市外巴士总站 Map p.364-B-5 ☎(033)250-3896、江原道旅游协会 ☎(033)244-0088、春川市旅游咨询处 ☎(033)244-0088 后两处在同一栋楼内，进去之后，会发现其在综合运动场旁的乡土工艺馆附近（Map p.364-B-4）。
营 9:00~18:00

市内交通

【市内巴士】
普通巴士票价为1100韩元。前往昭阳湖乘坐12路、12-1路座席巴士会较便利（从南春川站出发，需要约30分钟）。

【出租车】
起步价为2200韩元。

春川 概要与导览

春川市利用了丰富的水资源和山脉围成的地形建造了大坝，而后通过发电和供水事业，将城市发展起来。流经城外的北汉江的上游有春川湖，下游有衣岩湖，东北有巨大的水库湖昭阳湖。另外，在叫软玉的出产能量石的地方，可以参观矿山。

因《冬季恋歌》在东亚全境内掀起了热潮，所以中国的许多游客慕名前往春川旅游（因为春川是剧中主人公们度过高中时代的地方）。

随着京春线的开通，从首尔到这里越来越方便，去昭阳湖的话从南春川车站前有配合列车时刻的巴士（12-1路）发出。

从南春川站至春川一的明洞街市，可以乘坐所有的巴士。乘坐出租车的话需要约10分钟，3000韩元左右。因为《冬季恋歌》而出名的明洞街市是步行者的天堂。南边有平民化的中央市场。明洞街背后是有名的铁板鸡胡同。由于聚集了许多家铁板鸡专营店，所以这里形成了小吃一条街。

好吃的拌荞麦冷面

	1月	2月	3月	4月	5月	6月	7月	8月	9月	10月	11月	12月
平均最高气温（℃）	0	3	10	17	23	26	28	28	24	18	10	2
平均最低气温（℃）	-8	-6	0	5	11	16	21	20	15	7	1	-1
平均降水量（mm）	46.6	4.0	14.3	15.3	80.1	113.2	182.2	481.6	139.8	16.9	25.4	35.5

Access 交通方式

从首尔前来的推荐线路

→乘坐铁路、市外巴士很方便

清凉里站→南春川站：6:15~22:03（每天 19 班，需要 1 小时 54 分钟）

首尔东部巴士总站→春川市外巴士总站：6:00~ 24:00（每天 100 班，最短需要 1 小时 10 分钟）※ 也有从市中心出发的班次

从釜山前来的推荐线路

→市外巴士很方便

釜山综合巴士总站→春川市外巴士总站：7:30~19:10（每天 11 班，需要 5 小时）

前往其他城市

[ ] 内为推荐的交通工具

▼江陵（강릉）[市外巴士]
6:20~21:30（每天 23 班，最短需要 2 小时 10 分钟）

▼束草（속초）[市外巴士]
6:15~20:00（每天 19 班，需要 2 小时 10 分钟）

▼原州（원주）[市外巴士]
6:05~23:00（每天27班，需要1小时10分钟）

铁路

京春线上凤站→春川站：5:10~23:50（每天 6 班，需要 1 小时）

■南春川站 / 남춘천역
Map p.364-B-5

巴士

高速巴士总站的巴士只开往光州和大邱。市外巴士总站有开往韩国各地的班车。

■春川高速巴士总站 / 춘천고속버스터미널
Map p.364-B-4 ☎(033)256-1571

■春川市外巴士总站 / 춘천시외버스종합터미널
Map p.364-B-5 ☎(033)241-0285、254-3285

春川
A
B
C
1
2
3
4
5
至昭阳湖(大坝)
司农洞
牛头洞
上中岛
昭阳第二桥
昭阳第一桥
昭阳江
春川湖畔
《冬季恋歌》拍摄地
(主人公们的家)
昭阳亭
《冬季恋歌》拍摄地
中岛
中岛(《冬季恋歌》拍摄地)
幢竿支柱
凤仪山
后坪一洞
春川世宗酒店
p.363
昭阳洞
西部市场
江原道政府
翰林大学
春川
춘천
翰林医大附属医院
衣岩湖
格兰德汽车旅馆
农协超市
韩国银行
自行车道
原美军基地
明洞铁板鸡一条街
春川市政府
春川观光酒店
校洞
明洞
玉泉洞
朝阳洞
新兴路
신흥로
M百货店
韩国战争
参战纪念碑
渡河舟桥
MBC
小店村
春川面
江原大学医院
战争遗迹纪念馆
南部路
春川邮局
孝子2洞
大成路
대성로
云桥洞
市民公园
孝子路
孔之河
春川警察署
南部市场
孝子1洞
春川名物铁板鸡
柳麟锡铜像
市立图书馆
江原大学
国立春川博物馆
至春川熊城酒店
和平钟
至中岛码头
孔之路
공지로
综合运动场
乡土工艺馆
春川高速巴士总站
旅游咨询处
春川教育大学
南春川桥
江南洞
江南医院
春川市外巴士总站
南春川
남춘천
N
0
0.5
1km
至首尔
主要景点
商店
餐厅
酒店
旅游咨询处
邮局
银行
学校
医院

春川 美食信息

明洞十字路口和中央路、南部路的地下有商店街，那里有各种各样的商铺。明洞的市街主要是面向年轻人的。中央市场自古以来就与明洞相邻。市场上的货物从生鲜食品到家庭杂货，无所不有。

要是提起春川的美食，一定要说铁板鸡。这是一道把鸡肉浸在特制的辣味调料中，并将其与蔬菜一起放在厚铁板上进行烤的美食。要想品尝的话，明洞的铁板鸡一条街的铁板鸡是最好的。这里聚集了许多铁板鸡专营店，各店铺在口味上进行着各种竞争。但是，无论哪个店的菜单都是以铁板鸡与荞麦粉冷面为主，所以看哪家店顾客多就去哪家，就好了。

春川 住宿信息

巴士总站附近还没有旅馆及汽车旅馆。不妨到老巴士站附近或者市中心去找一找。南春川站附近没有住宿设施。

春川 主要景点

市 中 心

昭阳湖소양호

Map p.360-B-3

巨大的人造湖 ★★

昭阳湖是由位于距离市中心东北方向约 10 公里的昭阳大坝所形成的巨大的人造湖。除了有许多人来钓鱼之外，这附近也有因荞麦粉冷面而出名的荞麦粉冷面村。湖面上除了有观光用的汽艇外，还运行着前往上游的清平寺、杨口方向的快速游船。清平寺位于雅致的山中，距湖岸 500 米。

昭阳湖岸的停船场附近有溪谷，其入口处并列着许多家庭旅馆和经营炭火铁板鸡的餐厅。

在昭阳湖畔能看到“韩国水资源公用事业公司昭阳江多功能大坝”的字样

明洞铁板鸡一条街

Map p.363-B-2

营 10:00~24:00 的店铺很多

休 无

炒得很给力的铁板鸡

明洞铁板鸡一条街到处可以看到铁板鸡的广告牌

春川的美食家也不会错过荞麦冷面

昭阳湖

☎(033)250-3561（昭阳湖管理处）

费 免费

交通 乘坐市内巴士 12 路、12-1 路在“昭阳湖”站下车

昭阳大坝—清平寺的船

☎(033)242-2455（昭阳旅游开发）

营 9:30~18:30（每隔 30 分钟一班，需要 10 分钟。）

※ 冬季会减少班次

费 6000 韩元（往返）

※ 除此之外，还有浏览船（1 万韩元）和出租的汽艇可以使用。

中岛중도

Map p.364-A-2

租用自行车很有乐趣

★★

北汉江和昭阳江在靠近春川站的背后合流，形成了春川湖畔。其分支在下游不断扩展就形成了衣岩湖。在湖中，有下中岛、中岛、上中岛、蝟岛四个岛，这些岛像蚕一样浮在湖面上。中岛有人造林的游乐园，是非常受欢迎的营地。这里曾经是《冬季恋歌》的拍摄地，因此也有许多人慕名而来。可以和家人以及朋友们一起享受烤肉和宿营乐趣，那里的木结构小屋的价格是平时4万韩元，周末5万韩元。出租自行车有200辆可供使用，费用是3小时3000韩元。夏季还可以享受在游泳池中玩耍的乐趣。

拥有悠闲自在风情的中岛

中岛

住 춘천시 중도동

☎(033)242-4881（中岛管理处）

营 9:00~18:00（每隔30分钟一班）

休 无

费 5300韩元（入场费用+渡船费用）

交通 乘坐市内巴士74路、75路在“中岛入口”站下车后，再乘坐渡船前往中岛

※由于巴士班次不多，所以乘坐出租车会较方便

近　郊

南怡岛남이섬

Map p.360-B-3

因《冬季恋歌》而一举成名

★★★

作为浮在大坝湖上的小岛，上面的观光设施很完备。该岛曾经是一个平淡无奇的游乐园，但是由于后来成为《冬季恋歌》的外景地，开始有大量来自东亚地区的游客慕名而来。运营南怡岛的公司的总经理是设计师，所以每天都会有独一无二的创意，来打造这座童话和艺术的乐园。园内还有安徒生大厅和过去的生活博物馆等很有乐趣的展览馆。

同样很有名的林荫道

《冬季恋歌》中的著名场景

南怡岛

住 남산면 방하리 198

☎（031）580-8114

营 7:30~21:40（这是渡船的运行时间。岛上也有住宿设施，可以在岛上逗留24小时）

休 无

费 8000韩元（入场费用+渡船费用）

交通 【从春川出发】

从春川站乘坐京春线在“加平”站下车（每天8班，最快需要22分钟），从加平站到南怡岛渡船场，乘坐出租车的话需要约10分钟。另外，乘坐开往首尔方向的春川市外巴士，在“加平”下车，然后乘坐出租车到达渡船场需要约10分钟

【从首尔出发】

在“上风”站乘坐京春线KTX列车并在“加平”站下车（每天6班，最快需要43分钟），然后再乘坐出租车

※仁寺洞有9:30发的直达巴士、南怡岛有16:00发的直达巴士（往返票价为1.3万韩元）。

URL www.namisum.com

餐厅

Restaurant

名物铁板鸡

명물닭갈비

◆位于铁板鸡一条街。除了稳定供应的铁板鸡（无论带不带骨头都是1人份1万韩元）之外，冬菇（1.2万韩元）也很受欢迎。将鸡胗和内脏等单品和铁板鸡混合起来点，也是很不错的。炒饭3000韩元。

Map p.363-B-2

住 춘천시 조양동 50-7

☎(033)257-2961

营 周日~周五 10:00~23:00

周六 10:00~24:00

休 无

C/C ⒶⒹⒿⓂⓋ

福清铁板鸡
복천닭갈비

Map p.363-B-2

◆位于铁板鸡一条街，客人络绎不绝。无骨铁板鸡是 1 人份 1 万韩元。炒饭 4000 韩元。可以提供一瓶软饮料。团体可以打折。

住 춘천시 조양동 51-17
☎ (033)254-0891
营 9:00~24:00
休 无
C/C Ⓐ Ⓓ Ⓙ Ⓜ Ⓥ

明洞一号地铁板鸡
명동 1 번지

Map p.363-B-2

◆铁板鸡有无骨和有骨的两种，每种价格都是 1 万韩元。最后可以选择炒饭或普通米饭。这里的春川特产荞麦冷面（5000 韩元）也值得推荐。这里使用的鸡肉都是产于韩国本地的。

住 춘천시 조양동 131-9
☎ (033)256-6448
营 10:00~24:00
休 每月的第三个周三
C/C Ⓐ Ⓓ Ⓙ Ⓜ Ⓥ

酒 店
Hotel

春川世宗酒店
춘천세종호텔

Map p.364-B-2

◆有 3 层地上建筑的雅致酒店。位于市内北侧的山腹中。入口处的韩国式大门以及宽广的庭院营造出了安静的氛围。

住 춘천시 봉의동 15-3
☎ (033)252-1191
FAX (033)254-3347
房间数 63
费 ⓈⓉ16.9 万韩元
C/C Ⓐ Ⓓ Ⓙ Ⓜ Ⓥ

格兰德汽车旅馆
그랜드모텔

Map p.363-C-1

◆到明洞湖步行只要 5 分钟。除了周六之外，巴士总站或者南春川站发出的出租车费用都会打折。电脑齐全的房间费用是 3.5 万韩元起。

住 춘천시 옥천동 39-6
☎ (033)243-5021
费 3 万韩元 ~
C/C Ⓐ Ⓓ Ⓙ Ⓜ Ⓥ

上左 / 再现著名场景
上右 / 维真的家
下左 / 前往南怡岛的渡船

想再走一次的林荫道

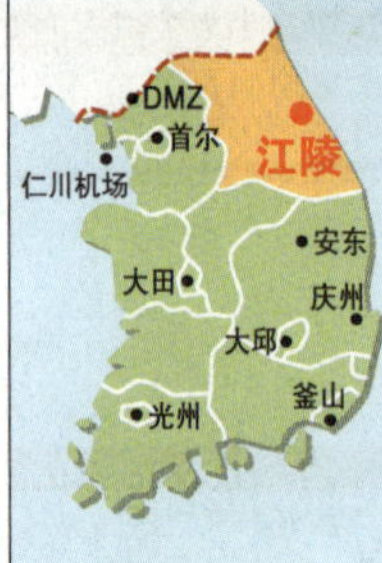

江陵 강릉

可以欣赏日出美景的东海岸城市

长途电话区号 033

江陵市
居民登记人口（2009 年）
217464 人
江陵市面积（2007 年）
1039.77 平方公里

江陵市主页
URL www.gangneung.go.kr

旅游咨询处
江陵站前旅游咨询处 Map p.369-B-3 ☎(033)640-4533）、综合巴士总站后面的综合旅游咨询处（Map p.369-A-3 ☎(033)640-4414，另外镜浦台也拥有旅游咨询处。

市内交通

【市内巴士】
票价一般 1100 韩元，座席巴士 1450 韩元。前往乌竹轩、江陵市博物馆、镜浦台可乘坐 202 路巴士。230 路巴士经由巴士总站、江陵站、草堂纯豆腐村开往康门方向。206 路巴士、228 路巴士、230 路巴士连接着综合巴士总站和市内（到达市区需要大约 10 分钟）。

【出租车】
起步价 2200 韩元，没有模范出租车。

江陵是岭东线的终点。从首尔发车的火车站是清凉里

江陵 概要与导览

江陵是李氏王朝时期大儒学家李栗谷和他的母亲（申师任堂非常著名的贤妻良母）的故乡，李栗谷的头像被印刷在 5000 韩元纸币上，在韩国非常有名。如今有乘坐着巴士进行修学旅行的学生接连不断地前往李栗谷的出生地乌竹轩进行参观。继承了韩国传统文化的“江陵端午节”每年在农历五月举行，如今已经被认定为世界非物质文化遗产。

江陵的景点基本不在市中心的闹市区，大多分布在需要乘坐巴士数十分钟的近郊。位于东北方向的镜浦湖自古以来就是旅游胜地，前往镜浦湖的途中还分布着乌竹轩和船桥庄等李氏王朝时期保存下来的景点。市内巴士班次较少，所以乘坐出租车会比较快。南部的正东津是新兴起的名胜，KORAIL 正东津站作为观看日出的著名地点，同时作为距海最近的火车站正逐渐发展成为新的观光胜地。乘坐首尔发出的夜间列车抵达正东津，观看过日出之后再乘坐巴士前往江陵市内是一个不错的选择。

江陵 住宿信息

如果想享用新鲜生鱼片的话，可前往集中了高档酒店和海水浴场的镜浦台康门生鱼片观光区。而品尝江陵著名特产“草堂纯豆腐”则需要乘坐 229 路、230 路巴士约 10 分钟前往海边的草堂纯豆腐村。沿马路分布着著名的餐厅。酒店和旅馆在市内繁华街区也有，但高档酒店集中在海岸边的镜浦台东侧区域。

当地特产纯豆腐

Access 交通方式

从首尔前来的推荐线路

→乘坐高速巴士很方便

首尔高速巴士总站→江陵综合巴士总站：6:00~21:00（每隔 20 分钟一班，需要 2 小时 40 分钟）

→想看正东津站的日出时，选择铁路会比较方便

清凉里站→正东津站：23:00 从清凉里出发，次日 4:40 到达正东津站

从釜山前来的推荐线路

→乘坐市外巴士很方便

釜山综合巴士总站→江陵综合巴士总站：6:58~23:40（每天 16 班，需要 5 小时）

前往其他城市

［ ］内为推荐的交通工具

▼东海、三陟（동해，삼척）［市外巴士］

5:20~22:10（每隔 10 分钟一班，到达东海、三陟需要 40 分钟）

▼束草（속초）［市外巴士］

5:50~21:00（每天 84 班，最快需要 1 小时 10 分钟）

▼旌善（정선）［市外巴士］

7:00~19:00（每天11班，需要1小时50分钟）

铁路

首尔的“清凉里”站、釜山的“釜田”站虽然有列车，但是由于列车数量比较少，所以不是很方便。

■江陵站 / 강릉역

Map p.369-B-3

巴士

高速巴士和市外巴士总站在同一栋建筑里。

■江陵综合巴士总站 / 강릉종합버스터미널

Map p.369-A-3 ☎(033)643-6092

市中心

乌竹轩오죽헌 Map p.369-A-2

朝鲜儒学代表学者的出生地

★★★

乌竹轩是李珥（号栗谷）和其母亲申师任堂的出生地，李珥是李氏王朝时期的大儒学家，而其母亲被称为韩国理想母亲的楷模，二者都在历史上留下了浓墨重彩的一笔。李栗谷与安东人李退溪合称为朝鲜儒学（朱子学说）的两大巨头，其头像被印刷在5000韩元的纸币上。据说乌竹轩名字的由来是因为其住所周围被黑色竹子所包围。李栗谷出生的梦龙室、安放着其肖像画的文城祠、保存着当时的文房四宝的御制阁以及申师任堂当时居住过的旧房屋等，大约400年前的建筑如今依然保存完好。

位于镜浦台的申师任堂雕像

乌竹轩
住 강릉시 죽헌동 201
☎(033)640-4457
营 3月~10月 8:00~18:00
11月~次年2月 8:00~17:30
休 元旦、春节、中秋节
费 3000韩元（包含博物馆费用）
交通 乘坐市内巴士200路、202路、300路、303-1路在“乌竹轩”站下车
URL www.ojukheon.or.kr

李栗谷的出生地乌竹轩

江陵市立博物馆강릉시립박물관 Map p.369-A-2

民间艺术的微缩景观值得观看

★★★

该博物馆是江原道最大的博物馆，展览着在韩国东部收集的3000余件文物资料。位于乌竹轩的区域内，门票可以通用，内部分为史前文化室、历史美术室、民俗文化室等，能够加深游客对地域文化的理解。其中，民俗文化室内的江陵端午节以及江陵农乐等民间艺术的微缩景观展览很受欢迎。

很多展览使用人像，大小与真人相同

江陵市立博物馆
住 강릉시 죽헌동 201
☎(033)640-4457
营 3~10月 9:00~18:00
11月~次年2月 9:00~17:30
※7月20日~8月10日 8:00~20:00
休 春节、中秋节
费 3000韩元（包含乌竹轩费用）
交通 乘坐市内巴士200路、202路、300路、303-1路在“乌竹轩”站下车
※ 博物馆在乌竹轩区域内

船桥庄선교장 Map p.369-A-2

上流社会居住的传统大宅

★★★

超出想象的私人住宅区船桥庄规模宏大，是李氏王朝时期末期上流两班阶级的住宅。正堂东别堂、起居室悦话堂、在别堂的池塘中建立的亭子活来亭、祠堂等建筑群保留着两班阶级住宅地的基本样式，向人们展示着当时两班阶级的生活方式。

拥有美丽的庭院

船桥庄
住 강릉시 운정동 431
☎(033)648-5303
营 3~10月 8:00~18:00
11月~次年2月 9:00~17:00
费 3000韩元
交通 乘坐市内巴士202路在“船桥庄”站下车
URL www.knsgj.net

规模宏大的船桥庄

镜浦台경포대

Map p.369-B-1

"关东八景"中首屈一指的名胜 ★★★

镜浦台因可同时看到5个月亮而享有盛名。明月在空中升起之后，海中、湖中、杯中以及恋人的眼中各有一个月亮，被评价为"关东八景"中最美丽的景色。另外，如同镜子一般宁静的镜浦湖和松林相映成趣，静如君子，所以人们也称之为君子湖。从古至今，有很多文人骚客站在镜浦台，写下诗篇歌颂这里的美景。距离海岸不远的镜浦海水浴场每年夏季都要接待数量众多的游客。

建在小山丘上的镜浦台

从镜浦台处眺望到的镜浦湖

真音留声机爱迪生博物馆 참소리 축음기 에디슨 박물관

Map p.369-B-1

内部摆满了珍贵的留声机藏品 ★★

以个人收藏为基础，于1992年开业，是展示世界上珍贵的留声机和与爱迪生相关物品的专门博物馆。以爱迪生最早制作的留声机为首，数量庞大的留声机和八音盒等在这里展出。除了爱迪生发明的电影放映机和家电制品之外，这里还有初期的电动汽车等展览。

2007年经过搬迁以及整修后重新开放

客舍门객사문

Map p.369-A-3

高丽时代的木造建筑 ★

从高丽时代保存下来的客舍门

该建筑建造于高丽太祖十九年（936年），是保存了1000年以上的贵重文物，被指定为国宝。客舍门是高丽时代建筑文化的结晶，其样式为高丽时代所独有。凸腹状样式的柱子是其特征。

近　郊

正东津정동진

Map p.361-D-5

因电视剧而出名的观光胜地 ★★

日出美景非常有名

正东津作为电视剧《沙漏》的外景地而一举成为观光胜地。景点有位于海边的小站正东津站（据说是世界上距海最近的火车站）、位

镜浦台
住 강릉시 저동 94
☎(033)640-5903
营 24小时
休 无
费 免费
交通 乘坐市内巴士202路在"镜浦台"站下车
※ 请注意不是终点的镜浦站

内部装饰着题有汉诗的匾额

真音留声机爱迪生博物馆
住 강릉시 저동 36
☎(033)655-1130
营 夏季 9:00~18:00
冬季 9:00~17:30
休 无
费 7000韩元
交通 乘坐市内巴士202路在"镜浦台"站下车
※ 请注意不是终点的镜浦站

珍贵的电动汽车

客舍门
住 강릉시 용강동 58-1
营 9:00~18:00
休 周六、周日
费 免费
交通 从"江陵"火车站、巴士总站出发，步行20~30分钟即可到达

正东津
住 강릉시 정동면 정동진리
☎(033)640-4533
交通 乘坐市内巴士111路、112路、113路（1100韩元）在"正东津"站下车
※ 从市内的新荣剧场出发有很多班次开往正东津
※ 所有火车均在正东津站停车（从江陵每天最多发出12班次列车抵达这里）。首尔的清凉里站发车时间为23:00（每天），抵达正东津的时候恰好是日出前4:40

于其附近的沙漏公园（公园中有巨大的沙漏）以及位于小山丘上可以俯瞰海岸线的游船游览地（拥有雕刻公园等 3 个公园）。乘坐夜间列车在早晨抵达正东津站观看日出的旅行线路受到游客们的欢迎。

正东津火车站

老式信号机和火烧云的组合美丽非凡

统一公园통일공원

Map p.361-D-5

使世界为之震动的潜艇

★★

1996 年 9 月，一艘被渔网缠上而不能航行的朝鲜潜艇在这里触礁并被发现。潜艇的一部分乘员登陆后与韩国军队进行枪战，死 11 人，该消息当时在电视上播出后，全世界为之震动。该公园于 2001 年 9 月开放，除了展出朝鲜的潜艇和韩国退役军舰之外（可进入内部参观），位于山附近的统一安保展览馆（免费，但比较远）中还展出了朝鲜军队士兵的装备等实物资料。

公园里潜艇和军舰并排展出

统一公园

住 강릉시 강동면 안인진리산 45-49

☎ (033)640-4469（统一安保展览馆）、640-4470（舰艇展览馆）

营 夏季 9:00~17:30
　冬季 9:00~17:00

休 无

费 2000 韩元

交通 从正东津站乘坐 112 路巴士在“统一公园”站下车，步行需要 30 分钟。从江陵市内可乘坐 111 路、112 路、113 路巴士在“统一公园”站下车

朝鲜潜艇

安装有日本造的机器

餐 厅 Restaurant

元祖草堂纯豆腐

원조초당순두부

Map p.369-B-1

◆用清洁的泉水和海水制作的盐卤为原料，按照古法制作的草堂豆腐。在这里可以品尝到特产纯豆腐套餐（包括纯豆腐、豆腐锅等，6000 韩元）以及分量十足的各种韩式豆腐菜肴。

住 강릉시 초당동 279

☎ (033)652-2660

营 8:00~20:30

休 春节、中秋节 3 天

C/C 不可

陵穹韩式套餐
농촌한정식

◆距客舍门和西部市场非常近的林堂洞的专营韩式套餐的餐馆。菜肴中有很多海产品，具有江陵风格。经营的菜肴有特产纯豆腐、炖海贝、烤鱼、炖魟鱼等。韩式套餐大份为 2.3 万韩元、中份 1.7 万韩元、小份为 1.2 万韩元。另外，滋补小锅烩饭 1 万韩元。

Map p.369-A-3
住 강릉시 임당동 176-2
☎ (033)647-6696
营 11:00~21:00
休 春节、中秋节
C/C Ⓐ Ⓓ Ⓙ Ⓜ Ⓥ

酒 店
Hotel

现代镜浦台酒店
호텔현대경포대

URL www.hyundaihotel.com

◆位于镜浦台，是江陵档次最高的酒店。房间有面向大海一侧和山一侧的，价格有所差异。

Map p.369-B-1
住 강릉시 강문동 274-1
☎ (033)651-2233 费 16.94 万韩元～
C/C Ⓐ Ⓓ Ⓙ Ⓜ Ⓥ

镜浦海滨酒店
경포비치호텔

◆与现代镜浦台酒店在同一个区域，在位于六层的旋转餐厅，可以一边眺望着美景一边享用着美酒佳肴。

Map p.369-B-1
住 강릉시 강문동 303-4
☎ (033)644-2277
费 12 万韩元～
C/C Ⓐ Ⓓ Ⓙ Ⓜ Ⓥ

东亚旅馆
동아호텔

◆位于中央路中段，客房数量为 37 间。

Map p.369-A-3
住 강릉시 임당동 129-2
☎ (033)648-9011 费 5 万～6 万韩元
C/C Ⓐ Ⓓ Ⓙ Ⓜ Ⓥ

奥林匹亚酒店
올림피아호텔

◆男女桑拿房的对外费用是 4000 韩元（住宿在该酒店的顾客免费）。

Map p.369-B-3
住 강릉시 포남동 1142
☎ (033)641-6633~6639
费 4 万～5 万韩元（夏季 7 万～8 万韩元）
C/C Ⓐ Ⓓ Ⓙ Ⓜ Ⓥ

2018年冬季奥运会将在江原道举行

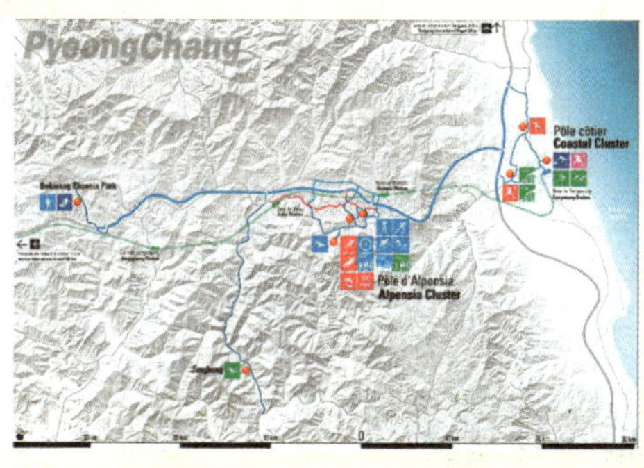

2018 年冬季奥运会将在江原道召开，雪上比赛和冰上比赛分别在 Alpensia cluster 及 Coastal cluster 举行，其中 Coastal cluster 在离海近的江陵。Alpensia cluster 的会场主要分布在平昌郡的滑雪度假村、Alpensia 度假村，以及电视剧《冬季恋歌》的外景地龙平度假村（通称 Dragon Valley）。镜浦台的塔已对外公开，游客能进行参观。Coastal cluster 因冰上舞蹈等项目而广受瞩目。哪怕时间上有限定，人们也强烈希望各个机场都能有到襄阳国际机场的直达航线。据说目前正在计划铁道网的建设，从首尔出发的各条线路也将会更完善，令人期待万分。

乌竹轩与5万韩元纸币、5000韩元纸币

乌竹轩（→p.370）是李氏王朝时期的大儒学家李栗谷与其母亲申师任堂的出生地。申师任堂是名画家，而且其培育出了大儒学家，所以又被称为“理想母亲”。另外，2009年6月新发行的5万韩元纸币采用了申师任堂的头像。同时，作为儿子的李栗谷的头像也被5000韩元纸币所采用。采用培育出了朝鲜儒学两大巨头之一的母亲的头像的纸币面额是采用儿子的头像的纸币面额的10倍，大概是“母亲很厉害”。另外，5万韩元纸币的正面和5000韩元纸币的背面的画都是申师任堂的手笔。

1 乌竹轩是李氏王朝时期大儒学家的出生地 **2** 申师任堂擅长花鸟画。5万韩元纸币的正面和5000韩元纸币的背面都采用了她的画 **3** 5000韩元纸币也采用了建筑物的图像 **4** 位于镜浦台的申师任堂像

小特辑

韩式朦胧豆腐

探访草堂纯豆腐

1 纯豆腐套餐。盘子里展示的是一个人的分量 **2** 通向大海的林荫道上到处是纯豆腐的广告牌 **3** 纯豆腐的主体。暄腾腾的口感
4 虽然是附送的，但是也不能轻视由豆腐渣制作的“豆腐锅”

在首尔经常看到的纯豆腐火锅，大部分是用绢滤的豆腐。江原道的纯豆腐则是在豆浆中只加入海水的朦胧豆腐。用海水代替了盐卤。

在江陵的草堂地区有许多经营这种纯豆腐的店铺，这些店铺被称作“草堂纯豆腐专营店”。无论谁家的菜单都有纯豆腐和木棉豆腐等的固定套餐。纯豆腐稍微有点儿温，直接吃的话会感到大豆的香味在口中扩散开来，而且稍微有点盐味。随个人喜好加点儿调料也可以。也可以点上一份由豆腐渣制作的“豆腐锅”。

DATA

草堂纯豆腐专营店 초당순두부마을

Map p.369-B-1
住 강릉시 초당동
交通 从江陵综合巴士总站乘坐 203 路巴士、从江陵站乘坐 229 路、230 路巴士在“草堂纯豆腐专营店”站下车

DMZ 江陵 首尔 仁川机场 东海·三陟 安东 大田 庆州 大邱 釜山 光州

东海·三陟 동해 삼척

拥有日出美景的港口小城

东海·三陡 概要与导览

东海和三陟因作为《冬季恋歌》《四月的雪》等电视剧、电影的外景地而名声大噪。

东海·三陡 主要景点

东 海

烛台岩촛대바위 Map p.377-C-3

直立的岩石 ★

烛台岩

直译过来的意思是“烛台状岩石”。其相邻的湫岩海水浴场是《冬季恋歌》的外景地。

泉谷天然洞窟천곡천연동굴 Map p.377-A-2

位于住宅区的钟乳洞 ★★

在住宅区中被偶然发现的、位于东海市泉谷洞的天然钟乳洞。内部有各种各样形状的石笋和石柱。

三 陟

竹西楼죽서루 Map p.377-C-4

作为“关东第一楼”享有盛名 ★★

建于绝壁上的竹西楼被誉为关东八景的第一楼。

竹西楼

长途电话区号 033

东海市
居民登记人口（2009年）
95271人
三陟市
居民登记人口（2009年）
71935人
东海市面积（2007年）
180.07平方公里
三陟市面积（2007年）
1186.00平方公里
❶ 三陟旅游咨询处
Map p.377-C-4
☎(033)575-1330

市内交通

【市内巴士】
东海和三陟的票价都是1400韩元。
【出租车】
东海和三陟的起步价都是1800韩元（去郊外会追加收费）。

烛台岩
住 동해시 추암해안
营 24小时
休 无 费 免费
交通 在东海市内乘坐61路巴士、三陟市内乘坐21-1路巴士在“湫岩”站下车（乘坐出租车将更加方便）；另外，乘坐海边列车也在“湫岩”站下车

泉谷天然洞窟
住 동해시 천곡동
☎(033)532-7303
营 8:00~18:00
休 春节、中秋节
费 3000韩元
交通 乘坐市内巴士15-1路、33-3路、41路、42路等在“泉谷洞窟”站下车

竹西楼
住 삼척시 성내동
☎(033)570-3670
营 9:00~18:00 休 无 费 免费
交通 从三陟高速·市外巴士总站乘坐出租车仅花费起步价即可到达。步行的话需要10~15分钟

Access 交通方式

从首尔前来的推荐线路

→乘坐高速巴士很方便

首尔高速巴士总站→东海、三陟高速巴士总站：6:30~20:00（每隔 40 分钟，到达东海需要 3 小时 35 分钟，到达三陟需要 3 小时 50 分钟。）

首尔东部巴士总站→东海、三陟高速巴士总站：7:10~20:05（每天25班，最快需要3小时10分钟）

从釜山前来的推荐线路

→乘坐市外巴士很方便

釜山综合巴士总站→三陟市外巴士总站：6:22（每天 1 班，约需 6 小时）

釜山综合巴士总站→东海市外巴士总站：15:00（每天 1 班，约需 6 小时）

前往其他城市

[ ] 内为推荐的交通工具

▼三陟（삼척）→经由东海到江陵［市外巴士］5:50~21:50（每隔 10 分钟一班，需要 1 小时 05 分钟）

▼三陟（삼척）→经由蔚珍、浦项到庆州［市外巴士］6:31~17:21（每天 14 班，需要 5 小时）

巴士

■东海高速巴士总站 / 동해고속버스터미널
Map p.377-A-1 ☎(033)531-3400

■东海市外巴士总站 / 동해시외버스터미널
Map p.377-A-1 ☎(033)533-2020

■三陟高速巴士总站 / 삼척고속버스터미널
Map p.377-C-4 ☎(033)572-7444

■三陟市外巴士总站 / 삼척종합버스터미널
Map p.377-C-4 ☎(033)572-2085

束草 속초

位于雪岳山旁的北部小城

长途电话区号 033

束草市
居民登记人口（2009 年）
83822 人
襄阳郡
居民登记人口（2009 年）
27957 人
高城郡
居民登记人口（2009 年）
30272 人
束草市面积（2007 年）
105.29 平方公里
襄阳郡面积（2007 年）
628.81 平方公里
高城郡面积（2007 年）
584.40 平方公里
束草旅游咨询处
☎(033)635-2003

东草旅游咨询处
束草高速巴士总站（Map p.381-E-3）、束草市外巴士总站（Map p.381-E-2）之外还有岗亭类型的旅游

位于雪岳山日出公园的束草市旅游咨询处

束草 概要与导览

束草小城位于北纬 38 度线以北，在朝鲜半岛分裂的 1945 年到爆发朝鲜战争的 1950 年间一直是属于朝鲜的。停战后为韩国所管辖，但是冷战时期这里作为与朝鲜相邻的地区一直是紧张区域。20 世纪 90 年代开始，随着冷战的结束和南北融合趋势的发展，束草作为拥有高山和海洋两方面自然美景的观光城市受到游客的青睐。

束草的市区围绕着青草湖，呈“C”字形分布。闹市区位于青草湖入口处的市政府至中央市场附近一带区域。巴士总站分为高速巴士和市外巴士，二者隔湖相对。鉴于这种狭长的城市布局，束草的市内巴士线路有一大半都贯穿市区中心，而大部分的巴士线路都经过市外巴士总站和高速巴士总站。

市区景观主要有成为《秋天的童话》拍摄地的青湖洞村以及灵琴亭（Map p.381-F-1），还有附近的生鱼片一条街等，但对游客的吸引力并不大。更好的选择还是各花费 1 天时间前往雪岳山、襄阳的洛山寺、五色药水、高城的统一瞭望台以及花浦等地去感受高山和大海的风情，享受尺山温泉和雪岳立体电影，享用当地特产鹤沙坪纯豆腐的美味。

开往青湖洞村的名为“开帕”的渡船

具有山中寺院风情的新兴寺

在束草市中心不管哪里都有开往这里的市内巴士，前往雪岳山可乘坐 7 路或者 7-1 路，前往襄阳方向乘坐 9 路或者 9-1 路，前往高城方向乘坐 1 路或者 1-1 路，前往尺山方向乘坐 3 路或者 3-1 路。但是，乘坐长距离巴士的收费方式是提前告知司机自己前往的目的地，然后提前支付费用，所以对自己的韩语没有自信的游客最好提前做好准备，将目的地写在随身的笔记本上，并让司机将车费用数字写在上面进行交流，以免有太多误差。

束草 住宿信息

束草的特产除了新鲜的生鱼片之外，还有用明太鱼所烹饪的黄太醒酒汤，甚至还有从朝鲜传过来的青湖洞素菜炒大肠等。住宿方面，中央市场附近的观光酒店数量较少，不过在高速巴士总站附近坐落着一些新开的汽车旅馆。在市外巴士总站附近基本没有旅店。计划住在雪岳山附近时请注意，费用根据季节不同会有较大差异。雪岳洞的 C 区集中有价格低廉的汽车旅馆和青年旅舍。

雪岳山青年旅舍

咨询处。束草市综合旅游咨询处位于通往雪岳山入口处的雪岳日出公园内（Map p.360-D-3）。服务时间是夏季 9:00~18:00、冬季 9:00~17:00

束草市主页

URL sokcho.gangwo

市内交通

【市内巴士】

巴士票价最低为 1000 韩元。根据前往目的地的不同票价会有所差异。从市内到雪岳山可以乘坐 7 路或者 7-1 路，票价为 1000 韩元。

【出租车】

起步价为 1800 韩元。由于束草是小城，所以即使乘坐出租车费用也并不昂贵。

Access 交通方式

从首尔前来的推荐线路

→乘坐高速巴士很方便

首尔高速巴士总站→束草高速巴士总站：6:30~23:30（每隔 30 分钟一班，需要 3 小时 10 分钟）

从釜山前来的推荐线路

→乘坐市外巴士很方便

釜山综合巴士总站→束草市外巴士总站：5:56~15:00（每天 13 班，最短需要 6 小时）

前往其他城市

[ ] 内为推荐的交通工具

▼江陵（강릉）[市外巴士]
6:20~20:55（每天 100 班，需要 1 小时 10 分钟）

▼春川（춘천）[市外巴士]
6:30~20:00（每天 21 班，最短需要 1 小时 30 分钟）

▼雪岳山（설악산）[市内巴士]
乘坐 7 路或者 7-1 路

▼襄阳（양양）、洛山寺（낙산사）[市内巴士]
乘坐 9 路或者 9-1 路。也有直达五色的班次。前往五色，也可以利用市外巴士开往春川以及首尔的部分班次

▼花津浦（화진포）、高城统一瞭望台（고성통일전망대）[市内巴士]
乘坐1路、1-1路、1-2路。从巴士站步行约20~30分钟即可到达花津浦。虽然统一瞭望台靠近大津终点站，但是还是乘坐私家车或者出租车比较方便。不宜步行或者骑自行车前往。

飞机

只有不定期的航班。

■襄阳国际机场 / 양양국제공항
Map p.361-D-4
☎(033)670-7114
URL yangyang.airport.co.kr

巴士

■束草高速巴士总站 / 속초고속버스터미널
Map p.381-E-3
☎(033)631-3181
※ 仅开往首尔、光明、仁川。

■束草市外巴士总站 / 속초시외버스터미널
Map p.381-E-2
☎(033)633-2328、3363

束草市外巴士总站

江原道 束草

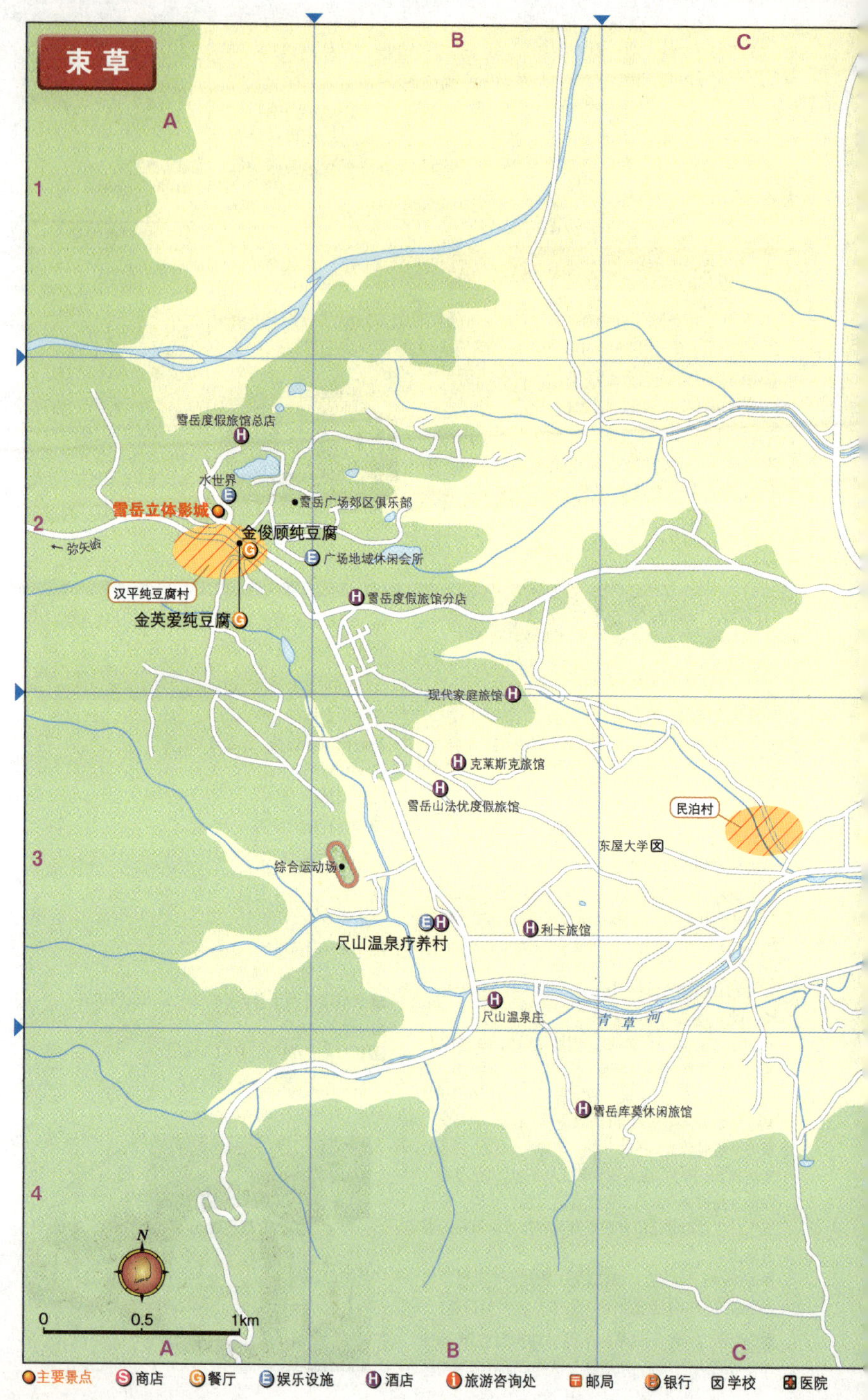

主要景点 商店 餐厅 娱乐设施 酒店 旅游咨询处 邮局 银行 学校 医院

D
E
F
1
2
3
4
章沙刺身饭店园区
雪岳海滩休闲酒店
永郎湖
束草灯台瞭望台
干鱼店等聚集处
灵琴亭
东明刺身饭店园区
新观庄
海岸生鱼片店
摩亚汽车旅馆
东峻汽车旅馆
SK加油站
永郎湖休闲高尔夫球场
束草市外巴士总站
国际旅客客运码头(驶往俄罗斯)
收复纪念塔
章奴庄
公立运动场
东明港
莲丰寺
束草市政府
中央刺身饭店园区
雪岳中学
束草女子中学
束草邮局
WOORI银行
KB(国民银行)
开帕渡船
中央市场
青湖洞村(电影《秋天的童话》拍摄地)
束草中学
束草皇家观光酒店
温所其普超市
吉娘刺身店
塔辛餐厅
KT(韩国通信)
青湖大桥
青湖洞餐厅
教洞邮局
日本海
美味山芋村
阿南广场
石峰陶瓷器美术馆
束草警察署
消防署
青草湖
束草医院
世博会游船
世博会1桥
大国酒店
青草河
世博会2桥
世博会纪念高塔
青草湖游乐园
易买得
束草海水浴场
草阳邮局
束草高速巴士总站
雪岳海滨分套出售公寓
大浦港

束草 主要景点

市中心

青湖洞村아바이마을

Map p.381-E-2

由于渡船"开帕"而出名

★★

青湖洞村
住 속초시 청호동
☎(033)639-2867
营 渡船营业时间为4:30~23:00
费 乘坐渡船单程费用为200韩元

有名的渡船"开帕"

青湖洞在朝鲜方言中是老伯、老爷爷的意思，因此这里又叫大爷村。有趣的是前往村子的渡船"开帕"需要人拉着缆绳使船前进。散步之余可以品尝当地的特产——加入大米的"青湖洞炒大肠"。

街区依然保留着些许以前的风情

近郊 1 雪岳山地区

权金城권금성

Map p.383-A-2

通过缆车可以轻松攀登

★★★

权金城
住 속초시 설악동
☎(033)636-4300（缆车）
营 缆车运行时间为8:30~18:00
费 雪岳山小公园费用为2500韩元，缆车往返费用为8500韩元
URL www.sorakcablecar.co.kr

通过乘坐缆车可以从雪岳山小公园一直到达山顶。从山顶的缆车站步行20分钟左右可到达顶峰。古时候蒙古入侵时期，姓权和姓金的两位将领带领民众在此避难，此处也由此得名。

大量游客朝着山顶进发

从权金城看周围的群山

新兴寺신흥사

Map p.383-A-1

具有山谷风情的佛教寺院

★★

新兴寺
住 속초시 설악동 170
☎(033)636-7044（办事处）、636-8755（售票处）
费 2500韩元（国立公园入场费用）
交通 从雪岳洞步行15分钟即可到达

位于雪岳山小公园最里面的寺院。据说始建于新罗时代，但现在保留的寺院是李氏王朝时期重建的建筑。原名为神兴寺，现在改为新兴寺。寺院内部除了建造于1400年前的梵钟和石塔等之外，坐落在山门前的露

寺内一派平静安详的气氛

露天大佛

天大佛虽然不是古物，却是不可错过的景点。寺院位于山谷之中，进入其中的游客会感到自己被寺院整体朴素的氛围洗净了内心的铅华。在门前休息处可以品尝到蔬菜拌饭，也是当地的特产美食。

百潭寺백담사

Map p.360-C-3

充分领略山麓寺院的氛围 ★★

建于新罗时代的内雪岳山的代表寺院。位于伽倻洞溪谷和九谷潭之水汇合而成的百潭溪谷的上游，据说由于从大青峰到寺院共有 100 处水潭，因而被称作百潭寺。而此处也作为软禁 20 世纪 80 年代的总统全斗焕的地方而变得有名。在寺院的售票处前，集中着能够投宿的韩式传统民居。

雪岳立体影城설악씨네라마

Map p.380-A-2

《大祚荣》的拍摄处 ★

唐朝的街市在这里得到再现

2006 年 11 月开放的电视剧主题公园。KBS 拍摄的以高丽第一代国王为题材的电视剧《大祚荣》就是以这里为外景地的。园内再现了唐朝和高丽的街市，并且有武打表演。

近郊 2　襄阳地区

洛山寺낙산사

Map p.361-D-4

可以欣赏日出美景的海边寺院 ★★

洛山寺是一座建造于新罗时代的古刹，坐落在能够眺望大海的高地

特产热山芋

百潭寺
住 인제군 북면 용대리
☎(033)462-2554（售票处）
费 免费
交通 从束草市外巴士总站乘坐开往陈富岭·蔚珍的巴士（每天 5 班，末班车发车时间为 14:45，票价为 6600 韩元），在龙大里站下车步行 5 分钟即可到达管理处。在距离这里 7 公里的地方乘坐区间巴士（票价为 2000 韩元）。首尔东部巴士总站到百潭寺的直达巴士：6:29~19:05（1 天 11 班，1.49 万韩元，约需 2 小时 3 分钟）

雪岳立体城
住 속초시 장사동 24-1
☎(033)635-7711
营 9:00~18:30
※7 月 27 日 ~8 月 21 日 8:30~22:00
费 4500 韩元
交通 乘坐市内巴士 3 路、3-1 路在“雪岳山温泉山庄”下车
URL www.seorakcinerama.co.kr

洛山寺
住 양양군 강현면 전진 1 리
☎ (033)672-2448
营 4:00~21:00
费 免费
交通 乘坐市内巴士 9 路、9-1 路在“洛山寺”站下车。
URL www.naksansa.or.kr

上。从海边的亭子“义湘台”中观看到的日出美景自古以来就被誉为“关东八景”之一。2005 年，洛山寺不幸发生火灾，以主殿为首的众多建筑物和森林遭到了破坏，但是已经完成重建。义湘台在火灾中幸免，如今还保留着以前的样子。

观看日出的著名地点义湘台

五色药水
住 양양군 서면 오색리
☎ 无
营 24 小时
费 免费
交通 在束草市外总站乘坐开往首尔、春川方向的巴士，在“五色”站下车

五色药水오색약수

Map p.361-D-4

温泉的故乡

★★

从岩石中涌出的“药水”根据季节不同颜色会有所变化，五色药水从而得名。涌出的泉水分为两部分，上部含有较多铁，而下部的碳酸成分更多。含钠较多的盐味和酸味混合在一起形成一种复杂的味道。附近开有数家温泉旅馆。

汲取渗出的药水

高城统一瞭望台
住 고성군 현내면 명파리
☎ (033)682-0088
营 夏季 9:00~18:00
冬季 9:00~17:00
休 无
费 3000 韩元
交通 在束草市内乘坐 1 路、1-1 路在“大津”站下车。下车后，向北步行几分钟是“统一安保公园”，游客需要再次办理相关手续

【注意】从统一安保公园至瞭望台的 5 公里路程禁止步行和骑车前往。由于没有公共交通设施，可搭乘同去的韩国游客的汽车或者乘坐出租车（往返费用为 6 万韩元）。大津终点站没有出租车，需要到附近的金刚山观光处搭乘。

近郊 3　高城地区

高城统一瞭望台고성통일전망대

Map p.360-D-2

韩国最北的瞭望台

★★

从瞭望台二层看到的景色非常美丽，天气晴朗时可以看到朝鲜金刚山的雄姿，也可以看到海金刚的景观。连接南北的高速公路和铁路笔直向北延伸的景象令人印象深刻。由于处于普通人出入控制区域内，所以参观时需要办理有关手续。

统一瞭望台

远处的小岛是海金刚的一部分

花津浦화진포

Map p.360-D-3

保留着金日成和李承晚别墅的观光胜地

★★

作为拥有湖、海两种美景的旅游胜地，花津浦自古以来即享有盛名，

从瞭望台向北眺望的游客

出售周边地区特产和朝鲜酒等

日本侵占时期这里是外国人的别墅区。战后依次成为金日成和李承晚的别墅区，如今其一部分作为资料馆对外开放。

美丽的花津浦海岸线

附近残留着于分裂后设置的东海北部线的建筑物

花津浦

住 고성군 거진읍 화포리
☎(033)680-3677（旅游咨询处）
营 夏季 9:00~19:00
冬季 9:00~18:00
休 无
费 2000韩元（各设施门票通用）
交通 乘坐市内巴士 1 路、1-1 路、1-2 路在“花津浦入口”处下车。下车后，步行 20~30 分钟即可到达

李承晚别墅

金日成别墅（复原建筑）

拥有平静湖水的花津浦

餐厅 Restaurant

海岸生鱼片店
비치회집

Map p.381-F-2

◆位于束草市内东部临海而建的生鱼片店一条街中。生鱼片的价格为 1 条大约 7 万韩元，一起上的辅菜有海胆酱、咸鱼肉以及各种贝类，菜肴分量十足（各种生鱼片的价格为 6 万 ~9 万韩元）。辅菜价格为 6 万韩元。

住 속초시 동명동 영금정해상공원내
☎(033)632-6945
营 24 小时
休 无
C/C Ⓐ Ⓓ Ⓙ Ⓜ Ⓥ

青湖洞餐厅
아바이식당

◆位于青草湖入口处的"青湖洞村"，是一家较有人气的青湖洞餐厅。在那儿可以享用到加入米饭分量充足的炒大肠（小份为1万韩元）以韩国风格的"鱿鱼粉肠"。面积较小的店内装饰着与《秋天的童话》相关的照片。

Map p.381-E-2
住 속초시 청호동 748
☎(033)635-5310
营 10:00~21:00 休 无
C/C 不可

金英爱纯豆腐
김영애할머니순두부

◆精心经营加入框子后也不能固定的韩式豆腐"纯豆腐"套餐的餐厅。菜肴味道鲜美，顾客络绎不绝。纯豆腐套餐1人份8000韩元，除了主菜纯豆腐之外还有豆腐火锅"大豆豆腐汤"。

Map p.380-A-2
住 속초시 노학동 1011-39
☎(033)635-9520
营 7:00~19:30
休 春节、中秋节
C/C ⒶⒹⒿⓂⓋ

金俊顾纯豆腐
김정옥할머니순두부

◆在纯豆腐村被誉为始祖的餐厅。30多年以前就开始使用江原道产的大豆制作豆腐。纯豆腐套餐（8000韩元）还配有豆腐火锅和各种豆腐菜肴。

Map p.380-A-2
住 속초시 노학동 1011-51
☎(033)636-9877
营 7:00~20:00
休 春节、中秋节
C/C ⒶⒹⒿⓂⓋ

尺山温泉疗养村
척산온천휴양촌

◆位于東草市中心西部尺山温泉地区的综合性温泉休闲设施。建筑漂亮、规模宏大，既能够单纯洗浴也可以住宿。大浴场为韩国式健康风格。住宿的房间有普通房间和火炕间两种。

Map p.380-B-3
住 속초시 노학동 972-1
☎(033)636-4000
营 17:30~21:00
休 无
费 7000韩元（入浴费用）
C/C ⒶⒹⒿⓂⓋ

酒店
Hotel

雪岳花园酒店
호텔설악파크

URL www.hotelsorakpark.co.kr

◆代表雪岳山的高档酒店。酒店内会组织各种选择性旅游。

Map p.383-B-1（雪岳山）
住 속초시 설악동 74-3
☎(033)636-7711
费 19.36万韩元~
C/C ⒶⒹⒿⓂⓋ

雪岳肯兴顿酒店
설악켄싱턴호텔

URL www.kensington.co.kr

◆优雅的白色建筑。与韩国明星有关联的各种主题房间是该酒店的独特风格。

Map p.383-A-1（雪岳山）
住 속초시 설악동 106-1
☎(033)635-4001
费 19万韩元~
C/C ⒶⒹⒿⓂⓋ

大国酒店
대궐파크모텔

◆位于高速巴士总站前的5层建筑。也就是在畜产物工会的前面。

Map p.381-E-3（東草市内）
住 속초시 조양동 1403-10
☎(033)633-1988 C/C 不可
费 2.5万~3万韩元（夏季是5万韩元）

雪岳山青年旅舍
설악산유스호스텔

URL www.sorakyhostel.com

◆位于雪岳洞C地区，是一家大型青年旅舍。也有家庭房间。

Map p.383-C-2（雪岳山）
住 속초시 설악동 246-77
☎(033)636-7116
费 5万韩元~
C/C ⒶⒹⒿⓂⓋ

光州和全罗北道、全罗南道

韩国西南部

农历的九月九日，女性着民族服装，头顶石头，走城墙
（高敞邑城）

在全州韩屋感受传统文化

全罗北道是名刹绝景的宝库,只是还不太为人所熟知。如果以全州为中心展开旅行的话，就请到情趣盎然的韩屋村来一趟文化体验之旅吧。

在韩式房屋里住宿

全州韩屋村的特色就是鳞次栉比的韩式房屋，而且每个房屋内都可体验传统茶和石锅拌饭的制作、朝鲜清唱和伽倻琴等文化项目。图为可体验传统酱油酿造工艺的同乐园。提前预约的话，还可体验到制作全州特产石锅拌饭的乐趣。

DATA

同乐园 동락원

Map p.389-B-1
住 전주시 완산구 풍남동 3 가 44
☎ (063)287-2040、232-6676 FAX (063)285-5941
营 入住 14:00，退房 11:00
休 春节、中秋节 C/C 不可
URL www.jkhanok.co.kr
交通 在全州韩屋村内从庆基殿步行 5 分钟即可到达

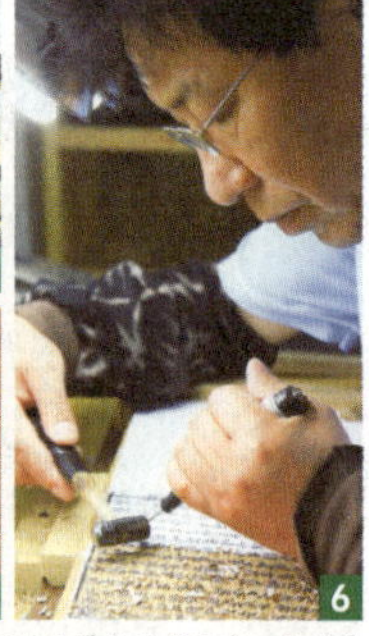

1 古代建筑物保存完好，同时又巧妙地兼具现代气息。全州韩屋村是游览了首尔、釜山之后最理想的去处 2 可在情趣盎然的韩式房屋里住宿 3 将朝鲜民画制成木版来印刷 4 印刷完成的版画 5 出售木版画作品 6 复原古典木版

木版文化体验馆

在这里可体验作为韩国传统的木版文化。举办复原贵重文献的木版展览，同时还出售版画。可体验木版的印刷、绘制以及书籍制作（需要约 2 小时）等项目。

DATA

木版文化体验馆 목판문화체험관

Map p.389-A-2 住 전주시 완산구 전동 71 2 층
☎ (063)231-5694 营 10:00~18:00
休 春节、中秋节
C/C 不可 URL www.esan.co.kr
交通 在全州韩屋村内从庆基殿步行 2 分钟即可到达

韩方文化中心

在这里可以体验各式各样的韩方文化（中医文化）项目。根据韩国所独有的“四象体质医学”，用电脑进行诊断测试出所属体质，然后一边饮用韩方茶，一边用根据自己体质配制的韩方药水泡脚，还可体验韩方香袋、韩方香皂制作等项目。

纸谈

在韩纸工艺作坊“纸谈”，展示着用传统纸“韩纸”制成的作品。这里也设有体验项目。

7 韩方香皂的手工制作体验项目 8 韩方香袋散发着韩方药的香味 9 纸盘制作体验项目。在表面涂上糨糊即可制作完成 10 出售用韩纸制成的小饰品

DATA

韩方文化中心 한쪽문화센터

Map p.389-B-2 住 전주시 완산구 풍남동 3 가 57
☎ (063)232-2500~2 营 10:00~19:00
休 春节、中秋节 C/C 不可
交通 在全州韩屋村内从庆基殿步行 5 分钟即可到达

DATA

纸谈 지담

Map p.389-B-1
住 전주시 풍남동 3 가 33-5
☎ (063)231-1253
营 9:30~18:00
休 周一、春节、中秋节
C/C D J M V
交通 在全州韩屋村内从庆基殿步行 7 分钟即可到达
※ 零物盒、笔架、笔盒、团扇等项目的体验费用为 5000~5 万韩元。还出售用韩纸制成的完成品和用楮皮和丝绸混织而成的围巾、领带、袜子等。

全罗北道
(韩国南西部1)
0 15 30km
黄海
七山海
扶余 BUYEO
论山 NONSAN
扶余郡 BUYEO-GUN
论山市 NONSAN-SI
江景 Ganggyeong
练武 Yeonmu
舒川郡 SEOCHEON-GUN
舒川 SEOCHEON
熊川 Ungcheon
龙安
咸悦 Hamyeol
弥勒寺遗物展览馆
弥勒寺址
益山市 IKSAN-SI
天台山 Cheondae
完州郡 WANJU-GUN
群山市 GUNSAN-SI
群山机场
沃沟 OKGU
武王陵
王宫里五重石塔 (百济王宫遗址)
益山市 IKSAN-SI
参礼 Samnye
凤东 Bongdong
高速·市外巴士总站
金堤市 GIMJE-SI
望海寺
万顷
仙游岛
金堤市 GIMJE-SI
全州市 JEONJU-SI
水刺间
南固寺
大院寺
母岳山 Moaksan
金山寺
母岳山道立公园
扶安郡 BUAN-GUN
扶安 BUAN
奇山峰 Gisan bong
虾岛 Hado
直沼 Chikso
开岩寺
格浦 Gyeokpo
四边山
来苏寺
猬岛 Wido
边山半岛国立公园
新泰仁 Sintaein
井邑市 JEONG-EUP-SI
斗升山 Tusungsan
井邑市 JEONGEUP-SI
武城书院
白花祭阁
任实郡 IMSHIL-GUN
玉井湖 Okjeong
内藏山国立公园
禅云寺 Seonunsa
高敞支石墓群
支石墓博物馆
禅云山道立公园
方丈山 Bangjangsan
内藏寺
内藏山
白羊寺
石汀 Seokjeong
高敞 GOCHANG
宇进餐馆
高敞邑城
桂马里 Gyeamari
茂长土城
弘农 Hongnong
高敞郡 GOCHANG-GUN
潭阳湖 Damyangho
淳昌郡 SUNCHANG-GUN
广德山 Gwangdeoksan
秋月山 Chuwolsan
刚泉寺
刚泉山郡立公园
淳昌 SUNCHANG
淳昌传统辣椒酱民俗村
长城湖 Jangsongho
长城郡 JANGSEONG-GUN
灵光郡 YONGGWANG-GUN
白岫 Baeksu
灵光 YEONGGWANG
长城 JANGSEONG
潭阳 DAMYANG
潭阳郡 DAMYANG-GUN
谷城郡 GOKSEONG-GUN
白岩 Baegam
无等山道立公园
务安郡 MUAN-GUN
咸平郡 HAMPYEONG-GUN
松汀里
光州广域市 GWANGJU
无等山 Mudungsan
赤壁
青弓 Cheonggung
智岛 Jido
咸平 Hampyeong
罗州市 NAJU-SI
南平
和顺支石墓群
和顺 HWASUN
和顺郡 HWASUN-GUN
湖南线(KTX延长线)
湖南高速国道
西海岸高速国道
群山线
锦江
主要景点 餐厅 高速公路 KTX KTX延长线 普通铁路 道界 机场

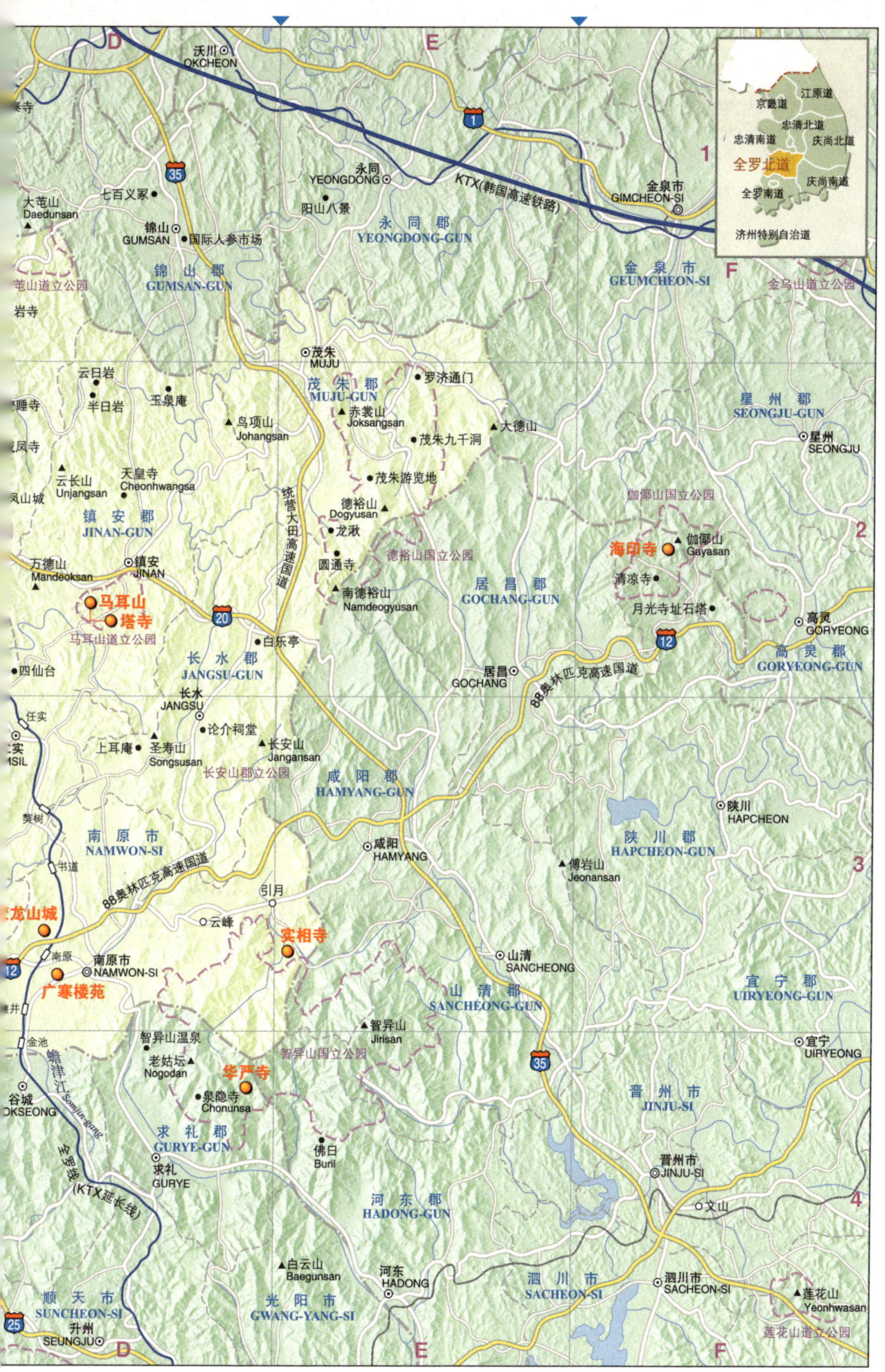

沃川
OKCHEON
永同
YEONGDONG
阳山八景
永 同 郡
YEONGDONG-GUN
KTX(韩国高速铁路)
金泉市
GIMCHEON-SI
金 泉 市
GEUMCHEON-SI
金乌山道立公园
大芚山
Daedunsan
七百义冢
锦山
GUMSAN
国际人参市场
锦 山 郡
GUMSAN-GUN
茂朱
MUJU
茂 朱 郡
MUJU-GUN
罗济通门
赤裳山
Joksangsan
茂朱九千洞
大德山
云日岩
半日岩
玉泉庵
鸟项山
Johangsan
云长山
Unjangsan
天皇寺
Cheonhwangsa
镇 安 郡
JINAN-GUN
统营大田高速国道
茂朱游览地
德裕山
Dogyusan
龙湫
圆通寺
德裕山国立公园
南德裕山
Namdeogyusan
星 州 郡
SEONGJU-GUN
星州
SEONGJU
伽倻山国立公园
海印寺
伽倻山
Gayasan
清凉寺
月光寺址石塔
居 昌 郡
GOCHANG-GUN
万德山
Mandeoksan
镇安
JINAN
马耳山
塔寺
马耳山道立公园
白乐亭
长 水 郡
JANGSU-GUN
四仙台
居昌
GOCHANG
88奥林匹克高速国道
高灵
GORYEONG
高 灵 郡
GORYEONG-GUN
任实
长水
JANGSU
论介祠堂
上耳庵
圣寿山
Songsusan
长安山
Jangansan
长安山郡立公园
咸 阳 郡
HAMYANG-GUN
陕川
HAPCHEON
陕 川 郡
HAPCHEON-GUN
南 原 市
NAMWON-SI
咸阳
HAMYANG
傅岩山
Jeonansan
书道
引月
云峰
龙山城
实相寺
南原
南原市
NAMWON-SI
广寒楼苑
山清
SANCHEONG
山 清 郡
SANCHEONG-GUN
宜 宁 郡
UIRYEONG-GUN
金池
智异山温泉
智异山
Jirisan
宜宁
UIRYEONG
蟾津江
Somjin-gang
老姑坛
Nogodan
华严寺
智异山国立公园
晋 州 市
JINJU-SI
谷城
OKSEONG
泉隐寺
Chonunsa
求 礼 郡
GURYE-GUN
求礼
GURYE
佛日
Buril
晋州市
JINJU-SI
全罗线(KTX延长线)
河 东 郡
HADONG-GUN
文山
白云山
Baegunsan
河东
HADONG
泗 川 市
SACHEON-SI
泗川市
SACHEON-SI
莲花山
Yeonhwasan
莲花山道立公园
顺 天 市
SUNCHEON-SI
光 阳 市
GWANG-YANG-SI
升州
SEUNGJU
京畿道
江原道
忠清北道
忠清南道
庆尚北道
全罗北道
庆尚南道
全罗南道
济州特别自治道

主要景点　高速公路　KTX延长线　普通铁路　道界　旅游咨询处　机场

南原市
NAMWON-SI
咸阳
HAMYANG
咸阳郡
HAMYANG-GUN
淳昌郡
SUNCHANG-GUN
淳昌
SUNCHAGN
南原市
NAMWON-SI
云峰
广寒楼苑
智异山国立公园
智异山
Jirisan
山清
SANCHEONG
山清郡
SANCHONG-GUN
88奥林匹克高速国道
谷城
GOKSEONG
老姑坛
Nogodan
泉隐寺
Chonunsa
华严寺
谷城·蟾津江火车村
求礼郡
GURYE-GUN
求礼
GURYE
佛日
Buril
晋州市
JINJU-SI
晋州市
JINJU
文山
谷城郡
GOKSEOUN-GUN
河东郡
HADONG-GUN
全罗线
(KTX延长线)
无等山道立公园
泰安寺
青弓
Cheonggung
白云山
Baegunsan
河东
HADONG
泗川
SACHEON
顺天市
SUNCHEON-SI
升州
SEUNGJU
凤甲寺
光阳市
GWANG-YANG-SI
泗川市
SACHEON-SI
和顺郡
HWASUN-GUN
曹溪山
松广寺
仙岩寺
湘南高速国道
光阳市
GWANGYANG-SI
曹溪山道立公园
顺天市
SUNCHEON-SI
忠烈祠
顺天倭城
乐安邑城民俗村
闲丽海上国立公园
双峰寺
栗村
Yulchon
光阳湾
Guwang-yangman
宝城郡
BOSEONG-GUN
筏桥
Beolgyo
南海
NAMHAE
丽水/顺天机场
兴国寺
闲丽海上国立公园
南海郡
NAMHAE-GUN
庆全线
宝城
BOSEONG
万圣
Manseong
丽水世博会
梧桐岛
丽水市
YEOSU-SI
突山大桥
顺天湾
Suncheonman
龟甲船
大韩茶业 宝城观光茶园
丽水市
YEOSU-SI
高兴郡
GOHEUNG-GUN
丽水湾
Yeosuman
防竹浦
Bangjukpo
突山
Dolsan
高兴
GOHEUNG
向日庵
道阳
Doyang
金塔寺
金鳌岛
Gumodo
小鹿岛
Sorokdo
内罗老岛
Naenarodo
安岛
罗老岛
居金岛
Gogeumado
外罗老岛
Oenarodo
多岛海海上国立公园
平日岛
Pyeong-ildo
草岛
Chodo
丽水市
YEOSU-SI
巨文岛
Geomundo
大山夫岛
Daesanbudo
江原道
京畿道
忠清北道
忠清南道
庆尚北道
全罗北道
庆尚南道
全罗南道
济州特别自治道
0
15
30km

全州 전주

李氏王朝和石锅拌饭的故乡

长途电话区号 063

全州市
居民登记人口（2009 年）
635007 人
全州市面积（2007 年）
206.21 平方公里

旅游咨询处
全州高速巴士总站前
Map p.395-A-1
☎(063)281-2739
营 9:00~18:00
全州站前
Map p.395-B-1
☎(063)281-2024
营 9:00~18:00
市中心
全罗北道综合旅游咨询处
Map p.396-B-1
☎(063)288-0105
营 1~7 月、11~12 月 9:00~18:00
8~10 月 9:00~19:00

全州市主页
URL www.jeonju.go.kr
全州文化观光主页
URL tour.jeonju.go.kr

殿洞圣堂

全州 概要与导览

全州因为是李氏王朝时期李成桂的籍贯所在地而知名，如今相关资料被珍藏在各处。另外，近代基督教在传播的过程中，也有众多教徒由于王朝的迫害而殉教。这里作为著名的反政府运动“甲午农民战争（东学党之乱）”的舞台也非常有名。这里的饮食文化也非常发达，被誉为石锅拌饭的发源地。

全州市中心是拥有全罗北道政府和客舍的老市区。而全罗线上的全州站和高速、市外巴士总站距市中心都较远。市内的八达路贯通南北。从高亚百货商场附近到客舍一带是全州最繁华的区域。继续南下，东侧坐落着遗留有李氏王朝时期文物的庆基殿和古教堂殿洞圣堂，附近也设有传统工艺品的展销市场。站在名为“梧木台”的高台上，可以俯视集中了韩式房屋（传统民居）的街区，西侧是丰南门，曾经是市区的南端。

全州 美食、住宿信息

经营名吃石锅拌饭的著名餐厅位于全罗北道政府附近。豆芽拌饭也是全州观光酒店附近比较有名的。游客可以尝试在不同的饭店品尝美食并对比其中的差别。

观光酒店分布在老市区的周边。在高速、市外巴士总站附近寻找旅馆或汽车旅馆很方便。

	1月	2月	3月	4月	5月	6月	7月	8月	9月	10月	11月	12月
平均最高气温（℃）	3	5	11	18	23	27	30	30	26	20	13	6
平均最低气温（℃）	-5	-4	0	6	11	16	22	22	16	8	2	-2
平均降水量（mm）	24.2	4.3	30.0	44.8	37.3	408.9	334.9	428.1	232.9	37.3	39.5	6.4

Access 交通方式

从首尔前来的推荐线路

→乘坐铁路、高速巴士很方便

龙山站→全州站：6:50~22:45（每天 14 班，最快需要 3 小时 5 分钟）

首尔高速巴士总站（Central City 客运站）→全州高速巴士总站：5:30~24:00（每隔 10 分钟一班，约需 2 小时 45 分钟）

从釜山前来的推荐线路

→乘坐高速巴士很方便

釜山综合巴士总站→全州高速巴士总站：7:00~22:20（每天 12 班，约需 3 小时 20 分钟）

前往其他城市

[ ] 内为推荐的交通工具

▼南原（남원）[市外巴士]

6:05~22:00（每隔 30 分钟一班，约需 1 小时）

▼群山（군산）[市外巴士]

6:10~23:40（每隔 10 分钟一班，约需 1 小时）

▼光州（광주）[高速巴士]

6:50~18:20（每隔约 1 小时一班，约需 1 小时 40 分钟）

▼镇安（진안）[市外巴士]

6:05~21:05（每隔 30 分钟一班，约需 50 分钟）

※ 马耳山（마이산）方向

铁路

■全州站 / 전주역

Map p.395-B-1

巴士

■全州高速巴士总站 / 전주고속버스터미널

Map p.395-A-1

☎(063)277-1572

■全州市外巴士总站 / 전주시외버스터미널

Map p.395-A-1

☎(063)272-0109

市内交通

【市内巴士】

票价为 1000 韩元。

※ 从巴士总站前往市中心的线路较少。可先步行前往东侧的金岩广场，这里有众多的车次开往市中心。可在全州市主页上检索巴士线路（仅限韩语）

【出租车】

起步价为 2200 韩元。

传统建筑样式的全州站

李氏王朝的始祖李成桂以全州作为其根据地

市中心

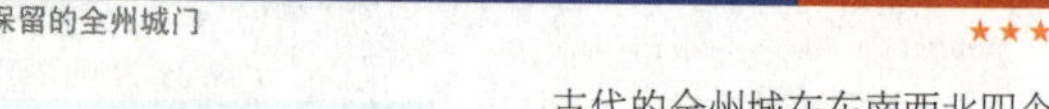

丰南门풍남문

Map p.396-B-3

唯一保留的全州城门

★★★

丰南门
住 완산구 전동 83-14
☎(063)281-2553
营 24 小时
休 无
费 免费
交通 乘坐市内巴士 5-1、61、79、944、684 路等巴士在"丰南门(풍남문)"站下车

经过修复后恢复昔日风采的丰南门

古代的全州城在东南西北四个方位都建有城门，如今保留下来的仅有丰南门。现在作为全州南大门的丰南门已经成为正门。最早修建的丰南门 1597 年毁于火灾，现在保留的是重建的建筑。其形态和结构与首尔南大门和水原的八达门相似，是朝鲜后期的门楼样式。1980 年经

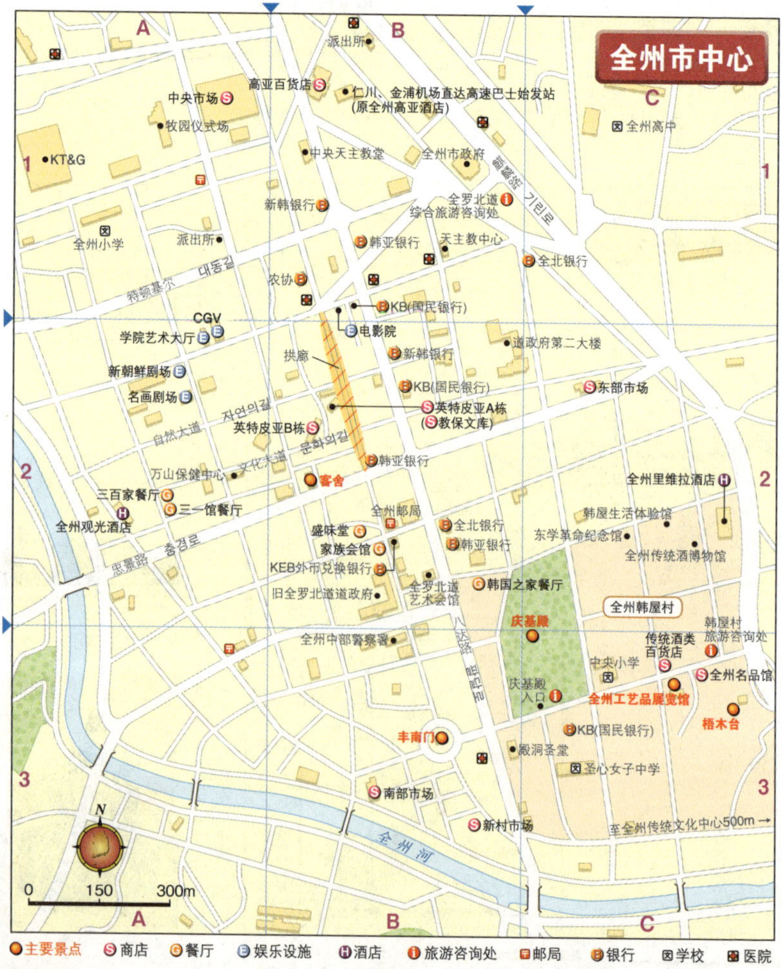

全州市中心

派出所 高亚百货店 仁川、金浦机场直达高速巴士始发站(原全州高亚酒店) 中央市场 牧园仪式场 全州高中 KT&G 中央天主教堂 全州市政府 기린로 新韩银行 全罗北道综合旅游咨询处 全州小学 派出所 韩亚银行 天主教中心 全北银行 대동길 特顿基尔 农协 KB(国民银行) CGV 学院艺术大厅 电影院 道政府第二大楼 拱廊 新韩银行 新朝鲜剧场 名画剧场 KB(国民银行) 东部市场 英特皮亚A栋 (教保文库) 자연의길 自然大道 英特皮亚B栋 문화의길 文化大道 韩亚银行 万山保健中心 客舍 全州里维拉酒店 三百家餐厅 三一馆餐厅 全州邮局 韩屋生活体验馆 全州观光酒店 盛味堂 全北银行 东学革命纪念馆 충경로 忠景路 家族会馆 韩亚银行 全州传统酒博物馆 KEB外币兑换银行 全罗北道艺术会馆 韩国之家餐厅 旧全罗北道道政府 全州韩屋村 庆基殿 韩屋村旅游咨询处 全州中部警察署 八达路 팔달로 传统酒类百货店 中央小学 全州名品馆 庆基殿入口 全州工艺品展览馆 梧木台 丰南门 KB(国民银行) 殿洞圣堂 圣心女子中学 南部市场 新村市场 全州河 至全州传统文化中心500m→

0 150 300m

主要景点 S商店 G餐厅 E娱乐设施 H酒店 i旅游咨询处 邮局 B银行 学校 医院

过修复，城墙和炮台等得到了复原，丰南门更加壮观漂亮。请注意游客不可以接近大门。

庆基殿경기전

Map p.396-C-3

供奉着太祖李成桂遗像的地方

★★★

庆基殿建于1410年，修建的目的是安放并供奉李氏王朝始祖李成桂的肖像。当时运送肖像到达这里的轿子和王朝时期高官们使用的轿子等文物如今被保存在里面。随着建筑复原工程的逐渐展开，保存着《朝鲜实录》(王朝正式的历史书)的全州史库也于1991年得到重建。

庆基殿

全州工艺品展览馆전주공예품전시관

Map p.396-C-3

能够接触到传统文化的地方

★★★

展览馆位于砖瓦屋顶相连的韩屋村，在其中能够欣赏到全州传统工艺品的展览，也能体验到各种各样的传统文化。销售处紧靠着展览馆。附近还有能够学到传统酿酒方法的传统酒博物馆和韩式房屋生活体验馆，里面设有体验教室等。

客舍객사

Map p.396-B-2

李氏王朝时期的迎宾馆

★★

作为李氏王朝时期象征着地方行政权威的建筑，是举行各种仪式典礼的地方。主馆正面上方的匾额上书“丰沛之馆”四个大字，寓意将李成桂的故乡全州比作汉高祖(刘邦)的故乡丰沛(汉高祖刘邦是沛县丰邑人，故以丰沛称其故乡)，显示此处为王朝的发祥地。

繁华街上的客舍

梧木台오목대

Map p.396-C-3

李成桂大设筵席的地方

★★

梧木台原本是太祖李成桂在高丽时代与倭寇大战取得胜利后大办筵席的地方。在过去，登上梧木台的时候，砖瓦屋顶相连的“韩屋村”(传统韩式房屋建筑群)尽收眼底。

上楼时要脱掉鞋子

现在树木繁茂，已经看不到“韩屋村”了

庆基殿
住 완산구 풍남동 3 가 102
☎ (063)281-2790
营 1~5月、9~12月 9:00~18:00
6~8月 9:00~19:00
休 无
费 免费
※为进行文化遗产的保护正考虑收费，但价格未定
交通 从丰南门向东步行5分钟即可到达

全州工艺品展览馆
住 완산구 교동 1 가 65-5
☎ (063)285-0002
营 3~10月 10:00~19:00
11月～次年2月 10:00~18:00
休 无
费 免费
交通 从庆基殿步行1分钟即可到达
URL www.omokdae.com

全州工艺品展览馆

客舍
住 완산구 중앙동 3 가 1-1
☎ (063)281-2787
营 24小时
休 无
费 免费
交通 乘坐市内巴士5-1、165、373、69、355路等巴士在“客舍(객사)”站下车

梧木台
住 완산구 교동 1 가
营 24小时
休 无
费 免费
交通 从庆基殿步行5分钟即可到达

韩屋村旅游咨询处

国立全州博物馆
住 완산구 효자동 2 가 900
☎(063)223-5651
营 周二～周五 9:00~18:00
周六、周日 9:00~19:00
休 周一、元旦 费 免费
交通 乘坐市内巴士 61、62、354、684 路等巴士在"国立全州博物馆（국립전주박물관）"站下车

马耳山（塔寺）
住 진안군 마령면동촌리
☎(063)433-3313
营 9:00~18:00 休 无
费 2000 韩元
交通 从全州市外巴士总站乘坐市外巴士在"镇安（진안）"站下车。约需 50 分钟。下车后，乘坐郡内巴士在"南部马耳山（남부마이산）"站下车

内藏山
住 정읍시 용산동동구리
☎(063)538-7874
营 日出～日落之间 休 无
费 2500 韩元
交通 从全州市外巴士总站乘坐市外巴士在"井邑（정읍）"站下车。约需 1 小时。下车后，乘坐井邑市内巴士在"内藏寺（내장사）"站下车，或从全州市外巴士总站前乘坐 171 路巴士在"内藏寺（내장사）"站下车。

国立全州博物馆국립전주박물관

Map p.395-A-2 外

了解全州的历史 ★★

博物馆中展览着全罗北道的历史和文化。马韩和百济时代的佛教美术品和金属工艺品等出土文物在这里也有所保存。

近 郊

马耳山（塔寺）마이산（탑사）

Map p.391-D-2

具有不可思议形状的石山和石塔林立的寺院 ★★

马耳山的塔寺

位于全州东面大约 1 小时车程的地方有一座名为镇安的小城，从镇安到马耳山比较便利。耸立的两座山峰的形状酷似马耳，马耳山由此得名。马耳山上的景点是塔寺。塔寺拥有 80 余座用自然石块垒成的石塔，呈现出奇特的景观。

内藏山내장산

Map p.390-C-3

红叶之美令人惊叹 ★★

被指定为国立公园的内藏山，作为观赏红叶的名胜，每年秋季都会迎来众多国内外的观光游客。内藏山绵延在全罗南道和全罗北道之间，北道区域内的景点有内藏寺，在内藏寺有通往山顶的缆车。而南道区域内的景点白羊寺则因其绿意盎然的美丽景色而出名。

餐厅
Restaurant

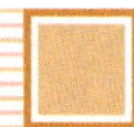

家族会馆
가족회관

◆位于全州邮政局斜前方的大厦二层。该饭店很久以前就开始经营，其味道在市内数一数二。辣椒酱是自家烹饪的。石锅拌饭价格为 1.2 万韩元。

Map p.396-B-2
住 완산구 중앙동 3 가 80
☎(063)284-0982
营 11:30~21:00
休 春节、中秋节四天
C/C D J M V

盛味堂
성미당 URL jeonjubibimbap.co.kr

◆虽然菜单上除了石锅拌饭（1 万韩元）之外还有参鸡汤等，但是主打菜肴还是石锅拌饭。加入牛肉刺身和各种蔬菜的肉片石锅拌饭价格为 1.2 万韩元。

Map p.396-B-2
住 완산구 중앙동 3 가 31-2
☎(063)287-8800
营 11:00~21:00
休 春节、中秋节三天
C/C D J M V

韩国之家餐厅
한국집

◆该店号称开创了全州的石锅拌饭，很有人气。菜肴色彩鲜艳，排列整齐，达到了令人不忍搅拌的程度。石锅拌饭价格为 1 万韩元。

Map p.396-B-2
住 완산구 전동 2 가 2-2
☎(063)284-0086
营 8:00~21:00
休 春节、中秋节三天
C/C D J M V

三百家餐厅
삼백집

Map p.396-A-2

◆以加入黄豆芽熬煮而成的黄豆芽汤饭而闻名的专卖店。用加热石锅盛放的汤饭（5000 韩元）中加入了鸡蛋和紫菜。还附带有腌制的糠虾。

住 완산구 고사동 1 가 454-1
☎(063)284-2227
营 24 小时
休 无
C/C M V

三一馆餐厅
삼일관

Map p.396-A-2

◆毗邻三百家餐厅的黄豆芽汤饭专卖店，作为 1980 年开业的老店很有名气。作为其招牌的黄豆芽汤饭，汤浓味美，黄豆芽量很足。按全州的传统做法，用砂锅熬制而成。价格为 4500 韩元。

住 완산구 고사동 1 가 451
☎(063)284-8964
营 24 小时
休 春节、中秋节
C/C A D J M V

酒店
Hotel

全州里维拉酒店
전주코아리베라호텔

Map p.396-C-2

URL www.core-rivera.co.kr

◆全州最大的酒店。可付费使用互联网。

住 완산구 풍남동 3 가 26-5
☎(063)232-7000 费 13.2 万韩元 ~
C/C A D J M V

全州观光酒店
전주관광호텔

Map p.396-A-2

◆沿忠景路向全州河方向前行，全州观光酒店就位于路边。该酒店是全州最早建成的观光酒店，因此会感到设备和配套设施不够高档先进。从这里可以步行到达闹市区，非常方便。

住 완산구 다가동 3 가 28
☎(063)280-7700
费 6 万韩元 ~
C/C A D J M V

Feel 汽车旅馆
필모텔

Map p.395-A-1

◆位于全州高速巴士总站后面的汽车旅馆。外观上类似情人旅馆，设施完备，还可提供能上网的房间。

住 덕진구 금암동 763-6
☎(063)251-7221
费 3 万 ~3.5 万韩元
C/C A D J M V

西德尼汽车旅馆
시드니모텔

Map p.395-A-1

◆位于全州高速巴士总站后面。共有 30 间房。

住 덕진구 금암동 700-3
☎(063)255-3311
费 3.5 万韩元 ~ C/C A D J M V

文化桑拿旅馆
문화사우나여관

Map p.395-A-1

◆位于市外巴士总站前，交通便利。作为旅馆规模较大。设有桑拿浴池，营业时间为 5:00~19:00，住宿者费用为 2000 韩元（非住宿者为 4000 韩元）。

住 덕진구 금암 1 동 706-1
☎(063)251-5435
费 3 万韩元 ~
C/C M V

从仁川、金浦国际机场到全州的机场大巴

从仁川、金浦国际机场到全州有直达的大巴。韩屋村富有韩国风情，能让旅客体验到多种传统活动，是地方旅行第一站的首选。原全州高亚酒店一层为机场大巴站台。虽然酒店已停止营业，但是机场大巴一如既往地往返于机场与全州之间。

“爱情之城”益山的弥勒寺址

益山是薯童（百济第三十代武王）度过其青年时代的地方。由于薯童和善花之间的爱情故事，益山如今被称为“爱情之城”。益山因此而成为与百济有历史渊源之地，也成了电视剧《薯童传》的舞台。据传在龙华山山脚下，武王和武王妃善花公主遇见了弥勒三尊显身，为实现善花公主的虔诚心愿，武王在此修建了由三座塔、三座金堂和回廊组成的弥勒寺。现存建筑物仅剩正在解体修复中的弥勒寺遗迹石塔（西塔）和幢杆石柱，东塔已被复原重建。随着对弥勒寺遗迹石塔的解体，出土了很多珍贵文物，一时成为热门话题。这些文物现已转移至其他地方进行研究，而弥勒寺遗址出土的其他文物可在弥勒寺址文物展览馆参观。

1 弥勒寺遗迹幢杆。为支撑幢杆而竖立起来的石柱，据称是统一新罗时代建成的。石柱后面为复原后的东塔 **2** 弥勒寺遗迹石塔的修复现场 **3** 所藏文物多达19000余件 **4** 修复前的石塔 **5** 守护石塔的石佛 **6** 在文物展览馆保存、展览着弥勒寺遗址出土的文物 **7** 三座塔据传是曾三次显身的弥勒菩萨讲经说法的场所

DATA

弥勒寺址、弥勒寺遗物展览馆 미륵사지유물전지관

Map p.390-C-1
住 익산시 금마면 기양리 104-1 ☎(063)290-6784 营 9:00~18:00
休 周一、元旦 费 免费
交通 从益山站乘坐市内巴士 41、60 路。票价 1000 韩元，所需时间 40 分钟

镇安的马耳山和塔寺奇观

不可思议的岩石山——马耳山

距全州韩屋村约 1 小时车程的地方，耸立着形状与马耳十分相似的马耳山。上图中左边的山峰为 680 米的雄马耳峰，右边的山峰为 686 米高的雌马耳峰，雌马耳峰稍高一些。能够形成这样形状的山峰，确实很不可思议。

1 由于形似马耳被称为马耳山的巨大岩石山（图为从北侧拍摄的风景）。过去因季节不同山的名称也有所不同　2 建在马耳山南侧山麓的塔寺。图中左侧耸立的山峰是雌马耳峰　3 李甲龙道士像　4 登到塔寺需要约40分钟　5 敲着木鱼虔诚祷告的信徒。这些石塔历经百余年风吹雨打而未曾倒塌，实在让人难以置信

流传着奇妙传说的塔寺中石塔林立

塔寺建于马耳山南侧山麓（→ p.398）。这些由大量石头堆砌而成的石塔，是李甲龙道士从 1885 年开始历经 30 年徒手采集建造起来的。塔寺中似乎有不可思议的磁场，可观察到冰柱向着天空反向耸立的神奇现象。

群山 군산

保留着昔日风情街区的港口城市

长途电话区号 063

群山市

居民登记人口（2009 年）

266922 人

群山市面积（2007 年）

390.09 平方公里

群山站大楼

旅游咨询处

市中心没有

群山文化体育科

☎(063)450-6110

群山市主页

www.gunsan.go.kr

市内交通

【市内巴士】

票价为 1100 韩元。

【出租车】

起步价为 2200 韩元。

群山 概要与导览

群山是位于锦江入海口的港口城市。"二战"前作为向中国和日本输出大米的基地，被称作"大米的群山"。群山曾经拥有众多的日本居民，现在依然保留着不少当时的日式建筑。这些昔日的风情街区也成为电影《八月圣诞节》的外景地。

从群山货运站到开往长项的渡船码头之间的老街很值得一看。从货运站到渡船码头步行大约需要 1 小时。游客可以试着在市场和街道上走走看看。

Access 交通方式

从首尔前来的推荐线路

→乘坐高速巴士很方便

首尔高速巴士总站（Central City 客运站）→群山高速巴士总站：6:00~23:00（每隔 15~20 分钟一班，约需 3 小时）

从釜山前来的推荐线路

→乘坐市外巴士很方便

釜山综合巴士总站→群山共用巴士总站：7:30~19:00（每天 7 班，约需 4 小时）

前往其他城市

[ ] 内为推荐的交通工具

▼全州（전주）[市外巴士]

6:15~22:20（每隔 10 分钟一班，约需 1 小时）

▼光州（광주）[市外巴士]

6:05~20:40（每隔 40 分钟一班，约需 2 小时 10 分钟）

铁路

2008 年车站移至郊外。

■群山站 / 군산역

Map p.390-B-2

巴士

■群山高速巴士总站 / 군산고속버스터미널

Map p.403-C-3 ☎(063)445-3824

■群山市外巴士总站 / 군산시외버스터미널

Map p.403-C-3 ☎(063)442-3747

群山

长项
渡船码头(开往长项的渡船和仙游岛游船码头)
도선장
刺身餐厅聚集处
锦 江
N
0 300m
瞭望台(旧神社)
海望隧道
群山医院
KEPCO
群山海关
群山内港(残留日本建设的浮桥码头)
月明公园
兴天寺(旧东本愿寺)
群山西小学
湖南海关展览馆(原群山海关)
守市塔
莲花洞
旧朝鲜银行群山分行
海防主题公园
群山女子高中
现代汽车公司
门花庄汽车桑拿旅馆
《八月圣诞节》的外景地
真味面馆
全北银行
新格兰德汽车桑拿旅馆
花之庄
月明洞
SC第一银行
索海庄
体育公园
群山女子高中
日式房屋仅仅保存在这里
新韩银行
华乔小学
KB(国民银行)
WOORI银行
群山市场(旧市场)
中央小学
奥松庄
群山货运站
西海大学
群山南小学
群山高速巴士总站
Hoga Park汽车旅馆
门花庄
群山市外巴士总站
中央医院

主要景点 商店 餐厅 酒店 银行 学校 医院

群山 主要景点

《八月圣诞节》的外景地「팔월의 크리스마스」촬영지 Map p.403-A-2

保留有很多古老建筑的街道 ★★

曾经被拍摄的月明洞、永和洞一带留有很多老房屋。这里还保留有电影中出现的面馆、老 FEEL COFFEE 等建筑物。

月明公园월명공원 Map p.403-A-1

群山市内一览无余 ★

这里有一个小型免费眺望台，可以看见群山市内。春天很多樱花会竞相开放，非常漂亮。顺便说一下，眺望台是以前的神社，隔壁的兴天寺就是原东本愿寺。

《八月圣诞节》的外景地
住 군산시 월명동
营 24 小时
费 免费

月明公园
住 군산시 해신동
营 24 小时
费 免费

1926 年建成的海望隧道

Hoga Park 汽车旅馆
호가파크모텔

Map p.403-C-3

◆从群山高速、市外巴士总站步行 1 分钟即可到达，很方便。提供可免费上网的房间。

住 군산시 대명동 387-8
☎ (063)442-8233
费 3 万韩元 ~
C/C Ⓐ Ⓓ Ⓙ Ⓜ Ⓥ

小特辑

踏城活动流传至今的 高敞邑城

健康长寿、极乐往生的传说

高敞邑城至今还流传着传统的“踏城活动”。古代为了运送修建城墙的石头，妇女们把石头顶在头上，时间久了甚至会磨掉头发。传说在头上顶一块小石头，绕城一圈，腿病即能得到痊愈，绕城两圈则能健康长寿，绕城三圈就可打通黄泉路通到极乐世界去了。每年的九月初九（重阳节），身着民族服装的妇女们都会登上城墙，头顶石头绕着城墙行走。

1 妇女们头顶石头运送至城墙 2 高敞邑城是朝鲜端宗元年（1453年）为防御倭寇入侵而建造的 3 因战乱而烧毁的建筑物已得到复原 4 穿过大门进入城内

DATA

高敞邑城　고창읍성

Map p.390-B-3
住 전라북도 고창군 고창읍 읍내리 산 9
☎ (063)560-2710
营 无特定时间　休 无
交通 从高敞巴士总站步行约 5 分钟即可到达
费 成人 1000 韩元

小特辑

作为“世界遗产”的支石墓群

高敞支石墓群

设施完善　参观十分方便

列入世界遗产时，此地只是一片散布着支石墓的广阔地域。现在已建立起博物馆，可乘坐观光列车巡回参观支石墓，基础设施已比较完善。

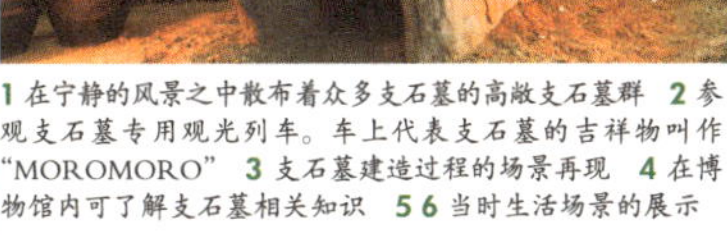

1 在宁静的风景之中散布着众多支石墓的高敞支石墓群　2 参观支石墓专用观光列车。车上代表支石墓的吉祥物叫作“MOROMORO”　3 支石墓建造过程的场景再现　4 在博物馆内可了解支石墓相关知识　5 6 当时生活场景的展示

DATA

支石墓博物馆 지석묘박물관

Map p.390-B-3
住 전라북도 고창군 고창읍 도산리 676
☎ (063)560-2577
营 9:00~18:00
休 周一、元旦　费 成人 3000 韩元
交通 从高敞巴士总站乘坐开往“支石墓博物馆”的巴士。票价 1100 韩元，所需时间 10 分钟，每天 5 班。或乘坐出租车，费用为 8000 韩元左右

DMZ
首尔
江陵
仁川机场
安东
大田
庆州
大邱
南原
釜山
光州

南原 남원

与《春香传》有关的小城

长途电话区号 063

南原市
居民登记人口（2009年）
87675人
南原市面积（2007年）
752.62平方公里

i 南原站前旅游咨询处
Map p.406-A-2
i 广寒楼苑内咨询处
☎(063)625-2130
Map p.406-B-3

水上楼阁玩月亭

南原 概要与导览

因为《春香传》的故事使这座小城全国知名。古时候，官员的儿子李梦龙和艺伎的女儿春香相爱，随着李梦龙父亲的调动，二人被分开。

而春香被继任的恶官看中，虽然保住了贞操，但也被逼到了穷途末路。这时，在国都通过科举考试而成为号称“暗行御使”密探的李梦龙高举“马牌”出现。由于暗行御使的威力，恶官被逮捕，之后梦龙和春香二人有情人终成眷属。源于该故事，如今每年5月南原都举行盛大的“春香节”。另外，南原还以唱剧流派“东便制”的发源地而闻名。

《春香传》的场景再现

位于老市区的景点是广寒楼苑。渡过河后是南原观光区和春香主题公园。观光区内集中着很多旅馆和餐厅，即使不去老市区也可以。南原站于2004年进行了搬迁，现在位于市区外，请多加注意。高速巴士总站位于距市中心大约1.5公里的东北侧，而市外巴士总站位于老市区。

南原 美食、住宿信息

南原的特产美食是名为“邱奥汤”的泥鳅汤和“邱奥库费”的烤泥鳅。专营泥鳅美食的餐厅集中在蓼河沿岸。

南原没有观光酒店。在南原观光区和市外巴士总站附近分布着一些汽车旅馆。

市内交通

【市内巴士】

票价为1000韩元。在南原站和市外巴士总站之间仅有配合列车时刻的班次，车次较少。

【出租车】

起步价为2200韩元。

Access 交通方式

从首尔前来的推荐路线

→乘坐高速巴士很方便

首尔高速巴士总站（Central City、JM马里奥特一侧湖南线总站）→南原市外巴士总站：6:00~22:20（每隔50~60分钟一班，需3小时）

从釜山前来的推荐路线

→乘坐市外巴士很方便

釜山西部巴士总站→南原市外巴士总站：6:20~16:20（每天5班，最短需要2小时40分钟）

去往其他城市

[ ] 内为推荐的交通工具

▼全州（전주）[市外巴士]

7:00~20:30（每隔10~15分钟一班，约需50分钟）

▼光州（광주）[市外巴士]

7:15~19:40（每隔30分钟一班，约需1小时）

▼华严寺（화엄사）[市外巴士]

7:40~20:00（每天10班，约需1小时）

▼蛇死谷溪谷（뱀사골）[市外巴士]

6:00~19:20（每天7班，约需1小时）

铁路

2004年因线路改良，南原站移至郊外。车站周边没有任何设施。配合列车抵达时刻，有开往市区的市内巴士（从郊外出发经由车站的班次）运行。前往车站时，可乘坐标示着“新站（신역）”的巴士，不过班次较少，还是乘坐出租车比较方便。

■南原站 / 남원역

Map p.406-A-2

巴士

高速巴士总站和市外巴士总站相距较远。

■南原高速巴士总站 / 남원고속버스터미널

Map p.406-C-1

☎(063)625-5391

■南原市外巴士总站 / 남원시외버스터미널

Map p.406-C-2

☎(063)633-1001、1002

市中心

广寒楼被称为月亮上的宫殿

广寒楼苑광한루원

Map p.406-B-3

《春香传》的舞台

★★★

传说穿过乌鹊桥就可结为连理。池子中栖息着很多人面鱼（娃娃鱼）

主体建筑广寒楼苑于1638年重建，主要景点有水上楼阁玩月亭和石造的乌鹊桥（牛郎和织女为相会而穿过的桥梁）。庭院整体表现了一个天上的世界，楼前的水池象征着天河，而水池上的乌鹊桥象征了牛郎和织女相会的鹊桥。李梦龙就是在这里看到正在荡秋千的春香而一见钟情的，广寒楼苑也作为爱情故事《春香传》的舞台而变得著名。园中的月梅之家再现了《春香传》的世界。

广寒楼苑

住 남원시 천거동

☎(063)632-1771

营 8:00~20:00

休 无

费 2000 韩元

交通 从市外巴士总站步行 20 分钟即可到达

春香主题公园춘향테마파크

Map p.406-C-3

沉浸在《春香传》的世界中

★★

在衙门受刑的春香

通过改装电影布景修建而成的逼真的主题公园。园内有秋千、牢房等和春香有关的免费体验项目。园内还坐落着南原乡土博物馆，在馆内可以试听朝鲜语清唱的 CD。

春香主题公园

Map p.406-C-3

住 남원시 어현동 37

☎(063)620-6836

营 夏季 9:00~22:00
冬季 9:00~21:00

※ 入场时间截至闭园前 1 小时

休 无

费 3000 韩元（进入乡土博物馆参观不需要另外支付费用）

交通 从广寒楼出发穿过升月桥，步行 10 分钟即可到达

暗行御使李梦龙以流浪汉的身份在狱中与春香再次相会

在梦龙出发前往国都之前，面临生离死别的梦龙和春香

主要景点 酒店 旅游咨询处

近　郊

蛟龙山城교룡산성

Map p.391-D-3

能够将南原市区尽收眼底的地方 ★

蛟龙山城也被称作南原山城。据说当初是百济为了与新罗对抗而修筑的城堡，周边地区保留的 30 多个这样的城堡中，蛟龙山城最为完好，基本保留了当初的形态。

实相寺실상사

Map p.408-B-1

位于两道交界处的山中寺院 ★

坐落在与庆尚南道交界处的小巧寺院。附近有环山漫游的著名景点蛇死谷溪谷和半仙溪谷。

蛟龙山城

住 남원시 내척동

营 9:00~22:00

休 无　费 免费

交通 没有开往这里的巴士。从市外巴士总站步行需要 1 小时，乘坐出租车费用 5000 韩元

实相寺

住 남원시 대정리

☎ (063)636-3031

营 9:00~18:00

休 无　费 1500 韩元

交通 乘坐开往“引月（인월）”方向的市内巴士，在“引月面（인월면）”站下车后换乘开往“实相寺（실상사）”的巴士。

餐 厅

Restaurant

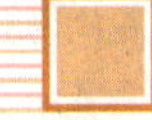

色之家餐厅

새집

Map p.406-B-3

◆推荐品尝加料汁的烤泥鳅（추어숙회），口味清淡而美味。餐厅位于广寒楼苑西南方向 300 米左右的地方。两人份的烤泥鳅 2.5 万韩元，泥鳅汤 7000 韩元。油炸食品也很美味。

南原特产泥鳅汤

住 남원시 천거동 160

☎ (063)625-2443

营 9:00~21:00

休 无

C/C A D J M V

宴床庄

지산장

Map p.406-B-2

◆该店经营了 30 年以上，韩式的炭火烧烤套餐享有美誉。从广寒楼苑正门出来向东北方向走大约 500 米即可到达该餐厅。韩式套餐 1 人份 2 万韩元，并且附带 20~30 种小盘配菜。

吃韩式套餐的话推荐前往此店

住 남원시 죽항동 80

☎ (063)625-2294

营 9:00~22:00

休 无

C/C A D J M V

南原豆腐村

Map p.406-C-3

◆可以品尝到自制豆腐和豆腐料理、蘑菇锅等美食的餐厅。如果不喜欢南原特产泥鳅的话，可以来该店试试。洋溢着豆子香味的豆腐用竹筒盛放，别有一番情趣。

享用健康的午餐

住 남원시 어현동 37-57

☎ (063)626-8854

营 9:30~22:00

休 春节、中秋节

C/C A D J M V

广寒楼有意思的看点

广寒楼是以《春香传》为主题的庭院。虽然庭院的设计拘谨，但是一些意想不到的地方很有意思。首先是乌鹊桥，关于这座桥有很多富有浪漫色彩的传说，比如一边许愿一边过桥，愿望就会实现，会与恋人喜结良缘等。但是我们在过桥的时候会看到娃娃鱼，数量之多甚至让人忘记了许愿。鱼体带有金色，极其醒目。另外，纪念春香的春香社堂中供奉的春香画极其可爱，但是殿堂入口处上部坐在龟身上的兔子雕刻却略显迟钝，与春香极其不符。从内部向外看，可以发现兔子带尾巴的屁股贯穿了整个建筑。虽然我们认真地游览，但是总会感觉一股幽默的气息，令人莞尔一笑。

美食家向往之地

淳昌传统辣椒酱民俗村

淳昌位于光州的东北，是全罗北道的一个郡。虽说是个小城镇，不过韩国人没有一个不知道淳昌这个地方的。因为这里是韩国料理必不可少的辣椒酱的知名产地。标有淳昌产的辣椒酱很多，但在首尔等城市买到的辣椒酱大都是在大型工厂里批量生产出来的。要想了解地道的辣椒酱手工制作工艺，就请到原产地淳昌来参观一下吧。

从淳昌中心区淳昌邑乘坐出租车，约5分钟就可到达"淳昌传统辣椒酱民俗村"。这里将原本散布在郡内的辣椒酱作坊集中起来成立了"辣椒酱村"，用传统方法制作以辣椒酱为中心，包括传统大酱和传统酱油在内的系列产品。这就是所谓的"酿造所"。淳昌的传统辣椒酱带有风车标志，以此与其他品牌相区别。

1 各酿造作坊里摆着一排排贮藏用的酱缸　2 酱类博物馆中的现场展示　3 免费参观的淳昌酱类博物馆　4 以全部手工制作为豪　5 标记着生产日期的酱缸

辣椒酱能够在春天酿造的原因

韩语中被称作“麦究”的味噌玉曲（制作辣椒酱的一种中间发酵物）适合在寒冷天气中酿造，但辣椒酱本身适合在晚春时节酿造。这个时期酿造韩国辣椒酱不会腐坏，其中的秘密就在于辣椒酱发酵用菌的种类上。

韩国辣椒酱是用枯草杆菌（B. subtillis）发酵。枯草菌与纳豆菌是同一种属类，具有十分强烈的发酵性质。因此，即使在温暖的时节酿造，腐败菌也不会繁殖，辣椒酱得以酿制成功。

由于枯草菌是纳豆菌的同属，使用过量的话会产生纳豆的臭味，因此在辣椒酱生产量占全国43%的淳昌，为了保证品质的稳定，规定味噌玉曲的加入量不得超过总量的9%。

用辣椒酱腌制的酱菜也很美味

在淳昌，除了辣椒酱和大酱以外，还制作和出售用辣椒酱腌制的酱菜。要先把原材料放入酱油中腌制第一遍，再放入辣椒酱中腌制第二遍，很费功夫。可以作为特产买一些带回去。

6 除了小麦和大米，有各种各样的辣椒酱，可以先品尝再购买 7 辣椒酱用的味噌玉曲都是面包圈形状的 8 使大酱汤更加美味的大酱也是韩国料理的必需品 9 大酱用的味噌玉曲是像砖头一样的长方体 10 各种酱菜。柿子、梅子等都可用作原料，十分美味。中间是用大豆叶做的酱菜

DATA

淳昌传统辣椒酱民俗村 순창고추장민속마을

Map p.390-C-3 住 순창군 순창면 백산리 918-7 ☎(063)650-1667
营 民俗村24小时 各直销处10:00~18:00（具体时间各店有所不同） 休 春节、中秋节（各店有所不同）
费 免费 交通 从U Square（光州综合巴士总站）乘坐开往“淳昌（순창）”的市外巴士在“淳昌（순창）”站下车。下车后换乘出租车，约5分钟即可到达
URL www.kochujang.kr URL www.soonchang.co.kr
※ 购买各种产品时不得少于500g

小特辑

可以欣赏绝妙之景的步行街

漫步刚泉山郡立公园和刚泉寺

刚泉山郡立公园

在刚泉山郡立公园里，可以一边充分享受空气中负离子和植物杀菌素的沐浴，一边赤足走在铺设平整的沙地步行道上。不同季节漫步在这美不胜收的道路上，身心都会无比舒畅。这里是进行原生态旅游的理想场所。

1 枫树林立，秋天时红叶极美 2 瀑布水流清澈，负离子充足 3 为了保护脚底而细心铺设的步行道，即使赤足行走也没有问题

沿着步行道前进，最终可到达公园内历史悠久的刚泉寺。它于新罗时代修建，石塔为高丽样式。据传在过去，刚泉山上有 10 所寺庙，僧人有 500 人之多。

4 途中可以看到绝美的景色 5 从这里往前走就进入了刚泉寺的区域 6 清澈的泉水、芳香的树木可以陶冶身心 7 刚泉寺过去曾是尼姑庵 8 空中吊桥。高50米，长76米 9 刚泉寺的石塔 10 经常能看到松鼠和野鸟

DATA

刚泉寺、刚泉山郡立公园　강천산군립공원

Map p.390-C-3
住 전라북도 순창군 팔덕면 청계리 996
☎ (063)650-1533（刚泉山管理事务所）
营 24 小时　休 无　费 成人 2000 韩元　交通 从淳昌巴士总站乘坐开往“刚泉总站”的市内巴士，票价 1100 韩元，约需 15 分钟。或从光州市外巴士总站乘坐开往“刚泉总站”的巴士，票价 4800 韩元，约需 30 分钟

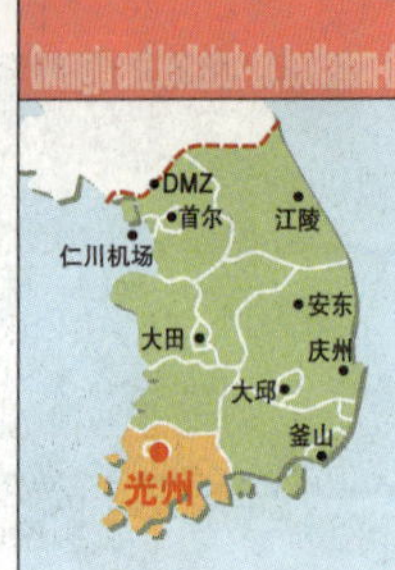

光州 광주

全罗南道观光点

长途电话区号 062

光州广域市
居民登记人口（2009 年）
1433640 人
光州广域市面积（2007 年）
501.28 平方公里

光州广域市主页
URL www.gwangju.go.kr

光州·全南观光文化门户网站
URL www.namdokorea.com

旅游咨询处
光州机场
Map p.392-C-2
☎ (062)942-6160
光州站
Map p.416-B-2
☎ (062)522-5147
U Square（光州综合巴士总站）内旅游咨询处
Map p.416-A-2
☎ (062)941-6301
营 9:00~18:00

市内交通

【地铁】
票价为 1200 韩元。
URL www.gwangjusubway.co.kr
【市内巴士】
票价为 1200 韩元。
URL bus.gjcity.net
【出租车】
起步价为 2200 韩元。模范出租车 3200 韩元。从机场到闹市区大约需要 1 万韩元。

U Square（光州综合巴士总站，通称为"光州总站"）

光州 概要与导览

光州从古代开始就作为湖南地区的中心地，一直繁荣至今。这里被称为"艺术之都、义理之都、味之都"，李氏王朝时期出了很多文人，并且爆发过日本侵占时期的光州学生起义以及 1980 年的民主化运动。光州按期举行光州美术展览会这样的文化艺术盛会以及泡菜大会，但光州市本身没什么特别的旅游名胜，对旅游者而言，其一般只是作为前往全罗南道各地的中转站。从光州乘坐巴士行驶 1~2 小时的路程，就来到一个名山古刹汇集之地，这里有智异山（华严寺）、曹溪山（松广寺、仙岩寺）、和顺（云住寺）、灵岩（月出山）等。

原全罗南道政府所在的锦南路一带就是市中心，这里有繁华的街道。虽然道政府于 2004 年迁至务安郡，但办公大楼周边至今仍很热闹。从原道政府往北面看，向中央路延伸的道路被称为艺术大街，到处都是经营古美术品及书画的店铺，如同首尔的仁寺洞一样。U Square（光州综合巴士总站）在城市的西侧，距原道政府 3 公里多的路程。KORAIL 光州站离市中心很近，首尔方向的 KTX 列车就从这里发车。

光州 住宿信息

观光酒店都分布在城市周围，市中心很少。巴士总站周围有很多旅店和汽车旅馆。

	1月	2月	3月	4月	5月	6月	7月	8月	9月	10月	11月	12月
平均最高气温（℃）	4	6	11	18	23	27	29	30	26	21	14	7
平均最低气温（℃）	-4	-2	0	6	12	17	22	22	16	9	3	-1
平均降水量（mm）	33.7	15.4	19.9	16.3	47.7	197.7	321.4	538.3	228.7	31.7	53.8	6.4

Access 交通方式

从首尔前来的推荐线路

→乘坐铁路（KTX）、高速巴士很方便

龙山站→光州站：6:10~20:40（每天 10 班，最快需要 2 小时 52 分钟）

首尔高速巴士总站（Central City 客运站）→ U Square（光州综合巴士总站）：5:30~ 次日 1:00（每隔 5~10 分钟一班，约需 3 小时 30 分钟）

从釜山前来的推荐线路

→乘坐高速巴士很方便

釜山综合巴士总站→ U Square（光州综合巴士总站）：6:20~24:00（每天 18 班，约需 3 小时 30 分钟）

去往其他城市

[ ] 内为推荐的交通工具

▼全州（전주）[高速巴士]
6:00~23:00（每隔 20~30 分钟一班，所需时间 1 小时 20 分钟）

▼木浦（목포）[市外巴士]
6:05~20:45（每隔 20 分钟一班，约需 50 分钟）

▼丽水（여수）[市外巴士] 5:50~21:40（每隔 30 分钟一班，约需 2 小时 10 分钟）

飞机

有首尔与济州之间的航空班次。

■光州机场 / 광주공항 ☎(062)940-0214

URL gwangju.airport.co.kr

铁路

从光州出发乘坐 KTX 列车请在光州站乘坐，去往木浦方向请在光州松汀里站乘坐，去往顺天方向请在西光州站乘坐。

■光州站 / 광주역 Map p.416-B-2

■光州松汀里站 / 광주송정역 Map p.392-C-2

■西光州站 / 서광주역 Map p.392-C-2

巴士

■ U Square（光州综合巴士总站）/ 유 스퀘어（광주종합버스터미널）

Map p.416-A-2 ☎(062)360-8114、8800

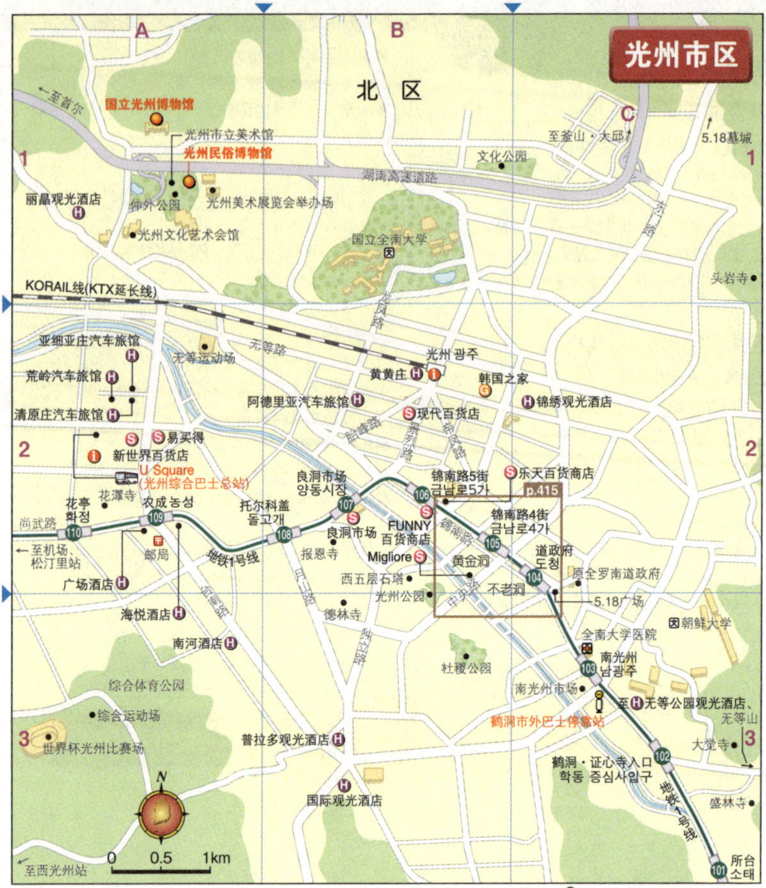

光州市区

A
B
C
北 区
←至首尔
国立光州博物馆
光州市立美术馆
光州民俗博物馆
湖南高速道路
文化公园
至釜山・大邱
↑5.18墓域
丽晶观光酒店
仲外公园
光州美术展览会举办场
光州文化艺术会馆
国立全南大学
东门路
头岩寺
KORAIL线(KTX延长线)
龙凤路
无等路
亚细亚庄汽车旅馆
无等运动场
光州 광주
荒岭汽车旅馆
黄黄庄
韩国之家
锦绣观光酒店
清原庄汽车旅馆
阿德里亚汽车旅馆
现代百货店
易买得
新世界百货店
U Square
(光州综合巴士总站)
锦南路5街
금남로5가
乐天百货商店
p.415
良洞市场
양동시장
花潭寺
农成 농성
花亭
화정
尚武路
托尔科盖
돌고개
锦南路4街
금남로4가
良洞市场
FUNNY
百货商店
←至机场、
松汀里站
邮局
地铁1号线
报恩寺
Migliore
黄金洞
道政府
도청
原全罗南道政府
广场酒店
西五层石塔
光州公园
中央
不老洞
5.18广场
海悦酒店
德林寺
全南大学医院
朝鲜大学
南河酒店
杜稷公园
南光州
남광주
综合体育公园
南光州市场
至无等公园观光酒店、
无等山
综合运动场
鹤洞市外巴士停靠站
世界杯光州比赛场
普拉多观光酒店
大觉寺
鹤洞・证心寺入口
학동 증심사입구
地铁1号线
盛林寺
国际观光酒店
N
0 0.5 1km
至西光州站
所台
소태

主要景点 S商店 G餐厅 H酒店 i旅游咨询处 邮局 学校 医院 巴士站 —— 地铁1号线

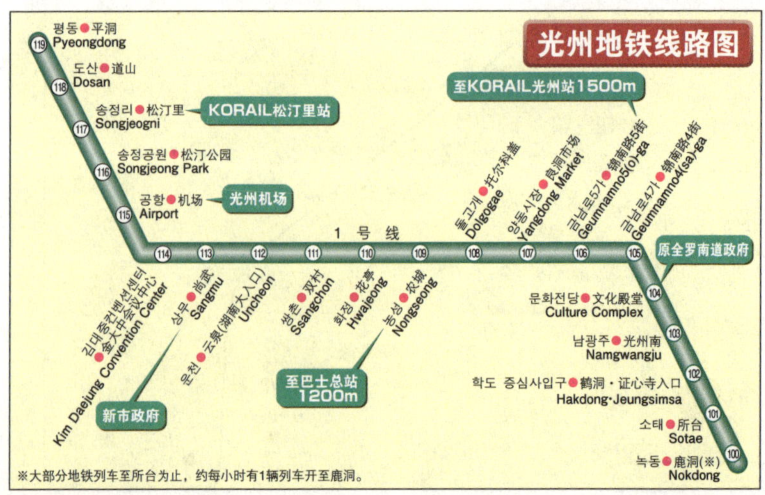

※大部分地铁列车至所台为止，约每小时有1辆列车开至鹿洞。

光州 主要景点

市中心

国立光州博物馆국립광주박물관 Map p.416-A-1

这是一个代表光州的博物馆 ★★

博物馆的房顶是韩国式的。馆内摆满了各种各样的物品，这些展品都与湖南地区的历史与文化有关。在这里面，游客一定要看看从木浦西边、新安冲海底的沉船中打捞上来的宋、元、高丽时代的陶瓷器。

光州民俗博物馆광주민속박물관 Map p.416-A-1

该博物馆介绍了全罗南道的生活文化 ★★

光州民俗博物馆

该博物馆位于仲外公园里，与国立光州博物馆隔着高速公路相望。该馆分为物质文化馆与精神文化馆。在这里游客可以充分了解在全罗南道流传的传统礼仪以及生活习惯等。

近郊

云住寺운주사 Map p.392-C-2

被包围在石佛和石塔之中的山寺 ★★

这是一个位于灵岩邑东北的山寺。据说建在这里的千佛千塔满含着民众的愿望，山寺被大小石佛包围着。这些石佛虽说造型算不上优美，但朴素的容颜却体现出了平民性，给人一种祥和的感觉。最独特的是一对夫妇的卧佛（横躺在大地上的佛像）。据传说，当这对佛像站起来的时候，这里就会成为都城。

云住寺有名的卧佛

石塔林立

容貌可爱的石佛

国立光州博物馆

住 북구 박물관로 114

☎(062)570-7000

营 周二～周五 9:00~18:00
周六 9:00~21:00
周日、节假日 9:00~19:00

休 周一、元旦

费 免费

交通 乘坐市内巴士송정 29、문흥 48、상무 63 路等巴士在“光州博物馆”站下车。或乘坐용전 84、85、첨단 95 路等巴士在“博物馆入口”站下车。

URL gwangju.museum.go.kr

光州民俗博物馆

住 북구 용봉동 1004-4

☎(062)613-5337

营 9:00~18:00

休 周一、元旦、节假日的第二天

费 500 韩元

交通 除市内巴士봉선 27、지원 51 路巴士外，可乘坐各条线路（有十几条线路都经过）的巴士在“文化艺术会馆”站下车。下车后步行约 15 分钟即可到达

URL gjfm.gjcity.net

云住寺

住 화순군 도암면 대초리 20

☎(061)374-0660（事务所）

营 3~10 月 8:00~18:00
11 月～次年 2 月 8:00~17:00

休 无

费 3000 韩元

交通 在 U Square（光州综合巴士总站）前的市内巴士乘车点乘坐和顺郡内巴士 218、318 路（云住寺）。需 60～80 分钟。

※ 巴士停靠站只标示光州市内巴士的线路，实际上周边各郡的巴士也在这里停靠。218 路巴士只标示了途经地“绫州（능주）”而没有标示目的地，实际上可一直通往云住寺。车费在告知驾驶员自己的目的地后再根据路途支付。巴士返回时间请咨询寺院售票处。

URL www.unjusa.org

华严寺

住 구례군 마산면황전리 12
☎(061)783-9105（事务所）
营 7:00~19:30
休 无
费 3000 韩元
交通 从 U Square（光州综合巴士总站）乘坐经由求礼、谷城开往“华严寺（화엄사）”的市外巴士在“华严寺（화엄사）”站下车。约需 1 小时 40 分钟
※ 从求礼前往华严寺也可乘坐市内巴士。南原、顺天、全州、釜山、首尔也有车发至华严寺
URL www.hwaeomsa.org

谷城·蟾津江火车村

住 곡성군 곡성읍읍내리 713-2
☎(061)360-8850
营 铁道公园：24 小时
体验设施：9:00~18:00
观光列车：9:00~17:30，最多往返 5 次（单次往返约需 70 分钟）
休 无
费 铁道公园：2000 韩元
观光列车（往返）：指定席 6000 韩元，自由席 5500 韩元，站票 5000 韩元
铁道公园内的有轨脚踏车：4 人乘型 7000 韩元，线路长 5.1 公里；2 人乘型 1.5 万韩元
交通 从 U Square（光州综合巴士总站）乘坐开往“求礼（구례）”的市外巴士在“谷城（곡성）”站下车。约需 50 分钟。下车后，步行 20 分钟即可到达
URL www.gstrain.co.kr

华严寺화엄사

Map p.393-E-1

新罗时代创建的名刹 ★★

代表智异山的寺庙就是华严寺。其创建于统一新罗时代，据说寺内的四狮子三层石塔可与庆州佛国寺的多宝塔相匹敌。寺内最大的建筑物是觉皇殿，一共有两层，是韩国最大规模的木结构建筑物。

门前的求礼镇上有一条美食街，餐厅会供应用山间野菜制作的美味饭菜，酒店和旅馆也很多，游客可以试着在这里住上一晚，非常有意思。智异山整体成了国立公园，山麓漫游与登山项目很受人们的喜欢。此外，智异山西北侧还有温泉。

四狮子三层石塔

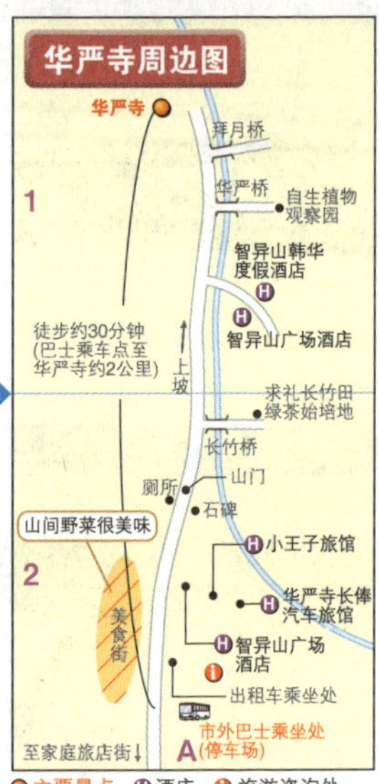

庄严的觉皇殿

最早从新罗时代开始栽培绿茶的纪念碑

谷城·蟾津江火车村곡성 섬진강기차마을

Map p.393-D-1

铁路爱好者不容错过 ★★

由于线路改造而成为废线的全罗线谷城—柯亭区间段，每天在这条线路上运行着观光专用的 SL 型列车（动力为内燃机）。作为起点的旧谷城站已扩充修建为免费参观的铁道公园，展览着已作废的旧客车等物品。

拍摄电影时使用的复原 SL 列车

观光用 SL 型列车

KTX 的实际尺寸模型

车站内的布置充满怀旧氛围

仍保留着电影的布景

为了能参观到因拍摄电影《太极旗飘扬》而复原的 SL 列车，还可付费乘坐新奇的铁道自行车。现已成为事务所的旧谷城站仍保留着于日本侵占时期建立时的原貌，被指定为文化遗产。

和顺·高敞支石墓群화순, 고창 고인돌

Map p.392-C-2~C-1

列入《世界遗产名录》的遗迹 ★★

从光州向东南约 17 公里就是和顺郡，向西北约 40 公里的地方是高敞郡（所属区域为全罗北道）。史前时代的支石墓群遗迹就分布在和顺郡和高敞郡。支石墓是一种由巨大的上石以及支撑上石的支撑石所构成的墓。支石墓分为两种，一种是桌子状的北方式，一种是棋盘状的南方式。高敞是北方式与南方式均有，和顺只有南方式，其特征是有很多石头体积都很大。据说石头都是从附近的山上切割下来的，现在还有采石场的遗迹。高敞已建立起博物馆，可乘坐旅游电车巡回参观设施配备完善的墓群遗迹。

位于高敞道山里的北方式支石墓。由于这里不在主要的参观线路上，因而乘坐出租车会比较方便

巨大的和顺支石墓。这个支石墓规模最大，据说有 283 吨重。支石墓在英语中称为"dolmen"，而在韩语中称为"克英多尔"

灵岩·王仁博学之士遗址영암 왕인박사유적지

Map p.392-C-3

在韩国，这里被认为是与王仁博学之士有历史渊源之地 ★

灵岩地区因月出山国立公园而广为人知。百济时代，博学之士王仁受应神天皇邀请前往日本，并将《千字文》和《论语》传至日本。据说

老谷城站

和顺·高敞支石墓群

住 화순군 도곡면 대신리효산리일대

☎ 无

费 免费

交通 从 U Square（光州综合巴士总站）前的市内巴士车站乘坐和顺郡内巴士 218、318 路在"月谷（월곡）"站下车。约需 1 小时。下车后，步行 5 分钟即可到达

※ 支石墓分布范围很广，因此建议游客最好是在和顺巴士总站乘坐出租车游览

※ 每年 4 月左右都会举行支石墓节

支石墓博物馆

住 전라북도 고창군 고창읍 도산리 676

☎ (063)560-2577

营 9:00~18:00

休 元旦、周一

费 3000 韩元

交通 从高敞巴士总站乘坐开往支石墓博物馆的巴士（约需 10 分钟，1100 韩元）。每天 5 班。或乘坐出租车（车费约 8000 韩元）

灵岩·王仁博士遗址

住 영암군 군서면 도구림리

☎ (061)470-2566（灵岩郡文化宣传科）

营 9:00~18:00

休 无

费 1000 韩元

交通 从 U Square（光州综合巴

光州美术展览会与泡菜大会

代表光州的两大盛会就是光州美术展览会与泡菜大会。光州美术展览会是每两年举办一次的现代美术庆典，其中光州的艺术非常有名。每年秋天举行的泡菜大会是一个汇集了全韩国各地泡菜的美食庆典。

泡菜大会中快乐地进行现场示范的商贩

士总站）乘坐开往“灵岩（영암）”的市外巴士在“灵岩（영암）”站下车。下车后换乘出租车，约 10 分钟即可到达

灵岩地区就是王仁的出生地。没有证据证明，历史上真正存在王仁这个人，也缺乏相关的证据证明灵岩地区就是王仁的出生地。但即使这样，作为振兴当地的一环，每年春天（4 月份左右）这里都会举办“王仁博士文化节”，借以称颂他所作出的贡献。

餐厅
Restaurant

松竹轩
송죽헌

◆韩国非常好吃的套餐店，在当地人中已经拥有了近 30 年的人气。饭店建筑为传统的韩国样式，房屋中间放置有古书、传统画、陶瓷器等。从原全罗南道政府的内侧向西南方向前进，再进入农协角上的小路就到达饭店了。4 人份 16 万韩元（此为午餐价格。晚餐为 20 万韩元～）。就餐需预约。

Map p.415-C-3

住 동구 남동 128-1
☎(062)232-5919
营 12:00~14:30、17:30~22:00
※ 白天请在 13:00 之前、晚上请在 20:30 之前入店用餐
休 春节、中秋节
C/C Ⓐ Ⓓ Ⓙ Ⓜ Ⓥ

特食堂
또식당

◆昔日宫廷中为了大王强壮滋补身体烹制的食补乳猪专营店。这道料理是用出生后不到两周的小猪加高丽参、金橘、栗子、生姜等许多名贵药材做成丸子沸煮而成。中药炖乳猪一只（4~5 人份）约 20 万韩元，需提前一天预约。

Map p.415-C-2

住 동구 대의동 81-1
☎(062)222-1355
营 12:00~22:00
休 周日、春节、中秋节
C/C Ⓐ Ⓓ Ⓙ Ⓜ Ⓥ

无等山泥鳅汤
무등산추어탕

◆只要是光州人，就没有不知道这家餐厅的。30 多年一心一意只做泥鳅汤。先将泥鳅煮透，取出全部骨头后，加入用牛骨熬的汤，味道非常醇厚。与对泥鳅汤的一般印象不同，没有不适感，喝起来很顺滑。费用为 5000 韩元。

Map p.415-B-2

住 동구 금남로 4 가 75
☎(062)228-2406
营 6:00~20:30
休 每月的第三个周日、春节、中秋节
C/C Ⓐ Ⓓ Ⓙ Ⓜ Ⓥ

民俗村
민속촌

◆招牌菜为炒猪肉（1 人份为 9500 韩元）。其他还有炒牛肉（1.7 万韩元）等。比较特别的是，吃完肉食以后要求上饭时，不是普通的韩式酱汁锅，而是每天都有不同的汤。

Map p.415-C-3

住 동구 광산동 69
☎(062)224-4577
营 11:30~24:00
休 无
C/C Ⓐ Ⓓ Ⓙ Ⓜ Ⓥ

商店 / 咖啡吧 / 休闲 / 娱乐
Shop / Coffee bar / Leisure / Entertainment

光州工艺品展示卖场
광주공예품전시판매장

◆该卖场位于锦南路地下商店街。经营梳子等各种木工艺品及陶瓷器、近郊的名特产春雪茶、非常高级的笔等。“艺术大街”上也有全南工艺品联合会的直销处。

Map p.415-C-3

住 동구 금남로지하상가 E 동 52 호
☎(062)228-7040
营 9:30~20:30
休 春节、中秋节
C/C Ⓐ Ⓓ Ⓙ Ⓜ Ⓥ

酒店
Hotel

无等公园观光酒店
호텔무등파크
URL www.hotelmudeungpark.co.kr

◆这是一家代表光州的五星级酒店，建于无等山的山脚。前往市内观光不是很方便，不过酒店设施比较高档完善。

Map p.416-C-3 外（光州）
住 동구 지산동 63-1
☎ (062)226-0011
费 19 万韩元～ C/C A D J M V

宫殿观光酒店
파레스관광호텔

◆该观光酒店位于市中心，共 7 层，可以步行前往锦南路等繁华街道。根据季节不同设有各种优惠活动。

Map p.415-B-3（光州）
住 동구 화금동 11-4
☎ (062)222-2525
费 5.2 万韩元～
C/C A D J M V

智异山广场酒店
지리산프라자호텔

◆酒店位于从求礼·华严寺的巴士车站前往华严寺的途中，是这个区域最高档的酒店，可以充分享受山间的清新空气和美丽景色。

Map p.418-A-1（华严寺）
住 구례군 마산면황전리
☎ (061)782-2171
费 13.31 万韩元～
C/C A D J M V

丽晶观光酒店
리젠트호텔

◆虽然曾经是有 4 朵“无穷花”标志的一级酒店，现已转为普通酒店。其低至汽车旅馆的价格很有吸引力。距离作为光州美术展览会会场的仲外公园很近。

Map p.416-A-1（光州）
住 북구 운암동 65-16
☎ (062)521-5500
费 4 万韩元～
C/C A D J M V

亚细亚庄汽车旅馆
아시아장모텔

◆位于 U Square（光州综合巴士总站）附近，是旅馆一条街上的汽车旅馆。其红褐色的外墙壁很醒目。提供可免费上网的房间。

Map p.416-A-2（光州）
住 서구 관천동 58-17
☎ (062)367-5001
费 2 万韩元～
C/C J V

清原庄汽车旅馆
청원장모텔

◆该旅馆位于亚细亚庄汽车旅馆对面。其外墙壁是醒目的白色。

Map p.416-A-2（光州）
住 서구 관천동 57-10
☎ (062)363-2688 费 2.5 万韩元～
C/C J V

荒岭汽车旅馆
황룡모텔

◆该旅馆位于 U Square（光州综合巴士总站）北侧的旅馆一条街上。在旅馆一条街的入口处设有广告招牌，很容易找到。提供可免费上网的房间。

Map p.416-A-2（光州）
住 서구 광천동 57-9
☎ (062)366-4450
费 2.5 万韩元～
C/C A D J M V

阿德里亚汽车旅馆
아드리아모텔

◆白色的外观和隐匿的停车场有点情人旅馆的意味，适合所有普通旅客。旅馆里很干净。

Map p.416-B-2（光州）
住 북구 신안동 141-17
☎ (062)529-3315
费 3 万韩元～
C/C A D J M V

推荐在U Square（光州综合巴士总站）的美食广场就餐

在美食广场就餐一般就不要对其味道抱太高期望。那么会不会价格很高呢？在光州完全不必担心。例如，在“松花亭”店只需花费 5000 韩元就可享用 10 种全罗道式小菜，而美食广场中全是这种既便宜又可口的店。

小特辑

去宝城参观韩国绿茶的一大产地

绵延不绝的绿色田垄

全罗南道宝城郡的茶园，因作为电视连续剧《夏日香气》的拍摄地而一举成为著名的旅游胜地。即使对连续剧不感冒，来这里参观一下呈现出复杂曲线的绿色田垄绵延不绝的美景也是值得的。

1 可以沿着道路自由漫步于鲜绿的茶园中。对游客开放的是未进行采茶作业的区域 **2** 通往茶园的道路为美丽的林荫道 **3** 全年都对外开放，不过还是以春季至夏季景色为最佳

虽然李氏王朝时期压制佛教的政策使得品茶之风日渐衰退，但在全罗南道和庆尚南道，利用山间寺院内野生茶树制成的茶却流传了下来。日本侵占时期已开始商业性茶树栽培，然而在韩国绿茶真正引起关注是在进入21世纪后。随着健康热的升温，宝城的绿茶获得了很高的人气，成为连续剧拍摄地后更是吸引了众多年轻游客前来参观。宝城的观光茶园最为有名，交通方便的是大韩茶业的观光农场。

4 园内有多处咖啡馆 5 茶是有偿试饮 6 看不厌的独特造型 7 情不自禁地想用手去触摸 8 看起来会迷路 9 外景拍摄地完备的提示牌

DATA

大韩茶业 宝城观光茶园 대한다업 보성관광다원

Map p.393-D-3
住 보성군 보성읍 보성리 1291
☎(061)852-2593
营 9:00~19:00
费 2000 韩元
交通 在光州综合巴士总站乘坐市外巴士至“宝城市外巴士总站”。约需 1 小时 40 分钟，运营时间 6:10~21:40，每隔 30 分钟一班。下车后，换乘宝城郡内巴士至宝城茶园或乘坐出租车前往。大约 1 万韩元。
※ 巴士由宝城市外巴士总站出发，经过宝城站。请乘坐窗户上写有“차밭”标记的巴士。
URL www.daehantea.co.kr

小特辑

保留着过去生活的
乐安邑城民俗村

乐安民俗村是一个被昔日的城墙包围着的村庄。用稻草修葺的房顶充满生活味道，屋里可以看到过去韩国的生活情形。可以住在家中，慢慢体味韩国的风情。

Access 交通方式

从首尔前来的推荐线路

→乘坐高速巴士很方便

首尔高速巴士总站（中央城区）→顺天综合巴士总站：6:10~24:00（每隔30~40分钟一班，约需4小时30分钟）

从釜山前来的推荐线路

→乘坐高速巴士很方便

釜山高速巴士总站→顺天综合巴士总站：7:00~22:00（1天8班，约需2小时30分钟）

巴士

顺天的高速巴士总站与市外巴士总站在一起。

向西步行10分钟即为宝城市外巴士总站。宝城至光州的车次较多，但没有宝城至木浦的直达车，这一点请务必注意。

■顺天综合巴士总站순천종합버스터미널

Map p.425-A-2

☎(061)744-6565、752-2659

■宝城市外巴士总站보성시외버스터미널

Map 地图外　☎(061)852-2777

●顺天的酒店

DATA

皇家观光酒店　로얄관광호텔

Map p.425-A-2

住 순천시 장천동 32-8

☎(061)741-7000

费 8万~13万韩元

C/C Ⓐ Ⓓ Ⓙ Ⓜ Ⓥ

位于顺天中心，设备完善。从顺天综合巴士总站向北步行2~3分钟即可到达，非常方便。

1 过去用稻草修葺的房顶　2 传统民居体验馆　3 充满生气的民俗村　4 出售谷物和豆类　5 郡守的屋舍再现了过去判案的情景　6 瓦片屋顶和土墙壁很好看　7 8 村内景点。展现出恬静的气氛。民居可以住宿

DATA

乐安邑城民俗村　낙안읍성 민속마을

Map p.393-D-2
住 순천시 낙안면 동내리 437-1
☎ (061)749-3347
营 5月~10月 8:30~18:30　2月~4月、11月 9:00~18:00　12月、1月 9:00~17:00
休 无
费 2000韩元
交通 乘坐市内巴士63路（每天10班），68路（每天7班）至“乐安邑城（낙안읍성）”。从附近的筏桥（벌교）出发的市内巴士每天25班。
URL www.nagan.or.kr

DMZ
首尔
江陵
仁川机场
安东
大田
庆州
大邱
光州
釜山
丽水

丽水 여수

美丽的群岛

长途电话区号 061

丽水市

居民登记人口（2009 年）

293546 人

丽水市面积（2007 年）

501.22 平方公里

ⓘ 旅游咨询处

Map p.426-C-2

☎ (061)664-8978

营 9:00~18:00

丽水市主页

URL www.yeosu.go.kr

丽水 概要与导览

丽水风光优美，是一个里亚斯型海岸（横向海岸）的港口城市。最近作为前往巨文岛等周边各岛的门户而备受关注，成为海洋观光旅

主要景点　S 商店　H 酒店　i 旅游咨询处　邮局　学校　医院

游的一个据点。2012年在这里召开了世界博览会。

丽水的街区位于山的两侧，分为两部分。一个是市政府所在的KORAIL全罗线丽川车站附近部分，另一个是拥有游船码头和繁华街道的海岸部分。两部分之间的直线距离为7公里。市外巴士总站大致位于这两部分的中间位置。

传统的繁华街道位于游船码头附近。稍稍靠近内陆一侧的高台上有与李舜臣相关的镇南馆。乘坐巡游岛屿的游船可以前往位于东侧的梧桐岛。梧桐岛和本土用防洪堤相连接，可以乘坐市内巴士直达入口处。由突山大桥连接的突山岛的山脚下设有游船码头，并开设环岛一周的旅游航线。

市内交通

【市内巴士】

车票为1100韩元（普通），1650韩元（坐席）。所有的巴士都从巴士总站前往繁华街道。

【出租车】

起步价为2300韩元

丽水 美食信息

丽水的名特产是新鲜的鱼贝类以及被称为“卡克姆其”的由芥菜制成的泡菜。此外，还有被称为“帕特酱翁”的海鳗和被称为“克酱翁”的海鳗汤，这些都是当地的特产。旅客客运码头附近的“布姆路克利水产市场”中出售各种鱼类。

布姆路克利水产市场中也有生鱼片店

Access 交通方式

从首尔前来的推荐线路

→乘坐铁路、高速巴士很方便

龙山站→丽水站: 6:50~22:45（每天14班，最快需要5小时15分钟）

首尔高速巴士总站（Central City客运站）→丽水市外巴士总站: 6:00~23:20（每隔50分钟一班，约需5小时）

从釜山前来的推荐线路

→乘坐高速巴士很方便

釜山综合巴士总站→丽水市外巴士总站: 6:35~22:40（每天13班，约需3小时10分钟）

从其他城市前来的推荐线路

[ ] 内为推荐的交通工具

▼光州（광주）[市外巴士]

5:50~23:00（每隔15 ~ 30分钟一班，最快需要1小时50分钟）

▼木浦（목포）[市外巴士]

5:45~19:30（每天18班，约需3小时30分钟）

▼顺天（순천）[市外巴士]

5:00~23:00（每隔5~10分钟一班，约需40分钟）

▼全州（전주）[市外巴士]

6:38~18:10（每天11班，约需3小时40分钟）

飞机

有首尔与济州之间的航班。

■丽水 / 顺天机场 / 여수 / 순천공항

Map p.393-E-2

☎(061)683-7997

URL yeosu.airport.co.kr

铁路

■丽水世博会站 / 여수역　Map p..426-C-1

巴士

高速巴士与市外巴士共用的巴士总站距离市区大约3公里。

■丽水高速、市外共用巴士总站 / 여수시외버스터미널

Map p.426-A-1

☎(061)652-1877、6977

船

丽水老市区的游船码头有开往巨文岛等周边岛屿的小型游船。位于丽水西部的高兴郡的鹿洞新港有开往济州的渡轮。从丽水市外巴士总站前往鹿洞新港乘坐市外巴士需要2小时（5:50~21:15，每隔30分钟一班）

■丽水港旅客客运码头　여수항여객선터미널

Map p.428-A-2

☎(061)663-0116

梧桐岛오동도

Map p.426-C-2

享受闲丽海峡的美景

★★

梧桐岛

住 여수시 수정동산 1-11

☎ (061)690-7301

营 24 小时

休 无

费 免费

交通 乘坐市内巴士 1 路、2 路、8 路、101 路、103 路、555 路至梧桐岛入口（오동도입구）

观光游览车

费 500 韩元（单程）

※ 在售票处与梧桐岛之间缓缓行驶的列车状交通工具。按照乘客排队的顺序发车。

观光游览车

位于城市东侧的小岛，其整体就是一个公园。小岛通过防洪堤与本土相连接，乘坐市内巴士可以到达岛的入口，从那里就可以步行上岛了。岛上种植了一种在韩国被称为“冬柏”的山茶花，山茶林中修建了散步用的道路，从小丘上的灯塔远眺闲丽海峡，真的是世上少有的美景。从游船码头也可以乘船前往突山岛，天气好的时候乘坐小型游览船也是不错的选择（但人数不够不发船）。岛前的紫山公园也因景色美丽而出名。顶上建有李舜臣的塑像。

梧桐岛的全景

被称为冬柏的山茶花

丽水市中心

●主要景点 Ⓢ商店 Ⓖ餐厅 Ⓗ酒店 ⓘ旅游咨询处 ▣邮局 Ⓑ银行 ⊠学校 ⊞医院

镇南馆진남관

Map p.428-B-2

与李舜臣相关的馆府 ★★

万历朝鲜之役时，李舜臣将军把全罗左水营（海军）的指挥部设置在这里。如今看到的建筑物并不是当时建造的，而是 18 世纪时重建的。镇南馆是一个由 68 根巨大柱子支撑起来的大型木结构建筑，非常著名。据说镇南馆与统营的洗兵馆同为韩国最大的平屋木结构建筑。镇南馆下面有“壬辰倭乱遗物展览馆”，游客可以在这里免费观看与万历朝鲜之役（在韩国称为壬辰倭乱）有关的展览。

雄伟的镇南馆

柱子的造型很美，引人注目

镇南馆
住 여수시 군자동 472
☎(061)690-7338
营 4~10 月 10:00~18:00
11 月～次年 3 月 10:00~17:00
休 无
费 免费
交通 在中央洞环形交叉路口向北前进，并顺着丘陵上的台阶向上即可到达。几乎所有的市内巴士都经过中央洞环形交叉路口

龟甲船거북선

Map p.426-B-2

著名的龟形战舰实物大模型 ★★

万历朝鲜之役，李舜臣将军在闲丽水道迎击日军时使用的就是这种船。为了在敌人的攻击中保护好船体，将军把这种船做成了龟的甲壳形状。现在展出的是船的复原物。

龟甲船
住 여수시 돌산읍 우두리 810-3
☎(061)644-1411
营 3~10 月 8:00~18:00
11 月～次年 2 月 9:00~17:00
休 无
费 1200 韩元
交通 乘坐市内巴士 104 路、106 路、111 路、112 路至“突山大桥（돌산대교）”站下车，步行 1 分钟即可到达

餐厅 Restaurant

7 公州餐厅

7（칠）공주식당

Map p.428-A-2

◆该店用海鳗和星鳗做的汤以及盐烤鳗鱼很有名。用餐时间，饭店里总是坐满了客人。鳗鱼汤 1 万韩元，烤鳗鱼 1.5 万韩元。

住 여수시 교동 595-2
☎(061)663-1580
营 8:30~21:00
休 无
C/C Ⓐ Ⓓ Ⓙ Ⓜ Ⓥ

酒店 Hotel

丽水阿米哥观光酒店

호텔무등파크

Map p.428-A-1

◆该酒店是丽水唯一的一级酒店。由原丽水比奇观光酒店改建而成，并同时改为现在的名称。该酒店位于海港一侧的繁华街道的西北方向，距离繁华街道大约 500 米。

住 여수시 충무동 343
☎(061)664-7070
费 9 万韩元～
C/C Ⓐ Ⓓ Ⓙ Ⓜ Ⓥ

香波尔观光酒店

샹보르관광호텔

Map p.428-C-1

◆该酒店由原世宗观光酒店改建而成，并同时改为现在的名称。沿东门路，从火车站步行 5~10 分钟即可到达，十分方便。

住 여수시 공화동 1054-1
☎(061)662-6111
费 7 万韩元～
C/C Ⓐ Ⓓ Ⓙ Ⓜ Ⓥ

南桑卡克酒店

나산각

Map p.426-A-1

◆这是一家位于市外巴士总站对面的 5 层建筑。前往其他城市非常方便。该旅馆与钟楼汽车旅馆相邻。

住 여수시 오림동 406-17
☎(061)653-7686
费 2.5 万韩元～
C/C 不能

木浦 목포

因海上交易而繁荣的港口城市

长途电话区号 061

木浦市
居民登记人口（2009 年）
244339 人
木浦市面积（2007 年）
49.34 平方公里

木浦市主页
URL www.mokpo.go.kr

木浦文化院附近保留有日式住房，有些已改造成咖啡馆

木浦 概要与导览

木浦是一个面向黄海的港口城市。自古以来就是连接中国与日本的纽带，进行以陶瓷器为主的各种商品交易。日本侵占时期，其作为面向大陆的连接港口，很多日本人在此居住，老街至今还有残留的日式住房。

主要景点 S 商店 G 餐厅 H 酒店 i 旅游咨询处 邮局 学校 医院

Access 交通方式

从首尔前来的推荐线路

→乘坐铁路（KTX）、高速巴士较为方便

龙山站→木浦站：5:20~21:20（每天最多 11 班，最快需要 3 小时 16 分钟）

首尔高速巴士总站（Central City 客运站）→木浦市外巴士总站：5:30~24:00（每隔 30~40 分钟一班，约需 4 小时）

从釜山前来的推荐线路

→乘坐市外巴士较为方便

釜山西部巴士总站→木浦市外巴士总站：6:35~15:20（每天 7 班，约需 5 小时 40 分钟）

前往其他城市

［ ］内为推荐的交通工具

▼光州（광주）［市外巴士］

5:30~24:00（每隔 20 分钟一班，最快需要 50 分钟）

▼珍岛（진도）［市外巴士］

6:15~20:30（每隔 30 ~ 40 分钟一班，约需 1 小时）

▼莞岛（완도）［市外巴士］

7:55~17:45（每天 7 班，约需 2 小时）

▼丽水（여수）［市外巴士］

6:15~19:40（每天 12 班，每隔 40 分钟一班，约需 3 小时 30 分钟）

铁路

■木浦站 / 목포역

Map p.430-B-2

巴士

■木浦市外巴士总站 / 목포시외버스터미널

Map p.430-C-1 ☎1544-6886

船

除了通向济州岛和红岛的航线之外，还有游览船。

■木浦国际旅客客运码头 / 목포국제여객선터미널

Map p.430-A-2 ☎(061)243-0116、0117

木浦站周围的老街上还留着往日的景象。巴士总站与老街（木浦站、旅客客运码头）之间有市内巴士1路、2路、101路以及座席巴士200路、300路等。

木浦 美食、住宿信息

木浦的名特产是小章鱼、海鹞鱼等海产品。小章鱼可以做成生鱼片或水煮、烧烤。海鹞鱼尾部带大刺，吃的时候要小心。市内到处都是很有名的店。

木浦站周围的老街上几乎没有什么舒适的住宿。虽然近几年不断开发的东部新城区有酒店和旅馆，但乘坐巴士旅游还是有些不方便。

木浦 主要景点

海洋遗失物品展览馆해양유물전시관 Map p.430-C-2

海上交易的综合展示 ★★★

木浦作为连接中国大陆和日本的纽带发挥了重大的作用。装满陶瓷器以及其他各种物品的船只来往于此，同时这里也曾是海盗的根据地。展览馆里有从海底打捞上来的贸易船的残骸和船里的货物，跟随解说，游客会对此有一个比较深刻的认识。

海洋遗失物品展览馆入口

沉船的实物与复原模型

旅游咨询处

木浦站前

Map p.430-A-2

☎(061)270-8599

乡土文化馆入口

Map p.430-C-2

☎(061)1300

北港码头

市内交通

【市内巴士】

普通巴士票价为 1100 韩元，座席巴士票价为 1500 韩元。从室外巴士总站经过火车站前往旅客客运码头乘坐 1 路、2 路以及 101 路非常方便。

【出租车】

起步价为 2300 韩元。

海洋遗失物品展览馆

Map p.430-C-2

住 목포시 남농로 136

☎(061)270-2000

营 9:00~18:00，3 月 ~10 月的周六、周日 9:00~19:00

休 周一

费 免费

交通 乘坐市内巴士 7 路、15 路至海洋遗失物品展览馆（갓바위）

URL www.seamuse.go.kr

长途电话区号 061

珍岛郡

居民登记人口（2009 年）

33931 人

珍岛郡面积（2007 年）

430.73 平方公里

旅游咨询处

珍岛郡政府二层有文化观光科

Map p.432-A-1

☎(061)544-0151

珍岛郡主页

URL www.jinodo.go.kr

珍岛 진도

“海路”与名犬之岛

珍岛 概要与导览

随着《珍岛物语》之歌的广为流传，很多人也熟悉了珍岛。珍岛有一个非常神奇的景观，那就是“海路”，这被称为是韩国版的“摩西奇迹”。该自然景象在珍岛东侧的回洞发生，时间在每年的 4 月 ~5 月。

主要景点　S 商店　G 餐厅　H 酒店　i 旅游咨询处　邮局　银行　学校　医院

Access 交通方式

从首尔前来的推荐线路

→乘坐高速巴士很方便

首尔高速巴士总站（Central City 客运站）→珍岛共用巴士总站：7:35~16:35（每天 4 班，约需 5 小时 40 分钟）

从釜山前来的推荐线路

→西部巴士总站→珍岛共用巴士总站：9:10、19:30（每天 2 班，约需 6 小时 30 分钟）

从其他城市

[ ] 内为推荐的交通工具

▼光州（광주）[市外巴士]

6:10~20:00（每天 24 班，最快需要 2 小时 30 分钟）

▼木浦（목포）[市外巴士]

6:10~20:00（每天 10 班，最快需要 1 小时 10 分钟）

巴士

■珍岛共用巴士总站 / 진도공용버스터미널

Map p.432-A-1　☎(061)544-2141、542-7789

这时候还会举行大规模的灵登祝祭，非常热闹。珍岛的中心是位于岛正中心的珍岛邑。其他城市也有到珍岛邑的巴士。出现“海路”的时候，可以乘坐从珍岛邑开往回洞的郡内巴士去参加在回洞地区举行的灵登祝祭。

珍岛 主要景点

乡土文化会馆향토문화회관　Map p.432-B-1

免费的传统艺术演出　★★★

珍岛作为传统艺术的故乡而声名远扬。被流放的文人们所带来的文化与乡土文化自古就融合在一起，形成了独特的艺术。这里从 4 月上旬开始到 11 月末，每周六的 14:00~16:00 都举办免费的演出——由人类文化财产指定者及其继承者表演《珍岛阿里郎》等节目。

乡土文化会馆
住 진도군 옹와리 1194-1
☎(061)540-6254
交通 从巴士总站向繁华街道方向前进，在邑事务所与珍岛流通超市所在的十字路口右转，前行 5 分钟即可到达

回洞 神秘的“海路”회동신비의바닷길　Map p.432-C-2

闻名世界的韩国版“摩西奇迹”　★★★

每年的农历二月末～三月初（公历 4 月~5 月间），这里会出现神秘的“海路”，很多观光客便会来此观看。回洞和对面的茅岛之间因退潮落差较大而出现这条道路，每年到了这个时候，还会举行盛大的灵登祝祭。

神秘的“海路”

回洞 神秘的“海路”（灵登祝祭场）
住 진도군 회동
☎(061)544-0151（珍岛郡文化观光科）
费 免费
交通 从珍岛邑珍岛共用巴士总站乘坐前往“回洞”（회동）的郡内巴士。
※ 祝祭举办的日期由退潮情况决定，因而每年都不相同（日期会在网站上公布）

酒店 Hotel

南河汽车旅馆 남강모텔

Map p.432-A-1

◆从巴士总站步行 10~15 分钟即可到达。一层是传统的茶馆，旅馆入口在旁边。传统茶馆晚上可以喝啤酒，非常热闹，客人都是当地人。

住 진도읍 성내리
☎(061)544-6300
费 3.5 万韩元（双人间）
C/C 不能

太平汽车旅馆 태평모텔

Map p.432-A-1

◆从巴士总站步行约 5 分钟即可到达。前面有两个套餐店，非常醒目。费用是双人间的基本标准。

住 진도읍 남동리
☎(061)542-7000
费 ◎3.5 万韩元（2 人）、Ⓣ4 万韩元～
C/C 不能

在珍岛看珍岛犬

珍岛犬非常乖巧，并且对主人十分忠诚，在珍岛犬事业所内可以近距离观察。这里平时有最高级血统的珍岛犬大概60只，并建有特别饲养、保护的设施（只展示，不出售）。如果是团体（10人以上），可以观看珍岛犬表演（免费）。

1 珍岛犬不只白色，还有茶色、黑色、虎毛色等　2 顽皮的小狗　3 可爱的小狗　4 威风的珍岛犬　5 10人以上可观看珍岛犬表演　6 珍岛犬事业所外观

DATA

珍岛犬事业所 진돗개사업소

Map p.432-B-1
住 전라남도 진도군 진도읍 동외리 278
☎ (061)540-6322~3、(061)540-6306
营 9:00~18:00
休 无（春节、中秋节没有珍岛犬表演，但可以参观）
费 免费
交通 从巴士总站步行 15 分钟
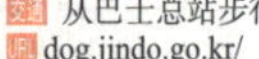
网 dog.jindo.go.kr/

珍岛犬购买指南

珍岛犬事业所一般会保持岛内有血统的珍岛犬的数量，有时可以出售。饲养人为农民。最低档次的 90 天以内的小狗为每只 40 万韩元。公母一对 80 万韩元。只接受现金购买。另外，由于需要进行预防注射和狂犬病疫苗注射，因此 4 个月以后才能领取。空运时要进行预约、确认，因为每架飞机只能运输 2 只，这一点请务必注意。

※ 由于需要检疫，最长可能要花 7 个月。由于需要花费较长时间，可能会错过小狗可爱的幼崽期。

旅行的准备与技术

Getting Ready & Tips

能遇到开车温和且亲切的女性司机可谓非常幸运

护照和签证

护照

护照是公民在国际间通行所使用的身份证和国籍证明，也是一国政府为其提供外交保护的重要依据。为此，我国居民出国旅游，需要申请办理护照。中国的护照分为外交护照、公务护照和普通护照，普通护照又分公务普通护照和因私普通护照。

外交护照主要发给副部长、副省长等以上的中国政府官员，党、政、军等重要代表团正、副团长以及外交官员、领事官员及其随行配偶、未成年子女、外交信使等。公务护照主要发给中国各级政府部门的工作人员、中国驻外国的外交代表机关、领事机关和驻联合国组织系统及其有关专门机构的工作人员及其随行配偶、未成年子女等。因公普通护照主要发给中国国营企业、事业单位出国从事经济、贸易、文化、体育、卫生、科学技术交流等公务活动的人员、公派留学、进修人员、访问学者及公派出国从事劳务的人员等。因私普通护照发给定居、探亲、访友、继承遗产、自费留学、就业、旅游和其他因私人事务出国和定居国外的中国公民。外交护照、公务护照和公务普通护照统称为因公护照，由外交部及其授权机构办理。普通公民出境旅行，需办理因私普通护照，即通常所说的“普通护照”。

申请普通护照，应当由本人向其户籍所在地县级以上地方人民政府公安机关出入境管理机构提出。申请人未满16周岁的签发5年期护照，16周岁以上（含）的签发10年期护照。办理签证时，需保证护照的有效期在6个月以上。

一、申请办理普通护照所需要的主要材料

1. 近期2寸免冠彩色照片一张（背景色以各地出入境管理处规定为准）以及填写完整的《中国公民因私出国（境）申请表》（以下简称申请表，可在公安局出入境管理处网站下载）；

2. 居民身份证和户口簿及复印件；在居民身份证领取、换领、补领期间，可以提交临时居民身份证和户口簿及复印件；

3. 未满十六周岁的公民，应当由其监护人陪同，并提交其监护人出具的同意出境的意见、监护人的居民身份证或者户口簿、护照及复印件；

4. 国家工作人员应当按照有关规定，提交本人所属工作单位或者上级主管单位按照人事管理权限审批后出具的同意出境的证明；

5. 省级地方人民政府公安机关出入境管理机构报经公安部出入境管理机构批准，要求提交的其他材料。

特殊情形：现役军人申请普通护照，按照管理权限履行报批手续后，由本人向所属部队驻地县级以上地方人民政府公安机关出入境管理机构提出。

二、申请办理

携带上述材料去户籍所在地的公安局出入境管理处办理。将填写好并贴好照片的申请表格和所需材料递交到受理窗口，待工作人员审核完毕后，领取《因私出国（境）证件申请回执》单，核对回执单内容确认无误后签名。

在递交完申请后，须立即持《因私出国（境）证件申请回执》到收费处交费。（申请人须在受理当日交费。未按时限交费，领取证件日期将另行通知。若申请后一个月内未交费，视为自动放弃申请，申请材料不再退还本人）

收费标准：200元/本。

三、办理时限及护照领取

护照申请至领取的时间，各地出入境管理机构可能会有所不同，一般为10~15个工作日。

领取护照时可以选择本人领取、他人代领和快递上门。

■本人领取：申请人本人须按照《因私出国（境）证件申请回执》上注明的取证日期或出入境管理部门通知的取证日期按时领取证件。取证当日，申请人本人凭《因私出国（境）证件申请回执》及缴费收据，并携带居民身份证或户口簿，到受理申请的出入境接待大厅领取证件。领取证件后，请仔细核对证件内容，发现差错，及时改正。

■他人代领：代领人携带《因私出国（境）证件申请回执》、本人身份证、护照申请人身份证复印件到出入境管理处领取护照。

■快递上门：若想选择快递上门，须在办理护照当天凭《因私出国（境）证件申请回执》到出入境管理处内的邮政速递柜台办理手续并缴纳快递费。快递范围以当地出入境管理处的规定为准。

另外，办理签证前请在护照最后一页的持证人签名栏用黑色签字笔签署本人姓名。

注：以上内容仅供参考，以当地出入境管理处规定为准。

鉴证

中国公民赴韩需根据韩方领区划分在韩国驻华使馆领事处或驻香港、上海、青岛、广州、沈

韩国驻中国大使馆、领事馆

●韩国驻华大使馆

住 北京市朝阳区亮马桥第三使馆区东方东路20号（100600）
☎（86-10）8531-0700
FAX（86-10）8531-0726
电子邮件：chinawebmaster@mofat.go.kr
工作时间：09:00~18:00

●大使馆领事处

住 北京市东直门外大街亮马河南路14号塔园外交办公大楼
☎（86-10）6532-6774、6532-6775
FAX（86-10）6532-6778
URL chn.mofat.go.kr/worldlanguage/asia/chn/main/index.jsp
领区范围：北京市、天津市、河北省、山西省、内蒙古自治区、新疆维吾尔自治区、西藏自治区、青海省

●韩国驻青岛总领事馆

住 山东省青岛市崂山区香港东路101号
☎（86-532）8897-6001/6002/6003
FAX（86-532）8897-6005
URL qingdao.mofat.go.kr/cn/
领区范围：山东省

●韩国驻上海总领事馆

住 上海市万山路60号
☎（86-21）6295-5000、6295-2639
FAX（86-21）6295-5191、6295-2629
URL shanghai.mofat.go.kr/cn/consul
领区范围：上海市、安徽省、江苏省、浙江省

●韩国驻广州总领事馆

住 广东省天河区体育东路羊城国际商贸中心西塔18楼
☎（86-20）3887-0555
FAX（86-20）3887-0923
URL chn-guangzhou.mofat.go.kr/worldlanguage/asia/chn-guangzhou/main/index.jsp
领区范围：广东省、广西壮族自治区、海南省、福建省

●韩国驻沈阳总领事馆

住 辽宁省沈阳市和平区南13纬路37号
☎（86-24）2385-3388。
FAX（86-24）2385-5170/6549/7401
E-mail shenyang@mofat.go.kr
URL http://chn-shenyang.mofat.go.kr/cn/visa/result.php
领区范围：辽宁省、黑龙江省、吉林省

●韩国驻成都总领事馆

住 四川省成都市下南大街6号天府绿洲大厦19楼
☎（86-28）8616-5800
FAX（86-28）8616-5789
E-mail chengdu@mofat.go.kr
URL http://chn-chengdu.mofat.go.kr/worldlanguage/asia/chn-chengdu/main/index.jsp
领区范围：重庆市、四川省、云南省、贵州省

●韩国驻西安总领事馆

住 陕西省西安市高新技术产业开发区科技路33号国际商务中心19层
☎（86-29）8835-1001
FAX（86-29）8835-1002
E-mail xian@mofat.go.kr
URL chn-xian.mofat.go.kr/worldlanguage/asia/chn-xian/main/index.jsp
领区范围：陕西省、甘肃省、宁夏回族自治区

●韩国驻武汉总领事馆

住 湖北省武汉市江汉区新华路218号浦发银行大厦4层、19层
☎（86-27）8555-2920
FAX（86-27）8574-1085
E-mail wuhan@mofat.go.kr
URL chn-wuhan.mofat.go.kr/worldlanguage/asia/chn-wuhan/main/index.jsp
领区范围：湖北省、湖南省、河南省、江西省

●韩国驻香港总领事馆

住 Conaulate General of the Republic of Korea 5-6/F, Far East Finance Centre, 16 Harcourt Road, Hong Kong
☎（86-852）2529-4141
FAX（86-852）2861-3699
URL http://hkg.mofat.go.kr/korean/as/hkg/main/index.jsp
领区范围：香港、澳门

阳、成都、西安、武汉总领事馆申请签证，部分符合无签证入境许可条件者除外。签证种类有旅游签证、工作签证、商务签证和探亲签证等多种。根据所在地区领事机构、护照和签证种类及代办机构的不同，签证申请程序和所需材料也不同。

一般情况，能证明有充分的经济能力者以家庭为单位或个人赴韩观光者需提交的基本材料包括：1. 签证申请表（贴 1 张 2 寸彩照）；2. 护照（有效期半年以上）、身份证复印件；3. 经济能力证明材料任意 2 种，例如最近 6 个月内信用卡或储蓄卡的交易记录、确认最近 6 个月内存取款情况的存折复印件、车辆或房产的所有证明、社会保险加入证明（需提交各市劳动社会保障局网站上打印的证明及网站查询注册名和密码）、在职证明（包括营业执照副本复印件）等，提交父母名下的财产证明时，需同时提交能够证明亲属关系的户口本或公安局出具的亲戚关系确认书等。

以上是大韩民国驻华各领事馆对一般个人赴韩观光者原则上要求提供的材料，但根据管辖地区的特殊性以及不同的出国原因等，各领事馆可能会要求提供不同的签证材料。因此，在申请签证之前，一定要向当地管辖领事馆咨询详细情况。

另外，从 2012 年 8 月 1 日开始，韩国政府正式施行《中国游客签证制度改善方案》。将多次往返签证的签发对象范围扩大到律师等资格证持有者、大学专职讲师或教师、退休金领取者、中国 500 强企业领导和员工、著名大学毕业生等中产阶层。多次往返签证的有效期也从 1 年延至 3 年，办理手续大幅简化，只需提交规定的两份材料即可。同时，为扩大中国游客的签证选择范围，除多次、单次签证外，又新设了两次签证，根据游客的计划到访次数，扩大签证选择权。为吸引更多以家庭为单位的游客，把只能通过家庭成员关系证明获得相同签证的家庭成员范围扩大至父母与配偶的父母。另外，新方案简化了中国重点大学学生的签证申请材料：学生只需提交在校证明就可获得签证。具体详情请咨询当地领事馆。

费用：停留时间在 90 天以下的单次签证 195 元。

签发时间：一般个人旅行签证的签发时间为 4 天。

货币·兑换·信用卡

人境韩国后，兑换很简单，兑换率不错

货币与兑换

货币的种类

韩国的流通货币是韩元。纸币分为 5 万韩元、1 万韩元、5000 韩元、1000 韩元 4 种面值，硬币分为 500 韩元、100 韩元、50 韩元、10 韩元、1 韩元 5 种面值。1000 元韩元大约相当于 5.6 元人民币（2012 年 9 月）。

5 万韩元纸币　　1 万韩元纸币

5000 韩元纸币

1000 韩元纸币

500 韩元

100 韩元

50 韩元　　10 韩元（新）

到达韩国后兑换很方便

中国银行和机场兑换所，都可以兑换韩元。不过，在中国银行的各支行兑换时可能需要提前预约。

到达韩国目的地的机场后，如果需要立刻进行兑换，利用在海关检查区域各银行开设的兑换专用窗口非常方便。

这里是外国人最为习惯的地方，只需将人民币放进去，马上就可以拿到韩元。各银行在旅客候机大楼内开设的兑换窗口，人比较少。

在市内的银行兑换时，说明情况递出人民币后，一般要求出示护照并在账单上签字，手续本身其实没有那么复杂。

如何再次兑换

剩余的韩元在回国后，即使拿到中国一般的金融机构窗口，多数也无法再兑换（即使兑换成功，兑换率也很差）。旅行中没有花完的韩元，最后一天在机场办理出境手续前，可以再换回人民币。此外，全部机场使用费在购买机票时一并支付，因此乘坐飞机出境时不需要再付（乘船从釜山港出境时需要付 3200 韩元）。

使用旅行支票（T/C）

T/C 中文称为旅行支票。此种支票即使被盗或丢失也可以要求再配发，因此长期旅行或有大额购物预订的旅客可放心使用。可在办理外汇业务的银行购买。T/C 上有两处署名栏，购买时请立刻在"持有人署名栏"中签字。另一个署名栏是在银行兑换时，当场签字后再交付。使用 T/C 时会要求出示护照。还要保存好挂失时需要的发行收据。

信用卡

通用程度高

韩国的信用卡普及通用程度很高。外国人常去的大部分场所都可以用信用卡支付。

在公认兑换所兑换更合算

在将人民币兑换成韩元时，最在意的就是汇率。虽然网上有银行兑换手续费的优惠券，但是要想更实惠地兑换，可以去公认的兑换所。位于明洞的 7-ELEVEN 明洞店（p.108）不仅在首尔能提供较高的汇率，而且 24 小时营业。强烈推荐在机场进行最低限度的兑换，如果有其他需要兑换的情况，去街上的兑换所办理。

使用 IC 卡时的注意事项

使用IC卡（带有IC芯片的信用卡）支付时，不需签字，但必须输入个人密码（英语中称作 PIN 或 PIN Code）。出发前要确认以免忘记。

在 ATM 机上取现

有时通过计算兑换率和手续费，用信用卡在 ATM 机上取出现金比较划算。KEB 外币兑换银行、友利银行、新韩银行、KB 国民银行等主要银行都设有国际卡受理机。

［操作方法］
1）将操作页面切换为中文或英语
2）选择卡的种类，输入个人密码
3）输入取款金额，取出现金
※ 在营业时间以外使用时要收取额外手续费
※ 并不是所有的 ATM 机都能受理国际业务。受理国际卡的 ATM 机贴有 VISA 或 MASTER 等标签。

当地租借手机需要信用卡

到达机场后若想租借手机，不仅需要护照，还需要信用卡作为保证。支付是在返还时一次性算清，可以用现金或信用卡支付。费用不高。如果决定下次仍租借，SK 电讯有很多的优惠活动，比如再次使用优惠服务、网上的租借费优惠券等，可以检索一下。另外，若使用 SK 电讯，一张信用卡最多可租借 3 部电话。

●不同形式货币列表

现　金	任何兑换所都能兑换人民币，因此若是现金的话，携带人民币是最方便的。剩下的韩元从韩国出境时在机场可再次换回人民币（回国后很难再次换回人民币，即使能换，兑换率也很差）。此时，若兑换的数额较大，要保留好人民币兑换成韩元的收据。
旅行支票	由于这种支票丢失或被盗时能再次发行，因此想多带点钱出去时，T/C 是最让人放心的。您可在国内各银行的外币窗口购买。虽然购买时要付手续费，但兑换时的兑换率比现金多少要好一些。很少有基于韩元的 T/C，因此只能购买基于人民币或美元的 T/C，在韩国国内使用时，将需要花费的部分换成韩元即可。
信 用 卡	在韩国，国际信用卡的通用程度很高。虽然在路边摊和零售亭不能使用，但在主要的购物中心、百货商店、免税店以及饭店使用都没有问题。还可以在 ATM 机上取现。 ▼各公司服务中心的联络方式 ·AMEX　☎00798-651-7032 ·VISA　☎001-800-12121212 ·JCB　☎001-800-00090009、002-800-00090009 ·MasterCard　☎0079-811-887-0823
国际提款卡	如果在一部分银行办理好了手续，可从外国的 ATM 机上以当地流通货币的形式取出自己户头上的预存金额。请前往有户头的各金融机构申请或查询。此种形式不仅比现金的兑换率要好，还能有效地防盗。

购买境外旅行保险

为了安心必须事先加入保险

境外旅行伤害保险是一种对在国外受伤、生病或在旅行途中发生不可预料危险进行补偿的保险。

在国外受伤或生病时，治疗费和住院费比中国要高得多。此外，语言方面、精神方面都压力很大。如果购买国外旅行伤害保险的话，大部分的保险公司都会提供中文服务，不仅是金钱方面，精神方面也很放松。

国内的各大保险公司都有相应的险种，可以在出发前去保险公司咨询。

保险种类及类型

保险公司对于旅行中可能发生的病情及灾害，设定了保险的种类。保险费用根据保险金额、限定额以及旅行时间而定。

类型一般可分为两种，一种是“套餐型”，这种方式是将针对所设想的旅行中可能发生的灾害及事故进行的补偿合在一起；另一种是“定制型”，这种方式是可以根据旅行者的需求，从各种保险中，根据预算选择补偿内容。

“套餐型”大致上覆盖了旅行者所必需的保险，很简单，但对于没有带贵重物品的旅客而言，一些“套餐”中的携带物品损害保险就毫无意义了。不过，选择“定制型”的话由于被预算所限制，会觉得“保险没有什么效果”而后悔，这样的例子也不在少数。

信用卡附带保险的“陷阱”

信用卡中，很多卡本身带有国外旅行伤害保险。补偿内容根据信用卡公司而定，一般卡及会员卡（所谓的黄金卡）享受的补偿内容也不同。

然而，信用卡的附带保险中却有很多“陷阱”，例如，对于“疾病死亡”不补偿；补偿金额不足时个人负担金额很大；多张卡的伤害死亡补偿金额不能叠加；发生紧急情况时不知道通信处；旅行贷款不是用卡结算时不能成为补偿对象等。

首先要仔细确认自己卡的补偿内容和通信处，在此基础上，最好还是购买作为“追加补偿”的境外旅行伤害保险。

服装与携带物品

穿着与中国差不多同季的服装就行

气候与服装

韩国的气候除了温暖的济州岛，与北京大致相同，四季变化明显，还有短暂的梅雨。大部分时候，穿着从中国出发时穿着的衣服就可以了，但一般来说韩国的温差比中国大。

▼春天（3 月末 ~5 月）的服装

很难判断，所以最好穿多层衣服配合穿脱。进入 4 月后就逐渐变暖了。

▼夏天（6 月 ~9 月上旬）的服装

6 月下旬 ~7 月是梅雨季节。从 7 月开始的第一个月是一年中最热的时候。短时阵雨很多，带着雨具会很方便。穿着棉质的短袖比较好。

7 ~ 8 月是雨水比较多的时节，釜山周边和济州岛地区有时会有台风。

▼秋天（9 月中旬 ~11 月）的服装

昼夜温差大，下雨时间长，还有台风。但整体上这是最好的季节，十分爽朗。服装方面可以穿着衬衫加毛衣，注意添减。进入 11 月以后，温度会骤降，要格外注意。

▼冬天（12 月 ~ 次年 3 月中旬）的服装

这个季节都是寒冷干燥的日子，降雪很少。虽然室外十分寒冷，但室内有火炕，还是很温暖的。此时身体状态容易不好，穿着比较方便穿脱的衣服比较好。若长时间在外步行，需要穿上厚防寒服。手套也是必不可少的。

■携带物品核查表

物品名称	需要程度	注　意
护照	★★★	应对被盗，复印带有照片的一面。
现金与信用卡	★★★	携带人民币现金就可以。信用卡普及率很高。
机票	★★★	必须要确认票面上的出发日期、回国日期、出发到达地点、姓名等。有时可能会因弄错而无法乘坐。保留好 e 券作为存根。
集合指南	★★★	旅行团很多情况下用集合指南来交换机票。
旅行保险	★★★	通过互联网或在机场都可购买。
牙刷牙膏与剃刀 / 洗发水	★★	为了保护环境，全部酒店已经不提供免费的一次性牙刷牙膏和剃刀（房间里放置的用品都要收费）。洗发水也因为同样的理由而停止供应。
常备药	★★	药很容易就能买到，但药里有时含有比中国药性强的成分。感冒药和肠胃药还是带着比较好。
换洗衣服 / 睡衣	★	很多酒店都不备睡衣，习惯穿睡衣的人最好带上。换洗衣服在市场或超市购买就行。
大型购物箱	★	作为韩国节省资源行动的一环，商店里的包装越来越简单。很多商店里的袋子是要付费的（纸袋约 100 韩元，塑料袋约 50 韩元）。将塑料袋等手提袋塞到箱子里会非常方便。
咳嗽药	★	韩国的空气干燥，灰尘也比较大。嗓子会经常不舒服，若带着咳嗽药就会方便很多。还可以在便利店买些润喉糖。
插头转换器与变压器	★	韩国的电压大部分为 220 伏，一部分混杂着 110 伏。220 伏的插座是两相圆插头，与中国不同。有的酒店可免费借用变压器。
闹钟	★	中档酒店或旅馆在房间里没有配备闹钟。

气候·节假日·服装·物价

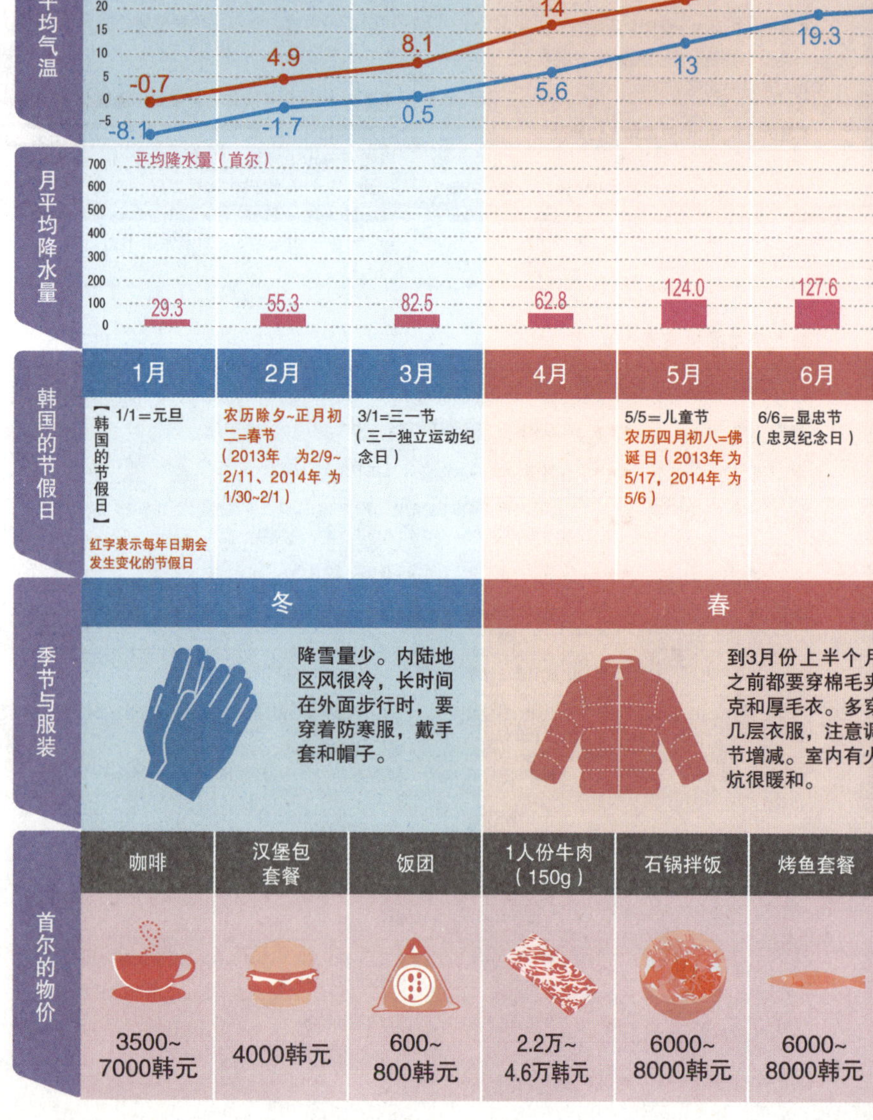

1月
2月
3月
4月
5月
6月
月平均气温
红字：平均最高气温（首尔）
蓝字：平均最低气温（首尔）
30
25
20
15
10
5
0
-5
-0.7
4.9
8.1
14
22
28.2
-8.1
-1.7
0.5
5.6
13
19.3
月平均降水量
平均降水量（首尔）
700
600
500
400
300
200
100
0
29.3
55.3
82.5
62.8
124.0
127.6
韩国的节假日
【韩国的节假日】
1/1＝元旦
农历除夕~正月初二=春节（2013年 为2/9~2/11、2014年 为1/30~2/1）
3/1=三一节（三一独立运动纪念日）
5/5＝儿童节
农历四月初八=佛诞日（2013年 为5/17，2014年 为5/6）
6/6＝显忠节（忠灵纪念日）
红字表示每年日期会发生变化的节假日
季节与服装
冬
降雪量少。内陆地区风很冷，长时间在外面步行时，要穿着防寒服，戴手套和帽子。
春
到3月份上半个月之前都要穿棉毛夹克和厚毛衣。多穿几层衣服，注意调节增减。室内有火炕很暖和。
首尔的物价
咖啡
3500~7000韩元
汉堡包套餐
4000韩元
饭团
600~800韩元
1人份牛肉（150g）
2.2万~4.6万韩元
石锅拌饭
6000~8000韩元
烤鱼套餐
6000~8000韩元

事先对四季的变化、节假日、当地的物价等进行调查后，再优化您的旅程吧。
春节期间各处都停业休息，会带来无法预料的不便。
机票和旅行团的费用基本和季节无关，在中国的连休期间会涨价。

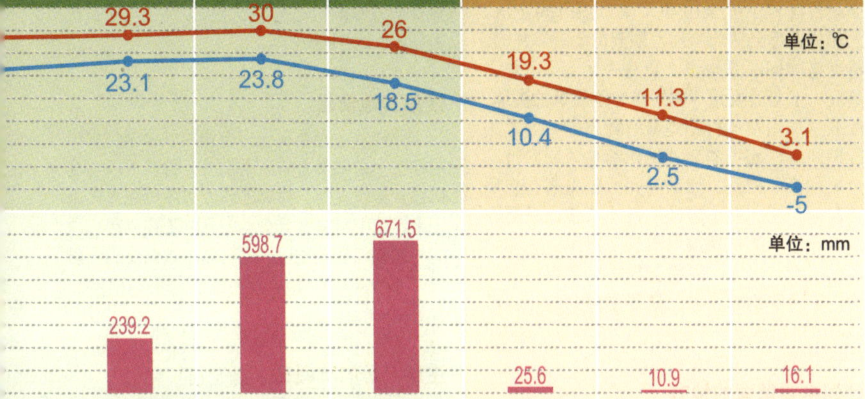

	7月	8月	9月	10月	11月	12月
最高气温（单位：℃）	29.3	30	26	19.3	11.3	3.1
最低气温（单位：℃）	23.1	23.8	18.5	10.4	2.5	-5
降水量（单位：mm）	239.2	598.7	671.5	25.6	10.9	16.1

7月	8月	9月	10月	11月	12月
	8/15＝光复节（独立纪念日）	农历八月十四~十六=中秋节（2013年为9/18~9/20、2014年为9/7~9/9）	10/3＝开天节（建国纪念日）		12/25＝圣诞节

夏

要注意7月份上半月雨水较多。7月份下半月开始和中国一样穿短袖就可以了。虽然湿度不大，但最好还是穿着吸湿性好的棉制品。

秋

10月以后，昼夜温差很大，要穿薄夹克衫。空气十分干燥，一直到春季都要注意保湿。

矿泉水（500ml）	BB霜	1张CD	地铁最低票价	出租车最低票价（普通出租车）	机场巴士
500~1300韩元	9000~3万韩元	1.5万韩元	900韩元	2400韩元	3000~1.5万韩元

计划与预算

即使是初次一个人旅行也没有问题

制作计划

短期旅行团、个人旅行

若在首尔或釜山等大城市短时间游玩，大部分人都会认为参加短期旅行团是最好的。特别是时间不是很多，只有 3~4 天，还想去参观一下交通极为不便的连续剧外景拍摄地，那么参加短期旅行团是最有效率的。如果旅行期间想住高档酒店的话，参加短期旅行团也很划算。相反，如果时间比较充裕，想周游各地的话，完全自助旅行也不错，只要准备中韩之间的机票或船票就可以了。在韩国各地吃饭、坐车、住宿，都能享受到相同品质、相同价格的服务，只要掌握窍门，就可以自由自在地旅行了。

计划中要留意的地方

由于国土狭长，交通发达，在韩国旅行时想要乘坐夜间列车，用来节省住宿费而排满行程表的方法是很难做到的。因此，路上花费的时间不得不从观光时间中扣除。城市之间的路程要花费 2~6 小时，早上很早就出发，中午之前或吃午饭的时候在旅馆登记，下午出去观光；或是下午早些时候观光结束，只要没到深夜，就可以再去下一个目的地。这个时候，最麻烦的就是行李寄存。火车站及巴士站的投币式保险箱很少，先付费的旅馆早上前台会没有人。

选择出行方式

对于出行时间准确性要求较高的人来说，乘坐火车会比较方便。但火车站一般离繁华街道都比较远，而且班次也不多。韩国邻近城市之间运营的巴士班次很多，不用预约也能坐到，对于时间没有过高要求的人来说，多坐巴士舒适快捷。

地方各个城市也有旅游咨询处

然而，周末傍晚抵达大城市会因堵车而延迟，这一点必须要提前了解。仁川国际机场有开往地方城市的巴士，因此可以绕过首尔直接去往各个地方城市。

搜集当地信息

那些致力发展观光旅游业的城镇中，火车站和巴士总站都有旅游咨询处，游客可以在这里得到免费地图，并和工作人员商讨观光旅游线路。其中可能有会一点中文的工作人员，请向他多询问吧。当地的综合旅游咨询处的电话为“不带区号的 1330（手机必须要加市外区号）”。

注意农历的节假日

如果旅行日程和春节（休息时间为除夕~正月初二）以及中秋节（农历八月十五）重合，市场及百货商店都关门，铁路及公路交通非常混乱，无法按照预想的那样出行，因此要格外注意（请参照韩国节假日一览表 p.3）。此外还要注意的是，地方的节假日以及旅游胜地的旺季也很混乱。

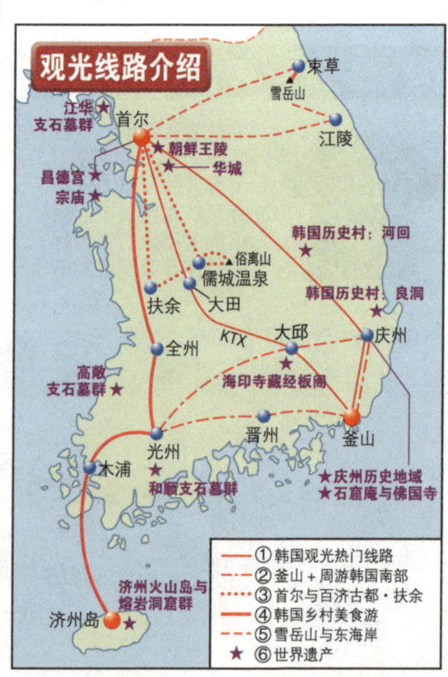

旅行预算

韩国国内，特别是城市地区物价高涨倾向仍在持续。

住宿费

首尔的住宿费非常高，其他城市例如济州岛、庆州及釜山的价格也很贵。

●观光酒店

·首尔、釜山、济州岛、庆州：10 万韩元

·地方城市：7 万韩元 ~

●旅馆、汽车旅馆

·首尔：4 万韩元 ~

·地方城市：3 万韩元 ~

地方城市举办著名庆祝活动时期，或是附近的观光景点到达旅游旺季的时候，住宿费会成倍上涨。而且周末也会涨价。

交通费

韩国的交通费一般比较便宜。特别是巴士尤其便宜。市内巴士一般都是统一价。在地方城市，虽然说是市内巴士，但前往要花费 30~ 40 分钟的观光景点时，车费也就 1000 韩元左右。

●首尔—釜山间的价格比较（本书调查时）

·飞机：4.95 万韩元 ~

·KTX 普通座位（平日）：4.79 万韩元

·“新村”号普通座位（平日）：3.93 万韩元

·“无穷花”号普通座位（平日）：2.65 万韩元

·豪华高速巴士：3.28 万韩元

·普通高速巴士：2.2 万韩元

●市内交通费

·地铁（各城市）：900~1100 韩元

·普通巴士（各城市）：1000~1500 韩元

·出租车起步价（各城市）：2200~2500 韩元

餐饮费

位于首尔繁华街道上的高级餐厅、高级烤肉店价格非常高。连锁店的咖啡价格出乎意料的高，虽说和中国没有什么大的差别，但价格却高出好多。从另一方面来看，大众餐馆的料理价格都很便宜，附送很多小菜，让人感到很划算。韩国的快餐也比较便宜。

●饮食价格标准

·高级烤肉 1 人份 150 克：2 万韩元 ~

食品台上近 1 万韩元的料理

·高级韩式套餐：3.5 万韩元 ~

·高级法式套餐：5 万韩元 ~

·一般饭店的套餐：1 万 ~2 万韩元

·石锅拌饭：6000 韩元 ~

·大众餐馆的海鲜豆腐汤：5000 韩元 ~

·连锁店的咖啡：5000 韩元 ~

·连锁店的汉堡包套餐：5000 韩元 ~（有的饮料可以随便喝）

娱乐场所

首尔及济州岛的高级店与地方的平民店里，美容、按摩、桑拿等项目的价格有很大差异。

·首尔的高级汗蒸：15 万韩元 ~

·首尔的高级美容：15 万韩元 ~

·首尔的桑拿：入场费 1 万韩元、搓澡费 2 万韩元、按摩费 5 万韩元左右

·带桑拿的浴室入场费用：3500~5000 韩元

·首尔的俱乐部入场费用：2 万韩元左右

·首尔的酒吧一口杯威士忌：8000 韩元 ~

总费用概算

●短期旅行团

在城镇中的中级餐厅吃饭，并利用地铁和出租车返回城镇，自由活动一天的花费标准在 3 万 ~5 万韩元。若只乘坐出租车，在高级烤肉店、韩式套餐店或酒店等地吃饭，两人在首尔游玩一天的费用平均一人大概要 10 万韩元（约 600 元人民币）。

●个人旅行

住在带有浴室的旅馆里，一天要 3 万 ~4 万韩元。若有时在名店吃一些名品料理，一天要 3 万韩元。除了观光费用之外，所有杂费平均每天 2 万韩元。以上合计一共 8.5 万 ~10 万韩元。若要考虑住在观光酒店里的话，还要再加 5 万韩元左右。

12天周游计划，探访5个时代

韩剧之旅

韩剧中最近比较有人气的是时代剧，因此出现了很多与电视剧相关的主题公园，让我们一起周游分布在韩国各地的文化遗产和相关设施吧。

第1天

中国（飞机）→首尔【李氏王朝·世界遗产】昌德宫的王宫群 / 住宿首尔

第2天

首尔市内 【李氏王朝·拍摄地】南山谷韩屋村、【李氏王朝·拍摄地】作为《大长今》拍摄地的MBC 杨州文化村 / 住宿首尔

第3天

首尔（火车或巴士：30分钟~1小时）→水原（一日游）【李氏王朝·世界遗产】水原华城、【李氏王朝·拍摄地】作为《大长今》拍摄地的水原行宫、KBS 电视剧中心 / 住宿首尔

第4天

首尔（市外巴士：2~3 小时）→扶余【百济】定林寺址、国立扶余博物馆、白马江、百济历史再现基地 / 住宿扶余

第5天

扶余（市外巴士：1 小时 30 分钟）→大田或公州 【百济】甲寺、东鹤寺、武宁王陵 / 住宿大田（儒城温泉）

第6天

大田（KTX：50 分钟）→大邱（火车或巴士：50 分钟~1 小时 30 分钟）→庆州 【新罗】庆州市内的古墓、国立庆州博物馆 / 住宿庆州

第7天

庆州市内 【新罗】佛国寺、新罗千年公园 / 住宿庆州

第8天

庆州（市内巴士：40 分钟）→良洞 【李氏王朝·世界遗产】良洞民俗村

良洞（市内巴士：40 分钟）→庆州（高速巴士 :50 分钟 ~1 小时）→釜山 / 住宿釜山

第9天

釜山（市外巴士：40~50 分钟）→金海 【伽倻】首露王陵、国立金海博物馆 / 住宿釜山

第10天

釜山（飞机：50 分钟）→济州 【李氏王朝其他】周游济州市周边拍摄地 / 住宿济州市或中文

第11天

岛内拍摄地 【高句丽】《太王四神记》的拍摄地 The Park Southernland、【李氏王朝】《大长今》的拍摄地、济州民俗村 / 住宿济州市或中文

第12天

济州（飞机：1 小时 20 分钟）→首尔

首尔（飞机）→中国

※ 以上只是大致的计划，仅供参考。在当地要高效地旅游各地，可以选择租借出租车等方式。

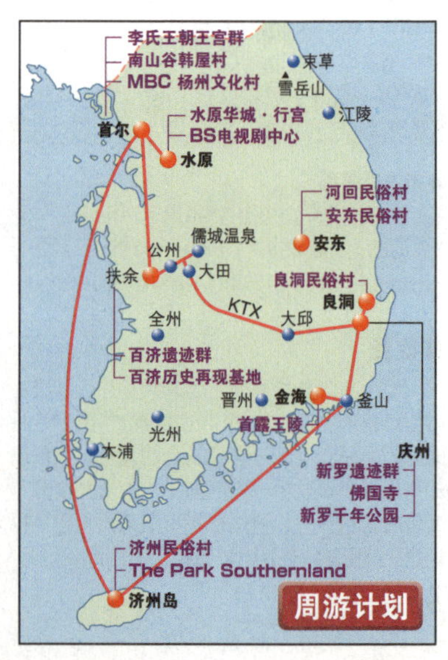

体验韩剧的旅行

鉴于电视剧的影响，去地方旅游的人数不断增加

与《朱蒙》的有缘之地——扶余之旅

《朱蒙》本身不是百济的故事，但是自电视剧《朱蒙》热播以来，讲到扶余这个地方，人们的脑海里就会浮现《朱蒙》。关于百济，各位一定对韩国KBS放映的《近肖古王》记忆犹新。

在古新罗之都——庆州缅怀善德女王

近距离感受《善德女王》之旅

在庆州城内有几处与善德女王相关的遗迹（p.242）。位于郊区的陵墓等地乘计程车去参观也很方便。在新罗千年公园（p.247）可以观赏到花郎的武术、马术表演以及《善德女王》的外景建筑等。

走进全州庆基殿与李氏王朝有缘之地《宫》的拍摄地

《宫》的主要拍摄地有几处，其中后花园的场景就是在全州的庆基殿拍摄的。庆基殿的所在地全州韩屋村（→p.388）的街道极具韩国风情，在此不仅可以体验各种传统文化，而且可以住在韩屋旅馆内。对于体验去韩国地方游的旅客，首推庆州。

"正祖大王李算"修筑的世界遗产华城

世界遗产华城是离首尔1小时车程的水原地区的城郭。当初城郭虽然建成了，但是并没有迁都至此，反倒成就了其梦幻之都水原华城的美名。静静地看着美丽的城郭，心中无限感慨。

造访两班住宅船桥庄来到《黄真伊》拍摄地——江陵

船桥庄（→p.370）是李氏王朝时期两班贵族的住宅。应该可以看到很多在电视剧中见过的眼熟的地方。

前往韩国

飞机

中韩两国近年来的往来十分频繁，众多的国际航线，很好地为游客们轻松往返两国之间提供了保障。韩国机场中，以仁川国际机场为首，釜山金海机场、大邱机场、济州机场等多个机场均与中国保持着频繁的航班往来。从中国的北京、上海、广州、天津、大连、深圳等多个城市都有直飞韩国的班机。韩国的大韩航空、韩亚航空以及中国的中国国航、东方航空、南方航空等多家航空提供了多种航班选择，旅客可以根据自己的实际情况多家比较。

注意重量限制

一般经济舱的旅客可免费托运 20 公斤的行李，且长、宽、高合计不超过 269 厘米。可将日常用品、换洗衣服等放于行李箱内（剪刀、水果刀及所有金属物品均应托送）。随身手提行李一件，不得超过 7 公斤，尺寸不超过 23 厘米 × 34 厘米 ×48 厘米。超重的行李需要自己额外付费。

许多航空公司对行李超重的限制越发严格，而又有对超出部分收费的规定，所以出发前请仔细确认。

关于携带进入机内的行李物品的规定

乘坐从中国境内机场始发的国际、地区航班的旅客，其随身携带的液态物品每件容积不得超过 100 毫升。盛放液态物品的容器，应置于最大容积不超过 1 升的、可重新封口的透明塑料袋中。每名旅客每次仅允许携带一个透明塑料袋。

有婴儿随行的旅客，购票时可向航空公司申请，由航空公司在机上免费提供液态乳制品；糖尿病或其他疾病患者必需的液态药品（凭医生处方或者医院证明），经安全检查确认无疑后，可适量随身携带。

携带进入机内的行李物品可以参考各航空公司或中国民用航空局等的网站主页。URL http://www.caac.gov.cn/F1/F2/index_99.html#xdgd_a

海关审查

出境旅客携带需复带进境的单价超过 5000 元的照相机、摄像机、手提电脑等旅行自用物品，应填写申报单向海关申报，并将有关物品交海关验核，在复进境时凭申报单证向海关申报方可免税携带进境。在进境时海关认可的有效单证是申报单等具有法律效力的单证。

海路

韩国是半岛国家，东西南均为海洋包围，沿岸港口众多，航运业十分发达。中国天津、青岛、大连、烟台、威海、连云港与韩国仁川、釜山、平泽等地有定期客货轮航线。运营多受季节、天气等因素影响，时间及运费根据各航运公司的规定会发生变化。请在出行前注意有关船务公司通告。另外，国内各大旅行社也提供客船旅游商品，可前往咨询。

出境手续

1. 到达中国客运码头

考虑到码头人多事杂，提前 2~3 小时到码头办理相关手续为佳。填写出境卡及出境健康申报表，出境检查时递交即可。

2. 支付码头建设费（提前 1~2 小时）

到位于码头内的航务局窗口支付码头建设费（30 元 RMB）后，出示护照、船票即可领取印有船舱号码的登船牌（Boarding Pass）。

3. 托运行李

办好登船手续后，需要托运行李的旅客可持护照、登船牌，到行李托运柜台办理相关手续后，领取行李牌（Claim Tag）。

4. 进入出境厅

根据广播的介绍或工作人员的指示，在出境厅入口处出示护照与登船牌（Boarding Pass）后，经确认即可进入出境厅。进入出境厅的截止时间为开船前 1 小时。

5. 海关检查

接受贴身检查。

6. 安全检查

出示护照、登船牌（Boarding Pass）、检疫申报表，经确认后，边检官会在护照上加盖出境图章。

7. 候船

办理好出境手续后，在候船室等待班车或

逛逛免税店均可。

8. 乘船

乘班车至乘船点，乘船。

9. 船舱内

船抵达韩国前，事先填写好随身物品申报表及入境申报表、检疫问卷。

10. 下船

抵达韩国境内后，按船票等级、老弱病者、一般旅客的顺序依次下船。乘班车可由下船处前往码头。

■航线时刻表

客运码头	船运公司	出发 → 抵达	所需时间	发船时间
仁川第二国际旅客码头（沿岸渡口）	丹东海运 （82-032）891-3322	仁川 → 丹东 丹东 → 仁川	15 小时	（每周 3 趟） 周一、三、五 17:00 出发 （每周 3 趟） 周二、四、六 15:00 出发
	大仁轮渡 （82-032）891-7100	仁川 → 大连 大连 → 仁川	16 小时	（每周 3 趟） 周二、四、六 15:00 出发 （每周 3 趟） 周一、三、五 15:30 出发
	泛营轮渡 （82-032）891-5555	仁川 → 营口 营口 → 仁川	24 小时	（每周 2 趟） 周二 19:00 出发 周六 12:00 出发 （每周 2 趟） 周一、四 11:00 出发
	秦仁海运 （82-032）891-9600	仁川 → 秦皇岛 秦皇岛 → 仁川	21 小时	（每周 2 趟） 周一 20:00 出发 周五 13:00 出发 （每周 2 趟） 周一、三 13:00 出发
	韩中轮渡 （82-032）891-8880	仁川 → 烟台 烟台 → 仁川	16 小时	（每周 3 趟） 周二、四、六 20:00 出发 （每周 3 趟） 周一、三、五 18:30 出发
	华东海运 （82-032）891-8877	仁川 → 石岛 石岛 → 仁川	12 小时	（每周 3 趟） 周一、三、五 18:00 出发 （每周 3 趟） 周二、四、六 18:00 出发
仁川第二国际旅客码头（旧码头）	连云港轮渡 （82-032）777-3750	仁川 →连云港 连云港 →仁川	24 小时	（每周 2 趟） 周二 19:00 出发 周六 15:00 出发 （每周 2 趟） 周一 11:00 出发 周四 13:00 出发
	威东航运 （82-032）777-0490	仁川 → 威海 威海 → 仁川	14 小时	（每周 3 趟） 周一、三、六 19:00 出发 （每周 3 趟） 周二、四、日 18:30 出发
		仁川 → 青岛 青岛 → 仁川	17 小时	（每周 3 趟） 周二、四、六 17:00 出发 （每周 3 趟） 周一、三、五 16:00 出发
	津川国际客货航运 （82-032）777-8260	仁川 → 天津 天津 → 仁川	25 小时	（每周 2 趟） 周二 13:00 出发 19:00 出发 （每周 2 趟） 周四、日 11:00 出发

客运码头	船运公司	出发 → 抵达	所需时间	发船时间
平泽港国际客运码头	C& 轮渡 （82-031）682-9120	平泽 → 日照 日照 → 平泽	18 小时	（每周 3 趟） 周一 17:00 出发 周三 19:00 出发 周六 16:00 出发 （每周 3 趟） 周二 17:00 出发 周四 19:00 出发 周六 16:00 出发
	大龙船运 （82-02）511-9046	平泽 → 龙眼港 龙眼港 → 平泽	14 小时	（每周 3 趟） 周二、四、六 19:00 出发 （每周 3 趟） 周三、五、日 19:00 出发
	连云港轮渡 （82-032）777-3750	平泽 → 连云港 连云港 → 平泽	22 小时	（每周 2 趟） 周二 17:00 出发 周五 19:00 出发 （每周 2 趟） 周一 11:00 出发 周三 20:00 出发

※ 根据各客运码头实际情况的不同会有所变动。来源：韩国旅游发展局网站

进入韩国

入境前填写入境卡和海关申报单

入境审查的流程

必需的材料是韩国的入境卡、海关申报单和检疫质问书（※ 仅在新型流感流行时需要填写检疫质问书）。填写要使用英文。材料在飞机上由乘务员发放，轮船上则在服务柜台领取。

入境审查后就是海关检查。新款摄像机、个人电脑以及高尔夫用品等单件超过 400 美元的高额商品为了慎重起见要在红色柜台确认是否需要申报。

根据指示牌前进

检疫之后是入境审查

①检疫

●从霍乱、黄热、鼠疫病病发区入境的乘客和乘务员必须填写。新型流感流行时需要提交检疫质问书。

②入境检查

●必要材料——韩国的入境卡。

●审查处排列着几个柜台，分为本国人、外国人、乘务员窗口。

③领取行李

●在标有航班名称的传送带领取行李。

●若发生行李破损或丢失等情况时，请立刻报告。

④海关检查

●必要材料——韩国的海关申报单。

●入口分为绿色和红色。

●无须申请的旅客在绿色入口，需要申请的旅客在红色入口排队。

●海关会为摄像机及个人电脑等制作《携带证明书》。证明书在回国之前不能丢失。

免税范围

■韩国入境时的免税范围

商　品	内　容
现金、有价证券	韩元或其他货币，价值相当于 1 万美元
物品	总价不超过 400 美元的外国购买商品（包括礼品）
酒、香烟、香水	酒 1 瓶（1 升以内且不超过 400 美元） 卷烟 200 根或烟草 50 张 香水 60 毫升
农产品、家畜	松仁 1 公斤、牛肉 10 公斤、单件价值不超过 10 万韩元的其他农产品 ※ 芝麻、辣椒、狗、猫、牛肉、猪肉与火腿等，以及植物的种子、蔬菜、鲜花、水果等虽然在免税范围内，但也要申报
中药	高丽参 300 克、鹿角 150 克、单种类不超过 3 公斤的其他中药
※ 禁止进境的物品	武器、刀类、麻药类、国际上禁止交易的动植物及用这些动植物为原料制成的商品

入境卡的填写范例

韩国的入境卡是在飞机内配发的。机场的审查处也配备了填写台，但为了节约时间，还是在机内填写吧。供外国人使用的出境卡已经废除了。

【职业填写范例】
公司职员：OFFICE WORKER
公务员：GOVERNMENT EMPLOYEE
家庭主妇：HOUSEWIFE
个体经营者：SELF-EMPLOYED
学生：STUDENT
无职业：WITHOUT OCCUPATION

■入境卡的新格式

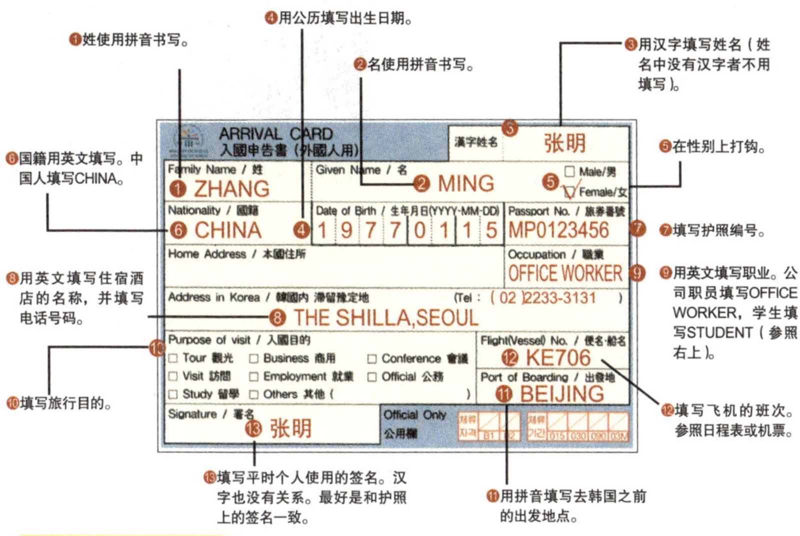

ARRIVAL CARD
入國申告書（外國人用）

漢字姓名	❸ 张明		
Family Name / 姓 ❶ ZHANG	Given Name / 名 ❷ MING		❺ ☐ Male/男 ☑ Female/女
Nationality / 國籍 ❻ CHINA	Date of Birth / 生年月日(YYYY-MM-DD) ❹ 1 9 7 7 0 1 1 5	Passport No. / 旅券番號 MP0123456 ❼	
Home Address / 本國住所		Occupation / 職業 OFFICE WORKER ❾	
Address in Korea / 韓國內 滯留豫定地 ❽ THE SHILLA,SEOUL	(Tel：（02）2233-3131）		
❿ Purpose of visit / 入國目的 ☐ Tour 觀光 ☐ Business 商用 ☐ Conference 會議 ☐ Visit 訪問 ☐ Employment 就業 ☐ Official 公務 ☐ Study 留學 ☐ Others 其他（　）		Flight(Vessel) No. / 便名·船名 ⓬ KE706	
		Port of Boarding / 出發地 ⓫ BEIJING	
Signature / 署名 ⓭ 张明	Official Only 公用欄		

❶姓使用拼音书写。
❹用公历填写出生日期。
❷名使用拼音书写。
❸用汉字填写姓名（姓名中没有汉字者不用填写）。
❺在性别上打钩。
❻国籍用英文填写。中国人填写CHINA。
❼填写护照编号。
❽用英文填写住宿酒店的名称，并填写电话号码。
❾用英文填写职业。公司职员填写OFFICE WORKER，学生填写STUDENT（参照右上）。
❿填写旅行目的。
⓬填写飞机的班次。参照日程表或机票。
⓭填写平时个人使用的签名。汉字也没有关系。最好是和护照上的签名一致。
⓫用拼音填写去韩国之前的出发地点。

新版取消了韩国居民的居民登录号码一栏，旅行目的一栏也改为打钩式，非常便捷。

ARRIVAL/DEPARTURE CARD / 入出國申告書 / 출입국신고서
대한민국 REPUBLIC OF KOREA IMMIGRATION SERVICE

Surname / 姓 / 한글성명 ZHANG　漢字姓名 张明
Given Names / 名 MING
Date of Birth 19770115　Male/男/남 Female/女/여
Nationality/國籍/국적 CHINA　Passport No./旅券番號/여권번호 MP0123456
Address in Korea / 韓國內 住所 / 한국내 주소
Occupation/職業 OFFICE WORKER　Purpose of visit/旅行目的 SIGHTSEEING
Port of Boarding/出發地/출발지 BEIJING　Port of Landing/目的地/목적지 SEOUL（02）2233-3131
Flight No. Vessel/便名·船名 KE706　Signature/署名/서명 张明
NARITA

www.immigration.go.kr

这是旧版的入境卡。入境目的也必须手写。

检疫质问书

在新型流感流行时等情况下，根据需要在飞机内配发。

❶姓名、❷到达日期、❸国籍、❹航空班次、❺座位号码、❻性别、❼出生日期、❽护照编号、❾电话号码、❿韩国国内联络地址（酒店名称）、⓫过去七天之内停留的国家、⓬过去七天内如有以下症状请打钩

검역질문서 응답지
(HEALTH QUESTIONNAIRE)

검역질문서 작성을 기피하거나 거짓으로 작성하여 제출하는 경우 「검역법」 제8조 및 제39조에 따라 1년 이하의 징역 또는 500만원 이하의 벌금에 처할 수 있습니다.

If you make a false statement concerning your health or fail to fill out the Health Questionnaire, you may face a sentence of up to one year of imprisonment or up to 5 million won in fines, in accordance with Articles 8 and 39 of the Quarantine Act.

Please complete the information below in Korean or English.

성명, Full Name	❶	도착연월일, Arrival Date	❷ 년YY / 월MM / 일DD
국적, Nationality	❸	항공기·선박명, Flight or Vessel No.	❹
주민등록번호, National ID No.		좌석번호, Seat No.	❺
성별, Sex ❻	남(男) Male ☐ 여(女) Female ☐	생일, Birth Date	❼
여권번호 Passport No.	❽	휴대폰번호(전화번호) Mobile Phone No.(Tel.)	❾
한국내 주소, Contact address in Korea	❿		

과거 7일 동안의 방문국가명을 기입하여 주십시오.
Please list the countries you have visited over the past 7 days before arrival.

1)	2) ⓫	3)

과거 7일 동안에 아래 증상이 있었거나 있는 경우 해당란에 「V」 표시를 하여 주십시오. ⓬
Please tick 「V」 as appropriate, if you have or have had any of the following symptoms over the past 7 days before arrival.

☐ 콧물 또는 코막힘 Runny or stuffy nose		☐ 인후통 Sore throat	☐ 기침 Cough	☐ 발열 Fever
☐ 설사 Diarrhea	☐ 구토 Vomiting	☐ 복통 Abdominal pain	☐ 호흡곤란 Difficulty breathing	☐ 짧은 호흡 Shortness of breath

※ 환승객의 경우 다음의 사항을 기입하여 주십시오.
If you are a transit passenger, please fill in the information below.
○ 환승일(Transfer Date) : (YY)/ (MM)/ (DD)
○ 환승편명(Transfer flight No.) :
○ 도착예정국가(Destination) :

148mm×210 mm (백상지 70g/㎡)

海关申报单填写范例

入境者全部都要填写

填写、提交海关申报单是每一个入境者的义务。家庭可由一个代表提交。申报单在飞机上由乘务员发放，在船上可去船内的前台或办理乘船手续的柜台领取。

免税范围的差别

韩国的免税范围如 p.452 的表所示。必须要注意的是对未成年人出售酒与烟的情况。对成年的界定，中国为 18 岁以上，而韩国为 19 岁以上。由于不满 19 岁的年轻人所持的酒和香烟不能本人使用，因此不能享受免税。

检查很简单

从仁川国际机场或金浦机场入境的时候，通常都不打开行李。从釜山金海机场入境时比较严格，有时必须要打开行李给工作人员看。高价的高尔夫用品、新款摄像机和个人电脑等物品，最好向工作人员确认是否需要申报。

在行李传送带处注意不要取错行李

正面

◎ 注意事项

全体入境者必须填写海关申报单，必须在海关工作人员指定的地点接受携带物品的检查。

◇ 申报虚假内容或申报不实，根据关税法将处以 5 年以下有期徒刑或追加相当所缴税额 30% 的增加税。

◇ 为防止带入枪械、刀剑和恐怖活动用品，请协助进行携带品申报和身体检查。

◇ 受他人请求代理搬运物品时，有可能是毒品、走私品，请务必向海关申报。

◇ 在海外旅行时，如果去过发生传染病、家畜疾病的地区，请进行申报。

※ 如果对携带物品和免税制度有任何疑问，欢迎询问海关工作人员或致电海关客服中心（电话：1577-8577）。

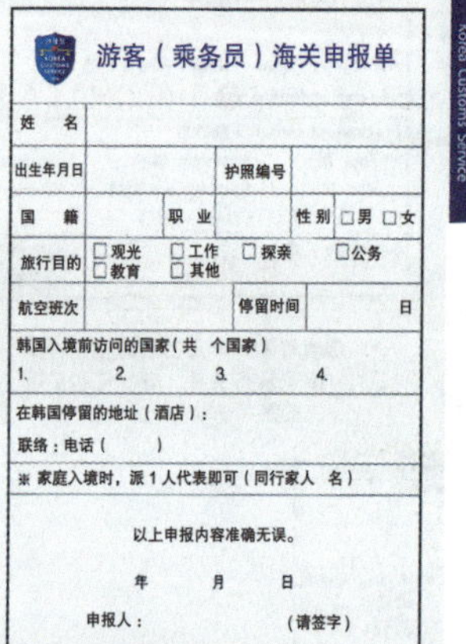

游客（乘务员）海关申报单

Korea Customs Service

姓　名			
出生年月日		护照编号	
国　籍	职　业	性别	□男 □女
旅行目的	□观光 □教育 □工作 □其他 □探亲 □公务		
航空班次		停留时间	日

韩国入境前访问的国家（共　个国家）
1.　2.　3.　4.

在韩国停留的地址（酒店）：
联络：电话（　　）

※ 家庭入境时，派 1 人代表即可（同行家人　名）

以上申报内容准确无误。

年　月　日

申报人：　　（请签字）

背面

Korea Customs Service

海关申报事项

［1］是否持有以下物品。

▶请在相应的□内打钩。

	Yes	No
①枪械、刀剑等武器类，子弹及火药类，有毒、放射类物质，窃听器	□	□
②鸦片、海洛因、可卡因、大麻等毒品类	□	□
③相当于 1 万美元价值的外币、韩元或有价证券等（总计金额：约　　）	□	□
④动物、植物、畜产物、水果、蔬菜等	□	□
⑤华盛顿条约禁止进口的动植物及其制品（虎、眼镜蛇、鳄鱼、珊瑚、海胆、麝香等）	□	□
⑥假冒商品等侵犯知识产权的物品	□	□
⑦假币等伪造有价证券	□	□
⑧以商业为目的带入的物品和公司用品	□	□
⑨超过携带物品免税范围（参照右面）的物品	□	□
⑩受他人之托代理搬运物品	□	□

（2）在国外（包括国内免税店）取得的或购入的携带进境的物品超过免税范围时，请全部填入下表。

但是，未超过免税范围不用填写下表。

①酒类・香烟・香水

酒　类	（　）瓶，（　）升，金额（　）美元
香　烟	（　）箱（20 根）
香　水	（　）毫升

免税范围：

- 一般游客：酒类 1 瓶（1 升以下，价值 400 美元以下），香烟 200 根，香水 60 毫升
  但是若游客未满 19 岁，免税范围不包括酒类和香烟
- 乘务员：香烟 200 根

②酒类・香烟・香水以外的物品

品　种	数　量	金　额
共计金额		

免税范围

- 一般游客：400 美元以下（本人使用，只限礼品、生活用品等）
  但是，农林畜牧水产品及中药等价值不超过 10 万韩元，各品种有不同的数量（重量）限制。
- 乘务员：100 美元以下（每一品种只限一个或一组）

韩国的国际机场·港口与市内的交通

巴士很多，无须担心

仁川国际机场（首尔）

前往市内乘坐巴士、前往金浦机场乘坐A'REX很方便

从机场前往市内的交通方式包括，3排座位的高级机场巴士（含KAL机场巴士）、4排座位的普通机场巴士、机场铁路A'REX、出租车。前往明洞、钟路、梨泰院及江南等首尔市内的主要场所，乘坐巴士不用倒车，非常方便。如果路上不堵车，从机场到明洞大约需要1小时。

覆盖市内各场所的普通机场巴士

机场铁路A'REX全线开通，特急车到首尔车站中间不停车，所以到市内的移动时间大大缩短。

注意黑车和司机职业道德很差的出租车

出租车通过计价器收费。连接机场与首尔市内的高速公路过路费由乘客负担。下车时交付的出租车费是计价器显示的费用和过路费的总和。

乘坐出租车需要注意的是，有很多关于普通出租车的纠纷。出租车司机不打表，要求乘客按照他所说的高额费用付出租车费。还有一个问题是，等待乘客的大部分是仁川的司机，对首尔的市内地理环境不熟悉。此外，韩国的国营出租车号码是黄色的。绿色号码的是自家用车（黑车），不要乘坐。

从机场到市中心乘坐普通出租车费用一般为7万韩元左右（约1小时）。

其他国际机场

▼金海国际机场（釜山）

机场巴士前往西面、南浦洞经由釜山站的有1班次，前往海云台的有2班次。西面离机场很近，乘坐出租车大约需要40分钟，车费1.2万韩元（过路费另算）。此外还有直达庆州和浦项的巴士。

换乘铁路前往地方城市时，乘坐市内巴士307路去京釜线的龟浦站比去釜山站要近。

龟浦站已经停开一部分KTX，并全线停开"新村"号及"无穷花"号。

▼济州国际机场（济州岛）

300路巴士开往济州市区，100路则开往新济州及济州港。600路机场巴士可直达中文观光区和西归浦。

▼金浦国际机场（首尔）

羽田—金浦、关西—金浦等航线不属于金浦机场的国内航线，因此是在"天空之城（Sky City）"这所建筑内的国际航站楼到港和离港。去往市内时从国内航站楼乘坐机场大巴很便利，此外也可由联运通道前往地铁5、9号线的"金浦机场"站，再换乘地铁前往各处。详细情况→p.78

金浦机场国际航站楼

港口

▼釜山旅客客运码头（釜山港）

从釜山港步行至地铁1号线的⑪"中央"站需要大约5分钟。乘坐地铁前往繁华街道的西面很方便。乘坐经地铁中央站开往釜山站的收费机场巴士很方便（详细情况→p.202）。去海云台方向可乘坐地铁，但乘坐出租车更加快捷舒适。在与地铁1号线的终点——"老圃"站相邻的巴士总站可乘车前往各地方城市。

釜山国际港

KAL豪华大巴线路图

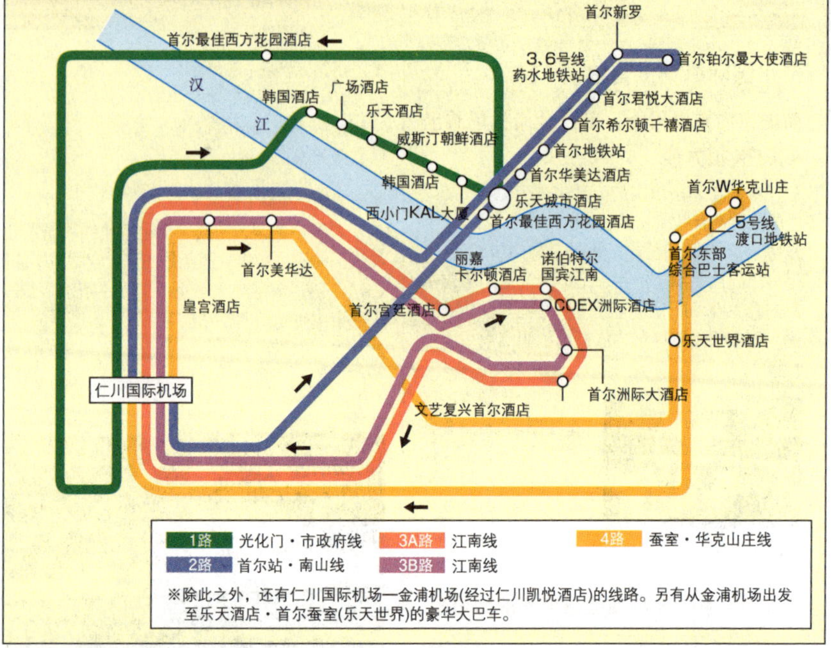

首尔新罗
首尔最佳西方花园酒店
3、6号线
药水地铁站
首尔铂尔曼大使酒店
汉
江
韩国酒店
广场酒店
乐天酒店
首尔君悦大酒店
首尔希尔顿千禧酒店
威斯汀朝鲜酒店
首尔地铁站
首尔华美达酒店
韩国酒店
西小门KAL大厦
乐天城市酒店
首尔最佳西方花园酒店
首尔W华克山庄
5号线
渡口地铁站
首尔东部
综合巴士客运站
首尔美华达
丽嘉
卡尔顿酒店
诺伯特尔
国宾江南
皇宫酒店
首尔宫廷酒店
COEX洲际酒店
乐天世界酒店
仁川国际机场
首尔洲际大酒店
文艺复兴首尔酒店
1路 光化门・市政府线
3A路 江南线
4路 蚕室・华克山庄线
2路 首尔站・南山线
3B路 江南线
※除此之外，还有仁川国际机场—金浦机场(经过仁川凯悦酒店)的线路。另有从金浦机场出发至乐天酒店・首尔蚕室(乐天世界)的豪华大巴车。

● **KORAIL 机场铁路**

连接仁川国际机场与首尔市内的铁路于 2010 年全线开通被称为“A'REX”。原来是民营铁路，2009 年起由 KORAIL（韩国铁道公司）开始运营。

从仁川国际机场到首尔车站有两种车，一种是全车制定席的特急车（不停金浦机场），另一种是各站都停的慢车，但要注意，在仁川国际机场这两种车的检票口是不同的。另外，到首尔车站的站台在地下七层，所以不到地面上来是不能坐上地铁的。而且从首尔车站换乘地铁 4 号线需要走很远，所以想去明洞的人，或者行李很多的人最好还是乘坐机场大巴更为轻松。

URL www.arex.or.kr

KORAIL机场铁路(A'REX)线路图

Incheon Int'l Airport Cargo Terminal
공항화물청사
/机场货仓
Unseo
운서/云西(机场新都市)
Geomam
검암/黔岩
Gyeyang
계양/桂阳
仁川地铁1号线
5号线
9号线
Digital Media City
디지털미디어시티
/数码媒体城
6号线
京义线
Hongik Univ.
홍대입구/弘大入口
2号线
Gongdeok
공덕/孔德
5号线
6号线
1号线
4号线
京义线
KORAIL线
(KTX京釜线)
普通列车
3分钟
4分钟
14分钟
6分钟
6分钟
普通列车
9分钟
4分钟
3分钟
2.5分钟
A10
A09
A08
A07
A06
A05
A04
A03
A02
A01
快车45分钟(直达)
Incheon Int'l Airport
인천국제공항/
仁川国际机场
Gimpo Int'l Airport
김포공항/金浦机场
Seoul Station
서울역/首尔站

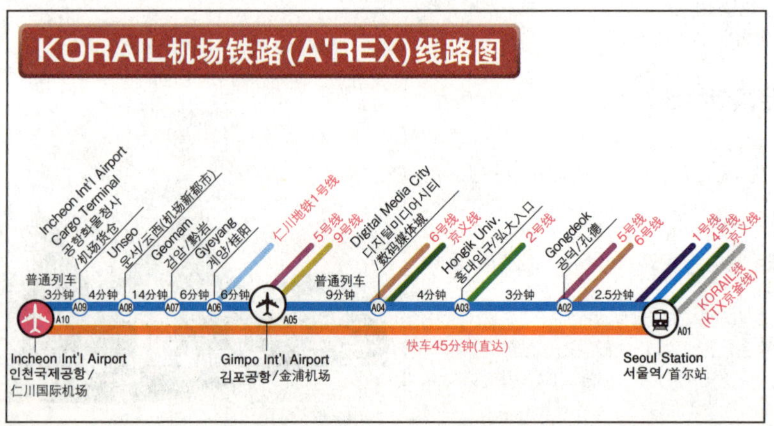

连接主要国际机场与市内的巴士一览

乘坐公交去市内很方便

■仁川国际机场交通一览

URL airport.or.kr

KAL机场巴士					
方向	目的地（途经地）	发车间隔	所需时间	仁川机场的乘车处	车费及注意事项
光化门、市政府（1路）	首尔韩国酒店 首尔广场酒店 乐天酒店 威斯汀朝鲜酒店 西小门KAL大厦 最佳西方首尔花园酒店	20~30分钟	从仁川机场到市内主要酒店需要70~90分钟	4B 11A	市内—仁川国际机场（经由金浦机场或直达）1.5万韩元 市内—金浦机场7000韩元 金浦机场—仁川机场7000韩元 ※除左边记述之外，有经由仁川凯悦酒店前往金浦机场的巴士 ※车票可在大厅柜台或车内购买，可使用T-money卡 ※为方便23:00~次日3:10到达的大韩航空（KAL）的乘客，已开通经由COEX开往蚕室和经由麻浦开往首尔站的深夜机场大巴。出发时间为飞机抵达后约30分钟（每天运行23:40、0:10、0:45共3班）。1.5万韩元 ※出发经常会晚10~20分钟 URL www.kallimousine.com
首尔站、南山（2路）	最佳西方首尔花园酒店 乐天城市酒店、首尔华美达酒店、首尔站 首尔希尔顿千禧酒店 首尔君悦酒店 首尔铂尔曼大使酒店 首尔新罗酒店 3、6号线药水站	30分钟			
江南（3A）（驿三）	首尔宫廷酒店 首尔丽嘉卡尔顿酒店 诺伯特尔国宾江南酒店 首尔万丽酒店	30分钟			
江南（3B）（COEX）	首尔皇宫酒店 首尔华美达酒店 首尔COEX洲际酒店 首尔洲际大酒店				
蚕室、华克山庄（4路）	乐天世界酒店 首尔东部巴士总站 5号线广渡口站 首尔W华克山庄酒店	20分钟			
高级机场巴士					
金浦机场（6105）	金浦机场（直达）	20~30分钟	约30分钟	3B 10A	市内—仁川机场1.5万韩元（经由金浦机场1.4万韩元） 市内—金浦机场7000韩元 金浦机场—仁川机场7000韩元 ※车票可在大厅柜台或车内购买，可使用T-money卡
韩国市区机场（COEX）（6103）	韩国市区机场客运站（直达/前往市中心在2号线三成站下车）	20~30分钟	60~70分钟	4A 10B	
道峰·城东（6101）	金浦机场、东大门区政府、京东市场 6号线高丽大学站、首尔城北假日酒店 4号线弥阿三岔路口站、1号线道峰站	15~30分钟	90~120分钟	3B 10A	
芦原·水落（6102）	7号线水落山站、4、7号线芦原站 7号线下溪站				
中浪·城北（6100）	金浦机场、4号线吉音站、6、7号线泰陵入口站、7号线上凤站、中央线忘忧站				
首尔JW万豪酒店（6040）	首尔西来村、首尔JW万豪酒店	30~60分钟	约50分钟	5A 11B	
龙山站·首尔站（6050）	龙山站（KTX湖南线）、首尔站（KTX京釜线）	10~15分钟	约60分钟	4A 10B	
汉南洞（梨泰院）（6030）	5、9号线汝矣岛站、63大厦 首尔首都大酒店、梨泰院皇冠酒店 首尔哈密尔顿酒店、IP精品酒店	15~25分钟	约70分钟	4A 10B	
普通机场巴士（线路编号6001~6016）					
方向	主要停靠站（线路）	发车间隔	所需时间	仁川机场的乘车处	车费及注意事项
首尔、明洞（6001）	金浦机场、龙山站、4、6号线三角地站、首尔站、南大门市场、明洞宜必思酒店、首尔皇家酒店、最佳西方酒店、首尔乙支路高爷会馆、首尔东横INN东大门酒店、首尔PJ酒店、首尔世宗酒店（4号线明洞站）	30分钟	约90分钟	6A 12B	市内—金浦空港4000韩元 1.4万韩元
清凉里（6002）	2号线合井站、首尔西桥酒店 2号线新村站、梨大站 2、5号线忠正路站、光化门、1号线钟阁站、首尔青年酒店 1号线东大门站、1号线新设洞站、清凉里站	15分钟	约90分钟	5B 12A	

方向	主要停靠站（线路）	发车间隔	所需时间	仁川机场的乘车处	车费及注意事项
诚信女大入口（6012）	世界杯比赛场入口 延世大学、梨花女子大学后门 3号线景福宫站、3号线安国站（仁寺洞入口）、4号线诚信女大入口站	20~30分钟	约100分钟	5B 12A	市内—仁川机场 1万韩元 （经由金浦机场9000韩元） 市内—金浦机场 3000韩元 金浦机场—仁川机场 5000韩元 ※乘车时将现金直接投入车上的运费箱中 ※可使用T-money卡 ※从2A、9A乘车场乘坐306路巴士前往仁川站、东仁川站很方便。票价4100韩元，需要大约60分钟
旧把拨（6012）	DMC大厦、3、6号线佛光站 3、6号线延新内站、3号线旧把拨站	30~40分钟	60分钟	6B 13A	
九老、首尔大学（6003）	金浦机场、5号线木洞站、九老站、九老区政府、2号线奉天站、首尔大学	12~20分钟	约90分钟	6A 12B	
面牧洞（6013）	5、7号线君子站、5号线长汉坪站 庆南观光酒店、面牧洞	30~40分钟	约100分钟	6B 13A	
衿川区政府（6004）	金浦机场、KORAIL石水站 诺伯特尔国宾秃山酒店、1号线加山数码城站	30~40分钟	约80分钟	6B 13A	
光明站（6014）	金浦机场、光明三尺路方向 7号线铁山站、KTX光明站	30~40分钟	约80分钟	6A 12B	
市政府（6005）	KORAIL京义线DMC站、首尔希尔顿大酒店 光化门、市政府前（德寿宫大汉门）、首尔站	20~30分钟	45~75分钟	5B 12A	
明洞、南大门（6015）	首尔站、5、6号线孔德站 乙支路1街、乙支路4街、4号线明洞站（首尔世宗酒店）、南大门市场	20~35分钟	65~70分钟	5B 12A	
上一洞（6006）	2号线三成站 乐天世界、5、8号线千户站、8号线江东区政府站	10~15分钟	约80分钟	5A 11B	
南部巴士总站（6016）	2、4号线舍堂站、2号线方背站 南部巴士总站	30分钟	40~65分钟	6B 13A	
永登浦站（6008）	金浦机场、5号线钵山站 江西保健所、2号线堂山站 5号线永登浦市场站、1号线永登浦站	15~20分钟	约70分钟	6A 12B	※9000韩元
梧琴洞（6009）	3号线新沙站、2号线江南站 3号线良才站、3号线逸院站	15~20分钟	约80分钟	5A 11B	※1.5万韩元
狎鸥亭（6010）	3号线狎鸥亭站、Galleria 百货商场 首尔里维拉酒店、7号线清潭站	10~20分钟	约70分钟	5A 11B	※1.5万韩元

※普通机场巴士有的线路省略了一些停靠站。此外，有时上行下行的停靠站不同（本表显示的是前往市内的班次）。

■地方主要国际机场的交通

金海国际机场（釜山）

URL www.airport.co.kr/doc/gimhae-chn/

方向	主要停靠站（线路）	发车间隔	所需时间	车费
西面·南浦洞·釜山站（1路）	西面乐天酒店、釜山镇站、釜山站、中央站、沿岸旅客客运码头、南浦洞	40分钟	到达釜山站约100分钟	5000韩元
海云台（2路）	南川洞、海云台山泉酒店、釜山BEXCO会展中心、现代HYPERION丁字路口、威斯汀朝鲜酒店、海云台格兰德酒店、釜山诺伯特尔国宾酒店、釜山乐园酒店、苌山站	20分钟	到达海云台约100分钟	6000韩元

济州国际机场（济州岛）

URL jeju.airport.co.kr

巴士名称	主要停靠站（线路）	发车间隔	所需时间	车费
机场巴士（600路）	皇冠假日酒店、中文观光区、济州岛汉拿酒店、济州凯悦酒店、济州新罗酒店、绿湾别墅、济州韩国公寓、济州国际会议中心、济州新庆南观光酒店、西归浦港、天堂酒店入口、西归浦KAL酒店	15分钟	到达中文观光区约50分钟、到达西归浦约70分钟	到达中文观光区3900韩元、到达西归浦5000韩元
100路	新济州交通岛、机场、市内巴士总站、中央路	5~6分钟	到达东门交通岛附近约20分钟	1000韩元
200路	新济州交通岛、东大门购物街、市外巴士总站、东门交通岛、观德亭、龙潭口交通岛、机场			
300路	龙潭口交通岛、观德亭、东门交通岛、市外巴士总站、机场			
500路	西门路、观德亭、中央路、市政府、木石苑、济州大学			

韩国三十三观音圣地

韩国名刹巡礼一览表

	寺院名	联络地	简介
1	普门寺 보문사	住 仁川广域市江华郡三山面某音里629 인천광역시 강화군 삼산면 매음리 629 ☎（032）933-8271 URL www.bomunsa.net	位于离京畿道的江华岛较近的席毛岛。创建于善德女王四年。该寺位于山腰，是韩国的三大海上观音圣地。
2	曹溪寺 조계사	住 首尔特别市钟路区坚志洞45 서울특별시 종로구 견지동 45 ☎（02）732-5292 URL www.ijogyesa.net	创建于1910年，是代表韩国佛教历史和传统宗派曹溪宗的总道场。离仁寺洞较近。
3	龙珠寺 용주사	住 京畿道华城市松山洞188 경기도 화성시 송산동 188 ☎（031）239-9391 URL www.yongjoosa.or.kr	曾一度在于854年统一新罗时代创建的葛阳寺的遗迹上建立起来，但后烧毁。由正祖重建该寺。
4	修德寺 수덕사	住 忠清南道礼山郡德山面沙川里20 충청남도 예산군 덕산면 사천리 20 ☎（041）337-6565 URL www.sudeoksa.com	百济时代创建的云水衲子的修行道场。为大韩佛教曹溪宗五大本山之一。
5	麻谷寺 마곡사	住 忠清南道公州市寺谷面云岩里567 충청남도 공주시 사곡면 운암리 567 ☎（041）841-6226 URL www.magoksa.or.kr	善德女王时代，于公州的泰华山开山建寺院。传说一男子双腿残疾，不断祈求，终于健步如飞。
6	法住寺 법주사	住 忠清北道报恩郡内俗离面寺内里209 충청북도 보은군 속리산면 사내리 209 ☎（043）543-3615 URL www.beopjusa.or.kr	别名吉祥寺。建立后一直供奉弥勒丈六像，作为弥勒下生的道场。
7	金山寺 금산사	住 全罗北道金堤市锦山面锦山里39 전라북도 김제시 금산면 금산리 39 ☎（063）548-4441 URL www.geumsansa.org	据说是创建于新罗时代的韩国弥勒信仰的根本道场。弥勒佛告诉大家未来不是等来的，要不断超越自己。
8	来苏寺 내소사	住 全罗北道扶安郡镇西面石浦里268 전라북도 부안군 진서면 석포리 268 ☎（063）583-3035 URL www.naesosa.org	拥有象征着听佛法时降落的欢喜花雨和意味着往生佛土的莲花生的花形格窗。
9	禅云寺 선운사	住 全罗北道高敞郡雅山面三仁里500号 전라북도 고창군 아산면 삼인리 500 ☎（063）583-3035 URL www.seonunsa.org	以守护寺院的山茶花而闻名。春开茶花，夏绽彼岸花。茶园为《大长今》的拍摄地。
10	白羊寺 백양사	住 全罗南道长城郡北下面药水里26 전라남도 장성군 북하면 약수리 26 ☎（061）392-7502 URL www.baekyangsa.org	创建于百济时代。红叶季节很多游客造访此地。在自然中的修行始于三个誓言的宣誓。
11	大兴寺 대흥사	住 全罗南道海南区三山面鸠林里799 전라남도 해남군 삼산면 구림리 766 ☎（061）535-5775 URL www.daeheungsa.co.kr	是护国寺院的代表，禅僧和教学僧辈出。又被称为韩国茶文化的圣地。
12	向日庵 향일암	住 全罗南道丽水市突山邑栗林里山7 전라남도 여수시 돌산읍 율림리 산 7 ☎（061）644-4742 URL www.hyangiram.org	据说若能摇动大雄宝殿后的摇岩，就如同写经文一般积累功德。
13	松广寺 송광사	住 全罗南道顺天市松光面新坪里12 전라남도 순천시 송광면 신평리 12 ☎（061）755-0107 URL www.songgwangsa.org	为韩国三宝寺院之一的僧宝寺院的根本道场。三宝指佛、法、僧。韩国曹溪宗的五大丛林之一。
14	华严寺 화엄사	住 全罗南道求礼郡马山面黄田里12 전라남도 구례군 마산면 황전리 12 ☎（061）783-7600 URL www.hwaeomsa.org	百济时代544年由印度僧人创建的代表智异山的寺庙。以四狮子三层石塔出名。
15	双磎寺 쌍계사	住 庆尚南道河东郡花开面云树里208号 경상남도 하동군 화개면 운수리 208 ☎（055）883-1901 URL www.ssanggyesa.net	有茶始培碑，为纪念在中国留学后回国的鉴真国师带回的茶树种子首次在韩国进行栽培。
16	菩提庵 보리암	住 庆尚南道南海郡尚州面尚州里2065 경상남도 남해군 상주면 상주리 2065 ☎（055）862-6115 URL 无	韩国三大观音祈祷道场。据说只要虔诚地祈祷，总会有一个愿望能够得到传达。

※ 电话的拨打方式请参照 p.2 韩国三十三观音圣地 URL korea33kannon.com

		寺院名	联络地	简介
17		桐华寺 동화사	住 大邱广域寺东区道鹤洞35 대구광역시 동구 도학동 35 ☎（053)982-0101 URL www.donghwasa.net	有信仰称若在大雄宝殿虔诚地祈祷，就能像展翅飞翔的凤凰一般去往极乐净土。
18		银海寺 은해사	住 庆尚北道永川市清通面治日里479 경상북도 영천시 청통면 치일리 479 ☎（054)335-3318~9 URL www.eunhaesa.or.kr	是管理39座分寺、5个布教堂和8个附属庵的大本山。同时也是供奉阿弥陀佛的佛陀道场。
19		海印寺 해인사	住 庆尚南道陕川郡伽倻面缁仁里10 경상남도 합천군 가야면 치인리 10 ☎（055)934-3000 URL www.haeinsa.or.kr	为韩国佛教的象征性的圣地，是管理禅院、律院和讲院的曹溪宗的丛林。拥有作为世界遗产的《八万大藏经》。
20		直指寺 직지사	住 庆尚北道金泉市代项面云水里216 경상북도 김천시 대항면 운수리 216 ☎（054)436-6084 URL www.jikjisa.or.kr	创建于新罗时代418年。源自禅宗教义的不立文字、直指人心、见性成佛。其中千佛殿的诞生佛极其有名。
21		孤云寺 고운사	住 庆尚北道义城郡丹村面龟溪里116号 경상북도 의성군 단촌면 구계리 116 ☎（054）833-2324 URL www.gounsa.net	由传说中在新罗末期，通晓佛教、儒教、道教，成为神仙的崔致远和其他两位高僧共同建立此庙。
22		祇林寺 기림사	住 庆尚北道庆州市阳北面虎岩里419 경상북도 경주시 양북면 호암리 산 419 ☎（054）744-2292 URL www.kirimsa.com	神文王（681~692年）为成为东海神龟保护国家的父王文武王所建立的寺院。
23		佛国寺 불국사	住 庆尚北道庆州市进间岘洞15号 경상북도 경주시 진현동 15 ☎（054）746-9913 URL www.bulguksa.or.kr	世界遗产。青云桥和白云桥有象征33天的33级台阶，由此分开佛国和众生界。
24		通度寺 통도사	住 庆尚南道梁山市下北面芝山里583 경상남도 양산시 하북면 지산리 583 ☎（055）382-7182 URL www.tongdosa.or.kr	由于该寺为佛宝寺院，将象征佛法身的真身舍利供奉于钟形石造物内，因此大雄宝殿内没有供奉佛像。
25		梵鱼寺 범어사	住 釜山广域市金井区青龙洞546 부산광역시 금정구 청룡동 546 ☎（051）508-5728 URL www.beomeosa.co.kr	1910年被认定为韩国佛教•禅宗寺院，1913年成为禅宗的大本山。一柱门的设计别具一格。
26		新兴寺 신흥사	住 江原道束草市雪岳洞170 강원도 속초시 설악동 170 ☎（033）636-7044 URL www.sinhungsa.or.kr	始于652年慈藏律师创建的香城寺。位于雪岳山内，统管江原道地区的分寺和庵堂。
27		洛山寺 낙산사	住 江原道襄阳郡降岘面前津里55号 강원도 양양군 강현면 전진리 55 ☎（033）672-2448 URL www.naksansa.or.kr	新罗时代（676年），华严宗的义湘大师创建。为韩国三大观音圣地，拥有俯视大海的绝美景致。
28		月精寺 월정사	住 江原道平昌郡珍富面东山里63 강원도 평창군 진부면 동산리 63 ☎（033）332-6664 URL www.woljeongsa.org	创建于新罗时代（1643年），由于五台山被视作佛教的圣地，故该寺广受尊重。参道两旁枞树茂密。
29		法兴寺 법흥사	住 江原道宁越郡水周面法兴里422-1 강원도 영월군 수주면 법흥리 422-1 ☎（033）374-9177 URL www.bubheungsa.or.kr	韩国五大寂灭宝宫之一。寂灭宝宫后有舍利塔和慈藏律师修行的土窟。
30		龟龙寺 구룡사	住 江原道原州市所草面鹤谷里1029 강원도 원주시 소초면 학곡리 1029 ☎（033）732-4800 URL www.guryongsa.or.kr	新罗时代（668年）由义湘大师创建。据说大师与九头龟打赌获胜，因此获得了建立此寺的土地。
31		神勒寺 신륵사	住 京畿道骊州郡骊州邑川松里282 경기도 여주군 여주읍 천송리 282 ☎（031）885-9024 URL www.silleuksa.org	新罗时代由元晓大师创建。韩国唯一一座位于河岸的寺院，儒学家也对其美丽大加赞赏。
32		奉恩寺 봉은사	住 首尔市江南区三成洞73 서울특별시 강남구 삼성동 73 ☎（02）3218-4820 URL www.bongeunsa.org	新罗时代794年创建，原为见性寺。现在为中央僧伽大学的支援学校，发挥着弘扬韩国佛教的作用。
33		道诜寺 도선사	住 首尔特别市江北区牛耳洞264 서울특별시 강북구 우이동 264 ☎（02）993-3161 URL www.dosunsa.or.kr	由三角山的三座山峰如屏风般地包围起来的寺院。在舍利塔等处可以看到中兴祖青潭和尚的踪迹。

在寺院住宿

可以住宿的寺院一览表

地区	寺院	地址	电话•URL	费用
首尔	曹溪寺 조계사	首尔特别市钟路区坚志洞45 서울특별시 종로구 견지동 45	☎ (02) 732-2183 URL www.ijogyesa.net	(只限寺庙生活体验)
	津宽寺 진관사	首尔特别市恩平区津宽洞354 서울특별시 은평구 진관동 354	☎ (02) 359-8410 URL www.jinkwansa.org	佛教文化体验型(2天1夜) 4万韩元 团体型(2天1夜)5万韩元 休息型(2天1夜)4万韩元
	华溪寺 화계사	首尔特别市江北区水踰1洞487 서울특별시 강북구 수유1동 487	☎ (02) 902-2663 URL www.hwagyesa.org	体验型 (2天1夜)3万韩元 (3天2夜)5万韩元 (延长1晚)2万韩元
	奉恩寺 봉은사	首尔市江南区三成洞73 서울특별시 강남구 삼성동 73	☎ (02) 3218-4895 URL www.bongeunsa.org	体验型(2天1夜)5万韩元
	妙觉寺 묘각사	首尔市钟路区崇仁洞178-3 서울특별시 종로구 숭인동 178-3	☎ (02) 763-3109 URL www.myogaksa.net	体验型(2天1夜) 【成人】5万韩元 【青少年】4万韩元
京畿道	神勒寺 신륵사	京畿道骊州郡骊州邑川松里282 경기도 여주군 여주읍 천송리 282	☎ (031) 885-2505 URL www.silleuksa.org	体验型(2天1夜) 【个人】3万韩元 【家庭/4人】10万韩元
	传灯寺 전등사	仁川广域市江华郡吉祥面温水里635 인천광역시 강화군 길상면 온수리 635	☎ (032) 937-0125 URL www.jeondeungsa.org	体验型(2天1夜) 【成人】5万韩元 【青少年】3万韩元 休息型(2天1夜) 【成人】3万韩元 【青少年】2万韩元
	龙珠寺 용주사	京畿道华城市松山洞188 경기도 화성시 송산동 188	☎ (031) 234-0040 URL www.yongjoosa.or.kr	体验型(2天1夜) 【成人】5万韩元 【青少年】5万韩元
	连灯国际禅院 연등국제선원	仁川广域市江华郡吉祥面吉稷里85-1 인천광역시 강화군 길상면 길직리 85-1	☎ (032) 937-7033 URL www.lotuslantern.net	体验型 (每周六 2天1夜)5万韩元 (每周一至周五 6天5夜)20万韩元 休息型(2天1夜)4万韩元
	龙门寺 용문사	京畿道杨平郡龙门面新店里625 경기도 양평군 용문면 신점리 625	☎ (031) 773-3797 URL www.yongmunsa.org	体验型(2天1夜) 【成人】4万韩元 【青少年】3万韩元
忠清北道	修德寺 수덕사	忠清南道礼山郡德山面斜沙里20 충청남도 예산군 덕산면 사천리 20	☎ (041) 337-6565 URL www.sudeoksa.com	体验型(2天1夜) 【成人】5万韩元 【青少年】3万韩元 休息型(2天1夜) 【成人】4万韩元 【青少年】2万韩元
忠清南道	浮石寺 부석사	忠清南道瑞山市浮石面翠坪里160 충청남도 서산시 부석면 취평리 160	☎ (041) 662-3824 URL www.busuksa.com	体验型(2天1夜) 【成人】4万韩元 【青少年】3万韩元 休息型(3天2夜) 【成人】7万韩元 【青少年】5万韩元
	法住寺 법주사	忠清北道报恩郡内俗离面寺内里209 충청북도 보은군 속리산면 사내리 209	☎ (043) 543-3615 URL www.beopjusa.or.kr	体验型 (2天1夜)3万~5万韩元 (3天2夜)6万~8万韩元
	麻谷寺 마곡사	忠清南道公州市寺谷面云岩里567 충청남도 공주시 사곡면 운암리 567	☎ (041) 841-6226 URL www.magoksa.or.kr	体验型(2天1夜) 【成人】5万韩元 【青少年】4万韩元

地区	寺院	地址	电话•URL	参加费用
江原道	月精寺 월정사	江原道平昌郡珍富面东山里63 강원도 평창군 진부면 동산리 63 (오대산국립공원내)	☎(033)332-6664 URL www.woljeongsa.org	体验型(2天1夜)5万韩元
	龟龙寺 구룡사	江原道原州市所草面鹤谷里1029 강원도 원주시 소초면 학곡리 1029	☎(033)732-4800 URL www.guryongsa.or.kr	体验型(2天1夜) 【成人】3万韩元 【青少年】2万韩元
	三和寺 삼화사	江原道东海市三和洞176 강원도 동해시 삼화동 176	☎(033)534-7661 URL www.samhwasa.or.kr	体验型 (2天1夜)5万韩元 (3天2夜)7万韩元 休息型(2天1夜)5万韩元
	新兴寺 신흥사	江原道束草市雪岳洞170 강원도 속초시 설악동 170	☎(033)636-7044 URL www.sinhungsa.or.kr	雪岳之香 每周六、日(2天1夜)4万韩元 山河爱 漫步旅行 秋季红叶节 (2天1夜)4万韩元 (3天2夜)6万韩元 参禅修行 每月第三周 周五、六、日(3天2夜)6万韩元 雪岳山 权金城 跨年 12月31日~1月2日(3天2夜) 6万韩元
	洛山寺 낙산사	江原道襄阳郡降岘面前津里55 강원도 양양군 강현면 전진리 55	☎(033)672-2448 URL www.naksansa.or.kr	体验型(2天1夜)3万韩元
	百潭寺 백담사	江原道麟蹄郡北面龙岱2里690 강원도 인제군 북면 용대리 690	☎(033)462-6969 URL www.baekdamsa.org	体验型 (2天1夜)10万韩元 (3天2夜)15万韩元 休息型(2天1夜)3万韩元
	法兴寺 법흥사	江原道宁越郡水周面法兴里422-1 강원도 영월군 수주면 법흥리 422-1	☎(033)374-9177 URL www.bubheungsa.or.kr	体验型(梦堂缘必)(2天1夜) 【成人】5万韩元
庆尚道	银海寺 은해사	庆尚北道永川市清通面治日里479 경상북도 영천시 청통면 치일리 479	☎(054)335-3318-9 URL www.eunhaesa.or.kr	体验型 (2天1夜)5万韩元 (3天2夜)7万韩元
	祇林寺 기림사	庆尚北道庆州市阳北面虎岩里419 경상북도 경주시 양북면 호암리 산 419	☎(054)744-2292 URL www.kirimsa.com	体验型(2天1夜) 【成人】4万韩元 【青少年】2万韩元 【小学生】1万韩元
	狐云寺 고운사	庆尚北道义城郡丹村面龟溪里116 경상북도 의성군 단촌면 구계리 116	☎(054)833-2324 URL www.gounsa.net/home.html	寺刹美食体验 每月第二周周六、日(2天1夜) 5万韩元 纳豆体验 秋季每月第四周周六、日(2天1夜)5万韩元
	骨窟寺 골굴사	庆尚北道庆州市阳北面安洞里山304 경상북도 경주시 양북면 안동리 산 304	☎(054)744-1689 URL www.golgulsa.com	体验型(2天1夜) 【成人】5万韩元 【青少年】4万韩元
	直指寺 직지사	庆尚北道金泉市代项面云水里216 경상북도 김천시 대항면 운수리 216	☎(054)436-6084 URL www.jikjisa.or.kr	忘却凡尘，分享喜悦 (2天1夜) 【成人】5万韩元 【青少年】3万韩元 吾唯知足(3天2夜) 【成人】10万韩元 【青少年】6万韩元 休息型寺庙生活(1夜) 3万韩元(单间)
	双磎寺 쌍계사	庆尚南道河东郡花开面云树里208 경상남도 하동군 화개면 운수리 208	☎(055)883-1901 URL www.ssanggyesa.net	双磎寺住宿 夏季修炼法会(4天3夜) 【成人】10万韩元 【小学生】6万韩元

地区	寺院	地址	电话/网址	项目/费用
庆尚道	通度寺 통도사	庆尚南道梁山市下北面芝山里583 경상남도 양산시 하북면 지산리 583	(055) 382-7182 www.tongdosa.or.kr	体验型(2天1夜)5万韩元 夏季修炼法会(4天3夜)2万~10万韩元 ※视年龄而定
	海印寺 해인사	庆尚南道陕川郡伽倻面缁仁里10 경상남도 합천군 가야면 치인리 10	(055) 934-3000 www.haeinsa.or.kr	体验型(2天1夜)5万韩元 休息型(2天1夜)3万韩元
	桐华寺 동화사	大邱广域市东区道鹤洞35 대구광역시 동구 도학동 35	(053) 982-0101 www.donghwasa.net/home.html	体验型 (2天1夜)5万韩元 (3天2夜)7万韩元
	梵鱼寺 범어사	釜山广域市金井区青龙洞546 부산광역시 금정구 청룡동 546	(051) 508-5726 www.beomeosa.co.kr	体验型(2天1夜) 【成人】5万韩元 【青少年】4.5万韩元 【小学生】4万韩元
全罗道	金山寺 금산사	全罗北道金堤市锦山面锦山里39 전라북도 김제시 금산면 금산리 39	(063) 548-4441 www.geumsansa.org	体验型(2天1夜) 【成人】6万韩元
	松广寺 송광사	全罗南道顺天市松光面新坪里12 전라남도 순천시 송광면 신평리 12	(061) 755-0107 www.songgwangsa.org	周末山寺体验(2天1夜) 4万韩元
	禅云寺 선운사	全罗北道高敞郡雅山面三仁里500 전라북도 고창군 아산면 삼인리 500	(063) 561-1422 www.seonunsa.org	体验型(2天1夜)3.5万韩元 特别体验型(2天1夜)5万韩元 休息型 (2天1夜)3万韩元 (3天2夜)5万韩元 (4天3夜)7万韩元
	大兴寺 대흥사	全罗南道海南郡三山面九林里799 전라남도 해남군 삼산면 구림리 799	(061) 534-5502 www.daeheungsa.co.kr	体验型(2天1夜) 【成人】3万韩元 【青少年】2万韩元
	来苏寺 내소사	全罗北道扶安郡镇西面石浦里268 전라북도 부안군 진서면 석포리 268	(063) 583-3035 www.naesosa.org	漫步旅行体验型(2天1夜) 【成人】5万韩元 【小学、初高中学生】2万韩元※小学生必须要大人陪伴 参禅型(3天2夜) 【成人】7万韩元 【初高中学生】5万韩元 ※小学生不可以参加 漫步旅行及干泻体验型(4天3夜) 【成人】10万韩元 【初高中学生】7万韩元 【小学生】5万韩元 ※小学生必须要大人陪伴
	华严寺 화엄사	全罗南道求礼郡马山面黄田里12 전라남도 구례군 마산면 황전리 12	(061) 783-7600 www.hwaeomsa.org	体验型-三寺三色(4天2夜) 【成人】10万韩元 【青少年】7万韩元 休息型(2天1夜)3万韩元
	白羊寺 백양사	全罗南道长城郡北下面药水里26 전라남도 장성군 북하면 약수리 26	(061) 392-7502 www.baekyangsa.org	体验型(2天1夜)5万韩元 休息型(2天1夜)3万韩元
	美黄寺 미황사	全罗南道海南郡松旨面西亭里247 전라남도 해남군 송지면 서정리 247	(061) 533-3521 www.mihwangsa.com	体验型—沉默的音符(2天1夜) 【成人】5万韩元 【青少年】4万韩元 【小学生】2万韩元 单间 【成人】8万韩元 【青少年】6万韩元 【小学生】4万韩元 修行型—真人之香(8日7夜) 【成人】35万韩元
济州道	观音寺 관음사	济州道济州市我罗1洞387 제주도 제주시 아라1동 387	(064) 724-6830 www.koreatemple.net	体验型(2天1夜)3万韩元 休息型(2天1夜)2万韩元

※ 以上数据仅供参考，以实际情况为准

离开韩国

要尽早到达机场或港口

有的时间段到机场的道路很堵，机场办理登机手续的柜台人也很多，因此从酒店出发时要预留足够时间。

再确认（reconfirm）

国际线路的 reconfirm 指的是在乘机 72 小时前再次确认预约。现在中韩线的各公司都不需要再次确认，但在举行各种庆祝活动时的混乱时期，为了以防万一还是确认一下比较好。

再确认可询问航空公司的服务台，若正在旅途中，则可打电话解决。您只要拨通航空公司韩国国内的联系电话，告知乘机日期、班次、目的地、姓名以及韩国国内的联系电话（酒店电话即可）就可以了。最简单的办法就是，到达机场后前往位于出发层的航空公司向导柜台询问。

从韩国出境时的携带品限制

由于在携带物品出境时有相应的规定，因此要提前了解，以作为买礼物时的参考。

①文化财产：携带高额古董商品时必须得到文化财产管理局的认可。最好在购买时联系一下。管理局仁川机场 ☎（032）740-2921，金浦机场 ☎（02）266-1546，济州机场 ☎（064）742-4276，釜山金海机场 ☎（051）973-1972，釜山港 ☎（051）441-7265。

②高丽人参：根据种类限制其重量。

红参不超过 1.2 公斤，白参不超过 10 公斤，红参制品不超过 900 克，人参制品包括粉末、胶囊在内总共不超过 1.2 公斤。值得注意的是，新鲜高丽参属于植物繁殖材料，在中国入境时可能会被海关要求相关审批手续和植物检疫证书。

乘机手续

乘机手续和从中国出发时完全相同。出境时的程序请参照下表。

从首尔回国时，根据航班，利用设在江南 COEX 的韩国市区机场客运站也很方便。

▼ CALT（韩国市区机场客运站）

URL www.calt.co.kr ☎ (02)551-0077、0078

在仁川国际机场购物 / 享用美食

正因为仁川国际机场的设施都很新，因此各种店铺很多。若在出境审查前购买免税商品以外的商品，不仅可以使用韩元，而且价格与市面上的价格基本一致，很划算。例如紫菜、泡菜、柚子茶、拉面等，虽然也可以在免税店买到，但其使用美元结算，而且价格非常贵。二层的新世界百货商店及爱敬百货商店的机场分店与市内店的价格基本一致。到达层楼上有便利店，地下有各种商店及很多餐馆。此外还有桑拿，出发前可以发发汗。

金浦机场也有免税店，但规模很小。出境审查处前的区域有一个称为“天空之城（Sky City）”的面向当地人的购物中心。

中国入境时的主要免税范围

第一类物品：衣料、衣着、鞋、帽、工艺美术品和价值人民币 1000 元以下（含 1000 元）

在航空公司的登机柜台办理登机手续	出发前 3 小时前往机场（注意现在检查已比较严格）。 提交机票和护照、办理登机手续。如有需要寄存的行李请在这里托运。免费托运的行李，经济舱为 20 公斤以内。若重量超过 20 公斤，则必须按照航空公司规定另行支付超重费用。机场使用费在购买机票时已与运费一起支付完毕，因此直接去出境审查处即可。**注意：托运行李后，在出境审查处前的区域购买的液体类物品（包括泡菜、柚子茶等）禁止带入机内。**
退税	退税要先将支付时的免税文件与商品实物提交给海关，盖上确认印后，在专用柜台办理手续。由于要提交商品，因此在办理手续前不要托运行李。
出境审查	将护照交给工作人员盖章。通常不会特意提问。
领取在市内免税店购买的商品、购买免税商品	出境审查结束后，在专用柜台领取在市内免税店购买的商品。千万不要把兑换证明放入托运行李中。
乘机	不断有人因沉迷于免税购物而误了登机时间。请尽量在出发前 30 分钟到达登机口处。

的其他生活用品

自用合理数量范围内免税，其中价值人民币 800 元以上，1000 元以下的物品每种限一件；

第二类物品：烟草制品、酒精饮料

非往来港澳地区的旅客，免税香烟 400 支，或雪茄 100 支，或烟丝 500 克；免税 12 度以上酒精饮料限 2 瓶（1.5 升以下）；

第三类物品：价值人民币 1000 元以上，5000 元以下（含 5000 元）的生活用品

普通旅客每公历年度内进境可选其中 1 件征税，具体请以进境地海关审查验核后的确认意见为准。

※ 此信息仅作为参考，具体情况以进境地海关审查为准。

电话

注意电话卡的插入方向

打电话

最常见的是银色的按压式公用电话。有插电话卡式和投币式两种。硬币100韩元、50韩元及旧式10韩元都可以使用。

公用电话的使用方法

电话卡可在城里的零售亭及便利店里买到。卡的价格分为3000韩元、5000韩元及1万韩元。

这里需要注意的是卡的插入方向。韩国是将图案一面向下（磁条一面向上）插入。按键的按压方法与中国相同。同一区号直接拨号就可以，打到市外要先拨以0开始的区号然后再拨号码。

插卡式公用电话

投币、插卡两用式新型公用电话

公用电话的紧急按键

公用电话上，按键左边有一个红色的或是用红字“(긴급통화)”标记的按键。这是紧急按键，不插入卡的情况下可以拨打紧急免费电话。信用卡丢失时，可按下此按键，联系各信用卡的紧急中心。

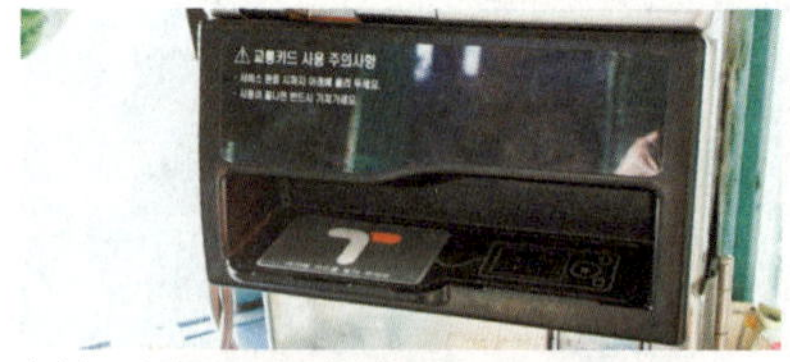

在首尔可使用T-money卡打电话

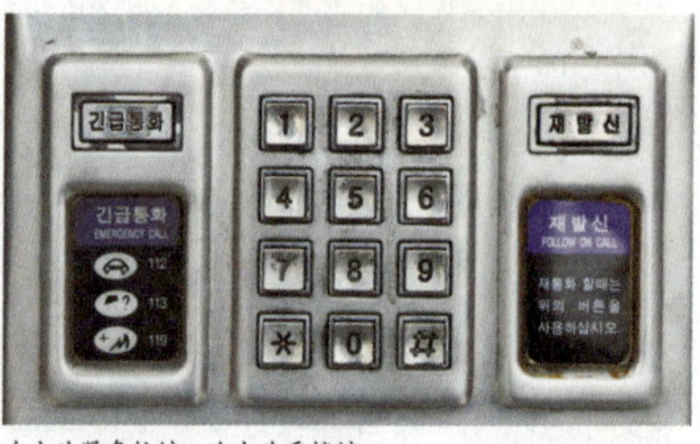

左上为紧急按键，右上为重拨键

国际电话的拨打方法（从韩国到中国）

国际长途接入码
（001、002、008）

国家代码
（中国为86）

对方的电话号码
（去掉区号第一个0）

国际电话的拨打方法（从中国到韩国）

国际长途接入码
（00）

国家代码
（韩国为82）

对方的电话号码
（去掉区号第一个0）

在国外如何使用手机

韩国手机为CDMA制式，中国移动、中国电信、中国联通可以在韩国漫游，但出境前须到相关电讯业务网点开通，且手机本身可支持CDMA制式。

另外，在韩国租借手机也很方便。可以通过相关网站进行预约咨询。Olleh KT（roaming.kt.com/cha_s/index.asp）、S roaming（www.sroaming.com）、SK TELECOM（www.skroaming.com）等都提供租赁业务。在仁川机场、金浦机场的到达层，也有韩国运营商的手机租赁柜台。

退税

购买 3 万韩元以上的商品一部分免税

韩国也有消费税 VAT，通常为 10%。规定观光客在指定商店消费 3 万韩元以上就可以退最多 8.18% 的 VAT，请多加利用。

手续流程

1. 在有“TAX FREE”标志的商店购买总价超过 3 万韩元的商品。

2. 要求店方开具一份免税文件。不同商店办理地点也有所不同，如果是百货商店的话大多是在代金券柜台办理。

3. 在海关提交护照、未使用的购买商品、乘机牌或机票，海关在免税文件上盖章。如需托运行李，要在托运前办理手续。

4. 前往退税处办理退税。

只有在拥有此种标志的店里购物才能办理退税手续

咨询联系方式

环球蓝联顾客服务中心（Global Blue Customer Center）

URL www.global-blue.com E-mail taxfree@global-blue.com

旅行的安全保障

不要忘记自己身处国外

在韩国更要注意车辆安全

在韩国，人行横道的信号灯时间极其短，要注意。在小巷子里车子的速度也很快。高速公路上的追尾事件也很多，乘坐高速大巴时，不要忘记系上安全带。

【警察】☎ 112（工作日 7:00~22:00，周六、周日、节假日 8:00~18:00）

【消防车、救护车】☎ 119

注意防盗

旅行者受害的犯罪案件中，很多都是被调包盗窃的。

百货商店、市场及地铁等地被盗事件很多。贵重物品最好放在外人看不到的地方，或者贴身存放，或是寄存在酒店的保险箱里。

此外，故意亲切接近你，说是给你当导游实则带你去黑店，这种事情也时有发生。乘坐出租车时，尽管并不常见，但仍要注意黑车和绕远路等情况。

注意饮食

虽然韩国各处都有药店，但不适合中国人的药很多，最好从中国带一些常用药。

如果身体状况变差，不要犹豫，赶紧去医院。由于语言交流方面有问题，因此先要求助酒店服务员，让他们叫医生或告诉你医院在哪里。如果加入了保险，也可以和保险公司商量。

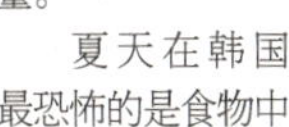

夏天在韩国最恐怖的是食物中毒。生食最好在有信誉的店里吃新鲜的，除此之外不要碰，一般都不会有事。

行李丢失了怎么办

行李丢失时，要么返回弄丢的地方找，要么求助警察，虽然花一些工夫，但最好不要放弃。遗失物品找寻也可求助韩国观光意见申报中心。

★韩国观光意见申报中心（韩国旅游发展局）

☎ (02)735-0101

护照丢失了怎么办

护照丢失时，要尽快到中国大使馆、领事馆办理手续申请新的护照，或申请回国证明。

为顺利办理手续，应提前复印好护照的照片页、机票和日程表，并与原件分开保管。

信用卡丢失了怎么办

火速与信用卡公司的顾客中心取得联系，要求停用信用卡。很多信用卡公司的电话都是免费的，在韩国的公用电话上按下红色或用韩文写着“긴급통화（紧急电话）”的按键，就可以打电话了。

信用卡公司的联络电话→ p.439
打电话的方法→ p.466

T/C 丢失了怎么办

丢失的旅行支票若有丢失证明以及使用完毕的 T/C 编号，可以要求再次发行，手续很简单。丢失后办理的手续为：

①拨打 T/C 备用收据上记录的紧急联络电话。

②求助警察开具丢失、被盗证明。

③提交 T/C 的备用收据以及使用完毕的 T/C 编号。

邮政与互联网

系统与中国大致相同

各地都可以邮寄明信片与信件

从韩国寄到中国的航空明信片费用是 350 韩元，普通书信 10 克以下费用是 480 韩元。城里到处都是红色的邮筒，非常方便。

从大型邮局邮寄包裹比较方便

城里的小邮局可以受理包裹的国际邮寄业务，但还是大型的中央邮局处理此类业务比较熟悉，而且邮局有懂简单英语的职员，交流起来比较方便。首尔中央邮局（Map p.98-A-3）和釜山邮局（Map p.221-D-2）办理业务很方便。包裹的邮寄方法见下栏。

使用互联网

酒店的商务中心一

代表性的邮筒。投放口左边的是本埠，右边的是外埠

用EMS（国际特快专递）把特产和化妆品邮寄回家里！

乘坐经济舱时，随身携带行李超过 20 公斤就要付高额的行李超重费。因此可以把集中购买的化妆品等物品从邮局用 EMS 邮寄回去。

●邮寄程序

▼带着邮寄物品前往邮局

邮寄时还是在业务熟练的中央邮局比较方便。建议前往首尔中央邮局（Map p.98-A-3）或釜山邮局（Map p.221-D-2 營 周一～周五 9:00~20:00，周六、周日、节假日 9:00~13:00）

▼选择邮寄方式

用 EMS 邮寄的话 3~4 天可寄达北京（用普通空邮为 1 周左右，船邮价格便宜，但需要 1 个月以上才能寄达）

▼准备包裹箱

有的邮局可免费获得 EMS 专用包裹箱（其他邮局可在窗口购买各种包裹箱）。

※ 不能邮寄的物品

不得邮寄喷雾式化妆品等液化气体类物品以及活物。

▼填写收件人姓名、地址并支付邮费

发件人地址填写所住酒店，发件人填写自己姓名即可。称重后支付邮费。

※ 在箱子上用大字标明“另寄行李（Unaccompanied Baggage）”

※ 注意：有时国际快递会被视为以盈利为目的而收取关税

邮局的招牌

般都配有计算机，可在这里浏览网页，发送邮件。最近在客房里配备可免费使用的电脑的酒店越来越多，而且提供同样服务的高档汽车旅馆也不断增加。

城里有些咖啡馆等可免费使用电脑，确实想上网的话，就去找找那些网络咖啡馆。费用是1小时2000~3000韩元。

若想在旅行中进行邮件联系，事先记下可接收发送邮件网站的网址会比较方便。可免费获取邮箱的代表性网址是“hotmail”、“yahoo！ mail”、“Gmail”等。有的供应商具有通过输入ID与密码就可在WEB上看到邮件的系统（WEB邮件功能）。详细情况请向各供应商确认。

机场休息室的上网区

住宿与酒店预约

网上也可预约

住宿设施的区分

●观光酒店

酒店从特一级~三级分为几个等级，都带有餐厅和浴缸。酒店等级通过无穷花标记的个数标注在入口处，特一级、特二级为5个，一级为4个，二级为3个，三级为2个。除了住宿费外，还要缴纳10%的服务费和10%的住宿税（根据旅游政策住宿税有时可以免除）。

●普通酒店

没有等级的酒店，这些酒店曾经和观光酒店比起来逊色不少，但现如今随着限制放宽，不断出现小规模的舒适酒店。

●旅馆、汽车旅馆

比酒店等级低，其标志是温泉符号。采光虽然不好，但是双人房间或带有被褥的火炕房间设置还比较标准。很多兼作情人旅馆，还可兼作商用房，可住1~3人。基本情形是只住宿，在首尔和釜山价格是3万~5万韩元。不需要交税和服务费，原则上不用预约。

●招待所、青年旅舍

以外国客人为主，除了多人间，也有单人间。最大魅力在于轻松的氛围及与同住客人间的交流。由于房间数很少，最好在网上事先预约。青年旅舍为国营，多为培训设施型，也可个人居住。

●高级公寓

主要观光地的出租公寓房越来越多，对于家庭出行或长期滞留的人非常有吸引力。

在酒店和旅馆需要注意的地方

作为环境保护措施，房间里没有放置一次性牙刷和剃刀，房间里的这些物品都是要收费的（以小吧台方式结算）。

是否适合住简易旅馆

住在旅馆、汽车旅馆、招待所的话可以节省旅行的费用，然而如果不适合住简易旅馆的人随随便便就住下会产生一些不愉快。首先，对卫浴洁具的清洁状况和房间卫生条件要求比较高的人不适合住简易旅馆。不善于同房东和同住旅客交流的人最好也不要住在招待所。

住宿的预约

登录酒店预约网站可以轻松地在网上预约和结算。

韩国的礼仪与习惯

中国的常识在韩国未必适用

明确的上下关系

韩国重视儒教的伦理观，“晚辈要尊重长辈”非常重要。韩国人第一次见面时，经常询问对方的年纪，以便确认对方是晚辈还是长辈来调整应对方式。此外，韩国人的习惯是，对于年纪大的人，不论是自己的家人还是自己公司的上级都要使用敬语。

浓厚的人际关系

在韩国，人情大于一切。这是一个人情和关系发挥着很大作用的社会，一旦关系变得亲密，就会一直交往到底。对待遇到麻烦的外国人也是这样，有时外国人找不到路，韩国人会陪着一直走到目的地。此外，待客方式上也有文化的差异。韩国人会尽力以自己的待客方式对人，有的时候甚至会忽略对方的意愿。

注意文化差异

韩国人与中国人外形很像，因此容易误解其想法也相似。若对方会讲中文，中国人就会渐渐忘了身处外国，行动时容易基于中国的常识，并认为“对方大概也会明白吧”。千万不要忘记韩国是个与中国文化不同的国家。寄到编辑室里来的索赔信和抱怨的信件大都是由于文化差异引起的。

吃饭的礼仪

和长辈坐在一桌吃饭时，不能比长辈先动筷子。餐桌上各人面前都会放置金属制的筷子和勺子，吃米饭和汤类时使用勺子；小菜类用筷子吃。中国人无意中做错的地方，就是用嘴去碰碗这一行为。在韩国，用手端着盛饭和汤的碗直接用嘴对着吃或喝被认为是非常不礼貌的。

酒的饮用方法

在中国喝酒时会经常给对方添酒，而在韩国一般不这样，等对方或自己全部喝完后再添上才是一种礼貌的行为。给长辈添酒时，男性要用两只手。此外，过去女性不断给男性添酒被认为是不礼貌的，近年来这样的旧习俗逐渐被淡化了。

不采用“AA 制”

韩国没有采用“AA 制”付费的习惯。一般是年长者或代表人来统一付账。因此如果是中国人同伴之间想要采用“AA 制”，也要先统一结账，之后再私下进行分摊。

“朝鲜”

现在的韩国，除了一部分固有名词外，一般不使用朝鲜这个称呼。为了不招致误解，最好使用韩国、韩语、韩国人等称呼。

禁止拍照的场所

在韩国出于国家安全考虑，有的地方禁止拍照。虽说规定渐渐有所放宽，但还是不要把相机对着军事设施。博物馆和寺院内部等与文化财产有关的设施也不能拍照。观光游客经常参观的寺院，大多数其内部都是禁止拍照的。

“展览室内禁止拍照”的标牌

韩国国内航空线路

前往济州岛的线路很多

以前往济州岛的线路为中心的很多航班都已开通。运营的航空公司以前有大韩航空（KE）和韩亚航空（OZ）两个公司，后来又加入济州航空（7C）等公司，2008 年起大韩航空旗下的韩国真航空（LJ）等廉价航空公司也开始出现，竞争日益激烈。济州航空开低运费的先河，从金浦—济州线开始，依次扩大开通金浦—釜山、济州—釜山等线路。

国内线路在首尔的起降机场是金浦机场。这里也通地铁，交通非常方便（→ p.86）。

购买机票

预约与购买机票

机票可在市内的航空公司分店、旅行公司购买。预约可通过电话、传真及网络进行。

通过电话及网络预订时，在约定的期限前没有购买机票的话，预约就自动取消。机票购买期限一般如下：

· 乘机 10 天前，包含预约日，4 天以内
· 乘机 5 天前，包含预约日，3 天以内
· 乘机 2 天前，包含预约日，2 天以内
· 出发前一天与出发当天乘机前 60 分钟

正规机票的有效期为 1 年。国内线路的机场建设使用费与航空保险费，在购买机票时一并支付。

机票涨价与打折制度

游客很多的繁忙时期，机票会比平时贵 6000~8500 韩元。繁忙期每年 4 次（年初年末、春节、夏季旅游旺季、中秋节），每年的具体时段会不同。除了这些繁忙期外，平常周一～周四机票会便宜 1 万韩元左右。

2 岁以上、未满 13 岁的儿童享受成人票价 25% 的优惠。学生不打折。取消订票的手续费，出发 1 天前到出发时刻为单程票价的 10%，出发后为单程票价的 20%。票价体系会适时发生变动，购买前要上网确认或咨询各公司。

乘坐飞机

从国际线路到国内线路

仁川国际机场发出的国内线路，目前，只有大韩航空和韩亚航空运营的前往釜山、济州、大邱的航线。乘坐其他航线就要去金浦机场（路程需要约 1 小时）。

釜山的金海国际机场，国际线路和国内线路的航站楼离得很近，转乘很方便，但国内线路数比首尔少。

从登机到到达目的地

手续流程大致和中国相同。

①登机

登机柜台按各个航空公司分开，各公司又分为登机用（Boarding）和预约、发行机票用（Ticketing）两种。登机手续要在飞机起飞前 20 分钟办理完毕

②登机之前

向登机检查处入口的工作人员出示机票后，进入接受安保检查。在韩国原则上不允许携带

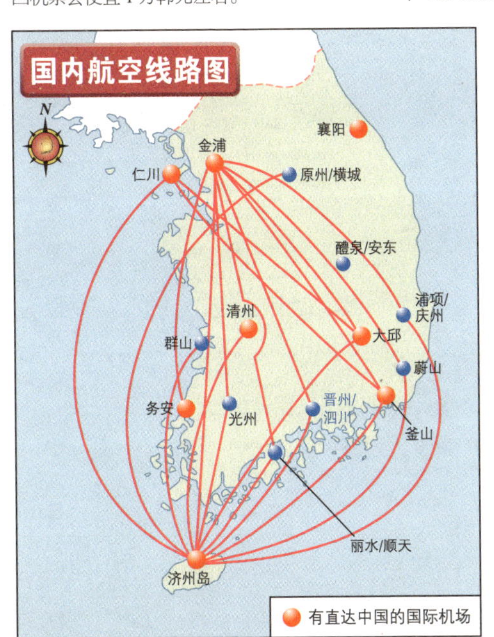

主要航空公司联络方式

大韩航空（Korean Air）
☎ 1588-2001
URL www.koreanair.com
韩亚航空（Asiana Airlines）
☎ 1588-8000
URL cn.flyasiana.com
济州航空 (Jeju Air)
☎ 1599-1500
URL www.jejuair.net
韩国真航空（Jin Air）
☎ 1600-6200
URL www.jinair.com
Eastar Jet 航空（EASTAR AIR）
☎ 1544-0080
URL www.eastarjet.com
釜山航空（AIR BUSAN）
☎ 166-3050
URL flyairbusan.com

电池进入机内。出发前15分钟必须接受此安保检查。

③机内

广播为韩语或英语。途中有提供饮料的服务。

④到达目的地

办理登机手续时寄存行李的乘客，从显示所乘航班名的传送带上拿行李。

■韩国境内航线主要公司基本价格·航运表（1周内）

※购买机票时，要支付机场建设费和航空保险费。

区间	大韩航空		韩亚航空		济州航空		韩国真航空		所需时间（分钟）
	票价（韩元）	航班数	票价（韩元）	航班数	票价（韩元）	航班数	票价（韩元）	航班数	
首尔（金浦）←→釜山	7.19万	97	6.74万	100	5.71万	—	—	—	60~70
仁川←→釜山	7.89万	14	7.84万	7	—	—	—	—	60
首尔（金浦）←→济州	8.44万	142	8.44万	134	5.88万	81	5.88万	104	65
仁川←→济州	8.44万	—	8.44万	6	—	—	—	—	65
首尔（金浦）←→大邱	—	—	6.19万	—	—	—	—	—	55
仁川←→大邱	6.84万	14	6.19万	—					50
首尔（金浦）←→光州	6.29万	14	6.34万	35	—	—	—	—	60
首尔（金浦）←→蔚山	7.09万	42	7.09万	13	—	—	—	—	60
首尔（金浦）←→晋州/泗川	7.54万	14	—	—	—	—	—	—	60
首尔（金浦）←→丽水/顺天	7.29万	27	7.29万	17	—	—	—	—	60
首尔（金浦）←→浦项/庆州	6.74万	21	6.79万	14	—	—	—	—	60
釜山←→济州	6.54万	47	6.49万	67	4.56万	46	—	—	55
济州←→光州	5.79万	28	5.79万	28	—	—	—	—	40~45
济州←→大邱	7.19万	28	7.19万	28	—	—	—	—	60
济州←→原州/横城	8.69万	7	—	—	—	—	—	—	50
济州←→蔚山	7.04万	2	—	—	—	—	—	—	60
济州←→群山	6.29万	7	—	—	—	—	—	—	50
济州←→浦项/庆州	—	—	7.49万	3	—	—	—	—	60
济州←→清州	7.44万	27	7.44万	21	5.16万	14	—	—	60~75
济州←→晋州/泗川	6.39万	2	6.39万	2	—	—	—	—	50
济州←→丽水/顺天	5.89万	2	—	—	—	—	—	—	60
济州←→务安	—	—	5.79万	2	—	—	—	—	60

韩国的铁路与时刻表

正确掌握时间可享受快乐的铁路之旅

乘坐火车

韩国的铁路由 KORAIL（韩国铁道公司）运营。2004 年开始运营的 KTX（韩国高速铁路）发展顺利，由于其准时性及良好的车内环境，现在越来越受到人们喜爱。KTX 列车数一般较少，停靠车站间的距离长，不适合短途旅行，但在两个跨度大的城市之间乘坐 KTX 确实非常方便。

线路网

韩国铁路线路网总长 3000 公里。随着 KTX 开始运营，铁路电气化及线路改造也告一段落，主要的线路区现在仍积极进行线路改造和电气化施工。乘坐前要事先了解线路运行情况。

2006 年，通过西部的京义线与东部的东海北部线的连接，韩朝南北铁路连接完成，2007 年 5 月进行了试运行，但由于南北关系冷却目前处于停运中。东海北部线的韩国区间（休战线—猪津站）是一个不与其他线路区连接的飞地。

列车的种类与运行线路

韩国的列车一共有 5 种。按照列车的种类给予昵称。

① KTX

引进法国 TGV 系统的高速列车，最高时速超过 300 公里。除了 2010 年开通了东大邱—新庆州之间的路段，为配合丽水万国博览会，全罗线变成可换乘 KTX 的了。更进一步地，为了配合 2018 年冬季奥运会，韩国也有考虑能将 KTX 设计成可换乘至江原道方向的。周边可以换乘在来线。

由于这是一趟以商务为主的高速列车，因此车内设置比原来的“新村”号还要简单。此外，由于列车高速行驶，车体设计得比较小，与中国的普通列车大小差不多。普通车厢里的座位是 2+2 的 4 列，豪华车厢里的座位是 1+2 的 3 列。原来普通车厢的座位不能旋转，2010 年新投入使用的“KTX 山川”号对座位进行了改良使其能够旋转。

列车没有餐车，只有零售食品。除了有自由席（散席），还有通过额外付费可以观看电影的“观影席”（仅限工作日）。

② “新村”号（새마을）

首尔至釜山等线路之间，还有与以往一样在各站点间运行的此种列车，但现在已出现削减倾向。

从 2008 年起开始设置自由席（仅限工作日）。餐车在 2008 年全部废除，取而代之的是挂载带有商店的“咖啡席”车厢。

该车的车名“塞马维尔”为“新村”的意思，和已故总统朴正熙所提倡的农村改良运动有关。

③ “无穷花”号（무궁화）

除了部分地区外，此车的运行线路几乎遍

及全国。它连接KTX及“新村”号不停靠的车站以发挥补充的作用。然而，它并不是在各站都停车，而是准备各种不同停站模式的“交错停车”时刻表，以应对取消每站都停的列车这一情况，同时也出于速度方面的考虑。

车内正在引进新设备，车体很大，座位非常舒适。列车没有餐车，白天一部分列车会有带商店的“咖啡席”车厢。此车除坐票外还发售站票（입석），就是除了指定的座位之外，如果有空位的话可以坐的票。

无穷花是韩国的国花，有时韩国人的发音听起来有点像“穆伦哇”。

④“Nooriro”号（누리로）

2009年6月开始投入运行的新型电动快速列车。目前，在长项线的龙山—新昌区间运行，已计划在其他线路区内相继投入使用。票价与“无穷花”号相同。Nooriro是一个新创的韩语词，其中“noori”是“世界”的意思，“ro”是“路”的意思，合起来就是“通向世界的路”之意。

⑤通勤列车（통근열차）

虽然2004年全面取消每站都停的“统一号”，但在城市周围还有更名为“通勤列车”的短距离各站停车的列车在运行。目前，仅在京义线的汶山—都罗山和京元线的东豆川—新炭里区间运行。此类车为5节车厢的内燃机车，全车都是自由席位。票价和以前的“统一号”一样还是非常便宜。

夜行列车

主要干线的“无穷花”号和在首尔—釜山间运行的“新村”号都有夜行列车。但由于运行距离短，会过早地到达目的地，这一点要事先了解清楚。

卧铺已在固定列车中全部废除，只在“Haerang”号等临时的观光列车中使用。

列车的票价、费用

韩国首先是按照列车的种类来决定票价。此外，平日的票价与周六、周日以及节假日的票价不同。

在除通勤列车以外的列车中，有的列车是由设施完备的“豪华车厢（특실）”连接而成。在2010年新投入使用的“KTX山川”号上，有供小群体使用的“商务车厢”。豪华车厢和商务车厢在票价的基础上还要交纳额外费用。

多种优惠制度

韩国车票有多种优惠制度，如果合理应用，可使旅行更划算。

★预约优惠

·出发前2个月~30天购票：平时享受20%的优惠，周六、周日、节假日享受10%的优惠。

·出发前29~15天购票：平时享受10%的优惠，周六、周日、节假日享受5%的优惠。

★换乘优惠

购买从KTX换乘“新村”号、“无穷花”号、“Nooriro”号的通票时，“新村”号、“无穷花”号的票价享受30%的优惠。

★其他优惠

通过自动售票机买票享受1%的优惠。

车票的购买

人们都愿意乘坐没有延时、准时到站的列车，周末及节假日等时候都是满座。特别是“新村”号最好在预售票处提前购买车票。车票发售时间是乘车日前1个月的7:00至发车前30分钟。通过旅行公司也可买到，但到车站去买会更有把握一些。车票由电脑发票，所有终端都可买到全国任何线路的车票。

首尔—釜山之间最快的KTX高速列车

乘坐舒适、票价便宜的“无穷花”号

在"咖啡席"车厢中可付费上网

仁川国际机场的铁路问询所也可买到全国各线路的车票。如果有不明白的地方，可以询问铁路问询所和咨询窗口。问询所内有的职员懂一些简单的英语。

在窗口买票时，很多售票员的发音不清，很难听懂（全州与清州等经常容易搞错）。按照下面的购票表格格式写给售票员看是个不错的方法。

用自动售票机买票

在主要车站都设有自动售票机，可以不用去售票窗口排队，十分方便。

操作页面可选择韩语和英语两种语言，输入乘车日期和区间后检索列车，可投入现金或插入信用卡来购票。选择英语页面时，注意不要把站名的英文拼写弄错（如釜山为 BUSAN 而不是 PUSAN）。

网上购票

从 2008 年 8 月起，韩国以外的国家也可在 KORAIL 官方网站上购票。支付方法仅限信用卡。官方网站设有英文版。

如何看车票及乘车

从 2009 年起车票的样式发生了变化，变成

■如何看车票

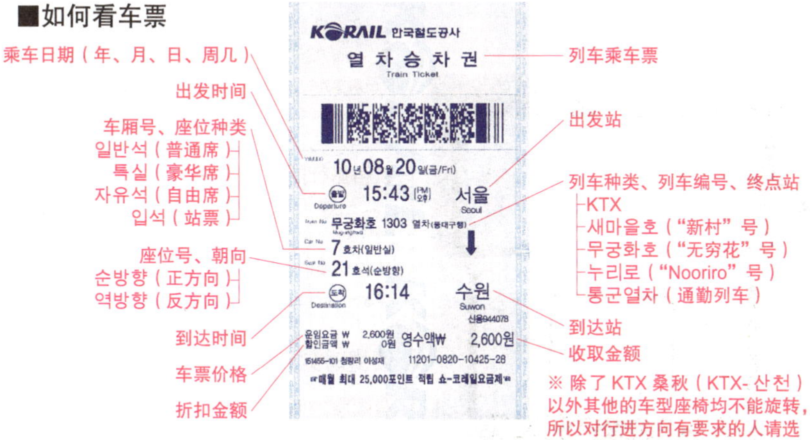

KORAIL 한국철도공사
열 차 승 차 권
Train Ticket
10년 08월 20일(금/Fri)
출발 Departure 15:43 서울 Seoul
무궁화호 1303 열차
7 호차(일반실)
21 호석(순방향)
도착 Destination 16:14 수원 Suwon
운임요금 ₩ 2,600원 할인금액 ₩ 0원 영수액₩ 2,600원

- 乘车日期（年、月、日、周几）
- 出发时间
- 车厢号、座位种类
  - 일반석（普通席）
  - 특실（豪华席）
  - 자유석（自由席）
  - 입석（站票）
- 座位号、朝向
  - 순방향（正方向）
  - 역방향（反方向）
- 到达时间
- 车票价格
- 折扣金额
- 列车乘车票
- 出发站
- 列车种类、列车编号、终点站
  - KTX
  - 새마을호（"新村"号）
  - 무궁화호（"无穷花"号）
  - 누리로（"Nooriro"号）
  - 통근열차（通勤列车）
- 到达站
- 收取金额

※ 除了 KTX 桑秋（KTX- 산천）以外其他的车型座椅均不能旋转，所以对行进方向有要求的人请选择正向座位。

购票表格格式

______월（月）______일（日）______ → ______ ※ 以英文拼写填写

KTX · 새마을（"新村"号）· 무궁화（"无穷花"号）· 누리로（"Nooriro"号）· 통근（通勤列车）______ : ______발（发车） 열차번호（列车编号）______

일반실（普通席）· 특실（豪华席）· 자유석（自由席）

입석（站票）· 순방향（正方向）· 역방향（反方向） ______장（张）

了类似超市收据的薄片型。虽然车票上标明了日期、列车种类、车厢号与座位号，但主要由韩语表示，确认时要注意。

从2008年起乘车检票和车内验票已全部废除，买完票后就可进入站台。车厢的入口处标明了车厢号与座位号。除通勤列车以外，其他列车都是指定席位，因此在使用KR Pass（韩国铁路通票）乘车时，必须要在车站领取指定券。

预约与退票

从2008年8月起，韩国以外的国家也可在KORAIL官方网站上预约和购买车票。除了春节、中秋节等大节假日，一般出发几天前都可买到座位，不用担心。

不能免费更改车票（网上预约时出发2天前可免费更改）。如果想更改车票时，要先退票然后重新购买。从车站购票时，退票手续费出发2天前为400韩元，出发1小时前为票价的5%，出发时刻前为票价的10%，列车出发后20分钟之前为票价的15%，出发后1小时之前为票价的60%，到达时刻前为票价的70%。超过列车到达时刻后不能退票。

面向外国旅客的车票

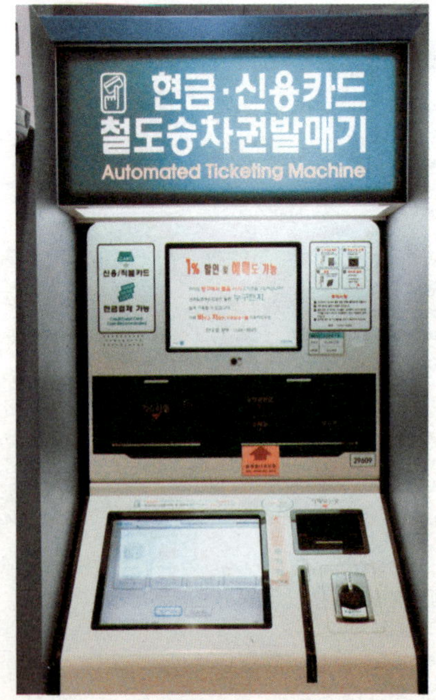

可用现金或信用卡购票的自动售票机。票价享受1%的优惠

① KR Pass

这是外国人专用的韩国铁路不限乘坐车票（除首尔首都圈的电气铁路区间以外）。持该票乘坐豪华车厢可享受50%优惠。除了一般使用的“Normal Pass”外，还有供13~25岁年轻人使用的“Youth Pass”以及供同一旅程2~5人使用的“Saver Pass”。

购票程序是先在KR-PASS指定的海外旅行社或网上购买交换券，持有交换券在韩国所有的相关车站都可以交换车票，并在有效期内使用。入境韩国后无法购买。此外，韩国的车票原则上都指定列车，不能像中国那样随到随上。用作自由席或站票必须要先在车站出示Pass，并领取免费发放的指定券。在中秋节、春节和暑期等繁忙时期仅能用作站票使用。

预订网址：www.korail.com/kr_pass.jsp

★ KR Pass的价格

（截至2012年9月的网上购票票价）

▼ Normal Pass（成人　※另有儿童票价）

3日券：8.46万韩元　5日券：12.7万韩元

7日券：16.04万韩元　10日券：18.51万韩元

▼ Youth Pass（13~25岁）

3日券：6.77万韩元　5日券：10.16万韩元

7日券：12.83万韩元　10日券：14.81万韩元

▼ Saver Pass（2~5人，价格为单人票价）

3日券：7.61万韩元　5日券：11.43万韩元

7日券：14.44万韩元　10日券：16.66万韩元

铁路旅行的信息搜集

在网上可以获得有关韩国铁路时刻及车票的信息。

▼ KORAIL官方网站（有英语版）

URL www.korail.com

读懂时刻表

全国版的时刻表

韩国铁路旅行文化社发行的《月刊观光交通时刻表》这一杂志中汇集了铁路、地铁、长途巴士、飞机、轮船以及所有交通工具的时刻与票价，每本5000韩元。此杂志于每月末发行，与中国不同，最新一期的刊号由其所发行的月份即上一月份来表示。即10月买到的杂志是9月末发行的9月号。

时刻表的购买方法

时刻表有时可在车站内的零售亭买到，但

韩国人大多没有使用时刻表的习惯，因此很多时候都买不到。教保文库和永丰文库等一部分大型书店即使有的出售时刻表，摆放的位置也很难找到，而且很多时候都不出售。在釜山西面的荣光图书（Map p.227-B-2）可以领到。

如何阅读铁路时刻表

车站名纵向排列，在表的左侧用韩文表示，右侧用汉字表示。表外的线路名称也用纵向排列的汉字表示，要找想乘的列车先看汉字就明白了。此外，KTX所在页的时刻表是独立的样式。

下面是时刻表“快慢”和“构成”栏中出现的记号的意思：

새“新村”号
무“无穷花”号
통 通勤列车
누리로“Nooriro”号

最新时刻表请在网上确认

如果懂韩文，最新的列车时刻可在KORAIL官方网站上检索，还可用Excel将时刻表下载下来（在线路图网页的下面有时刻表和票价表可供下载）。URL www.korail.com

■铁路时刻表的阅读方法

《月刊观光交通时刻表（月刊관광교통시각표）》示意图

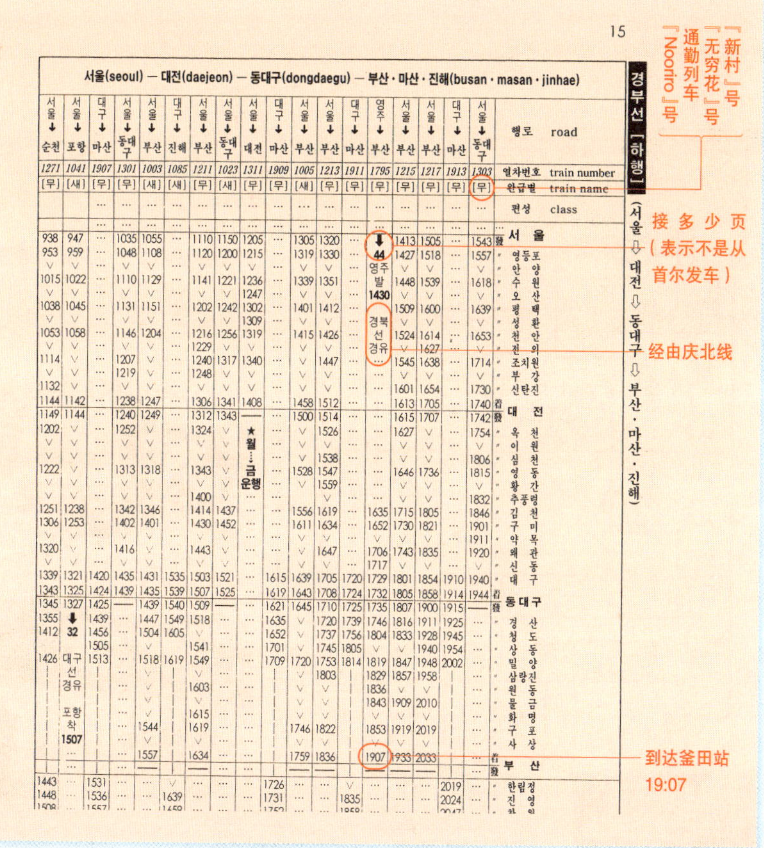

韩国的长途巴士

最简单的交通方式

巴士的种类与乘坐方法

乘坐巴士旅行的好处

汽车比起铁路来，班次多、线路多，价格也便宜，是国内的主要交通方式。连接各城市的主要线路，由于班次很多，不用提前去确认时刻表。

巴士主要分为两大类，一种是通过高速公路在各城市间运行的高速巴士，还有一种是主要走普通国道的市外巴士。以前高速巴士和市外巴士无论是到达时间还是车辆质量都有很大的差距，但现在已经没有那么明显了。

高速巴士的种类

对于初次旅行的人来说，乘坐高速巴士比较方便。每个城市都有专门的巴士汽车站，所有的班次中途都不停车，直达目的地。

高速巴士分为两种，一种是 4 列座位的普通高速巴士（일반고속버스），还有一种是 1 排 3 个座位，额定人数较少的高级高速巴士（우등고속버스）。

高级高速巴士的票价比普通高速巴士的要高。售票厅、乘车入口与开往同一方向的普通高速巴士共用，乘车的手续、所需时间两种车没有区别。

大城市之间还运行着夜间高级高速巴士（심야우등고속버스）。即使是长途，也不过 400 公里左右，很快就能到达目的地。

乘坐高速巴士时必须要注意的是总站的位置。有时会将高速巴士专用的总站设置在与市中心的市外巴士总站不同的位置。

高速巴士的乘坐方法

首先，要去高速巴士总站。为了避免城市中心的拥挤，很多车站都位于郊外的高速公路出入口附近。从市中心可乘坐地铁或市内巴士去。

售票厅一般按照目的地来分区。买票时到目的地所在线路的窗口，告诉售票员目的地和乘车人数，就能很容易买到下个班次的车票。

售票窗口上显示的票价最近增加了英文显示。对于班次比较少的线

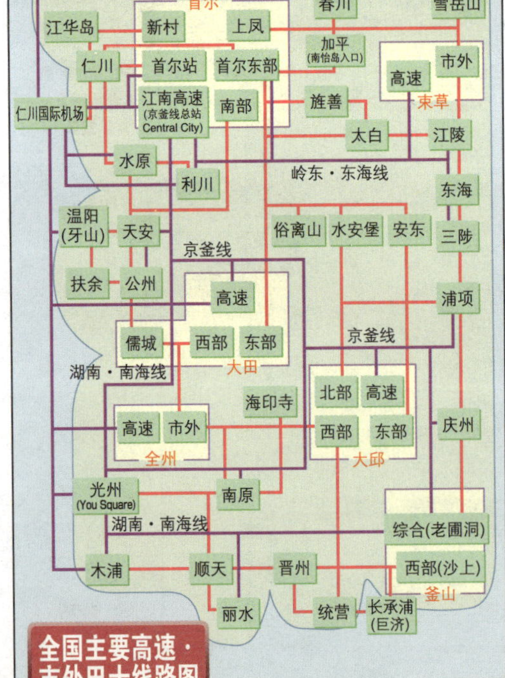

代表性的高速巴士。主要是高层巴士（High-decker）

釜山综合巴士总站售票厅。票价显示中也会显示罗马字

高级高速巴士为 3 排座位

路或拥挤时期的车票，建议还是提前购买比较好。

若对自己的发音没有信心，也可将信息写在纸上出示给售票员看。大站一般按照乘车方向和线路区分售票窗口，但有的地方是共用窗口。

买到票后要确认一下乘车入口的编号和出发时间。不知道在哪里乘车的话，可以拿着票询问工作人员，或请教在同一个窗口买票的人。巴士站的向导显示一般只有韩文，事先记住所去地方的名称就不会有麻烦了。

在乘车入口处，有时会有出发时间不同的其他巴士在等待，请看清车前窗玻璃内侧标明的目的地和发车时间。

有时被工作人员撕剩的半张票下车时要交给驾驶员，因此要保管好这半张票。

车内所有座位都是指定的。考虑到韩国的道路状况，汽车在运行时要系好安全带。

高速巴士的代表性票样。乘车时工作人员会收回半张票。市外巴士也为同样的格式，但表示内容有时会有一点不同。若金额符合，就不会有问题，大可放心

巴士总站、高速巴士的主要检索网站（一部分有英语版）

若懂韩语可通过此网站检索巴士时刻表或查询票价。

■首尔高速巴士总站
URL www.exterminal.co.kr
■东首尔综合巴士总站
URL www.ti21.co.kr
■釜山综合巴士总站
URL www.bxt.co.kr
■大田高速巴士总站
URL www.daejeonbustm.co.kr
■全国高速巴士客运行业联合会
URL www.kobus.co.kr
■ G BUS 全国市外巴士咨询
URL www.gbus.co.kr

中途休息

对于较长的线路，汽车会在途中的服务区停车，让乘客上个厕所或者休息一下。停车场内外形相似的巴士会排成列，停留的巴士可能会在客人休息的过程中移动位置，因此须要记清所乘巴士的车牌号。休息时间为 10 分钟左右。比较明智的做法是下车时先向驾驶员确认一下开车时间。此外人多拥挤时要注意小偷，防止被调包。

服务区有卖点心和土特产的小店。可以品尝到地方的名特产，但要小心购买

道路情况

连休日以及旅游高峰季节，高速公路上都是私家车，巴士会卷入难以想象的拥堵之中。即使是平常的周日下午前往首尔的时候，也最好要考虑到上行线的堵车情况，做好误点的打算。

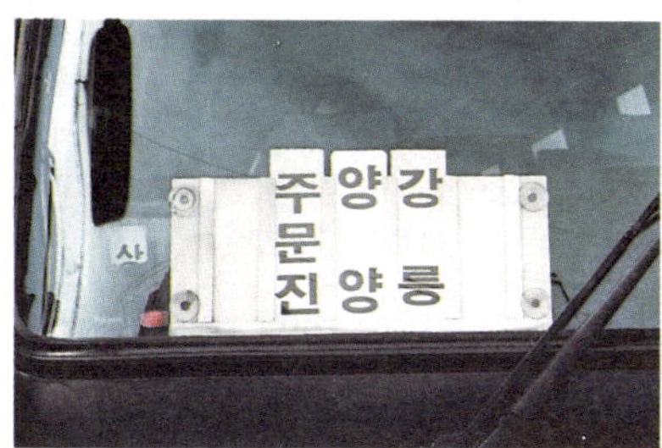

市外巴士的目的地只用韩文表示。一般最右边是终点站，中间的是途经地点。在上图中，显示的是由注文津经襄阳开往江陵，但实际的运行线路是襄阳→注文津→江陵。这也许是韩国人不注意细节的国民特性吧

市外巴士的种类

前往不通高速公路的中小城市或农村时，可以乘坐市外巴士。

市外巴士分为只在主要城镇和村庄停车、不在途中的停靠站停车的直达巴士（직행버스）和在每站都停车、上下车频繁的慢行巴士（완행버스）两种。直达巴士就是快车，慢行巴士就是慢车，这样就容易理解了。直达巴士中也有的会经由高速公路。

另一方面，即使是距离很长的线路，有时也会将其作为市内巴士运行。这种情况下出发、到达站和停靠站多数不设在市外巴士总站站内，而是设在站外。

市外巴士的乘坐方法

基本手续和高速巴士相同，但市外巴士稍微有点费事。

首先要注意，一个城市有时会有两个以上的市外巴士站。很多城市都按照巴士前往的方向区分车站，例如开向西面的巴士就到西部巴士总站乘坐，开向南面的巴士就到南部巴士总站乘坐。

市外巴士总站的显示与高速巴士总站不同，不要指望站内有英文的向导。此外线路数多，文字也很小，不习惯的人可以将目的地的韩文写法记在纸上带着，或是努力记住韩文的形状。一部分汽车站会设有自动售票机发售车票，但其中绝大部分的按键上只有韩文。

市外巴士的下车方法

与中途不停车的高速巴士不同，市外巴士在途中有好几个停靠站，因此要留意不要下错了站。

游客们游览的城镇大都有巴士总站。巴士进入巴士总站时，要沉着细心地确认城镇的名称。如果还不放心，在乘车时可事先请求驾驶员或周围的乘客到达目的地时通知一声。

市外巴士基本也使用与高速巴士相同的车辆（图为束草市外巴士总站）

绝大部分自动售票机的按键上只有韩文

时刻表的阅读方法

高速巴士时刻表的阅读方法

打开《月刊观光交通时刻表》的高速巴士一页，杂志里按照首尔发车前往各地的高速巴士一览、夜间高速巴士一览、全国各城市高速

■主要目的地的韩文写法

首尔	서울	温阳	온양	巨济	거제
利川	이천	清州	청주	金海	김해
骊州	여주	公州	공주	马山	마산
水原	수원	大田	대전	晋州	진주
新铁原	신철원	儒城	유성	群山	군산
春川	춘천	扶余	부여	井邑	정읍
江陵	강릉	论山	논산	南原	남원
东海	동해	鸟致院	조치원	全州	전주
三陟	삼척	大邱	대구	光州	광주
束草	속초	庆州	경주	木浦	목포
襄阳	양양	浦项	포항	顺天	순천
堤川	제천	蔚山	울산	丽水	여수
忠州	충주	釜山	부산	珍岛	진도
天安	천안	统营	통영	莞岛	완도

巴士一览的顺序刊登了巴士的各种信息。

以全国各城市高速巴士一览为例，项目从左开始依次是编号、始发站、终点站、首班车、末班车、发车时间间隔、票价（较高的是高级高速巴士）、距离、所需时间、运营公司。

市外巴士时刻表的阅读方法

《月刊观光交通时刻表》中还刊登了各地区的各个市外巴士总站发出的巴士一览表。

信息的排列方式与高速巴士的基本相同。

若要找市外巴士的线路，位于市外巴士部分最前面的车站索引图中有巴士线路图，可以以此为参照。图中的城市编号与时刻一览表中的编号相对应。

即使是去往同一目的地的巴士，有时也会因种类（直达巴士和慢行巴士）、途经地点、出发和到达车站的不同，而在票价、班次数量、所需时间等方面有很大不同。特别是连接大城市与一般城市的线路，一定要确认好是否有两条以上的线路。

※ 由于线路及票价的变动不能及时反映到时刻表中，因此还是要到售票厅去确认。

■高速巴士时刻表的阅读方法

《月刊观光交通时刻表》

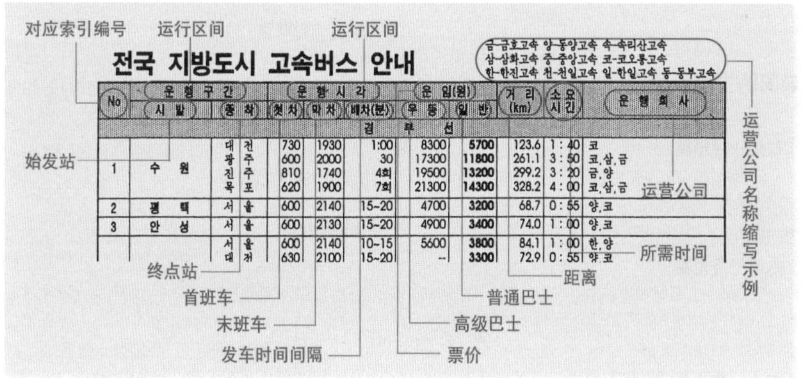

■市外巴士时刻表的阅读方法

《月刊观光交通时刻表》

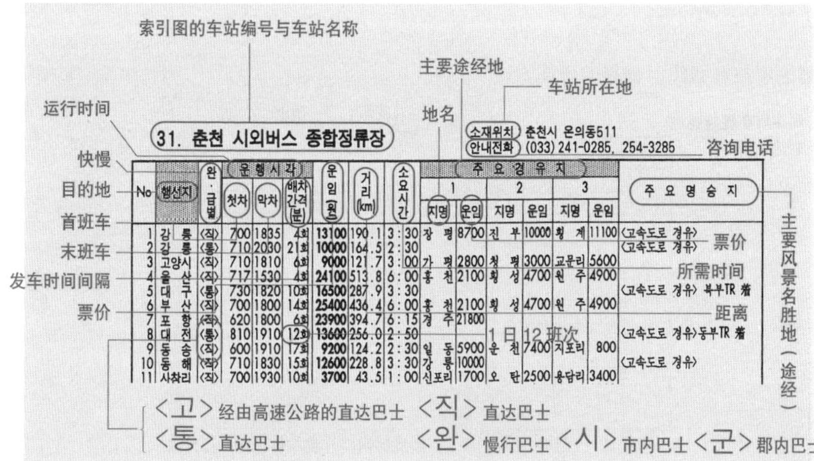

境内航路与汽车租赁

推荐乘船前往济州岛

外国人也有机会乘坐连接本土与济州岛的轮船与高速客船。最近小岛观光也很受欢迎。此外，还可租赁汽车，使用起来非常方便。

国内航路的乘坐方法

如何买票

票可当天在港口购买。但在夏天的观光季节以及中秋、春节等节假日有时会预售完。乘船当天，中长距离的定期航路要填写乘船申报书。申报书上要填写护照编号及住所地址等信息。将所有必要事项填写完毕后与现金一起递进窗口买票。

韩国的主要航路

以下是到韩国旅行利用机会较多的航路。

①仁川—济州岛

若乘坐三等舱能以最便宜的价格从首尔首都圈前往济州岛。但旅途所花费的时间比较长，要 13 小时。

②木浦—济州岛

此条航路可乘坐轮船或高速客船。若乘坐高速客船仅需 3 小时 10 分钟。这是从主要城市到济州岛最快的线路。

③釜山—济州岛

这是环韩国全国游中最理想的线路。往返都在夜里，睡觉的时候就可以移动，可使旅行更有效率。

木浦港国际旅客客运码头（前往济州）

④统营—制胜堂

这是一条去往南海岸观光点——闲丽水道战争遗址的航路。环绕海金刚等景点一周的观光船也在这里航行。

韩国的汽车租赁

在韩国开车

在韩国租车，从当地的交通情况考虑，对旅行者而言不容乐观。方向盘在左边，在大城市还要避开插进来的出租车和公交车，一边看韩文写的标志一边驾驶，这些需要相当的技术与注意力。不过，在地方城市公共交通出现衰退倾向，而且开私家车前往观光景点能去一些交通不便的地方，因此也可以考虑租赁一辆车。在汽车比较少的济州岛，特别建议游客去租辆车游览。

■沿岸旅客线路时刻表的阅读方法

《月刊观光交通时刻表》

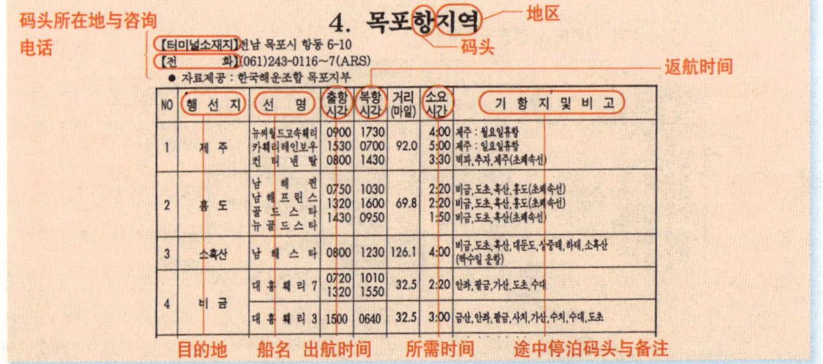

4. 목포항지역

【터미널소재지】전남 목포시 항동 6-10

【전　　화】(061)243-0116~7(ARS)

● 자료제공 : 한국해운조합 목포지부

NO	행 선 지	선 명	출항 시각	복항 시각	거리 (마일)	소요 시간	기 항 지 및 비 고
1	제 주	뉴씨월드고속훼리 카훼리레인보우 컨 티 넨 탈	0900 1530 0800	1730 0700 1430	92.0	4:00 5:00 3:30	제주 : 월요일휴항 제주 : 일요일휴항 벽파, 추자, 제주(초쾌속선)
2	홍 도	남 해 퀸 남 해 프 린 스 골 드 스 타 뉴 골 드 스 타	0750 1320 1430	1030 1600 0950	69.8	2:20 2:20 1:50	비금, 도초, 흑산, 홍도(초쾌속선) 비금, 도초, 흑산, 홍도(초쾌속선) 비금, 도초, 흑산(초쾌속선)
3	소흑산	남 해 스 타	0800	1230	126.1	4:00	비금, 도초, 흑산, 대둔도, 상중태, 하태, 소흑산 (짝수일 운항)
4	비 금	대 흥 훼 리 7	0720 1320	1010 1550	32.5	2:20	안좌, 팔금, 가산, 도초, 수대
		대 흥 훼 리 3	1500	0640	32.5	3:00	금산, 안좌, 팔금, 사치, 가산, 수치, 수대, 도초

在韩国开车的方法

在韩国可在酒店或机场准备好租赁车。

从中国出发前要准备好国际驾驶执照。将护照和驾驶证带到各都道府县的驾驶证考试场，办理简单的手续就可以了。

国际驾照

需要注意的是，国际驾照不是一个驾驶执照。它只是由驾驶员该国的官方机构或经其授权的其他机构根据该国政府所参加的联合国道路交通公约、以公约中规定的标准式样、用多种语言为驾驶员出具的证明该驾驶员持有该国有效驾照的一份证明。在国外驾车、租车时作为在他国驾驶的能力证明和翻译文件。国际驾照必须和驾驶员的该国驾照同时使用方有效。由于中国政府没有加入联合国道路交通公约，所以中国大陆游客并不能在中国大陆申请到真正的国际驾照，但是可以在出国前前往公证机构，用目的地国家的语言公证驾照，并随身携带公证件。

租车

最简单的方法就是在酒店或机场的汽车租赁柜台申请。租车的基本条件是，25 岁以上，拥有国际驾驶执照及信用卡。

方向盘全在左边，大部分车都是自动挡。借出时油是加满的，返还时油也要加满。此外，在中国还可以预约租车。预约时要告诉对方使用日期、车子种类以及信用卡号码。租金都在当地支付。导航仪也供出租。

仁川国际机场的汽车租赁柜台

★在韩国预约·咨询

▼韩国 AVIS 租车（AVIS KOREA）

☎1544-1600（韩国国内全国可拨打，收取通话费）

URL www.avis.co.kr

▼锦湖租车（Kumho Rent-a-Car）

☎1588-1230（韩国国内全国可拨打，收取通话费）

URL www.kumhorent.com

（有英语版）

▼赫兹租车（Hertz Rent-a-Car）

☎(02)797-8000

URL www.hertz.com

连带驾驶员一起包租很方便

①附带驾驶员的租车

有的租车公司会制订附带驾驶员的租金计划。如果带有驾驶员，就不会因不习惯的交通规则而感到混乱了。预约时，若指定了住宿的酒店，就可以要求调配车辆了。若租借了客货两用车（Wagon），就可以团体旅行。租金为小型车行驶 10 小时（125 公里以下）费用 20 万韩元以上。

②包租出租车

在首尔、釜山、济州岛以及庆州等观光地，以及公共交通不便的地方城市的风景名胜地，可以包租模范出租车或普通出租车。

包租时可以和酒店服务员商量，也可直接与出租车司机商量，这样会更简捷。虽然租金根据行驶距离、线路以及司机而会有所不同，但一般来说打表的话一天需要 20 万韩元左右。包租一整天时，司机的三餐费用一般由乘客负责。

■汽车租赁价格表（没有特别标记的是单独自驾。不含济州岛）　　单位：韩元

车辆种类	6 小时	12 小时	1~2 天
小型车（起亚 Morning）	4.5 万	6.4 万	8 万
小型车（现代瑞纳 New Verna）	4.8 万	6.8 万	8.5 万
小型车（现代悦动 Avante）	5.1 万	7.3 万	9.1 万
中型车（雷诺三星 NEW SM5）	7.6 万	10.9 万	13.6 万
大型车（现代雅尊 Grandeur TG270）	13.6 万	19.4 万	24.2 万
现代 Grand Starex（12 人乘坐）	11.2 万	16 万	20 万
雷诺三星 NEW SM5（附带驾驶员）	3 小时（63 公里以下）11 万 /10 小时（125 公里以下）21.8 万		

1~2天一栏显示的是1天的租金。价格可能会有所变化，以实际情况为准。

了解韩国

在观光景点也很有作用的点点滴滴

基础知识

国名

韩国的正式名称为大韩民国（英文名称为：Republic of Korea），韩国是其简称（한국英文为：ROK）。

"韩"与"朝鲜"都是作为一个表示这个地区的人的集团或国家的名称从古代开始使用至今。但1948年，该地区分为两个国家（大韩民国与朝鲜民主主义人民共和国），一边称为"韩"，一边称为"朝鲜"，并成为各自的正式名称。此后，在韩国，"朝鲜"这个名称除了指历史（李氏王朝）外，一般不使用。中国通常所说的朝鲜语、朝鲜民族、朝鲜半岛、南北朝鲜等，在韩国称为韩语、韩民族、韩半岛、南北韩［朝鲜民主主义共和国（北朝鲜）称为北韩］。

面积与人口

朝鲜半岛的总面积约22万平方公里，停战线南面，即韩国的总面积实际上只有约9.96万平方公里。居民登记总人口约5000万。其中约四分之一的人口集中在首都首尔附近。

国旗

韩国的国旗是太极旗，由朝鲜近代文明派中心人物之一的朴泳孝和金玉均于1882年根据"太极图说""周易"等东方哲学制成，次年（1883年）便被定为国旗。

国花

虽然没有正式规定，但无穷花事实上已被当成韩国国花。"无穷花、三千里、华丽江山"在国歌中都有所歌颂。

虽没听说过有无穷花的胜地，但很多和国家有关的设施中都种植有无穷花。春天的连翘及杜鹃花、秋天的菊花等象征季节的花很受人们喜爱，也可说是韩国具有代表性的花。

淡粉色的无穷花在国歌中也有歌颂

行政区域

韩国最大的行政区域称为道。曾经有过朝鲜八道的说法，即整个朝鲜分为8个道，但现在仅在韩国领域内就有9个道。分别是济州特别自治道※、江原道、京畿道、庆尚南道、庆尚北道、全罗南道、全罗北道、忠清南道、忠清北道。此外和道平级的行政区域还有特别市和广域市。首都首尔是唯一的特别市。首都之外的六大城市（光州、大邱、大田、釜山、蔚山、仁川）为广域市。再往下是市、郡，市下面是区，郡下面是邑、面，区下面是洞等行政单位。

※2006年7月济州道变为济州特别自治道。

韩国文化

韩服

在韩国，民族服装统称为韩服（한복）。

由于穿着西服变得越来越普遍，韩国的年轻人除了红白喜事外，现在已经很少穿韩服；但在上了年纪的人中间能看到有人仍将韩服当作平时的穿着。另外，根据现代风格改版的"生活韩服""改良韩服"也很受欢迎。

韩服的上衣和裙子

火炕

与中国的火炕类似。这种从高丽时代就已经存在的火炕，现在一直还被生活在这片寒冷土地上的人们继续使用。现在韩国基本上所有房间里都有火炕。

火炕燃料是蜂窝煤，韩国曾经频繁发生过因蜂窝煤不完全燃烧产生一氧化碳导致一家人在睡眠时全部死亡的事故。但近年来，随着蒸汽锅炉的普及（在炕下装上蒸汽和温水管），这种悲剧事件已经很少发生了。旅客们住宿的酒店和旅馆里的火炕都是以温水方式发热，不用担心会发生事故。

最近还出现了床的下部做成电热毯形状的，被称为“火炕床”的韩式发明。

“西鲁姆”（韩式相扑）与跆拳道

“西鲁姆”就是相扑的意思。比赛是抓住腰与腿上的纽扣进行。曾经作为端午节或中秋节的游乐项目，现在将其作为一项体育运动，拥有相应的规则，受到人们喜爱。但遗憾的是，1982年起步的专业韩式相扑由于人气不高，面临解散的危机。

老式的火炕

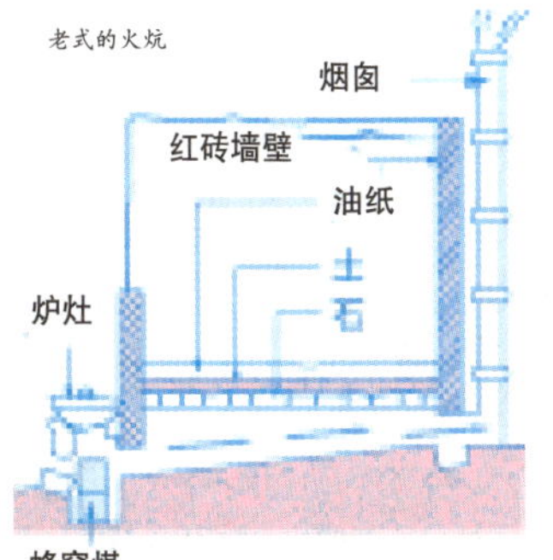

与韩式相扑并列的另一个代表性格斗项目是跆拳道。这与空手道很相似（有一种说法是空手道是其原形，还有一种说法是空手道起源于跆拳道）。跆拳道近几年在外国非常受欢迎，并在悉尼奥运会上成为正式比赛项目。

韩式相扑“西鲁姆”

与空手道很相似的跆拳道

祭祀

现在的韩国，祭祀祖先的仪式都以儒教的传统方式盛大举行。这种祭奠祖先的仪式被称为祭祀。

在祭祀中有忌祭祀、茶礼和墓祭。

忌祭祀是祭奠四代以前祖先的活动，于各个祖先忌辰的前夜到当天天亮之间举行。茶礼（也叫节祀）也是祭奠四代以前祖先的活动，在春节（农历正月初一）与中秋节（农历八月十五）早上举行。墓祭（也叫时祀、时祭）是

在祭奠李氏王朝历代王族的宗庙里每年5月都会举行盛大的祭祀活动

祭奠五代之前所有祖先的活动，每年举行一次，在墓地进行。

各自的礼仪程序及供品的摆放都有一定的规矩。实际实施礼仪的是男性，女性则准备供品。

春节与中秋（秋夕）

农历正月初一的春节与农历八月十五的中秋（秋夕）是韩国最大的民族节假日。每个节假日都是平时不住在一起的亲人为了祭奠祖先而会聚一堂的日子。

春节早上会举行茶礼这样一个祭奠祖先的祭祀活动。茶礼结束后小孩子会向大人拜年。在韩国拜年也称为“岁拜”，这时小孩子会得到压岁钱。

春节期间会举行双六、放风筝、跷跷板、农乐等民俗游戏。

另外，中秋节也会举行茶礼，这时会将该年丰收的果实供奉给祖先。其中一种称为松饼的供品是由女性亲属们集中在一起制作出来的，制作松饼是中秋节一项非常快乐的活动。此外还要去扫墓。

中秋节人们会进行韩式相扑等民俗活动。南部的海岸等地，在满月高挂的天空下，女性们会围成一圈跳集体舞。

春节和中秋节期间，各地人们都回家省亲去了，因此首尔的街上人流车流都消失，显得空荡荡的。与此相反，前往各地方城市的交通却变得很混乱，拥堵情况非常严重。节假日前后数天商店也会关门休息，在这个时期旅行一定要注意。

春节期间的传统游戏“双六”

农乐

农乐是以小锣、锣、长鼓、圆鼓这四种打击乐器的演奏者为中心展开演奏和舞蹈的活动，从古至今都是当地农民最喜爱的一种艺术形式。

一般演奏农乐的都是农民自己，但从古至今也有专门演奏农乐的艺术团。一个叫作男寺

让帽子上的细绳随着节奏甩动的农乐

党的流浪艺术团就是其中的代表，他们可以进行假面剧、玩偶剧、走钢丝、转盘子等各种表演，农乐只是常备节目之一。毕竟是专业艺术团，他们的农乐比起一般的农乐来，无论演奏还是舞蹈，技术水平都很高。如今，在水原的民俗村等地能看到的农乐就是继承了这些流浪艺人们的衣钵。

儒教

李氏王朝时期支配国家的儒教思想至今仍对韩国整个社会有很大影响。

此外，由儒教培养产生的道德观及社会观现在仍在很大程度上支配着韩国人的一般精神世界。

包括亲人在内的长辈面前都不能抽烟；喝酒时不能朝旁边看；男尊女卑倾向严重，女性贞操观念强；重视学历，父母和孩子最大的希望就是能考进一流大学。总之，儒教影响遍及韩国的各个方面。

另外，孝和忠都是儒教重要的教义，但韩国比较重视孝。例如，在中国如果因为工作而没有见到死去亲人最后一面会被大家称赞，而在韩国这种不孝的行为是绝对不能出现的。虽然近几年对公司和国家抱着强烈责任感工作的韩国人增加了，但从社会整体来看，仍然是自己的亲戚、家族比什么都重要。

书堂（类似于私塾的私立学校）

姓与籍贯

众所周知，韩国姓金的人是最多的。其次是李、朴、崔、郑，拥有以上五姓的人超过韩国人口总数的 50%，此外还有南宫、皇甫、诸葛等少见的复姓。韩国姓的总数只有 300 个左右。韩国妇女结婚后，不从夫姓。

另外，籍贯表示祖先的发源地。姓与籍贯都相同时（同姓同籍），被认为是同一父系血缘关系，不能批准结婚；但通过法律的修正，现在这种情况也可以结婚了。同姓同籍的人非常团结。

两班

两班是李氏王朝时期的统治阶级。他们作为文化人从小就学习儒教的各种教义，独占科举为官这一做官通道，掌握国家的政权。在地方则作为地主拥有广阔的土地。他们享有免除劳役和兵役的特权，身为文化人轻视实业，不从事官职以外的农工商等任何职业。现在两班给人一种高尚的感觉，但希望大家留意一下他们给李氏社会带来的负面影响。

李氏王朝末期乘坐轿子外出的两班

李氏王朝时期在称为郡守衙门的地方政府进行的审判

1896 年的首尔景福宫附近。比王宫高的建筑被视为无礼，因此周围平房罗列

本来两班作为特权阶层数量有限，但李氏王朝末期的卖位卖官以及族谱（家谱）改造，使具有两班名称的人大幅增加。此后，虽然两班的特权没了，但民间仍有很多人憧憬两班的身份，现在韩国还有很多人以两班后裔自居。

韩国种种

分散在世界各地的韩民族

除了朝鲜半岛以外，有很多朝鲜族人民居住在世界各地。虽说是同一个民族，但经过很多年，其语言和生活习惯与现在的韩国韩民族产生了差异。

▼中国

吉林省是朝鲜族的一大居住地。延边的朝鲜族先民是从朝鲜半岛迁移过来，大多是于 19 世纪中叶至 20 世纪初为了寻求新的耕地而来到此地人的后代。他们的子孙除了住在吉林省外，还住在辽宁省（出身平安道的较多）和黑龙江省（出身庆尚道的较多），他们构成了当代中国的一个少数民族朝鲜族。

▼俄罗斯

俄罗斯的朝鲜族大致有两个起源。一个是 19 世纪末为了寻求农田而渡海来到俄罗斯沿海地区的人们，他们大都出身于北部。另一个是日本侵占韩国时期，来到萨哈林岛（库页岛）的人们，他们大多出身于南部的庆尚道。日本战败后，苏联不同意他们返回还未建交的韩国，这些朝鲜族人民没有办法只好留了下来。尤其对因战争征用而来到此地的人们来说是很悲惨的结局。留在萨哈林岛的朝鲜族人中，有一些人返回了韩国并永久留在韩国，他们住在首尔附近的安山和仁川的福利院中，此外还有一些人住在釜山，和俄罗斯人做生意。

▼中亚各国

苏联的斯大林时代，很多曾住在沿海州的朝鲜族人民被强制迁往中亚。他们的子孙现在还住在哈萨克斯坦和乌兹别克斯坦。

▼美国及周边国家

作为参加越南战争的回报，美国确保韩国人可以移民至美国，因此很多韩国人去了美国本土和关岛。此外，墨西哥等中南美洲各国也有很多韩国人居住。

旅行者须知

出发前再检查一次

Q…治安方面有没有问题?

A. 可以说没什么问题

当然，单身女性孤身走在小巷里，或是深夜一个人乘出租车还是很危险。要认识到自己身在外国。此外，除了首尔及釜山外，中小城市也有女性站在玻璃窗前揽客的红灯区，即使是因为好奇心而靠近也是不可取的，因为有的地方也有危险。除了被盗和被调包之外，还有经人介绍去一家好店而被宰的事件也很多。与人交流很重要，但盲目地相信他人就很危险了。

Q…有派出所吗?

A. 各处都有

韩国随处可见派出所和巡逻车。警察纪律性很强，遇到麻烦时要么去派出所要么拨打 112（与中国的 110 一样）。112 是非常时刻的免费电话。但是，咨询道路等，与其问警察不如去问主要景点的观光旅游咨询处。

Q…语言方面怎么样?

A. 可讲中文

英语的通用程度和中国差不多。中国客人较多的店里一般都有懂中文的服务员，备有中文菜单的餐馆数量也在增加。若懂一些韩语的话，交流起来对方会有好感，而且记住韩文的形状，在城镇里游玩也会轻松些。

Q…在哪里兑换比较划算?

A. 韩国的银行兑换率最好，不过根据情况有时用信用卡直接兑现比较划算。

在中国国内也可以兑换，不过一般来说到达韩国后再进行兑换的兑换率，比在国内要好很多。兑换率由低到高的顺序为酒店→机场→市内的银行→民间的兑换商，不过差别并不是很大。根据具体情况，有时用信用卡在韩国的 ATM 机上取出现金比较划算。因此要注意核实兑换行情和手续费。

Q…必须要付小费吗?

A. 原则上不用

酒店费用里包含了服务费。但特别要求时，或被强行索求时，也可以稍微给一点。标准是 5000~ 10000 韩元。出租车和餐馆也不用付小费。

Q…卫生状况如何?

A. 还是要注意一下

韩国的卫生状况正在飞跃发展。在城里的餐馆就餐，基本上没有因食物不干净导致生病的事情。但在小摊和近郊的大众餐厅的话，最好要求将食物充分加热，这种情况下只有自己多加注意了。夏天吃生的食物或提前制作好的食物时也要注意。

Q…一个人旅行吃饭会有麻烦吗?

A. 可能会有麻烦但没关系

韩国料理的菜单多是 2 人份的，但事实上，很多店都可以接受“一人份”“一人吃”。也有很多一人吃烤肉、一人吃烤串的店（如青园等），汤类和面类的一般都是一人份的。最近，在咖啡店等地也越来越多地能看到女性一个人就餐的情况了。

Q…城市中有没有公共厕所?

A. 公共厕所非常多

地铁站、地下商业街等处常常可以看到“前方 50 米处有厕所”的标志。公厕原则上免费，非常少的情况会收费。厕所手纸和中国一样，放在一进门的公共的地方。少数时候会不配手纸，所以最好随身携带小包纸巾。由于下水道的问题，多数时候纸不能扔到便池里，要扔到专用的垃圾桶里。

Q…酒店有必要预约吗?

A. 酒店和旅馆不同

住在观光酒店时一般要预约。直接去酒店有时会没有房间。旅馆和汽车旅馆一般不用预约。韩国有旅馆一条街，整条街上都是旅馆，万一希望住宿的旅馆没空房间了，可以去附近找一家同等的旅馆。

招待所和面向外国人的小旅馆由于房间数少、回头客多，如果真想住的话，需要在网上或打电话进行预约。

在地方，不管去哪个城市，同等级的旅馆和汽车旅馆都是同一价位，只要不是举办活动、春节以及中秋节，一般都能有房间住。

Q…用餐纠纷?

A. 有，但能回避

代表性的就是在小酒馆的纠纷，由于不是先定价，最好先问清价格再买。此外还要记住，一般路边的小酒馆都很贵。

Q…购物时可以砍价吗?

A. 可以，但很有限

由于市场不是固定价格制，因此可以砍价或索要赠品。但韩国基本没有哄抬价格高于市价数倍的情况，因此即使能砍价也只能优惠10%~20%。有时能听到韩国人抱怨，中国人砍价太不合理。

旅游韩语速成

掌握了韩国的语言和文字，赴韩国旅行会更加顺利

即使不一定准确，但只要掌握少许韩语对话，也能够给对方留下好的印象。你可能不懂得整句话是什么意思，但只要能够认识地名或菜名，也会让旅行更加轻松。

能够读懂汉字词，就会格外方便

尽管说朝鲜文字有着神秘的面纱，但在韩语中却混入了不少汉字词。更有甚者，如“山”“车”等词语，其原有的韩语专用语已经消失，只保留下了汉字。熟悉了汉字词的韩语发音规则，推断汉字词的意思，可以使你掌握更多的韩语单词。

汉字词比较简单，麻烦的是外来语（来自西方）。如果你认为懂得英语就可以万事大吉了，将会大错特错。因为外来语在韩语中的读音差别较大，“咖啡”的韩语读法是“科皮”，“拷贝”的韩语读法是“卡皮”，即使你懂英语也于事无补。

基本的动词表达方式

通过动词的词尾变化分为疑问式和希望式。

“해요”体和“합니다”体

两者都是正式的表达方式，但“해요”体显得语气平和，而“합니다”体则显得非常正式。不过对于外国人来说，使用两者都不会有不自然的感觉。

结句式

去 가요 / 갑니다
买 사요 / 삽니다
吃 먹어요 / 먹습니다
看 보아요（봐요）/ 봅니다

疑问式（句尾上扬）

正在做吗（状态） 하고있어요? / 하고 계십니까?
做吗（意志） 하시겠어요? / 하시겠습니까?

过去式

做了 했어요 / 했습니다
去了 갔어요 / 갔습니다
买了 샀어요 / 샀습니다
吃了 먹었이요 / 먹었습니다
看了 보았어요（봤어요）/ 보았습니다（봤습니다）

希望式

想做	하고싶어요 / 하고싶습니다
想去	가고싶어요 / 가고싶습니다
想买	사고싶어요 / 사고싶습니다
想吃	먹고싶어요 / 먹고싶습니다
想看	보고싶어요 / 보고싶습니다

请求与拒绝式

请做	하세요 / 하십시오
请不要做	하지 마세요 / 하지 마십시오
请去	가세요 / 가십시오
请不要去	가지 마세요 / 가지 마십시오
请买	사세요 / 사십시오
请不要买	사지 마세요 / 사지 마십시오
请吃	드세요 / 드십시오
请不要吃	먹지 마세요 / 먹지 마십시오
请看	보세요 / 보십시오
请不要看	보지 마세요 / 보지 마십시오

※ 添加“请（주세요주 / 십시오）”，更显正式

简单对话

你好
안녕하세요

谢谢
감사합니다

再见（走的人用）
안녕히 가세요

再见（留下的人用）
안녕히 계세요

是 / 不是
네 / 아니에요

抱歉
미안합니다

初次见面
처음 뵙겠습니다

请多关照
잘 부탁합니다

承蒙款待
잘 먹었습니다

常用短语

对不起，打扰一下好吗（搭话时）
저기요，잠깐만요？

不好意思（拜托别人时）
※ 表轻微道歉时也可使用
죄송합니다

没关系、不要紧
괜찮아요

不行 / 可以
안돼요 / 됐어요

有 / 有吗 / 没有
있어요 / 있어요？/ 없어요

厕所在哪里（“厕所”可换成其他词语）
화장실 어디에요

我叫 ××
저는 ○○라고 합니다

我不懂韩语
한국말 몰라요

请说慢一点
천천히 말씀해 주세요

请给我这个（指着菜单或物品时）
이거 주세요

不需要
필요없습니다

我想去 ××
○○（으）로 가고 싶어요

多少钱?
얼마입니까？

给优惠点吧
깍아주세요

我要的东西 / ×× 还没有拿来
주문한 게 / ○○가 아직 안 나왔어요

紧急用语

救命!
도와 주세요

有懂中文的人吗?
중국어 아시는 분 계십니까？

我丢了 ××
○○을 잃어 버렸습니다

请给我“感冒药”“胃药”“止泻药”“晕车药”“退烧药”“止痛药”
＜감기약＞＜위장약＞＜설사약＞＜멀미약＞＜해열제＞＜진통제＞주세요

数词

有两种表示方式，一种是汉语的“一、二”，另一种是韩语专用语的“一个、两个”。数数时，一定要注意专用语的使用。

0/0个	제로 · 영 · 공
1/1个	일 / 하나 (한개)
2/2个	이 / 둘 (두개)
3/3个	삼 / 셋 (세개)
4/4个	사 / 넷 (네개)
5/5个	오 / 다섯 (다섯개)
6/6个	육 / 여섯 (여섯개)
7/7个	칠 / 일곱 (일곱개)
8/8个	팔 / 여덟 (여덟개)
9/9个	구 / 아홉 (아홉개)
10/10个	십 / 열 (열개)
11/11个	십일 / 열하나 (열한개)
12/12个	십이 / 열둘 (열두개)
13/13个	십삼 / 열셋 (열세개)
14/14个	십사 / 열넷 (열네개)
15/15个	십오 / 열다섯 (열다섯개)
16/16个	십육 / 열여섯 (열여섯개)
17/17个	십칠 / 열일곱 (열일곱개)
18/18个	십팔 / 열여덟 (열여덟개)
19/19个	십구 / 열아홉 (열아홉개)
20/20个	이십 / 스물 (스무개)

21/21个	이십일 / 스물하나 (스물한개)
32/32个	사십이 / 서른둘 (서른두개)
43/43个	사십삼 / 마흔셋 (마흔세개)
54/54个	오십사 / 쉰넷 (쉰네개)
65/65个	육십오 / 예순다섯 (예순다섯개)
76/76个	칠십육 / 일흔여섯 (일흔여섯개)
87/87个	팔십칠 / 여든일곱 (여든일곱개)
98/98个	구십팔 / 아흔여덟 (아흔여덟개)
100/100个	백 / 백개
109/109个	백구 / 백아홉 (백아홉개)
200/200个	이백 / 이백개
1000/1000个	천 / 천개
2000/2000个	이천 / 이천개
10000/1万个	만 / 만개
20000/2万个	이만 / 이만개
100000/10万个	십만 / 십만개
1000000/100万个	백만 / 백만개
2000000/200万个	이백만 / 이백만개
100000000/1亿个	억 / 억개
10000000000/100亿个	백억 / 백억개

2倍	두배
3倍	세배
4倍	네배
1/2 (一半)	이분의일 / 반
1/3	삼분의일
1/4	사분의 일
1/5	오분의 일
1/10	십분의일
1.15	일점 일오
1次	일도
2次	이도
3次	삼도
第1	제일
第2	제이
第3	제삼
1人份	일인분
2人份	이인분
3人份	삼인분
1天	하루
2天	이틀
3天	사흘
4天	나흘
5天	닷새
1回	한번
2回	두번
3回	세번
1人	한명 (한사람)
2人	두명 (두사람)
3人	세명 (세사람)
1张	한장
2张	두장
3张	세장
1本	한병
2本	두병
3本	세병
1册	한권
2册	두권
3册	세권

时间 · 日期 · 色彩

1秒	일초
10秒	십초
1分	일분
5分	오분
30分	삼십분
1小时	한시간
2小时	두시간
10点	열시
10点15分	열시십오분
10点30分 (10点半)	열시삼십분 (열시반)
上午9点	오전아홉시에
前天	그저께
昨天	어제
今天	오늘
明天	내일
后天	모레
每天	매일
上午	오전
下午	오후
傍晚	저녁때
昨晚	어젯밤

今早	오늘아침
今天下午	오늘오후
今晚	오늘밤
明晚	내일밤
每天早上	매일아침
上上周	지지난주
上周	지난주
本周	이번주
下周	다음주
下下周	다다음주
每周	매주
周日	일요일
周一	월요일
周二	화요일
周三	수요일
周四	목요일
周五	금요일
周六	토요일
月	달
上上月	지지난달
上月	지난달

本月	이번달
下月	다음달
下下月	다다음달
1月	일월
2月	이월
春	봄
夏	여름
秋	가을
冬	겨울
年	년
前年	재작년
今年	올해
来年	내년
白	흰색
黄	노란색
绿	녹색
蓝	파란색
红	빨간색
黑	까만색
明	밝은
暗	어두운

策　　划：高　瑞　虞丽华
统　　筹：北京走遍全球文化传播有限公司　http://www.zbqq.com
责任编辑：王欣艳　王佳慧
封面设计：董星辰
责任印制：冯冬青

图书在版编目（CIP）数据
韩国/日本大宝石出版社编著；姚希，董冰译.--
北京:中国旅游出版社，2013.1
（走遍全球）
ISBN 978-7-5032-4661-6

Ⅰ.①韩…　Ⅱ.①日…②姚…③董…　Ⅲ.①旅游指南-韩国　Ⅳ.①K931.269

中国版本图书馆CIP数据核字（2012）第314980号

北京市版权局著作权合同登记号　图字：01-2012-0953
审图号：GS（2012）1662号　本书插图系原文原图

协　　力：韩国旅游发展局、韩国旅游发展局东京分社、韩国江原道、江原道观光事务所、济州特别自治道、济州特别自治道观光广报事务所、韩国全罗北道、韩国全州市、韩国扶余市、韩国全罗南道珍岛郡厅文化观光科、韩国三十三观音圣地日本事务局、F1韩国大会组织委员会、釜山国际电影节、漫画依赖.com、Sheraton Grande Wallkerhill Seoal

书　　名：韩　国

原　　著：大宝石出版社（日本）
译　　者：姚　希　董　冰
出版发行：中国旅游出版社
（北京市建国门内大街甲9号　邮编：100005）
http://www.cttp.net.cn　E-mail: cttp@cnta.gov.cn
营销中心电话：010-85166503
制　　版：北京中文天地文化艺术有限公司
经　　销：全国各地新华书店
印　　刷：北京金吉士印刷有限责任公司
版　　次：2013年1月第1版　2013年1月第1次印刷
开　　本：889毫米×1194毫米　1/32
印　　张：15.75
印　　数：1-10000册
字　　数：612千
定　　价：82.00元
I S B N　978-7-5032-4661-6